国家哲学社会科学成果文库

NATIONAL ACHIEVEMENTS LIBRARY
OF PHILOSOPHY AND SOCIAL SCIENCES

俄亚、白地东巴文化调查研究

喻遂生 杨亦花 曾小鹏
和继全 李晓亮 周 寅 著

中国社会科学出版社

喻遂生　汉族，重庆巴南区人。1982年毕业于北京大学中文系，西南大学汉语言文献研究所教授、博士生导师，主要研究方向为汉古文字及纳西东巴文。主持国家社科基金项目"俄亚、白地东巴文调查研究"、国家社科基金重大项目"纳西东巴文文献字释合集"等，主要研究成果有《甲金语言文字研究论集》《纳西东巴文研究丛稿》《文字学教程》等，获国务院政府特殊津贴及王力语言学奖、全国高校社科优秀成果奖、重庆市社科优秀成果奖等奖励。

《国家哲学社会科学成果文库》
出版说明

为充分发挥哲学社会科学研究优秀成果和优秀人才的示范带动作用，促进我国哲学社会科学繁荣发展，全国哲学社会科学规划领导小组决定自2010年始，设立《国家哲学社会科学成果文库》，每年评审一次。入选成果经过了同行专家严格评审，代表当前相关领域学术研究的前沿水平，体现我国哲学社会科学界的学术创造力，按照"统一标识、统一封面、统一版式、统一标准"的总体要求组织出版。

全国哲学社会科学规划办公室
2011 年 3 月

卷首：地图

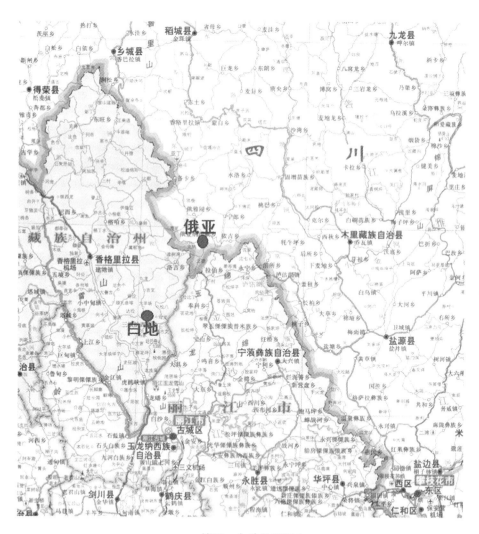

一、俄亚、白地位置图1

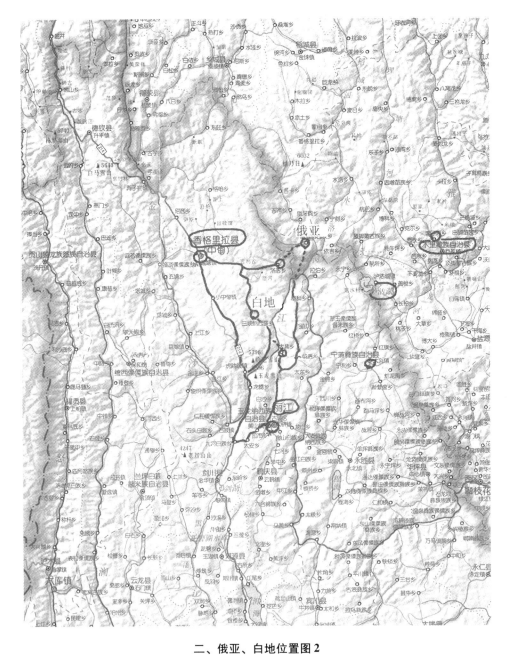

二、俄亚、白地位置图2

（底图采自《中国国家地理》2004 年第 7 期《大香格里拉地区地图》）

三、俄亚、白地所在地区地形三维图

（底图采自《中国国家地理》2004 年第 7 期《大香格里拉三维景观图》）

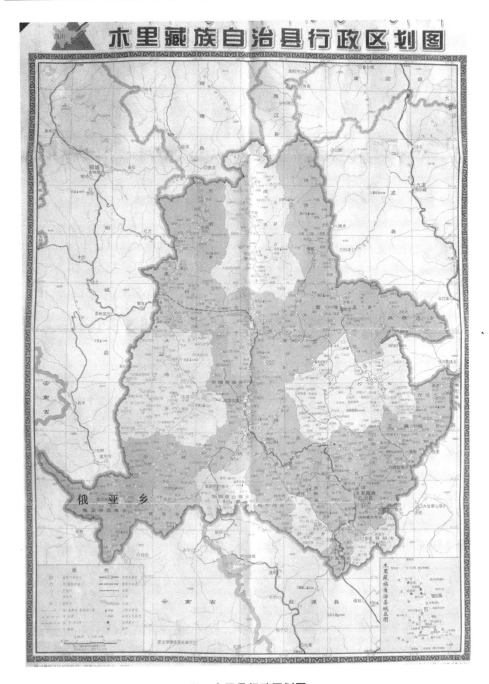

四、木里县行政区划图

中甸县行政区划图

图例

比例尺
1:750000

五、香格里拉县行政区划图

六、丽江至俄亚、白地路线图

目　　录

第一编　引论

第二编　俄亚篇

第三编　白地篇

第四编 应用文献篇

结 语

Contents

第一编

引 论

丽江黑龙潭

第一章
纳西族和纳西东巴文化

第一节　纳西族

在我国大西南川滇藏交界地区的金沙江畔，玉龙雪山脚下，繁衍生息着一个勤劳聪慧、历史悠久、文化灿烂的民族——纳西族。纳西族现有人口约30万，主要分布在云南的丽江、永胜、宁蒗、香格里拉（原中甸）、维西、德钦、剑川、鹤庆，四川的木里、盐源和西藏的芒康等县。丽江为纳西族主要聚居地和政治经济文化中心，约有纳西族人20多万。丽江古城为国家级历史文化名城，丽江古城、玉龙雪山、长江第一湾、泸沽湖为国家重点风景名胜区，丽江也是我国唯一的被联合国教科文组织列入世界文化遗产名录、世界自然遗产名录、世界记忆遗产名录的"三遗产"地区①。

纳西族历史悠久，系由先秦时居住在甘肃青海河湟一带的氐羌支系沿川西走廊南迁逐渐演变而成。据《后汉书·西羌传》记载，秦献公时，羌人一部"畏秦之威，将其种人附落而南，出赐支河曲西数千里，与众羌绝远，不复交通。其后子孙分别，各自为种，任随所之"。其一部"为牦牛种，越嶲羌是也"，汉代生活在大渡河流域。晋代常璩《华阳国志·蜀志》定筰县条曰：

---

① 1997 年 12 月，丽江古城被联合国教科文组织列入世界文化遗产名录。2003 年 7 月，包含丽江在内的川滇藏三江并流被联合国教科文组织列入世界自然遗产名录。2003 年 8 月，纳西东巴古籍文献被联合国教科文组织列入世界记忆遗产名录。

玉龙雪山

"县在郡西，渡泸水，宾刚徼，曰摩沙夷。"① "摩沙夷"是纳西族独立族称的最早记录，泸水即雅砻江，定笮在今四川盐源一带。至迟在唐以前，纳西族的一支已西迁至金沙江上游丽江一带。唐代樊绰《蛮书》卷二曰：牦牛河"南流过铁桥上下磨些部落，谓之磨些江"。卷四曰："磨蛮，亦乌蛮种类也，铁桥上下及大婆、小婆、三探览、昆池等川，皆其所居之地也。"铁桥即今丽江市玉龙县塔城乡，金沙江今塔城至虎跳峡段，即唐之"磨些江"。

长江第一湾——丽江石鼓镇

---

① "曰"今本作"白"，刘琳《华阳国志校注》（巴蜀书社1984年版）据《蜀中名胜记》《天下郡国利病书》所引改作"曰"，今从。

　　唐时纳西族的一支在洱海以东地区势力强盛，自成一诏，为唐西南夷六诏之一。《蛮书》卷三曰："越析，一诏也，亦谓之磨些诏，部落在宾居，旧越析州也。"南诏时期，纳西族属之。大理国时，纳西族已能称强于一隅。据《木氏宦谱》记载："牟西牟磋（按：纳西首领名）当宋仁宗至和中，更立摩娑诏大酋长。段氏虽盛，亦莫能有。"宋理宗宝祐元年（1253 年）元世祖忽必烈由丽江革囊渡江，南征大理，纳西首领麦良归降并从征有功。元至正十三年（1276 年）置丽江路，设军民总管府，后改设丽江军民宣抚司，土司由麦良子孙世袭。丽江路隶云南行省，为元中央王朝的一级地方政权，丽江地区从此正式纳入中央王朝的行政系统。明洪武十五年（1382 年），土司阿得降明，钦赐姓木。洪武十七年（1384 年）授木氏世袭丽江府知府。明时木氏势力盛极一时，据清代余庆远《维西见闻纪》载："万历间，丽江土知府木氏浸强，日率么些兵攻吐蕃地。……遂取各要害地，屠其民，而徙些戍焉。自奔子阑以北，番人惧，皆降。于是，自维西及中甸，并现隶四川之巴塘、里塘，木氏皆有之。"明末清初，木氏从康南地区败退，原迁入的纳西族后多融入藏族。清雍正元年（1723 年）丽江改土归流，延续了 339 年的纳西土司制度宣告结束①。

　　纳西族称，见于典籍的有"摩沙""磨些""末些""么些""么夿""么劳""摩梭"等十余种。现代纳西族金沙江以西地区自称"纳西"na^{21} $çi^{33}$，金沙江以东地区自称"纳"na^{24}、"纳汝"na^{33} $z\eta^{33}$、"纳恒"$na^{33} hi^{33}$ 等。"纳"意为大，"西""汝""恒"意为人、族，合起来为伟大民族之

---

① 本段写作时参考了方国瑜、和志武《纳西象形文字谱·绪论》（云南人民出版社 1981 年版），和志武《纳西东巴文化》（吉林教育出版社 1989 年版），冯智《明代丽江木氏土司对滇康藏区的经营及其历史影响》（《民族学》1993 年第 4 期），《木氏宦谱》（《丽江志苑》1988 年第 2 期），郭大烈、和志武《纳西族史》（四川民族出版社 1994 年版）。关于纳西族族源，王世英《东巴神话与族源》、［日］诹访哲郎《从创世神话看纳西族的游牧民性与农耕民性》（均见《东巴文化论》，云南人民出版社 1991 年版）主张纳西族由南下的古羌人和古丽江人的后裔融合而成，可备一说。

意。1954 年国务院正式批准统一的族称为"纳西"①。

丽江古城

纳西族民族语言纳西语属于汉藏语系藏缅语族彝语支，分西部和东部两个方言。西部方言主要分布在金沙江以西的丽江、香格里拉、维西等县，包括大研镇、丽江坝和宝山州三个土语。东部方言主要分布在金沙江以东的宁蒗、盐源、木里、盐边等县，包括永宁坝、瓜别和北渠坝三个土语。纳西语以西部方言为基础方言，以大研镇土语为标准音。

第二节　纳西东巴文化

一　东巴和东巴教

纳西族民间普遍信奉一种原始宗教东巴教。东巴教的特点是自然崇拜、

---

① 和即仁：《试论纳西族的自称族名》，《纳西族研究论文集》，民族出版社 1992 年版。和志武：《纳西东巴文化》，吉林教育出版社 1989 年版，第 3 页。方国瑜、和志武《纳西象形文字谱·绪论》第 4 页注①说："na^{21} 的普通意思还有'黑'之意，但 na^{21} $çi^{33}$ 不是'黑人'之意，'黑人'应为 $çi^{33}$ na^{21}，修饰语在被修饰语之后。"按 na^{21} 若解作"大"，亦应在"人"$çi^{33}$ 之后，此不足以否定"黑人"之说。待考。

多神崇拜和重占卜。纳西族信奉万物有灵，举凡婚丧嫁娶、生老病死、生产劳作、起屋出行、逢年过节，都要请东巴举行仪式，唱诵经文，求神祭祖，禳祸祈福。东巴教渗透到纳西族社会的各个方面，其影响十分深远。东巴教和与之相关的民风民俗，构成了纳西族独特的民间文化——东巴文化。但是，东巴教尚未形成系统的教规教义，没有严密的宗教组织和固定的宗教活动场所，也无脱产的专职从教人员，因此还不是典型的人为宗教，仍属于原始宗教的范畴①。

"东巴" to³³ba²¹，东部方言区称作"达巴" da³³pa³³，是纳西族民间对主持宗教仪式的祭司的他称，其纳西语含义为诵经者、智者②，东巴教因此而得名。"东巴"在汉文典籍中又译作"多巴、刀巴、刀把、多宝、多跋"等。东巴是宗教仪式的组织者和主持者，必须熟读背诵大量经典③，熟悉宗教仪程，能写会画，能歌善舞，能编扎雕塑，会占卜打卦，不少东巴兼通医术，有的还兼会桑尼（巫师）捞油锅、上刀梯、口衔烧红的铁铧等巫技④，是集巫医学艺匠于一身的民间知识分子，是东巴文化的创造者和传承者。

东巴的传习方式是以父子相传为主，有世代相传十几代的，也有一些投师学艺的，民国年间还出现类似私塾的办班传授方式。学习者白天从事生产，晚上在火塘边跟师傅学经。学到一定程度，可协助师傅做各种法事。经过长期学习和实践，才可出师成为东巴。在纳西族社会中，东巴并不是专门的职业，东巴平时从事生产，有人聘请则去做法事，并收取少量报酬。东巴首先是一个劳动者，其次才是一名祭司，所以民间有"富不当东巴"的说法。当然也有的东巴任过乡长、保长，土改时被划为地主，但那是极个别的

---

① 和志武：《东巴教和东巴文化》，《东巴文化论集》，云南人民出版社 1985 年版；和力民：《论东巴教的性质》，《东巴文化论》，云南人民出版社 1991 年版。

② 参见李国文《人神之媒》，《"东巴"含义诸说》，云南人民出版社 1993 年版，第 13 页。

③ 1995 年 12 月 9 日，受聘在东巴文化研究所工作的老东巴和士成先生（时年 86 岁）告诉喻遂生，他能背诵 100 多种经典，他说："我们是天女的后代，所以记性好。"

④ 参见洛克《纳西人驱逐使人致病之恶鬼的仪式》《纳西族巫师"吕波"和达巴》，白庚胜、杨福泉编译《国际东巴文化研究集粹》，云南人民出版社 1993 年版，第 34、82 页；李国文《人神之媒》，云南人民出版社 1993 年版，第 101、122、148、149、180、185 页；冯寿轩《东巴教的原始综合性》，《东巴文化论集》，云南人民出版社 1985 年版，第 58 页。

俄亚大东巴机才高土（1940—2009）

白地大东巴和志本（1928—　）

现象。元明清以来，纳西族统治者崇拜和推行汉文化，大力引进佛教、道教，排斥东巴文化。东巴文化始终是民间文化，东巴亦始终是民间的祭司和智者，未能跻身于统治者之列①。

　　解放前，纳西族聚居区几乎村村寨寨都有东巴，有的村寨还有多位东巴，据估计，东巴活动最盛时，东巴人数约达 1000 人左右，占当时纳西族总人口的 0.8%②。李国文先生《人神之媒》第八部分《各地东巴》介绍已故和健在东巴 635 人，据此，1000 人可能还是较保守的估计。解放后，由于历次政治运动特别是"文化大革命"的批判冲击，由于科学文化的发展，到"文化大革命"结束时，各地东巴基本上已停止活动，东巴传承中断。1983 年在丽江召开了东巴达巴座谈会，有 61 位东巴与会，据了解，当时大约还有东巴 217 人，且多已年迈，占总人口的 0.08%③。改革开放以后，东巴宗教民俗活动有所恢复，特别在边远山区，如木里的俄亚、香格里拉的白地，还保留着浓厚的古风古俗，有的地方还出现了较年轻的东巴和新写的经书。但法事活动明显简化，学习东巴经的年轻人寥如晨星，年轻一代对东巴教热情不高，整个东巴教还未能改变衰颓的趋势④。

二　东巴经

　　东巴做法事时念诵的经文叫东巴经。据李霖灿先生考察，在东部方言区木里、永宁一带没有文字，只有达巴口诵经。西部方言区有文字经典，又分两种情况：永宁以西、丽江坝以东金沙江两岸俄亚、白地、奉科、宝山、大具、鸣音、大东等地只有形字（东巴字）经典，丽江坝以西至维西有形字

---

　　①　木丽春：《东巴文化揭秘》附录《一个东巴祭司的经历》，云南人民出版社 1995 年版；李国文：《人神之媒》，云南人民出版社 1993 年版；和志武、郭大烈：《东巴教的派系和现状》，《东巴文化论集》，云南人民出版社 1985 年版。

　　②　和志武、郭大烈：《东巴教的派系和现状》，《东巴文化论集》，云南人民出版社 1985 年版。

　　③　同上。

　　④　和力民：《丽江东巴教现状调查》，《云南民族学院学报》1995 年第 2 期；杨福泉：《丽江中甸纳西族东巴教近况调查》，《民族学》1992 年第 3—4 期；云南省社会科学院东巴文化研究室编：《滇川纳西族地区民俗和宗教调查》，1990 年，又和发源、王世英、和力民：《滇川纳西族地区民俗宗教调查》，云南民族出版社 2008 年版。

和音字（哥巴字）两种经典①。

　　东巴经由东巴用竹笔在自制的硬纸上抄写而成。经书成横长条形，一般长 30cm，宽 10cm，多为左面用线装订。每页一般分上中下三栏，经文由左至右书写，每小节经文用竖线隔断。

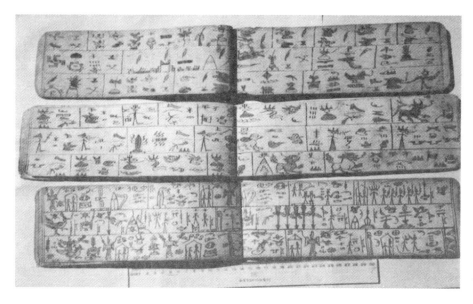

丽江东巴文化研究院所藏的东巴经

　　东巴教的道场，约有四五十种之多，时间从半天一夜至七八天不等②，每种道场要用不同的经典，数目繁多。如俄亚开丧仪式至少要用 20 多种经典，超度东巴什罗仪式要用 32 本经典③。因此，东巴家藏经典数目很大。

　　① 李霖灿：《与骆克博士论么些族象形字、音字之先后》，《么些研究论文集》，台北故宫博物院 1984 年版，第 38 页。按：近年有学者对李说略有补正，见和力民《东都方言区的纳西族没有文字的说法不尽确切》（《玉龙山》1989 年第 4 期），但基本格局没有改变。
　　② 和志武：《东巴教和东巴文化》，《东巴文化论集》，云南人民出版社 1985 年版，第 30 页。［英］杰克逊《纳西族宗教经书》说"纳西族有 100 多个时间长短不同的仪式"，见《东巴文化论》，云南人民出版社 1991 年版，第 626 页。
　　③ 和发源：《东巴古籍的类别及其主题》，《东巴文化论》，云南人民出版社 1991 年版。和力民：《滇川交界纳西族宗教调查》，《滇川纳西族民俗和宗教调查》，东巴文化研究室 1990 年版，第 68—70 页，又云南民族出版社 2008 年版。

丽江鲁甸东巴和文质去世以后，木丽春先生从其家中收集到东巴经 1700 多册①，据说还有户藏达三四千册的②。按 1000 名东巴每人 100 册计算，当时东巴经的数量也在 10 万册以上，当然实际可能远远超过此数。经过解放前后国内外学者、机构的大量收购，经过解放后历次政治运动特别是"文化大革命"的焚毁，留存在纳西族民间的东巴经已为数不多③。现国内外公私收藏的约有 2 万多册，其主要收藏情况如下④：

国内收藏情况

地点	收藏者	数量
北京	国家图书馆 中央民族大学图书馆	3000 余册 约 2000 册
南京	南京图书馆	约 1000 册
台湾	故宫博物院	1300 余册
云南	丽江市图书馆 中甸三坝乡文化站 云南省社科院东巴文化研究所 云南省图书馆 云南省博物馆 维西县文化局 云南作家协会戈阿干	约 4000 册 650 余册 600 余册 600 余册 约 300 册 360 册 约 1000 册
总计	约 14810 册	

---

①　木丽春：《东巴文化揭秘》附录《一个东巴祭司的经历》，云南人民出版社 1995 年版。

②　木丽春：《东巴文化揭秘》附录《抢救东巴经纪实》，云南人民出版社 1995 年版，第 416 页。但据李霖灿调查，洛吉河东巴的经书在 80 至 100 册之间，白地东巴为 300 多册，丽江东巴一般不足 500 册，只有一人多达 620 册。见《么些族文字的发生和演变》，《么些研究论文集》，台北故宫博物院 1984 年版，第 67 页。

③　参看李国文《人神之媒》第八部分《各地东巴》，云南人民出版社 1993 年版。

④　据张公瑾主编《民族古文献概览》，民族出版社 1997 年版，第 165 页。又参见和志武《纳西东巴文化》，吉林教育出版社 1989 年版，第 92 页；李霖灿《论么些经典之版本》，《么些研究论文集》，台北故宫博物院 1984 年版，第 101 页；［英］杰克逊《纳西族宗教经书》，《东巴文化论》，云南人民出版社 1991 年版，第 627 页；王梅堂《纳西族文献——东巴经》，《文献》1987 年第 2 期。

国外收藏情况

国家	收藏者	数量
美国	哈佛大学燕京学院 国会图书馆 赫伦梅勒收藏本（个人） 洛克赠送的私人收藏本	约 1000 余册 3038 册 约 4000 册 约 25 册
英国	芮兰兹图书馆 林登民俗博物馆 印度事务局图书馆 大英博物馆 曼彻斯特博物馆	约 150 册 15 册 约 50 册 91 册 1 册
法国	吉梅特博物馆 巴黎东方语言学院 国家图书馆	约 10 册 25 册 6 册
德国	马尔堡国立图书馆 柏林国立图书馆	1115 册 2000 余册
荷兰	莱顿收藏本	约 10 册
西班牙	个人收藏本	1000 余册
总计	约 13386 册	

此外，还有约 30 种（一说 90 种）达巴口诵经[①]。现存的 2 万册经书中，去其重复，约有 1000 种[②]。

东巴经是东巴文化最主要的载体，其内容涉及纳西族古代社会的语言、文字、历史、地理、宗教、哲学、民族、民俗、文学、艺术、天文、历法、农业、畜牧、医药等领域，是纳西族古代文化的百科全书，也是中华民族和全人类历史文化的瑰宝。

三　东巴文和哥巴文

东巴文纳西语称作"森究鲁究"sər³³ tçə⁵⁵ lv³³ tçə⁵⁵，"森"sər³³ 为木，

---

①　和志武：《纳西东巴文化》，吉林教育出版社 1989 年版，第 97、99 页。

②　和发源《东巴古籍的类别及其主题》原说有 1400 种，《东巴文化论》，云南人民出版社 1991 年版，第 600 页。1999 年 1 月，据和发源先生告知，经编纂《纳西东巴古籍译注全集》检查，不同的经典只有 1000 种。按：《纳西东巴古籍译注全集》实收经典 897 种。

"鲁" lv^{33}为石，"究" tɕə^{55}为痕迹，意为木石之痕迹，取其见木画木，见石画石之意。又称作"东巴特赫" to^{33}ba^{21}the^{33}ɣɯ^{33}，the^{33}ɣɯ^{33}意为文字。东巴文是以象形为主要造字法的文字，故又称形字。东巴文产生的时代较早，绝大多数东巴经都是用东巴文写成的。东巴文的字数，一般认为有 1000 字左右[①]。李霖灿《么些象形文字字典》收字 2120 号；方国瑜、和志武《纳西象形文字谱》收字 1340 号，加异体字、附收字共 2288 字；洛克《纳西语英语百科辞典》上册收字 3414 号。上列三书有很多字实际上是字组而不是单字。因东巴文是语段文字和象形文字的混合体，单字的切分存在许多困难，因此很难有准确的字数，但总字数在 1500 字左右当是没有问题的。

东巴文是一种宗教经典用字，主要为东巴所掌握，多用于书写宗教经典，虽然也有东巴或其他人用以书写信件、契约、账目、医书、文书等，但并没有成为纳西族社会全民的通用文字。纳西族子弟入学堂即学习汉文[②]，官府文书一律用汉文，东巴文被斥为"牛头马面"而受到文人学士的鄙视。在清末甚至还发生了巨甸东巴和文裕考取秀才，激起文人学士嫉愤诬告，被革除功名的事[③]。

东巴文形态原始，但它至今还活着。近年仍有东巴用其书写经典，可以说，东巴文是世界上迄今为止唯一的还活着的原始文字的样本，有十分重要的多方面的学术价值。

哥巴文纳西语称作 gə^{21}ba^{21}the^{33}ɣɯ^{33}，是一种标音的音节文字，又称作音字。哥巴文以简单的符号表示音节，但文字形体混乱，因人因地而异，随

[①]　和志武《试论纳西象形文字的特点》（《云南社会科学》1981 年第 3 期）、姜竹仪《纳西族的象形文字》（《中国民族古文字研究》，中国社会科学出版社 1984 年版）认为有 1000 字，杨甲荣《东巴文》（《中国民族古文字》，中国民族古文字研究会 1982 年版）、和即仁与姜竹仪《纳西语简志》（民族出版社 1985 年版）认为有 1300 字。

[②]　也有一边上学堂学汉文，一边在家学东巴文的。据老东巴和即贵先生告知，他 6 岁在外公家学东巴文，8 岁开始读汉文，12 岁正式入学，5 年毕业（又读附设初中班 2 年，白天进学校读书，晚上在家学东巴文），18 岁在师傅帮助下执掌法事。《人神之媒》第 170 页收有和先生小传，年岁略有出入。

[③]　李霖灿：《与骆克博士论么些族形字音字之先后》，《么些研究论文集》，台北故宫博物院 1984 年版，第 58 页。

哥巴文经书

意性很大，有一个音节多达三四十种形体的①。同时哥巴文不标声调，识读
比较困难。用哥巴文书写的经典很少，只有几百册。李霖灿当年在丽江收集
的1500册经典中，音字的只有9册②。方国瑜、和志武认为"所谓 ba²¹即呼
唤，gə²¹即发作，意即看字发音；以简单的笔画写成文字，有固定音读"③。
李霖灿则认为"哥巴"是徒弟的意思。关于哥巴文产生的时间，洛克、杰
克逊认为音字产生于形字之前，闻宥主张二者平行产生④，李霖灿在《与骆
克博士论么些族形字音字之先后》一文中，从六个方面论证了音字产生于形
字之后，其结论已为多数学者接受。

　　纳西族以一个30万人的小民族，相继创造了两种性质不同的文字，真乃

　　① 李霖灿：《与骆克博士论么些族形字音字之先后》，《么些研究论文集》，台北故宫
博物院1984年版，第45页。

　　② 同上书，第44页。

　　③ 方国瑜、和志武：《纳西象形文字谱》，云南人民出版社1981年版，第38页。

　　④ 郭大烈：《李霖灿与纳西族东巴文化》，《东巴文化论集》，云南人民出版社1985年
版，第461页。

文字发展史上的奇观，对于文字发展历史轨迹的探索有重要的参考价值。

另外，居住在维西县塔城镇的纳西族支系玛丽玛萨人（约2000人），也曾使用一种原始的玛丽玛萨文。据调查，玛丽玛萨人系从四川木里、盐源迁来，因此"玛丽玛萨"当系"木里摩娑"的变读。玛丽玛萨文只有一百零几个文字符号，其中多数与东巴文相同或相近，使用时一个字表示一个音节，但因字数太少，多音多义的现象比较严重。玛丽玛萨文应是东巴文的派生文字。值得注意的是，玛丽玛萨文不用于记录经典，只用于日常生活的记账、通信和记事，至解放初，还有基层干部用它来记事、记账、做笔记①。

文字	读音	意义	文字	读音	意义
〔字形〕	mv˧	天	〔字形〕	kuɯ˩	星
〔字形〕	xuɯ˩	海	〔字形〕	be˧	雪
〔字形〕	dø˩	地方	〔字形〕	mbu˩	峰
〔字形〕	luɯ˧	田	〔字形〕	dʑi˩	水
〔字形〕	ndzo˩	桥	〔字形〕	ŋgu˩	仓库
〔字形〕	tha˧	塔	〔字形〕	bø˧	圈
〔字形〕	kɤ˧	坛	〔字形〕	mu˧	门
〔字形〕	dz˩	佛铃	〔字形〕	næ˩	对联
〔字形〕	mu˩	簸箕	〔字形〕	thie˧	旗子
〔字形〕	tʂhu˧	尺子	〔字形〕	pu˧	甑子
〔字形〕	khua˩	碗	〔字形〕	tɕi˩	剪
〔字形〕	ku˩	针	〔字形〕	tshø˩	犁
〔字形〕	to˧	木板	〔字形〕	ŋgɯ˩	山片
〔字形〕	sa˧	麻	〔字形〕	le˧	茶
〔字形〕	kv˧	蒜	〔字形〕	øi˩	稻
〔字形〕	zɤ˩	烟	〔字形〕	zi˧	草
〔字形〕	nie˧	籼米	〔字形〕	dze˧	麦
〔字形〕	zø˩	青稞	〔字形〕	ly˧	果实

《维西傈僳族自治县志》所载玛丽玛萨文字表②

---

① 和即仁、姜竹仪：《纳西语简志》，民族出版社1985年版，第127页；和志武：《纳西族的古文字和东巴经类别》，《东巴文化论集》，云南人民出版社1985年版，第168页。调查时地名为"拉普公社"，后改名为"塔城乡""塔城镇"。

② 维西傈僳族自治县志编纂委员会：《维西傈僳族自治县志》，云南人民出版社1999年版，第867页。

第二章

关于选题和调研的若干问题

第一节 俄亚、白地在东巴文化中的地位和研究意义

一 俄亚、白地在东巴文化中的地位

在金沙江 N 字形大湾北端，有一个著名的地名"三江口"。三江口是洛吉河、水洛河（无量河）、金沙江三江汇流之处，是各地东巴经起祖、送魂路线的必经之地。李霖灿先生认为，纳西族的先民从北方迁徙到无量河流域后，一支往东南经木里、永宁来到盐源、盐边一带，这一支纳西族没有文字。另一支向南到白地，使东巴教发扬光大，再过金沙江迁到丽江，这一支纳西族创造了文字①。"三江口"地区，包括四川木里县的俄亚乡、依吉乡，云南玉龙县（原丽江县之一部）的奉科乡、宝山乡，宁蒗县的拉伯乡，香格里拉县的三坝乡、洛吉乡等地，是古代纳西族迁徙、集结、分途发展和东巴文化形成、传播的关键地区，有十分丰富的东巴文化遗存，而俄亚和白地是其中东巴文化原始风貌保存最完好的地方。

俄亚纳西族乡位于四川省木里县西南角，与云南省香格里拉县隔山相连，与丽江市隔金沙江相望。俄亚有纳西族 3000 多人，其中有一半聚居在俄亚大村，他们是 500 年前明嘉靖年间丽江木氏土司向外扩张时派往木里的

---

① 李霖灿：《么些族迁徙路线之寻访》，《么些研究论文集》，台北故宫博物院 1984 年版，第 97 页。

军队的后裔。俄亚距木里县城 323 公里，中有重重大山阻隔，2010 年之前不通公路和电话，交通十分不便。旧时从木里县城到俄亚，马帮要走 10 天。后来从县城到俄亚所在的瓦厂区（屋脚）通了公路（118 公里），从屋脚到大村也要走 7 天。从丽江到俄亚，或从奉科过江，或从香格里拉县洛吉乡翻山，下车后都需走马帮一到两天。2010 年俄亚因采金修通了一条简易公路，但时通时断，而且不通客车，进出俄亚还是得靠步行。山河阻隔，交通不便，使俄亚的风土民情和东巴文化难得地保留了比较古老的风貌。如俄亚的历法既不同于夏历，也不同于藏历，过年的日子由东巴观星相决定。俄亚将人民币的一元、一角叫作"一万""一千"，用的还是 20 世纪 50 年代币制的称呼。对东巴教的虔诚和信仰，在俄亚村民中还是生活的常态，东巴较多、经书法仪保存较好，真正可以称得上是东巴文化的活化石。

白地位于云南省香格里拉县东南约 100 公里的高山峡谷中，是三坝纳西族乡的一个行政村，也是该乡的中心及乡政府所在地，本课题除特别注明外，用白地指称整个三坝乡的纳西族地区。当代东巴文化的中心在丽江，但传统东巴文化的中心在白地。白地是纳西东巴文化的发源地，相传东巴教始祖丁巴什罗在白水台设坛讲经、教民耕作，东巴教第二宗师阿明什罗出生于白地并在阿明灵洞修行弘法，现在还留有白水台和阿明灵洞等胜迹，成为东巴教徒顶礼膜拜和当地民众敬神祭天的圣地。纳西族谚语说："不到白地，不算东巴。"东巴如能到阿明灵洞举行加威灵仪式，据说便威灵附体，法力无边，镇鬼降妖，无所不能，所以各地东巴都以到白地朝圣取经求法作为人生的崇高目标。白地历史上出现过许多学问高深的大东巴，现在仍有 80 多岁的和志本这样的大东巴，民间还保存了大量的东巴经典，传统文化底蕴十分深厚，加上交通不便，公路通车较晚，是目前东巴文化原始风貌保留最好的地区之一。白地因其在东巴文化史上的崇高地位，也成为东巴文化学者向往的地方，前辈大家洛克、陶云逵、李霖灿、和志武等都曾到此拜谒考察学习，白地对东巴文化的发展和学术研究做出了不可磨灭的贡献。

鉴于上述俄亚、白地东巴文化的历史和保存现状，我们将两地列为我们调查研究的首选对象。

二 俄亚、白地东巴文化的研究意义

1. 有助于全面了解东巴文化的历史和现状

本课题的重点在调查，主要目的是更全面地了解东巴文化的历史和现状，而对东巴文化的全面准确的把握，是做好与东巴文化有关的一切工作的基础。

纳西东巴文化现在国际上受到广泛关注，已成为一门国际性的显学，但对东巴文化的历史和现状，特别是川滇交界边远地区东巴文化的历史和现状的调查研究十分不够。白地是东巴文化的发源地，俄亚是东巴文化保留得最好的地方，不了解俄亚、白地东巴文化的历史和现状，就说不上掌握了东巴文化的全貌。

从东巴文化研究的角度看，弄清了俄亚、白地的情况，就可以在东巴文化的源头建立一个资料库和参照系，从而对整个东巴文化研究起到正本清源、提纲挈领、推动其发展的作用。反之，源不明则流不清，目前东巴文化研究有很多问题说不清楚，甚至出现讹误，主要是对其来源流变缺乏认识的缘故。

从东巴文化保护传承的角度看，几十年来由于政治运动、经济大潮、文化交流、交通传媒的影响，传统的东巴文化受到了很大的冲击。改革开放以后，在各级政府、有识之士和东巴的共同努力下，东巴文化有了一定程度的恢复。但各地东巴文化的现状究竟如何，其保护传承有哪些成功的经验，还存在哪些问题，应该如何改进，实际上都还缺乏客观、深入、细致的了解。因此，对俄亚、白地东巴文化现状进行一次全面深入的调查，对东巴文化的保护和传承工作进行梳理和总结，可以为政府和学界提供翔实的参考，以利于东巴文化保护传承工作的开展。

2. 有助于东巴文化的抢救和保护

俄亚、白地有深厚的东巴文化底蕴，2002 年丽江东巴文化研究所聘请的大东巴和开祥、和即贵去世以后，丽江就没有在世的著名东巴了，而白地健在的大东巴还有和志本（2015 年 88 岁）等，俄亚健在的大东巴还有甲若（80 岁）、木瓜林青（80 岁）等，他们是活着的东巴文化宝库。东巴文献在俄亚、白地民间也还有较多的遗存，除经书外，2003 年 10 月喻遂生在白地

和树昆东巴处发现两份东巴文纸质地契①，2006 年 3 月喻遂生带研究生在俄亚木瓜林青东巴的经夹板上发现一则木质账单②；2011 年 8 月，杨亦花和史晶英等在俄亚苏达村发现了一块为竖送魂经幡仪式所刻的东巴文石碑③，这些类型的东巴文献，在学界都是首次发现或全文刊布，学术价值不言而喻。但这些大东巴年事已高，东巴文献的留存十分脆弱，甚至有可能转瞬即逝，如不及时抢救记录，将追悔莫及。我们在调查中经常会碰到这种情况，说某某东巴原有多少经书，他刚去世，已经烧掉了，或某东巴文献去年都在，后来被小孩弄丢了，我们的调查收集总有来晚了一步的感觉。时不我待，刻不容缓，通过本课题的工作，将俄亚、白地东巴文献的情况尽可能摸清楚，尽可能多地收集起来，记录下来，这对东巴文化的保护传承研究是功德无量的事情。

3. 有助于东巴文和纳西语的研究

俄亚、白地的东巴文、纳西语存古较多，在学术上有重要的价值。但以往由于各种因素的限制，研究的方面和取材的地区都不太平衡。如对社会历史、文化宗教、经书译注着力较多，而作为东巴文化研究基础的文献研究、文字研究、纳西语调查研究则比较薄弱。《纳西东巴古籍译注全集》是东巴文献整理集大成的巨著，遗憾的是未能收入俄亚、白地的经书，而且至今也没有一本俄亚、白地的经书做成"四对照"本发表。俄亚、白地是纳西族支系汝卡人的主要聚居地，汝卡经书和文字有许多古老的特点和较高的学术价值，李霖灿先生《么些象形文字字典》专辟"若喀字"一类，可惜只收了 50 字。本课题拟编出俄亚、白地东巴经的目录，列出俄亚、白地东巴文的字表，调查俄亚、白地多个地点的纳西语方言，这对于东巴文和纳西语的

---

① 喻遂生：《东巴文卖拉舍地契约译释》，《中国文字学报》第一辑，商务印书馆 2006 年版；《东巴文白地买古达阔地契约译释》，《纳西东巴文研究丛稿》（第二辑），巴蜀书社 2008 年版。

② 参见李静生《俄亚六日记》，《玉龙山》2006 年第 4 期；喻遂生：《俄亚纪行》，《纳西东巴文研究丛稿》（第二辑），巴蜀书社 2008 年版。

③ 史晶英、杨亦花：《俄亚乡竖经幡仪式调查》，《丽江师范高等专科学校学报》2012 年第 1 期；史晶英：《木里县俄亚乡苏达村东巴文石碑研究》，《丽江师范高等专科学校学报》2012 年第 3 期。

研究，对于普通语言学、普通文字学、民族古籍整理、民族古文字辞书编纂等相关学科，都具有学术参考价值和现实意义。

4. 有助于民族地区的社会经济文化建设

东巴教作为纳西族的原生宗教，是纳西先民智慧的结晶和民族精神的载体，是纳西族自立于民族之林的基石，是创新民族新文化的源泉。在新的历史条件下，如何加强东巴教的抢救和传承，满足纳西族民众对传统宗教的现实需求，如何帮助东巴教取其精华，去其糟粕，使之与当代社会相适应，与现代文明相协调，既保持民族性，又体现时代性，找到与社会主义新农村新文化和谐发展的转型之路，是一个亟待研究和解决的大问题。本课题的工作，虽然只是解决这一问题的一些基础性的铺垫和探索，但对于弘扬民族优秀文化，提高民族自信心，加强民族团结，建设和谐社会，对于民族地区的文化教育、古籍整理、旅游开发、新农村建设，有积极的促进作用。

第二节　俄亚、白地东巴文化研究的历史和现状①

一　俄亚东巴文化研究的历史和现状

俄亚由于交通闭塞，路途艰险，外面的人去过的不多。丽江著名大东巴和凤书曾到过俄亚，他在东巴经《大祭风·招回本丹神兵》卷末的跋语中说："（这本经书）是30岁那年写的。小哥我，曾到俄亚那个地方去过。看到那里人们的生活很贫困，我一双圆圆的眼睛，黑色的眼珠，只要看到人们艰难地生活着，就对人生不抱多少希望，心里就十分悲伤。"② 到俄亚的经历值得特别一提，说明当时去者确实不多。

宋兆麟先生在《俄亚大村》一书中说："俄亚交通极为不便，学者很难

---

① 本课题团队成员对俄亚、白地的调查情况见本章第三节"三　本课题的调研过程"。

② 《纳西东巴古籍译注全集》第88卷，第199页。和凤书（1877—1952），丽江大研镇庆云村人，其祖上为丽江木氏土司祭天的主祭东巴，其本人民国年间任过丽江东巴会会长，1950年春曾作为东巴教代表出席丽江专区各族各界代表会议。见李国文《人神之媒》，云南人民出版社1993年版，第225页。

涉足其地。美国学者洛克本想赴当地调查，曾派助手探路，但在过雪山时摔断了腿，洛克只好取消俄亚之行。最早到当地的学者应该是李霖灿先生，可惜公布信息甚少。1981年初，我同刘尧汉、严汝娴、张燕平从泸沽湖出发，两渡金沙江，从云南丽江而进入俄亚境内，进行四个月调查以后，又横渡无量河，经依吉乡返回泸沽湖。但在归途中过雪山，也没有幸免于难，四人行而伤其三：一人骨折、一人脑震荡、一人腰扭伤，田野调查付出了沉重的代价。"①

关于俄亚一带的艰险，李霖灿先生说："那一带地势卑热，又时有匪警兵劫，所以知道或到过那一带的人非常之少。……那一带的艰苦和危险都不是普通人所能承受得了的。我曾于民国三十一年由中甸走入这一个区域内去调查，见兵匪焚劫之余，到处都是断垣残壁，巫师们都把它们仅有的经典藏在秘密的山洞里。"②

李霖灿先生在其著作中，几次明确地说到他到过俄亚。在《么些族迁徙路线之寻访》一文中说："当我们由丽江经永宁一路探索到木里（木裏或眉里）土司地时，无量河边正闹着匪患，木里的大喇嘛项扎巴松典顾虑到自己的责任和我们的安全，劝我们不要深入冒险。我们虽然深以功亏一篑，遗憾不置，但鉴于事实上之不可能，也只能临时改变行程由无量河下游绕俄丫而回永宁把再来探索的机会留待异日。"③

在《论么些族象形文字的发源地》一文中说："在里朗，博罗一带都是用白土筑成的平顶房，当地人用汉话说时叫做'土庄房'，这种房屋人可以在房顶平台上由这一家跨到那一家，不需要走人家的大门而可以跨越全村，我站在俄丫土官的平寨上，见到全村平台相连接成一个大的碉堡，我明白这种建筑应该是有防御工事的意义在内，同时明白了'we'字的来源是'平

---

①　宋兆麟：《俄亚大村》，四川人民出版社2003年版，第1页。

②　李霖灿：《美国国会图书馆所藏的么些经典》，《么些研究论文集》，台北故宫博物院1984年版，第136页。

③　李霖灿：《么些族迁徙路线之寻访》，《么些研究论文集》，台北故宫博物院1984年版，第94页。

碉'，丽江没有这种平碉，所以当地的巫师没法解释这个字的来源。"①

　　在《和才传》（手稿）中，李先生记述他与和才于 1942 年 5 月经洛吉河到泸沽湖，再到木里，"木里王子很礼貌的接待了我们，因为那里还停留在神道设教的时代中，所以特意指派了一位僧官护送我们到无量河边去……依照这位僧官所说的'规矩'，在这无量河边，我每到一个站口，可以有两只鸡两升米的供应，他同和才，只有我的一半。记得在一个名叫俄亚的小村寨里，和才才对我说出他箱底白米的秘密：那是我们的最后防线，木里王子若不准商人和我们交易，我们还是可以依靠它退回永宁。——如今，世事演变出人意料，早知如此，多买它几个口袋才好，好装木里王子送我们的食米呀！"②

　　关于此行，和才《自序》（手稿）有一段简洁明确的记载："民国卅一年农历正月六日李先生霖灿的请帮调查工作，于是我们就依照着经典上的迁移路线追寻，渡过了无量河到了永宁，在永宁曾停了两个月。居在喇嘛寺内，正在寂寞之间，李先生说，睡在一处来谈闲话，这事情只有天消（晓）得。却（黢）黑的夜里不能比手比脚如何给他谈法呢？从今以后，他很有

　　① 李霖灿：《论么些族象形文字的发源地》，《么些研究论文集》，台北故宫博物院 1984 年版，第 33 页。

　　② 李霖灿《和才传》（手稿），写于 1994 年 7 月 1 日。喻遂生 1999 年 1 月复印自丽江木府博物馆。和才（1925—1956），纳西族，丽江鲁甸乡新主村人，东巴世家。读过汉文小学，两次被抽壮丁，曾只身渡过澜沧江、怒江、侎江（今缅甸恩梅开江）到达缅甸的密支那，返程时到过独龙江。1942 年在白地经姨表杨学才东巴介绍和李霖灿相识，随即协助李霖灿到洛吉、永宁、木里等地寻访调查东巴文化。1943 年随李霖灿离开丽江，经盐源、西昌等地到达中央博物院筹备处所在地四川南溪县李庄。在李庄，和才与李霖灿、张琨合作，记录了 20 多部东巴经典，出版了《么些象形文字字典》《么些标音文字字典》。抗战胜利后，和才随中央博物院筹备处复员到南京，1948 年冬中央博物院迁往台湾，和才不愿离开大陆而回到云南。1950 年 8 月到云南省民委语文研究室工作，1956 年 5 月病逝于昆明。和才是东巴中的一位奇人，是第一个在研究机关参与研究工作并领取薪俸的东巴，也是至今为止唯一的一个学会了国际音标和田野调查的东巴。和才收集了很多故事和民歌，发表过《悲悲切切送别情歌》《青藏滇边区的民歌》《记白地的奇水》《毒龙河的奇风怪俗》，现存遗稿有：《拿喜历代故事》（封面）、《拿喜洪水故事》（封面）、《多巴教主》（2 页）、《自序》（3 页）等。参见喻遂生《和才东巴文题辞译释》引言，《纳西东巴文研究丛稿》（第二辑），巴蜀书社 2008 年版。

兴趣的每日晚中校（教）我一两字汉文，那时我好无兴趣念他。由永宁我们依照经典再向上溯么些族迁移的源流，便走入了木里土司的地界，在这里非常可惜的是木里王同东往（东旺）火头的不和气，不许再进一步往前调查。心里次（刺）痛着，只好左转到无量河边的俄丫去了一次。由国历八月间返回丽江，在玉峰寺休息。"①

由上可见，李先生木里之行的主要目的是沿着东巴经的送魂路线追寻纳西族的迁徙路线，去俄亚只是临时改道路过，对当地东巴文化并没有进行更多的调查研究。

新中国成立后，1956、1957 年开展民族语言调查时，纳西语共设有 6 个重点、32 个副点，遗憾的是没有在俄亚设点，但调查报告谈到了俄亚纳西语属于纳西语西部方言②。

1958 年 2 月，"四川民族调查组木里小组"写有《木里俄亚纳西族概况》，比较简单，仅 16 开 6 页，主要是社会历史情况。由于历史的局限，提到东巴文化，只有短短的几行，且持批判的态度③。

1981 年初，宋兆麟、刘尧汉、严汝娴、张燕平等先生到俄亚进行了四个月调查，宋兆麟先生后来写有《共夫制与共妻制》《俄亚大村》《木里俄亚》等书。《共夫制与共妻制》是关于俄亚婚姻制度的专著，《俄亚大村》图文并茂，有很多珍贵的图片和资料，但主要内容是社会历史和民俗，且属通俗读物性质④。

1981 年 3—5 月，朱宝田先生到俄亚调查，在灶窝（今作"作窝"）村一位东巴家收集到一本"用二十八宿星名来占卜的经书"，做了记录和翻

①　和才：《自序》（手稿），写于"民一卅七—六月廿八日"。喻遂生 1999 年 1 月复印自丽江木府博物馆。

②　和即仁、和志武：《纳西族的社会历史及其方言调查》，《纳西族社会历史调查（三）》，云南民族出版社 1988 年版；又载和即仁《民族语文论文集》，云南民族出版社 2006 年版。

③　四川民族调查组木里小组：《木里俄亚纳西族概况》，《纳西族社会历史调查（二）》，云南民族出版社 1986 年版。

④　宋兆麟：《共夫制与共妻制》，上海三联书店 1990 年版；《俄亚大村——一块巨大的社会活化石》，四川人民出版社 2003 年版；宋兆麟、边人：《木里俄亚——融化在金沙江魂魄中的异俗》，外文出版社 2005 年版。

译，与陈久金先生合作写成了《纳西族的二十八宿与占星术》①。

1987 年 7 月，刘龙初先生著有《四川省木里藏族自治县俄亚乡纳西族调查报告》，约 9 万字，分概况、婚姻、家庭、丧葬习俗、宗教信仰、民间传说故事六个部分，其中婚姻、家庭两部分最详细，具有重要的参考价值②。

1988 年 5 月至 7 月，云南省社会科学院东巴文化研究室和发源、和力民、王世英先生组成"滇川纳西族地区宗教民俗与历史语言调查组"，对宁蒗县永宁乡、托甸乡油米村、木里县俄亚乡、盐源县左所乡达咀村等地进行了调查，调查报告结集为《滇川纳西族地区民俗和宗教调查》③。其中关于俄亚的报告有：王世英《四川木里县俄亚纳西族乡大村调查》、和力民《滇川交界纳西族宗教调查》《四川省木里县俄亚大村纳西族祭崩鬼仪式调查》、和发源《俄亚纳西族的婚俗》《俄亚纳西族的丧葬习俗》。此书的三位作者都是纳西东巴文化研究的专家，他们的报告是当时最详细深入的调查成果。

1993 年 10 月，和志武先生主编的《中国原始宗教资料丛编·纳西族卷》出版，其中摘录了各书中关于俄亚的一些材料④，不一一详述。

美国学者孟彻理 20 世纪 80 年代开始在丽江和滇川交界地区进行民族调查，数次到过俄亚，他在《纳西—摩梭的亲属制度及其文化》一文中，有一节以"鹰山村"为名叙述俄亚大村的亲属制度⑤。

2001 年 2 月至 2002 年 2 月，纳西族学者鲍江先生为了完成博士学位论文，三次到俄亚调查，后来博士学位论文以"象征的来历——叶青村纳西族

---

① 朱宝田、陈久金：《纳西族的二十八宿与占星术》，郭大烈、杨世光编《东巴文化论集》，云南人民出版社 1985 年版。

② 刘龙初：《四川省木里藏族自治县俄亚乡纳西族调查报告》，《四川省纳西族社会历史调查》，四川省社会科学院出版社 1987 年版。又民族出版社 2009 年版。

③ 云南省社会科学院东巴文化研究室编：《滇川纳西族地区民俗和宗教调查》，1990年；又和发源、王世英、和力民：《滇川纳西族地区民俗宗教调查》，云南民族出版社 2008年版。

④ 和志武主编：《中国原始宗教资料丛编·纳西族卷》，上海人民出版社 1993 年版。

⑤ 孟彻理：《纳西—摩梭的亲属制度及其文化》，《云南社会科学》2000 年 4 期。关于孟彻理的纳西学研究，可参见甘雪春《走向世界的纳西文化——20 世纪纳西文化研究述评》，下编一"国内外部分纳西文化研究学者简介"，云南大学出版社 2006 年版，第 131 页。

东巴教仪式研究"为题出版，"叶青村"就是俄亚大村的"学名"①。此书是我国学者第一部以俄亚为研究对象的博士学位论文，全书主体部分共 3 章："第一章 东巴教及其基本概念""第二章 东巴教时空观""第三章 东巴教仪式时间模式"。该书的核心是采用仪式与象征符号理论，追本溯源，探求东巴教象征符号的建构逻辑②。著名纳西族学者、人类学家和少英先生在该书"序"中称赞此书"堪称仪式与象征符号理论研究领域中一部难得的创新之作"。

2001 年 9 月，戈阿干先生《东巴文化真籍》出版，该书以图版形式展示各地东巴经的风貌，其中《四川木里纳西东巴文物真籍》部分刊布了 106 页东巴经书和画谱，以及 2 幅人物和法器照片③，经书当出于俄亚或附近地区。

2003 年 4 月郭大烈先生主编的《中国少数民族古籍总目提要·纳西族卷》出版，在其甲编书籍类中著录了丽江东巴文化博物馆收藏的俄亚东巴经 43 本，在丙编文书类中著录了丽江东巴文化博物馆收藏的俄亚账簿、账单 21 件，由和继全先生撰稿，内容有纸质、尺寸、页码、内容简介，但无图像④。

2005 年 9 月和 2006 年 8 月，和力民先生两次陪同日本学者到俄亚考察，其重点是俄亚大村的铸铧技术，其《俄亚村古代铸犁打铁技术的继承》一文⑤，记述了俄亚铁匠师傅的家族和婚姻、铁工劳作和传承、铸铧时的东巴祭祀仪式、铸铧的材料工具和具体过程等。

2008 年 10 月 21 日至 11 月 3 日，丽江东巴文化研究院李英、和丽峰、

---

① 鲍江：《象征的来历——叶青村纳西族东巴教仪式研究》，民族出版社 2008 年版，第 32 页。

② 同上书，第 3 页。

③ 戈阿干：《东巴文化真籍》，云南美术出版社 2001 年版。

④ 郭大烈主编：《中国少数民族古籍总目提要·纳西族卷》，中国大百科全书出版社 2003 年版，第 421 页。俄亚经书著录见于该书第 19、45、93、135、167、187、195、208、213、284、407 页，俄亚账簿著录见于第 421 页。

⑤ 和力民：《俄亚村古代铸犁打铁技术的继承》，载杨福泉主编《纳西学研究论集》第一辑，云南人民出版社 2009 年版。又见《石范铸造研究》，日本奈良县立橿原考古研究所 2008 年版，第 84 页。

张磊和陈四才东巴到俄亚调查，主要对俄亚东巴文化的现状（传承、宗教活动情况、宗教与生产生活的关系、宗教信仰状况、东巴经书和东巴文字的异同等）、俄亚的婚丧习俗、纳西语（语音、词汇、语法，与丽江纳西语的异同）进行了考察①。

2012 年 2 月 7 日至 15 日，玉龙县民宗局保护抢救纳西族语言遗产系列图书项目组和洁珍、肖煜光、杨明等一行到宁蒗、盐源、木里等地调查，其中 11—13 日在俄亚调查记录了大村和卡瓦村的劳作歌。调查对象为俄亚大村艺术团（2012 年 1 月组建），卡瓦村歌手阿扎（时年 74 岁）、克古衣夏（时年 44 岁），音像记录了劳动号子、犁牛调、赶马调、采山调、织事调、盖房调等近 20 首劳作歌及部分习俗歌，拟将部分曲目编入《纳西族劳作歌选》中②。

2013 年 1 月 24 日至 30 日、2015 年 1 月 19 日至 25 日，云南大学光映炯到俄亚大村、卡瓦村调查俄亚生态旅游环境等方面的情况，与和继全、光映霞合作，发表了《滇川交界处俄亚大村的文化生境及其演变》一文③。

2014 年 5 月 4 日至 12 日，丽江东巴文化研究院李德静院长、和玉英助理研究员和宁蒗县拉伯乡油米村的阿公塔东巴到俄亚卡瓦村，考察了纳西族汝卡支系的宗教仪式、语言文字、民俗文化等情况。

2014 年 11 月至 2015 年 1 月，台湾清华大学经济人类学博士生美国人张慧娜到俄亚调查了俄亚的社会经济、民间经济交流、物物交换等情况。

2015 年 1 月 24 日至 26 日，丽江师专杨林军副教授和中南民族大学硕士生木丽宏到俄亚大村调查了俄亚的社会历史情况。

由上可见，学界对俄亚纳西族社会历史文化的调查，参与的人数不多，成果也不多。现有成果的内容偏重于社会结构、婚姻制度、民风民俗；对东巴文化的调查偏重于宗教活动，对东巴、东巴文献、东巴文、纳西语的调查很少，有些甚至还是空白。

---

① 据李英致喻遂生信。
② 据和洁珍致杨亦花信。
③ 何明主编：《西南边疆民族研究》第 12 辑，云南大学出版社 2013 年版。

二　白地东巴文化研究的历史和现状

白地位置虽亦偏远，但与俄亚相比，已算距城市较近而且没有那么艰险，进入白地的学者相对多一些。

美籍学者约瑟夫·洛克（Joseph Francis Rock）1922 年 2 月从缅甸进入云南，5 月到达丽江，本来任务是为美国农业部采集植物标本，后来逐渐迷上纳西东巴文化，成为研究东巴文化的著名学者、西方纳西学之父。1931 年 3 月底，洛克从虎跳峡经哈巴到白地考察了 10 天。洛克说到达白地的旅行家非常之少，在他之前只有荷兰传教士柯克（Kok）、雅克·巴克（Jacques Bacot）、汉德尔·玛齐蒂（Handel-Mazzetti）3 人。他在《中国西南古纳西王国》一书中记述了白地一行所见到的地貌、村落、民风，特别是 10 张精美的照片，为我们保存了 80 年前吴树湾村、白水台、阿明灵洞和纳西农民的风貌，十分珍贵①。

1934 年至 1936 年，中央研究院与云南省政府合作进行云南边疆民族调查，其中历史语言研究所陶云逵先生调查滇西南的傣族及滇西北的纳西族、傈僳族②。1935 年 7 月 20 日，陶云逵在中甸县白地请一名 40 岁的东巴作羊骨卜，此人自称为东巴教祖师东巴萨勒第九十五代嫡徒，陶先生因此作《么乡族之羊骨卜毗卜》。文中说："么乡经典，据作者所调查（记录书名，内容）共得一千零五十八种。"文中公布了 3 本东巴文卜书，其中 1 本羊骨卜书采自白地，17 页；2 本贝卜书，分别是 15 页和 14 页。除封面有标音外，均只有原文、汉译和注释，这是我们见到的国内最早刊布的东巴文经书③。周汝诚先生参与其事，充任采访员及翻译，但周先生称考察团为"国民党政府中央民族考察团"，恐不确。又称在白地"获象形文字东巴经书千余册"，

---

① 洛克：《中国西南古纳西王国》，云南美术出版社 1999 年版，第 162—182 页，图版 129—139。洛克到白地的时间，见和匠宇、和锵宇《孤独之旅》，云南教育出版社 2000 年版，第 225、340 页。

② 张泽洪：《近现代西南少数民族宗教研究述论》，http：//blog. sina. com. cn/0751zhangzehong。

③ 陶云逵：《么乡族之羊骨卜毗卜》，中央研究院历史语言研究所《人类学集刊》第一卷第一期，商务印书馆 1938 年版。

不知是收购，还是和陶先生所说的是同一回事①。陶云逵此行，还在白水台发现了"嘉靖甲寅长江主人题释理达禅定处"摩崖石刻，方国瑜先生认为"长江主人"即木高，"释理达"即东巴萨勒②。

1941年，段绥滋纂修的《中甸县志》定稿。段绥滋（1888—1949），白族，剑川人，1937年至1939年任中甸县县长。在任期间"爰集贤豪长者，采访搜集"，"三易寒暑，纂为《中甸县志稿》五卷"，又在离任后修改补充，于1941年形成定稿。该志"纂修大意"说中甸是"坐拥七种民族、六种语言、四种文字、五种宗教之奥区"，将纳西族及其语言、文字、宗教与其他民族并列。上卷"民族种类及人口"说，其他乡的纳西族"渐与汉族同化。惟三坝乡囿于一偏，顽固如故"。下卷"宗教"有"东跋教"条，"语言"有"摩些语"条，"文字"有"摩些文"条。"摩些文"条曰："摩些文，亦称东跋文，即东跋萨拉所造。凡摩些民族，多用此种文字。惟东跋经则较为艰深，非东跋教徒不能解也。其实此种文字但能称为摩些字或东跋字，绝不能称之为文。因此种文字，仅有单字之连续，而并无八品名词或任何文法也。摩些字多象形、指事，亦有借物名之音而造成字，颇似形声或假借者。然绝无一定规律，故写法每有不同，必视其上下之字始能识别。实原始民族之文字，不过较结绳、木刻稍进一步耳。摩些字无一定之音，质言之，即系本汉语之音义转为摩些语，又由摩些语之音意而生造此种符号。其缮写仍用竹笔，亦有用毛笔者。其写法多系下行直行，但每行写三字或二字，甚至笔画多者，仅写一字后，又必向右提写第二行，颇似新闻报纸之排印法，将整篇纸幅格为数段。不过其写法，系由左端而至右端，迨上格写完后，再由第二格之左端起。而开手必有一符号，又多于每句之后画一直线，以为前后两句之区分。"下举有"开手符号"和"天、地、日、月、风、云、雷、雨、山、水、土、木、父、母、子、女"16个东巴文。段氏有些

---

① 周汝诚：《永宁见闻录》，《纳西族社会历史调查（二）》，云南民族出版社1986年版。

② 方国瑜、和志武：《纳西象形文字谱》，云南人民出版社1982年版，第40页。关于此摩崖石刻，段绥滋纂修《（民国）中甸县志》（1941年）末卷亦有录文，田松《论白地摩崖作者为木高之证据不足》（《云南社会科学》2002年第2期）对"长江主人"即木高提出质疑。

看法不正确，但对东巴文的造字方法、使用和行款的观察，还是比较准确的。该志"艺文"之下收有县长段绶滋发布的《规定婚姻范围禁止血亲结婚布告》，中有"兹以汉、藏、摩西、僳僰四种文字剀切布告禁止"句，说明当时可能已将东巴文用于文告，这些资料弥足珍贵①。

1942年2月至4月，李霖灿先生在白地作了两个月调查，主要是跟从大东巴久嘎吉学习和考察祭天仪式，其后写成《中甸县北地村的么些族祭天典礼》②。李先生在白地先聘请杨学才东巴协助工作，在白地阿明灵洞，至今还保存着李先生和杨学才东巴的题词。上为东巴文，意为："李霖灿×× 年正月十八日"，下面的汉字是"卅一年三月题李霖灿杨学才"。李霖灿先生日记1942年3月4日曰："三月四日 天雨雪，然当地人称'菩萨哄不得'，遂令人负粮，集多巴入山，下午抵阿迷〰〰〰。多巴盛装立于一石灰岩之洞穴中，为摄一影。晚间看五佛冠跳，恍似回至二千年之前野神时代也。"③ 其中4个东巴文指阿明灵洞，日记与题词正相吻合。1944年，李霖灿《么些象形文字字典》出版，在"引言"中，他指出东巴文创始于无量河流域，发扬光大于白地。他在字典中收了很多白地特有的字形，以"此字唯见于北地"之类的话指出东巴文的地域差异，如"人文类"的238、247、294、304、401号字等。

1956、1957年开展民族语言调查时，白地和东坝被设为纳西语西部方言调查的副点，划入丽江坝土语，但是在"金江区政府记音"，时间是1956

---

① 中甸县地方志编纂委员会：《中甸县志·人物》，云南民族出版社1997年版，第905页。段绶滋纂修，和泰华、段志诚点校：《（民国）中甸县志》，中甸县志编纂委员会办公室：《中甸县志资料汇编（三）》，1991年版，"弁言"、第43、135、138、143、195页。

② 李霖灿：《中甸县北地村的么些族祭天典礼》，《么些研究论文集》，台北故宫博物院1984年版，第219页。文中明确记载了在白地考察的时间："民国三十一年的春天，我为国立中央博物院调查么些族的文字和习俗，于农历的年底由丽江向北渡过金沙江，来到中甸县的北地乡。……我们到达白地是二月九日，在农历已是'祭灶'之后一日（腊月廿四日）……然而一直到四月六日我们离去这多巴圣地的时候，这位大多巴在这两个月内给了我们最大的合作。"

③ 参看喻遂生《阿明灵洞李霖灿题词考证》，李霖灿先生日记由李在其先生提供，谨致谢忱！

年7月①，应是将发音人调出来记音的。据杨正文《藏区东巴文化要览》记载，他的父亲更高大东巴1953年应和志武之邀"前往中甸县金江乡吾竹村参加纳西语言研讨会，负责发音、口型及诠释工作"②，应即此事，但时间"1953年"有误。

1957年春，著名纳西族学者赵银棠利用学校放寒假的机会到白地调查。她和同行的一个学生经黑白水、大具，过金沙江，经哈巴到白地。在白地逗留5天，请3位60岁左右的东巴讲诵了东巴经《鲁般鲁饶》《东沙欧杜治卓》。但"他们曾经历或者听说过一些对迷信活动的批判、斗争，思想上还有顾虑。谈话之间，东巴们总是没有畅所欲言"③。

1959年2月，云南民族调查组写有（郭大烈整理）《中甸县三坝区东坝乡纳西族解放前社会历史和经济生活》，共2页。④ 1960年7月，中共中甸县工委三坝调查组写有《中甸县三坝地区纳西族社会历史调查报告》，共7页。⑤ 另有云南民族调查组丽江分组《中甸、维西纳西族婚丧习俗》，其中"中甸"实为三坝地区，2页半，无具体写作时间，据该书后记，应为20世纪50年代⑥。以上3份报告均较简单。

戈阿干先生先后6次到过白地，第一次是1960年夏，戈先生作为中央民族学院历史系的学生，参加中央民族调查组赴白地一带调查。戈先生写有《东巴文化圣地——白地纪行》，记录几次调查的情况，载于《戈阿干纳西

① 和即仁、和志武：《纳西族的社会历史及其方言调查》，《纳西族社会历史调查（三）》，云南民族出版社1988年版；又载和即仁《民族语文论文集》，云南民族出版社2006年版。

② 杨正文：《藏区东巴文化要览》，云南民族出版社2010年版，第34页。

③ 赵银棠：《东巴圣地——白水台访问记》，《玉龙旧话新编》，云南人民出版社1984年版，第37页。

④ 云南民族调查组：《中甸县三坝区东坝乡纳西族解放前社会历史和经济生活》，《纳西族社会历史调查（三）》，云南民族出版社1988年版。

⑤ 中共中甸县工委三坝调查组：《中甸县三坝地区纳西族社会历史调查报告》，《纳西族社会历史调查（二）》，云南民族出版社1986年版。

⑥ 云南民族调查组丽江分组：《中甸、维西纳西族婚丧习俗》，《纳西族社会历史调查（一）》，民族出版社2009年版。

学论集》①。

1962 年，和志武先生到白地调查，从和牛恒（或作"和年恒"）东巴翻译东巴经，后收入《纳西东巴经选译》。全书共收东巴经汉语译文 18 种，其中丽江经书 7 种，白地经书 11 种。和先生在《后记》中说："其所以这样编录取舍，是因为以往见到的中外译本，差不多都是根据丽江县境的东巴的读经为根据，中甸白地乡一带的东巴经，则很少有人发表过系统和完整的译文。而素称东巴教圣地的白地东巴经，无论从内容上和语言艺术上，都与丽江一带的东巴经有些不同和独到之处，所以这个译稿多选了一些白地的经书，以便有兴趣的读者将来作深入的比较研究。"② 此书后以《东巴经典选译》为名正式出版，白地经书增加到 16 种（1963 年和牛恒东巴在丽江读经 2 种，当是白地经书，亦计入），卷首载有和牛恒东巴与和志武翻译东巴经工作照一幅，比较珍贵③。杨正文先生说和志武曾 9 次到白地考察④，详情待考。

1962 年至 1965 年，在丽江县委书记徐振康的倡导下，丽江县文化馆延聘著名东巴和学者，整理石印了《崇般图》等 22 种东巴经书，读经者中没有白地东巴。但据一些材料看，白地东巴可能参与了这项工作。材料一：和志武《东巴经典选译》中，《除秽经·司巴金补、司巴金母传略》末注有："白地东巴和牛恒读经，1963 年 3 月和发源记于丽江县文化馆，和志武重译。"《祭风神阿萨命》末注有："白地东巴和牛恒读经，1963 年 3 月记译于丽江县文化馆。"⑤ 材料二：杨正文撰写的《东巴经师小传》说："1961 年，应丽江县文化馆之请，久干吉大师与其高徒大东巴年恒（水甲年恒）一道前往丽江，住在黑龙潭文化馆内，帮助清理馆藏东巴经卷。由于生活很差，无人照顾，二位老人住不惯，思乡心切。为能早日回家，他们不分昼夜苦

———————————

① 戈阿干：《戈阿干纳西学论集》，民族出版社 2008 年版，第 43 页。

② 和志武：《纳西东巴经选译》，云南省社会科学院东巴文化研究室、云南省丽江东巴文艺研究室印。原书未记印刷时间，作者《后记》记有"一九八三年四月交稿于丽江"，印刷时间当为 1983 年或 1984 年。

③ 和志武：《东巴经典选译》，云南人民出版社 1994 年版。

④ 杨正文：《藏区东巴文化要览》，云南民族出版社 2010 年版，第 46 页。

⑤ 和志武：《东巴经典选译》，云南人民出版社 1994 年版，第 202、252 页。

干，两个月就圆满完成了任务。"①

1973 年朱宝田先生到白地调查，在和年恒东巴家收集到他家 1967—1971 年的东巴文账簿，共 878 个东巴文，在和年恒东巴的帮助下作了初步翻译，在《纳西东巴文账簿》一文中做了介绍②。

1985 年 5 月，李国文先生到白地、东坝调查，1990 年再次到中甸，主要关注东巴群体的历史和现状，其成果见于《人神之媒——东巴祭司面面观》，其中记载了三坝乡的东巴 96 人，具有重要的参考价值③。

1985 年 7 月，和钟华先生到白地作民间文学调查，后来发表的相关成果有：《中甸县三坝区白地乡纳西族阮可人生活习俗和民间文学情况调查》《"东巴圣地"的文学》和《纳西东巴圣地民间文学选》④。

1989 年 4 月、1991 年 7 月、1999 年 7 月，杨福泉先生到白地、东坝调查，主要关注宗教、礼俗和纳藏关系，其成果《丽江、中甸纳西族东巴教现状调查》《丽江、中甸纳西族的几个宗教礼俗和传说》《中甸县三坝乡白地阮可人的宗教礼俗调查》《中甸县三坝乡纳藏关系调查》见于《纳西民族志田野调查实录》⑤。

1989 年 5 月，和发源先生对白地进行了 20 多天的调查，调查报告《白地纳西族的丧葬习俗》《中甸县三坝乡白地纳西族的婚嫁习俗》收入《滇川纳西族地区民俗和宗教调查》⑥。

1990 年及其后，白庚胜先生多次到白地调查，在丽江师范老同学和尚

---

① 杨正文：《最后的原始崇拜——白地东巴文化》，云南人民出版社 1999 年版，第157 页。

② 朱宝田：《纳西东巴文账簿》，《民族学报》1981 年第 1 期。

③ 李国文：《人神之媒——东巴祭司面面观》，云南人民出版社 1993 年版，第 91 页。

④ 和钟华：《中甸县三坝区白地乡纳西族阮可人生活习俗和民间文学情况调查》，《纳西族社会历史调查（三）》，云南民族出版社 1988 年版；《"东巴圣地"的文学》，《云南民族学院学报》1987 年第 2 期；和钟华、和尚礼编：《纳西东巴圣地民间文学选》，云南民族出版社 1991 年版。

⑤ 杨福泉：《纳西民族志田野调查实录》，中国书籍出版社 2008 年版。

⑥ 云南省社会科学院东巴文化研究室编：《滇川纳西族地区民俗和宗教调查》，1990年。又和发源、王世英、和力民：《滇川纳西族地区民俗宗教调查》，云南民族出版社 2008年版。

礼先生的帮助下，拜访东巴，考察宗教和民俗，先后写出《东巴神话象征论》《东巴神话研究》等著作[1]。

1992 年、1999 年和少英先生到白地调查，其成果见于《东巴教圣地纳西族的家庭结构与社会生活》及《纳西族文化史》[2]。

1993 年 10 月，和志武先生主编的《中国原始宗教资料丛编·纳西族卷》出版，其中摘录了各书中关于白地的一些材料[3]，不一一详述。

2000 年 10 月 1 日至 11 月 8 日，由田松、李晓岑、杨志坚、和继全组成的"纳西族传统技术和生存方式"调查组在川滇纳西族地区调查，主要关注生产和科技，11 月 3 日到白地，其成果《纳西族传统技术和生存方式调查报告》载《丽江东巴文化博物馆论文集》，又见田松《神灵世界的余韵》[4]。

2003 年出版的《中国少数民族古籍总目提要·纳西族卷》，在其甲编书籍类中著录了白地经书 261 本，其中 260 本由杨正文先生撰稿，1 本由和继全先生撰稿；在丙编文书类中著录了白地账簿 14 件，由和继全先生撰稿；内容有纸质、尺寸、页码、内容简介，但无图像[5]。

2004 年 1 月、2006 年 1 月，冯莉女士到白地、东坝调查东巴舞蹈，后有专著《东巴舞蹈传人习阿牛·阿明东奇》问世[6]。

2009 年，北京市民族古籍整理出版规划小组办公室多语种编辑部编《北京地区东巴文古籍总目》出版，共著录北京 7 个单位所藏东巴经典 5413

---

[1] 白庚胜：《〈东巴圣地白水台风情——和尚礼摄影集〉序》，人民美术出版社 2000 年版；《东巴神话象征论·后记》，云南人民出版社 1998 年版；《东巴神话研究·后记》，社会科学文献出版社 1999 年版。

[2] 和少英：《东巴教圣地纳西族的家庭结构与社会生活》，《云南民族学院学报》2000 年第 6 期、2001 年第 1 期；《纳西族文化史》第三章、附录一，云南民族出版社 2000 年版。

[3] 和志武主编：《中国原始宗教资料丛编·纳西族卷》，上海人民出版社 1993 年版。

[4] 《丽江东巴文化博物馆论文集》，云南人民出版社 2002 年版。又见田松《神灵世界的余韵》，上海交通大学出版社 2008 年版，第 252 页。

[5] 郭大烈主编：《中国少数民族古籍总目提要·纳西族卷》，中国大百科全书出版社 2003 年版，第 421 页。白地经书著录见于该书第 5、7、38、68、87、151、196、216、277、306、395、397、401 页，白地账簿著录见于第 419 页。

[6] 冯莉：《东巴舞蹈传人习阿牛·阿明东奇》，民族出版社 2007 年版。

种，其中有一些白地经书，如第 75 页 767、769、770 号，第 223 页 175、176 号，皆注明"白地抄本"①。

2013 年 3 月 28 日至 4 月 4 日、2014 年 1 月 20 日至 22 日，丽江东巴文化研究院研究人员和虹、和玉英两次到白地吴树湾村调查纳西语词汇。

2014 年 1 月 19 日至 21 日，玉龙县民宗局和洁珍、和冬梅到白地水甲村、恩水湾村调查纳西谚语、民歌。

2013 年、2014 年，北京东巴文化促进会张旭女士等人多次到白地古都村，请和志本、习尚洪东巴讲解东巴教仪式，与杨正文先生一起翻译从国外复制回来的东巴经。

白地本土纳西族学者杨正文、和尚礼、和树荣先生，对白地东巴文化也作了大量的调查研究和组织工作。

杨正文先生为白地水甲村人，其父为著名东巴更高，1968 年毕业于云南大学中文系，长期在怒江州从事文艺和教师工作，1987 年调回迪庆，先后在州群众艺术馆、州方志办工作，退休后组织成立迪庆纳西学会，创办圣灵东巴文化学校、圣灵东巴文化乐园，积极开展东巴文化的传承保护、收集整理和研究工作。主要著作有《最后的原始崇拜——白地东巴文化》《东巴圣地白水台》《杨正文纳西学论集》《迪庆藏族自治州志·语言志·纳西语方言》等②，在学术界有较大影响。

和尚礼先生为白地恩土湾村人，中等师范学校毕业后在三坝乡先后担任教师、乡文化站站长、乡长，后任县政协副主席。特别在任乡文化站站长期间，举办传习班 4 期，收集经书 600 多册，录制了大量诵经资料，与和志本、习尚洪东巴到俄亚、木里、永宁考察，又建立东巴山庄、东巴村，为白

---

① 北京市民族古籍整理出版规划小组办公室多语种编辑部编：《北京地区东巴文古籍总目》，民族出版社 2009 年版。

② 杨正文：《最后的原始崇拜——白地东巴文化》，云南人民出版社 1996 年版；《东巴圣地白水台》，云南人民出版社 1998 年版；《杨正文纳西学论集》，民族出版社 2007 年版；《迪庆藏族自治州志·语言志·纳西语方言》，云南民族出版社 2003 年版。详见杨正文《探寻东巴圣迹——我与圣地东巴文化结缘的历程》卷末简历及著作目录，云南民族出版社 2008 年版。

地东巴文化的抢救和传承做出了重要的贡献①。著作有《东巴圣地白水台风情——和尚礼摄影集》《纳西东巴圣地民间文学选》《中国云南白水台》《中甸县志·民族·纳西族》等②。

和树荣先生为白地吴树湾人，属汝卡支系，中等师范学校毕业后任小学教师、三坝乡中心小学校长，热爱东巴文化，1998 年在村里开办白水台汝卡东巴学校，聘请同村和占元东巴任教，培养年轻东巴，恢复东巴仪式，取得了很好的效果。著作有论文《逝者的庆典》《薪火相传 根脉不断》《论纳西族汝卡支系"呀哩哩舞"的渊源及定名》等多篇③。

总的说来，学界对白地纳西族社会历史文化的调查，起步比较早，参与的人不少，成果也比较多。但还是在社会历史、宗教民俗方面较多，对东巴文献的收集整理不够，刊布就更少，《纳西东巴古籍译注全集》没有收一本白地的经书，至今也没有一本白地经书作成"四对照"本发表，语言文字方面的研究非常薄弱，对当前东巴文化保护传承的状况、得失和问题也缺乏全面深入的调查研究，这些工作都急需加强。

第三节 本课题的研究思路、方法和调研过程

一 本课题的研究思路

1. 注重田野调查

本课题成败的关键在于田野调查，通过田野调查掌握了新鲜、翔实、全

---

① 卜金荣：《纳西东巴文化要籍及传承概览》，云南民族出版社 1999 年版，第 241 页；白庚胜：《〈东巴圣地白水台风情——和尚礼摄影集〉序》，人民美术出版社 2000 年版。

② 和尚礼：《东巴圣地白水台风情——和尚礼摄影集》，人民美术出版社 2000 年版；和钟华、和尚礼编：《纳西东巴圣地民间文学选》，云南民族出版社 1991 年版；赵希涛、李铁松、和尚礼：《中国云南白水台》，中国旅游出版社 1998 年版；《中甸县志·民族·纳西族》，云南民族出版社 1997 年版，第 984 页。

③ 和树荣：《逝者的庆典》，《香格里拉史志通讯》2012 年第 1 期；《薪火相传 根脉不断》，《迪庆文化》2013 年第 4 期；《论纳西族汝卡支系"呀哩哩舞"的渊源及定名》，《迪庆文化探寻》，云南民族出版社 2013 年版。

面、可靠的第一手资料，下一步的研究才有坚实的基础。本课题的调查应该是深入、详尽的拉网式的调查，对于俄亚、三坝这两个纳西族民族乡，要走到每一个纳西族村，争取走进每一户东巴的门。

老实说，到俄亚那样的地方去作田野调查是十分艰苦的，到俄亚要翻越海拔 4000 多米的大山，每天跟着马帮徒步跋涉十几个小时，进去和出来都非常艰难。李霖灿先生曾经说过："那一带的艰苦和危险都不是普通人所能承受得了的。"① 从李霖灿先生的时代到现在已经好几十年了，除了匪患已除之外，其他的行路条件没有太多的改善。我们进出俄亚，师生都有走得脚趾发炎，后来拔掉脚指甲盖的。但正因为地处僻远，交通不便，这些地方才成为目前东巴文化保存最好的地方，才成为研究者不惧艰险勇往直前的地方。第一手资料也只能如此才能取得，这也是田野调查的魅力之所在。

2. 注重语言调查

语言调查因为涉及语音的辨别、记录、归纳和国际音标的运用，特别是对于研究者不熟悉的民族语言，难度很大，门槛很高。相对于东巴文研究的深度广度和丰硕成果而言，纳西语的研究和成果就显得很薄弱。以往由于条件的限制，很多东巴文研究者往往有意无意地只重图像，回避语音，或者用通行的丽江城区语音来代替其他地区东巴经的语音。这样的方式违背了材料真实准确的原则，显然是不可取的。因此我们强调纳西语调查和东巴文调查并重，调查一地的东巴文、东巴经，同时调查该地的纳西语方言，用当地语音记录和研究东巴文、东巴经，保证东巴文材料音形的统一和准确，同时为纳西语研究积累更多的材料。

3. 注重对东巴群体及其社会环境的调查

东巴作为原始东巴教的祭司，是东巴文化的主要表达者、传承者，不少著名东巴还是东巴经整理、翻译、研究的参与者，东巴作为东巴文化的主体人群，其生平、活动是东巴文化史和东巴文化学史的重要内容之一。虽然从 20 世纪 80 年代开始，李国文、戈阿干、和志武、郭大烈等先生等就致力于收集整理各地东巴的小传材料，出版了《人神之媒——东巴祭司面面观》

---

① 李霖灿：《美国国会图书馆所藏的么些经典》，《么些研究论文集》，台北故宫博物院 1984 年版，第 136 页。

等论著①，但学界的目光还是关注经书多，关注东巴少，有"见物不见人"的倾向。虽然东巴仅是有技艺的农民，但他们是东巴文化的核心，也是东巴文化继续传承的希望，因此我们比较关注对东巴及其生长活动的社会环境的调查和研究。对于东巴，除了面上的调查，还专门对一些著名的或有典型意义的东巴进行个案研究。

4. 注重对东巴文化传承与社会主义新农村建设关系的调查和研究

民族研究的最终目的是促进民族地区物质文明和精神文明的发展。东巴文和东巴经，是纳西民族原生宗教的载体。东巴文和东巴经的濒危，直接危及纳西族原生宗教和相关民俗的传承。而东巴教中包含的敬畏自然、保护生态、尊崇祖先、团结族群、艰苦奋斗、自强不息等积极因素，仍然是当今社会所需要的。本课题应该通过田野调查和研究，就东巴文化的现状、发展趋势、保护传承中存在的问题、应该采取的对策等，积极向政府提出建议，帮助人民群众恢复、传承优秀的民族文化，促进农村非物质文化遗产的保护和原生宗教民俗的转型，让课题研究为社会主义新农村新文化建设服务。

5. 注重应用性文献的调查

东巴文应用性文献指用东巴文书写的账本、契约、谱牒、书信、题词、墓铭等。应用性文献是纳西族社会生活的直接记录，是研究纳西族社会、历史、经济、文化的重要史料，同时在语言、文字、文献等方面也有重要的史料价值。如账本、地契所涉及的阶级关系、土地制度、生产、物价、币制、度量衡制、借贷、习惯法等问题，都是东巴经中无法看到的。但应用性文献大多零散破碎，比起成千上万成册的经书，不易引起人们的重视，所以前人对东巴文应用性文献的收集整理和研究都很不够。俄亚、白地地处僻远，交通不便，应用性文献在民间具备留存下来的有利条件，加大调查力度，应该

① 李国文：《人神之媒——东巴祭司面面观》，云南人民出版社1993年版。戈阿干：《东巴小传》，戈阿干《祭天古歌》，中国民间文艺出版社1988年版，第294页。郭大烈：《东巴名录》，郭大烈、杨世光主编《东巴文化论》，云南人民出版1991年版，第676页。和志武：《近代纳西族东巴小传》，和志武主编《中国原始宗教资料丛编·纳西族卷》，上海人民出版社1993年版，第412页。郭大烈：《近代东巴名录》，和自兴主编《丽江第二届国际东巴艺术节学术研讨会论文集》，云南民族出版社2005年版，第597页。

有所作为。

6. 注重与研究生教学和人才培养的结合

本课题的调查研究工作，结合主持人所带的东巴文研究硕士、博士研究生的教学来进行，把完成本课题所需的知识技能列为教学内容，将研究生田野调查和教学实习相结合，在老师的带领下让研究生参与和承担研究工作。这样既充实了研究的队伍，又丰富了教学的内容，有利于教学质量的提高和人才的培养。

二　本课题的研究方法

1. 田野调查的方法

田野调查是本课题最基本的方法，即以东巴和东巴经书为主要对象，通过访谈、音像记录、文字记录、实物征集等手段，进行抢救性的调查、收集，并在此基础上进行深入细致的整理和研究。

调查的内容主要有：

（1）俄亚、白地自然、人文地理的基本情况。

（2）各村东巴文化的历史，现有东巴及宗教活动的情况（人数、分布、传承、活动等）。

（3）各东巴现藏经书的情况（数量、类别、内容、版本源流等）。

（4）东巴文应用性文献的情况（种类、史料价值、文体特点等）。

（5）纳西语言和东巴文字的情况（方言音系、词汇语法、文字数量、结构、特点、字词关系等）。

（6）各地东巴文化传承、发展中的问题、前景及对策建议。

2. 文献学的方法

东巴文献是东巴文化的主要载体，在调查中要遵循文献学的原则，采用文献学的方法对东巴文献进行处理。要弄清东巴文献的现状，包括现存文献的数量、物质形式和相关文献学要素、类别、内容、使用、传承情况，要对东巴文献进行著录、编目、版本鉴定、异文校勘，以及时代、地域、抄写人、流传、收藏情况的考订等。

3. 语言文字学的方法

文献解读是研究的基础，鉴于东巴经书大多未逐词记录语言，并且假借字很多，研究者即使认识文字也不一定能读懂经书，所以调查中应特别注意依靠当地东巴，就地记音释读，以保证文献解读的准确性、可靠性。对重要文献，还要做出字释，即逐字标音释义（本义、引申、假借），再作全文标音、汉译。本课题纳西语的调查、文字的结构分析、本义的确定、引申义的演绎、假借义的破解，异体字、讹误字、音变、方言的确认，语法的分析，语句的翻译等，均需要采用语言文字学的研究方法。

4. 信息化的方法

本课题在调查中采用照相、录像、录音、笔录等方式记录原始资料，运用信息化处理技术建立东巴文献、东巴文字、纳西语言的数据库。原始文献图片资料库要求内容全面真实，版本数据清晰，相关信息完备。文字资料库要求在全面汇集资料，正确切分字符的基础上，做到文字学属性全面准确。语言资料库要求记音准确，音系完整，有适当的方音辨正，常用词完备。建立便捷的检索系统，以供整理研究和今后编纂东巴文、纳西语字词典时使用。

三　本课题的调研过程

对于本课题的进行，我们做了较长时间的调研工作，加上前期准备，作为本课题研究团队的西南大学汉语言文献研究所师生，截至 2015 年 2 月，我们对俄亚进行了 12 次田野调查，对白地进行了 11 次调查。和继全（纳西族）是白地人，原在丽江博物院工作，自 2009 年考入西南大学文献所攻读博士学位，也加入了本研究团队，他到白地的次数更多，就没有统计在内了。

调查的内容主要有：当地纳西族的社会历史概况、东巴文化的历史概况、现有的东巴、现存经书数量、经书编目、重要经书记音翻译、东巴教活动情况、东巴传承、东巴文应用性文献、东巴文化与新农村建设的关系，等等。

1. 对俄亚的调查

自 2006 年以来，西南大学文献所的师生对俄亚进行了 12 次田野调查。

2006 年 3 月 1 日至 8 日，喻遂生和丽江东巴文化研究所李静生研究员、丽江东巴文化博物馆和继全副研究员，带领西南大学文献所硕士生张毅、刘沠

翻越俄亚梁子（2006）

访问木瓜林青东巴（2006）

雪、孔明玉和留德学者吴智俊，到俄亚进行了考察。一行从丽江辗转乘车到达香格里拉县洛吉乡漆树湾村，从漆树湾随马帮步行两天到俄亚大村。在俄亚访问了乡政府、学校，考察了乡土民情，拜访了著名东巴甲若、木瓜林青，拍摄了他们所藏的经书，并在木瓜林青处发现了一份木质的账单。返回时随马帮经立碧、四川坪子，过金沙江返回丽江。这次考察穿过了俄亚大半地域，对俄亚有了基本的了解，与乡政府和当地干部群众建立了良好的关系。

与美国学者孟彻里在俄亚相聚（2006）

返程渡过金沙江（2006）

2009 年 3 月 22 日至 4 月 6 日，杨亦花、曾小鹏到俄亚克子村调查了郭戳东巴，到大村跟从机才高土东巴调查翻译了东巴经，还调查了瓜丹布迪东巴、杜哲威布东巴、木瓜林青东巴、甲若东巴等人。

2009 年 8 月 1 日至 22 日，喻遂生和杨亦花、曾小鹏、吴智俊到俄亚，请松点生根老人为发音人调查俄亚纳西语，记录常用词近 2000 条，并从中归纳了俄亚纳西语音系。同时还调查记录了大村、咱克村、托地村等村的东巴经书、东巴教仪式和大村的婚姻状况。

向机才高土东巴学习经书（2009.3）

访问杜哲威布东巴（2009.3）

2009年10月，钟耀萍到俄亚俄日村跟从阿嘎东巴翻译东巴经书，并到大村访问。

2010年1月8日至2月底，曾小鹏在俄亚托地村跟从著名东巴依德次里调查纳西语，翻译东巴经。

2010年8月13日至22日，杨亦花到俄亚克米局村、苏达村、大村、益地村、卡瓦村调查东巴、东巴经、东巴教仪式情况。

2011 年 1 月 20 日至 2 月 26 日，史晶英从丽江随在木里县城读中学寒假回家的年轻东巴撒达杜基到俄亚克米局村调查纳西语、东巴经、东巴教仪式情况，后来在其硕士学位论文中，对纳西语克米局音系、送经幡仪式及经文进行了详细的研究①。

俄亚途中（2009.8）

2011 年 8 月 12 日至 25 日，杨亦花带领周寅、史晶英、马文丽、郭佳丽到俄亚克米局村、作窝村、克子村、苏达村、托地村、咱克村、大村调查，在苏达村发现刻在石板上的东巴文墓志，后史晶英将其译释发表，这是学术界第一次译释发表石质东巴文献。郭佳丽也发表了《俄亚纳西族妇女生活见闻》②。

2011 年 8 月 28 日至 9 月 13 日，杨亦花到俄亚大村、鲁司村、卡瓦村、俄碧村、益地村调查东巴、东巴经、东巴教仪式情况，至此，本团队成员走遍了俄亚乡全境。

2013 年 1 月 24 日至 30 日，曾小鹏到俄亚大村、卡瓦村调查了俄亚纳西语和东巴经东巴文。

2014 年 7 月 21 日至 8 月 16 日，杨亦花到俄亚大村、托地村、克米局

---

① 史晶英：《东巴文仪式规程文献研究》，硕士学位论文，西南大学，2013 年。

② 郭佳丽：《俄亚纳西族妇女生活见闻》，《学行堂文史集刊》2011 年第 2 期。

在俄日路遇边放牧边抄经书的东巴（2009.8）

到卡瓦村调查（2010）

村、俄日村、鲁司村、益地村调查，拜访东巴，调查学习纳西语、东巴经、东巴文，观看考察了退口舌、顶灾、禳垛鬼、放生牦牛许愿等仪式。

　　2015 年 1 月 21 日至 2 月 12 日，杨亦花到俄亚大村、托地村、克子村、苏达村、俄日村、克米局村、密地村调查，拜访东巴、调查学习纳西语、东巴经、东巴文，观看考察了小祭风、大祭风、退口舌、婚礼中的请素神等仪式。

　　2. 对白地的调查

　　自 1999 年以来，西南大学文献所的师生对白地进行了 11 次田野调查。

在俄亚撒达杜基东巴家（2011）

从大具步行到白地（1999）

1998 年 11 月至 1999 年 2 月，喻遂生在丽江东巴文化研究所进修。1999 年 1 月 27 日，喻遂生在东巴文化博物馆和继全的陪同下，第一次到白地考察。当时从丽江经中甸到白地的公路已经通车，但为了表达朝圣的虔诚，二人还是沿着当年东巴们朝圣的古道，从丽江大具过金沙江，翻过哈巴雪山下的山岭，步行两天，走了 50 多公里来到白地。在白地，喻遂生考察了波湾村、古都村、吴树湾村、水甲村，拜谒了白水台和阿明灵洞，拍摄了李霖灿先生民国三十一年的汉文、东巴文题词，发现了木猪年（1995 年）81 岁的

访问吴树湾东巴夜校（2003）

东坝大东巴习阿牛和68岁的白地古都村东巴和志本在阿明灵洞举行"燃幛"（加威灵）仪式时的题词。后发表《纳西东巴文应用性文献的考察》《白地阿明灵洞东巴文题词译释》等论文①。

2003年9月，在丽江第二届国际东巴艺术节后，喻遂生带领青年教师刘青、研究生邓章应到白地考察，这次考察发现了吴树湾村和树昆家收藏的两份东巴文地契，后发表《东巴文卖拉舍地契约译释》《东巴文白地买古达阔地契约译释》等论文②。

2008年1月24日至27日，西南大学文献所硕士生杨亦花、博士生钟耀萍到白地吴树湾村、古都村调查，主要了解白地现有东巴和经书的情况。

2008年4月5日至8日，喻遂生带领西南大学文献所博士生钟耀萍和硕士生杨亦花、张杨、卓婷、梁进到白地调查，访问了当地著名纳西族学者杨正文先生，在三坝乡中心小学校长、三坝乡白地汝卡东巴学校校长和树荣先生家记录了吴树湾村的纳西语，拍摄了吴树湾村和占元东巴收藏的汝卡支系

---

① 喻遂生：《纳西东巴文应用性文献的考察》，《中国语言学报》第十期，商务印书馆2001年版；《白地阿明灵洞东巴文题词译释》，收入《金秋集——刘叔新先生南开执教五十周年纪念文集》，南开大学出版社2008年版。

② 喻遂生：《东巴文卖拉舍地契约译释》，《中国文字学报》第一辑，商务印书馆2006年版；《东巴文白地买古达阔地契约译释》，《纳西东巴文研究丛稿》（第二辑），巴蜀书社2008年版。

访问吴树湾村和占元东巴（2008）

在白水台访问东巴（2008）

的老经书，了解了吴树湾村的一些东巴教仪式。

2008 年 7 月 22 日至 8 月 22 日，杨亦花、钟耀萍到吴树湾村、古都村跟从和占元东巴、和志本东巴翻译东巴经书。

2009 年 1 月 30 日至 3 月 18 日，喻遂生和杨亦花、吴智俊、西南大学文献所博士生曾小鹏、华中科技大学博士生武晓丽，到白地跟从古都村和志本东巴翻译《祭颂法杖经》等经书，考察祭祖仪式，并到东坝拜访了 95 岁的

向和志本东巴学习经书（2009）

元宵节慰问古都村的五保户（2009）

东巴王习阿牛先生、著名东巴习尚洪先生，拜访了原三坝乡文化站站长、乡长、现任县政协副主席和尚礼先生，再次考察了阿明灵洞。其间因开学在即，2月16日喻遂生、武晓丽先行返校，杨亦花、曾小鹏、吴智俊翻译东巴经至3月18日。

2009年7月6日至7月21日，杨亦花和丽江东巴文化研究院研究员、西南大学兼职硕士生导师和力民先生、三坝乡白地汝卡东巴学校校长和树荣

拜访东巴王习阿牛（2009）

拜谒阿明灵洞（2009）

先生、中国人民大学硕士生和文臻，对三坝乡白地、东坝村的东巴文化现状进行了调查，对江边、哈巴、瓦刷、安南村委会的东巴文化现状进行了一些了解。其间和力民、和文臻有事先返回丽江，杨亦花对白地的古都村、吴树湾村、恩水湾村进行了补充调查，并与和树荣老师拜访了三坝乡政府，对整个乡的情况进行了调查了解。

2010 年 7 月 14 日至 8 月 1 日，杨亦花对白地、东坝、哈巴、瓦刷各村的东巴及其所藏经书和传承情况进行了补充调查，并请和志本东巴翻译了几本东巴经。

与撒达拜访习尚洪东巴（2010）

在白地拜访杨正文先生（2011）

2011年8月7日至11日，杨亦花带领西南大学文献所研究生周寅、史晶英、马文丽、郭佳丽到白地古都村、吴树湾村、波湾村进行了调查。

2014年1月12日至2月8日，杨亦花、周寅、和学璋到三坝乡日树湾村、各迪村、科目村、古都村、吴树湾村调查，拜访了和志本、习尚洪、墨虎等多位东巴。在日树湾村向习尚洪东巴学习了多本经书，观看了习尚洪东巴在各迪村的 khæ³³khɯ³³ 水沟边家举行的建香炉仪式。在吴树湾村参加了和树昆东巴的婚礼，学习了婚礼中的祭素神仪式及其他经书，观看该村正月初九的祭天仪式。跟随和树荣先生、和树昆东巴去阿鲁湾村、水甲村、知恩村、波湾村、告湾村等给老东巴拜年，观看了吴树湾村的新年白水台烧天香、阿明灵洞祭什罗等仪式。后来周寅、杨亦花发表了《三坝乡东坝村建香炉仪式》①。

2014 年 8 月 23 日至 25 日，杨亦花带撒达杜基东巴到东坝科目村，向墨虎东巴学习了几本东巴经。又到古都村看望了和志本东巴，到恩土湾村和尚礼先生家观看了由波湾村和学仁东巴举行的住新房请素神仪式，向和学仁东巴学习了《请素神经》。

到白地调查，我们多次穿过雄伟神奇但又十分危险的虎跳峡，危崖、窄路、滑坡、滚石，提心吊胆，但终于有惊无险，顺利完成了调查任务。

壮丽而险要的虎跳峡（1）

① 周寅、杨亦花：《三坝乡东坝村建香炉仪式》，《纳西学研究》（第一辑），民族出版社 2015 年版。

壮丽而险要的虎跳峡（2）

第二编

俄亚篇

俄亚大村

第三章

俄亚自然和社会历史概况

第一节　俄亚的位置、交通和自然环境

一　俄亚的位置和交通

俄亚纳西族乡隶属于四川省凉山彝族自治州木里藏族自治县瓦厂区，位于木里县的西南角，东面与本县依吉乡、宁朗乡相邻，北面与四川省甘孜藏族自治州稻城县接壤，南面与云南省丽江市玉龙县、宁蒗县隔金沙江、冲天河相望，西面与云南省迪庆藏族自治州香格里拉县山水相连，号称"鸡鸣两省五县"之地。俄亚于1953年10月建乡，乡政府驻大村，1984年经省人民政府批准改为俄亚纳西族乡。

俄亚乡总面积587平方公里，四周被崇山峻岭、大江深谷阻隔分割，整个地形是高山深谷，居民主要居住在河谷地带和河边的台地上。俄亚乡政府所在地大村，距木里县城323公里，中有宁蒗大山阻隔，2010年之前不通公路，交通十分不便，进出都要靠马帮。大村外出的马帮路主要有西、南、东三条：

西路溯龙达河（纳西语叫 $la^{33} dz i^{21}$ 拉吉）上行，在俄日村翻山，翻过海拔3870米的俄亚梁子，经位于云南一侧半山腰的漆树湾，到达香格里拉县的洛吉乡，再到香格里拉县城，两天可到丽江。云南一方，公路已经通到漆树湾，俄亚当地村民走得快，早出晚归，从大村到漆树湾往返只要一天的时

俄亚乡地图

间。因此此路成为大村外出最便捷的通道，漆树湾成为大村以至俄亚最重要的物资集散地，香格里拉县城也成为俄亚村民新农合医保的就诊地。

　　南路从大村翻山，经过立碧，过抓子河，到金沙江边的四川坪子，要走两天。过了金沙江是丽江玉龙县奉科乡的棋盘地，有公路通丽江，但无客车，乘车需预约私车。此路是俄亚南部村落到丽江的主要通道，但过江只有乘农民的橡皮筏子，每人 10 元，价格倒不贵，但安全没有保障。

　　东路沿龙达河、东义河（纳西语叫 $tho^{33} dʑi^{21}$ 妥吉）下行，过水洛河（纳西语叫 $su^{33} dʑi^{21}$ 束吉）到依吉，往东到瓦厂区所在地屋脚，再到县城，马帮要走 10 天，这一条路非常艰难。后来从县城到屋脚通了公路（118 公里），从大村到屋脚也要 7 天。据丽江东巴文化研究院李例芬老师说，有一年她与和即贵东巴陪同美国学者孟彻理，从木里县城乘车到屋脚，走马帮 7 天才到俄亚，其路途之艰辛危险，难以言表。所以木里俄亚的马帮县的领导到俄亚检查工作，都是坐汽车经盐源、盐边、攀枝花到丽江、香格里拉，再从漆树湾进俄亚，看起来跨省迂回，其实更加便捷。俄亚的孩子到木里读中学，也是走漆树湾，我们到俄亚调查，也走这条路。

　　前些年，从木里过来的公路已经经过依吉乡修到了水洛河边，俄亚这边也修通了一条路坯，但因为无钱架桥而无法通进俄亚。前两年有湖南的老板买下了俄亚龙达河的采金权，于是把汽车和挖掘机拆开摆渡过河，修出了一条简

俄亚的马帮

易公路，从乡政府后面绕过，直达俄日。但这条路地势危险，经常滑坡，时断时续，雨季不能通行，所以我们会看到有很多汽车窝在俄亚，日晒雨淋。直到2012年，依吉和俄亚之间水洛河上的桥修通，俄亚才算真正通了公路。

雨季的公路和趴窝的车辆

俄亚的交通严重制约了当地经济社会的发展，2006年3月我们第一次去俄亚路过洛吉时，洛吉乡的张宏灿书记告诉我们说，前些年俄亚修电站，全乡16岁至50岁的男丁全部参加扛器材，两个月才运完，马都累死了几匹。外面的货物运到俄亚大村，价格至少翻一倍。俄亚小学的王偏初校长说，水泥运进来比面粉还贵。小卖部的刘小兰说，俄亚不产西瓜，有一次有人运进来，卖到 3 元钱一斤。

俄亚乡的电台和报务员小罗

　　俄亚因为山高路远，没有有线电话。乡政府有重要事情和县政府联系，是用电台联系，就是电影里常见的"长江，长江！我是黄河"那种。电台像一台小型的 DVD 播放机。电台员是一个年轻人，叫罗华。他说电台现在作为护林防火台仍然每天开通。每天上下午、晚上有 5 次规定的呼号时间。2006 年 3 月我们第一次到俄亚，在乡政府意外地看到一部座机，原来这是一部卫星电话，院子里立着洋气十足的太阳能电池板，发出湛蓝色的光芒。卫星电话打一分钟 8 块钱，但国家补助 7 块，自己只需掏一块。然而不久听说这电话也因欠费被停了。2009 年我们再去时，发现很多年轻人都别上了手机，信号站耸立在大村对面的山顶上，靠太阳能和风能供电，天公不作美就没有信号。这一次我们在俄亚待了 20 多天，阴雨连绵，只有一天有信号。有急事了大家只好走一两个小时爬到山顶上去打电话，因为那里可以接到四川稻城县的信号。

曾小鹏到山顶上打手机

靠太阳能风能供电的移动电话基站

二　俄亚的自然和生态

俄亚山高谷深，河流纵横。海拔最高处为西北部的特朗贡哈山（4418米），最低处为南境的三江口（1470米），相对高差2948米，全境平均海拔

2200 米①。俄亚境内龙达河由西向东汇入由北而来的东义河，东义河东南流汇入无量河的下游冲天河，冲天河在三江口附近收纳由西而来的抓子河，随即南流汇入金沙江②。无量河是纳西族迁徙途中的一条重要河流，李霖灿考证纳西象形文字就产生在无量河的下游。

俄亚的气候随地形呈立体分布，高山气候寒冷，以饲养牦牛为主。低地河谷地带气候温和，沿金沙江、冲天河一带属亚热带气候。年均气温摄氏15.5 度，无霜期约 260 天，年降雨量 800—1000 毫米。农作物以玉米、水稻、小麦、洋芋为主，经济作物有大麻、辣椒、土烟等，经济林木有柑橘、花椒、核桃等，畜牧业以饲养猪、山羊、黄牛为主，次为骡、马、牦牛、绵羊。俄亚地域辽阔，资源丰富。森林面积 20163 公顷，草地面积 9318 公顷，耕地面积 7672 公顷。龙达河以产金闻名，早在清末就已开采③。

俄亚的高山上森林密布，但河谷地带植被破坏非常严重，特别是大村附近，只有山巅还有一点绿树。在褐色的山坡上，多处滑坡从半山撕到谷底，像一道道白色的伤口，刺人眼目。森林破坏的主要原因是大村人口集中，毁林开荒、毁林取柴。试想，全村 1400 多人口，190 户的火塘，一天 24 小时不灭火，一年要烧多少木柴，而这些木柴，都是上好的松木。大村的村民说，以前上山砍柴，马一天可以驮几趟，现在一天驮一趟都要起早摸黑了。森林遭到破坏和管理不严也有关系，我们调查纳西语的发音人生根老人说，俄亚建房伐木说有指标限制，每户只批 3 立方，但实际砍树无限制，一般都是 10 立方，甚至十五六立方，没人管。而且只交 3 立方的手续费 6 元，树木本身不收费，只要不把树木卖到外面去就不犯法，这就难怪森林保不

---

① 　数据据木里藏族自治县志编纂委员会《木里藏族自治县志》，四川人民出版社 1995 年版，第 131 页。

② 　龙达河又名苏达河。冲天河又称无量河、水洛河。"水洛"汉文古籍写作"鼠罗"，在东巴经中读 ʂu³³dʑi²¹（束吉），dʑi²¹ 在纳西语是水、河的意思，ʂu³³dʑi²¹ 就是"束河"。一说无量河、水洛河、冲天河分别是同一条河三段的名字。实无量河是汉名，水洛是纳西名，冲天河应指河的下游。金沙江两岸很多支流都叫冲江河或冲天河，如丽江石鼓镇的冲江河，香格里拉县虎跳峡镇的冲江河（小中甸河下游）。

③ 　据木里藏族自治县志编纂委员会《木里藏族自治县志》，四川人民出版社 1995 年版，第 132 页。

龙达河

抓子河上的伸臂桥

住了。

　　说起来，农民毁林似也出于无奈，俄亚不产煤，小水电站供照明都不足，用沼气吧，就现在大村建筑的格局，连挖沼气池的地方都没有。当地政府和干部群众都已认识到了生态环境恶化的严峻形势，学者和科技人员也都积极献计献策，但现在还没有找到可行的办法。可喜的是，国家实行的退耕还林政策，取得了积极的效果。我们在一些荒地里看到一簇一簇的小木桩，

俄亚梁子的密林

里面栽着小小的树苗，据说这是退耕还林种的，木桩是防牲口的。乡干部金贤智告诉我们，原来干部下去多是催粮派款，不受欢迎，现在农业税免了，干部下去，还要给老百姓发钱（退耕还林和各种农业补助款），退耕还林政策很得人心。

　　大约2007年，俄亚龙达河的采金权被县政府承包给了一个湖南的老板，老板运进来很多汽车和挖掘机，将河水导引到一边，把原来的河床挖了个底朝天，当地农民愤愤不平，也四处乱挖滥采，沿河生态受到很大的扰动和破坏。这件事可能增加了政府的收入，也促进了公路的建设和先进技术的传播，但肯定会留下地质灾害的隐患，不能掉以轻心。

龙达河谷的滑坡

一户农民的柴垛

大村山后只剩可怜的一抹绿色

俄日村：干涸的河床和巨大的淘金坑

第二节　俄亚的传说和历史

一　俄亚大村的建寨传说

据刘龙初先生调查，"俄亚"纳西语叫"艾若阿纳窝"，义为山上的岩包，"俄亚"是其省称。相传几百年前，丽江木土司手下有一个负责攀山的管人（头目），名叫瓦赫戛加，每年秋天从丽江经宝山来这里打猎，一呆几十天，常在龙达河北岸的"艾若阿纳窝"上搭一个窝棚住宿。这里猎物丰富，他次次满载而归，遂有了迁居此地的念头。但不知这里的水土是否适合，于是把箭包挂在树枝上，压得枝条几乎挨着地面，心中暗暗祈祷："我愿搬到这里来，请神灵保佑。如果这里适合我们生活，明年我再来时，这根树枝能够高高挺直，将箭包托在空中。"一年很快过去，当他再次回到这里时，高挂在树梢的箭包令大家快乐无比。瓦赫戛加还想知道这里的土地是否肥沃，于是在临走时将几颗荞麦的种子撒在地上，并暗暗祷告能遂心所愿。第二年秋天，他们又来到此地，远远看见一片金黄色的荞麦，他高兴极了，于是带领东巴多塔、牧羊人渣合茨里、赶马人旺莫共四户人家，首先搬过来开荒居住。以后又陆续从丽江、中甸等地迁来几十户人家，他们推选瓦赫戛加及其后人作世袭头人，称他为木官（木天王的管家），其后人则以官职为其家名，后变音成木瓜。从木瓜家一世祖瓦赫戛加到1957年民主改革前末任木瓜梭拉达吉，共传19代（一说20代）[1]。

今天大村中还有木瓜的后代，现任俄亚乡党委书记木瓜苏郎，就是木瓜的后人，他在乡政府工作了十年。据他说，他是家族的第21代，以前有过家谱，但在"文革"时期已经损毁，尽管不能凭记忆背诵家族的世系，但具体流传了几代，还是可以肯定的。若每代按20年计算，俄亚大村至少已有400年的历史了。

---

[1]　刘龙初：《四川省木里藏族自治县俄亚乡纳西族调查报告》，《四川省纳西族社会历史调查》，民族出版社2009年版，第74页。

画面中间悬崖最高处是木瓜府的旧址

木瓜府在大村口一个独立的山头上，不与其他房屋相连。解放后，木瓜作为统战对象在县城安排了职务，木瓜府变成了乡政府，后来又作了粮管所。粮管所将木瓜府撤掉盖成了几间人字顶的砖房，后来又卖给了私人，现在摆着柴油机、打米机，是一个粮食加工点。我们看到的实际上是木瓜府的旧址，但那高大的石阶，宽敞的院坝，似乎还透露着官府当年的威严。

二　俄亚的历史

俄亚没有编纂过乡志，史书也缺乏对俄亚历史的专门记载，其史料需要从木里、丽江、中甸等地的县志和《木氏宦谱》等史书中钩稽。综合现有史料，可以勾勒出俄亚大致的历史。

木里建县较晚，解放前是盐源县辖的一个土司领地，1953 年 2 月才成立县级的木里藏族自治区，1955 年 5 月正式成立木里藏族自治县。木里土司是政教合一的僧侣政治，始于清顺治五年（1648）第一代大喇嘛降央桑布，雍正七年（1729）接受清廷册封为木里安抚司，同治七年（1868）加封为木里宣慰司①。

---

① 木里藏族自治县志编纂委员会：《木里藏族自治县志》，四川人民出版社 1995 年版，第 542 页。

明代以前，俄亚情况不明，可能还是一块"无主之荒"。从明洪武二十九年（1396）开始，丽江木氏土司在明朝廷的支持下开始向北、向东扩张。至嘉靖三十年（1551）占领中甸，万历三十二年（1604）占领木里、稻城，崇祯十二年（1639）占领巴塘①。据《木氏宦谱》记载，木氏土司曾 20 次向鼠罗（今木里水洛河）用兵，除扩张疆域，抢占金矿也是重要的目的②。明代是木氏土司的鼎盛时期，俄亚甚至木里都在木氏土司的管辖范围之内。

清顺治四年（1647），张献忠大西军余部贾卢乍部攻占丽江，"流寇首乱，搜掠历代所赐金银牒物并敕诰，俱被罄尽，地方焚掠一空"③，木氏受到重创，势力开始向南收缩。顺治五年（1648），降央桑布由盐源返回木里，任木里第一代大喇嘛，结束了木氏土司统治木里 43 年的历史。

俄亚此时被中甸头人甲加家占据。1674 年，西藏进军中甸，命木里土司出兵，木里大喇嘛桑登桑布率兵助战，击败甲加军，因作战有功，西藏五世达赖喇嘛于康熙十四年（1675）9 月颁发文书，将俄亚等 5 村赏赐木里。此后俄亚即归木里土司管辖，直到解放前夕。

建县前，俄亚属木里三大寺中的大寺衙门管辖，有百姓 309 户，佃客 37 户，土司派驻该地的地方官称"木官"，世袭，并授予姑擦职位。木里大寺衙门另派官人一名驻该地，与木官共同管理地方事务。1953 年建县时，划设俄亚乡，时辖 5 个行政村，50 个自然村，388 户，2660 人。后建人民公社，后又恢复乡的建制，1984 年 11 月，经省人民政府批准改建为俄亚纳西族乡④。

聚居在俄亚的纳西族人的来源，史料并无明确的记载。但学者们多推测他们很可能是木土司军队的后裔。刘龙初先生说："俄亚乡扼守金沙江、冲

---

① 丽江纳西族自治县志编纂委员会：《丽江纳西族自治县志》，云南人民出版社 2001 年版，第 517 页。木里藏族自治县志编纂委员会：《木里藏族自治县志》，四川人民出版社 1995 年版，第 542 页。

② 郭大烈、和志武：《纳西族史》，四川民族出版社 1994 年版，第 298 页。

③ 《木氏宦谱（甲）》，《纳西族社会历史调查（一）》，民族出版社 2009 年版，第 90 页。

④ 木里藏族自治县志编纂委员会：《木里藏族自治县志》，四川人民出版社 1995 年版，第 132、9 页。

天河和东义河要冲，是进兵宁蒗、木里、盐源的战略要地。丽江木土司可能派兵在这里驻守，或实行移民戍边。我们推测，俄亚纳西族祖先瓦赫嘎加可能是丽江木土司派驻这里的一个头目，由他来管辖这块地方。"① 洛克说："这些纳西人大都是明朝木增统治时期（公元 1587—1646 年）防守在这个区域的纳西士兵的后裔。"② 李静生先生认为，"木瓜"的"木"就是纳西语的 mu^{21}，意为兵，"瓜"是汉语"管"的借词，"木瓜"就是"管兵"（纳西语动词在宾语后），管兵官的意思。我们认为这些意见是可取的，丽江木土司因军事扩张而屯兵，但后来势力衰颓，这些军队无力退回，只好定居下来，军事首领遂变为头人。值得注意的是，在木里土司的基层政权中，只有俄亚设置"木官"，其他地方都不用此官名③，这说明"木官"一词具有纳西族特色，用纳西语去解释是有道理的。

第三节　俄亚的社会和经济

一　俄亚的村组和人口

俄亚乡现有大村、苏达、立碧、俄碧、卡瓦、鲁司 6 个村委会（行政村），以前依次称为一至六村，下辖 28 个村民小组，50 个自然村。据最新的统计数据，有纳西、藏、汉、白 4 个民族，984 户，5884 人，人口密度每平方公里 9.8 人。全乡纳西族人口 3632 人，占总人口的 62%④。

俄亚地广人稀，居住分散，交通不便，要准确统计人口，绝非易事。关

---

① 刘龙初：《四川省木里藏族自治县俄亚乡纳西族调查报告》，《四川省纳西族社会历史调查》，民族出版社 2009 年版。

② 洛克：《中国西南古纳西王国》，云南美术出版社 1999 年版，第 278 页、图版第 146 页。

③ 木里藏族自治县志编纂委员会：《木里藏族自治县志》，四川人民出版社 1995 年版，第 547 页。

④ 据俄亚乡政府 2012 年 3 月印发的《四川省凉山彝族自治州木里藏族自治县俄亚纳西族乡简介》。

于俄亚的人口，我们还看到以下几组不同时期的数据，列在下面，以供参考。

1953 年建县前：百姓 309 户，佃客 37 户。（《木里藏族自治县志》第 132 页）

1953 年建县时：辖 5 个行政村，50 个自然村，388 户，2660 人。（《木里藏族自治县志》第 132 页）

1990 年：辖 6 个行政村，28 个村民组，50 个自然村，644 户，4566 人，人口密度每平方公里 7.8 人。有纳西、藏、汉 3 个民族，纳西族 2891 人，占乡总人口的 63.3%。（《木里藏族自治县志》第 131、866 页，纳西族百分比为笔者计算）。

1993 年：辖 6 个行政村，28 个村民组，5545 人，人口增长率 10‰。（2004 年俄亚纳西族乡 20 周年乡庆纪录片中乡长木瓜苏朗的讲话）

2009 年：辖 6 个行政村，28 个村民组，913 户、5765 人。（俄亚小学王偏初校长统计表）

2009 年：至 2008 年年底，6005 人，其中农业人口 5886 人。（俄亚乡熊金祥副乡长访谈记录）

2009 年 8 月，我们在俄亚大村调查纳西语，受到俄亚小学王偏初校长（藏族）的热情接待，他向我们提供了全乡各村组户数、人口的统计表，并说这是他们搞"普九"统计的，很准确。这是我们看到的俄亚最详细的人口统计表，资料难得，特抄录如下，感谢王校长的大力支持！

大　村：一组　50 户　403 人　　　二组　57 户　385 人　　　三组　43 户　298 人

　　　　　四组　30 户　244 人　　　五组　13 户　114 人

　　　　　全村：193 户、1444 人

苏达村：苏达组　42 户　231 人　　　俄日组　38 户　222 人　　　密地组　23 户　135 人

　　　　　作窝组　18 户　100 人　　　克米局组　15 户　90 人　　　3 克子组　18 户　98 人

　　　　　全村：154 户、876 人

色苦村①：鲁司组　30 户　164 人　　色苦组　26 户　136 人

---

① 按，村名应为鲁司。

全村：56 户、300 人

立碧村：立碧组 83 户 478 人　　机什瓦组 19 户 140 人　　拉罗组　17 户　120 人

抓子组 19 户 141 人　　四川坪子组 13 户 82 人

全村：151 户、961 人

俄碧村：俄碧组 67 户 415 人　　公布组 25 户 137 人　　拉碧沟组 29 户 128 人

总口组 23 户 121 人　　各支组 26 户 132 人　　益地组 50 户 394 人

全村：220 户、1327 人

卡瓦村：卡瓦组 42 户 283 人　　哈地组 29 户 180 人　　子落组 35 户 216 人

纳窝组 33 户 178 人

全村：139 户、857 人

全乡合计：913 户、5765 人

　　计划生育是我国的基本国策，俄亚也不例外。2006 年，我们在乡政府的院子里看到写在黑板上的"俄亚纳西族乡计划生育四季度一览表"，数据应该是 2005 年的。全乡总人数 5727 人，各村中"一村"（应即大村）的数据为：出生人数为 30；一孩，男 2、女 1；二孩，男 6、女 6；三孩，男 8、女 7；多孩，无。这里的少数民族可以生三胎，看来一般人都要完成上限，但还没有超生的，计划生育工作做得很有成效。

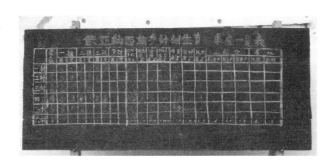

俄亚计划生育统计表

　　我们向村民了解计划生育的情况，他们说，每对夫妇可生三胎，第 4 胎要罚款 1 万多，只生二胎奖 3000 元，但一般都要生 3 胎，生一胎的没有。因俄亚除一夫一妻制外，还有多偶婚的，如三兄弟娶两姊妹，究竟该生几个？是按丈夫还是妻子的人头计算？答复是，按女人的人头算。2009 年 8 月

13 日，我们在乡政府向熊副乡长了解计划生育的情况，他说，二胎绝育的，奖励 3000 元。父母年满 60 岁，每人每年补助 720 元，如父母一方去世，仍发 1440 元。比较麻烦的是非婚生育，这种情况，是尽量劝双方结婚，只要结婚就算了。如不结婚，就要罚 21024 元，由双方平摊。21024 元是前一年（2008 年）全乡人平均收入 2336 元乘 9（按有关规定）而来。这里中等家庭年均收入七八千元，有的罚款到小孩结婚了都还没有缴清，形成烂账也就算了。

二　俄亚的经济

俄亚的经济是典型的农业经济，没有工业，手工业有铸铁（犁铧）、淘金、织布，运输是马帮，没有集市，除了几个小卖部，没有严格意义的商品经济。

2006 年 3 月我们第一次到俄亚时，在乡政府看到一段木里县电视台摄制的 2004 年 10 月俄亚纳西族乡 20 年乡庆的纪录片，从片中乡党委书记呷绒、乡长苏朗的致辞中看到以下的一些关于经济的数据：2003 年全乡总人口 5545 人，天保工程退耕还林 4000 亩，农业生产总值 695 万元，粮食总产 293 万公斤，解决了自足的问题，四大牲畜 52500 头，储蓄 148 万元，农民人均收入 1377 元。公路已完成 60% 的工程。修建大桥、电站、乡政府、信用社投资 310 万元。

2009 年 8 月 13 日，熊金祥副乡长告诉我们：全乡中等收入的家庭，年收入七八千元。全乡年人均收入只有 2000 元，大村较低，只有 1000 元。苏达村收入较高，该村全村挖金，小伙子都不在家，一家几个人分别参加几伙，十一月上山，四月下山，在龙达河中上游挖金。2008 年每公斤黄金 19 万元，苏达村年产黄金几十公斤。大村挖金的很少，多是给人家打工。大村收入主要靠花椒、核桃、鸡、猪和松茸。全乡在外地城市打工的很少，不超过 100 人，大村不超过 10 人。国家实行退耕还林后，经常给农民发钱下去。以前是每亩 300 斤粮食，到永宁区驮。现在每亩发 300 元，打在农民的卡上。原定 8 年，可能还会延长，全乡是 4000 亩。另外荒山造林每亩一次性补助 50 元，县农林局还有一些经果林补贴。我们问到乡财政收入，熊乡长说，每年财政拨款 1002009 元，包括工资、事业费和办公费，乡自筹资金一分钱没有。说到工资，熊乡长说，他1998年11月参加工作，2008年以前拿1600元/月，后来实行了规范津贴，能拿到3000元/月。

和乡干部的合影（1）

和乡干部的合影（2）

大村的耕地多在河对岸的山坡上，主要种小麦、玉米和洋芋。以前河边也种植一种出红米的水稻，但产量不高，现在农民多买米吃而改种玉米了。因为土地很远，又是山地，家家户户都养着骡马，肥料运出去，粮食柴草运回来；同时家家在地里都建有庄房，作为农作时的住处、堆放粮草的库房和关拦牲口的圈厩。

大村河边高低错落地散布着20多个平顶小木屋，那是加工粮食的水磨

驮粪的马匹

山坡上的庄房

房，由从龙达河引来的渠水依次推动，将水能的利用发挥到了极致。大村现在也有了电站，沿河的村庄都有电灯，也有电视，2006 年来时，电压不稳，照相机电池充电老是充不满。2009 年来，乡干部小金说，电厂承包给外省挖金的老板后，电很多了，但农民不用，连成本都收不回来。生根老人说，电费农民 0.3 元/度，商店、机关 0.5 元/度，他家近三个月每月 6 元电费。问为什么不学刘小兰家用电饭煲等电器，他说怕出事，不敢用。说某家用电乌龟烧开水，电乌龟挂在屋中柱上，小孩将插头插上，将柱子烧燃，差点引发火灾。又说他家买了洗衣机，但上水不足，又无排水通道，不能用。我们在托地村看见有的农户有电动脱粒机，是用小型柴油发电机带动，山顶上的手机信号基站也是靠太阳能和风能供电，经常没有信号，看来输电线路和宣传推广都是有待解决的问题。

大村电站

水磨房

俄亚盛产黄金，洛克称龙达河为"著名的产金之河"，说"若曲（Zho – Chhu）的支流拢达河是一条产金的河流，它的西北面的所有区域沙金特别丰富"①。从俄日到大村的途中，我们看到路旁有一些用荆棘封口的土洞，这是以前挖金留下的，封以荆棘是怕牲口跑进去。在大村河滩上，有一处淘金的工地。一个很深的坑，一部柴油抽水机，坑里的泥沙用畚箕提上来，在木槽里冲洗。这种古老的办法效率如何？乡干部小金告诉我们，俄亚小学的教导主任，去年挖了十多斤金子。这令我们大家十分诧异和兴奋，纷纷说："走路小心点，看着脚下，没准儿会踢到一块金子哟。"我们在俄亚时，一个叫甲塔的青年来找我们聊天，他在木里高中毕业，考上四川一所大学，因家庭困难未去读，回乡后挖过金，他脖子上吊的坠子，就是他自己挖到的一块拇指大小的自然金。龙达河的采金权前几年承包给外地金老板后，当地村民心生不平，也四处开洞挖金，使当地的资源和生态保护受到严重的挑战。村民挖来的金，大多卖给外来的金贩子，我们搭伙那家的主人老彭说，收金每克至少赚10元，但风险大，他的舅子收金时，丢了35万现金，案子至今未破。

被荆棘堵塞的金洞

如果说挖金在很大程度上是凭运气，风险大，收入无保证，也不是人人都能参与的活计的话，跑马帮则是家家户户男女老少都可参与（当然主要是

① 洛克：《中国西南古纳西王国》，云南美术出版社1999年版，第278、247页。

大村河滩上的淘金坑

甲塔（左）的金坠子

成年男人）的比较直接的挣钱的门路，马帮运输是俄亚农牧之外的重要产业。马帮有零星的，也有集中的。2009 年 8 月 17 日，我们见到一大队马帮从漆树湾运货回来，浩浩荡荡，十分壮观。打听了一下，马帮共 120 匹骡马，是为几家小卖部驮的货，其中刘小兰家 50 匹，崩德咪家 40 匹，央杂家 30 匹。马帮的运费，刘小兰说，每匹马到漆树湾一趟 50 元（两天，食宿自理），可驮 4 件啤酒，每件 12 瓶，即每瓶啤酒运费约 1 元。甲塔说，一匹马

龙达河边村民新开的金洞

只能驮 4 件啤酒，每件约 20 斤，按 100 斤算钱，超过 100 斤要另外算钱。老彭说每驮不超过 100 斤，到漆树湾前几年一趟 35 元，现在不超过 70 元。俄亚小学王校长也开有一个小卖部，他家在四川坪子，所以从丽江进货。一车货六七千斤，从丽江到金沙江渡口棋盘地运费 800 元，机渡船过江 100 元，马帮运到俄亚约 3000 元。一驮货从四川坪子到大村 50 元，时间一天半，加上伙食 60 元。总的说来，所有货物运到俄亚，价格至少上涨一倍。至于我们外地人租用马帮则贵得多，从漆树湾到俄亚，驮人每匹报价 120 元，驮货每匹报价 100 元，当然实际付款要少一些。2009 年 8 月我们租 7 匹马，驮人 4 匹，驮货 3 匹，实收 600 元，平均每匹 85 元。

啤酒是俄亚重要的"进口"商品。俄亚人喜欢喝酒，不管走进哪家，主人都会热情地用小搪瓷碗向我们敬自酿的苏里玛酒，而且要喝三碗。当然如果三碗喝不了，可以喝一口，主人添一点，象征性地喝三下也行。有时候主人也会提来一箱一箱的啤酒，一人给一瓶。大村对岸河边有一个小院落，原来是供销社，院墙外啤酒瓶堆积如山，大概是因为运费太贵无法运走，啤酒的销量可见一斑。

俄亚没有集市，外地人如访问者、淘金者若需要蔬菜肉类，只有到农民家购买。买也没有合理的市价，因这些东西他们本来就不卖，不知道该卖多少钱，所以开价很高，而且不讲价，同时还不一定买得到。例如，买一只鸡 100 元，不分大小，看上哪只捉哪只，如要煮熟，还要加 20 元，冬天洋芋、

马帮从漆树湾运货归来

刘小兰家的小卖部

包包菜（甘蓝）运进来要三块钱一斤，所以大家戏称，"俄亚可能是世界上物价最高的城市呵"。若停留时间较长，有的学者就在中甸买好肉和大米，雇马帮驮进去，反而便宜和方便一点。

俄亚没有照相、打印等服务业，也没有流动商贩进来服务。我们在俄亚小学看到学生毕业证书都没贴照片，王校长说："没有相馆，哪来照片。"问没有照片会不会影响文凭的真实性，王校长说："不会，大家都能理解。"

刘小兰家的小卖部新进的货物

没有照片的毕业证

俄亚的币制和全国相同，有趣的是他们对币值的称呼还和新中国成立初期的旧人民币一样，一元钱他们叫"一万元"，一毛钱他们叫"一千元"。我们雇马、调查付了租金和劳务费，他们的收条就是这样写的。

俄亚还没有旅游经济，但也有人看到了商机。2009 年我们在大村调查俄亚纳西语时曾在老彭家搭伙，老彭是外村人，2007 年在学校边河滩上买了一块地，2.4 分，地价 3500 元。他说，原想盖成土掌房，但在大村买土 3000 元都不够，后来就决定加点钱盖成瓦房，瓦是在外村买的，9 角钱一匹，运回来要 1 块 1 了。为什么要在大村盖房，他说，我想这里今后可能成为文化遗产，盖房子准备做客栈和餐馆，现在这块地要值 3 万元了。

三　俄亚的教育和医疗

2006 年，我们第一次访问俄亚中心小学。学校坐落在大村山脚的河滩上。两面坡式的青瓦屋顶和民居的平顶碉楼形成了鲜明的对比。靠河是一段短堤，短堤里面是操场，过了操场是几排房子，横横竖竖排成"目"字形。紧挨操场的是教室，土地面，有的地方还凹凸不平，竖木条窗户，有的玻璃不全，石灰黑板，斑驳陆离，桌椅比较破旧。教室里贴着一张五年级 2006 年的课表，上午 4 节课，有早读、语文、数学，下午 3 节课，有音乐、体育、安全教育、综合实践活动、社会、思品、自然、队日活动、文艺活动、藏文、班会等。以前我们在农村教过书或读过书，这样的场景非常熟悉，不禁走进教室，在相机的嚓嚓声中，追忆已逝去的年华。

和教室垂直的一排房子是厨房，我们走进厨房，炊事员正在滤米蒸饭。炊事员是四村的人，从部队转业回来，穿着旧军装，妻子也在这儿帮忙。他说，学校有 6 个班，300 多学生，15 个老师。炊事员 1985 年在这里读书，当时只有学生 20 多人，现在住校搭伙的学生有 120 多人。每个学生每学期交 50 斤大米、80 斤苞谷、20 斤油和肉（5 斤腊猪油、15 斤猪膘肉）、500 斤柴。这里的物价是：大米 2 元钱一斤，苞谷 8 角一斤，肉 5 元一斤，油 4 到 4 元 5 角一斤、柴 8 分钱一斤。一个学生一学期大概要 300 多元钱，国家每月对学生都有补助。现在男女平等了，女生读书的比男生多。早上吃大米稀饭，学生吃饭不定量，吃饱为止。原来是每周一三五吃肉，现在是两次，二四或三五。蔬菜是自己种的，一年要 100 元钱水费，炊事员的工资每月 300 多元，是国家给的。我们看了一下厨房后面的菜园，稀稀拉拉的几根菜苗，还不到半尺高，学生吃菜可能是很困难了。其实这里气温高，日照强，灌溉便利，只是农民没有种菜的习惯而已。两个女生正躲在厨房后面的柴垛旁分享家里带来的美味，突然被我们撞见，很不好意思地笑着，赶紧转过身去。

里院是学生宿舍，共 5 间，女生 2 间，男生 3 间，每间约十平方米，住十几二十个学生。迎门是过道，过道两边用木板铺着约一尺高的通铺，木板很脏，上面卷着学生的毡子、被子之类。土墙熏得黑亮，是以前学生自己在宿舍里做饭熏的。我们问孩子们一学期回几次家，有的同学说回家要走两三

俄亚小学

五年级教室

天，只能放了假才回家。我们问想不想爸爸妈妈，孩子们说，想。城市的小孩子，十来岁还是在父母面前撒娇的年龄，这些孩子小小年纪就告别父母，翻山越岭，长期在外独立生活，忍受感情的寂寞和生活的艰辛。尽管我们知道这是边地的常态，也是山区学子成长的必由之路，但听了心里还是有些不是滋味。

再里院是老师的宿舍，几位老师正蹲在地上下棋，其中一位年长的约

学校厨房

女生宿舍

40岁，是校长，叫阿学。校长说，15个老师，多数是外乡人，很多人都要兼多门课。教师待遇还可以，校长10年工龄，每月1500元，老师1000元，代课教师400—600元，工资两个月发一次，这里的代课教师1996、1997年全部都转正了。教师至少都是中师文凭，有的已经拿到或正在读大专文凭，学校是西昌学院、四川师大等。1995年学生总数不到60个，现在是254人。寄宿生国家每月补助30元，巩固率百分之百，升学率百分之九十几。中学是到县城或瓦厂区去读，有考入西南政法大学、川医大，回来在县法院、县医院当副院长的。困难是交通不便，到县城要 7 天，校长一学期到县城开一次会，报纸一个月送两次。教师、宿舍都缺。发展计划是想修教学大楼，解决师生的住宿问题。但盖两间房大约要 1 万元，水泥成本 2 角，加运费 8 角，和面粉差不多了。

与校长阿学（左六）等合影

听完校长的介绍，我们又作个别"家访"，拜访了两位年轻老师。唐老师家离这里六七天路程，毕业于会理师范学院，教语文、音乐，已有 5 年工龄，夫人杨老师，3 年工龄。自己做饭，租农民的地种菜，10 平方米左右，年租金 200 元。另一位老师（名字失记），屋里两根竹竿上挂满了猪膘肉，至少有一百多斤，要结婚了。未婚妻也在这个学校任教，胖胖的，藏族。我给他们两人拍照，女的突然头躲到男的身后，照成一头二身，惹得大家哈哈大笑。凑巧的是，研究生刘汭雪在这儿还碰到一个四川内江的老乡，他中专毕业，有一个亲戚在木里工作，求职就到这里来了。我们很高兴地和在场的 6 位老师合影，相约下次再去拜访他们。

2009 年 8 月再访俄亚，学校已更名为"木里藏族自治县俄亚纳西族乡九年制学校"，也就是说，学校已有了初中，校长也由原副校长王偏初（藏族）接任。学校沿河修了围墙，修了一栋两层的木结构办公楼，还有了电脑，条件较 2006 年大有改进。王校长感谢我们 2007 年运到丽江赠送给俄亚

一对年轻老师

小学的 3 台电脑，说是乡长带到四川坪子，他们去运回来的。学校已改为九年制学校，教师 17 人，住房紧张，现正建教师宿舍，三开间宽约 10 米，进深 5 米，两层约 100 平方米，六间。造价 12 万元，主要是材料运价太贵。我们问盖的小青瓦是什么地方出的，他说本地有，质量不好，是从永宁运过来的。每匹 0.55 元，加运费要一块一二。说从某年以来，走了十几个教师，俄亚籍的教师大多退休了，能安心的教师不多了。说初中部有 3 个教师，差化学、外语教师。初二只有 7 个学生，他要求初三的全部转到外面去读。

我们在俄亚小学会议室的墙壁上看到很大一张《俄亚乡学校在职教师情况一览表》，和一张《俄亚纳西族乡九年义务教育普及程度情况表》，从表中可以看出：俄亚全乡在职教师为 34 人，其中女教师 11 人，中共党员 7 人。民族成分为：汉族 14 人、藏族 11 人、纳西族 4 人、彝族 4 人、蒙古族 1 人。出生地：木里 31 人、盐源 1 人、简阳 1 人、重庆 1 人。年龄：20 世纪 50 年代出生 1 人、60 年代 3 人、70 年代 8 人、80 年代 22 人。文化程度：高中（中专）5 人、专科 26 人、本科 3 人。毕业学校：凉山州内院校（西昌学院、凉山学院等）28 人、州外院校（解放军洛阳外国语学院、西南财大、

俄亚九年制学校标牌

与王偏初校长（左二）合影

四川师大等）6人。参加工作时间：20世纪80年代4人、90年代6人、2000年以后24人。职称：小教高级2人、一级14人、二级6人、未定级12

课间操

人。2007 年全乡 7—12 周岁适龄儿童总数 807 人（其中女童 378 人），入小学 805 人（其中女童 376 人），入学率 99.75%（其中女童 99.47%）。13—15 周岁适龄少年 325 人，入初中 313 人，入学率 96.30%。

用餐

我们在村里听说大村唯一的一个大学生家在请客，正好这个学生来小卖部买东西，我们就叫住她问了问情况。这个女生叫邦志敏，在绵阳的西南科技大学读书，学的是时髦的辐射防护及环境保护专业。她说她只在俄亚小学读了一年级，就被姨妈带到瓦厂读书，在西昌民族中学读完初高中，高中三年到大学都没有回过家，主要是假期要打工。邦志敏的父母非常热情地请我们去吃饭，我们就买了一些礼物去赴宴。她家有三个女儿，大学生是老大，老二老三都在木里县中学读书。趁光线还好我们给他们全家照了几张照片。当然，现在从俄亚小学毕业后到木里上中学考上大学的也有好几个了，俄亚的教学条件随着公路修通，也会越来越好。

邦志敏（后右）和父母妹妹

学校隔壁是乡卫生院，有两个医生，两间病房，条件比较简陋。病房没有病床，只是地上铺着木板，病人住院自带被褥在木板上休息。俄亚因为交通不便，木里县放宽了医保定点医院的范围，在香格里拉和丽江就医都可以报销，但因为不通公路，外出就医仍十分艰难。

王玛医生原来是俄亚乡卫生院的院长，2006年退休后在医院旁边开了一个诊所，我们2009年3月和8月去俄亚，住在他诊所的客房里，和他就熟识了。王玛医生是大村人，属狗，1946年生。上了几年学后，在村里当了几年代课老师。当上医生得益于一个偶然的机会：益地村阿子乐东巴的妹妹被推荐去县里学医，中途被接回家嫁了人，俄亚大队就推荐王玛去接替。

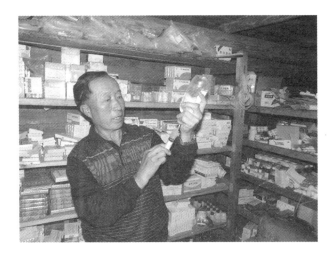

王玛医生

机才高土东巴在乡卫生院一边输液一边为我们讲读经书

三年后，王玛先到宁朗乡当医生，走村串户为群众治病，后来调回俄亚当了乡卫生院院长，一直到2006年退休。王玛医生的诊所上下两层，楼下一间做医疗室，一间自用，一间厨房，楼上三间做客房，有一间租给了俄亚小学的老师，另两间租给散客，每天十元。他在诊所建了一个太阳能洗澡室，客人洗澡不收费，这在俄亚是非常难得的卫生条件了。因为人少，比较干净，也比较安静，上厕所还可以到医院的厕所去，因此我们有两次就住在他那儿。

王玛医生的诊所，二楼是我们的住房

输液的妇女

　　王玛医生对疾病的判断力比较好。2009 年 3 月，我们在大村跟从机才高土东巴学习东巴经书，老人的胃病时间很长了，在王玛医生那里打针吃药很长时间都没有效果。有一天王玛医生跟我们说，机才高土很可能是胃癌，而且可能是中晚期了，问我们回丽江时愿不愿意带他去丽江市医院检查一下。后来我们回丽江时，和机才高土的家人一起陪他去丽江看病，果然是胃癌晚期，回来不久就去世了。在俄亚现有的医疗条件下，王玛医生做外科手术是做得很好的，因此医院有重大创伤病人时，还得请他去做手术。我们在俄亚时就碰到一个摔断了腿伤口很大的病人被送来，院长就急急忙忙来请他去做手术。三个多小时以后，王玛医生才疲倦地回来，说病人失血比较多，所以手术前先输了血，手术也成功了。

刘小兰的医疗点

除了乡卫生院和王玛医生的诊所外，刘小兰也开了一个医疗站。刘小兰胖胖的，很精明能干的样子。她老家在俄碧村，爷爷是四川安岳逃难而来的汉族，奶奶是香格里拉三坝乡安南的藏族，父亲为上门的纳西族，她读书填的是藏族，弟弟妹妹填的是纳西族，丈夫阿志儿是大村的纳西族，她说他们家是多民族的组合。刘小兰1995年中学毕业，1996年在木里卫校受过培训，在木里卫校读书时与阿志儿相识，就"被拐到俄亚来了"，1997年在大村开了医疗站并兼营小百货。刘小兰说，以前这里有一位老医生，性格不好。我们来了，服务好，来买药的人就多了。这里的人很迷信，在东巴面前比较害怕。我说，迷信可以信，心理上的，东巴和医生可以配合。我去输液打针，同时他们也做东巴。这里咳嗽感冒多，膀胱炎多，老年妇女只穿裙子，在地

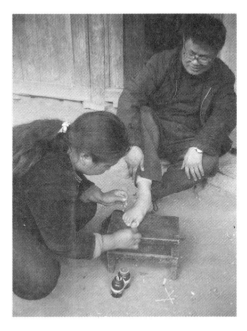

为喻遂生治伤

里劳动，经期感染多，以前一直以为是鬼，专门做迷信。我来以后，说不是，要赶快吃药。和他们聊天，慢慢他们有病就来找药了。本地人比较健康，吃一般药就行了。最不好的习惯是，不说病的实况，直接就说，医生，给我输青霉素嘛。雨季摔伤砸伤的人多，没有条件无菌操作，但这里人体质好，感染不严重。他们家里没有厕所，方便在牲口圈里解决。2006 年我们第一次到俄亚时，喻遂生两脚大拇指受伤，指甲盖松动，里面化脓，就是请刘小兰诊治的，消毒、扎针放脓、包扎，收费只要 3.5 元。

对于俄亚的教师和医生，我们心里充满敬佩，因为我们来调查研究民族传统文化，就是为了民族的发展和未来，如果没有他们在这里传播文明，救死扶伤，民族就没有希望。他们在这常人不愿到的地方履行着神圣的职责，在这样艰苦的条件下坚持、努力，令人感动，值得学习。2014 年教师节，我们在电视上看到王偏初校长被评选为全国最美乡村教师，感到特别亲切和高兴，好人应该有这样的好报。

第四节　俄亚大村风情

一　走进大村

俄亚乡政府驻大村，大村位于龙达河边，海拔1880米。大村背后的山叫达卡山。村庄建在山下一个突出的山嘴上，山嘴正对一条汇入龙达河的山涧，山涧将从俄日蜿蜒而下的峡谷截断，劈开一个豁口，形成一片相对开阔平缓的山坡，坡地里一层层碧绿的禾苗，在阳光和蓝天的映衬下，给人豁然开朗的感觉。

俄亚大村

　　若按当地口述史从丽江迁来已 20 余代的说法，大村至少有三四百年的历史了。大村现在是一个行政村，下分 5 个村民组，2010 年有 198 户，1470人。全村房屋紧密相连，在偏远山区，一个村庄集中居住上千人，十分罕见，是全县除县城以外最大的居民聚居点，号称"木里第二大城市"。大村是俄亚乡纳西族的主要聚居地，其人口占全乡纳西族的一半，其风俗民情可以作为俄亚纳西族的代表。

　　俄亚乡政府在大村对岸的山坡上，从乡政府下行十多分钟，就到了大村村口。一座水泥拱桥横跨两岸，主拱比较平缓，两肩各有两个小拱，造型很优美。迎面桥头立柱上分别刻着"大村石拱桥""建于一九九七年四月"，桥头左侧还有一块汉字水泥碑。正面碑文五行："大村石拱桥／建于一九九七年四月／县林业局拨款六万元／工程管理俄亚乡政府／设计单位县工交局"，碑阴文字为："动工时间／一九九七年二月十二日／竣工时间／一九九七年五月十二日／总投资十二万元／农民投工投资六万元／施工单位大村"。以前这里是一座很壮观的伸臂桥，可惜前些年毁于洪水，现在只能在美国学者孟彻理当年拍的照片中见到它的雄姿了。

大村水泥拱桥

　　桥的另一头是一座高耸的悬崖，从河边向上长满高大的仙人掌，一排与众不同的人字顶瓦房雄踞崖顶，那就是以前的木瓜府。崖壁上凿出一条不宽的石阶道，是进村的必经之路。每一级石阶都有一个圆形的小坑，那是马蹄长年累月践踏的结果。

孟彻理当年拍的伸臂桥

必经之道

骡马踏出的蹄窝

　　走完崖壁上的石道，迎面是一面斜坡，那就是村口了。大村人家的土地多在龙达河对岸，一千多人马进进出出，村口常常是热闹非凡。

大村村口

二　大村的建筑

大村的建筑，与漆树湾的四合院瓦房和俄日的木瓦房迥然不同，其特点是：石墙、多层、平顶、依山而上、全村几乎连成一个整体。一般民居都是三层，木料框架，高大的柱子一直通到三楼；墙壁用石块和卵石砌成，没有石灰、水泥，只用泥作黏合剂，墙高数丈，需要高超的建筑水平。每家大门面向街巷（其实都是弯曲而狭窄的小巷，很难称为街），有的屋前立着高大的经幡柱。底层是牲口圈，石墙，偏左有供牲口进出和出粪草的门，右面顺墙安放供人上到二层的独木梯。二层当街面右面部分无墙，相当于一个敞开的门厅，门厅左面、后面是一间宽敞的主房，里面有宽大的火塘，是全家做饭、取暖、起居、聚会的地方。三层是卧室，为了主房的采光和出烟，三楼要避开火塘顶，一般要退后一段距离，或留出一个天井。三楼迎街面往往有带栏杆的阳台，有的还漆成彩色，或画着虎、鹿、海螺、吉祥结、五角星等图案。屋顶是先在椽子上铺小圆木或木块（有的横竖交错地铺几层），再铺石子，石子上再夯筑当地产的白垩土。大村隔河对面的山坡上有裸露的青白色土坑，大概就是产泥之地。讲究的人家还用木板封住檐口，遮住横竖交错的木块。屋顶的厚度约一尺，上面是平的，可以晒粮食。因是依山而建，房屋的剖面呈阶梯形，每家多有两层平顶。邻里之间，基本上是相互连接，依山顺势，层层而上，从山脚到山上，大约有十五六层。因家家相连，也就没有院落，没有屋前屋后的绿树，只见屋顶层层叠叠，像伸向天际的云梯。李霖灿先生曾到过俄亚，他说："这种房屋人可以在屋顶平台上由这一家跨到那一家，不需要走人家的大门而可以跨越全村，我站在俄丫土官的平寨上，见到全村平台相连接成一座大的碉堡，我明白这种建筑应该是有防御工事的意义在内。"① 大村之所以据险筑寨，宛若城堡，可能和他们的先人是军众有关。

三层结构

木架石墙

大村的街巷幽深曲折，让初到者辨不清方向。两壁夹峙，非常狭窄，有的地方路还很陡，我们在和驮马"会车"时，只能紧贴墙壁，让马先过。家家户户都有独木梯和街巷相连，一眼望去，错落有致，是一道很特殊的美丽风景。大村这个规模宏大的纳西古村落建筑群，其独特的建筑具有很高的

① 李霖灿：《论么些族象形文字的发源地》，《么些研究论文集》，台北故宫博物院1984年版，第33页。

夯打屋顶   大门口的独木梯

历史价值，2006 年被评为四川省第七批重点文物保护单位。

　　但是，大村人口和住房过于密集，排水、防火、卫生、防疫都存在隐患。生根老人讲，他最担心大村火灾，有一次烧了 8 家，前几年烧了两户。村里没有排水沟，多数屋顶的一角安着一段灌溉用的胶皮管，将雨水直接排到巷道里（四川理县桃坪羌寨，也是密集的石屋碉楼，但有阴沟排污）。牲口圈的门就在巷道边，从圈里挖出的厩肥堆放在街巷里，猪四处游荡随处便溺，晴日里气味不佳，遇雨便泥泞难行。村里没有公厕，我们路过村边一座独立平房，看见两扇门上分写着"男""女"，门楣上隐约可见"大村二组厕所"几个字。推门一看，地面是平的，没有坑，也没有使用过的痕迹，这大概是为了应付检查盖的。房屋之间没有空地，连栽树、挖沼气池的地方都没有。村庄还在扩大，在村子的顶部，有几座新房正在建造，形式和下面的一样，只是离河岸更远。村后是陡峭的山坡，滑坡是最大的危险。大村要可持续发展，这些问题必须要注意。

大村街巷

大村一瞥

三　大村的服饰

　　大村人的衣着和外面没有太大的差别，我们在村里没有看到裁缝铺，人们以成衣为主，而且孩子们很多都穿着外面流行样式的童装。但麻布仍然是传统服饰的主要衣料，在各种仪式上必须穿麻布衣裤，有的老人还习惯穿着麻布衣服，逢年过节妇女制作麻布新衣献给长辈，还是必需的礼仪，所以关于麻的民风，远比其他纳西族地区浓郁。

大村儿童老人着装

在龙达河边，可以看到许多用石头压着泡在水里的大麻杆。泡后将麻皮剥下来，撕成纤维，搓成麻线，以备织布之用，所以撕麻、搓麻是纳西族妇女最基本的女红活。东巴经《苦凄苦寒》说："那三个妇人，手不搓麻线，已有三年了。早上不背水，已有三朝了。"①"三年""三朝"互文，不一定有三年之久，反正久不搓麻，就非常"贵族"了。我们看见妇女一边走路，一边撕麻，一边背石头，一边撕麻，小女孩一边背弟妹，一边撕麻，到处都是撕麻的图景，感觉东巴经是那样地鲜活，那样地富有生活的气息。麻线经过草木灰水浸煮、清水漂洗会变白，然后织成布。我们在好几处人家的屋顶

---

① 李霖灿等：《么些经典译注九种》，台北中华丛书编审委员会1978年版，第289页。

上看到织布机，上面还卷着没织完的麻布，布幅很窄，约 8 寸。古老的织机和时髦的"锅盖"摆在一起，对比强烈，又和谐动人。

种麻

沤麻

在木瓜府的坝子里，我们看到一个绩麻的妇女，她手中的麻线至少有几十米长。麻线很粗，十几二十根一束，从院坝的一端牵到另一端，绕过一个木桩又牵回来。弄整齐拉直了，挽成一个联一个的结，像辫子一样，搭在自己的双肩。从肩至地，又从地至肩，七八个来回，其长度可想而知，这些麻

撕麻

织布

线应该是用来织布的。在这里，我们没有看到丽江纳西族妇女常用的小巧的七星羊皮披肩，也没有看到白地纳西族妇女常用的豪放的长毛山羊皮披肩。只见有男人前胸后背披着山羊皮，毛向里，佩着刀，颇有古代纳西武士的遗风。还见到有一家人门口挂着羊皮，可能是劳动时垫背、垫肩用的。妇女系的彩色的腰带，织法是传统的，但原料已改为买来的彩色毛线。

　　和继全、张毅拜访阿普甲若时，拍到了阿普甲若夫人的盛装照：黑袖口

绩麻的妇女

布织腰带的彩线

麻布上衣，绣花麻布百褶裙，镶边枣红氆氇坎肩，铜的盘状小帽，帽檐上缀着一排 13 块半圆立柱状的银块，银块上嵌着红珊瑚和绿松石，红色的流苏，帽后红蓝相间的披风垂至脚跟，双手银手镯，黑布鞋，老人微胖，端庄安详，非常富态。据说老人家是木瓜家族的人，这大概是一种贵族气象吧。

阿普甲若东巴夫人服饰

阿普甲若东巴夫人头饰细部

　　2009 年 8 月，我们在大村很幸运地看到了火草布的制作。火草是一种野生菊科草本植物，中药书称为牛耳朵火草。火草叶片和根部的细毛可以作火镰打火用的火绒，故名。火草叶背面有一层白色的薄膜，撕下后可以

着盛装的母女

武士遗风

捻线织布，称为火草布。夏天是采摘火草叶的最佳季节，采来后，经过洗涤、撕叶、捻线、晾晒、绕线、织布等工序，制成火草布。火草叶膜有点像连接水管防漏的生胶带，边撕边捻成线，每张火草叶约长 10—15 厘米，

从火草叶到火草线

所以得一边捻一边连接。火草线韧性不强，织布时往往以麻线作经线，火草线作纬线，或者火草线、麻线同时作纬线。火草布衣裤柔软白亮，透气性好，被当地百姓视为节日穿着和馈赠的珍品。据学者研究，关于火草布的记载最早见于明代云南文献《滇略》，至今至少有 500 年的历史。在中国古代纺织史上，火草布是唯一的利用草本植物叶子作为纺织原料的例证，而且至今仍在滇川部分少数民族中使用。火草布历史悠久，工艺复杂，其原料具有独特性，与民族文化密切相关，具有重要的文化遗产价值，值得进一步保护和开发①。

四　大村的婚制

俄亚的婚姻制度比较复杂，现在以男娶女嫁的一夫一妻制为主，也有一夫多妻、一妻多夫、多夫多妻的多偶婚和不嫁娶的安达婚，宋兆麟、刘龙

---

① 李晓岑、李云：《中国西南少数民族的火草布纺织》，《云南社会科学》2010 年第 2 期。

初、王世英等先生都做过调查研究①，作家谷雪儿的《纳西人的最后殉情》也专有一章描写"神秘的俄亚婚情"②。因我们调查的主要目标是东巴文化，当地人现在也比较忌讳外人打探婚俗，所以开始我们没有询问此类问题。但我们在给大村村民一家一家照相时，还是有两男一女抱着小孩合影的，一看就知道他们的家庭结构。2006 年 3 月我们第一次调查返回时，马脚子尹大麻塔就告诉李静生老师，他是三兄弟娶一妻，而且妹妹是没有外嫁的。和力民先生也记载说，东巴林青的父亲两兄弟同娶一妻。东巴林青 5 兄弟，除老五另立门户外，他和老二、老三同娶一妻。后来老二、老三、老四又同娶妻妹为妻③。回校以后，看到广州电视台在俄亚拍的一段样片，是两个成年男子和一个女子"拜堂"，另一个一两岁的男孩也由大人扶着跪拜。这个小孩是两个男子的幼弟，从理论上讲，他也同时和那个女子结婚了。

后来我们去的次数多了，人熟悉了，也顺便了解一下婚姻状况。2009年 8 月 12 日上午，我们专门请大村机才高土东巴的儿子机才年布给我们介绍大村各户的家庭婚姻状况。机才年布属马，时年 44 岁，对大村情况了如指掌，哪家有几代多少人，属什么多少岁，嫁娶离合情况，说起来如数家珍。因我们已是很好的朋友，他自己就是两兄弟共娶两姊妹，对这些并不忌讳，所以说起来很放得开。由于时间关系，那天只详细记录了大村一组 48户的情况。统计结果如下④：

大村一组 48 户，有夫妻 74 对。其中一夫一妻对偶婚 51 对，多偶婚 23对，多偶婚占对数的 31.08%。又多偶婚分布在 18 户人家中，占户数的 37.50%。

---

① 宋兆麟：《共夫制与共妻制》，上海三联书店 1990 年版。刘龙初：《四川省木里藏族自治县俄亚乡纳西族调查报告》，《四川省纳西族社会历史调查》，四川省社会科学院出版社1987 年版；又民族出版社 2009 年版。王世英：《四川木里县俄亚纳西族乡大村调查》，云南省社会科学院东巴文化研究室编《滇川纳西族地区民俗和宗教调查》，1990 年。

② 谷雪儿：《纳西人的最后殉情》，作家出版社 2007 年版。

③ 和力民：《俄亚村古代铸犁打铁技术的继承》，《石范铸造研究》，日本奈良县立橿原考古研究所 2008 年版，第 98 页。

④ 统计夫妻对数按照以下的标准：丧偶只有一方健在的、出嫁或上门到组外的、离异的，不计算在内；多偶婚一组（一夫多妻、一妻多夫、多妻多夫）只算一对夫妻。多偶婚的年龄段，主要以兄弟中的年长者为准。

大村人家

多偶婚中，一夫多妻 1 对，系三姊妹招婿上门；一妻多夫 16 对，均为女嫁男家兄弟，其中二男一女 13 对，三男一女 3 对；多夫多妻 6 对，均为姊妹嫁男家兄弟，其中二男二女 3 对，三男二女 3 对。

值得注意的是，23 对多偶婚中，老年（50 岁以上）6 对，中年（35—50 岁）8 对，青年（35 岁以下）9 对，有的甚至在 20 岁以下，一家父子两辈都是多偶婚的 5 户，这说明多偶婚现在仍在延续。

在俄亚的家庭中，往往是几种婚姻制度并存，呈现出比较复杂的状态，下面是几户人家的详细情况：

机才高土东巴，属龙，2009 年 6 月去世，享年 70 岁。父辈是二父一母，机才高土兄妹 2 人，妹妹出嫁，机才高土妻子属马 68 岁。机才高土有三儿三女。大儿子机才年布属马 44 岁、二儿子机才纳布属兔 35 岁，共娶两姊妹为妻。大妻威彩属蛇 33 岁，生有 3 个儿子，未成年。二妻克咪属猴 30 岁，生有二儿一女，未成年。三儿子机才年若属狗 28 岁，另娶一女哈美，属羊 19 岁，因日子不对，还未过门，但已生一对双胞胎女儿。机才高土的 3 个女儿都嫁在本村，二女儿督玛，有三个儿子，长子 18 岁，次子克若 17 岁读初一，三子满堂 12 岁读小学 5 年级，三兄弟共娶两姊妹，已举行婚礼。大妻 18 岁，已过门。二妻 17 岁，因娘家缺少劳力，要晚一两年过门，但理论上，三兄弟和两姊妹已结为夫妻。

赖白依德，70 多岁，其弟王玛，是医生，属狗 64 岁，两人共娶一妻威吉，60 多岁，育有三儿二女。两个女儿嫁一家两兄弟。大儿子威布，属虎36 岁，二儿子贡布，属蛇 33 岁，共娶一妻德塔，有 3 个孩子。三儿子依晓，属羊 31 岁，另娶一妻纳冰，有两个孩子。

机赫崩德咪，女，50 多岁，未出嫁，育有一儿一女。女儿咪古诗，属猴 42 岁，未出嫁，有一个五六岁的儿子。儿子机赫年布，属猪 39 岁，妻子古瑟 38 岁，有 3 个孩子。

机才年布、机才纳布兄弟和部分家人

据机才年布说，全村只有约三分之一的夫妻实行一夫一妻制，现在年轻人自由恋爱，一夫一妻较多，多夫多妻的，多是说媒结合的。共妻多是姊妹，也有不同家的女子在不同时间嫁过去的（但我们这次材料中没有）。有的家庭兄弟多，年龄差异大，兄弟往往分组娶妻。有的幼弟成年后，共妻年龄已大，幼弟可退出另娶。在多偶制家庭，长辈对所有的孩子都视为己出，一视同仁，不会确认孩子的父亲。

一妻多夫制可能会导致有的女子找不到配偶，一个妻子有时也不能满足几个丈夫的需要，加上俄亚还有女子出嫁后长期不落夫家的习俗，这也会造成不少已婚男女事实上失婚，弥补的办法是不嫁不娶的走婚。社会允许走婚（包括已婚者），家庭不歧视非婚生子，因此常有终生未婚但有子女的，也有带着非婚生子出嫁的。2009 年 8 月 13 日，我们在乡政府访问熊副乡长和乡干部小金，谈到婚姻制度，他们说，乡内藏族也有几个兄弟一个妻子的，但很少多夫多妻的。俄亚纳西族有一句谚语：只给自己男人生孩子的女人是没有面子的，只给自己女人生孩子的男人是没有本事的。纳西族对婚外恋不怎么计较。

我国婚姻法规定实行一夫一妻制，地方政府的办法是，承认多偶婚但不见诸法律文书。办理结婚证时，只登记一夫一妻，或按一夫一妻搭配办证，对多出的配偶"忽略不计"。我们问没写入结婚证的配偶及其子女会不会得不到法律保障，乡干部说不会，民间都按习惯法办理。至于计划生育，是按妻子的人头计算，不管妻子多少，每个妻子可生3个，超过3个算超生。

大村的一对新人（2015.1）

俄亚实行多偶制，除了可能受邻近的藏族的影响外，自然条件恶劣、经济不发达是主要的原因。俄亚地势狭窄，耕地很少，一家人除种地外还要兼营放牧、运输、挖金等产业，旧社会还有到木里大寺当喇嘛、为木瓜服差役等事情，大家庭可以分工合作，小家庭则难以应付。俄亚的现实情况是，一夫一妻，女的在家做家务带孩子，男的种地，就不能离家到高山牧场放牧或跑马帮，而多偶婚家庭因为劳动力多，往往比对偶婚家庭富裕。若一家几个

甲若东巴和夫人（2014.8）

儿子分家，没有土地可分，建房也是很沉重的负担。若不分家，各娶一个妻子，妯娌关系又很难搞好。因此，很多兄弟宁愿共娶一妻，也不各娶各的。为什么很多姊妹愿意一起出嫁，村民的答复是，姊妹也不愿意分家。如果姐姐愿嫁而妹妹不愿意怎么办，答复是兄弟不能分家，不愿意就全都不要。

在俄亚，这样复杂的婚制带来的人际关系居然处理得平静和谐，相安无事，里面肯定有很深刻的社会学的含义，对于建设和谐社会也许还有一些值得借鉴的意义。

五　大村的丧葬

俄亚大村一直保留着火葬的古老风俗。只不过不在此长住，很难碰到实际观察的机会。2006年我们第一次访问俄亚时，专门去看了大村的火化场。火化场在村后的山坡上，约为长方形，长约30米，宽约10米，里高外低，用土墙围着。土墙外面有一间小屋，门口悬挂着刻有东巴文的石板，还有马槽，是火葬时人马临时休息的地方。火化场中间的木炭灰烬里，散落着一些烧剩的骨片，还比较新鲜。外侧靠墙有几棵古树，茂密斜曳的树枝上，密密麻麻地挂着送给死者的东西。有衣服、披毡、帽子、胶鞋、挂包、雨伞、项链、镰刀、织篓、装撕麻用具的小竹篓。有的已经陈旧，有的还比较新，都是实用的物品。我们曾经在丽江看过几次祭风仪式，风流树的绳子上悬挂着彩色纸剪的巴掌大的衣裤，用竹管做的无孔的烟杆、笛子，只有镜子是真的，大概假镜子很难制造吧，祭祀的虚拟游戏形态可见一斑。俄亚人真是实在，他们献上的是实物。或许是想到它们是死者生前的心爱之物，在另一个世界里还要使用？或许是想到跋涉在回归祖先家园的路上，需要用它们遮风避雨？或许是想到辛劳了一辈子的女人，在路上不撕麻捻线会手足无措？那视死如生，生死如一的人生态度，令人感动和敬佩。

大村火化场

丽江祭风仪式上悬挂的纸衣纸裤

俄亚的丧葬习俗，刘龙初、王世英等先生都做过调查研究，可以参看，

大村火化场悬挂的实用衣物

在此不再详述①。2009 年 3 月，曾小鹏和杨亦花在大村调查，目睹了一位村民的葬礼，下面是其中的几个片断。

俄亚纳西族丧礼中，还有竖送魂经幡仪式。竖经幡是受藏族的影响而形成的，纳西族地区过去比较普遍，但现在只有俄亚和依吉还保留得比较完整，史晶英和杨亦花曾做过专题研究②。竖"达祝"送魂经幡仪式，纳西语叫 tɑ²¹dʐv³³tshŋ⁵⁵达祝茨，此仪式为丧葬仪式的最后一个组成部分。一般在死者死后的第一个属相日，即 13 天内或者最迟在 49 天内进行。仪式的作用有两个方面，一是再次将死者的灵魂请回家中，告诉死者他已经死了，请不要再回来给后人添麻烦；二是帮死者偿还生前所欠的债务和完成未了的心愿。

"达祝"送魂经幡的主体是送葬前竖立在大门口的天灯杆.tv²¹ndzər³³督则。送葬当天砍下天灯杆的上端，剩下部分作为后来的"达祝"送魂经幡杆。天灯杆高约 10 米，系有一条长条麻布，上面印有白底黑字或红字的藏

① 刘龙初：《四川省木里藏族自治县俄亚乡纳西族调查报告》，《四川省纳西族社会历史调查》，四川省社会科学院出版社 1987 年版；又民族出版社 2009 年版。王世英：《四川木里县俄亚纳西族乡大村调查》，云南省社会科学院东巴文化研究室编《滇川纳西族地区民俗和宗教调查》，1990 年。

② 史晶英、杨亦花：《俄亚乡东巴教竖经幡仪式调查》，《丽江高等专科学校学报》2012 年第 1 期。

东巴带领送葬队伍前往火葬场

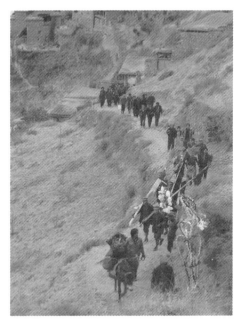

送葬的队伍

运送遗体

文方印，内容是"嗡嘛尼呗咪哄"。麻布另一侧缀有红色布条，杆顶用牦牛毛和刺猬刺做成，麻布象征给死者的衣服，牦牛毛象征给死者的帽子。麻布

东巴绕场驱鬼

解裹尸布

下端有两个或三个口袋，里面装有米饭、肉、麦子、玉米等粮食，象征给死者路途中所用的盘缠和还债用的粮食。经幡的下部，写有东巴文经文，内容是指引死者怎样回归祖先居住的地方，告诉他不要在各地的鬼寨逗留，尽早到达祖先居住地以保佑活着的后代。这段经文有的也写在纸上，贴在经幡柱

点火

焚烧

的下部，史晶英硕士学位论文《东巴文仪式规程文献研究》有详细的翻译①。

---

① 史晶英：《东巴文仪式规程文献研究》，硕士学位论文，西南大学，2013 年。

送别

机才高土东巴去世后竖立在他家门前的经幡柱和经幡图

机才高土东巴家经幡上的东巴图文

俄日村的经幡柱

六　穿越古今的大村

走进大村，常常看到一些老人穿着传统的麻布长褂，裹着绑腿，腰插烟杆，三五一堆，悠闲地烤着太阳。走在狭窄村巷，村民见到你过来，会紧贴着墙壁给你让道，微笑着注视你的眼睛，小孩们嬉笑着跑开，却又在不远处的拐角把你偷偷打量。妇女在太阳下撕麻，孩子在河滩上嬉戏，人群在晨曦中匆忙出村，驮马在炊烟里满载而归，大村充满着古朴、恬淡与平和。有人说大村与世隔绝，有人说大村是"最后的原始群落"，我们觉得这只说到了事情的一面。

我们在俄亚跑了几年，感觉大村在迅速而缓慢地变化，在古老古朴中流露出现代的气息，置身其中，仿佛在穿越古今：古老质朴的屋顶上，一个个醒目的"锅盖"（家用电视卫星接收天线）张扬地仰望着天空。泥泞脏乱的街巷里，自来水管穿街走巷通向四方。古老的东巴习俗仍是人人遵守的定则，石板制作的台球桌也招引着与时俱进的青年。撕麻是女性每日必修的功课，孩子们穿的是时髦的童装。在村民家访问，主人第一个节目是敬上自酿的苏里玛酒，有时也提出一箱啤酒，一人发上一瓶；由于路远，酒瓶无法回收，碎酒瓶造成龙达河可怕的污染。通信方式由电台变成了卫星电话，又变成了年轻人几乎人手一台的手机，但常常没有信号。公路初通，但汽车难行，摩托车大行其道，马帮仍是运输的主力。

古老的经书和现代的"锅盖"

满街巷游荡的猪群

　　大村的人和思想也在变化，尽管很多青年仍然是除了种地赶马无一技之长，常常无所事事，但也有一些青年外出打工。女子出嫁仍多在大村，但也有的外嫁到山东、德阳等地，尽管有个别的是被拐卖去的。也有的学生到木里上中学，到成都上大学，并在外地工作。也有青年外出当兵，甚至有当到团长的。克米局村的撒达杜基东巴不是大村人，但他的变化可能代表了俄亚一种新的希望。撒达杜基出生于东巴世家，2011年20岁。他5岁就跟着曾

日夜不熄的火塘

自制的台球桌

祖父学习东巴，读小学五年级时，他的爷爷去世，他就挑起了为家族和相关人家做法事的重任，所以才发生了小学生向老师请假为村民做法事的趣事。撒达后来到木里读初中、高中，在木里为在县城安家的俄亚人做法事，寒暑假回俄亚为乡亲做法事。2009 年 8 月，我们和撒达相识，鼓励他好好学习，并让到俄亚调查的研究生史晶英等和撒达结对子互学互助，还请撒达到西南大学补习功课并帮助我们解决了一些东巴经翻译的问题。撒达的理想是读大

醉归

苏里玛酒

学、读研究生，当一名学者型的东巴，会东巴的学者，现在他已经是一名大学生了，但愿他实现自己的梦想。

2009 年，我们在刘小兰家搭伙，她将自家的院子扩建了，正在装修，要开作客栈，外村人老彭也在大村买地盖房，因为他们听说县乡政府正在策划开发俄亚的旅游，"钱"景可观。要发展旅游，俄亚在道路交通、环境整治、医疗卫生、服务餐饮、文化产品、思想观念等方面，还有很长的路要走，但刘小兰他们非常乐观，因为，俄亚的前景是美好的。

堆积如山的啤酒瓶

龙达河里的玻璃污染

一个个"锅盖"张扬地仰望着天空

庄房里的母女

各种农机

第四章

俄亚纳西语调查

第一节　俄亚纳西语调查概况

一　俄亚纳西语调查研究现状

　　俄亚地处偏僻，交通阻隔，大多数村民一辈子没走出过本乡，因而保存了较为古老的语言、文化和习俗。从地理位置来说，俄亚接近纳西语东部方言区，历史上归属于四川省盐源县管辖。但在语言方面，盐源县是纳西语东部方言区的主要分布地，而俄亚纳西语却属于纳西语西部方言。这主要是由于俄亚纳西人的祖先来自丽江，又由于交通阻隔，与东部方言区交流较少所致。俄亚纳西语相对独立地发展了四百多年，可能保留了西部方言的一些古代的特点，而这些特点在丽江大研镇等经济文化发展较快的地区可能已经消失，因此俄亚纳西语对于纳西语的历史比较研究，具有重要的价值。

　　但由于各种原因，前贤对俄亚纳西语还没有进行过系统深入的调查和研究。20 世纪 50 年代中国科学院组织了大规模的全国少数民族语言调查，其中纳西语调查组在川滇调查了 6 个重点 36 个副点，没有将俄亚列为调查点①。前辈学者中，李霖灿先生到过俄亚，但他的著作中很少有关于俄亚的

---

　　① 和即仁、和志武：《纳西族的社会历史及其方言调查》，《纳西族社会历史调查（三）》，云南民族出版社 1988 年版。按此文说"6 个重点 32 个副点"，与文中调查点表不合。和即仁《民族语文论文集》（云南民族出版社 2006 年版）收入此文时，改为"6 个重点 36 个副点"，是。

内容①。1981 年年初，宋兆麟、刘尧汉、严汝娴、张燕平先生曾到俄亚进行
过 4 个月的调查②，成果主要在民族学方面。1988 年 5 至 7 月，东巴文化研
究所和发源、和力民、王世英先生，到俄亚和宁蒗的永宁、托甸等地作过调
查，其成果主要是民俗和宗教③。20 世纪 90 年代，美国学者孟彻里在和即
贵老东巴、东巴文化研究所李例芬女士的陪同下到俄亚作过调查。2001 年
至 2002 年，纳西族学者鲍江曾 3 次到俄亚，每次 3 个月左右④，2003 年完
成博士论文《象征与意义：叶青村纳西族宗教仪式研究》，后以《象征的来
历：叶青村纳西族宗教仪式研究》为名出版。值得注意的是，此书附录 4 为
《词汇表》，收俄亚纳西语词 483 条，多是宗教名词，用音译汉字标写词条，
用纳西语拼音方案注音，有比较简略的解释⑤。2009 年 5 月，旅德学者吴智
俊博士到俄亚大村调查过纳西语，比较简略地归纳了音系⑥。

　　自 2006 年以来，西南大学文献所的师生在俄亚进行了 12 次田野调查，
以语言调查为主的有以下 3 次：2009 年 8 月，喻遂生和杨亦花、曾小鹏，以
及旅德学者吴智俊博士，到俄亚大村调查俄亚纳西语音系。2010 年 1 月至 2
月，曾小鹏到俄亚跟从托地村东巴依德次里调查纳西语和东巴经。2011 年 1
月至 2 月，史晶英到俄亚克米局村，跟从撒达杜基东巴和高杰调查克米局村
纳西语方言和东巴经、东巴教仪式。

　　另外，2015 年 5 月 1 日至 3 日，喻遂生、杨亦花、李晓亮、和学璋、和
根茂，请已在南充职业技术学院读大专的撒达杜基东巴到西南大学文献所，
对克米局村纳西语方言词汇进行了补充调查。

---

　　① 据我们看到的材料，李霖灿先生仅在《论么些族象形文字的发源地》（《么些研究
论文集》第 32 页）和《和才传》（1994 年 7 月手稿）中两次提到他到俄亚的情况。

　　② 宋兆麟：《俄亚大村》，四川人民出版社 2003 年版，第 1 页。

　　③ 云南省社会科学院东巴文研究室编：《滇川纳西族地区民俗和宗教调查》，1990 年。

　　④ 鲍江：《象征的来历——叶青村纳西族东巴教仪式研究》，民族出版社 2008 年版，
第 4 页。

　　⑤ 同上书，第 325 页。

　　⑥ 据吴智俊未刊稿。其发音人为：松点王扎，女，1980 生，属猴，纳西族，大村人，
一直在大村生活，小学 3 年级开始会说汉话，十六七岁开始汉话流利。巴交贡布，男，1959
年生，属猪，出生于卡瓦村二组，普米族（西蕃），1976 年在木里三区修公路半年，1977—
1980 年在黑龙江珍宝岛当兵，2009 年 2—4 月到亚丁、果卡乡修路。

经过这几次调查，整理出了俄亚纳西语大村音系和克米局音系的声韵调表和同音词表，并通过曾小鹏的博士学位论文和史晶英的硕士学位论文予以公布，这是学界第一次对俄亚纳西语进行系统深入调查研究的初步成果[①]。

二　2009、2010、2011 年三次调查简述

2009 年 8 月 1 日，喻遂生、杨亦花、曾小鹏、吴智俊 4 人，在昆明出席国际人类学与民族学联合会第十六届大会后，经丽江、香格里拉、洛吉、漆树湾前往俄亚，于 8 月 3 日傍晚到达。8 月 4 日作准备工作，寻找工作场所和发音人。正逢暑假，得到俄亚小学王偏初校长的热情支持，把宽敞明亮的会议室提供给我们，并且每天还烧好一大壶开水送来，这在雨季的俄亚，是相当于五星级的工作环境了！

记音从 8 月 5 日开始，发音人是老东巴机才高土的外孙窝克 uo³³khɯ³³，学名克若 khɯ³³zo³³，加上家名为公秋克若 ko⁵⁵ʈʂho⁵⁵khɯ³³zo³³，属狗，1994 年生，时年 16 岁，大村人，纳西族，俄亚九年制学校初一学生。因日前从漆树湾到俄亚时，他随舅舅年布给我们赶马，人比较熟了，所以请他来试一试。但效果不好，因他年轻阅历浅，很多词不会说，同时也比较紧张，沟通不畅。记了两天，我们从 7 日起改请生根老人做发音人。

松点生根 so²¹te³³ɕi³³ŋgɯ³³ 老人，男，属牛，1949 年生，时年 61 岁，大村人，纳西族，2005 年从乡信用社主任退休。生根老人在俄亚读过两年半小学，当过生产队记分员，1974 年调入信用社工作。参加过木里县组织的为期 3 个月的业务培训，1974—1980 年在依吉乡工作了 6 年，后调回大村信用社，直至退休，工龄 32 年。他到过西昌、昆明、中甸、稻城的东宁等地，走遍了俄亚的村寨。因常年徒步翻山往返各地，严重的风湿性关节炎使他现在行走不便。他家住在村中的最高点——原木瓜府的旁边。家中有两个儿子两个儿媳，3 个孙子，加老人 9 口人，未分家，另有两个女儿出嫁在本村。他说，刚参加工作时，只有 21.5 元的工资，现在退休了可以拿到 2200 元，

---

①　曾小鹏：《俄亚托地村纳西语言文字研究》，博士学位论文，西南大学，2011 年。史晶英：《东巴文仪式规程文献研究》，硕士学位论文，西南大学，2011 年。

发音人公秋克若

发音人松点生根（前右）

在这里属于较富裕的家庭，白天一般在家打打牌，过着幸福安详的晚年。

记音从 8 月 7 日开始。其中 12 日至 17 日因生根老人的女儿要去香格里拉进货，他要去帮女儿照看小卖部，不能来发音，我们利用这几天的时间去几位东巴家调查拍摄经书、了解各村东巴现状以及大村婚姻状况等。至 22 日音系调查完毕，共记音 10 天。23 日是连续多日暴雨后难得的一个晴天，我们原本准备再待几天，沿龙达河下行，由依吉乡、泸沽湖方向返回，但因道路被毁，我们又怕继续下雨被困在这里，于是临时决定原路返回，于 23 日上午离开俄亚，经漆树湾，约晚上 11 点回到洛吉。这次两个发音人实际记音时间总共为 12 天。

我们每天上午 9 点开始工作，中午一起吃午饭，稍事休息，下午一般记 4 个半小时，每天记七八个小时，晚上讨论整理。记音的方法，在前两个工作日窝克发音时，我们是按照词汇的意义类别，如天文、地理、历法、农作物等，用汉语词汇进行询问并记音，然后归纳音系。但那种方法比较零乱，所以生根老人发音时，我们就改用按音节询问的方法。即根据我们已掌握的纳西语大研镇话、塔城话音系，以韵母为纲，按声韵调配合所生成的所有音节的顺序，逐一进行询问。具体步骤是，由我们读出某个音节，请发音人判断他的语言中是否有这个音或类似的音，如果发音人认为有，就请他发出这个音来，我们辨析并记录。确定某音节之后，请发音人尽量说出这个音节的所有同音词和包含这个音节的多音词。音节记完以后，我们又记录了数目、人体等几类词汇。在调查过程中，我们特别注意了与我们掌握的音系不同的音节和我们询问中可能遗漏的音节。

生根老人阅历丰富，熟知当地风土民情，知道一些古老的词汇，能够辨析一些词汇细微的差别，汉语表达也不错，所以调查效果很好。我们总共记录词汇近 2000 条，并从中归纳出了俄亚纳西语音系。

2010 年 1 月 8 日至 2 月底，曾小鹏到俄亚跟从托地村依德次里东巴调查纳西语和东巴经，工作地点在俄亚乡政府。依德次里属猴，1968 年生，时年 43 岁，大村人，纳西族。俄亚小学初中班毕业，14 岁跟伯父学习做东巴，和丽江、白地等地的东巴文化组织有联系，是大村公认"最厉害"的大东巴，家中父母年老，妻子体弱多病，他是家中主要的劳动力。这次请依德次里作为调查对象，详细调查了大村的语音、词汇、语法，并翻译了著名的东巴经《创世纪》，主要成果写进了曾小鹏的博士学位论文《俄亚托地村纳西语言文字研究》。

2011 年 1 月 13 日至 2 月 26 日，史晶英利用寒假的时间，从丽江随在木里读中学的撒达杜基和高杰到俄亚克米局村，调查纳西语克米局方言和东巴经、东巴教仪式。发音人撒达杜基，属猴，1992 年生，时年 20 岁，纳西族年轻东巴。协助发音的还有撒达同村的同学高杰，属羊，1991 年生，时年

在小学会议室工作

曾小鹏和依德次里

21 岁。主要成果写进了史晶英的硕士学位论文《东巴文仪式规程文献研究》。

　　由史晶英调查撰写，喻遂生、杨亦花等补充整理的俄亚克米局村纳西语方言调查报告，包括声韵调及配合表、同音词汇表约 36000 字，因篇幅限制没有收入本书。

第二节 俄亚大村纳西语音系

一 声母

1. 声母

俄亚大村纳西语有辅音声母43个，列表如下：

p	ph	b	mb	m	f
ts	tsh	dz	ndz	s	z
t	th	d	nd	n	l	ɹ
ʈ	ʈh	ɖ	nɖ		ɳ
tʂ	tʂh	dʐ	ndʐ	ʂ	ʐ
tɕ	tɕh	dʑ	ndʑ	ɲ	ç
k	kh	g	ŋg	ŋ	h	ɣ

2. 声母举例

p   pa⁵⁵盆子   pu³³羊皮筏子   pi²¹辣

ph   phv⁵⁵播种   phe³³簸   phy²⁴抢劫

b   ba⁵⁵ba³³花   be³³做   bæ²¹喜欢

mb   mba⁵⁵站立   mbæ³³蜜蜂   mby²¹利息

m   mv⁵⁵竹子   mæ³³尾巴   mi²¹名字

f   fv⁵⁵老鼠   fv³³去   fv²¹昏厥

ts   tsɿ⁵⁵塞   tso³³葱   tse²¹用

tsh tshy⁵⁵赔偿   tshe³³盐   tshɿ²¹来

dz   dzɿ⁵⁵dzɿ³³烦闷   dze³³小麦   dzy²¹花椒

ndz ndzv⁵⁵挖   ndzɿ³³吃   ndza²¹合适

s   sɑ⁵⁵气   sɿ³³知道   so²¹学习

z   zɑ⁵⁵染色   zo³³男子   ze²⁴kv²¹哪里

t   ta⁵⁵柜子   to³³木板   tv²¹直

th   tha⁵⁵锋利   thv³³到   tho²¹靠

d	da^{33}da^{21} 跑	de^{33} 灌	dy^{21} 地方
nd	nda^{55} 砍	ndy^{33} 平	ndo^{21} 傻
n	no^{55}no^{33} 混合	nv^{21} 你	na^{24} 你家
l	le^{55} 茶叶	la^{33} 老虎	ly^{21} 看
r	rv^{55} 放牧	ri^{33} 土地	rə^{21} 漂亮
t	tər^{55} 关	tu^{33} 蘸	tæ^{21} 拉
th	thu^{55}thu^{33} 吵闹	thæ^{33} 戴（帽子）	thər^{21} 裙子
ɖ	ɖʅ^{55}ɖʅ^{33} 相等	ɖu^{33} 猎物的踪迹	ɖæ^{21} 能干
nɖ	nɖʅ^{55} 合适	nɖæ^{33} 狐狸	nɖɑ^{33} 迷失方向
ŋ	ŋæ^{55}hæ^{21} 蔬菜	ŋa^{55}ŋa^{33} 乳房	ŋua^{33}a^{21} 吉祥、福泽
tʂ	tʂʅ^{55} 汗	tʂua^{33} 床	tʂər^{21} 派
tʂh	tʂhʅ^{55} 开荒	tʂhua^{33} 米	tʂhər^{21} 肥肉
dʐ	dʐər^{55}ɲi^{33} 驯牛马时用力往下按	dʐʅ^{33} 街	dʐua^{21} 安逸
ndʐ	ndʐua^{55} 抢	ndʐʅ^{33} 伙伴	ndʐʅ^{21} 山
ʂ	ʂʅ^{55} 梭草	ʂər^{33} 七	ʂu^{21} 铁
ʐ	ʐʅ^{55}ndʐər^{21} 柳树	ʐua^{33} 马	ʐu^{21} 夏天
tɕ	tɕæ^{55} 嫁接	tɕi^{33} 放置	tɕə^{21} 抓
tɕh	tɕhə^{55} 贴	tɕhæ^{33} 滑	tɕhi^{21} 甜
dʑ	dʑu^{33} 有	gɯ^{33}dʑi^{33} 衣服	dʑæ^{21} 懂
ndʑ	ndʑi^{55} 烧	ndʑu^{33} 蔓菁	ndʑæ^{21} 麻雀
ɲ	ɲiə^{55} 早	ɲu^{33} 浸透	ɲi^{21} 揉
ç	çə^{55} 说	çæ^{33} 血	çi^{21} 稻子
k	kə^{55} 鹰	ki^{33} 杯子	ko^{21} 针
kh	khæ^{55} 发射	kha^{33} 苦	khɯ^{21} 线
g	gu^{55}ɲi^{55} 古尼（村名）	gi^{33} 老	gɯ^{21} 落下
ŋg	ŋgi^{55} 烤	ŋga^{33} 胜利	ŋgə^{21} 撬
ŋ	ŋ^{33}ŋgɯ^{21} 我们	ŋə^{21} 我	ŋa^{24} 我家
h	ha^{55} 歇息	hæ^{33} 风	hɯ^{21} 富
ɣ	ɣə^{55} 晒	ɣɯ^{33} 好	ɣə^{21} 捞

二　韵母

1. 单韵母

单韵母有 13 个：a、æ、e、i、y、ɯ、u、v、o、ə、ər、ɿ、ʅ

2. 复韵母

复韵母有 8 个：ia、iæ、iə、iu、ua、ue、uə、uo

3. 韵母举例

a	tsa⁵⁵挖	tha³³按	na²¹大

a　　tsa⁵⁵挖　　　　　　tha³³按　　　　　　na²¹大

æ　　phæ⁵⁵扒拉　　　　hæ⁵⁵hæ³³切割　　　kæ²¹秋千

e　　phe⁵⁵块　　　　　tʂhe³³盐　　　　　　se²¹岩羊

i　　mi⁵⁵熟　　　　　　bi³³森林　　　　　　dʑi²¹水

y　　sy⁵⁵杀　　　　　　ty³³敲　　　　　　　hy²¹红

ɯ　　khɯ⁵⁵去　　　　　ɣɯ³³牛　　　　　　kɯ²¹称量

u　　pu⁵⁵拿着　　　　　ɾu³³四　　　　　　　ʐu²¹夏天

v　　pv⁵⁵送　　　　　　khv³³割　　　　　　tsv²¹坐

o　　to⁵⁵坡　　　　　　tsho³³跳　　　　　　zo²¹陶罐

ə　　tə⁵⁵折叠　　　　　khə³³劈　　　　　　ndʑə²¹辛苦

ər　　ɾər⁵⁵种子　　　　　ɖər³³发芽　　　　　phər²¹解开

ɿ　　tshɿ⁵⁵山羊　　　　　tsɿ³³拴　　　　　　sɿ²¹三

ʅ　　tʂhʅ⁵⁵腰　　　　　　ʂʅ³³带领　　　　　zʅ²¹蛇

ia　　ȵia³³零　　　　　　uo²¹ia³³是的

iæ　　iæ⁵⁵tsər²¹小鸡　　　iæ³³红铜　　　　　iæ²¹悬崖

iə　　biə⁵⁵板状物　　　　miə³³生命　　　　　phiə²¹喜欢

iu　　iu⁵⁵玉石　　　　　iu³³khua³³疙瘩碗　　iu²¹绵羊

ua　　tʂua⁵⁵隔开　　　　ʐua³³能干　　　　　kua²¹灶

ue　　sue⁵⁵猴子　　　　　sue³³头目　　　　　zue²¹灼痒的感觉

uə　　mbuə⁵⁵超出　　　　buə³³普米族　　　　khuə²¹藤

uo　　pa²¹le⁵⁵uo⁵⁵烙饼　　mu³³uo³³脚板　　　uo²¹是

三　声调

俄亚大村纳西语有四个声调，分别是高平调55、中平调33、低降调21、

声母＼韵母		a	æ	e	i	y	ɯ	u	ɤ	o	e	ɚ	ɿ	ʅ	ia	æi	ei	iu	ua	an	en	on
唇音	p	123	23	123	123	23		12	123			13					2				3	
	ph	23	12	123	123	134		123	12			123					123					
	b	123	23	123	23	23		23	123			123					12				23	
	mb	123	123	23		23		23	23	3		123					3				1	
	m	123	123	123	123	12		123	123			1					123					
	f								123													
舌尖前音	ts	12		123		123			123	12		123	123									
	tsh	123		123		123			123	123		123	123									
	dz	23		123		3			123	123	1	123	123									
	ndz	23		3		23				23	2											
	s	123		123		123				123		12	2									
	z	123		1234		13				23		23	123							12		
舌尖中音	t	123		234		123		2	123	123			123							3		
	th	1234	2	123	23	12			123	123												
	d	23		2		23			23	23												
	nd	123		23		123			23	123												
	n	1234		23		123			123	123												
	l	123		123																		
	r	123	2		123			2	123		3	123										

续表

发音部位	声母＼韵母	a	æ	e	i	y	ɯ	u	ɤ	o	e	ɚ	l	ɿ	ia	æ	ei	iu	ua	ɘn	en	on
	t	123	123	12				12				123		123								
	tʰ	123	12	123				12				123		123								
	d	23	3					23				23		123								
	nd	1234	23					2				23		123								
	ŋ		12																			
舌尖后音	tʂ							2				123		123					2			
	tʂʰ							3				123		12					123			
	dʐ							123				13		23					123			
	ndʐ							23		3		23		23					3			
	ʂ							123				123		123					123			
	ʐ	2						123				23		123					123			
	tɕ				123			23			123					123			23			
舌面前音	tɕʰ				123			23			123					2						
	dʑ				23			2			23					3						
	ndʑ				123						23					23						
	ȵ				123										2		123					
	ɕ				123			2			123					2						

续表

声母	韵母	a	æ	e	i	y	ɯ	u	v	o	ə	ər	ɿ	ʅ	ia	iæ	ei	iu	ua	ue	uə	uo
舌面后音	k	123	123		123		123	123	123	123	123								123	3	23	
	kh	123	123		12		123	123	123	123	123								123		123	
	g	2			23		23	123	23	2	123										23	
	ŋg	23	234		123		23	23	23	3	13										2	
	ŋ	4									23								123			
	h	123	123	123	2	123	123	123		123	134								123			
	y						123		3		13											
零声母	ø	123			123		123	123							2	123	123	123	123		123	123

根据上面的声韵调配合表，可以统计出俄亚纳西语的音节数和声调的分布情况：

声母	韵母	总数	a	æ	e	i	y	ɯ	u	v	o	ə	ər	ɿ	ʅ	ia	iæ	ei	iu	ua	ue	uə	uo
音节总数		263	29	22	18	18	17	6	26	20	19	17	21	6	10	2	1	7	1	11	3	8	1
55调		170	20	10	12	13	11	4	13	14	12	12	16	5	8	0	1	5	1	8	1	3	1
33调		237	28	20	17	18	14	6	25	19	16	12	18	6	10	2	1	6	1	10	1	6	1
21调		220	25	14	17	16	15	6	18	19	17	14	19	5	9	0	1	5	1	10	2	6	1
24调		9	4	1	2	1	1					1											1

低升调 24。例如：

thɑ	thɑ^{55}锋利	thɑ^{33}拓印	ɾi^{55}thɑ^{21}稻草人	thɑ^{24}ŋgɯ^{21}他们
nɑ	nɑ^{55}tv^{21}除夕	nɑ^{33}亏损	nɑ^{21}大	nɑ^{24}你家
ze	mu^{21}ze^{55}下移	ze^{33}多少	ze^{21}kv^{55}bi^{33}去哪里	ze^{24}kv^{33}哪里
ɳɑ	ɳɑ^{55}ɳɑ^{33}忙碌	hɑ^{55}ɳɑ^{33}头晕	ɳɑ^{21}干肉中长出的虫	ɳɑ^{55} ɳɑ^{24}悄悄
sɿ	sɿ^{55}捡	sɿ^{33}知道	sɿ^{21}三	
te	te^{33}喂	tshʅ^{33}te^{21}剪刀	te^{24}灯	

四　关于声韵调的几点说明

1. 在俄亚纳西语中存在新老异读的现象。发音人生根老人有舌尖后鼻音 ɳ，如"ɳɑ^{55}ɳɑ^{33}乳房、ɳɑ^{55}ɳɑ^{24}悄悄、ɳuɑ^{33}ɑ^{21}吉祥、ɳæ^{55}压、ɑ^{33}ɳæ^{33}婴儿"，但年轻一辈都读作舌尖中音 n，再过一些年，俄亚纳西语中的 ɳ 声母可能将不复存在。

2. 俄亚纳西语元音 u 单独作韵母时，均发舌位略低、开口度略大的 ʊ，而在复韵母中则发标准的 u。元音 i、ɿ、ʅ 在与部分声母相拼时，在有的老年人口中，似有松紧的对立，又时有展唇和上唇外翻的对立，这个问题需要扩大范围作进一步的调查研究，我们这里没有标出。

3. 俄亚纳西语虽有 4 个声调，但分布很不均衡。据下文的声韵调配合表，在 263 个音节（不区别声调）中，有 55 调的有 170 个音节，有 33 调的有 237 个音节，有 21 调的有 220 个音节，有 24 调的只有 9 个音节。33 调和 21 调是最常用的声调。4 个调俱全的音节，只有 thɑ、nɑ、ɳɑ、ze 四个。

五　声韵调配合表

说明：

1. 本表根据对俄亚大村生根老人的语音调查，在整理出同音词表的基础上绘制而成，反映的是俄亚大村的口语情况。

2. 表中的数字 1、2、3、4 分别代表 55、33、21、24 四个声调。有某声调则标相应数字，无则空缺。

从表中可以看出，各韵母构成音节的能力差异很大。在我们记录到的 263 个音节（不分声调）中，a、u、æ、ər、v 构成的音节最多，分别为 29、

26、22、21、20 个，复韵母除 ua 外，构成的音节很少。ɯ 只有 6 个音节，而在丽江纳西语中是 15 个[1]，这是因为丽江的 ɯ 韵母音节，在俄亚多读成 u 或 v。有的音节虽然存在，但在整个拼合体系中显得很特殊，而且词很少，这应是音系中的异质成分，主要是由异读和借词所造成的。如 tʂ 组声母，除 tʂh 以外都不与 o 相拼，而 tʂho 音节只有"tʂho^{21} 快"1 个词，发音人特别说明"少数人有此读法"。又如 ȵia 音节，只有"ȵia^{33} 零"一个词，明显是汉语借词。

在 263 个音节中，55 调出现在 170 个音节中，覆盖率为 64.6%；33 调出现在 237 个音节中，覆盖率为 90.1%；21 调出现在 220 个音节中，覆盖率为 83.7%；24 调只出现在 9 个音节中，覆盖率为 3.4%。就某一个具体的韵母而言，情况也不一样。如 a 韵母 29 个音节中，55、33、21 调分别出现在 20、28、25 个音节中，比较均衡；æ 韵母 22 个音节中，三个声调的音节数是 10、20、14，数量悬殊。

六　俄亚大村纳西语同音词表

本同音词表收录同音的单音词和有相同音节的复音词，以展现俄亚大村纳西语词在各个音节的分布及大体的词汇情况。本表按韵母分部，同韵母的词按声母排列，声韵相同的按声调分行排列，同声调的词提行时退格以醒目。单音词在前，复音词在后。与标目相应的音节用 ~ 代替。同音词不重复标音，如"脸、面子、呛"同音 pha^{33}，标作"pha　~^{33}脸、面子、呛"。声韵不同的复音词原则上要在不同音节重复出现，如"pa^{55}zo^{33} 蝌蚪"，分见于 pa 音节和 zo 音节。声韵相同，声调不同的复音词，在不同声调重复出现，如"ba^{55}ba^{33} 花"，作"　~^{55}ba^{33}花""ba^{55}　~^{33}花"，分见于 55 调和 33 调。

a

pa　　　~^{55}盆　　~^{55}me^{33}蛙的总称　　~^{55}ʁua^{33}hæ^{21}绿色的青蛙　　~^{55}zo^{33}蝌
　　　　　蚪、小蛙　　~^{55}ma^{21}　　~^{55}在额头上抹酥油　the^{21}　~^{55}搭着
　　　~^{55}sa^{21}be^{33}作祟　kv^{33}tɕu^{21}　　~^{55}辫子　　ndo^{21}　~^{55}屁股　kv^{33} ~^{55}额头

---

[1]　方国瑜、和志武：《纳西象形文字谱·绪论》，云南人民出版社 1982 年版，第 88 页。

~^{33}到、植物长出来、照片、拍照　pa^{33}tʂʅ^{21}iə^{33}到了　　~^{33}pa^{21}背
（动）　~^{33}la^{55}拍照　ɣɯ^{33} ~^{33}石头　zo^{21} ~^{33}壁虎　no^{33}ta^{33} ~^{33}
（印有藏文的）小经幡　tɕhu^{55} ~^{33}be^{33}、tɕhu^{55} ~^{33}ndʑi^{55}烧
天香

~^{21}宽　　~pa^{21}le^{55}粑粑　pa^{33} ~背（动）　　he^{33} ~^{21}汉族

pha　~^{33}脸、面子、呛　~ly^{21}bi^{33}探望　~^{33}be^{33}浪费　~^{33}pha^{21}算卦、
占卜the^{21} ~^{33}se^{33}iə^{33}做一件事失败了

~^{21}豺狗、占卜、习惯、顺手　pha^{33} ~^{21}算卦、占卜

ba　~^{55}在东巴面前跳神的人戴的面具　~^{55}ba^{33}花　~^{55}ba^{33}bɑ^{21}开
花、长水痘

~^{33}ly^{55}丢脸　~^{33}la^{33}衣服　ba^{55} ~^{33}花　ba^{55} ~^{33}bɑ^{21}开花、长水
痘　la^{21} ~^{33}手掌　la^{21} ~^{33}thæ^{33}ko^{21}手掌心

~^{21}花、粮食、开（花）　　~^{21}thv^{33}开花、抽穗　~^{21}dʑi^{21}庄稼
ba^{55}bɑ^{33} ~^{21}开花、长水痘　sue^{55}na^{21} ~^{21}长黑痲子　mæ^{55} ~^{21}
疮溃烂　~^{21}ŋɯ^{33}开裂　~^{21}ŋi^{55}晒太阳　ka^{33}ɣa^{21} ~^{21}蜘蛛

mba　~^{55}站立　tɕhi^{33}to^{55}a^{21} ~^{55}i^{33}站在这里

~^{33}uo^{33}大脖子病　~^{33}ɣa^{55}苍蝇　mv^{55}khv^{21} ~^{33}烟雾　nu^{21} ~^{33}iə^{33}
你情有可原

~^{21}叫喊　to^{55} ~^{21}东巴

ma　mi^{33} ~^{55}吹火飞起来的火星和灰尘　~^{55} ~^{55}bv^{21}爆米花　by^{21} ~^{55}
拍吃炒面（手指并拢撮一点炒面，用类似拍嘴的动作将炒面
送入口中，亦可用勺子）　uo^{33} ~^{55}nda^{21}窝玛达（民歌名）

~^{33} ~^{33}搽、涂　~^{33}ua^{21}不是　~^{33}mi^{33}军队　by^{21} ~^{33}细面粉
~^{33}kv^{33}tshv^{55}跪拜、磕头

~^{21}、~^{21}do^{21}动物油　~^{21}ze^{33}火药　my^{55}tshy^{33} ~^{21}含油脂多的松
明　mi^{33} ~^{21}松明火的烟灰

tsa　~^{55}挖、刨、抓　~^{55}me^{33}大锛子　~^{55}zo^{33}小锛子　~^{55}khu^{33}lu^{55}
挖圆孔槽的锛子　lo^{33} ~^{55}干活　lo^{33} ~^{55}tɕhi^{33}活很忙　tho^{33}
ʂu^{21} ~^{55}抓松毛　~^{55}tʂʅ^{33}做事缓慢跟不上别人

~^{33}搬运　~^{33}pu^{55}bi^{33}拿着走

ʦha   ~⁵⁵咬、完成　lo³³be³³le³³ ~⁵⁵活干完了　the²¹mu²¹ ~⁵⁵正好合适

    ~³³ʦha²¹搅拌

    ~²¹搅拌、掺和　ʦha³³ ~²¹搅拌　ʈʂʅ³³ ~²¹家族、支系　ndʐər³³

    kha³³ ~²¹趟着露水走路

ʣa   ~³³ʣa²¹跑

    ~²¹khɯ³³咱克（俄亚乡村名）　ʣa³³ ~²¹跑

nʣa   ~³³瘦

    ~²¹正确、合适　ɡu³³ndu³³ ~²¹ia³³想对了

sa   ~⁵⁵气、溢出　~⁵⁵sa³³泼洒　~⁵⁵ua³³三月　~⁵⁵me³³麻籽

    ~³³麻的总称、锁（动）　khu³³sa³³门锁　sa⁵⁵ ~³³泼洒

    ~²¹伞　sa²¹nʣər²¹一种带刺的乔木

za   ~⁵⁵涂画、染色　~⁵⁵ɡi³³麻风病

    ~³³鞋子、嫩　khua³³ ~³³脚气

    ~²¹下（动词）、彗星　mu²¹ ~²¹下来

ta   ~⁵⁵柜子、烫、避让、女子跑婚嫁人　pa²¹le⁵⁵ ~⁵⁵烙饼　mi³³ ~⁵⁵

    ta³³点火　~⁵⁵phu³³应答　~⁵⁵ta³³混合、搭配、肉（儿童用语）

    ɡu³³ ~⁵⁵ɽa³³脚踝　ta⁵⁵ ~³³混合、搭配、肉（儿童用语）

    mi³³ta⁵⁵ ~³³点火

    ~³³ndy⁵⁵ly²¹眼珠　no³³ ~³³pa³³（印有藏文的）小经幡

    ~²¹遮、拦　a³³ ~²¹左手、左边　i²¹ ~²¹右手、右边　~²¹ʣə²¹达

    久（男子名）　~²¹dzu²¹经幡

tha   ~⁵⁵锋利、可以、肯定　~⁵⁵dzʅ²¹柿子、塔城（丽江地名）

    ɽv³³ ~⁵⁵石磨　ʣi²¹ɽv³³ ~⁵⁵水磨

    ~³³按、拓印、勿、悬空危险的状态　la⁵⁵ŋi²¹ ~³³摁手印　~³³

    be³³别做　~³³ɕo⁵⁵别说　dʐʅ³³ʦhʅ⁵⁵a²¹ ~³³iə³³有点危险

    ɽi⁵⁵ ~²¹稻草人（代表在外面死去的人，做完仪式送到火葬场后照

    例烧稻草人，死者在外面火化后的骨灰要放在火葬场的上方

    用石头压着）

    ~²⁴ŋɡɯ²¹他们　~²⁴iə³³ko²¹他家

da   ~³³ʦhu⁵⁵结网、用树枝木头阻拦　~³³da²¹跑

　　　　　～²¹漂浮、织　　da³³～²¹跑　　ɣɯ³³～²¹织布　　～²¹iə³³～²¹用活动木板（作圈厩的门）挡（牲畜）

nda　　～⁵⁵砍　　sər³³～⁵⁵砍柴

　　　　　～³³pu²¹臭椿树　　～³³dy³³蚕豆　　～³³ua³³十二月　　kua²¹～³³不好　　～³³phiə²¹砍柴刀

　　　　　～²¹ndʐər²¹青冈树　　uo³³ma⁵⁵～²¹窝玛达（民歌名）　　～²¹khu³³窗户

na　　　～⁵⁵瘦肉、作祟　　～⁵⁵tv²¹除夕　　sʅ³³～⁵⁵瘦肉　　～⁵⁵mbv³³纳布（男子名）

　　　　　～³³有害、亏损　　nu²¹～³³iə³³你亏了、有困难了

　　　　　～²¹黑、大　　～²¹hi³³纳西　　ɻi³³～²¹ndʐər²¹杉树　　kə³³～²¹me³³老鹰
　　　　　bv³³～²¹肠

　　　　　～²⁴你家　　～²⁴ŋgɯ²¹你们　　～²⁴hi³³你家里人

la　　　～⁵⁵厚、打　　～⁵⁵la³³打架　　sʅ³³pv²¹～⁵⁵打篮球　　tɕha²¹tɕha²¹be³³～⁵⁵啪啪地敲　　～⁵⁵la²¹勤快、身体好、得力　　～⁵⁵ȵi²¹手指　　～⁵⁵ȵi²¹tha³³摁手印～⁵⁵kæ²¹乌鸦　　uə³³～⁵⁵kæ²¹鹦鹉

　　　　　～³³老虎　　～³³na²¹蟒蛇　　～³³kha²¹白杨　　～³³ȵi²¹食指　　khɯ³³～³³ȵi²¹脚趾头　　ma²¹ȵi³～³³诵玛尼经　　the³³ɣɯ³³～³³背书　　ȵi²¹～³³腻　　ha²¹～³³疯、精神失常

　　　　　～²¹tʂʅ⁵⁵手　　～²¹me³³大拇指　　la²¹ba³³手掌　　～²¹bæ²¹bər⁵⁵手臂上段　　～²¹dzʐ³³手臂下段　　～²¹mu⁵⁵tho²¹手肘　　～²¹khua³³tu³³肩　　～²¹ba³³thæ³³ko²¹手掌心　　～²¹tʂhər⁵⁵枪　　～⁵⁵la²¹勤快、身体好、得力

ɻa　　　～⁵⁵tse²¹东西、器物　　ȵi³³ndʐua³³～⁵⁵tse²¹刺鱼的铁叉　　gu³³ta⁵⁵～³³脚踝　　to²¹mba³³～³³拨浪鼓　　mu²¹～³³杜鹃树　　～²¹驾担（牛轭）、胜任、承担　　be³³～²¹mə³³～²¹能否胜任　　ka³³～²¹ba²¹蜘蛛

tɕha　　tɕha³³～⁵⁵象声词"啪"　　tɕha³³～⁵⁵be³³la⁵⁵啪啪地打　　～³³tɕha⁵⁵象声词"啪"　　～³³tɕha⁵⁵be³³la⁵⁵啪啪地打

    ~²¹象声词"啪"   ~²¹ ~²¹ be³³ la⁵⁵啪啪地打   ~²¹ ~²¹ be³³ tʂʅ⁵⁵
    啪啪地打（酥油茶动作）

nɖa   ~³³迷失方向   ~³³ nɖɑ²¹来回快步走   tʂʅ⁵⁵ tho³³ ~³³ pu⁵⁵ le³³ hɯ³³
    iə³³羊羔迷失了方向

    the²¹ ~²¹ iə³³呆呆地看着   nɖɑ³³ ~²¹来回快步走

ŋa   ~⁵⁵ ŋa³³乳房、忙碌   ~⁵⁵ ŋɑ²⁴悄悄   ~⁵⁵ ŋɑ²⁴be³³ fv³³悄悄地去
    ŋa⁵⁵ ~³³乳房、忙碌   ha⁵⁵ ~³³头晕

    ~²¹干肉中长出的虫

    ŋɑ⁵⁵ ~²⁴悄悄   ŋɑ⁵⁵ ~²⁴be³³ fv³³悄悄地去

ʐɑ   ha⁵⁵ ~³³松鼠

ka   ~⁵⁵盖（动词）、粮架   kv³³ ~⁵⁵盖子   ~⁵⁵ka³³帮忙   ko²¹ ~⁵⁵鹅、
    房屋楼板和过梁间可挂锄头等农具的缝隙

    ~³³吞咽、好   ka⁵⁵ ~³³帮忙   ~³³phər²¹白鹤，一说大雁   ~³³
    phər²¹ mi³³ la³³ mbu²¹媒人   ~³³ka²¹驯牛犊犁地   ~³³ ɾa²¹ ba²¹
    蜘蛛

    ~²¹劳累、胸骨   ~²¹ndʐər²¹树名   ka³³ ~²¹驯牛犊犁地   the²¹ ~²¹
    i³³将绳、麻、皮条等两端固定，使之拉伸至一定的长度
    ~²¹sy³³祭天仪式的主祭东巴

kha   ~⁵⁵pa²¹祭天主祭司的助手   mæ⁵⁵ ~⁵⁵掰开

    ~³³洞、声音、动物的角、苦   ~³³mbu²¹洞穴   khi³³ ~³³肛门
    he³³ ~³³耳朵   tʂʅ⁵⁵ ~³³喉结   ~³³ka³³嗓子好   ~³³sʅ⁵⁵嗓子哑
    ~³³pu⁵⁵、~³³çə⁵⁵、~khɯ⁵⁵传话   ~³³ ~³³吵架、用拇指和食
    指丈量麻布   la³³ ~³³白杨   a⁵⁵ ~³³苦荞   ndʐər³³ ~³³tsha²¹趟
    着露水走路

    ~²¹sue³³最大的官   nda³³pu³³ ~皇帝   ~²¹dʑe³³玉米   la³³ ~²¹白楝
    树   la³³ ~²¹ʐər²¹iə³³能说会道

ga   ~³³mu³³骆驼

ŋga   ~³³胜利、荠菜   ~³³phiə⁵⁵田里的一种杂草

    ~²¹岔开、分叉   zʅɻ³³ ~²¹岔路   mæ³³ ~²¹一种全身咖啡色尾巴开
    叉会夹人的小虫、一种野菜

ŋa ~²⁴我家 ~²⁴ko²¹我家 ~²⁴ŋgɯ²¹我们

ha ~⁵⁵歇息、张开、裂开、夜（量） ɖɯ³³~⁵⁵一宿 ~⁵⁵n̩a³³头晕
le³³~⁵⁵剩下 dʐɹ²¹~⁵⁵结冰 gə²¹~⁵⁵剩余 he³³~⁵⁵闰月 ~⁵⁵
ha³³i²¹打哈欠 ~⁵⁵tɕhi²¹盘缠、干粮 ~⁵⁵z̩ɑ³³松鼠

~³³饭 ~³³ly³³粮食 ~³³ndʐɹ³³吃饭 ~³³tɕhi⁵⁵冷饭 ~³³me⁵⁵讨
饭、乞丐、哈美（人名） ~³³ha²¹顶嘴 ha⁵⁵~³³i²¹打哈欠
~³³khv³³收割庄稼

~²¹、ha³³~²¹顶嘴 a²¹~²¹树莓 ɕæ³³ni³³~²¹失血过多晕倒
~²¹la³³疯、精神失常

a ~⁵⁵khi³³i³³小指头 ~⁵⁵zo²¹鱼腥草 ~⁵⁵gɯ²¹甜荞 ~⁵⁵kha³³苦荞
~³³啊（应答声）、骨头 ~³³t̩ʂər⁵⁵骨节 ~³³phv³³爷爷 ~⁵⁵bv³³
爸爸 ~³³ta²¹左手、左边 ~³³ʂər²¹筷子 ~³³to³³什么 mu³³
mu³³~³³a²¹万万亿亿

~²¹亿、聚集、啊（应答声） ŋua³³~²¹吉祥、福泽 mu³³mu³³
~³³a²¹万万亿亿 ~²¹me³³妈妈 ~²¹bv⁵⁵哥哥 ~²¹hɑ²¹树莓
~²¹iə⁵⁵俄亚（地名）

æ

pæ ~³³象声词"啪" ~³³be³³hɯ⁵⁵tso³³"啪"地打一下 ~³³pæ²¹
劝架

pæ³³~²¹劝架 ki⁵⁵~²¹脖子

phæ ~⁵⁵扒拉、翻（书）、发作 ndv²¹ri³³~⁵⁵毒发作 hɯ³³khɯ³³~⁵⁵
牙病发作 ~⁵⁵tɕi³³年轻 ~⁵⁵tɕi³³zo³³小伙子 ~⁵⁵tɕi³³mi⁵⁵
姑娘

~³³拴 ~³³tɕhi³³换个地方拴（牲口）

bæ ~³³bæ²¹扫地、相爱

~²¹牌、扫、喜欢 ~²¹la⁵⁵打牌 ~²¹kho³³扫谷板 bæ³³~²¹扫
地、相爱 la²¹~²¹bər⁵⁵手臂上段 tæ³³~²¹小腿

mbæ ~⁵⁵ko²¹扫帚

~³³蜜蜂、糖、野鸭 ŋgo²¹~³³蜂蜜 ~³³tʂɹ⁵⁵鹭鸶

~²¹风骚 z̩ua³³~²¹赛马

mæ　$\sim^{55}$后、后面　$\sim^{55}$tho^{21}、$\sim^{55}$ho^{21}后面　$\sim^{55}$dz̩v^{33} $\sim^{55}$lɑ^{21}后面的事情　$\sim^{55}$khæ^{33}拆开、散开　$\sim^{55}$kə^{55}phv^{33}朝后翻倒　ndʑæ^{33} $\sim^{55}$垃圾

　　$\sim^{33}$尾巴、获得　$\sim^{33}$tsɿ^{21}后面　la^{55} $\sim^{33}$打着了　la^{33} $\sim^{33}$用梭草编成的鞭子，长2—4米，甩动发出声响可以驱赶雀鸟

　　$\sim^{21}$赶上、够着　la^{55} $\sim^{21}$iə^{33}打得到、够得着

tæ　$\sim^{33}$bæ^{21}小腿

thæ　la^{21}ba^{33} $\sim^{33}$ko^{21}手掌心

ʐæ　$\sim^{33}$雄阴　$\sim^{33}$ko^{55}睾丸

ʈæ　$\sim^{55}$ʈæ^{33}黏稠、粘　$\sim^{55}$ʈæ^{21}拉扯、拔河

　　ʈæ^{55} $\sim^{33}$黏稠、粘

　　$\sim^{21}$拉、预支　ʈæ^{55} $\sim^{21}$拉扯、拔河　sər^{33} $\sim^{21}$拉木料　mæ^{55}khɯ^{33} $\sim^{21}$拖后腿　dʑu^{33} $\sim^{21}$借钱

ʈʰæ　$\sim^{55}$撞、顶　ɣɯ^{33} $\sim^{55}$tʰæ^{33}斗牛

　　$\sim^{33}$戴（帽子）、底部　tv^{55}tv^{33} $\sim^{33}$戴帽子　$\sim^{33}$kv^{33}（土掌房的）屋顶 $\sim^{33}$ndʑ^{21}沉底　ɣɯ^{33}tʰæ^{55} $\sim^{33}$斗牛

ɖæ　$\sim^{21}$平地、能干　hi^{33} $\sim^{21}$能干人　$\sim^{21}$ŋv^{55}超度贤能的死者　$\sim^{21}$ndy^{33}坪子

ndʑæ　$\sim^{33}$狐狸　$\sim^{33}$mæ^{55}垃圾　$\sim^{33}$ndʑæ^{21}pu^{55}bi^{33}ne^{21}iə^{33}黏稠的液体慢慢流动

　　$\sim^{21}$tʂhu^{33}牛角蜂　ndʑæ^{33} $\sim^{21}$pu^{55}bi^{33}ne^{21}iə^{33}黏稠的液体慢慢流动

ŋæ　$\sim^{55}$压、高山上的一种体形如鸡大的鸟　$\sim^{55}$hæ^{21}蔬菜　$\sim^{55}$hæ^{21}do^{21}菜油

　　$\sim^{33}$ $\sim^{33}$捉迷藏　ʂɿ^{33}ʂɿ^{21} $\sim^{33}$ $\sim^{33}$找找藏藏　a^{33} $\sim^{33}$婴儿

tɕæ　$\sim^{55}$嫁接　ndʐər^{21} $\sim^{55}$嫁接树　ha^{33} $\sim^{55}$把收获的庄稼挂在粮架上　$\sim^{33}$iæ^{21}腌菜

　　$\sim^{21}$纯正、相像、显现　$\sim^{21}$zo^{33}亲生儿子　$\sim^{21}$mi^{55}亲生女儿　na^{21}hi^{33} $\sim^{21}$纯纳西人　pər^{55}ndy^{21}le^{33} $\sim^{21}$iə^{33}笔又能写现字了

tɕʰæ　$\sim^{33}$滑、滑落　$\sim^{33}$ $\sim^{33}$滑动、滑落　tho^{33} $\sim^{33}$松树上的寄生植物

dʐæ ~²¹懂、知道

ndʐæ ~³³骑、充裕、肥 ʐua³³～³³骑马 hi³³～³³富裕人家 bu²¹tʂhər²¹
~³³肥猪肉

~²¹麻雀、稀泥、獠牙 ~²¹khi³³稀泥巴 ~²¹tsha²¹和稀泥

çæ ~³³血、间苗 ~³³～³³间苗 kha²¹dʐe³³～³³间玉米苗 ~³³n̠iə²¹
桑尼（女巫师）

kæ ~⁵⁵滑 ~⁵⁵ndo⁵⁵滑倒 ~⁵⁵kæ³³偏襟衣服、外衣

~³³～³³换 kæ⁵⁵～³³偏襟衣服、外衣 kæ³³～²¹挠痒

~²¹秋千 la⁵⁵～²¹乌鸦 uə³³la⁵⁵～²¹鹦鹉 kæ³³～²¹挠痒

khæ ~⁵⁵发射、拆 ri³³me³³～⁵⁵开弓 dʑi²¹～⁵⁵拆房子

~³³咬、水沟、交换 si⁵⁵ri²¹～³³吃梨 lo²¹～³³沟谷 mæ⁵⁵～³³拆
开、散开 ~³³khæ²¹交换

~²¹、khæ³³～²¹交换

ŋgæ ~³³占据、抢占 ~³³ɣɯ³³犏牛

~²¹垮、倒、散架、剪、夹（菜） ~²¹be³³碟子

~²⁴散

hæ ~⁵⁵hæ³³切割 ʂɿ³³～⁵⁵hæ³³切肉 mə³³～⁵⁵iə³³可怜

~³³挂、风、背（动） the²¹～³³挂着 go²¹～³³背东西 ~³³thv³³
起风hæ⁵⁵～³³³切割 ʂɿ³³hæ⁵⁵～³³切肉

~²¹金、买、绿、青 ~²¹kha³³金矿 me³³tɕhi³³～²¹娶媳妇、结婚
zɿ³³～²¹青草 ŋæ⁵⁵～²¹蔬菜 ŋæ⁵⁵～²¹do²¹菜油

e

pe ~⁵⁵（用棍子）挑、扒拉、牛用头来回挑撞 tɕhi²¹～⁵⁵挑刺
ndy²¹ni³³～⁵⁵用棍子挑 ~⁵⁵mu²¹白酒 ɣɯ³³ni³³～⁵⁵dʐɿ³³被牛
挑撞了

~³³ly³³酒糟 ~³³～³³绊脚

~²¹吐、摇摇欲坠的样子 le³³～²¹吐出来 mu²¹～²¹iə³³快掉下
来了

phe ~⁵⁵片、块（量） ri³³dʐɿ³³～⁵⁵一块田 ~⁵⁵the²¹犁铧上的挡板
tʂər³³～⁵⁵痰

　　　　~^{33}、~^{33}~^{33}筛、簸、颠簸　~^{33}le^{21}蝴蝶

　　　　~^{21}牌　~^{21}la^{55}打牌　~^{21}le^{33}麻布　~^{21}fv^{55}补丁

be　　~^{55}be^{21}南瓜籽、豆荚

　　　　~^{33}做　lo^{33}~^{33}干活　tɕhu^{55}pa^{33}~^{33}烧天香　~be^{33}nɖu^{33}按规矩
　　　　　做、时兴

　　　　v^{21}~^{21}银圆　iæ^{33}~^{21}铜圆　~^{21}phy^{33}葫芦　be^{55}~^{21}南瓜籽、豆荚

mbe　~^{33}雪、村子、薄　hi^{33}~^{33}村子、懒人　~^{33}~^{33}斧头

　　　　~^{21}lo^{21}麦洛（依吉乡村名）

me　　me~^{55}教　~^{55}tʂʅ^{33}雌性　~^{55}me^{21}姐姐　ha^{33}~^{55}乞丐、讨饭、
　　　　　哈美（人名）

　　　　~^{33}只（量词，用于鸡或大鸟）　n̠i^{33}~^{33}太阳　he^{33}~^{33}月亮
　　　　　dʑi^{33}~^{33}火塘屋　nu^{55}~^{33}心脏

　　　　~^{21}饱满　me^{55}~^{21}姐姐

tse　　~^{55}砌　ɣv^{33}mbu^{33}~^{55}砌石墙　ta^{55}~^{55}做柜子　~^{55}ma^{21}火镰
　　　　　~^{55}ma^{21}~^{55}撞击火镰、闪电　huɯ^{33}~^{55}tɕhi^{33}门牙

　　　　~^{33}tse^{21}使用　~^{33}iə^{33}想吃　ɖɯ^{33}~^{33}一层（泥土、沙石）

　　　　~^{21}使用、仄鬼　tse^{33}~^{21}使用

tshe　~^{55}tshe^{33}试穿、比（长度、高度等）　~^{55}do^{21}初（农历记日词
　　　　　缀）　~^{55}do^{21}tshe^{21}ua^{33}n̠i^{33}初十五

　　　　~^{33}盐　~^{33}pɑ^{55}盐罐　~tshe^{55}~^{33}试穿、比（长度、高度等）

　　　　~^{21}十、梭子　tshe^{55}do^{21}~^{21}ua^{33}n̠i^{33}初十五

dze　　~^{55}dze^{21}共用、搭伙

　　　　~^{33}小麦、剃头　~^{33}dze^{21}插手、干涉　~^{33}ɣɯ^{33}侄子　uo^{33}~^{33}
　　　　　牲口

　　　　~^{21}双、对　khua^{55}ɖʐ^{33}~^{21}一对碗　dze^{55}~^{21}共用、搭伙　dze^{33}
　　　　　~^{21}插手、干涉

ndze　ndze^{21}严丝合缝

se　　~^{55}se^{21}凉快　~^{55}mi^{21}石榴

　　　　~^{33}完结　~^{33}mi^{55}小孩　~^{33}be^{33}全部　~^{33}khu^{33}色苦（俄亚乡村
　　　　　名）

~²¹岩羊　~²¹tho³³一种松树　se⁵⁵~²¹凉快

ze　　mu²¹~⁵⁵向下移动

~³³削（皮）、多少　~³³kv⁵⁵几个　mu²¹~³³米豆

~²¹kv⁵⁵bi³³去哪里

~²⁴kv³³哪里

te　　~³³喂（对不知名者的招呼用语）　~³³~³³比赛　tʂʅ³³~²¹剪刀

le⁵⁵~³³khu³³窗户　le⁵⁵~³³khu³³ʂua⁵⁵窗户插销

~²⁴灯、电　~²⁴phv³³电费　~²⁴le³³tʂʅ²¹iə³³来电了

the　　~⁵⁵明显、清晰　~⁵⁵iə³³（字迹等）明显、清晰

~³³旗帜　~³³ɣɯ³³文字、文书

~²¹处于某种状态　~²¹hy³³iə³³站着

de　　~³³灌（酒、药）　~³³~³³硬性地灌酒、药、水等

nde　　~³³nde²¹交配

~²¹、nde³³~²¹交配

ne　　~³³喂（招呼用语）

~²¹、~²¹iə³³正在　ha³³ndʐʅ³³~²¹iə³³正在吃饭

le　　~⁵⁵翻（书、地）、茶叶　ɻi³³phy²¹~翻地　~⁵⁵dʑi²¹独木梯　tʂho³³

~⁵⁵dʑi²¹木板梯　~⁵⁵khua²¹裤子　~⁵⁵kv³³麝香　~⁵⁵te³³khu³³

窗户

~³³獐子、又、再　~³³ɻu³³回来　~³³mi⁵⁵忘记、成熟　~³³kɯ⁵⁵

穿裤子、男孩13岁的成人礼　~³³dʑi²¹iə⁵⁵再见、平安

~²¹蔫、枯萎　ndʐər²¹phiə⁵⁵~²¹树叶枯萎

he　　~⁵⁵tsʅ²¹、~⁵⁵pi²¹耳朵

~³³月、休息　~³³me³³月亮　~³³me³³tʂhu²¹月亮　le³³~³³da²¹休

息吧　~³³ʂu²¹mi³³幻听　~³³kha³³pi²¹喧闹扰耳　~³³kha³³耳

朵　~³³pa²¹汉族

~²¹神　~²¹ndʑə³³二月

i

pi　　~⁵⁵女阴

ȵi²¹~³³女阴　~³³ɻi²¹笛子

$\sim^{21}$辣、痛　he$^{55}\sim^{21}$耳朵

phi　$\sim^{55}$丢失　ɖæ^{33}mæ$^{55}\sim^{55}$倒垃圾　a$^{21}\sim^{55}$算了

　　　$\sim^{33}$片（量）　ɖʐ$^{33}\sim^{33}$一片

　　　$\sim^{21}$大腿、肩胛骨　　$\sim^{21}$ly^{55}ly^{21}大腿　　$\sim^{21}$ŋgo^{21}腿疼痛　　$\sim^{21}$çə^{55}肩胛骨卜

bi　$\sim^{33}$森林、片（量）、太阳（古词）　　$\sim^{33}$di^{21}虫（总称）　　ȵi$^{21}\sim^{33}$男阴

　　　$\sim^{21}$搓、平安、衣襟　mæ$^{55}\sim^{21}$衣服后襟　gə$^{55}\sim^{21}$上唇　mu$^{55}\sim^{21}$下唇

mi　$\sim^{55}$熟、女子、　le$^{33}\sim^{55}$忘记　$\sim^{55}$do^{33}问　$\sim^{55}$ndo^{21}傻女子　se$^{33}\sim^{55}$小孩　$\sim^{33}$mi^{55}儿女、孩子

　　　$\sim^{33}$火、听　kho$^{33}\sim^{33}$听说、听话　$\sim^{33}$la^{33}mbu^{21}媒人

　　　$\sim^{21}$名字　$\sim^{21}$iə^{55}、$\sim^{21}$tsv^{55}取名

thi　$\sim^{33}$用热水翻洗　bv$^{33}\sim^{33}$用热水翻洗猪、牛、羊的肠子

　　　$\sim^{21}$刨、刨子

ɹi　$\sim^{55}$nda$^{21}\sim^{55}$ndʑər^{33}唱"哩达哩"（一种民歌）

　　　$\sim^{33}$土地、来　$\sim^{33}$kho^{55}田间地头　$\sim^{33}$ne^{21}iə^{33}正来着　$\sim^{33}$tha^{55}石磨　$\sim^{33}$the^{33}小刀　$\sim^{33}$me^{33}弓　$\sim^{33}$me^{33}khæ^{55}开弓　mv$^{55}\sim^{33}$竹子　$\sim^{33}$na^{21}ndʑər^{21}杉树

　　　$\sim^{21}$耕、旧、一种用来做手镯的金属　　$\sim^{21}$ɣɯ^{33}耕牛、公牛　ɣɯ^{55}ɹi$\sim^{21}$牛耕　si^{55}ɹi$\sim^{21}$梨子　pi$^{33}\sim^{21}$笛子

tɕi　$\sim^{55}$怕、惊、小、驮子　le^{33}z̩ər^{33}le$^{33}\sim^{55}$又惊又怕　z̩ua$^{33}\sim^{55}$马鞍　$\sim^{55}$sər^{33}雾　$\sim^{55}$kuə^{21}南瓜

　　　$\sim^{33}$放置　phæ$^{55}\sim^{33}$年轻　phæ$^{55}\sim^{33}$zo^{33}小伙子　phæ^{55}　$\sim^{33}$mi^{55}姑娘

　　　$\sim^{21}$秤、斤、酸、云、用大拇指和食指或中指丈量　ɖʐ$^{33}\sim^{21}$一拃（伸开后大拇指和食指或中指之间的距离）

tɕhi　$\sim^{55}$冷、吸　ha$^{33}\sim^{55}$冷饭

　　　$\sim^{33}$刺、卖、守候　$\sim^{21}$pe^{55}挑刺　me$^{33}\sim^{33}$老婆、儿媳　hɯ^{33}tse^{55}　$\sim^{33}$门牙　$\sim^{33}$　$\sim^{33}$守候　phæ$^{33}\sim^{33}$换个地方拴（牲口）

　　　　～²¹甜、麂子　～²¹ndʐər³³桑树

dʑi　　～³³kv³³水头（上游）　～³³mæ³³水尾（下游）、吉满（俄亚乡村名，即卡瓦村）gɯ³³ ～³³衣服　z̩ua³³ ～³³马发抖

　　　　～²¹水、房子、平安　ho³³ ～²¹汤　iæ²¹ ～²¹ndʐu²¹瀑布　le³³ ～²¹iə⁵⁵再见、平安

ndʑi　　～⁵⁵烧　mu²¹ ～⁵⁵kua²¹火葬场　tɕhu⁵⁵pa³³ ～⁵⁵烧天香

　　　　～³³尿、走、龙胆草　～³³ndv³³诅咒　～³³by³³马蹬

　　　　～²¹飞　hə²⁴ ～²¹秋千

ȵi　　～⁵⁵鼻涕　～⁵⁵mæ²¹鼻子　～⁵⁵mæ²¹kha³³鼻孔　～⁵⁵ȵi³³相似

　　　　～³³鱼、要、借、二　～³³me³³太阳　ȵi⁵⁵ ～³³相似　～³³ȵi²¹揉搓

　　　　～²¹揉　ȵi³³ ～²¹揉搓　la⁵⁵ ～²¹tha³³摁手印　～²¹pi³³女阴　～²¹bi³³男阴

çi　　～⁵⁵舌头　～⁵⁵khɯ²¹羊皮绳

　　　　～³³百　dʐ³³ ～³³一百　～³³khɯ²¹丝线　～³³ŋgɯ³³狮子

　　　　～²¹稻谷、森林、生育、养育、黄色　se³³mi⁵⁵ ～²¹生养小孩　～²¹nda⁵⁵、～²¹mbər²¹开荒

ki　　～⁵⁵崴、挖　khɯ³³ ～⁵⁵崴脚　he³³kha³³ ～⁵⁵挖洞

　　　　～³³杯子、脖子　～³³pæ²¹脖子　～³³ki²¹弯曲（形）　～³³kua²¹告状

　　　　～²¹勾（动）、弯曲（动）　ki³³ ～²¹弯曲（形）

khi　　～⁵⁵焦、糊

　　　　～³³屎、折断　～³³kha³³肛门　～³³thy³³残断的木板、道路等　a⁵⁵ ～³³i³³小指　gi　～³³老　le³³ ～³³iə³³老了　gi²¹ ～³³老师（小东巴对老师的称呼）　za⁵⁵ ～³³麻风病

　　　　～²¹gi³³老师（小东巴对老师的称呼）

ŋgi　　～⁵⁵晒、烤　ȵi³³me³³ ～⁵⁵、ba²¹ ～⁵⁵晒太阳　mi³³ ～⁵⁵烤火　khɯ³³ ～³³瘸子　ma²¹ ～³³化油（动）

　　　　～²¹赢、取胜

hi　　～³³人　na²¹ ～³³纳西　～³³bər³³客人　～³³khv²¹请客　khv²¹ ～³³亲戚　～³³tə³³盘问

i　　　～^{55}睡觉　　～^{55}v^{21}瞌睡　　～^{55}dʐ^{33}早上

　　　　～^{33}山骡、癞子、有　　～^{33}tɕhi^{33}mi^{21}南方　　～^{33}tɕhi^{33}～^{33}mi^{21}dy^{21}昆
　　　　明　　～^{33}by^{21}金沙江　　u^{55}～^{33}鸟、　　bu^{21}～^{33}猪长癞子　　tshŋ^{55}
　　　　～^{33}羊长癞子　　a^{33}～^{33}现在　　～^{33}ndɑ^{21}主人　　a^{55}khi^{33}～^{33}小
　　　　指头

　　　　～^{21}漏、好吃、右边　　～^{21}ta^{21}右手、右边　　ha^{55}ha^{33}～^{21}打哈欠

y

py　　　～^{33}升子、量词（一升＝两斤）　　～^{33}ba^{21}祭水壶、花瓶

　　　　～^{21}刺猬、念经、土墙　　～^{21}ly^{33}刺猬毛　　～^{21}ly^{33}khu^{33}开坛经

phy　　～^{55}呕吐

　　　　～^{21}亏本　　by^{33}～^{21}往大池塘里放水

　　　　～^{24}抢劫　　～^{24}huɯ^{33}iə^{33}抢走了

by　　　～^{33}粗、池塘　　～^{33}phy^{21}往大池塘里放水　　bu^{21}～^{33}猪肚腩

　　　　～^{21}面粉、牲畜圈、外面　　～^{21}ty^{55}外面　　～^{21}ɣɯ^{55}衣服的外层
　　　　hy^{33}～^{21}炒面　　i^{33}～^{21}金沙江

mby　　～^{33}分开　　～^{33}～^{33}分开

　　　　～^{21}利息、不顺利　　gə^{21}～^{21}iə^{33}有利息

my　　　～^{55}推　　～^{55}my^{33}推推搡搡　　～^{55}tshy^{33}松明
　　　　my^{55}～^{33}推推搡搡

tsy　　　～^{55}留、剩　　ko^{21}～^{55}辣椒

　　　　～^{33}颜色、垫　　～^{33}hy^{21}红色　　tso^{21}～^{33}鸟名，叫声似此音

　　　　～^{21}（算卦、做梦等）准

tshy　　～^{55}偿还、归还

　　　　my^{55}～^{33}松明

　　　　～^{21}牲畜流产

dzy　　　～^{21}花椒

ndzy　　～^{33}滚、弹跳、飞溅

　　　　～^{21}恰到好处　　dzi^{21}rər^{55}～^{21}iə^{33}房子丈量得恰到好处

sy　　　～^{55}杀、铅、锡　　～^{55}sy^{33}厮杀
　　　　sy^{55}～^{33}厮杀　　ka^{21}～^{33}祭天仪式的主祭东巴

$~^{21}$消肿、消减

zy　$~^{55}$hy^{21}婴儿　　$~^{55}$pu^{55}怀孕

　　$~^{21}$蕊星（星宿名）、溅火星　　$~^{21}$kɯ^{21}蕊星　　ʂɿ^{21}$~^{21}$ne^{21}se^{33}iə^{33}
　　铁溅火星了

ty　$~^{55}$套鞍　by^{21}$~^{55}$外面　　$~^{55}$ty^{33}重叠　ko^{21}$~^{55}$内层

　　$~^{33}$、$~^{33}$$~^{33}$敲打　ty^{55}$~^{33}$重叠　lo^{55}pv^{33}$~^{33}$磕头

　　$~^{21}$生长、发育　gə^{21}$~^{21}$成长

thy　$~^{55}$用刨子推　ʈuə^{21}biə^{21}$~^{55}$把木料砍成板子

　　$~^{33}$节、段　dʐ^{33}$~^{33}$一节、一段　khi^{33}$~^{33}$残断的木板、道路等

dy　nda^{33}$~^{33}$蚕豆　a^{21}$~^{33}$iə^{33}（争吵）作罢

　　$~^{21}$地方　mu^{33}$~^{21}$田地　ly^{55}$~^{21}$永宁（宁蒗县地名）　kɯ^{55}$~^{21}$
　　东坝（三坝乡地名）　　i^{33}tɕhi^{33}i^{33}mi^{21}$~^{21}$昆明

ndy　$~^{55}$追赶　　$~^{55}$ndy^{33}追逐　ko^{33}$~^{55}$ly^{21}球　ta^{33}$~^{55}$ly^{21}眼珠

　　$~^{33}$平整　ɖæ^{21}$~^{33}$坪子　ndy^{55}$~^{33}$追逐

　　$~^{21}$棍子　sər^{33}$\tilde{~}^{21}$木棍　mv^{55}$~^{21}$竹棍　pər^{55}$~^{21}$笔

ly　$~^{55}$庄稼割倒后没有捆扎的状态　　$~^{55}$gv^{33}中间　　$~^{55}$ly^{33}动、摇动

　　$~^{55}$dy^{21}永宁（宁蒗县地名）

　　$~^{33}$矛、个　dʐ^{33}$~^{33}$一个　sər^{33}$~^{33}$、sər^{33}kv^{33}sər^{33}$~^{33}$水果

　　miə^{33}$~^{33}$眼珠　nv^{21}$~^{33}$黄豆　kv^{33}$~^{33}$头　ndzo^{33}$~^{33}$冰雹颗粒

　　py^{21}$~^{33}$刺猬毛　py^{21}$~^{33}$khu^{33}开坛经　ly^{55}$~^{33}$动、摇动

　　$~^{21}$看、庹（两臂张开时两手间的距离）　　dʐ^{33}$~^{21}$一庹　ko^{33}

　　ndy^{55}$~^{21}$球　ta^{33}ndy^{55}$~^{21}$眼珠

hy　$~^{55}$蘸、站立　　$~^{55}$hy^{33}蘸一下

　　$~^{33}$炒、野兽　　$~^{33}$$~^{33}$炒　　$~^{33}$by^{21}炒面　　$~^{33}$khæ^{55}打猎　hy^{55}
　　$~^{33}$蘸一下

　　$~^{21}$低矮、红　zy^{55}$~^{21}$婴儿

ɯ

kɯ　$~^{55}$穿（裤子、裙子、鞋子）、呻吟、穿山甲　ʈhər^{21}$~^{55}$穿裙子、
　　女孩 13 岁的成人礼　ŋgo^{21}$~^{55}$因疼痛而呻吟　$~^{55}$tʂɿ^{21}话
　　$~^{55}$dy^{21}东坝（三坝乡地名）

~³³聪明　～³³～³³牲畜到处乱跑　kɯ²¹～³³发抖、抖动

~²¹星、胆、称量　～²¹kɯ³³发抖、抖动

khɯ　～⁵⁵去、寄（信）、烧、装入、放　the³³ɣɯ³³～⁵⁵寄信　mi³³～⁵⁵烧
火　dʑi²¹～⁵⁵灌水　khɯ²¹～⁵⁵（打猎）下套子

~³³狗、脚、根部　～³³tʂər⁵⁵脚　hɯ³³～³³牙根　～³³mbæ²¹树根
uo³³～³³窝克（人名）

~²¹线　～²¹khɯ⁵⁵（打猎）下套子　～²¹ʂɭ²¹布线　rv⁵⁵～²¹生蛆

gɯ　～³³饱、下（雨）　hɯ²¹～³³下雨　～³³zɻ³³弟弟　～³³da³³积存、
储蓄　～³³dʑi³³衣服

~²¹落下、真　a⁵⁵～²¹mə³³～²¹真的假的　a⁵⁵～²¹甜荞　kha³³mbu³³
~²¹洞宽

ŋgɯ　～³³咀嚼、相信　～³³～³³咀嚼　ba²¹～³³开裂　çi³³～³³狮子

~²¹木片瓦　ŋa²⁴～²¹我们　tha²⁴～²¹他们　z̧ər³³～²¹舂辣椒等东
西的捣棒

hɯ　～⁵⁵打、海（湖泊）　～⁵⁵me³³绿头苍蝇　～⁵⁵dʑi²¹炭　nɑ²¹po³³
~⁵⁵南宝湖（湖名）

~³³牙、去　～³³khɯ³³牙根　～³³tse⁵⁵tɕhi³³门牙　～³³～³³涂抹
le³³～³³回去

~²¹雨、富裕　～²¹na²¹大雨　～²¹gɯ³³下雨　le³³～²¹le³³ndʐæ³³富
裕、富足　～²¹tse⁵⁵tɕhi³³门牙

ɣɯ　～⁵⁵灰、尘土、皮　ɣɯ³³～⁵⁵牛皮

~³³牛、好　dʑi²¹～³³水牛　～³³ɣɯ⁵⁵牛皮　be³³～³³做得好　～³³
ɣɯ²¹搂抱

~²¹磨（动）　ri³³tha⁵⁵～²¹推磨　ɣɯ³³～²¹搂抱

u

pu　～⁵⁵拿着、带着、蚂蟥　kha³³～⁵⁵传话　zy⁵⁵～⁵⁵怀孕　ʂɭ²¹～⁵⁵
钉子

~³³羊皮筏子、艾蒿　ha³³～³³从粮架上卸下来穗子朝上放在晒场
上的庄稼

phu　～⁵⁵能干、只（量）　la²¹dʐɻ³³～⁵⁵一只手

~³³打开、糠　khu³³ ~³³开门　çi²¹ ~³³谷糠　 ~³³mu²¹水麻（植物名）

~²¹糖、逃跑、顿（量）　ha³³dʑ³³ ~²¹一顿饭

bu　sa³³ ~³³绕麻线　 ~³³ɾu³³肾　dʑə²¹ ~³³小木仓

　　~²¹猪、多　 ~²¹by³³猪肚腩　 ~²¹tʂhər³³琵琶肉、猪膘肉　zər²¹ɾər²¹ ~²¹dʐu³³蝉

mbu　~³³田埂、堤岸、明亮、聋、口舌是非　he³³ ~³³耳聋　 ~³³py²¹念退口舌经

　　~²¹扛、鬃毛、坡　ʐua³³ ~²¹马鬃　 ~²¹kv³³坡头　mi³³la³³ ~²¹媒人　 ~²¹mi³³想念

mu　~⁵⁵菌子、老、足够　 ~⁵⁵bi²¹下唇　 ~⁵⁵iæ²¹下齿　ndʐər³³zər³³

　　~⁵⁵无名指　la²¹ ~⁵⁵tho²¹手肘　 ~⁵⁵ɣɯ³³丈夫、女婿　ʂʅ²¹

　　~⁵⁵草名（果实黑而像松针，能粘在人畜身上）、牛蝇　ka⁵⁵

　　ŋgɯ³³ ~⁵⁵be³³hi³³中间人、证明人、和事佬

　　~³³祭祀用的牺牲、万　kho⁵⁵ ~³³已杀的祭牲　 ~³³tsʅ⁵⁵胡子

　　~³³tv⁵⁵下巴　ŋgu³³ ~²¹身体　 ~³³gu³³脚背　 ~³³buə³³脚板

　　~³³tʰʅ³³脚跟　dʑʅ³³ ~³³一块（钱）　 ~³³ ~³³a³³a²¹万万亿亿

　　~²¹吹、穿、士兵、尸体　pi³³ɾi²¹ ~²¹吹笛子　gɯ³³dʑi³³ ~²¹穿衣服　 ~²¹kua³³木瓜（俄亚土官名）　hi³³ ~²¹人的尸体　 ~²¹ndʑi⁵⁵kua²¹火葬场　 ~²¹ɾa³³杜鹃树　dʑi²¹ ~²¹口里含着水phu³³ ~²¹水麻（植物名）　pe⁵⁵ ~²¹白酒　ndʐu³³ ~²¹规程、规矩

tu　la²¹khua³³ ~³³肩

ɾu　~³³四、来、点一下　le³³ ~³³回来　tʂho²¹be³³ ~³³快点来　tu⁵⁵ ~³³疙瘩　ma³³kv³³tu⁵⁵ ~³³膝盖　ʐuɑ³³ ~³³马饲料　bu³³ ~³³肾phv³³ ~³³煮熟的豆子

ʈu　~⁵⁵ɾu³³疙瘩　ma³³kv³³ ~⁵⁵ɾu³³膝盖

　　~³³点染、蘸　 ~³³ ~³³有把儿的盅子

thu　~⁵⁵thu³³吵闹、吵架

　　~³³汤水不停地沸腾　thu⁵⁵ ~³³吵闹、吵架

ɖu　　~³³猎物的踪迹　　~³³ dʐo³³iə³³有猎物的踪迹

　　　　~²¹合适　　~²¹iə³³做得合适

nɖu　　~³³mu²¹规程、规矩　　be³³~³³按规矩做、时兴　　mə³³~³³不合

　　　　规矩

dʐ̩u　　ta²¹~³³经幡

ndʐ̩u　　~²¹坠落　　iæ²¹dʐi²¹~²¹瀑布

ʂ̩u　　~⁵⁵熏　　tɕhə⁵⁵~⁵⁵除秽　　~⁵⁵kv³³火塘上方的楼板　　~⁵⁵ndʐər²¹

　　　　柏树

　　　　~³³dʑi²¹水洛河　　~³³ʂ̩u²¹ŋæ³³ŋæ³³找找藏藏、捉迷藏

　　　　~²¹铁、寻找　　ʂ̩u³³~²¹ŋæ³³ŋæ³³找找藏藏、捉迷藏　　~²¹kə⁵⁵柏

　　　　树枝

z̩u　　~³³午饭、间苗　　næ⁵⁵hæ²¹~³³~³³间蔓菁苗

　　　　~²¹饿、夏天　　ha³³~²¹肚子饿

tɕu　　~⁵⁵锥子　　ndər³³~⁵⁵蜂蜇人留下的蜂刺　　zʅ³³~⁵⁵敬酒

　　　　hua³³~³³四蹄为白色的骡马　　khua⁵⁵~³³一种能旋转的挖木碗的

　　　　工具

　　　　~²¹锥（动）、缝（动）、被叮咬　　ba³³la²¹~²¹缝衣服　　~²¹hua⁵⁵

　　　　庄房　　gə³³~²¹上面　　kv³³~²¹pa⁵⁵辫子

tɕhu　　~⁵⁵插　　~⁵⁵pa³³be³³烧天香

　　　　~³³尖、吆喝牲畜的声音、伸

　　　　~²¹快、晚饭　　~²¹be³³lu³³快来　　~²¹ndʑʅ³³吃晚饭

dʑu　　~³³有、债　　~³³iæ³³欠债　　~³³tæ²¹借钱　　~³³dʑu²¹传递（多人

　　　　之间）　　hua²¹~³³有办法　　zər²¹rər²¹bu²¹~³³蝉

　　　　~²¹劳累　　le³³~²¹hə²¹劳累了　　dʑu³³~²¹传递（多人之间）

ndʑu　　~³³蔓菁　　~³³ɕi²¹叠木樟，一种有香味的中药

　　　　~²¹有、存在（有生命的东西）、落下　　khɯ³³ɖʅ³³khɯ³³~²¹有一

　　　　条狗

ŋu　　~³³浸透

ku　　zʅ³³~⁵⁵pu³³草编的锅盖　　~⁵⁵buə³³嘴巴

　　　　~³³ka⁵⁵锅盖　　~³³ku²¹传递

　　　　～²¹传递（两人之间）

khu　　kha²¹～²²篱笆　kha²¹～⁵⁵kha²¹扎篱笆　n̠i³³me³³～⁵⁵日食　he³³me³³

　　　　　　tʂhv²¹～⁵⁵月食

　　　　～³³门、铺设、脆　～³³sa³³锁（名）　le⁵⁵te³³～³³、nda²¹～³³窗户

　　　　　　～³³lu³³垫子　～³³ɽu³³～³³铺垫子

　　　　～²¹（用手掌或容器）承接　çi³³～²¹亲热

ɡu　　～⁵⁵n̠i⁵⁵古尼（水洛乡村名）

　　　　～³³me³³妹妹　～³³ta⁵⁵ɽa³³脚踝　mu³³～³³脚背

　　　　～²¹背子　～²¹hæ³³背背子　ɡə²¹～²¹站立　i³³～²¹丽江

ŋɡu　　～³³dʑi²¹金沙江　～³³mu³³身体

　　　　～²¹疼痛、仓库　ko³³～²¹后颈　～²¹mbe³³俄碧（俄亚乡村名）

hu　　～⁵⁵胃　～⁵⁵hu³³摇动、摆动

　　　　～³³等待　hu⁵⁵～³³摇动、摆动

　　　　～²¹（时间）晚　～²¹kha³³晚上、半夜

u　　　～⁵⁵i³³鸟

　　　　～³³肿　～³³ndzʅ ər²¹树名

　　　　～²¹奴隶　～²¹zo³³男奴　～²¹mi³³女奴　le³³～²¹ɽu³³回转来

V

pv　　～⁵⁵送、蒸、甑子、气味　～⁵⁵hi²¹送亲的人　tʂhər³³～⁵⁵pv³³闷热

　　　　ha³³～⁵⁵蒸饭　～⁵⁵dʐ²¹串珠　dʐ³³mbe³³dʐ³³～⁵⁵hi³³同村人

　　　　～⁵⁵ta³³挑水的桶　tho²¹～⁵⁵布

　　　　～³³ndzər²¹白加香树　lo⁵⁵～³³额头　lo⁵⁵～³³ty³³磕头　tʂhər³³pv⁵⁵

　　　　　　～³³闷热

　　　　～²¹干、渴、拔　dʑi²¹～²¹口渴　sʅ³³～²¹篮球　sʅ³³～²¹ko³³ndy⁵⁵

　　　　　　ly²¹篮球

phv　　～⁵⁵脱、洒、播种、耥耡、长大　za³³～⁵⁵脱鞋　dʑi²¹～⁵⁵洒水

　　　　rər⁵⁵～⁵⁵播种

　　　　～³³雄、价钱　a³³～³³爷爷　～³³dʐ²¹价钱贵　～³³ɽu⁵⁵藏式帽子

　　　　～³³ɽu⁵⁵tu³³tu³³风雪帽　～³³ɽu³³煮熟的豆　mæ⁵⁵kə⁵⁵～³³朝后

　　　　翻倒

bv　a^{21} ~^{55}哥哥、表哥、堂哥

~^{33}锅、肠子　~^{33}na^{21}肠子　~^{33}kɯ^{55}腰带 ~^{33}　a^{55} ~^{33}爸爸　dʐʅ^{33}桃子　~^{33}ʣe^{21}勺子　~^{33}thi^{33}用热水翻洗猪、牛、羊的肠子

~^{21}钻、散开　~^{21}le^{33}hə^{21}绳结散开　~^{21}zʅ^{33}兄弟

mbv　~^{33}堆（量）　ɖʅ^{33} ~^{33}一堆　ɾv^{33} ~^{33}石墙　~^{33}mbv^{21}爬行

~^{21}冒出　ɕæ^{33} ~^{21}出血　ʦv^{55} ~^{21}冒汗　ʥi^{21} ~^{21}冒水　ma^{55}ma^{55} ~^{21}爆米花　la^{21}ʈʂhər^{55} ~^{21}枪响　mbv^{33} ~^{21}爬行

mv　~^{55}、~^{55}ɾi^{33}竹子　~^{55}khv^{21}烟　~^{55}thv^{33}拐杖

~^{33}天　~^{33}kv^{33}天上　~^{33}thv^{33}天晴　~^{33}py^{21}祭天

~^{21}ly^{33}黄豆　~^{21}ze^{33}米豆　~^{21}zʅ^{33}野燕麦

fv　~^{55}老鼠、缝补　phe^{21} ~^{55}补丁　ɾv^{21} ~^{55}暖和

~^{33}去、腐烂、野鸡、毛发、锯子　kv^{33} ~^{33}头发　miə^{55}ʦʅ^{21} ~^{33}眼睫毛、眉毛

~^{21}昏厥、沉睡　hæ^{33}ni^{33} ~^{21}突然昏倒　the^{21} ~^{21}iə^{33}睡得很沉

ʦv　~^{55}汗水（多数人说 t ʂʅ^{55}）　~^{55}mbv^{21}冒汗　~^{55}ʦv^{33}传染　mi^{21} ~^{55}取名　ʦv^{55} ~^{33}传染

~^{21}坐、爬　to^{55} ~^{21}爬坡　ndʐʅ^{21} ~^{21}爬山

ʦhv　~^{55}跪　ma^{33}kv^{33} ~^{55}跪拜、磕头

~^{33}早饭　~^{33}nʣʅ^{33}吃早饭

~^{21}鬼

nʣv　~^{55}挖　ɾi^{33} ~^{55}挖地

~^{33}凿子、胎盘、伙伴　ɖʅ^{33} ~^{33}一起

~^{21}犏牛、坐　~^{21} ʈər^{21}坐墩　bər^{33} ~^{21} ~^{33}nʣv^{21}做客（结婚前一晚双方亲戚做客喝酒）

tv　~^{55}顶、撑、青春痘　~^{55}tv^{33}帽子　gə^{21} ~^{55}、~^{55}py^{21}顶灾仪式^{55} tv^{21}端正

~^{33}得罪、对……不好、胀痛　hi^{33}to^{55} ~^{33}iə^{33}得罪人　ho^{55}to^{55} ~^{33} iə^{33}对胃不好　tv^{55} ~^{33}帽子

~^{21}直、公道、千、竹或草编的箩筐　~^{21}be^{33}ɖʅ^{33}ʐu^{21}ɕə^{55}说句

公道话　mv⁵⁵ ~²¹中柱　tv⁵⁵tv²¹端正　mu²² ~²¹下巴

thv
~⁵⁵踩踏、奶渣、剥（玉米粒等）　　~⁵⁵thv³³踩踏　kha²¹dʐe³³ ~⁵⁵剥玉米粒

~³³到、出现、鬼名　mv³³ ~³³天晴　bə³³iə³³ ~³³长疮　iə³³ko²¹le³³ ~³³回到家　thv⁵⁵ ~³³踩踏　mv⁵⁵ ~³³拐杖

~²¹背水的木桶

dv
~³³犁

~²¹（口）含　ha³³ ~²¹口里含着饭　　~²¹me³³肚子　mu³³ ~²¹下巴　dʐe³³ ~²¹麦饵块　gv³³ ~²¹核桃

ndv
~³³（线、绳）断　　~³³phi²¹翅膀　ndʑi³³ ~³³诅咒

~²¹毒　　~²¹ri³³phæ⁵⁵毒发作　ri³³tha⁵⁵ ~²¹磨坊

nv
~⁵⁵ta³³嘴巴　　~⁵⁵bi²¹嘴皮　　~⁵⁵me³³心　　~⁵⁵me³³kv³³胸口　　~⁵⁵me³³tɕhi⁵⁵伤心　tɕi⁵⁵ ~⁵⁵马鞍下的垫子

~³³疯　hi³³ ~³³疯子

~²¹你、黄豆

ɣv
~⁵⁵绕、放牧、蛆　　~⁵⁵ɣv³³缠绕　khɯ²¹ ~⁵⁵绕线　khɯ³³ ~⁵⁵绑腿　uo³³dʐe³³ ~⁵⁵放牧　uo³³dʐe³³ ~⁵⁵hi³³牧人　　~⁵⁵khɯ²¹生蛆

~³³pa³³石头　　~³³tha⁵⁵石磨　dʑi³³ ~³³tha⁵⁵水磨　　~³³mbv³³石墙　ɣv⁵⁵ ~³³缠绕

~²¹旧　　~²¹fv⁵⁵暖和　gə²¹ ~²¹举起、抬起　khua³³ ~²¹zə̩²¹讲故事

kv
~⁵⁵能、会　　~⁵⁵ɲi³³、　~⁵⁵khə²¹外皮、外壳　　~⁵⁵be³³嘴

~³³大蒜、头、蛋　　~³³ly³³头　　~³³pa⁵⁵额头　　~³³fv³³头发　　~³³tɕu²¹pa⁵⁵辫子　tsho³³ ~³³楼上　ma³³ ~³³tshv³³跪拜、磕头　iæ²¹ ~³³鸡蛋　sər³³ ~³³sər³³ly³³水果　ʂʅ⁵⁵ ~³³镰刀

~²¹下（蛋）　iæ²¹kv³³ ~²¹下鸡蛋

khv
~⁵⁵年、属相、弯曲　　~⁵⁵khv³³啄食

~³³割、偷　ha³³ ~³³收割庄稼　hi³³ ~³³小偷　khv⁵⁵ ~³³啄食

~²¹邀请、内部　hi³³ ~²¹请客　　~²¹hi³³亲戚

gv
~³³对、好　a⁵⁵ ~³³iɑ³³可以吗　a³³ ~³³舅舅　dʑi²¹ ~³³涉水　　~³³dv²¹核桃　ly⁵⁵gv³³中间

　　　　　$\sim^{21}$熊　　a^{21} $\sim^{21}$马蜂

ŋgv　　$\sim^{33}$九、容器结实不漏、木槽、平底锅、筋　　dʑi^{21} $\sim^{33}$水槽　　pa^{21}
　　　　　le^{55}uo^{55} $\sim^{33}$烙饼的平底锅　　ʂu^{21} $\sim^{33}$铁锅　　mv^{33} $\sim^{33}$打雷

　　　　　$\sim^{21}$刺（动）、藏　　$\sim^{21}$su^{33}收藏

v　　　$\sim^{21}$哭、银子　　$\sim^{21}$be^{21}银圆　　i^{55} $\sim^{21}$瞌睡

o

mo　　$\sim^{21}$簸箕　　$\sim^{21}$zo^{33}小簸箕、士兵

tso　　$\sim^{55}$搭建　　ndʑo^{21} $\sim^{55}$搭桥　　ho^{33} dʑi^{21} $\sim^{55}$泡汤（把汤浇在米饭上
　　　　　面）

　　　　　$\sim^{33}$葱、冲撞　　ko^{21} $\sim^{33}$野葱　　$\sim^{33}$ $\sim^{33}$推搡、冲撞、舂　　pæ^{33}be^{33}
　　　　　hɯ^{55} $\sim^{33}$会"啪"地打一下

tsho　　$\sim^{55}$层、台　　gə^{21} $\sim^{55}$上层　　$\sim^{55}$lo^{33}调皮

　　　　　$\sim^{33}$楼、跳、锉子　　$\sim^{33}$kv^{33}楼上　　$\sim^{33}$ $\sim^{33}$跳舞　　sa^{33} $\sim^{33}$地域

　　　　　$\sim^{21}$大象、人（古语）

dʑo　　$\sim^{55}$dʑo^{21}be^{33}重复别人的话

　　　　　$\sim^{33}$用四根柱子和一些木板围成的临时粮仓　　mbər^{33}rər^{33} $\sim^{33}$木料
　　　　　堆　　sər^{33} $\sim^{33}$劈柴堆　　dʑo^{55} $\sim^{21}$be^{33}重复别人的话

ndʑo　　$\sim^{33}$冰雹　　$\sim^{33}$ly^{33}冰雹颗粒　　$\sim^{33}$lo^{33}滚动、转动　　$\sim^{33}$lo^{33}ndy^{21}织
　　　　　布机的转轴

　　　　　$\sim^{21}$桥、壮实　　$\sim^{21}$tso^{55}搭桥

so　　　$\sim^{55}$习惯（动）、山巅　　be^{33} $\sim^{55}$习惯做、做惯了　　$\sim^{55}$so^{33}搓、捻

　　　　　$\sim^{33}$品尝　　tshe^{33} $\sim^{33}$尝盐味　　$\sim^{33}$so^{21}学习　　so^{55} $\sim^{33}$搓、捻　　$\sim^{33}$
　　　　　ɕua^{21}跌水（河床突然下降时的水流）　　$\sim^{33}$yɯ^{33}商星

　　　　　$\sim^{21}$学习、够味　　the^{33}yɯ^{33} $\sim^{21}$读书、上学　　$\sim^{21}$ȵi^{33}明天　　$\sim^{21}$
　　　　　sɿ^{55}明天早上　　ko^{55} $\sim^{21}$dʐ^{33}ȵi^{33}后天

zo　　　$\sim^{33}$男子　　$\sim^{33}$mi^{55}儿女、孩子　　se^{33}mi^{55} $\sim^{33}$孩子　　$\sim^{33}$tʂhər^{33}孝
　　　　　子　　khua^{55} $\sim^{33}$小碗　　ndʑi^{21} $\sim^{33}$ 小房子　　mo^{21} $\sim^{33}$小簸箕、
　　　　　士兵

　　　　　$\sim^{21}$陶罐　　$\sim^{21}$pa^{33}壁虎　　a^{55} $\sim^{21}$鱼腥草

to　　　$\sim^{55}$坡　　$\sim^{55}$tʂhua^{55}爬坡　　$\sim^{55}$za^{21}下坡　　$\sim^{55}$to^{33}抖动、拍打　　$\sim^{55}$

mba²¹东巴　　~⁵⁵z̩ə r²¹柱子

~³³木板、放置　　~³³biə⁵⁵木板　　~³³ma³³面偶　　~³³　~³³聊天

　~³³　~³³ɹu²¹聊天　to⁵⁵　~³³抖动、拍打　to²¹　~³³抱　　tɕhi³³　~⁵⁵

a²¹mba⁵⁵i³³站在这里

~²¹to³³抱　　~²¹mba³³ɹa³³拨浪鼓　　~²¹mba³³ɹa³³ndo⁵⁵摇拨浪鼓

tho　　~⁵⁵ndʑə r²¹松树

~³³松树、硌人　　~³³le²¹兔子　　~³³ɹi³³鸽子　　~³³ɹi³³na²¹斑鸠

　~³³tɕhə³³差劲

~²¹靠　　~²¹thv³³茯苓　　~²¹pv⁵⁵布　la²¹mu⁵⁵　~²¹手肘

do　　~³³i³³笨重、粗笨　　dʑə²¹　~³³打酥油茶的茶筒

~²¹看见、油　　miə²¹　~²¹天亮　　tshe⁵⁵　~²¹初（农历记日词缀）

ŋæ⁵⁵hæ²¹　~²¹菜油　　ma²¹　~²¹动物油　　~²¹so²¹iə³³油够了

ndo　　~⁵⁵跌倒、摇（手鼓、板铃等）　　pe³³　~⁵⁵绊倒　to²¹mba³³ɹa³³　~⁵⁵

摇拨浪鼓

~³³攀爬　ndʑə r²¹　~³³爬树

~²¹傻　hi³³　~²¹傻子　　~²¹pa⁵⁵屁股　　~²¹be³³出现凶兆　çə⁵⁵　~²¹

害羞

no　　~⁵⁵no³³混合　　~⁵⁵no³³ndʐɻ³³和着吃　lɑ³³　~⁵⁵传说中的一种体形很

大的动物

~³³杂草、作祟　　~³³kha³³一种中药　tshv²¹ni³³　~³³鬼作祟、做噩

梦　no⁵⁵　~³³混合　　~³³ta³³pa³³（印有藏文的）小经幡

~²¹、　~²¹hə²¹腻、烦

lo　　~⁵⁵翻越、挂、垫付　　~⁵⁵le³³hə²¹去了、走了　gɯ³³dʑi³³　~⁵⁵挂衣

服　　~⁵⁵lo³³彝族　　~⁵⁵pv³³ty³³磕头

~³³be³³干活　　~³³pe²¹木盆（和面、盛肉用）　　lo⁵⁵　~³³彝族

~²¹黑麂子、山谷　　~²¹khæ³³沟谷

tʂho　　~²¹快（少数人有此读法）　　~²¹be³³ɹu³³快点来

ko　　~⁵⁵so²¹ɖɻ³³ŋi³³后天

ɣɯ³³　~³³牛犊　　~³³ko²¹亲密、团结、拥抱　　~³³ŋgu²¹后颈　　~³³

ndy⁵⁵ly²¹球

~²¹针　~²¹kv³³高山牧场　~²¹ɕua²¹高山　iə³³~²¹家　~²¹tso³³野葱　ko³³~²¹亲密、团结、拥抱　~²¹ty⁵⁵内层　~²¹ka³³鹤　la²¹ba³³thæ³³~²¹手掌心　~²¹tsy⁵⁵辣椒

kho　~⁵⁵宰杀　~⁵⁵mu已杀的祭牲　ri³³~⁵⁵田间地头

~³³mi³³听说、听话

~²¹承接

go　~³³ho²¹竹编的四方盒子，一般用来放药物

ŋgo　~²¹ʐu³³大牙

ho　~⁵⁵深、八　dʑi²¹~⁵⁵深水

~³³汤、堵塞而堆积　~³³dʑi²¹汤　~³³dʑi²¹tsho⁵⁵泡汤（把汤浇在米饭上面）

~²¹慢、肋骨　~²¹za³³靴子　~²¹ze³³燕子　go³³~²¹竹编的四方盒子，一般用来放药物

ə

mbə　~⁵⁵很　~⁵⁵be³³i̠²¹ia³³很好吃　~⁵⁵ndʐ²¹布迪（男子名）

mə　~³³不、没有　~³³tha⁵⁵不行　~³³uo²¹不是　~³³tha²¹不要做　~³³ndʐu³³不合规矩

ʐə　~²¹好看、漂亮

tə　~⁵⁵折叠、折（量）　~⁵⁵tə³³折叠　dʐ³³~⁵⁵一折　hi³³~³³盘问　tə⁵⁵~³³折叠

thə　~⁵⁵滴（量）　dʑi²¹dʐ³³~⁵⁵一滴水

~³³滴（动）　dʑi²¹~³³~³³滴水

~²¹象声词，相当于"啪"　~²¹be³³le³³hə²¹"啪"地就断了

tɕə　~⁵⁵煮、痕迹　ha³³~⁵⁵煮饭　~⁵⁵ty³³记住

~³³tɕə²¹扭打成一团、摔跤　a²¹pa³³~³³iə³³生疮生得很多

~²¹抓　hi³³~²¹抓人　tɕə³³~²¹扭打成一团、摔跤

tɕhə　~⁵⁵贴、秽　~⁵⁵ɕu⁵⁵除秽　~⁵⁵tɕhə³³两块相黏合、（把枝丫）砍光　le³³~⁵⁵tɕhə³³iə³³（把枝丫）砍光了

~³³tɕhə²¹清点　hi³³~³³tɕhə²¹清点人数　tho³³~³³差劲　tɕhə⁵⁵~³³两块相黏合　le³³tɕhə⁵⁵~³³（把枝丫）砍光了　tɕhə³³~²¹清

点　hi³³tɕhə³³ ~²¹清点人数

ʥə　　~³³ʥə²¹跨步

~²¹好、幸福　~²¹do³³打酥油茶的茶筒　~²¹bu³³小木仓　ʥə³³
~²¹跨步　ta²¹ ~²¹达久（男子名）

nʥə　　he²¹ ~³³二月

~²¹苦难、辛苦　le³³ ~²¹辛苦了（做客进门见面语）

çə　　~⁵⁵说、纵步跳　~⁵⁵mə³³tha⁵⁵se²¹说不完了（谢谢）　~⁵⁵le³³
hə²¹纵步跳过去　~⁵⁵çə³³la²¹ka⁵⁵nʥæ²¹一种翅膀有白斑点的
鸟　~⁵⁵ndo²¹害羞　çə⁵⁵ ~³³la²¹ka⁵⁵nʥæ²¹一种翅膀有白斑点
的鸟

~²¹沙子　~²¹na⁵⁵修纳（男子名）

kə　　~⁵⁵鹰、耙子　~⁵⁵na²¹me³³老鹰　~⁵⁵mbæ³³一种较小的鹰　mu²¹
~⁵⁵小杜鹃　mæ⁵⁵ ~⁵⁵phv³³朝后翻倒

~³³ ~³³排队　~³³kə²¹筛（动）

~²¹坛子　~²¹zo³³小坛子　~²¹me³³大坛子　biə⁵⁵ ~²¹筛子　kə³³
~²¹筛（动）

khə　　~⁵⁵篮子、背篼　~⁵⁵khə³³iə³³不一样

~³³劈、打破、犁沟　khə⁵⁵ ~³³iə³³不一样

dzɻ²¹ ~²¹时代

gə　　~⁵⁵bi²¹上唇

~³³tɕu²¹上面　~³³ ~³³耽误

~²¹上、茄子、馊、满意　mv³³ ~²¹番茄　ha³³ ~²¹iə³³饭馊了
mə³³ ~²¹iə³³过意不去、不满意

ŋgə　　~⁵⁵歪斜　gə²¹ ~⁵⁵朝上弯曲

~²¹推、撬、熄　gə²¹ ~²¹往上撬、成长　mi³³ ~²¹se³³iə³³火熄了

ŋə　　~³³ŋgɯ²¹我们

~²¹我

hə　　~⁵⁵疼痛

~²¹力大、去　~²¹iə³³力气大　lo⁵⁵le³³ ~²¹走了、去了　çə⁵⁵le³³
~²¹纵步跳过去　ʈhə²¹be³³le³³ ~²¹"啪"地就断了

$\sim^{24}$nd$ʑ$i^{21}秋千

$ɣə$　　$\sim^{55}$晒　　ŋ̩i^{33}me^{33} $\sim^{55}$晒太阳　　mi^{33} $\sim^{55}$烤火

　　　$\sim^{21}$捞、行（量词）、条　　ŋ̩i^{33} $\sim^{21}$捞鱼　　the^{33}ɣɯ^{33}d̠ʐ^{33} $\sim^{21}$一行字
　　　bu^{21}tʂhər^{33}d̠ʐ^{33} $\sim^{21}$一条琵琶肉

ər

pər　　$\sim^{55}$写、梳、梳子、斑纹　　$\sim^{55}$ndy^{21}笔　　kv^{33}ly^{33} $\sim^{55}$梳头　　lɑ^{33} $\sim^{55}$
　　　虎斑　la^{21} $\sim^{55}$手纹

　　　$\sim^{21}$拔　　gə^{21} $\sim^{21}$拔起来

phər　　$\sim^{55}$rər^{33}崴脚
　　　iæ^{21} $\sim^{33}$公鸡、麻布衣上用丝线绣的花纹　　$\sim^{33}$phər^{21}解开
　　　$\sim^{21}$白色、解开　　ka^{33} $\sim^{21}$白鹤，一说大雁　　phər^{33} $\sim^{21}$解开

bər　　bər^{21} $\sim^{55}$猪仔　　la^{21}bæ^{21} $\sim^{55}$手臂上段　　d̠ʑi^{21}bər^{21} $\sim^{55}$水蜘蛛
　　　hi^{33} $\sim^{33}$客人　　$\sim^{33}$ndv^{21}做客（结婚前一晚双方亲戚做客喝酒）
　　　d̠ʑi^{21} $\sim^{33}$bər^{21}泉涌

　　　$\sim^{21}$沸腾、冒（泉水）、稗子　　d̠ʑi^{21}bər^{33} $\sim^{21}$泉涌　　$\sim^{21}$bər^{55}猪仔
　　　d̠ʑi^{21} $\sim^{21}$bər^{55}水蜘蛛

mbər　　$\sim^{55}$翘　　gə^{21} $\sim^{55}$上翘
　　　$\sim^{33}$笕槽、分家、羊毛披毡　　d̠ʑi^{21} $\sim^{33}$水笕槽、分家　　$\sim^{33}$rər^{33}木
　　　料　　$\sim^{33}$ $\sim^{33}$滑坡
　　　$\sim^{21}$脓、化脓、牦牛、焚烧　　tʂhər^{55} $\sim^{33}$肺结核　　çi^{21} $\sim^{21}$焚林开荒

mər　　$\sim^{55}$闭　　miə^{21} $\sim^{55}$闭眼　　nu^{55}bi^{21}le^{33} $\sim^{55}$闭嘴

tsər　　$\sim^{55}$堵塞
　　　$\sim^{33}$ $\sim^{33}$拴（口袋）　　$\sim^{33}$tsər^{21}计算
　　　ŋ̩i^{33} $\sim^{21}$二十　　iæ^{55} $\sim^{21}$小鸡　　tsər^{33} $\sim^{21}$计算

tshər　　$\sim^{55}$砍、割断
　　　$\sim^{33}$热　　d̠ʑi^{21} $\sim^{33}$开水
　　　$\sim^{21}$捞、剪　　sər^{33} $\sim^{21}$捞柴　　tshɿ^{55} $\sim^{21}$剪羊毛

ndzər　　$\sim^{55}$抽取、拔　　d̠ʑi^{21} $\sim^{55}$tso^{33}竹筒做的打水仗玩具
　　　$\sim^{33}$唱　　ɣɯ^{33} $\sim^{33}$khɯ^{55}唱犁田调　　ri^{55}nda^{21}ri^{55} $\sim^{33}$唱"哩达哩"
　　　（一种民歌）　　$\sim^{33}$zər^{33}mu^{55}无名指

$\sim^{21}$树　$t\varphi hi^{21}\sim^{33}$桑树　$hua^{33}\sim^{21}$白桦树　$ri^{33}na^{21}\sim^{21}$杉树　nda^{21} $\sim^{21}$青冈树　$sa^{21}\sim^{21}$一种带刺的乔木　$\sim^{21}phi\partial^{55}$树叶　$\sim^{21}$ $t\varphi æ^{55}$嫁接树　$\sim^{21}ndo^{33}$爬树

s\partial r　$\sim^{55}$肝、刮　$\sim^{55}s\partial r^{33}$刮擦

$\sim^{33}$柴　$s\partial r^{55}\sim^{33}$刮擦　$\sim^{33}\sim^{33}$磨（动）　$\sim^{33}rv^{33}$磨刀石　$\sim^{33}$ $t\partial r^{55}t\partial r^{33}$树疙瘩　$t\varphi hi^{55}\sim^{33}$雾　$\sim^{33}ly^{33}$、$\sim^{33}kv^{33}\sim^{33}ly^{33}$水果

z\partial r　$\sim^{33}$草、忍受　$a^{21}\sim^{33}$忍住、珍珠　$ha^{33}\sim^{33}$忍住饥饿　$\sim^{33}z\partial r^{21}$压 （被子等）　$\sim^{33}\eta gw^{21}$舂辣椒等东西的捣棒　$ndz\partial r^{33}\sim^{33}mu^{55}$ 无名指

$\sim^{21}$压　$z\partial r^{33}\sim^{21}$压（被子等）　$\sim^{21}r\partial r^{21}bu^{21}dzu^{33}$蝉 $\sim^{33}t\partial r^{55}t\partial r^{33}$死结

r\partial r　$\sim^{55}$丈量、种子　$\sim^{55}tse^{21}$东西　$\sim^{55}r\partial r^{33}$测量　$\sim phv^{55}$播种 $r\partial r^{55}\sim^{33}$测量　$ph\partial r^{55}\sim^{33}$崴脚　$mb\partial r^{33}\sim^{33}$木料

$\sim^{21}$喊叫　$hæ^{33}\sim^{21}$呼风（簸扬粮食时呼唤风来帮助）　$z\partial r^{21}\sim^{21}$ $bu^{21}dzu^{33}$蝉

t\partial r　$\sim^{55}$关　$khu^{33}\sim^{55}$关门　$s\partial r^{33}\sim^{55}t\partial r^{33}$树疙瘩　$z\partial r^{33}\sim^{55}t\partial r^{33}$死结 $\sim^{33}\sim^{33}$相遇　$\sim^{33}tshv^{21}$凶死鬼　$ko^{21}\sim^{33}$（杀牲口时）把刀插进 心窝　$s\partial r^{33}t\partial r^{55}\sim^{33}$树疙瘩　$z\partial r^{33}t\partial r^{55}\sim^{33}$死结

$\sim^{21}$墩子　$ndzv^{21}\sim^{21}$坐墩

th\partial r　$\sim^{55}$咬　$\sim^{55}th\partial r^{33}$蒙、包裹（动）

$\sim^{33}$懒惰　$hi^{33}\sim^{33}$懒人　$th\partial r^{55}\sim^{33}$蒙、包裹（动）

$\sim^{21}$裙子　$\sim^{21}kw^{55}$穿裙子、女孩13岁的成人礼

ḍ\partial r　$\sim^{33}$发芽、搁物板

$\sim^{21}$骡子

nḍ\partial r　$\sim^{33}$池塘、错、短　$dzi^{21}\sim^{33}$水塘　$s\partial r^{33}\sim^{33}$犯错　$\sim^{33}t\varphi u^{55}$蜂蜇 人留下的蜂刺

$\sim^{21}$横、浑　$\sim^{21}ta^{33}$横挡着　$dzi^{21}\sim^{21}$浑水

tṣ\partial r　$\sim^{55}$淹、腌、泡　$t\varphi æ^{55}iæ^{21}\sim^{55}$做腌菜　$a^{33}\sim^{55}$节、骨节　$l\alpha^{21}\sim^{55}$ 手　$khw^{33}\sim^{55}$脚

$\sim^{33}$咳嗽　$\sim^{33}phe^{55}$痰

　　　　　　~²¹派、使　　hi³³ ~²¹安排人、让人做

tʂhɚr　　~⁵⁵肺、握、解大便时用力　　~⁵⁵mbɚr³³肺结核　　la²¹ ~⁵⁵枪

　　　　　　~³³洗、烂　　~³³ ~³³洗　　bu²¹ ~³³琵琶肉　　zo³³ ~³³孝子

　　　　　　~²¹肥肉

dz̩ɚr　　~⁵⁵n̠i³³驯牛马时用力往下按

　　　　　　~²¹死　　the²¹ ~²¹iə³³死了

ndz̩ɚr　　~³³煎、露水、潮湿　　~³³ ~³³煎炸　　~³³i³³iə³³有露水　　~³³kha³³

　　　　　　tsha²¹蹚着露水走路

　　　　　　~²¹融化、受惊

ʂɚr　　~⁵⁵满　　a²¹ ~⁵⁵招魂　　~⁵⁵ɖ̩ɻ³³n̩i³³前天

　　　　　　~³³七、事情　　~³³ʂɚr²¹搅拌

　　　　　　~²¹牵、长（形）　　z̩ua³³ ~²¹牵马　　zɻ³³ ~²¹长寿　　ʂɚr³³ ~²¹搅拌

z̩ɚr　　~³³害怕　　sa⁵⁵ ~³³屏住呼吸　　ko²¹tsy⁵⁵ ~³³辣椒汤　　~³³ŋɡɯ²¹舂辣

　　　　　　椒等东西的捣棒

　　　　　　~²¹柱子、响　　to⁵⁵ ~²¹柱子　　dʑi²¹ ~²¹水响

ɻ

tsɻ　　~⁵⁵塞　　~⁵⁵tsɻ³³堵塞

　　　　　　~³³拴　　~³³ ~³³拴　　tsɻ⁵⁵ ~³³堵塞　　~³³tsɻ²¹计算

　　　　　　~²¹计算、瘦　　tsɻ³³ ~²¹计算　　se³³mi⁵⁵ ~²¹孩子瘦弱　　miə⁵⁵ ~²¹fv³³

　　　　　　眼睫毛、眉毛

tshɻ　　~⁵⁵山羊、掐断　　~⁵⁵tho³³羊羔　　~⁵⁵tshɚr²¹剪羊毛　　~⁵⁵ ~⁵⁵豌豆

　　　　　　ɖ̩ɻ³³ ~⁵⁵一点儿

　　　　　　~³³踢、坚持　　the²¹ ~³³be³³ne²¹iə³³持续地做　　~³³te²¹剪刀

　　　　　　~²¹来、细　　le³³uo⁵⁵ ~²¹回来　　te²⁴le³³ ~²¹iə³³来电了

dʑɻ　　~⁵⁵dʑɻ³³烦闷　　~⁵⁵lo²¹子落（俄亚乡村名）

　　　　　　a³³ ~³³奶奶　　dʑɻ⁵⁵ ~³³烦闷

　　　　　　~²¹冰　　~²¹ha⁵⁵结冰

ndʑɻ　　~³³吃　　ha³³ ~³³吃饭

sɻ　　~⁵⁵捡、擦　　tʂɻ⁵⁵ɖ̩ɻ³³ ~⁵⁵ne²¹擦擦汗　　so²¹ ~⁵⁵明天早上　　~⁵⁵ly³³

　　　　　　三个

~³³知道　　~³³、~³³hi³³熟人　　gɯ³³~³³脊背　　~³³pv²¹篮球　　~³³
pv²¹ko³³ndy⁵⁵ly²¹篮球　　~³³pv²¹la⁵⁵打篮球

~²¹三、生的

zʅ　　a⁵⁵khi³³~⁵⁵小指头

~³³草、寿命　　~³³ʂɣ²¹长寿　　~³³ʂɣ²¹hɑ⁵⁵zi³³长命富足　　bv²¹~³³
兄弟　　gɯ³³~³³弟弟　　~³³hæ²¹青草　　mv²¹~³³野燕麦　　~³³
ku⁵⁵pu³³草编的锅盖

~²¹次　　dʅ³³~²¹一次

ʅ

tʅ　　~⁵⁵浸泡　　sa³³~⁵⁵泡麻秆

~³³起身　　gə²¹~³³起床、起来　　i⁵⁵~³³早上　　tho³³~³³托地（俄亚
乡村名）

~²¹煨　　dʑi²¹~²¹烧水

thʅ　　~⁵⁵、~⁵⁵me³³腰　　the²¹~⁵⁵iə³³罚站

~³³他　　~³³~³³牢固

~²¹喝、木仓、浸透　　khv²¹~²¹浸透进去

dʅ　　~⁵⁵dʅ³³一样、相等

~³³得到　　~³³çi³³一百　　~³³tv²¹一千　　~³³mu³³一万　　hi³³~³³
mu³³一万人　　~³³mu³³mu³³一万元　　~³³mu³³mu³³phiə⁵⁵tsʅ³³一
万元钱　　dʅ⁵⁵~³³一样、相等

~²¹大、一、樟木籽（香料）　　~²¹tɕi⁵⁵大小

ndʅ　　~⁵⁵合适　　~⁵⁵ndʅ³³和睦、团结

~³³le²¹蕨菜、裙子的花边　　ndʅ⁵⁵~³³和睦、团结

~²¹沉　　thæ³³~²¹沉底　　miə²¹~²¹翻眼皮　　mbə⁵⁵~²¹布迪（男子
名）

tʂʅ　　~⁵⁵点燃、汗水（少数人说tsv⁵⁵）　　my⁵⁵tshy³³~⁵⁵点松明火
mbæ³³~⁵⁵鹭鸶　　~⁵⁵dʅ³³sʅ⁵⁵ne²¹擦擦汗

~³³土　　~³³ly⁵⁵gv³³大地中央

~²¹鹰爪、兽爪　　kɯ⁵⁵~²¹话

tʂhʅ　　~⁵⁵开荒、破损　　khɯ²¹ʂʅ⁵⁵~⁵⁵挖荒地　　~⁵⁵~⁵⁵mbe³³mbe²¹破损

　　　　　$\sim^{33}$悬挂、用锥子钻孔、早饭　　$\sim^{33}$by^{21}苏打粉　　　$\sim^{33}$dʑi^{21}硝水

　　　　　$\sim^{33}$tʂha^{21}家族、支系

dʐʅ^{33}　　$\sim^{33}$街　bv^{33} $\sim^{33}$桃子　la^{21} $\sim^{33}$前臂

　　　　　dʐʅ^{21}时间、焊　　$\sim^{21}$khə^{21}时代　tha^{55} $\sim^{21}$柿子、塔城（丽江地

　　　　　名）

ndʐʅ　　$\sim^{33}$伙伴　　$\sim^{33}$豹子、燃烧

　　　　　$\sim^{21}$山、（用棍子）打　　$\sim^{21}$ŋguə^{33}逛山　　$\sim^{21}$tsv^{21}爬山　zʅ^{21} $\sim^{21}$

　　　　　（用棍子）打蛇

ʂʅ　　　$\sim^{55}$梭草　　$\sim^{55}$kv^{33}镰刀　　$\sim^{55}$da^{21}苏达（俄亚乡村名）

　　　　　$\sim^{33}$死、产仔、带领　　$\sim^{33}$ $\sim^{33}$带领

　　　　　khɯ^{21} $\sim^{21}$布线

zʅ　　　$\sim^{55}$、$\sim^{55}$ndʐər^{21}柳树

　　　　　$\sim^{33}$酒、路　　$\sim^{33}$gv^{33}路　tv^{55} $\sim^{33}$近路　　$\sim^{33}$ʂər^{21}路途遥远　^{33} $\sim^{33}$

　　　　　涂画

　　　　　$\sim^{21}$蛇、拿、仇敌　a^{55} $\sim^{21}$猴子　　$\sim^{21}$ndʐʅ^{21}（用棍子）打蛇

　　　　　uɛ^{33} $\sim^{21}$俄日（俄亚乡村名）

ia

ȵia　　$\sim^{33}$零（汉语借词）

ia　　　$\sim^{33}$语气词　uo^{21} $\sim^{33}$是的

iæ

iæ　　　$\sim^{55}$tsər^{21}小鸡

　　　　　$\sim^{33}$红铜、欠　　$\sim^{33}$be^{21}铜圆　　$\sim^{33}$kha^{33}铜矿洞　　$\sim^{33}$iæ^{21}争斗、扯

　　　　　皮　dʑu^{33} $\sim^{33}$欠债

　　　　　$\sim^{21}$鸡、悬崖、绳子、招惹、卡住　　$\sim^{21}$phər^{21}公鸡　　$\sim^{21}$me^{33}母

　　　　　鸡　$\sim^{21}$dʑi^{21}ndʐu^{21}瀑布　　$\sim^{21}$kuə^{33}kuə^{21}绕绳子　hi^{33} $\sim^{21}$招惹

　　　　　人ȵi^{33} $\sim^{21}$植物油　gu^{33}du^{21}ȵi^{33} $\sim^{21}$核桃油　tɕhi^{33}ly^{33}ȵi^{33} $\sim^{21}$

　　　　　青刺果油　gə^{55} $\sim^{21}$上齿mu^{55} $\sim^{21}$下齿　ȵi^{33} $\sim^{21}$khuə^{21}野葡萄

　　　　　藤　tɕæ^{33} $\sim^{21}$腌菜　iæ^{33} $\sim^{21}$争斗、扯皮

iə

piə　　　$\sim^{33}$像、搬运、成功　　$\sim^{33}$ $\sim^{33}$相像　the^{21} $\sim^{33}$fv^{33}iə^{33}墙倒后压住

了人、牲畜、庄稼等

phiə　～⁵⁵叶子、损坏　ndzər³³ ～⁵⁵树叶　mi³³ ～⁵⁵火焰　～⁵⁵phiə³³破坏

　　　～⁵⁵tsʅ³³票子、钞票　ŋga³³ ～⁵⁵田里的一种杂草　phiə⁵⁵ ～³³破坏

　　　～²¹喜欢　nda³³ ～²¹砍柴刀

biə　～⁵⁵板状物（木石玻璃等）　to³³ ～⁵⁵木板　to³³ ～⁵⁵ɖʐ³³ ～⁵⁵一块
　　　木板　～⁵⁵kə²¹筛子

　　　～³³中等坛子　ɤv³³ ～³³石板、石磨　ɻi³³thɑ⁵⁵ɤv³³ ～³³石磨盘

mbiə　～²¹倒塌

miə　～⁵⁵面条　～⁵⁵na²¹荠菜　～⁵⁵tsʅ²¹fv³³眼睫毛、眉毛

　　　～³³生命

　　　～²¹ly³³眼睛　～²¹ly³³ta³³ndy⁵⁵ly²¹眼珠　～²¹mər⁵⁵闭眼　～²¹ndʐʅ²¹
　　　翻眼皮　～²¹lo³³镜子、玻璃　～²¹lo³³ko³³bi²¹玻璃杯、玻
　　　璃瓶

　　　～²¹do²¹天亮　～²¹mby²¹危险

ȵiə　～⁵⁵早　～⁵⁵ȵiə³³粘在一起、乱成一团　ȵiə⁵⁵ ～³³粘在一起、乱成
　　　一团　çæ³³ ～²¹桑尼（女巫师）

　　　～²¹时候　ha³³ndʐʅ³³ ～²¹吃饭的时候

iə　～⁵⁵给予、帐篷　～⁵⁵kha²¹搭帐篷　mi²¹ ～⁵⁵取名　a²¹ ～⁵⁵俄亚
　　（地名）

　　　～³³草烟、语气词　～³³ko²¹家　～³³iə²¹腐烂、溃烂　tse³³ ～³³
　　　想吃

　　　～²¹尤草、融化、舔　～²¹pe²¹正月　iə³³ ～²¹腐烂、溃烂　～²¹iu⁵⁵
　　　洋芋（汉语借词）

iu

iu　～⁵⁵玉石（汉语借词）　iə²¹ ～⁵⁵洋芋（汉语借词）

　　　～³³khua³³疙瘩碗（长在树上的疙瘩，据说晚上会发光，可做木
　　　碗）　lo³³ ～³³老友（汉语借词）

　　　～²¹绵羊、轻巧

ua

ŋua　～³³a²¹吉祥、福泽

tʂua　~^{55}隔开、房间、间（量）　n̥a^{33} ~^{55}断奶　~^{55}dʐ^{33} ~^{55}一间房

~^{33}床、火塘边的睡处　~^{33}ʂɿ^{33}臭虫

~^{21}能干、男子　~^{21}dʑæ^{21}i^{21}超度能干的男死者

tʂhua　~^{55}鹿、六、爬、登　~^{55}me^{33}六月　~^{55}mu^{55}马鹿菌

~^{33}米　~^{33}a^{33}bu^{33}tsər^{33}蚂蚁

~^{21}挤（奶）　n̥a^{33} ~^{21}挤奶

dʑua　~^{21}安逸　~^{21}ia^{33}很好、很舒适

ndʑua　~^{55}抢　~^{55}ndʑua^{33}争抢

~^{33}撞、戳　~^{33} ~^{33}不停地戳　ndʑua^{55} ~^{33}争抢　~^{33}ndʑua^{21}争

执n̥i^{33} ~^{33}ɾa^{55}tse^{21}刺鱼的铁叉

~^{21}争执　ndʑua^{33} ~^{21}争执

ʂua　~^{55}河上捕鱼的竹栏、楔子、闩子、闩（动）　~^{55}la^{55}打楔子

khu^{33} ~^{55}门闩　le^{55}te^{33}khu^{33} ~^{55}窗户插销　~^{55}ʂua^{33}一样高、

整齐

~^{33}hy^{21}高矮　ʂua^{55} ~^{33}一样高、整齐　~^{33}kə^{55}一种长在高山上

的有香气的灌木

~^{21}高　~^{21}kv^{33}高处　ko^{21} ~^{21}高山

ʐua　~^{33}马、能干、很　~^{33}ko^{33}马驹

~^{21}数数、称、量、薅　tɕi^{21} ~^{21}称秤　ɕi^{21} ~^{21}薅稻谷　sa^{33} ~^{21}

薅麻

kua　~^{55}tsv^{33}瓜祖（男子名）　~^{55}dʑæ^{33}mbə^{55}ndʐ^{21}瓜丹布迪（男子

名）

mu^{21} ~^{33}木瓜（俄亚土官名）　hi^{33} ~^{33}骗人　~^{33}kua^{21}邀约

~^{21}灶、邀约、告状　kua^{33} ~^{21}邀约　hi^{33} ~^{21}约人　ki^{33} ~^{21}告状

mu^{21}ndʑi^{55} ~^{21}火葬场

khua　~^{55}碗　ha^{33}dʐ^{33} ~^{55}一碗饭　hua^{33} ~^{33}、 ~^{33}tɕu^{33}四蹄为白色的骡

马　~^{55}tɕu^{33}一种能旋转的挖木碗的工具

~^{33}有益、（病）痊愈、蹄子　na^{24}to^{55} ~^{33}iə^{55}对你家有好处　le^{33}

~^{33}iə^{33}病好了　~^{33}be^{21}蹄子　la^{21} ~^{33}tu^{33}肩　~^{33}za^{33}脚气

~^{21}坏、厉害　~^{21}nda^{33}不好（谦辞）　hi^{33} ~^{21}厉害的、能干的

人　mi³³ ~²¹女人

hua　～⁵⁵高山宿营的棚屋、东巴给病人病畜念咒语做仪式　bər²¹ ~⁵⁵牦牛棚 ～⁵⁵ly³³咒语　～⁵⁵le²¹猫　～⁵⁵me³³八月　tɕæ³³ ~⁵⁵卷轴画　tɕu²¹ ~⁵⁵庄房

～³³白鹇、送　～³³ndʑər²¹白桦树　～³³iə³³送礼（酒、麻布、琵琶肉等）　phe²¹le³³ ~³³送麻布　～³³khua³³四蹄为白色的骒马　～²¹la³³疯子　～²¹dʑu³³有办法

ua　～⁵⁵tshər²¹五十　～⁵⁵me³³五月

～³³五　tshe²¹ ~³³ȵi³³十五天　～³³biə⁵⁵瓦片　～²¹是　ma³³ ~²¹不是

ue

sue　～⁵⁵瘊子　～⁵⁵na²¹ba²¹长黑瘊子

～³³头目、官员　～³³be³³做官　ly⁵⁵ku³³ ~³³中指

zue　～²¹被毛虫、荨麻等刺伤皮肤而产生的疼痒感

kue　～²¹tɕa³³国家（汉语借词）

uə

puə　～²¹阉猪时取出的母猪的卵巢　a²¹ ~²¹蔓菁根

buə　～³³普米族　～³³ ~³³给小孩喂饭　～³³buə²¹帮忙　mu³³ ~³³脚板　ku⁵⁵ ~³³嘴巴　buə³³ ~²¹帮忙

mbuə　～⁵⁵超出、多出

kuə　～³³圆圈　～³³kuə²¹转、绕、逛　iæ²¹ ~³³kuə²¹绕绳子　kuə³³ ~²¹转、绕、逛　iæ²¹kuə³³ ~²¹绕绳子　ma²¹ȵi³³ ~²¹转玛尼堆、转经筒　ɖʐ³³ ~²¹一圈　tɕi⁵⁵ ~²¹南瓜

khuə　～⁵⁵khuə³³摸

khɯ³³ ~³³罗圈腿　khuə⁵⁵ ~³³摸　～²¹藤子　ȵiæ²¹ ~²¹野葡萄藤　tɕi⁵⁵kuə²¹ ~²¹南瓜藤

guə　～³³ly⁵⁵上吊

～²¹唱　～²¹tɕhi⁵⁵谷气（民歌名）　na²¹hi³³ ~²¹唱纳西歌　he³³pa²¹ ~²¹唱汉语歌

ŋguə　dzʐ³³ ~³³逛街　çy³³ ~³³游猎　ɾi³³ ~³³巡查田地　ndzʐ²¹ ~³³逛山

　　　　　　mbæ³³kha³³~³³蜜蜂找窝

uə　　　~⁵⁵uə³³圆（形）　　　~⁵⁵ɾi³³圆形

　　　　　~³³村子、堆　　~³³kv³³村头　　~³³mæ³³村尾　ɖʐ³³~³³一堆　　~³³

　　　　　la⁵⁵kæ²¹鹦鹉　uə⁵⁵~³³圆（形）

　　　　　~²¹鹰

uo

uo　　　le³³~⁵⁵tʂhŋ²¹回来　　~⁵⁵tʂhŋ³³ndzʐ³³kæ³³就是这个意思　pa²¹le⁵⁵

　　　　　~⁵⁵烙饼pa²¹le⁵⁵~⁵⁵ŋgv³³烙饼的平底锅

　　　　　~³³肿　mba³³~³³大脖子病　mu³³~³³脚板　~³³dze³³牲口　~³³

　　　　　dze³³ɾv⁵⁵放牧　　~³³dze³³ɾv⁵⁵hi³³牧人　~³³khɯ³³窝克（人名）

　　　　　~³³maˢnda²¹窝玛达（民歌名）

　　　~²¹是　~²¹ia³³是的　a⁵⁵~²¹iə³³是不是　~²¹iə⁵⁵俄亚（地名）

七　俄亚纳西语与丽江纳西语语音的初步比较

　　根据以上俄亚纳西语的声母、韵母、声调、声韵配合表和同音词表，我们可以对俄亚纳西语和丽江纳西语在语音方面的差异作一些初步的比较。丽江纳西语语音材料根据方国瑜《纳西象形文字谱》，并参考黄布凡主编《藏缅语族语言词汇》和《藏缅语语音和词汇》。例词短线前是丽江音，短线后是俄亚音。

（一）声母方面的比较

　　俄亚纳西语和丽江大研镇纳西语的声母基本相同，差别主要有两点：第一，俄亚纳西语浊音声母分纯浊和鼻浊，而大研镇纳西语不分，都带有同部位的鼻音。第二，俄亚纳西语边音l和闪音ɾ共存，大研镇纳西语没有ɾ，部分边音声母词在俄亚读ɾ。如"四lu—ɾu³³、石头lv³³pa³³—ɾv³³pa³³、田地lɯ³³—ɾi³³、种子lər⁵⁵—ɾər⁵⁵"。丽江坝纳西语分纯浊和鼻浊，很多地方也有闪音ɾ，这些地方的声母系统和俄亚没有大的差别。俄亚纳西语和大研镇、丽江坝纳西语在声母方面的差异主要在部分相同的词语所使用的声母不同，而这种不同很有可能是历史音变的结果。如：

1. 丽江部分舌尖前、舌尖后声母，俄亚读舌面声母。如：

纯正 tsæ²¹ — tɕæ²¹　　女巫 sæ³³ n̠i²¹ — ɕæ³³ n̠iə²¹　　血 sæ³³ — ɕæ³³

狮子 si³³ gɯ³³ — ɕi³³ ŋgɯ³³　　丝线 si³³ khɯ²¹ — ɕi³³ khɯ²¹

杂色 dzæ²¹ — ndʑæ²¹　　飞 dʑi²¹ — ndʑi²¹　　骑 dʑæ³³ — ndʑæ³³

桃子 bv³³ dzɿ³³ — bv³³ dzʅ³³　　秽 tʂhə⁵⁵ — tɕhə⁵⁵　　锥 tʂu⁵⁵ — tɕu⁵⁵

昆明 i³³ tʂhɿ³³ — i³³ tɕhi³³　　抓 dzʐə²¹ — tɕə²¹　　债 dzu³³ — dʑu³³

掉落 dzʐu²¹ — ndʑu²¹　　说 ʂə⁵⁵ — ɕə⁵⁵　　害羞 ʂə⁵⁵ do²¹ — ɕə⁵⁵ ndo²¹

沙 ʂə²¹ — ɕə²¹　　黄色 ʂɿ²¹ — ɕi²¹

2. 丽江部分舌尖前声母，俄亚读舌尖后声母。如：

汗 tsɿ⁵⁵ — tʂʅ⁵⁵　　拖 sɿ²¹ — ʂʅ²¹　　带领 sɿ³³ — ʂʅ³³

梭草 sɿ⁵⁵ — ʂʅ⁵⁵　　柳树 zɿ³³ — zʅ⁵⁵　　仇敌 zɿ²¹ — zʅ²¹

3. 丽江部分舌面声母，俄亚读舌尖后声母。如：

钻（洞）tɕhy³³ — tʂhʅ³³　　亲戚 tɕhy³³ tsha²¹ — tʂhʅ³³ tsha²¹

山 dʑy²¹ — ndzʅ²¹

4. 丽江部分舌面声母，俄亚读舌根声母。如：

挖 tɕər⁵⁵ — ki⁵⁵　　颈 tɕər³³ — ki³³　　钩取 tɕər²¹ — ki²¹

焦 tɕhər⁵⁵ — khi⁵⁵　　折断 tɕhər³³ — khi³³　　炼油 dʑər²¹ — ŋgi²¹

晒 dʑər⁵⁵ — ŋgi⁵⁵　　跛 dʑər³³ — ŋgi³³　　人 ɕi³³ — hi³³

汉语"见"组声母经过"浊音清化"后，齐、撮呼前的声母，在十八世纪以前就已演化成舌面声母。丽江纳西语舌根声母 k、kh、ŋg、h 与舌面前元音 i 相拼，已演变为舌面声母 tɕ、tɕh、ndʑ、ɕ，很明显，俄亚纳西语还保留着古音形式。

藏缅语族的塞擦音来源复杂，我们从纳西族方言的比较中，看到塞擦音的内部也存在"舌面音"对应"舌尖/舌根音"的规律转化，不同之处在于，汉语是以齐齿呼、撮口呼为演化条件，而纳西语不受韵母的介音和元音开口度的限制。如俄亚纳西语韵母有 ə、iə、æ、iə，tɕ 组声母只和 ə、æ 相拼，反而不和 iə、iæ 相拼。

5. 丽江舌尖中音 t、th、n、d、nd，俄亚读为卷舌的 ʈ、ʈh、ɳ、ɖ、nɖ。如：

拉扯 tæ⁵⁵ tæ²¹ — ʈæ⁵⁵ ʈæ²¹　　黏稠 tæ⁵⁵ tæ³³ — ʈæ⁵⁵ ʈæ³³　　斗牛 ɣɯ³³ thæ⁵⁵ thæ³³—ɣɯ³³thæ⁵⁵thæ³³　平地、能干 dæ²¹—ɖæ²¹　狐狸 ndæ³³—nɖæ³³

躲藏 næ³³—ɳæ³³

俄亚还有一些卷舌音读法，是丽江没有的。如：

带把儿的盅子 tʂu³³tu³³　啪啪地打酥油茶 tha²¹tha²¹be³³tʂʅ⁵⁵

吵架 tʂhu⁵⁵thu³³ 猎物的踪迹 ɖu⁵⁵　来回快步走 ɳɑ³³nɑ²¹　乳房 ɳɑ⁵⁵nɑ³³

俄亚部分词的读音存在异读现象。如"抽"丽江音 dʐər⁵⁵，俄亚的"抽"义读 tɕhi⁵⁵，在俄亚也有读 ndʐər⁵⁵ 的。又如"锥"字 ◁▬▬ ［F0959］，丽江音 tʂu⁵⁵，俄亚读舌面音 tɕu⁵⁵，字形写作 ◁▬▬，"前面 kæ³³tɕu²¹"写作 ✳✳◁▬▬，"胶 ʂu²¹tʂu⁵⁵"写作 ◭▬，但 ◁▬▬ 在这个词语中又读作舌尖音 tʂu⁵⁵ 了。这些词在俄亚既可读舌面音，又可读非舌面音，其中的一读与丽江的读音相同，由此可以看出语音演变的不彻底。

俄亚和丽江语言同源，丽江经济文化发展很快，而俄亚则相当闭塞，俄亚语音的发展有些方面比丽江慢。如上述第4条，丽江 k 组声母与 i 相拼时，都已腭化为 tɕ 组，而俄亚还完整地保留着 ki 组音。而第1条丽江读舌尖音 ts 组的某些词，在俄亚读舌面音，与汉语部分精组字腭化为 tɕ 组音相同，这一点俄亚似乎又走在了前头。语言发展的参差性显示出语言发展与社会发展有时是不同步的，语言发展的主要动力还是来自语言本身内部的因素。

（二）韵母方面的比较

俄亚纳西语和大研镇纳西语的韵母基本相同，单韵母都是 13 个：a、æ、e、i、y、ɯ、u、v、o、ə、ər、ʅ、ʅ，差别在复韵母数量和类别，俄亚纳西语有 8 个：ia、iæ、iə、iu、ua、ue、uə、uo，而大研镇纳西语有 9 个：ia、iæ、iə、ua、uæ、ue、uə、yæ、ye。俄亚纳西语和丽江纳西语在韵母方面的差异主要在部分相同的词语所使用的韵母不同，而这种不同很有可能是历史音变的结果。如：

1. 丽江的 ɯ 韵母，俄亚用圆唇的 u，或半元音的 v。这些音节声母多是双唇音。如：

蒿草 pɯ³³—pu³³　糠 phɯ³³—phu³³　能干 phɯ⁵⁵—phu⁵⁵

餐（量）phɯ²¹—phu²¹　多 bɯ²¹—bu²¹　腰带 bɯ³³kɯ⁵⁵—bu³³kɯ⁵⁵

下 mɯ²¹—mu²¹　钉子 ʂu²¹pɯ³³—ʂu²¹pu³³　法珠 bɯ³³dɯ²¹—pv³³dʅ²¹

天 mɯ³³— mv³³　烟 mɯ⁵⁵khɯ²¹— mv⁵⁵khv²¹

2. 与丽江相比，俄亚纳西语的韵母舌位较低或较后。如：

（1）o—a

粮架 ko⁵⁵—ka⁵⁵　中间 ko⁵⁵gɯ³³— ka⁵⁵ŋgɯ³³　吞咽 ko³³—ka³³

洞穴 kho³³— kha³³　骨头 o³³— a³³

（2）ə—a

甜荞 ə⁵⁵gɯ²¹— a⁵⁵gɯ²¹　苦荞 ə⁵⁵kha³³— a⁵⁵kha³³　猴子 ə⁵⁵y²¹— a⁵⁵zʅ²¹

爷爷 ə³³phv³³— a³³phv³³　现在 ə³³i³³— a³³i³³

（3）ər—a、æ

器物 lər⁵⁵tse²¹— ɾa⁵⁵tse²¹　手鼓 ta³³bər³³lər²¹— to²¹mba³³ɾa³³

苍蝇 bər³³lər⁵⁵— mba³³ɾa⁵⁵　切 hər⁵⁵— hæ⁵⁵　风 hər³³— hæ³³

绿 hər²¹— hæ²¹

（4）u—o

簸箕 mu²¹— mo²¹　门 khu³³—kho³³　帽子 ku³³mu²¹—ko³³mu²¹

承接 khu²¹— kho²¹　仓库 gu²¹—ŋgo²¹

（5）v—o

镜子 mi²¹lv³³— miə²¹lo³³　扫帚 bæ³³kv²¹—mbæ³³ko²¹

（6）y —u、iu

蚂蟥 py⁵⁵— pu⁵⁵　肾 by³³ly³³— bu³³ɾu³³　绵羊 y²¹— iu²¹

（7）ʅ —v

汗 tsʅ⁵⁵— tsv⁵⁵　跪 tshʅ⁵⁵— tshv⁵⁵　鬼 tshʅ²¹— tshv²¹

当然也有相反的例子，如：

汉族 ha³³pa²¹—he³³pa²¹

3. 丽江边音 l 和 ɯ 的组合，俄亚基本上用闪音 ɾ 和 i。如：

田间 lɯ³³kho⁵⁵— ɾi³³kho⁵⁵　重 lɯ³³— ɾi³³　弓 lɯ³³me³³— ɾi³³me³³

耕牛 lɯ²¹ɣɯ³³— ɾi²¹ɣɯ³³

4. 丽江的一些复韵母词，俄亚用单韵母。如：

松鼠 hua⁵⁵z̻ua³³— ha⁵⁵z̻a³³　燕子 hua²¹ze³³— ho²¹ze³³　蚂蚁 tʂhua⁵⁵ua²¹—

tʂhua³³a³³bu³³tsʅ³³

也有相反的，如：

脚掌 mu^{33}bə^{33}— mu^{33}buə^{33}　普米族 bə^{33}— buə^{33}　给小孩喂饭 bə^{33}bə^{33}—buə^{33}buə^{33}　鸡 æ^{21}— iæ^{21}　铜 ər^{33}—iæ^{33}

（三）声调方面的比较

丽江纳西语和俄亚纳西语在声调方面的差别不大，意义相同的词，声调基本上是相同的，但也有一些不同的。如：

爸爸 ə^{21}ba^{33}—a^{55}bv^{33}　哥哥 ə^{33}bv^{21}—a^{21}bv^{55}　除夕 na^{33}tv^{21}— na^{55}tv^{21}

俄亚纳西语24调的音节很少，只有9个音节，而丽江纳西语有25个[①]。纳西语中的汉语古入声字借词在丽江一般都读低升调24，如"铍 po^{24}、墨 mə^{24}、罚 fa^{24}、毒 tv^{24}、蜡 la^{24}、合 ho^{24}"[②]。但是这些字在俄亚均读低降调21，又如"国 kuə^{21}、学 ʂɯ^{21}、缺点 tɕhu^{21}tæ^{33}、农业 lo^{21}ȵi^{21}"，这应该是受汉语四川方言影响的结果，我们曾请乡政府的几位干部用汉语读了二十多个汉语古入声字，结果均为降调21。汉语古入声字借词声调的差异，应该是两地24调音节差异较大的原因。

① 据方国瑜、和志武《纳西象形文字谱》第367—481页所附常用词汇表统计。

② 方国瑜、和志武：《纳西象形文字谱》，云南人民出版社1982年版，第371、385、388、392、406、426页。

第五章

俄亚东巴文化现状调查

第一节　俄亚东巴文化概况

一　俄亚的东巴

1. 东巴的数量和分布

在俄亚建寨的传说中，瓦赫戛加带领东巴多塔、牧羊人渣合茨里、赶马人旺莫来到俄亚开荒建寨。可以说，东巴是俄亚最早的居民和职业之一。"东巴"后来变为家名，在俄亚大村，凡是以"东巴"为家名的都是东巴的后代，如东巴甲若、东巴崩迪，尽管他们很多人已经不从事东巴职业，而从事东巴职业的人更多的是其他家族的人。

俄亚乡有大村、苏达、俄碧、卡瓦、鲁司、立碧六个村委会，据我们调查，截至 2009 年 6 月，健在的东巴共有 71 人。具体分布为：

大村有一至五 5 个村民组，共有东巴 24 人，其中一组 9 人，二组 4 人，三组 4 人，四组 1 人，五组 6 人。

苏达村有密地、俄日、克米局、昨窝、克子、苏达 6 个村民组，共有东巴 20 人，其中密地组 3 人，俄日组 5 人，克米局组 2 人，昨窝组 4 人，克子组 3 人，苏达组 3 人。

俄碧村有俄碧、公布、拉碧沟、总口、各支、益地 6 个村民组，但只有益地、俄碧两个组是纳西族，共有东巴 12 人，其中益地组 9 人，俄碧组

3 人。

卡瓦村有哈地、子落、纳窝、卡瓦 4 个村民组，只有卡瓦组是纳西族，有东巴 7 人。

鲁司村有鲁司、色苦 2 个村民组，共有东巴 8 人，其中鲁司组 5 人，色苦组 3 人。

立碧村绝大多数是汉族、普米族，只有很少的一部分纳西族，没有东巴。

总的说来，俄亚各村纳西族社会中东巴的数量和分布还是比较均衡的。

2. 东巴的传承

父子相传是俄亚东巴传承的主要方式。如大村一组东巴甲若，属鼠，1936 年生，2012 年 77 岁。"东巴"是他的家名，据传他家是俄亚木瓜来俄亚定居时带来的祭天东巴，他能背诵的东巴祖先名到他是第 10 代，到他儿子达久东巴是第 11 代了。又如大村五祖的依德次里东巴，他 17 岁农中毕业跟伯父学做东巴，晚上到师父的庄房跟着读经书，白天放羊时温习，学会几本经书后，就跟着师父去做仪式打下手，边看边学，逐渐熟练起来，20 岁学成出师，如今已是远近闻名的大东巴了。其他东巴的成长过程大致也是这样。

拜师学艺也是东巴传承的重要方式，不仅向本村的东巴学，也向外村的东巴学。像苏达村"文革"以后已经没有老东巴、老经书和法器了，办丧事和做其他仪式总是要到其他村去请东巴，只有小学毕业文化水平的六斤就决心自己学习。农闲的时候，他到克米局村、俄日村、克子村、大村拜克若东巴、阿嘎东巴、郭戳东巴、机才高土东巴、木瓜林青东巴、瓜丹布迪东巴、杜哲伟布东巴等为师，学习经文和各种技艺，参加各种仪式。经过多年的学习，如今六斤已能独立执掌俄亚现行的各种东巴教仪式，已成为水平较高的东巴，苏达村的开丧超度、禳垛鬼、祭署、小祭风、顶灾用鸡许愿仪式等都由他主持。他还收了金果小东巴为徒，村里的五斤东巴与他年龄相当，也和他一样到各村去请教过大东巴，但程度不如他，也常来和他一起讨论学习。因此苏达村现在与俄亚的其他村一样，除了祭天和专门的祭祖活动以外，基本恢复了"文革"前举行的东巴教活动。

二 俄亚东巴文献

1. 东巴经书

俄亚的老东巴经在"文革"中遭到了毁灭性的破坏，只有少数侥幸保存下来。有些村几乎没有一册老经书遗存，比如苏达村老经书、法器等被没收焚毁殆尽。大村多家著名东巴的经书都未能幸免，只有威迪美茨里东巴"文革"刚开始就把祖传的经书藏进了家中地道，因他东巴水平不高，没有

威迪美威夏的爷爷保护留下的部分经书和卷轴画

引起造反派的注意，这些经书才幸免于难。"文革"结束后，威迪美家的100 多册经书成为了大村东巴经传抄的母本。因为藏书有功，所以虽然他家东巴的水平不高，但也被大家尊为大东巴。克米局村撒达杜基东巴家现有的十多册老经书，是他爷爷克若东巴当年和他奶奶一起背经书去焚毁时，在半路背着他奶奶藏起来的。卡瓦村尤丁东巴家现有的老经书，是"文革"时期他爷爷拿着小斧头，披头散发装疯卖傻守在经堂前不让造反派靠近才得以保存下来的。

现在俄亚的老经书比较落实的大约有 350 册。具体来说，苏达村委会大概有 60 多册老经书，其中，密地村民组 20 多册，俄日村民组 20 多册，克米局村民组十多册，昨窝村民组十多册，克子村民组约三五册。大村威迪美家好不容易保存下来的 100 多册老经书，后来被威夏东巴好酒的父亲换酒、

换骡子卖了90多册，现在只有十来册了。大村甲若东巴的父亲也留下了十多册老经书。鲁司村的克若书记说阿伯来家的依德老东巴才过世两年，他家应该有十来册老经书，克若书记自家大概有20多册老经书。卡瓦村民组应该是俄亚老经书保留得最多最好的村子，现在大概有200多册，绝大部分是尤丁东巴的爷爷保护流传至今的，丹来松诺杜基家大概也有十多册老经书，围固生根若东巴家大概也有十来册老经书。俄碧村大概有50多册老经书，其中益地村民组30多册，俄碧村民组十多册。

威界夏纳写在贫协会员名册表上的经书

靠着"文革"中侥幸留存的东巴经作为火种，俄亚在"文革"后新抄写的东巴经比较多，大概有4000多册。一般来说，中老年东巴抄写的东巴经比较多，年轻的东巴抄写的稍微少些。新抄东巴经最多的是益地村的阿子乐东巴，他抄的经书有482册。新抄东巴经200多册的有，大村的瓜丹布迪东巴、杜哲伟布东巴、依德茨里东巴，俄日的阿嘎东巴，克子村的郭戳东巴等。新抄东巴经150多册的有，大村的机才高土东巴、木瓜林青东巴、甲若东巴、威迪美威修东巴，克米局村的撒达杜基东巴等。新抄东巴经100多册的有，大村的威麻生根东巴，苏达村的六斤东巴，昨窝村的瓜祖东巴，咱克村的威界夏纳东巴，鲁司村的哈巴吉哈巴东巴，卡瓦村的五斤东巴、松诺杜基东巴，俄碧村的盖若茨里东巴，益地村的依德东巴等。新抄东巴经50册左右的有，大村的威白年若东巴、端巴威果东巴、扎达威果东巴，密地村的

甲若东巴写在商品分类账上的经书

木瓜林青东巴写在日记本上的经书

夏纳杜基东巴，俄日村的阿麻茨里东巴，苏达村的五斤东巴、金果东巴、鲁司村的穆基茨里东巴，益地村的杉朵威果东巴、崩迪威麻东巴、阿巴迪夏纳东巴、嘎拉五斤东巴等。其他的小东巴，学习抄写的东巴经从三五册到十多册、20 册不等。

2. 应用性文献

用东巴文书写的宗教经典以外的文献，我们称为东巴文应用性文献。我们了解和收集到的俄亚东巴文应用性文献主要有：

年若东巴写在香烟纸上的"玉峰牌经书"

撒达杜基东巴家的经书和法器

账簿 23 件：其中《中国少数民族古籍总目提要·纳西族卷》著录丽江东巴文化博物院藏收支账 18 件、人情账 3 件，喻遂生报道大村木瓜林青东巴藏木板账单 1 件，钟耀萍报道俄日村阿嘎东巴藏账单 1 件[1]。

---

① 参见喻遂生《纳西东巴文账簿研究述要》，《中国语言学报》第 14 期，商务印书馆2012 年版。

　　书信 1 件：2006 年 3 月，在我们访问木瓜林青东巴时，他说，他年轻的时候在盐源、西昌一带跑马帮，他的父亲（东巴）写信托人带给他，叫他在外面不要干坏事、抢人等。说明过去时代是有东巴文书信的，但未能保存下来。我们现有的东巴文书信有克米局村在木里中学读书的年轻东巴撒达杜基 2012 年 8 月 26 日致杨亦花的信，笔记本纸 1 页，东巴文 127 字。

　　日记 1 件：2013 年 1 月，曾小鹏和云南大学的光映炯老师到俄亚调查，光老师请依德次里东巴把每天做的事、仪式等大致地记录下来，依德次里因此写了整整一年的东巴文日记。其中包括 2013 年 9—10 月他与香格里拉县和尚礼先生、云南省社科院和红灿先生、木里县依吉乡甲区村克若东巴一起，历时 40 天，从香格里拉到西藏、青海、甘肃、四川甘孜等地寻访祖先迁徙路线的旅程。

　　题词 1 件：曾小鹏为写作博士学位论文，曾多次到俄亚调查，和调查对象依德次里东巴结下了深厚友谊，2011 年临别时，依德次里为他写了一张题词，全文共 67 字，曾小鹏把题词和译文收入了他的博士学位论文中①。

丽江博物院藏俄亚账簿

　　歌单 2 件：一件为机才高土东巴的儿子纳布保存，为 60cm×6cm 的长条，13 叠折成袖珍本，显然是赛歌时用的。一件是益地村青年甲塔抄在横

―――――――――

　　①　曾小鹏：《俄亚托地村纳西语言文字研究》，博士学位论文，西南大学，2012 年，第 305 页。

行信笺上的，共 5 页 10 首歌，其中《来跳舞，来唱歌》《爱逃》《云上桥》3 首歌词为东巴文和汉字对照。

收条 4 件：2009 年 8 月、2011 年 9 月、2014 年 8 月，喻遂生、杨亦花等到俄亚调查，机才年布带领马帮接送，机才纳布东巴、撒达杜基东巴接受调查，收取劳务费时写了收条。收条上"骑马的费用四百万""学习纳西经书的费用三百万"等即 400 元、300 元，俄亚地处偏僻，对人民币值的称呼仍保留解放初的称法，1 万即 1 元。

机才纳布东巴写给喻遂生的收条

碑铭 1 件：2011 年 8 月，杨亦花、史晶英、马文丽、郭佳丽、周寅到俄亚调查，在苏达村口发现了一块用东巴文刻写的石碑。此碑三角形，高 88cm，底 95cm，厚约 3cm，正面文字共 10 横行，有东巴文 97 字。该墓碑为苏达村汝卡支系的 $a^{21}i^{33}$ 阿依家于 2003 年俄亚历 4 月 15 日，为举行竖送魂经幡仪式所立。

三　俄亚东巴教活动

在俄亚一些比较偏远的村庄，即使在"文革"时期，东巴教活动也没有完全中断过。我们在益地村调查时，阿子乐东巴和他的妻子告诉我们，"文革"时他们村的人去世了，工作队只是不允许东巴搞比较大的仪式，比如杀牛羊等牺牲，但允许给死者简短地念经超度。因为工作队住在离村子稍远的庄房里，晚上等工作队走后，丧家还是请东巴念经给死者献羊牺牲，与"文革"前一样基本上完整地超度了死者。早晚的祭祖敬茶烧香活动，因为工作队不可能很早就到各家去查看，各家也都照样进行。一年一次固定的冬季祭祖活动，也一直没有中断，只是白天的祭祖活动改成了鸡鸣到天亮前的时间。不让杀猪就杀鸡来祭祀祖先，如果偶尔被工作队发现了鸡血鸡毛，就回答说杀鸡解馋应付了事。或许被派到益地村的工作队比较温和，村干部也没有其他村那样激进，村民中也没有告密捣乱的人，使益地村的东巴教活动少受了一些劫难。由于"文革"中没有完全中断，经过改革开放后几十年的恢复，俄亚东巴文化的存活状态，目前是纳西族地区中最好的，显得比其他地区更原生态一些。

　　俄亚的东巴教活动和民俗密不可分。东巴是智者，是人神之媒，是老百姓精神生活的指导者和抚慰者。老百姓对东巴教的信仰非常虔诚，人生的每一个阶段、大情小事都要请教东巴，举行仪式，而仪式又成为一种规矩和民俗，成为他们的一种生活方式。在俄亚，东巴教活动是老百姓生活的常态，渗入生活的方方面面，不仅纳西族，很多汉族、普米族也信仰东巴教。我们在俄亚调查时遇到的东巴教活动和民俗事象，大致可分为人生礼仪、敬神祈福、占卜禳灾三类。当然这三类常常是结合在一起的，分开说只是便于叙述而已。

建新房仪式　　　　　　　　　　　　　　丧葬仪式

1. 人生礼仪

俄亚纳西族人的一生，从出生取名、13 岁成人、结婚、生育，直至丧

退口舌是非仪式

招魂仪式

竖经幡仪式

葬，都要举行仪式。2011年9月，我们在大村拍摄了一户人家给新生儿取名的仪式。2010年1月，我们拍摄了大村一个13岁女孩的成人礼穿裙子仪式。2010年1月，我们在俄亚随东巴一起去结婚的家庭拍摄了祭家神、给新郎新娘的额头抹酥油的仪式。2009年4月我们在俄亚遇到了东巴为两家丧事人家举行的开丧超度仪式，由于主人有忌讳，我们只拍了火葬场阶段的仪式。2011年8月，我们征得苏达村六斤东巴的同意，拍摄了他母亲的开丧超度仪式，其中包括送葬前每天傍晚竖天灯树、超度、送葬、死者属相日竖经

祈雨仪式

幡等小仪式。

2. 敬神祈福

俄亚纳西族一年中有许多固定的日子，要请东巴来祭神祀祖，祈求福佑。2009 年 4 月初，我们跟随机才高土东巴去拍摄了建新房人家的祭家神仪式、招魂仪式。2010 年 1 月，我们拍摄了在俄亚后山祭祀村寨神的玛尼堆上举行的全村过新年烧天香仪式。2011 年 8 月 31 日，我们拍摄了大村因干旱太久而举行的祈雨仪式。

3. 占卜禳灾

俄亚纳西族人逢事必占，除每年固定时间请东巴做退口舌是非、顶灾用鸡许愿、小祭风、禳垛鬼、祭牲畜神等仪式外，当人畜生病、家中不顺时，还会请东巴占卜，做顶灾、小祭风等仪式。在我们跟随机才高土东巴学习期间，不时有人来请他占卜，问询久病不愈、家中不顺等事情的原因，机才高土东巴就通过抽签牌画、掷海贝等卜法占卜原因，告诉他们自己可以怎么做，或要请东巴做祭署小仪式、小祭风仪式等等。在我们带机才高土东巴去丽江市医院看病之前，他的家人也去请其他东巴占卜了出行的日期和结果。2009 年 8 月，我们在大村拍摄了退口舌是非的祭崩鬼仪式。2010 年 8 月，在克米局村拍摄了顶灾用鸡许愿仪式、禳垛鬼仪式。

俄亚东巴还有一项重要的职能是掌管历法，由经验丰富的老东巴根据天象和庄稼长势确定历日，如是否闰月、哪天过年，等等，报告村长公布实行。俄亚历与公历、农历、藏历都不相同，如我们在大村调查的日子，2009

机才高土东巴为村民占卜

抽签卜

年8月12日，农历是6月22日，俄亚历是8月23日；2011年8月19日，农历是7月20日，俄亚历是8月22日。由东巴确定历法是东巴占星术、择日术的发展，由此可见俄亚东巴地位之高和参与社会生活之深。周寅《纳西东巴文献天文历法初探》对此有专门研究①，其兔年历书释文亦收入本书第

---

① 周寅：《纳西东巴文献天文历法初探》，硕士学位论文，西南大学，2012年。

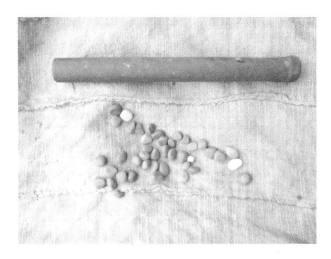

石子卜用的小石子和竹筒

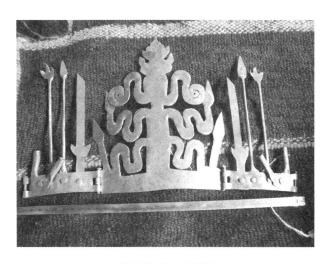

威界夏纳东巴的铁冠

六章，请参看。

第二节　俄亚各村东巴概览

俄亚乡有大村、苏达、俄碧、卡瓦、鲁司、立碧六个村委会，至2009

年 6 月，健在的东巴共有 72 人，分述如下。

一 大村村委会东巴概况

俄亚大村有五个村民组，其中第五组托地村、咱克村在龙达河顺流右岸的小山坳上，离大村有两三公里，其余四个村民组都拥挤在龙达河左岸的大村古寨里。大村人口最多，东巴也最多，共有 24 人。有些小东巴我们未及拜访，他们的情况是机才高土东巴的大儿子 ŋə^{55}mbv^{21} 年布告知的。俄亚大村同名的人也多，为了区分，大家在叫名字的时候一般会带上家名。

（一）大村一组

至 2011 年 9 月 1 日，大村一组共有 54 户，419 人，含 2009 年 6 月 20 日去世的大东巴机才高土，共有东巴 9 人。

1. 机才高土东巴

详见第三节《俄亚东巴个案考察研究》。

2. 机才纳布东巴

机才高土东巴的二儿子，纳西名叫 dʑi^{55}tʂhe^{33}na^{55}mbv^{33} 机才纳布，"机才"是他的家名。属兔，1975 年生，2011 年 37 岁（虚岁，下同）。没上过学，不会说汉语，机才高土东巴从小就让他放牧。他 13 岁举行成人礼后，机才高土东巴就正式教他学东巴，一直到 2009 年父亲去世。他在学习几年后能做烧天香、小祭风、祭水龙王、顶灾、招魂等小仪式，30 岁后独立举行过请家神、退口舌是非、开丧超度等仪式，同时也能算卦。他在放牧的时候抄写了一些经书，但他家的经书主要是父亲抄写的。由于学习的努力程度还不够，纳布东巴只能念诵父亲留给他的一大半经书，东巴水平还有待提高。现在，机才纳布东巴经常被家族的人请去做顶灾用鸡许愿、小祭风、退口舌是非、祭水龙王、招魂等仪式。

2011 年 8 月 27 日，杨亦花从克米局村调查完后到了机才纳布东巴家。28 日晚上，机才纳布东巴送了一本《出门看日子经》给杨亦花，说："姐姐您常出远门，我没什么送给您的，早就写好了这本小经书，打算您一回我家来就送给您的！"在与他们一起生活的日子里，杨亦花得到了他们一家的很多照顾。

机才纳布东巴

机才纳布东巴讲解歌单

　　2011 年 8 月 31 日，杨亦花跟随机才纳布东巴参加了俄亚大村村委会发动东巴举行的祈雨仪式。他们先到大村一组组长家集中，一起念经敬献山神、祖先，祈求祈雨得雨，祈福得福。然后各自回家再敬献山神、祖先，祈求祈雨成功。其后带着法器、柏香、酥油、面粉、茶叶、净水等到山上的 zʅər²¹tse⁵⁵（山神、村寨神坛）处念《除秽经》《烧香经》，向山神台敬献酒、酥油、面粉、茶、净水等。完毕后大家虔诚地磕头祈雨，起来后，属相相合的东巴互相系上一根预先准备好的用毛线编织的哈达，有小孩的东巴还为小孩求一根，东巴念祝福语。然后机才纳布东巴念《加威力经》，其他东巴吹海螺、打鼓、敲锣、烧香，大家绕着山神台一边撒祭粮一边念："拉加罗，祈求祈雨得雨，祈福得福！"最后再次磕头，敲锣打鼓地下山到每个泉眼边做仪式，仪式的程序基本相同。泉眼一共有四处，他们整整做了一天祈雨仪式。回到机才纳布东巴家，吃过晚饭后，天上轰隆隆响起了雷声。我们都很惊异，因为那些天一直万里无云，庄稼已经在枯死，有些泉眼水流已经很小，包括祈雨的当天，除了早晨四周山顶上有几片白云，一直是晴空万里，在山上我们都被晒得头昏眼花。到傍晚 6 点 56 分做完祈雨仪式时，天上开始有一些阴云。晚上 8 点 45 分，窗外电闪雷鸣，哗啦啦下起雨来，我们都欢呼起来，求雨得雨了。只是第二天早上，雨又停了。后来听说俄亚又有很久没有再下雨。

9 月 8 日，机才纳布东巴带杨亦花参加了大村 na³³mbv³³tɕə⁵⁵ȵə⁵⁵zo³³纳布交年若家的婴儿取名仪式。主要程序是东巴除秽、敬神，然后根据产妇的年龄巴格所在的方位给孩子选名定名，象征性地给产妇和婴儿酒、饭、肉等，最后献礼物。

2011 年 12 月，机才纳布东巴和卡瓦村的五斤东巴被推荐到丽江玉龙县新主东巴学校参加了东巴画培训班。2012 年 3 月初，在成都纳西学会的邀请下，在俄亚乡长次尔和文书夏航的带领下，机才纳布东巴和依德次里东巴、克若东巴、年塔东巴以及其他能歌善舞的年轻人一行十多人到成都参加了纳西族的二月八"三多节"。

3. 扎达威果东巴

纳西名叫 dʐɑ²¹dɑ²¹uɛ³³ko⁵⁵扎达威果，"扎达"是他的家名。属兔，1975 年生，2011 年 37 岁。是机才高土东巴的徒弟，18 岁开始学东巴，一直到机才高土东巴去世。他的东巴水平和机才纳布东巴相当。他的两个父亲没有学东巴，两个祖父中有一个叫 mɑ²¹ȵi³³玛尼曾是东巴。他经常借机才高土东巴家的东巴经去抄写，但不知道他现在具体有多少本东巴经。

4. 威慈美格若东巴

纳西名叫 $uε^{33}$ $tsh\eta^{21}$ me^{33} $kə^{33}$ zo^{33} 威慈美格若，"威慈美"是他的家名。属猴，1980 年生，2011 年 32 岁。他父亲不是东巴，他爷爷 $mbə^{55}$ $\eta d\eta^{21}$ 崩迪是东巴。他 19 岁左右跟机才高土东巴学了一年东巴，后来没有继续学习，或许是跟其他东巴去学习了。现在跟着其他东巴做些辅助性的仪式，但水平不如机才纳布东巴他们。

5. 木瓜林青东巴

纳西全名叫 mv^{21} kua^{33} so^{33} no^{33} $\int u^{21}$ $tsh\eta^{33}$ 木瓜松诺林青，"木瓜"是他的家名。属鼠，1936 年生，2011 年 76 岁，是个眉毛很浓而且眉角上翘的人，面相有点像演孙悟空的六小龄童。他是俄亚贵族木瓜分支的后人，是个大东巴，现在俄亚做的烧天香、祭家神、祭风、禳垛鬼、退口舌是非、取名、成人礼、祭山神、祭水龙王、开丧超度等仪式他都会做。

木瓜林青东巴

2009 年 4 月 4 日，杨亦花和曾小鹏拜访了木瓜林青东巴，他说他小时候就学习做东巴了，生产队时期是木匠，主要建房子。现在还经常编撮箕、篮子、做木匠活，手艺不错。"文革"时期中断了做东巴，经书全部被烧，现有的经书是借威迪美家的来抄写的，共有 170 多本，东巴法器齐全，还有三根很硬的豪猪毛。他的东巴文写得很好，有 5 个徒弟：儿子夏纳、侄子佩措、侄子达久、威麻年若、威迪美威夏。

木瓜林青东巴还是现在俄亚乡政府指定的统一纳西历法的召集者，负责看星宿当值，推算过年的日子，等等。过年前，乡里要他召集东巴来推定过年的日子，然后俄亚人一起过年。

2011 年 8 月 19 日，我们就俄亚的天文历法等问题采访了木瓜林青东巴。他让我们观看并讲解了算星宿当值的经书，还看了一篇他写的《兔年历法》。2011 年农历正是兔年，我们当即拍摄记录了下来。在俄亚，用东巴文推算记录历日是每年都会发生的事情，但都没有被学术界记录和报道，可以说，这是我们至今发现的唯一的用东巴文书写的、应用于实际生活的俄亚纳西历法书。木瓜林青东巴说这两年可能因为人老了记忆力和视力下降的原因，他算日子有些出入，不太准了，其他东巴也这么说他。8 月 28 日，杨亦花就俄亚的祭祖仪式问题采访了木瓜林青东巴。

6. 木瓜夏纳东巴

纳西名叫 $mv^{21}kua^{33}\varphi\partial^{21}na^{55}$ 木瓜夏纳，"木瓜"是他的家名。属龙，1976 年生，2011 年 36 岁，木瓜林青东巴的儿子。他跟随父亲学东巴，但水平不高，只能做些辅助性的仪式。

7. 木瓜佩措东巴

纳西名叫 $mv^{21}kua^{33}phe^{21}tsho^{55}$ 木瓜佩措，"木瓜"是他的家名。他 30 多岁，是木瓜林青东巴的弟弟 $mv^{21}kua^{33}u\varepsilon^{33}t\,\textcommabelow{s}\partial^{55}$ 木瓜威宙的儿子。他也跟木瓜林青东巴学习，但水平不高，也只能做些辅助性的仪式。

8. 甲若东巴

纳西名叫 $\textdyogh a^{21}zo^{55}$ 甲若。属鼠，1936 年生，2011 年 76 岁。他家的家名就叫"东巴"，因为他家是木瓜来俄亚定居时带来的祭天东巴，是祖传的东巴家族。2009 年 4 月 4 日，杨亦花和曾小鹏拜访了甲若东巴，他给我们背诵了他家的东巴祖先名，到他是第 10 代，到他儿子达久东巴已经有 11 代了。

甲若东巴说他有两个爸爸，大爸爸叫 $i^{33}\eta\textipa{\textrtaild}\partial r^{33}t\textancroundcap{s}\textsubdot{\textbardotlessj}^{55}\textbardotlessj^{33}$ 依德次里，小爸爸叫 $na^{21}kh\partial^{33}$ 纳寇，他家的经书基本上是两个爸爸写的，他还说他的大爸爸善于念经，而小爸爸善于东巴画，木牌画和五佛冠画得很漂亮。甲若东巴说他自己不会写东巴文，小时候就写不好，所以一直没写，但他认识东巴文，能看东巴经。他家现在有 100 多本东巴经，绝大部分是他的两个爸爸写的，有少数几本是儿子达久东巴写的。

甲若东巴

9. 达久东巴

纳西名叫 $ta^{21} dz\vartheta^{33}$ 达久。属猴，1980 年生，2011 年 32 岁。他小时候就跟父亲和舅舅木瓜林青东巴学过一些东巴，但主要是前两年挖沟渠的时候摔断腿后才学习的，现在能做一些祭署、祭家神、小祭风、退口舌等小仪式，东巴文写得比较好。

（二）大村二组

大村二组，到 2011 年 9 月 1 日为止，有 60 户人家，384 人，共有东巴 4人。

1. 威麻生根东巴

纳西名叫 $u\varepsilon^{33} ma^{21} \varphi i^{33} \eta g\mu^{33}$ 威麻生根，"威麻"是他的家名。属蛇，1941 年生，2011 年 71 岁。他是家传东巴，跟父亲 $u\varepsilon^{33} tha^{21}$ 威塔学的。他们家的东巴是 $dzi^{55} tshe^{33}$ 机才家族传统聘请的东巴。威麻东巴会做各种仪式，但水平没有机才高土东巴高。他家有些经书，但未去家访，具体数目不详。

甲若东巴和儿子达久东巴

2. 威麻古玛东巴

纳西名叫 $ue^{33}ma^{21}gv^{33}ma^{55}$ 威麻古玛，"威麻"是他的家名。属龙，1976年生，2011年36岁。他是威麻生根东巴的儿子，早年跟他父亲学习，后来跟机才高土东巴学了一年，以后就没再跟着学习了，因此水平不高，只能在仪式中做一些辅助性的工作。

3. 威白年若东巴

纳西名叫 $ue^{33}mbe^{55}\eta_{5}ə^{55}zo^{33}$ 威白年若，"威白"是他的家名。属龙，1976年生，2011年36岁。他两个爸爸都不是东巴，他爷爷 $ue^{33}mbe^{55}ue^{33}mbv^{21}$ 威白威布是东巴。他是跟木瓜林青东巴学习的，东巴水平和机才纳布东巴差不多，已经能主持很多仪式了。他有些经书，但具体数目不详。

4. 威麻的塔东巴

纳西名叫 $ue^{33}ma^{21}\eta d_{5}ər^{55}tha^{21}$ 威麻的塔，"威麻"是他的家名。属猪，1971年生，2011年41岁。他家是东巴世家，他爷爷是东巴。他跟机才高土东巴学了三年，但水平不太高，只能做些辅助性的小仪式。他有一些经书，但具体数目不详。

（三）大村三组

大村三组，到2011年9月1日为止，有46户，309人，共有东巴4人。

1. 威迪美威夏东巴

纳西名叫 $ue^{33}\eta d_{5}l^{21}me^{33}ue^{33}çə^{21}$ 威迪美威夏，"威迪美"是他的家名。

属猴，1980 年生，2011 年 32 岁。他家在"文革"时把经书藏在地道中免遭于难。他爷爷次里是东巴，由于藏经书有功，虽然水平不高，大家也都尊他为大东巴。他的大爸爸威布嗜酒，家中好不容易保存下来的老经书，经常几本经书被文物贩子用几斤酒就骗走了，后来用一匹病骡子换走了整整一驮老经书，病骡子换来不到一年就死了。威布后来喝醉了酒扑倒在火塘的铁三脚架上死了。威迪美威夏跟木瓜林青东巴学习，现在已经能做祭家神、烧天香、取名、小祭风等小仪式。他家有 3 本老经书，195 本新经书，3 幅神像卷轴画。新经书大部分由他两个爸爸抄写。

威迪美威夏东巴

2. 端巴威果东巴

纳西名叫 $\text{tur}^{21}\text{pa}^{33}\text{uɛ}^{33}\text{ko}^{55}$ 端巴威果，"端巴"是他的家名。属鼠，1972 年生，2011 年 40 岁。他父亲不是东巴，爷爷 $\text{tur}^{21}\text{pa}^{33}\text{kə}^{55}\text{thv}^{33}$ 端巴高土是东巴，而且是机才高土东巴的老师，而他又跟从机才高土东巴学习。他的东巴水平已经比较好，能独立主持开丧超度、禳垛鬼、退口舌是非等大中型仪

式，经常给人做小祭风、祭水龙王、招魂等仪式。他有很多经书，但具体数
目不详。

3. 杜哲伟布东巴

纳西名为 $dv^{33} t ş o^{55} u ε^{33} mbv^{21}$ 杜哲伟布，"杜哲"是他的家名。属蛇，
1929 年生，2011 年 83 岁，是大村的大东巴之一，耳聋。

杜哲伟布东巴

杜哲伟布东巴从 60 岁开始耳朵就聋了，听不清别人说话。有人去看他
的时候，他就会给人家作揖感谢，并习惯性地把头偏向访客，把耳朵凑近访
客，试图听清楚别人说的话，但还得靠家里或村里人凑到他的耳朵旁大声讲
话才听得见。他经常坐在顶楼他的小屋抄写经书、编撮箕等，没事很少下
楼。杜哲伟布东巴 13 岁开始学东巴，20 岁开始做仪式，现在身体很好，还
经常给人做开丧超度、占卜、退口舌是非等仪式。他的东巴文写得很好。
2009 年 4 月 5 日，杨亦花和曾小鹏去拜访他时，分类数了他抄写的经书，共
有 176 本。

4. 杜哲依德东巴

纳西名叫 $dv^{33} t ş ə^{55} i^{33} ηdur^{21}$ 杜哲依德，是杜哲伟布东巴的孙子。属虎，
1974 年生，2011 年 38 岁。他从 34 岁才开始跟随爷爷学东巴，不过现在已
经能做祭家神、小祭风、祭水龙王等小仪式。

（四）大村四组

大村四组，到 2011 年 9 月 1 日为止，共有 33 户，248 人，只有东巴 1 人。

索焦威岚东巴

纳西名叫 so²¹ tɕə³³ uɛ³³ lər²¹ 索焦威岚，"索焦"是他的家名。属龙，1976 年生，2011 年 36 岁。十六七岁的时候跟随杜哲伟布东巴学习，但程度一般，只能做些辅助性的小仪式。他的大爸爸威布曾经是东巴，但 50 多岁就去世了。他有些经书，但具体数目不详。

（五）大村五组

大村五组由咱克和托地两个小村庄组成，托地只有 7 户人家，58 人，咱克也只有 7 户人家，48 人，大村五组总共有 106 人，有东巴 6 人，其中托地村 5 人，咱克村 1 人。

1. 瓜丹布迪东巴

纳西名叫 kuɑ⁵⁵ dæ³³ mbə⁵⁵ ɳɖʅ²¹ 瓜丹布迪，"瓜丹"是他的家名。他家住在大村，但包产到户的时候，他家的田地全分在托地村，所以就把他家划分在大村五组。属兔，1927 年生，2014 年 5 月去世，享年 88 岁，是大村著名的大东巴，那么大年纪还一头黑黑的卷发，人很瘦削，喜欢喝酒。他说他 15 岁开始伯父跟舅舅 kuɑ⁵⁵ dæ³³ kə⁵⁵ thv³³ 瓜丹高土学东巴，20 岁开始主持仪式，会做俄亚东巴教的所有仪式。他在世时有时还主持同家族的开丧超度仪式，但大多数时候已经交给侄子依德次里东巴去做了，他的东巴文写得很漂亮。

2009 年 4 月 5 日下午，我们去拜访他的时候，跟他一起分类数了他的经书，共有 221 本，是大村经书最多的老东巴。调查时我们发现他的一个重孙在抓木炭吃，问他家里人，他们说，他过几天吃一次，让他别吃也没用。回校后，我们上网查了一下，原来是缺铁造成的，或许在木炭里面含有他需要的铁元素，所以他过几天吃一次木炭就可以得到补充。2010 年 1 月曾小鹏再去调查时给他带了一瓶口服铁剂，等 2011 年 9 月杨亦花再去拜访瓜丹布迪东巴时，问到小孩还有没有吃木炭的事，他们说已经不吃了，彻底好

瓜丹布迪东巴

了，很感谢我们。

2. 瓜丹高土东巴

纳西名叫 kua^{55}dæ^{33}kə^{55}thv^{33}瓜丹高土，是瓜丹布迪东巴的孙子。属龙，1976 年生，2011 年 36 岁。他从小就跟爷爷学东巴，水平较高，现在已经能主持仪式。

3. 瓜丹依德次里东巴

详见第三节《俄亚东巴个案考察研究》。

4. 阿普郭依德杜基东巴

纳西名叫 a^{33}phv^{33}ko^{55}i^{33}ɳdər^{33}dv^{21}dzʅ^{55}阿普郭依德杜基，"阿普郭"是他的家名。属蛇，1965 年生，2011 年 47 岁，他父亲 le^{33}ndv^{55}雷督以前也是东巴。依德杜基现在不大做仪式了，让小儿子 ɳə^{55}tha^{21}年塔在跟依德次里东巴学习。

5. 阿普郭年塔东巴

纳西名叫 a^{33}phv^{33}ko^{55}ɳə^{55}tha^{21}阿普郭年塔，是依德杜基东巴的小儿子。属猴，1992 年生，2011 年 20 岁。他不上学后就跟依德次里东巴学习，学了几年了，已能做一些小祭风、祭家神、祭水龙王等小仪式。2012 年、2015 年 3 月初，在成都纳西学会的邀请下，到成都参加了纳西族的二月八"三多节"。

阿普郭年塔东巴

6. 威界夏纳东巴

纳西名叫 $u\varepsilon^{33}ki^{33}\varsigma\vartheta^{21}n\alpha^{55}$ 威界夏纳，"威界"是他的家名，这个家名应该是他家位于村头而得名。属猴，1956 年生，2011 年 56 岁。他个子很高，将近 1 米 9，喜欢穿传统的麻布衣服、打绑腿。他说他家祖先是俄亚木瓜的弟弟，几代人之前分家搬到了咱克村居住。他祖父也和他一样是个高大魁梧的人，据说他祖父在世的时候，藏族土匪还有点怕他。夏纳东巴说他跟随瓜丹布迪东巴学了 20 多年，能做大多数仪式。2009 年 8 月，我们到他家拜访，清点他的经书，拍摄了经书封面、首页和末页，他当时共有经书 135 本。有些比较薄的经书是他自己用缝纫机装订的，他还在他的黄色棉布东巴长衫上很有创意地用白布贴缝了一个白海螺。2010 年 8 月，杨亦花送了他几张东巴纸，2011 年 9 月，杨亦花再去拜访他时，他用东巴纸、牛皮纸又写了好几本东巴经。

二 苏达村委会东巴概况

苏达村位于俄亚龙达河的上游，当地人一般沿旧习称二大队，有密地、

与威界夏纳东巴合影

俄日、克米局、昨窝、克子、苏达 6 个村民组，共有东巴 21 人。各村民组的东巴情况如下。

（一）密地村

密地村民组，纳西语叫 mbi²¹ dy²¹ 密地，是俄亚龙达河顺流左岸最上游的纳西古寨。据说，密地村的东巴是解放前龙达河、水罗河（冲天河）流域水平最高的，现在宁蒗县拉伯乡加泽村树枝组石宝寿东巴家有一本《顶灾经》老经书，就是密地村大东巴 nɑ²¹ zʅ³³ 纳日的孙子送给石宝寿的先祖 ɑ⁵⁵ ŋɑ³³ 阿嘎的，到现在已经有 10 代左右了。但解放后，由于"文革"等政治运动的影响，现在密地全村 23 户人家 140 人中，只有 3 个东巴了。

1. 夏纳杜基东巴

纳西名叫 çə²¹ nɑ⁵⁵ dv²¹ dzʅ³³ 夏纳杜基，一般称他为夏纳。属马，1978 年生，2011 年 34 岁，现在是密地村水平最高的东巴。苏达村各村民组有丧葬仪式的时候，都请他去跟其他东巴一起做法事。平时在村里做祭风、退口舌、禳垛鬼、顶灾用鸡许愿、取名、成人礼等仪式，是在本村的丧葬仪式中担任主持的大东巴。2011 年 8 月 14 日，我们去苏达村六斤东巴家参加葬礼时，他在做开丧超度的辅助东巴。后来想去村里拜访，因为夏天他们一般在山里捡蘑菇挖药材，所以暂时没去拜访，详细情况和经书书目不明。

密地村夏纳杜基东巴（左二穿迷彩服者）

2. 甲若东巴

纳西名叫 $dz\alpha^{21}zo^{33}$ 甲若，属猪，1983 年生，2011 年 29 岁。念经念得比较高，能做烧天香、小祭风、顶灾、退口舌是非等小仪式，以及在丧葬仪式中辅助其他东巴念东巴经、跳东巴舞驱鬼，等等。

3. 纳布若东巴

纳西名叫 $n\alpha^{33}mbv^{33}zo^{33}$ 纳布若，属猪，1971 年生，2011 年 41 岁。能做烧天香、小祭风、顶灾、退口舌是非等小仪式，以及在丧葬仪式中辅助其他东巴念经、跳东巴舞驱鬼，等等。

（二）俄日村

俄日村民组，纳西语叫 $u\varepsilon^{33}z\chi^{21}$ 俄日，是俄亚龙达河右岸最上游的纳西古寨。俄日全村都是纳西族汝卡支系人，共 38 户，230 人左右，现有东巴 6 人。

1. 阿嘎东巴

纳西名叫 $\alpha^{55}\eta g\alpha^{33}$ 阿嘎，属马，1954 年生，2011 年 58 岁。是家传东巴，也是现在俄亚龙达河上游水平最高的汝卡东巴。俄日和苏达村汝卡支系的人去世大多由他担任大东巴主持丧葬仪式，还给村里人做祭风、退口舌、禳垛鬼、顶灾用鸡许愿、取名、成人礼等仪式。次里杜基和阿牛若都是他的徒弟。2009 年 10 月，钟耀萍跟他学习翻译了一周汝卡东巴经。2011 年 8 月 14 日我们去苏达村六斤东巴家参加葬礼时，他在做开丧超度的辅助东巴。2011

俄日村

年 8 月 17 日，我们到俄日村拜访了阿嘎东巴，询问了苏达村的历法情况，他说苏达村的历法是大月猴日为月首，小月丢了牛日以虎日为月首，等等。我们还看了他的一些经书，他共有 200 多本经书。

阿嘎东巴

阿嘎东巴、年若东巴在丧仪上念经

阿嘎东巴的经书

2. 阿麻次里东巴

阿麻次里东巴,纳西名叫 $a^{55}ma^{21}ts\eta^{55}ri^{33}$ 阿麻次里,属牛,1973 年生,

阿麻次里东巴

2011 年 39 岁。家传东巴，是阿嘎东巴的侄子。他擅长做祭风仪式，念经声音洪亮，水平较高，常配合阿嘎东巴做丧葬仪式，并给村里人做祭风、退口舌、禳垛鬼、顶灾用鸡许愿、取名、成人礼等仪式。2011 年 8 月 14 日我们去苏达村六斤东巴家参加葬礼时，他在做开丧超度的辅助东巴。

　3. 威布若东巴

　　纳西名叫 uɛ^{33}bv^{21}zo^{55} 威布若，属羊，1979 年生，2011 年 33 岁。东巴水平较高，能做烧天香、小祭风、顶灾、退口舌是非、禳垛鬼等仪式，以及在丧葬仪式中辅助其他东巴念经、跳东巴舞驱鬼，等等。

　4. 依德东巴

　　纳西名叫 i^{33}ndər^{33} 依德，属狗，1994 年生，2011 年 17 岁。东巴水平一般，能做烧天香、小祭风、顶灾、退口舌是非等小仪式，以及在丧葬仪式中辅助其他东巴念经、跳东巴舞驱鬼，等等。

　5. 阿牛若东巴

　　纳西名叫 ɑ^{55}ŋə^{21}zo^{33} 阿牛若，属蛇，1989 年生，2011 年 23 岁。师从阿嘎东巴，能做烧天香、小祭风、顶灾、退口舌是非等小仪式，以及在丧葬仪式中辅助其他东巴念经、跳东巴舞驱鬼，等等。

（三）克米局村

克米局村民组，纳西语叫 khɯ³³me³³tɕu³³克米局，是俄亚龙达河右岸上游的纳西古寨，位于俄日村下面约两公里斜右上角的地方。克米局村的村名传说有两个版本：一是说克米局这个地方原来是俄亚大村人打猎常住的地方，他们在此盖了一所庄房 tɕu²¹hua⁵⁵，拴了一条母狗，母狗很忠实护家，因此就将母狗 khɯ³³me³³和庄房连在一起命名为 khɯ³³me³³tɕu²¹克米局，即母狗庄房的意思。后来大村人多了，搬了几家人到那里，慢慢发展成了十几户人家。另一种说法是，俄亚大村有户人家的女儿叫 khɯ³³mi⁵⁵克咪，她家在克米局有田地和庄房，成家后，她和丈夫孩子就在那里定居没再回大村，后来又搬来了几家人，村庄由此发展而来，而村名就取了 khɯ³³mi⁵⁵tɕu²¹，意思是克咪的庄房，后来村名音变成了 khɯ³³me³³tɕu²¹克米局。现在全村 16 户人家 90 多人，共有 2 个东巴。

克米局村

1. 贡布次里东巴

纳西名叫 ko³³bv³³tshŋ⁵⁵ɻi³³贡布次里，属鼠，1972 年生，2011 年 40 岁。他父亲是东巴，也是很好的草药医生，但去世较早。他父亲在世时他学东巴和学医都不太认真，好喝酒。后来因为胃病等原因，不再喝酒，认真地学了东巴并钻研草药，东巴水平有所提高，草药水平已经在俄亚很有名气。他特别擅长人和牲畜的跌伤断骨治疗，以及咂竹筒（现在已经改为玻璃咂筒）等。他现在给村里人既做医生、兽医，又做东巴，从宗教和科学医学两方面给人畜治病。他常做小祭风、顶灾许愿等仪式，并协助昨窝村的瓜祖东巴、本村的撒达杜基东巴等人做丧葬、禳垛鬼、退口舌是非等仪式。

贡布次里东巴

2. 撒达杜基东巴

详见第三节《俄亚东巴个案考察研究》。

（四）昨窝村

昨窝村民组，纳西语叫 dzo^{21}uo^{33}昨窝，位于克米局村的斜左上角大概三公里的一个山坳里，全村有 18 户人家，100 多人，4 个东巴。他们以前都跟克米局村撒达的祖父克若学习过，算是克若的徒弟，但他们大多是在参与仪式中学会东巴的。

1. 瓜祖东巴

纳西名叫 kuɑ^{55}tsu^{33}瓜祖，属鼠，1972 年生，2011 年 40 岁。他是家传东巴，祖父、父亲都是大东巴，克米局村撒达的曾祖父夏纳就是他们家族的人。他小时候跟祖父、父亲、克米局村撒达的曾祖父夏纳、祖父克若都学过东巴。

据撒达东巴说，瓜祖东巴似乎也没有很系统地学过东巴，但他很聪明，在跟着大东巴做仪式的过程中努力学习和记忆，所以现在会做所有的仪式，现在是苏达村的大东巴之一。他除了在昨窝村里做仪式，还经常被克米局

昨窝村

瓜祖东巴

村、克子村的人家请去做禳垛鬼、祭风等仪式，在这些村的丧葬仪式中当主持的大东巴。

2011 年 8 月，我们采访瓜祖东巴时问到关于纳西族女性的问题，他说现在男人赚钱比不过女子了，上山捡蘑菇，女人比男人捡得多，挖药材，女人比男人挖得多。主要是女人比较有耐心，以及不论大小一并兼收，不像男人挖药材，根小的他们看不上，而粗大的又不多，所以收获就没有女人多。我们问："那女人赚的钱可以自己支配吗？"他说："那倒不行，一般要交给男家长。"他还告诉我们女子订婚后挖药材、捡蘑菇的钱都属于未婚夫家的了，像他女儿现在就是这样，上小学二年级的时候，有人家来说亲，订了婚后她就不肯去上学了，而劳动挣的钱都由未婚夫家支配了。

2. 夏纳东巴

纳西名字叫 çə²¹na⁵⁵夏纳，属蛇，1977 年生，2011 年 35 岁。他以前常跟克米局村撒达的祖父克若学习，现在说不上正式拜瓜祖东巴为师，但在仪式中经常向瓜祖东巴学习。夏纳东巴的东巴文写得很好，东巴画也画得很好。能做烧天香、小祭风、顶灾、退口舌是非等小仪式，以及在丧葬仪式中辅助其他东巴念经、跳东巴舞驱鬼，等等。

3. 降初东巴

纳西名叫 dʐə²¹tshv⁵⁵降初，属鸡，1981 年生，2011 年 31 岁。他也跟克米局村撒达的祖父克若学习过，现在经常在仪式中向瓜祖东巴学习。他能做烧天香、小祭风、顶灾、退口舌是非等小仪式，以及在丧葬仪式中辅助其他东巴念经、跳东巴舞驱鬼，等等。

4. 瓦夏东巴

纳西名叫 uɛ³³çə²¹瓦夏，属鸡，1981 年生，2011 年 31 岁。他以前也跟克米局村撒达的祖父克若学习过，也在仪式中经常向瓜祖东巴学习。他能做烧天香、小祭风、顶灾、退口舌是非等小仪式，以及在丧葬仪式中辅助其他东巴念经、跳东巴舞驱鬼，等等。

（五）克子村

克子村民组，纳西语叫 khɯ²¹dʐʅ³³克子，在昨窝村斜右下角大约 3 公里的一个深谷坡地上，离龙达河也不远。全村有 18 户人家，100 人左右。80 多岁的 ko⁵⁵tʂho⁵⁵郭戳东巴 2010 年去世了，村里现在还有他的孙子郭若东巴和小东巴年若。据他们村的人说，以前传说他们是从 bər³³dər³³白地搬来的，现在念经的时候，对从山上砍来的 la³³kha³³ndʐər²¹白楝树和放在 sv⁵⁵tv²¹家神箩里的 sv⁵⁵lv³³家神石都要说："这是从白地砍来的白楝树从白地带来的神石"，等等。

克子村

1. 郭戳东巴

纳西名叫 ko⁵⁵tʂho⁵⁵郭戳，属马，1930 年生，2010 年 6 月去世，享年 81 岁。2009 年 3 月 22 日，杨亦花和曾小鹏到俄亚调查时在他们村住了一宿，第二天早上采访了郭戳老东巴。他无儿无女，过继了一个侄女招婿，孙子郭若也已经有三个孩子了，也算是儿孙满堂。他耳朵已经比较聋了，我们说是从丽江来的，他知道丽江。他说"文革"时经书全部被烧毁了，现有 200 本左右的经书都是自己抄写的，有退口舌是非（祭崩鬼）类经书 31 本，祭风仪式类经书 21 本，开丧超度仪式类经书 80 本，禳垛鬼仪式类经书 40 本，我们拍摄了其中的两本请家神经和其他两本经书。郭戳东巴还给克米局村撒达的曾祖父夏纳和祖父克若抄写过很多经书，我们在翻阅撒达家经书的时候，看见好几本经书中写了"是克子村的郭戳东巴在晒粮场上赶鸡的时候写的"的跋语。他的孙子郭若向他学习做东巴。他的东巴水平不太高，加上年龄大了，小东巴的水平也不高，所以克子村的很多仪式其实是请托地村的依德次里东巴或昨窝村的瓜祖东巴做的。他以前也只能做小祭风、顶灾、退口舌是非等小仪式。

2. 郭若东巴

纳西名叫 ko⁵⁵zo³³郭若，属猪，1983 年生，2011 年 29 岁，郭戳东巴的孙子，师从爷爷学习东巴仪式。能做烧天香、小祭风、顶灾、退口舌是非等小仪式，以及在丧葬仪式中辅助其他东巴念经、跳东巴舞驱鬼等等。

郭戳东巴

郭若东巴（右）

3. 年若东巴

纳西名叫 $\eta\mathrm{\partial}^{55}zo^{33}$ 年若，属羊，1991 年生，2011 年 21 岁，师从托地村

年若东巴

的依德次里东巴。现在已能做烧天香、小祭风、顶灾、退口舌是非等小仪式，以及在丧葬仪式中辅助其他东巴念经、跳东巴舞驱鬼等等。2011 年 8 月 14 日，我们去苏达村六斤东巴家参加葬礼时，他在开丧超度仪式中辅助东巴念经、跳东巴舞。2012 年、2015 年 3 月初，应成都纳西学会的邀请下，到成都参加了纳西族的二月八"三多节"。

（六）苏达村

苏达村民组，纳西语叫 ʂɿ⁵⁵dɑ²¹ 苏达，是位于龙达河上游左岸的纳西古寨，离密地村大约有三公里。苏达村古寨以前房屋密集，40 多户人家全住在一块高地上，近年来有十几户人家盖了瓦房散开居住在田地间。现在全村 43 户，230 多人，大部分属于纳西族汝卡支系。"文革"中，苏达村被冲击得很厉害，经书、法器和东巴都没有了，现在的 3 个年轻东巴，都是后来才跟俄日村、克米局村、大村的东巴学习的。

1. 六斤东巴

纳西名就叫 lv²¹tɕi⁵⁵六斤，是母亲生养了好几个孩子才成活的第一个孩子，生下来时有六斤，所以没按巴格方位取名，就取了这个简单的名字。属兔，1975 年生，2011 年 37 岁。他是苏达村"文革"以后第一个苦于自己村里没有东巴而奋起学东巴的年轻人，当时也是苏达村民组的组长。学东巴期

苏达村

间，他只要有机会就向其他村的大东巴学习，特别是向克米局村撒达的曾祖父夏纳、祖父克若东巴和俄日的汝卡东巴阿嘎学习，还向大村的瓜丹布迪东巴、木瓜林青东巴、机才高土东巴等学习，几年前他就基本出师也开始边带徒弟边学习了。同村的其他两个东巴克若和金果都是他的徒弟，当然他们像他一样也跟其他村的东巴学习，但主要是跟着六斤学习。六斤现在是村里的大东巴，主持村里的开丧超度、祭风、祭署、祭家神、退口舌是非、禳垛鬼、烧天香、顶灾用鸡许愿、取名、成人礼等仪式。

2009 年 10 月，钟耀萍去拜访过六斤东巴。2010 年 8 月 19 日，杨亦花在克米局村学生高杰的带领下去拜访了六斤东巴。杨亦花拍摄了他家的 5 本经书，同时，清点了他在家里的经书：汝卡经书 8 本，纳西开丧超度仪式经书 54 本，禳垛鬼仪式的经书 19 本。他共有 100 多本经书，都是借俄日、克米局、大村等地东巴的经书抄写的，不在家的其他经书被徒弟借去抄写了。

2011 年 8 月 12 日，我们到俄亚调查。13 日（俄亚历八月十七日，属马），听说六斤东巴的母亲去世了，我们也想去看看他母亲的开丧超度仪式，于是打电话问他我们可不可以去拍摄他母亲的葬礼，他悲痛但爽快地答应了。于是，14 日，我们跟随克米局村六斤东巴家的亲戚朋友一起到了他家，送了一些丧礼人情，给死者磕了三个头。六斤东巴和村民们看到我们很懂礼，也比较高兴，他们主动给我们的调查采访和拍摄提供了很多方便，我们也非常感激。8 月 17 日，我们到俄日村采访阿嘎东巴，六斤东巴也到他家来感谢阿嘎东巴给他母亲做仪式，他对我们说："村民们看到你们给我母亲跪拜磕头，都说我母亲是个有福气的人，那么多陌生人都来参加她的葬礼并给她磕头，得到了很好的尊重！"由此可见，入乡随俗对于田野调查是多么重要。丧礼一周后的 8 月 23 日，我们又去参加了在火葬场为他母亲举行的竖经幡仪式，大家也都主动给我们讲解仪式规程，让我们拍摄了整个仪式过程。

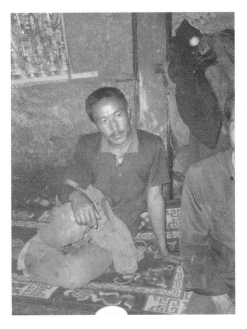

六斤东巴

2. 克若东巴

纳西名叫 khɯ³³zo³³克若，属羊，1979 年生，2011 年 33 岁。他主要是跟随六斤东巴学习东巴仪式，有时候也到大村跟机才高土东巴等人学习。2009 年 3 月 31 日，杨亦花、曾小鹏在大村跟机才高土东巴翻译东巴经时，克若东巴就来跟着学了半天。他说他 20 岁开始学的东巴，还给我们介绍了苏达村的基本情况：传说他们村是从 le³³bv³³dy²¹（白族地方）搬来的，有"和""束""习"三姓。他们"文革"后没有了东巴，做仪式要请其他村的东巴，后来他们学习东巴仪式，借抄经书，基本上可以自己做仪式了。他还说他们

克若东巴

克若东巴家的羊犁铧

汝卡话把"人"还叫作 tsho^{21}，"人多"叫 tsho^{21}buɯ^{21}。我们请他多说几句汝卡话，他酒喝多了有点醉了，开玩笑地说我们到他们村去调查采访时再给我们多讲，就再也不肯说了。他能做小祭风、顶灾、退口舌是非、烧天香、祭家神等仪式。

2011 年 8 月 14 日我们到六斤东巴家参加葬礼，克若东巴辅助主持葬礼的大东巴金果东巴。他念经不太顺畅，捏的面偶也不太漂亮，但态度很认真很虔诚，休息的时候还主动告诉我们一些仪式规程、经书内容，等等。23日竖经幡仪式结束后，他带我们到他家看了一下他的经书，还给我们看了一个据说是羊拉着耕地的犁铧，讲了以前用羊耕地的传说故事，说这个犁铧是他家的传家宝，传了很多代了。犁铧长12厘米，底部到犁背高4.95厘米，底面有个小洞，犁背上有两个小洞。我们还拍了一本他推算星宿的经书，牛皮纸，30页，23.6cm×9.2cm。

3. 金果东巴

纳西名叫 tɕi⁵⁵ko⁵⁵金果，属鼠，1984年生，2011年28岁。他师从六斤东巴学习了很多年，也找机会向其他村的东巴学习，现在能做开丧超度、祭风、烧天香、退口舌是非、祭家神、顶灾等仪式，东巴水平比师兄克若东巴高些。

金果东巴

2011年8月14、16日，六斤东巴因为是自己的母亲去世不能做主祭大东巴，所以就请金果东巴做开丧超度仪式的主祭大东巴。因为是第一次做主祭东巴，金果显得有点紧张。六斤东巴就不断地提醒他、鼓励他。23日的竖经幡超度仪式，也是由金果做主祭东巴。金果东巴念经的声音比较洪亮。

三　俄碧村委会东巴概况

俄碧村有好几个村民组，但除了益地村民组和俄碧村民组是纳西族外，其他村民组是普米族、汉族、彝族，益地村民组和俄碧村民组共有东巴12人。

益地村

益地村的古寨门

（一）益地村

益地村民组，纳西语叫 i^{33}dy^{21}益地，是个纳西支系和汝卡支系混合居住的纳西古寨，位于龙达河与东义河汇合处离河边约 4 公里的山坳里。2009年 8 月 15 日，我们采访了益地村的 mbə^{55}ɳʈ^{21}dʑɑ^{55}thɑ^{21}崩迪甲塔，他在俄亚大村开小卖部，给我们提供了益地村的人口和东巴的一些信息。益地村共有56 户人家，其中 13 户是汝卡，2 户是汉族，其余全是纳西支系，共 400 多人，有东巴 9 人。

1. 威妞塔依德东巴

纳西名叫 uɛ^{33}ɳə^{55}thɑ^{21}i^{33}ɳdər^{33}威妞塔依德，"威妞塔"是他的家名。属牛，1937 年生，2011 年 75 岁。他家祖辈不是东巴，他是自己主动向老东巴学的，后来也成了大东巴，能主持开丧超度、祭风、禳垛鬼等仪式。生产队时期。他曾当过村里的保管员，不会写汉字就用东巴文记账，这些账本到2011 年 7 月还保留着。2011 年 9 月 10 日上午，杨亦花去采访询问时，说刚好一个月前的一天翻到那个账本，觉得没什么用了，就让小孩们撕扯了玩去了。带着遗憾，杨亦花和他家人在房屋周围查看了一圈，看看能不能找到几张碎片，却没有找到一片碎纸，只好拜托他家里人以后留心一下能不能在哪个角落有所发现，再保存起来。依德东巴有点好酒，2010 年 8 月 14 日杨亦花到村里参加阿子乐东巴女婿的父亲的超度竖经幡仪式时，看到他很精神地站在经幡杆前念经做法事，但 2011 年 9 月去拜访他时，他因为酒精中毒，已经躺在床上一个月左右了。因此也没好意思请他翻找经书，经书数量不详。

2. 妞咪五斤东巴

纳西名叫 ɳə^{55}mi^{55}u^{33}tɕi^{55}妞咪五斤，"妞咪"是家名。属牛，1985 年生，2011 年 27 岁。是威妞塔依德东巴的外孙，跟随他学习多年，现在水平已经差不多了，他也有很多经书，数目不详。

3. 威果麻阿子乐东巴

纳西名叫 uɛ^{33}ko^{55}mɑ^{21}ɑ^{21}tsər^{33}rər^{55}威果麻阿子乐，"威果麻"是他的家名。属羊，1943 年生，2011 年 69 岁。他说他家祖辈是东巴，他十几岁的时候不允许做太多的东巴教仪式，但他当时已经 70 多岁而且眼睛已经失明的

威妞塔依德东巴

父亲，觉得老祖宗留下来的好东西总有会用到的一天，于是晚上睡在庄房里教他和哥哥学习背诵东巴经，他们就是在那个时代偷着学会口诵东巴经的。而且，阿子乐东巴说他们村的祭祖仪式、开丧超度仪式，即使是在政治运动最激烈的"文革"时期，也没有中断过。因为上面派来的工作队住在离村子有一段距离的庄房里，他们在天亮前就把祭祖仪式、开丧超度仪式做完收拾了现场。等工作队吃过早饭后来到村里，他们已经祭祀完毕好像什么都没有发生过。要杀牛羊牺牲的，他们也改成了用鸡代替，跟工作队说他们要杀鸡吃，工作队也不好说什么。"文革"后，阿子乐东巴40多岁，开始学写东巴文，做仪式。

阿子乐东巴很健谈很幽默，解说东巴文化事项也比较有道理。2008年，丽江东巴文化博物馆的木琛先生、白地恩水湾村的和贵全东巴和韩国的丁一先生在阿子乐东巴家住了三五天，拍了他的很多经书、法器，请他读了一些经书。阿子乐东巴说他有全套的东巴经书共482本。

威果麻阿子乐东巴

　　杨亦花在 2010 年 8 月 14、15 日和 2011 年 9 月 9 日两次采访了阿子乐东巴，跟他学习了纳西支系和汝卡支系的《祭祖经》和《祭祖仪式规程》。他说他们纳西支系的《祭祖经》是借依吉乡甲波村的老本子来抄写的，汝卡支系的《祭祖经》是借卡瓦村尤丁东巴家的老本子来抄写的。阿子乐东巴说因为汝卡支系的老东巴都已经去世了，正在跟他学习的小东巴还不能独立执掌仪式，所以那几家汝卡人的祭祖仪式、开丧超度仪式都请他去做。2014 年 8 月，杨亦花去俄亚调查时，听说他生病了，特地去看望了他。但 2015 年 1 月 20 多号再到俄亚时，听说阿子乐东巴已于几天前去世了。

　　4. 威果麻甲若东巴

　　纳西名叫 uɛ^{33}ko^{55}ma^{21}dʑa^{24}zo^{55} 威果麻甲若，属猴，1968 年生，2011 年 44 岁。他是阿子乐东巴的小儿子，跟父亲学东巴，但水平不太高，只能做些烧天香、小祭风、祭家神、祭水龙王等小仪式和在大仪式中做辅助性的小仪式。

5. 杉朵威果东巴

纳西名叫 ʂe⁵⁵ do²⁴ uɛ³³ ko⁵⁵ 杉朵威果，"杉朵"是他的家名。属虎，1974年生，2011年38岁。他爷爷辈是东巴，他是威妞塔依德东巴的徒弟，现在东巴水平很好，可以独立主持很多仪式了。因未去家访，经书数目和具体情况不详。

6. 崩迪威麻东巴

纳西名叫 mbə⁵⁵ ɳdʐ²⁴ uɛ³³ ma⁵⁵ 崩迪威麻，"崩迪"是他的家名。属牛，1973年生，2011年39岁。他师从 to²¹ te⁵⁵ tæ⁵⁵ ʂl³³ 朵呆丹史学习，现在师傅已经过世，但他已经学得很好，东巴水平不错了。他的祖辈不是东巴，他是主动学习东巴的。因未去家访，经书数目和具体情况不详。

崩迪威麻东巴

7. 阿巴迪夏纳东巴

纳西名叫 a²¹ pa⁵⁵ dɯ²¹ çə²¹ na⁵⁵ 阿巴迪夏纳，"阿巴迪"是他的家名。属兔，1975年生，2011年37岁。是威妞塔依德东巴的徒弟，现在东巴水平很好，可以独立主持很多仪式了。他父亲叫 tæ⁵⁵ ʂ̩³³ 丹史，是个水平一般的东巴，现在因为身体不好，没再做仪式了。因未去家访，经书数目和具体情况不详。

8. 嘎拉五斤东巴

纳西名叫 kɑ³³lɑ³³u³³tɕi⁵⁵ 嘎拉五斤，"嘎拉"是他的家名。属兔，1975 年生，2011 年 37 岁。是威纽塔依德东巴的徒弟，现在东巴水平很好，可以独立主持很多仪式了。他家祖辈不是东巴，他是主动学习东巴的。因未去家访，经书数目和具体情况不详。

嘎拉五斤东巴

9. 朵太威纽东巴

纳西名叫 to²¹the⁵⁵uɛ³³ŋə⁵⁵ 朵太威纽，"朵太"是他的家名。属猴，1980 年生，2011 年 32 岁。因未去家访，经书数目和具体情况不详。

（二）俄碧村

俄碧村民组，纳西语叫 ŋgo²¹ mbe³³ 贡柏，位于益地村民组下面 3 公里的冲天河边，共有 71 户人家，其中有五六户汉族，但他们会说纳西语，俄碧村的纳西族也都会说汉语，共有 420 多人，现在只有 3 个东巴。

俄碧村

1. 嘉恒盖若次里东巴

纳西名叫 dʑa⁵⁵ hɯ²¹ kæ³³ zo³³ tshɿ⁵⁵ ɾɯ³³ 嘉恒盖若次里，一般都叫他 kæ³³ zo³³ 盖若或 a²¹ kæ⁵⁵ 阿盖，"嘉恒"是他的家名。属鼠，1936 年生，2011 年 76 岁。他家是东巴世家，到他的小儿子依德东巴已经是第 9 代了。但他小时候上学学汉文，后来当生产队的记分员和保管员，用的全是汉字，40 多岁才开始学东巴仪式，后来能主持开丧超度、祭风等仪式，但近年来因为嗜酒，酒精中毒后不大做仪式了。2011 年 9 月 10 日杨亦花去拜访他时，他喝了酒，说话不太清楚。他家有 100 多本东巴经，其中包括他儿子依德东巴写的《祭祖经》，他给我们拍了照片。

2. 嘉恒依德东巴

纳西名叫 dʑa⁵⁵ hɯ²¹ i³³ ɳdər³³ 嘉恒依德，是嘉恒盖若次里东巴的小儿子。属鸡，1981 年生，2011 年 31 岁。他是他们家的家传第 9 代东巴，十多岁开始学习，因为俄碧村的东巴少，所以开丧超度仪式也做得比较简单，加上他

嘉恒盖若次里东巴

父亲已经老了又嗜酒，仪式已经做不了，所以现在由他负责做俄碧村的仪式。他父亲给我们拍的《祭祖经》就是他 17 岁的时候抄写的。不过他经常和伙伴一起在俄亚、东尼等地收集一些古董，然后到丽江去卖，做些生意。我们去他家时听他家人说他那几天到丽江卖东西去了。

3. 堆端穆基杜基东巴

纳西名叫 $dy^{21} \, \eta \, d \, \partial r^{33} \, mv^{55} \, dz \, i^{21} \, dv^{21} \, dz \, \mathfrak{l}^{55}$ 堆端穆基杜基，"堆端穆基"是他的家名。属虎，1938 年生，2011 年 74 岁。他大概是 50 岁时才学东巴的，因为他想恢复祭祖仪式，于是就跟俄亚大村的杜哲伟布东巴要了《祭祖经》，还跟他学习了祭祖、祭风、退口舌、丧葬仪式等。我们在采访俄亚大村木瓜林青东巴时，他告诉我们说俄碧村的杜基在做祭祖仪式，来大村借过经书，但木瓜林青东巴说他不是东巴。我们认为既然他主动学习了这些仪式并在坚持做一年两次的祭祖仪式，还帮五六家邻居做祭祖仪式，那他也应该算是个东巴。2011 年 9 月 10 日，杨亦花去拜访杜基东巴的时候，他说他要来的那些经书都被小老板买走了，现在每年两次祭祖都是口诵。他自己不会写东巴文，现在只有一本《看土黄经》、一本《两个海贝占卜经》，是跟村里盖若东巴的父亲老依德买来的。

堆端穆基杜基东巴

四 卡瓦村委会东巴概况

卡瓦村由哈地村民组、子落村民组、纳窝村民组、卡瓦村民组组成，但除了卡瓦村民组以外，其他村民组都是普米族，他们做仪式邀请纳西或汝卡的东巴，所以我们只说卡瓦村民组的情况。

卡瓦村民组，纳西语叫 dʑi³³mæ³³吉满，汝卡话叫 khɑ²¹uɑ³³卡瓦，位于龙达河和东义河（纳西语叫 tho³³dʑi²¹托吉）汇合后的河段左岸离河边 2 公里左右的山坳里，是一个纳西族汝卡支系老村寨。卡瓦村现在共有 45 户人家，共 300 多人，有东巴 7 人。

1. 丹来次里杜基东巴

纳西名叫 tæ³³le³³tshŋ⁵⁵ɾɯ³³dv²¹dzʅ³³丹来次里杜基，"丹来"是他的家名。属狗，1922 年生，2011 年 90 岁，身体没什么病，但耳朵已经聋了，也走不动了，整天坐或睡在能晒到太阳的外屋里。从他坐着就高高大大的形象看，他应该有 1 米 9 左右。他过去也是个大东巴，只是现在做不了仪式，说话也不太清楚了。他家是家传的东巴，现在由他的孙子丹来松诺杜基东巴继承。2010 年 8 月 16 日，杨亦花拜访了老东巴次里杜基和小东巴松诺杜基。他家有 6 摞经书，共 160 多本。

卡瓦村

2. 丹来松诺杜基东巴

纳西名叫 tæ^{33}le^{33}so^{33}no^{33} dv^{21}dz$ʅ^{33}$丹来松诺杜基，是丹来次里杜基东巴的孙子。属龙，1988 年生，2011 年 24 岁。他还只能做些祭家神、烧天香、小祭风等小仪式和在大的开丧超度仪式中做辅助性的小仪式。

丹来次里杜基东巴

丹来松诺杜基东巴

3. 格围尤丁东巴

纳西名叫 $gə^{21}uε^{24}iu^{21}ʈ^{33}$ 格围尤丁，"格围"是他的家名。属虎，1962年生，2011 年 50 岁。

格围尤丁东巴

他的祖辈是东巴，听说他家有很多法器和东巴经书，都放在一个小经堂里，"文革"时期，造反派想去抄他家的经书，被他爷爷拿着一把斧头挡在了门外。他爷爷用装疯的方式，拿着斧头，披头散发地天天守候在经堂门口，终于保住了他家的经书和法器以及古代纳西族武士的铠甲、头盔、剑等文物。后来，有一个头盔、一副铠甲、一把长剑被丽江东巴文化博物馆征集了，现在陈列在博物馆的展柜里。

2010 年 8 月 15 日，杨亦花去采访时，尤丁东巴拿了 80 多本经书出来，读了其中的一本经书，杨亦花也拍摄了几本经书。他家的经书果然大多数是老经书，有一本《汝卡加威力经》，34.1cm × 11.1cm，加封面和封底共 20 页，尤丁东巴说到他这一代已经是第 7 代了，是当时的祖先东巴专门从白地买了东巴纸来写的。他的父亲 to²¹ndv⁵⁵ 朵督也是大东巴，可惜已经去世多年。

尤丁东巴的水平比较好，是现在卡瓦村的大东巴，主持开丧超度、祭风、禳垛鬼等大仪式，他家也还做传统的祭祖仪式。

4. 格围阿子乐东巴

纳西名叫 gə²¹uɛ³³ɑ²¹tsər³³rər⁵⁵ 格围阿子乐，是尤丁东巴的弟弟。属蛇，1977 年生，2011 年 35 岁。他的东巴水平不如哥哥尤丁东巴，但能做一般的祭家神、烧天香、小祭风等仪式以及在大仪式中做辅助的小仪式。

格围阿子乐东巴

5. 格围杜基次里东巴

纳西名叫 gə²¹uɛ³³dv²¹dzʅ⁵⁵tshʅ⁵⁵ɾɯ³³ 格围杜基次里，是尤丁东巴的儿子。属虎，1986 年生，2011 年 26 岁。他现在会做烧天香、请家神等小仪式。

6. 围固生根若东巴

纳西名叫 uɛ³³kv²⁴si³³ŋgɯ³³zo³³ 围固生根若，"围固"是他的家名。属鼠，1948 年生.，2011 年 64 岁，是卡瓦村的大东巴。杨亦花两次到卡瓦村拜访，他都不在家，因此具体情况和经书数目不详。

7. 巴丹五斤东巴

巴丹五斤东巴

纳西名叫 pɑ²¹tæ³³u³³tɕi⁵⁵ 巴丹五斤，"巴丹"是他的家名。他属龙，1964年生，2011年48岁。他家是东巴世家，但五斤东巴先上的汉学，上过初中，后来上了中专读农学，快毕业那年，父亲没让他再上学，让他回了家。所以他是后来才学的东巴，但因为有初中文化水平，学东巴很快。2010年8月15日，杨亦花在克米局撒达杜基东巴的陪同下，准备去卡瓦村调查，俄亚人都推荐了五斤东巴，说只要问着五斤去就可以了。因此，找到他以后我们才又在他的带领下拜访了其他几位东巴。这可能是他有汉文化知识，和外人交流容易些的缘故。他说白地的和尚礼先生、丽江东巴文化博物馆的木琛先生都来找过他。8月16日早上，我们翻看、拍摄了他的一些经书，他共有100多本自己抄写的经书。2011年9月11日，杨亦花又去拜访了他，向他询问了祭祖仪式规程。他说他们村有东巴的人家和坚持做的一些人家还在做祭祖仪式，一年两次，一次杀鸡（五月二十九接祖，六月初一又送祖），一次杀猪（十一月二十九晚上接祖，十二月初一送祖）。

五斤东巴说哈地、纳窝、子落的普米族经常来请他做祭风、退口舌是非、祭水龙王、顶灾等仪式，有时候半夜来请也只好赶着去，因为人家相信他，而且有病人、灾祸等急事，有效无效他只好先跟随人家赶去看。

2011 年 12 月，五斤东巴在俄亚乡长次尔的推荐下，与大村的机才纳布东巴一起到丽江玉龙县新主东巴学校参加了东巴画培训班，2012、2013、2014 年继续参加了培训。

五 鲁司村委会东巴概况

龙达河和东义河在俄亚大村一个叫 $khɯ^{55}ndʐo^{21}$ 克座的庄房处交汇，鲁司村委会就在从交汇处沿东义河上行 6 公里左右的河的两岸，包括鲁司村民组和色苦村民组，共有东巴 8 人。

（一）鲁司村

鲁司村民组，纳西语叫 $rv^{33}sɿ^{33}$ 鲁司，在东义河顺流方向右岸离河边 3 公里左右的一个山坳里，是一个纳西支系和汝卡支系混住的村寨。据鲁司村当过俄亚乡书记、木里县副县长的克若说，他们的祖先是从丽江搬到俄亚再到鲁司的，是木瓜家的后人，是一直家传的东巴，家名叫 $ha^{33}pa^{55}dʑi^{21}$ 哈巴吉，是大村哈巴吉家的分支，是从木瓜甲主那一代分的。因为喜欢打猎，到鲁司这些地方时感觉是好地盘，所以就分家到鲁司来居住了，至此已经有十代了。在加威力的经书中有他们村的主祭东巴的代数：$a^{55}mba^{55}i^{33}ɕə^{21}$、$a^{55}mba^{55}pa^{55}dʑi^{21}$、$a^{33}phv^{33}a^{55}no^{55}$、$a^{33}phv^{33}na^{33}phv^{33}$、$a^{33}phv^{33}dv^{21}dʐʅ^{55}tshʅ^{55}ri^{33}$、$a^{33}phv^{33}ʐaŋ^{55}ndʐv^{55}$（普米话，纳西话为 $yo^{21}zo^{55}$）、$khɯ^{33}zo^{33}$（克若）、$ha^{33}pa^{55}$ 和 $pe^{33}ma^{33}$（克若的两个儿子）。这里只有八代，差的两代是从他家分出去的一家，由他家做了两代东巴 $a^{55}ŋə^{55}zo^{33}$、$ma^{55}zo^{33}$，加起来就是十代了。后来的 $a^{21}tɕæ^{55}$、$i^{33}ŋɖur^{55}tha^{21}$、$tshʅ^{55}rɯ^{33}$、$i^{33}ɖur^{55}$ 和现在的小伙子 $tæ^{55}sɿ^{33}$（$a^{55}tæ^{55}$）是和克若书记家后来并行的东巴。

鲁司村现在有 30 户人家，300 多人，共有 5 个东巴。

1. 哈巴吉哈巴东巴

纳西名叫 $ha^{33}pa^{55}dʑi^{21}ha^{33}pa^{55}$ 哈巴吉哈巴，"哈巴吉"是家名。属猴，

鲁司村

克若书记

1968 年生，2011 年 44 岁。是克若书记的二儿子，东巴水平很好，能主持开丧超度、禳垛鬼、祭风等大仪式，小仪式自不必说。由于我们去拜访时哈巴东巴不在家，没看到他家的大部分经书，克若书记给杨亦花观看拍摄了一本

哈巴吉白马东巴

他写的《烧香经》和一本占卜、咒语方面的经书。

2. 哈巴吉白马东巴

纳西名叫 ha^{33}pa^{55}dzi^{21}pe^{33}ma^{33}哈巴吉白马，他是克若书记的小儿子，哈巴东巴的弟弟。属虎，1974 年生，2011 年 38 岁。白马东巴善占卜，主要就做占卜和祭风仪式。俄亚乡的纳西族、普米族、藏族都会来找他占卜和请他去做仪式，依吉乡的纳西族、普米族、藏族也会来找他算卦和做仪式，稻城县东尼乡的藏族也常来找他算卦和请他去做仪式，因此他经常不在家里。2011 年 9 月 2 日下午，杨亦花去拜访白马东巴时，正遇到俄碧村的两个纳西族小伙子来请白马东巴占卜。杨亦花就采访了一下占卜方法和情况。白马东巴一般用 2 个或 5 个海贝占卜，然后是念咒语化净水，让求卜人带回去，根据吩咐喷洒在病人身上等。9 月 3 日，我们在返回俄亚大村的途中，与白马东巴的朋友色苦村的高土同行，快到河边的时候，遇到一个东尼的藏族，说是要去找白马东巴占卜。高土和那个藏族认识，而白马东巴不懂藏语，藏族人又不懂纳西语，所以藏族朋友就把高土请回去给他们当翻译去了。

谈到东坝的墨虎东巴和 kɯ^{55}dy^{21}kɯ^{21}tsʅ^{55}tsʅ^{33}戈堆格赐赐神山（汉语

叫九仙峰山）时，白马东巴说十五年前（1996 年）墨虎东巴一个人牵着一匹马来拜访鲁司东巴，住在他家。还说起初墨虎东巴可能怕他们是藏族的缘故，不敢说自己是哪里人，直到白马东巴看到他带的经书中有 kɯ⁵⁵ dy²¹ kɯ²¹ tʂʅ⁵⁵ tʂʅ³³ 戈堆格赐赐这些话，认真问他的时候，他才承认自己是白地人，然后他们畅谈了一夜。杨亦花有墨虎的电话，随即就拨通了墨虎的电话，让两个东巴聊了一会。

3. 阿伯来丹史杜基东巴

阿伯来丹史杜基东巴

纳西名叫 ɑ⁵⁵bo²¹le²⁴tæ⁵⁵ ʂl³³dv²¹dzʅ³³ 阿伯来丹史杜基，"阿伯来"是家名。属羊，1979 年生，2011 年 33 岁。他家也是家传东巴，他爷爷 i³³ŋdɯ³³ 依德是大东巴，前两年才去世。他从小就跟爷爷学习，现在已经能主持祭风、开丧超度、禳垛鬼等大仪式。由于去采访时他在忙于挖金早出晚归，具体情况和经书数目不详。

4. 穆基次里东巴

纳西名叫 mv⁵⁵dʑi²⁴tʂʅ⁵⁵rɯ³³ 穆基次里，"穆基"是他的家名，40 多岁，东巴水平很好。由于去采访时他不在家，具体情况和经书书目数目不详。

5. 戈久次里塔东巴

纳西名叫 gə⁵⁵dʑə³³tʂʅ⁵⁵li³³thɑ²¹ 戈久次里塔东巴，"戈久"是他的家名，20 多岁，东巴水平一般。他爷爷是东巴，已过世。由于去采访时他在忙于挖金早出晚归，具体情况和经书数目不详。

（二）色苦村

色苦村民组，纳西语叫 $se^{33}khv^{33}$ 色苦，是个位于东义河左岸离河边仅 1 公里左右的纳西族汝卡支系村寨，共有 26 户人家，140 人左右。听说老东巴都去世了，现在只有 3 个在向鲁司村东巴学习还不能独立执掌仪式的小东巴。鲁司村的人说，色苦村要做丧葬仪式和其他仪式时都是请鲁司村的东巴去做的，因此我们没有进到村里去调查具体情况。

色苦村

2011 年，由于四川民和公司开发电站，东义河右岸修通了到俄亚的公路，东义河上也架了两座水泥桥，但目前色苦村东义河上还保留着一座古老的伸臂桥。我们在那里拍照的时候遇到几个村民，我们说这种桥很古老、很漂亮也很有价值，是纳西族古老科学技术的体现，希望以后不要拆毁，要好好保护，让它保存下来。

六 立碧村委会东巴概况

立碧村的一些村民组是俄亚的另一条河抓子河那边的村寨，有些村又在水罗河（冲天河）边和金沙江边，居民基本上是被划为藏族的普米族和汉族、彝族，纳西族很少，现在已经没有东巴，他们要做仪式时都是请大村或

色苦村的伸臂桥

立碧村

宁蒗县拉伯乡加泽村委会油米村或树枝村的东巴去做的。

第三节　俄亚东巴个案考察研究

本节在俄亚东巴中，选择机才高土东巴、依德次里东巴、撒达杜基东巴

作为老中青三代东巴的代表，进行详细的考察研究

一 大村机才高土东巴

1. 机才高土东巴的家世和师承

机才高土东巴，纳西名叫 dʑi⁵⁵tshe²⁴kə⁵⁵thv³³机才高土，"机才"是他的家名。俄亚大村人，属龙，1940 年生，2009 年 6 月 20 日去世，享年 70 岁。

2009 年 3 月 23 日，杨亦花、曾小鹏到俄亚大村调查学习东巴经，经开小卖部的吉玛引荐介绍，找到机才高土东巴跟从他学习。开始的时候，先了解了一下他的家庭情况。机才高土东巴说他是家传东巴，到他已经是第九代了，到他儿子机才纳布东巴是第十代。俄亚以前大多是兄弟共妻的多偶婚家庭，他有一个母亲两个爸爸，他母亲只生了他和妹妹。小爸爸 dʑi⁵⁵tshe²⁴tshʅ⁵⁵lɯ³³机才次里是东巴，但他先是跟舅舅 tur²¹pa²⁴kə⁵⁵thv³³端巴高土学习，十一二岁后才跟随小爸爸学习。十四五岁的时候跟叔叔 uɛ³³ma²⁴tshʅ⁵⁵ɼɯ³³tha²¹威麻次里塔学习《加威力经》的念诵，说念《加威力经》的时候要念诵祖先东巴的名字。他说叔叔有空时就教他诵经，没空时就让他自己写字。写字板叫 ɣɯ⁵⁵bæ²¹灰板，是一块长约 20 厘米、宽约 15 厘米、有手柄、主体部分近似椭圆的木板。新木板或用久了的木板得先抹上一层猪油，然后在火塘里翻搅几下让灶灰黏附在木板上，就可以写字了。写满后再到火塘里翻搅几下又可以写，如此反复。他还说这个威麻次里塔叔叔念经念得很好，但不会写东巴文，叔叔的弟弟威麻丹史既会写又会念，可惜英年早逝只活了 40 多岁。

机才高土东巴说，他 20 多岁时到过一次丽江，还说俄亚人的祖先是从丽江搬来的，最初是打猎来到此地，后来木瓜家族才带着祭天东巴、养羊人、养马人等来俄亚定居，他们家族是木瓜家的养马人。他说他在生产队时是马帮队的队长，到过瓦厂、永宁、宁蒗、三江口、盐源、木里等地。

机才高土东巴有三男三女，他让二儿子 dʑi⁵⁵tshe²⁴na⁵⁵mbv³³机才纳布和小儿子 dʑi⁵⁵tshe²⁴ɲə⁵⁵zo³³机才年若跟他学东巴，但小儿子后来不太愿意学了，只有二儿子在坚持学习。

2. 机才高土东巴的为人

机才高土东巴性情温和，为人和善，儒雅而睿智，时时处处都能为别人

机才高土东巴

机才高土东巴和曾小鹏

着想。我们去他家学习的第二天，刚到厨房坐下，他就拿出炒面来招待我们。后来我们看到他边和我们谈话，边去抽屉里拿出一张干净的硬纸来，用小刀割成了大致像勺子一样的形状，放到了炒面盒里。原来，他看到炒面盒里没有舀炒面的勺子，又怕我们不习惯用手抓，就现场给我们做了一把纸勺。

我们跟随机才高土东巴学习了7天，翻译了一本《加威力经》，而他当时患胃病已经有一段时间了，吃不下饭，每天只吃一些玉米糊糊。他家里人每天上午都带他去乡医院或王玛医生的诊所打针输液，我们以为他上午就没时间教我们学习了，没想到他却让我们每天上午到医院或诊所去找他学习，他边打着吊瓶输液边给我们讲读经书。而每天下午三点左右，我们就去他家里学习。他常常带我们坐在楼上安静的地方或屋顶上，因为他有六七个孙子孙女，楼下比较吵闹。一天下午，我们看到他家挂的腊肉比较多，就问他能不能卖点给我们做菜。因为我们那几天跟一个小学老师搭伙做饭，俄亚没有卖肉卖菜的集市，我们也不好意思把那位老师不多的腊肉吃完。机才高土东巴说他家人多，大人小孩加起来一共13口人，其实肉食也不太够吃，可能得问问现在当家的大儿子机才年布。第二天下午，我们在楼上翻译了一会儿经书，休息的时候，小孩们上来玩了一会儿，机才高土东巴就把他们赶下楼去了，还关上了楼梯门以防他们再上来。有一会儿我们没注意他去了哪里，直到他从挂肉的房间里出来，才发现他手里拿了一块4斤左右的腊肉。他示意我们不要声张，并马上把肉放进了我们的包里——原来他是给我们"拿"肉去了。我们要给他钱，他说什么也不肯要，我们只好感激地收下了。学习完后我们给他劳务费的时候，他也不肯收，我们再三恳请他收下，说我们调查有一些补助，他才收下了。

有一天，有户人家举行丧葬仪式，我们想去看一下，托人询问，主人家不愿意让我们去，我们就只好在他们出殡到火葬场的时候和村里人一起在屋顶上观看、拍摄。机才高土东巴说："如果你们不害怕的话，可以到火葬场上方去看火葬过程，不会有人干涉你们的。"于是我们就拿着相机和摄像机抄小路到了火葬场的围墙外面，拍摄到了火葬的全过程。机才高土东巴还带我们去一户搬新房子的人家，观看拍摄了他做的给新房除秽、烧香、请家神的仪式。休息的时候他给我们讲解了仪式的程序、过程、经书的意思，等等。

机才高土东巴为人和善，东巴水平高，除了给同家族的人家做仪式以

机才高土东巴骑马离乡去治病

机才高土东巴收藏的日本学者名片

外，还常被离大村大半天路程的立碧村普米族请去做退口舌是非、祭风、禳垛鬼等仪式。我们跟随他学习的那几天，几乎每天都会有村里人来占卜问卦。国内外的学者和记者也经常经人介绍来找他，如丽江的苏国胜、和品正、和力民等先生，还有李明等记者，他都尽力地帮助他们，给他们提供资料，组织东巴和村民唱跳东巴舞和民间歌舞，方便他们拍摄。白地的和尚礼先生多次到俄亚调查，也请他抄写了很多东巴经。

3. 机才高土东巴到丽江治病

有一天，王玛医生在机才高土东巴输完液回家后对杨亦花说："我怀疑机才高土东巴是胃癌，你们最近几天就要回去了是吧？你们能不能建议他家里人带他跟你们去丽江检查一下？俄亚人在丽江治病住院合作医疗可以和丽江人一样报销的。"杨亦花同意跟他家里人提议，他家里人同意跟我们去丽江看病，并让他的二儿子纳布东巴去找 $dv^{21}\,t\,\wp^{55}\,u\epsilon^{33}\,bv^{21}$ 杜哲伟布东巴算卦，看哪天启程合适，去丽江的结果会如何。过了一会儿，纳布东巴红着眼睛回来了，说启程的日期俄亚历十七日好，但去的结果和以后的日子卦象不太好。还说占卜出生病的原因是机才高土东巴到立碧村那边给普米人做了很多仪式，所背负的罪责比较大。一家人七嘴八舌地还要占卜，杨亦花说："不用再占卜了，既然出发的日子好，我们就那天出发，去丽江好好检查一下，知道得了什么病，好好吃药治疗，大家的心里才会好受些，不然，阿普（爷爷）吃不下饭睡不好觉，大家心里也难过，但又帮不上他什么忙。"一家人觉得有道理，机才高土东巴的妻子、妹妹和他的两个儿媳妇抱着杨亦花哭了一阵，拜托她把爷爷带去丽江好好治病，因为他们都没到过丽江，不会说汉语。

2009 年 4 月 6 日，我们带着机才高土东巴和他的大儿子年布、大外孙夏纳，在他家人和亲戚的马帮护送下离开了俄亚。机才高土东巴已经很虚弱，走路不太有力气，所以，为了赶路，即使下山骑马很难受也很危险，我们也只好让他骑在马上由他的小儿子年若和一个侄子在两边扶着他。他已经是这样痛苦不堪了，但还在想着不太习惯上山下山的我们，途中休息时，他说："匆匆忙忙的，也忘了给你们两个准备绑腿了，不然，你们不习惯下山，小腿会发抖，以后几天会又酸又疼，打上绑腿的话就会好很多。"真是善良的人！

4 月 7 日到丽江后，机才高土东巴几乎连玉米糊糊都吃不下，我们为了保持他的体能，赶快先找了一个诊所给他输液，告诉了医生他大致的病情，请医生开点能让他吃得下东西的药。第二天，为了要空腹检查，我们没让他吃东西就把他带到了丽江市医院检查胃镜。医生虽然会纳西语却听不懂俄亚纳西语方言，只好破例让杨亦花进到胃镜室当翻译，并鼓励机才高土东巴忍受检查。看到医院墙上胃癌的介绍和糜烂性胃炎的介绍，对照初步的检查情况，虽然最终结果还没有拿到，但我们可以断定机才高土东巴患了胃癌。在等待检查结果期间，为了节约费用，我们暂时没让机才高土东巴住进医院，只是住在客栈，然后每天还是到诊所给他输液、吃药，他似乎慢慢有点好转，能吃些藕粉、玉米糊了。

这期间，我们联系了去俄亚找过机才高土东巴的苏国胜、和品正、和力民等先生，想通过他们使机才高土东巴在住院治疗等方面得到一些帮助。他们都很快赶来看望机才高土东巴。和力民老师还建议和帮助我们联系玉水寨、东巴文化研究院、东巴文化博物院、丽江文化研究会纳西文化研究会，等等，请求他们给东巴文化的传承人一些帮助。

4月8日，我们陪机才高土东巴在诊所输液的时候，原丽江市人大常委会主任、丽江文化研究会会长杨国清先生来看望了机才高土东巴。晚上，丽

丽江文化研究会会长杨国清看望机才高土东巴

江文化研究会的副秘书长杨树高先生也来看望了他。大家对俄亚老东巴大老远来看病非常同情，并对杨亦花这个女子带着他们跋山涉水来到丽江的壮举感到很吃惊。他们私下里对她说：“你这个女子胆子太大了，万一老东巴坚持不了在路上没了，他家里人和亲戚、村里人把责任推到你身上怎么办？”杨亦花说她只想为老东巴治病，没想过什么危险的后果。后来她给导师喻遂生短信询问自己是不是同情心太过分了？导师说同情心没有过不过分的分别，而是人必须具备的善良天性。于是，她也就释然了。

4月10日晚上，和力民先生到客栈看望机才高土东巴，交谈中问到了俄亚成人礼的规程和念经的经文以及给孩子系哈达的方法。于是机才高土东巴把成人礼仪式的做法教授给了和力民先生和杨亦花。

4月11日，机才高土东巴的胃镜检查报告出来了，说机才高土东巴已到了胃癌中期偏晚期的阶段。俄亚人还不知道什么叫癌症，杨亦花用了近半个小时的时间用各种方法给他们解释，他们还是一知半解。后来，我们去询问医生胃癌手术的费用、效果之类的问题，医生说如果手术要切除三分之二的胃，效果不敢保证。但之前，杨树高先生曾对我们说过，他父亲从发现时已是晚期，到做手术后40天就去世了，让我们建议机才高土东巴家人不要做手术。鉴于此，以及俄亚的生活和休养条件不好，我们费了一些工夫才给他的家人解释清楚了手术并不会使老东巴的生命延续多久的道理。

因为在市医院住院报销的额度比在玉龙县医院住院少，我们就想方设法让机才高土东巴在4月12日住进了玉龙县医院。住院期间，苏国胜、和品正先生又来医院看望机才高土东巴，木琛先生得知情况也赶来看望了他。和力民先生又多次来看望机才高土东巴，和继全先生在华坪考察，委托夫人赵秀云和女儿来看望了机才高土东巴。东巴文化研究院的赵世红院长和李德静副院长、东巴文化博物院的李锡院长和牛副院长等各单位的领导也都赶来看望了机才高土东巴。各单位和个人给予了机才高土东巴一定的经济和物质帮助。

然而，不幸的是，因为在山村纯朴不设防的环境下生活惯了，俄亚人对城里的骗子、小偷等没有防备的意识，机才高土东巴的大儿子年若把自家带的钱和各单位以及私人朋友和他侄女的塔凑的共12500多元钱全部放进了一个信封，并把它放在了一件夹克的荷包里。4月15日，杨亦花回老家看望父亲没在医院，上午10点半左右，年若揣着一大包钱去医院外面的小卖部买手纸，被两个骗子盯上了。年若已经回到了医院二楼，却被骗子用丢钱包分钱的骗术骗到了医院院子的偏僻处，一人拉着他的手，另一人掀开他的夹克把他的一大包钱抢走逃跑了，他追了几步没追上，打电话给我们，天真地以为被抢的钱还能找回来。医院没有装摄像头，我们报了警也没有什么后果，只好自认倒霉。同病室的一位丽江大妈的儿子立即拿了100元钱给他们救急。杨亦花赶回丽江后只好找同学借了5000元交住院费，西南大学文献

和力民先生看望机才高土东巴

所也立即给予了一些经济援助。郭大烈先生从昆明回丽江，听到这件事也赶到医院来看望机才高土东巴，玉水寨旅游文化公司的曾书记等人也赶来慰问了他。和尚礼先生正好来丽江办事，知道这件事后也立即赶来看望机才高土东巴。

我们让机才高土东巴住院也只是请医生给他补充一些维生素、氨基酸以缓解他的疼痛和胃痉挛能让他进些流食而已，七八天以后，机才高土东巴的症状有所缓解，而钱也丢了，我们就只好请医生开了足够他维持半年左右的药就出院了。

4. 机才高土东巴到白地朝圣

出院后，杨亦花让机才高土东巴的大儿子年若去木里县报销医疗费，但经过骗子抢钱一劫，年若说他一个人不敢去了，只好让他外甥夏纳也跟他一起去。想到机才高土东巴余日不多，而东巴一生最大愿望的就是到白地去朝圣一次，于是，杨亦花和机才高土东巴的侄女的塔决定带老人逛一天丽江古城，然后到白地去朝圣。

4月18日中午，我们带着机才高土东巴在丽江车站候车准备先去香格里拉，和红灿先生赶来看望机才高土东巴，送了慰问金，还送了三副他当医生的母亲配制的中药。傍晚，我们到达香格里拉。第二天上午，我们带机才高土东巴去了松赞林寺，参拜了纳西康参。下午，我们和他到了白地，住在和志本东巴家的客栈，并联系了和尚礼先生。20日，古都村的和志本东巴

杨亦花和的塔姐姐带机才高土东巴逛丽江古城

和我们一起到白水台烧香，为机才高土东巴祈福，和尚礼先生也从香格里拉赶回了白地。本来，我们担心机才高土东巴身体虚弱到不了阿明灵洞，到白水台烧烧香就可以了，但他执意请求我们带他去阿明灵洞朝圣。

于是，21日，和尚礼先生和我们租了一辆面包车，在离阿明灵洞最近的地方下了车，再步行往上爬，去朝拜阿明灵洞。平时让我们牵着手走的机才高土东巴，那天却执意不让我们牵着他上山，他自己找了一根合适的拐杖，一步一步地往上爬，途中我们休息了两次，不过看他也不是很累很痛苦的样子。或许那天，他先就给自己加了一次威力，先祖东巴什罗、阿明什罗

机才高土东巴（左三）在白水台与和志本东巴（左一）等人合影

和他的祖先东巴们都来帮助他了！到了阿明灵洞，机才高土东巴开始烧香，高声念诵《烧香经》《加威力经》《招魂经》《镇压仇人经》等。然后，我们扶他先看了右洞的东巴文题词等情况，再上左洞看里面的钟乳石。左洞比

较高深，但机才高土东巴不太费力地爬上去又下来了。和尚礼先生给他捡了三小块钟乳石，称为 $\eta \mathrm{d}z\partial r^{21}\,r v^{33}$ 威力灵石，机才高土东巴说他要把一块放到村里的山神玛尼堆上去，一块放在家里的家神篓里，一块放在烧香炉里。朝拜完后，机才高土东巴往山神塔和四周撒米敬神，并连念了几句："$\mathrm{l}a^{33}$ $\mathrm{d}z\partial^{33}\mathrm{l}o^{334}$ 拉加罗"。杨亦花问机才高土东巴这几句话是什么意思，因为好像不是纳西语而是藏语，他说是"山神欢喜，山神胜利"的意思。后来杨亦花看到一篇藏族祭山神的文章，说转完山后藏民也要高喊几句"拉加罗"，查看注释，正是"山神胜利"之意。这说明纳西东巴文化融合了很多藏族的苯教和藏传佛教的内容，俄亚的纳西族，与木里、稻城的藏族毗邻而居，受藏文化的影响更深。

机才高土东巴拜谒阿明灵洞

下山后，到和尚礼先生开发的东巴村（现已正式命名为香格里拉县纳西族生态博物馆）休息午餐。午饭后带机才高土东巴参观了东巴村，机才高土东巴说这是块好地，面积大，背后是阿明灵洞，还塑了阿明什罗的雕像。傍晚，和尚礼先生邀请机才高土东巴和我们到恩土湾他家里做客吃晚餐，并送了几克名贵中药鹿茸和麝香给他，嘱咐他一定要等丽江医院开的药吃完以后再吃，如果先吃了鹿茸、麝香，其他药就不管用了。晚饭后，和尚礼先生又租车送我们回到客栈，机才高土东巴与他依依惜别，事后来看，那也是永别了。当晚，白地古都村的村长和金光先生来看望机才高土东巴，送了100元慰问金。杨亦花还到和志本东巴的大儿子家给机才高土东巴买了10张东巴纸，让他回去后想抄写什么经书或想写什么就写在东巴纸上。

机才高土东巴与和尚礼先生握手道别

4 月 22 日，我们带机才高土东巴离开白地到了香格里拉，他的大儿子年布和外孙夏纳也从木里报好医疗费后回到香格里拉与我们会合。杨亦花带他们买了机才高土东巴回家以后吃的葡萄糖、藕粉等，嘱咐他们每天按时给他吃药，吃东西要给他少吃多餐，特别嘱咐一定要等丽江开的药吃完后再给他吃鹿茸、麝香。

4 月 23 日，我们和机才高土东巴的侄女的塔告别机才高土东巴回丽江，机才高土东巴一行在香格里拉耽搁一天买点东西，24 日到洛吉漆树湾村，25 日回到了俄亚。

在丽江的时候，机才高土东巴做了几幅每家举行招魂仪式时用的纳西语叫 nda^{33}te^{33} 达带的招魂幡，他知道自己时日不多了，于是，回俄亚后，听说一共做了 40 幅送给了亲戚。他还召集徒弟集中学习东巴经的唱经腔、复习东巴教仪式规程，让徒弟们演练，他看后进行纠正。主要教授的徒弟是他的二儿子纳布、徒弟 tur^{21}pa^{24}uɛ^{33}ko^{55} 端巴威果、dʐɑ^{21}dɑ^{21}uɛ^{33}ko^{55} 扎达威果。早些年，机才高土东巴还有 uɛ^{33}tsʻ^{21}me^{33}kə^{33}zo^{33} 威慈美格若、uɛ^{33}ma^{24}ɳdər^{55}tha^{21} 威麻的塔、uɛ^{33}ma^{21}gv^{33}ma^{55} 威麻古玛三个徒弟，但他们三人学了一年左右就没有再跟随学习了。当时，晚上机才高土东巴给徒弟教学东巴经东巴文的时候，侄女的塔还在家里边绩麻边给他们点松明火照明，她还学会了一些东巴文化知识。

6 月 20 日，机才高土东巴与世长辞。我们知道他去世的消息已经是 7 月，他的侄女的塔回丽江后打电话告诉了杨亦花。当我们 8 月再去俄亚时，机才高土东巴的儿子机才年布带着外甥窝克赶着马到漆树湾接我们，机才高土老人的儿子机才年布、机才纳布、外甥窝克还担任了我们调查的讲解人和纳西语方言的发音人，一家三代待我们如亲人一样，一如既往继续帮助我们。说起机才高土东巴，机才纳布东巴说："我儿子郭若有一天跟我去放牧，突然叫了几句'阿普土（爷爷高土），阿普土'，可能想他爷爷了！"我们顿时泪流满面……

5. 机才高土的东巴技艺

"嘿，要说起东巴唱腔之美，俄亚的机才高土东巴是第一个！"2014 年 1 月 13 日，杨亦花带周寅师弟到三坝乡东坝日树湾村调查学习，与习尚洪东巴谈起各地东巴的基本情况、水平时，聊到机才高土东巴，习尚洪东巴竖起大拇指这样评价他诵唱东巴经的唱腔。习尚洪东巴曾经跟和尚礼先生一起去过俄亚，与机才高土东巴交流过。是的，机才高土东巴念经的声音非常洪亮好听，我们在俄亚调查学习那几天，胃病不太疼的时候，他就会放开声音给我们唱几种东巴经腔。

机才高土东巴说他家的祖传经书在"文革"中全部被搜走烧毁了，现在有的这些经书都是"文革"后才抄写的。他现在东巴法器齐全，有两面大鼓、两面盘锣、一套板铃、一套铃铛、一根精美的法杖、一套五佛冠、一套东巴服装、一串串珠、一串护法胸带。我们在跟机才高土东巴学习时数了一下他的经书，共有 6 捆 156 册，包括开丧超度、祭风、禳垛鬼、退口舌是非、祭家神、烧天香、取名、成人礼、婚合占卜、属相占卜、乌鸦叫占卜等多种类别的经书。从他现有经书的跋语中，我们发现他的经书有四个来源：一是他自己抄写的，大概占三分之二。二是他的二儿子机才纳布和小儿子机才年若抄写的，大概占九分之一。三是他的舅舅端巴高土抄写后送给他的，这些经书的东巴文和机才高土东巴写得有点相像，但在签名方面有所不同，端巴高土写的经书在写跋语的时候一般就写 ⟨东巴文⟩ "高土"两个字，而机才高土东巴一般就写 ⟨东巴文⟩ 或 ⟨东巴文⟩ "机才高土"四个字；而且有些签名为 ⟨东巴文⟩ "高土"的经书，跋语中写的年龄是七十多岁，而机才高土东巴只活了虚岁七十岁，所以可以断定这个 ⟨东巴文⟩ "高土"不是机才高土东巴，而是端巴高土东巴，这些经书大概占六分之一。四是大村的松诺林青（木瓜林青）东巴、瓜丹布迪东巴和鲁司村的依德东巴等人抄写后送给他的，大概占六分之一。下面分别举几本经书的封面和跋语页，一是观察他书写的东巴文的特点，二是看他的东巴经抄写的年代。

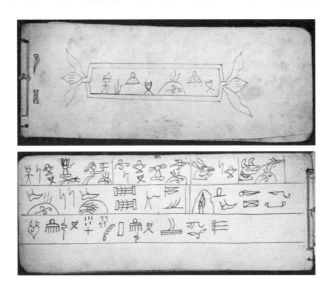

以上是《驱鬼镇压仇敌经》，跋语为："生长着柏树的山脚的机才高土写的，五十四岁时写的，希望好啊！"机才高土东巴属龙，生于1940年，纳西族算岁数算的是虚岁，他54岁时应该是1993年，所以这本经书写于1993年。这本经书是目前我们发现的他的经书中年份最早的一本。

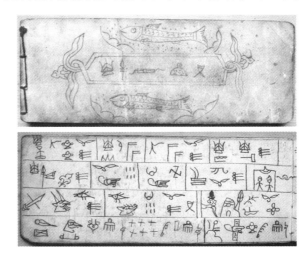

以上是《中型祭祀迎请素神经》，跋语为："生长着柏树的山脚的俄亚机才高土写的，60 岁时写的，五行由土执掌的一年写的。"机才高土东巴虚岁 60 岁，也就是 1999 年写的。

以上是《打雷、地震、诺特占卜经》，跋语为："俄亚生长着柏树的山脚的机才高土写的，五行由火执掌的一年属牛的一年写的，七十岁时写的，愿祭司长寿，卜师富足，一切都好！"70 岁写的，也就是 2009 年写的。这是机才高土东巴去世的那年写的，我们去找他调查学习时他也在写经书。我们查看了他写的经书，大多是 60 岁到 70 岁这段时间写的，可能是这段时间他把家长的权力交给了大儿子，放下了很多繁杂的事，有更多的时间来写经书的缘故。

为了描述他写的东巴文特点，我们把其他东巴给他抄写的经书各举一例来比较说明。如：

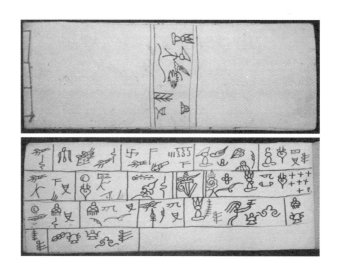

　　以上是《超度贤能的死者经》，跋语为："是俄亚东巴高土七十一岁时写的，写得不好，羞于见人呀。愿祭司长寿，卜师富足，写经的男子长寿，念经的男子富足！"这是机才高土东巴的舅舅端巴高土东巴写的经书，因为机才高土东巴享年虚岁也只有70岁。

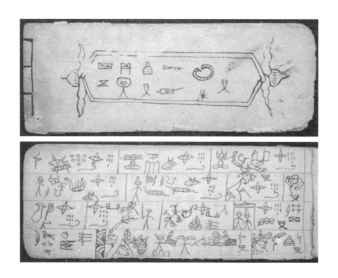

　　以上是《普石伟鲁的故事·后半段是顶灾经》，跋语为："生长着柏树的拉古瓜丹布迪写的，属龙的一年写的。"说明是瓜丹布迪东巴写了以后送

给机才高土东巴的。

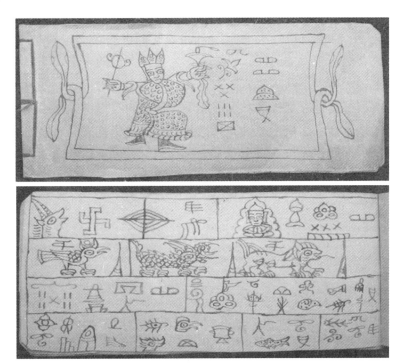

　　以上是《东巴什罗的三百六十个弟子的出处来历经》，跋语为："这本经书是鲁司依德次里写的，给了俄亚生长着柏树的山脚的东巴高土若，希望以后好啊！"说明是鲁司的依德次里东巴写了送给机才高土东巴的。

　　对比舅舅高土东巴、瓜丹布迪东巴和鲁司村依德次里东巴的经书字迹，机才高土东巴写的东巴经，字间距稍稍比其他东巴显得要宽些，字形也显出稍微扁宽型的特点。总体来说，机才高土东巴的字形清秀，写字的水平属于中等偏上。赠送给机才高土东巴经书的这几位东巴，一位是他的舅舅也是他的师傅，东巴水平肯定在他之上；一位是2014年5月过世的瓜丹布迪东巴，年长于机才高土东巴，也是东巴世家出身，是大村有名的公认的水平较高的东巴，东巴文写得紧密有致；一位是鲁司村的依德次里东巴，我们去鲁司村调查时已经过世，听说也年长于机才高土东巴，是鲁司村有名的大东巴，东巴文写得工整漂亮。机才高土东巴有这些东巴赠予的经书，说明他谦虚好学，喜欢交流，在不断地提高自己的水平。前面我们也说到他经常被隔大半天路程的立碧村普米族请去做仪式，说明他的东巴水平不仅被大村公认，也是名声在外被外村外族人公认的。

从 2009 年 3、4 月机才高土东巴带病为我们讲解经书，到 6 月 20 日老人去世，只有两三个月的时间，老先生作为家传九世的东巴，按民间的说法他是能够上知天命，下通人事，能占会算，未卜先觉的智者，他对自己的病况不会没有预感。他在那样的状况下还不顾病痛为我们讲经传道，应该知道自己是在燃烧生命的最后一丝烛光，来照亮东巴文化复兴之路上的后人吧！

逝者已矣，我们到俄亚再也见不到机才高土东巴了！俄亚纳西族一直实行火葬，没有陵墓可以拜谒，当我们到老人家中探望时，只有仰望门前高高矗立的"笃梓"（经幡杆），聆听经幡在山风中猎猎飞扬的声响，来寄托我们的哀思，向他老人家致敬！

二 托地村依德次里东巴

1. 依德次里东巴的家世和师承

依德次里东巴，纳西名叫 kua⁵⁵ dæ²⁴ i³³ ŋdər³³ tʂʅ⁵⁵ ɣɯ³³ 瓜丹依德次里，"瓜丹"是他的家名。属猴，1968 年生，2015 年 48 岁。是瓜丹布迪东巴的侄子，是现在俄亚乡掌握东巴教仪式最多最全面的中年东巴，也可以说是大东巴了。

依德次里东巴 1981 年俄亚小学初中班毕业时刚满 14 岁。也正是在那一年，因为他家包产到户分到的田地都在 tho³³ tʅ³³ 托地，那里以前也有庄房，鉴于大村人口太多住房拥挤，他的父亲做了一个大胆的决定，把家搬到托地庄房。之所以说大胆，是因为俄亚大村人世世代代都挤在村里，之前还没有人把庄房当成真正的家。见他家搬到托地以后，养猪鸡牛马羊等牲畜很方便，在托地有田地的村民又陆续搬去了四五家，现在，托地就形成了一个有 7 户人家的小村庄，和咱克村一起组成了大村五组村民组，隶属于俄亚大村村委会。

俄亚小学初中班毕业后，依德次里东巴又在当时的农中上了几年学，相当于是中专。当时的农中基本上是上午上点文化课，下午劳动。据说现在俄亚小学和俄亚医院的很多围墙、房屋，都是他们那时候出了很多力修建的。

农中毕业时依德次里 17 岁。因为改革开放后放宽了宗教政策，俄亚的

穿着东巴服装的依德次里东巴

2012 年在成都纳西族三多节上

百姓又迫切地要求东巴们恢复以前的东巴教活动，为他们祈福禳灾。因此，俄亚的东巴又开始传抄经书，为百姓占卜生老病死，做各种仪式。因为依德次里家族属于东巴世家，政策放开了，百姓也需要，因此，他就产生了跟他的伯父瓜丹布迪东巴学习的想法，开始认真学习东巴文化。瓜丹布迪东巴是大村的大东巴，依德次里东巴从小说纳西语，又有初中的汉文化水平，因此能比较快地背诵和理解东巴经书的内容。我们询问他学习东巴经、东巴教仪式的过程时，他说因为他自己打心里喜欢东巴文化，因此伯父教他念了几遍之后，他就基本上能看着经书念出来了。他一般白天干活，晚上到伯父家里去学习，经常晚上十一点左右才回家。因为托地村和大村之间要走半个小时左右，他在来回的路上就不停地复习背诵东巴经。在家有空的时候，他就在地上、纸上练习写东巴文、抄东巴经，就这样，因为勤抄、勤背经书，心、口、手结合，他的东巴经读写水平提高很快。

　　要做一个合格的东巴，还必须经过多次东巴教仪式活动的训练。大村有近两千人，生老病死、婚丧嫁娶、起房盖屋的事情很多，这些事都要请东巴做仪式，亲戚朋友也要去帮忙，大村的社会家庭关系绝大部分是亲戚联姻组成的，因此整个村子的近200多户人家几乎都有亲戚关系。所以，依德次里东巴有很多机会参加东巴举行的仪式活动，在仪式中学习实践。三年以后，20岁刚出头，他就能够独立做一些烧香、顶灾、退口舌、小祭风等仪式了。30多岁时，因为伯父瓜丹布迪东巴年事已高，行动不便，因此，本来由瓜丹布迪东巴做主祭大东巴的仪式，慢慢就开始由依德次里东巴主持。十多年来，依德次里东巴已经主持了几十个开丧超度、禳垛鬼、大祭风等大仪式。这些年，依德次里东巴不仅为大村、托地村做仪式，还经常被请到咱克村、克子村做仪式，成为现在俄亚乡知名的大东巴。依德次里东巴是目前俄亚收藏东巴经最多的东巴之一，他共有200多册经书，他自己将这些经书分为开路（丧）经、卜书、零杂和除秽经、驱鬼经、什罗超荐经、汝卡经书、送凶死者经七类。他的经书可以作为俄亚经书的代表，基本上包含了现在俄亚所做的仪式中要用到的经书。2010年1月，我们对他的经书进行了整理、编号、著录，详见后文《俄亚东巴经编目》。

依德次里东巴

2011 年 8 月拜访依德次里东巴

依德次里东巴不仅是大东巴，还是个起房盖屋的大木匠师傅。2015 年 1 月，我们到俄亚调查时他正在帮咱克村的一家亲戚建房子，在我们拜访的一个多小时里，他两次被请去亲自测量、画线之类。他说因为起房盖屋要占卜，而且只能在冬季旱季农闲时建造，加上他有时候要做仪式，因此只好跟乡亲和亲戚商定每年建一户人家的，而从今年一直到后年，已经有人家排好队了。我们见他很忙，只好尽快结束访问。依德次里东巴觉得很不好意思，让我们下次一定提前几天打电话，他做好安排接待我们。

2. 依德次里东巴的交游和寻根

依德次里东巴不抽烟、不酗酒，空闲的时间都用在教习徒弟、抄写经书和学习交流上，可以说是一个非常虔诚的东巴文化保护传承者、发扬者。十多年前，白地的和尚礼先生带着古都村的和志本东巴和东坝日树湾村的习尚洪东巴两次到俄亚，寻访纳西族东巴经中记录的祖先迁徙路线站点。他们到俄亚拜访机才高土东巴、瓜丹布迪东巴、木瓜林青东巴、甲若东巴等老东巴时，发现了年轻好学水平较高的依德次里东巴。和尚礼先生与人合作，想要以创办香格里拉县纳西族生态博物馆的方式保留纳西族传统民居、生活用品、东巴文化等。俄亚的东巴文化保留得比白地要好些，但因为交通不便，老东巴们已经不方便到白地了，他们也没有太多时间经常去俄亚。因此，大概从 2006 年开始，和尚礼先生便每年都邀请依德次里东巴在有空的时候去白地，为正在筹建的香格里拉县纳西族生态博物馆做些东巴文化传承方面的工作，比如抄写东巴经、画东巴画、写镇压给人畜带来危害的鬼类的课牌等等。依德次里东巴也趁机和白地的和志本东巴、习尚洪东巴等交流学习。在白地的时候，一接到俄亚的亲戚请他占卜、做法事的电话，如果是必须赶回去做的，依德次里东巴又只好很快赶回去做。然后在有空的时候，在家里帮和尚礼先生抄经书、画东巴画等。

依德次里东巴在前些年还被丽江东巴文化博物馆邀请，去帮助他们做了一些工作。后来，丽江的文博单位想请他在丽江长期工作，但他觉得东巴文化的根在民间，他的根在俄亚，在为老百姓实实在在做仪式祈福禳灾的真实活动中，而不在为游客进行的展演活动中。因此，他谢绝了邀请，答应有需要帮忙的事情而且他有空的时候可以进行短期合作。

农历二月八是丽江、白地等纳西族的传统节日，2012 年 3 月初农历二月八期间，成都纳西学会邀请了我们和俄亚的纳西族代表团参加他们举办的二月八民族节活动。依德次里东巴带着他的徒弟年塔东巴和年若东巴，与大村的机才纳布东巴等一行十多人，在乡长次尔和秘书夏航的带领下，经过长途跋涉，千里迢迢来到了成都，为在成都的纳西族同胞展示了俄亚的烧香仪式、东巴舞、民歌、舞蹈等，参加了西南民族大学博物馆纳西族厅的开展仪式，为成都纳西学会的二月八庆祝活动增添了不少光彩。

和尚礼先生多次到俄亚、依吉、水洛等地探访东巴经中的迁徙路线以后，证实了很多迁徙路线中的站点。因此，他很想去探访东巴经中记录的居那若罗神山和美利达吉海，以及青海、甘肃等河湟地带的纳西族迁徙路线的源头。于是，依德次里东巴受和尚礼先生作为随行东巴的邀请，于 2013 年 9 月 9 日（俄亚历九月初六）晚上，与和尚礼先生、云南省社科院的和红灿先生、木里县依吉乡甲区村的克若东巴一起，从香格里拉机场飞往拉萨，去西藏地区寻访居那若罗神山和美利达吉海。他们在西藏的布达拉宫、日喀则的扎什伦布寺等地拜访了一些喇嘛，询问藏传佛教中有没有与居那若罗神山和美利达吉海相似的山和高原湖泊。有些喇嘛告诉了他们一些近似的答案，但他们也说不知道具体的山和湖的名称。经过相关东巴经中的路线方位和喇嘛们给的一些大致方向，他们推断居那若罗神山和美利达吉海可能在阿里地区。因为临时有事，甲区村的克若东巴没有再跟他们一起去寻访，从拉萨转回去了。依德次里东巴他们三人经过多日辗转，坐大巴车、中巴车甚至包车，于 9 月 17 日（俄亚历九月十四日）从仲巴县到了普兰县巴嘎乡境内，终于找到了他们认为很像东巴经中记载的居那若罗神山周围环境的地方，看

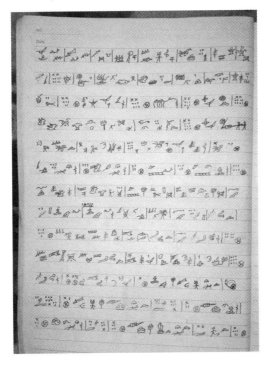

依德次里西藏寻根东巴文日记

到了一座海拔约 8 千米的雪山。（我们在网上查询，巴嘎乡位于西藏阿里地区普兰县西北部，地处冈底斯山脉和喜马拉雅山脉之间的台地，位于东经 81°33′59″—81°32′52″，北纬 30°25′10″—31°12′51″，面积 4086 平方公里。东与普兰县霍尔乡接壤，南与普兰镇相连，西与阿里地区札达县毗邻，北部与阿里地区革吉县和噶尔县接壤。巴嘎乡政府驻地塔尔钦距离普兰县城 81 公里，距离阿里地委行署所在地狮泉河镇 314 公里，距离自治区首府拉萨市距离 1125 公里。219 国道东西向贯通乡域，207 省道连通塔尔钦与普兰县城，向南可通达印度、尼泊尔口岸，交通较为便利。乡驻地塔尔钦集镇位于巴嘎乡中部 219 国道北侧、地处神山冈仁波齐峰和圣湖玛旁雍错之间。塔尔钦因神山圣湖而闻名于世。自古以来冈仁波齐和玛旁雍错被佛教、印度教、苯教

和苯教誉为神山、圣湖，由冈仁波齐、纳木那尼、玛旁雍错以及拉昂错两山两湖组成的地带被广大信徒称为"神山圣湖"。每年因朝拜神山圣湖来自印度、尼泊尔、欧美等世界各地的朝圣者聚集到塔尔钦，因此塔尔钦在西藏旅游中的地位举足轻重，十分重要）于是，第二天9月18日（俄亚历九月十五日）一大早，他们准备好烧天香用的面粉、香柏、松枝、酥油等物品，到海拔6000米左右的山腰，举行了烧天香仪式。9月19日（俄亚历九月十六日），到他们认为与东巴经中记载的神湖美利达吉海相似的湖（可能是玛旁雍错，面积约412平方公里）边去烧了香。9月20日回到仲巴县城，21日从阿里去了札达县，然后又返回了阿里。22日在阿里休整，23日从阿里去了改则县，24日从改则县去了尼玛县，25日从尼玛县去了班戈县，26日从班戈县去了那曲县，27日从那曲县去了巴青县，28日从巴青县去了丁青县，29日从丁青县去了类乌齐县（属于西藏昌都地区），30日从类乌齐县去了青海玉树。10月1日在玉树休息，2日从玉树去了玛多县，3日从玛多县去了达日县，4日（俄亚历十月初一）从达日县到了玛沁县，5日从玛沁县到了西宁。6日在西宁休息，上午去了塔尔寺。10月7日从西宁去了黄河边参观，8日从西宁去了兰州，9日在兰州休息。10日从兰州去了若尔盖，在塔克（网上搜索为唐克，音译差异）住宿。11日上午去看了一下黄河（九曲第一湾），下午去了九寨沟，12日在九寨沟休息。13日从九寨沟去了马尔康，14日从马尔康去了康定，15日从康定去了理塘，16日从理塘去了下坝乡，在下坝乡，乡亲们载歌载舞欢迎了他们。17日从下坝乡去了稻城，18日从稻城去了亚丁然后又回到稻城住宿。19日（俄亚历十月十六日）从稻城到了东义，和尚礼、和红灿先生回了中甸（香格里拉）。10月20日，依德次里东巴回到了俄亚家中。

此次从香格里拉出发到西藏寻访居那若罗神山和美利达吉海，以及到青海、甘肃、稻城等地寻访祖先迁徙路线的源头路站，共用了40天的时间。依德次里东巴说，他在拉萨的时候还有一个小插曲：检查身份证时看到他的证件上写的是"木里藏族自治县俄亚纳西族乡"，再看他证件上的名字，不像和尚礼先生和和红灿先生的姓名，而是很像藏族，于是被误以为是假证件，不相信他是纳西族，不允许他去其他地方。和尚礼先生只好火速请他认识的西藏军区领导亲自写了一个证明后，才得以放行。后来，因为和尚礼先生认识的朋友多，那位领导的证明也成了通行证，每到一处都很顺利了。

依德次里东巴说，此次与和尚礼先生、和红灿先生的旅程，即便是坐车，也很辛苦，但也很值得，是他此生最难忘的旅程，非常感谢两位先生带他去走了祖先很多辈人才走完了的路。的确，他们辗转万里，寻访祖先迁徙的路线，其虔诚的精神，对东巴文化的热爱和信仰，由此可见一斑。这是纳西族民间寻访祖先迁徙路线源头的第一次，也是路线最长的一次，也可以说这是一件值得载入纳西族史册的事。

这次寻访神山和神海的事宜，是 2014 年 8 月我们到俄亚调查去拜访依德次里东巴时他给我们讲述的。2013 年 1 月，曾小鹏和云南大学的光映炯老师到俄亚调查，光老师请依德次里东巴把每天做的事、仪式等大致地记录下来，因此他写了整整一年的东巴文日记。依德次里东巴很温和、谦逊、不保守，他把日记毫无保留地让我们拍了照。我们以上叙述的依德次里东巴寻访祖先迁徙路线旅程，基本上就是其中 9 月到 10 月的东巴文日记的翻译。

依德次里东巴还告诉我们，2014 年农历三月初五，他带着年若东巴、年塔东巴、杜基东巴三个徒弟应邀去参加了丽江玉水寨举行的东巴法会，与各地的东巴们切磋了东巴仪式、东巴舞等技艺，交流了东巴经。他还给玉水寨的一些东巴带去了 2013 年 9 月、10 月去西藏、青海、甘肃等地寻访祖先迁徙路线时买的串珠、金刚杵等小法器。2014 年 5 月，在丽江拍摄一部与东巴文化有关的电视剧，依德次里东巴被请去了好几天，当了一回演员。

2015 年 3 月 28 日，我们到成都参加成都纳西学会、杜甫草堂、丽江东巴文化博物院共同举办的纳西族东巴文化展、二月八庆祝活动、东巴文化现状研讨会时，又与依德次里东巴见面了，真是喜出望外。原来，他们也受到了与丽江、白地的东巴一起做烧香祈福仪式的邀请，于是，依德次里东巴带着年塔东巴、年若东巴、杜基东巴三个徒弟来到成都。在这次活动中，学者们一致肯定了依德次里东巴这些年为东巴文化保护传承所做的工作，希望他继续努力，传承和培养更多的东巴，帮助更多的学者研究俄亚的东巴文化。会后，我们邀请他们到重庆玩几天，给我们讲一些俄亚东巴文化的情况。但他们说第三天就必须赶回到俄亚，因为有一户人家要做由依德次里东巴主持的亡者去世 49 天时的竖经幡仪式，不能更改。我们只好遗憾地请他以后有机会再过来。

在杜甫草堂博物馆"纳西族东巴文化展"主持烧香祈福仪式（2015.3）

3. 依德次里东巴对东巴文化研究的帮助

由于依德次里东巴有初中文化水平，汉语说得比较好，识汉字，因此，只要去俄亚说要找东巴采访学习，大家都会推荐依德次里东巴。从 20 世纪 90 年代至今，他不仅多次前往丽江、白地等地交流，与丽江东巴文化博物馆短期合作，还在家里帮助多名学者完成了俄亚纳西语、东巴教仪式、东巴文等方面的研究。虽然去俄亚调查学习对学者来说比较辛苦，吃住行都不是很方便，但我们认为只有真正去俄亚体验一段传统纳西族的生活，与东巴们同吃同住同劳动，亲自参加一些仪式活动，才能做好关于俄亚东巴文化的研究。也只有这样，才有利于俄亚东巴文化的保护和传承。正如依德次里东巴所说的，东巴文化的根在民间，他的根在俄亚，俄亚东巴文化的根就在东巴们为百姓凡事的占卜和祈福禳灾的实践活动中。学者们到俄亚调查学习，也方便依德次里东巴兼顾家庭、乡亲，更便于俄亚东巴文化的弘扬和传播。

从 2000 年至今，依德次里东巴帮助中央民族大学的鲍江博士完成了博士学位论文《象征与意义：叶青村纳西族宗教仪式研究》（出书时更名为《象征的来历——叶青村纳西族东巴教仪式研究》），帮助西南大学的曾小鹏博士完成了博士学位论文《俄亚托地村纳西族语言文字研究》。从 2009 年至今，我们到俄亚去调查了近十次，几乎每次都去拜访了他，得到了他的热情接待与帮助。2013 年 1 月、2015 年 1 月，云南大学的光映炯老师和学生也去俄亚调查拜访了他。2014 年 11 月到 2015 年 1 月，在俄亚调查学习的美国学者台湾清华大学经济人类学博士研究生张慧娜也多次去拜访了依德次里东巴。2015 年 1 月，丽江师专的杨林军副教授和中南民族大学的硕士研究生木丽宏去拜访了依德次里东巴，他还请杨林军他们给玉水寨的和学东东巴带回去了两本东巴经。

在学者们向他调查、学习东巴文化时，因为他与外界联系广泛，视野开阔，而且对白地、丽江、俄亚等地的仪式、经书有过比较，所以能够很好地回答学者的问题，深入浅出地讲解各地东巴文化细微的差别，给学者们很多很实在的帮助。也正是因为如此，他的功力远远超过了本地的东巴。我们也希望依德次里东巴的明天更美好，俄亚的东巴文化的保护和传承在以他为代表的东巴们的努力下，薪火相传，生生不息。

三 克米局村撒达杜基东巴

1. 初识小东巴撒达杜基

我们认识撒达杜基这个有点传奇色彩的小东巴，纯属偶然。2009 年 8 月，喻遂生、杨亦花、曾小鹏、吴志俊 4 人在俄亚大村调查记录俄亚纳西语音系。8 月 13 日，我们到俄亚乡政府了解乡情，谈到东巴文应用性文献如书信、账簿的时候，副乡长熊金祥说："以前修公路、修沟渠的时候，克米局村的克若村长来领炸药、雷管等物品时就用东巴文记录。现在克若村长去世了，由他儿子生根继任村长，他的孙子是一个中学生，也会东巴，读五六年级的时候就经常请假，说：老师，我要回去给人家做仪式。"我们一听，觉得很有意思，决定请这个中学生东巴来俄亚小学和我们见面谈谈。第二天一早，我们就给熊乡长写了封信，请他给撒达家人写个条子，证明我们是大学里研究东巴文的师生，想请撒达到学校来见面谈谈。同时也给撒达写了一封信，简单介绍了一下我们的情况，邀请他到俄亚小学来见面，如能找到他爷爷当时用东巴文写的记事本的话也请带来给我们看看，等等。然后，我们就请俄亚大村的年轻人机才年若到乡政府和克米局村去送信。机才年若回来说撒达上山捡蘑菇去了，他家里人已经托人带口信给他，大概第三天会来找我们。果然，第三天上午十点左右，我们在俄亚小学的操场上见到了一个正在打球的长相清秀、还有些稚气的青年，他就是撒达杜基。撒达很抱歉地说在家里找了半天，没找到爷爷当时用东巴文记事的本子。我们就问了他一些小时候学东巴的情况，以及学习的情况。他当时刚读完初二，马上读初三，我们就鼓励他好好学习汉文化，考上高中，考上大学，以后考研，做一个既会做东巴又会做研究的人。得知他家还有很多经书，下午他回家时，我们就把一个数码相机交给他，请他把他家经书的封面、首页、末页，以及法器、卷轴画等都拍下来，同时我们约好 8 月 24 日一起离开俄亚，他们去木里上学，我们回学校。8 月 24 日，我们在香格里拉县洛吉乡的漆树湾会合，撒达和他的堂妹带来了拍的照片，他家有 200 多本经书。我们一起经香格里拉到达丽江，住了一夜，分道扬镳。

那时从俄亚直接到县城木里，先要走六七天马帮，才能走到通公路的地方，而走洛吉、香格里拉、丽江，再坐车到四川盐源转木里，反而要便捷省时一些。俄亚孩子艰辛的求学之路，给我们留下了深刻的印象，我们从此和撒达交上了朋友。

2. 撒达的家世和童年

撒达杜基东巴，纳西名叫 sɑ²¹ dɑ⁵⁵ dv²¹ dʐ̩³³ 撒达杜基，1992 年俄亚历四月十六生（大致相当于公历 5 月份），2011 年 20 岁，平时大家都叫他撒达。他的家名叫 dʑə³³ pu²⁴ 甲波，这是民主改革之前俄亚纳西族的一种土官名称，相当于现在的村长。因为俄亚纳西族的名字是由东巴根据母亲生育的年龄所属的方位来取名的，所以重名的人比较多，为了区分，就在名字前加上家名。如果一家人中出现重名，一般是爷爷奶奶和孙子孙女重名，就在长辈的人名前再加上 ɑ³³ phv³³ 阿普（爷爷）、ɑ³³ dʑɿ³³ 阿紫（奶奶）。所以有同名的撒达在场时，别人就会称呼他 dʑə³³ po²⁴ sɑ²¹ dɑ⁵⁵ 甲波撒达。

撒达是家传东巴，曾祖父 çə²¹ nɑ⁵⁵ 夏纳和祖父 khɯ³³ zo³³ 克若都是当时名传冲天河流域的大东巴，父亲 si³³ ŋɯ³³ 生根也从小接受东巴知识，会做烧天香、小祭风、顶灾许愿、禳垛鬼、退口舌是非等仪式。因为夏纳爷爷和克若爷爷悉心教授撒达学东巴，平时村里和邻村的仪式也都是克若爷爷做的，生根只是充当助手的角色，因此等撒达能做仪式后，生根慢慢就不做东巴了，而把做东巴的义务交给了撒达。

撒达四五岁时，先从曾祖父夏纳学习，曾祖父教他背诵烧香经等重要的经典，他和姐姐 si³³ ŋɯ³³ me³³ 生根妹就边玩边学会了烧香经，姐弟俩早上都会烧香念经给山神和祖先敬献茶水。曾祖父夏纳是昨窝村上门到他家的，2011 年 8 月中旬我们去昨窝村采访瓜祖东巴的时候，瓜祖东巴说夏纳爷爷

撒达杜基东巴生活照

的父亲是个东巴水平很高但脾气也很大的人。夏纳爷爷小时候很聪明，经书背得很好，但因为贪玩，东巴文写得不太好，其父就拿着长烟锅敲打他的额头。夏纳爷爷很倔强，发誓从那时候起就只学背东巴经书，不抄写东巴经文。所以后来夏纳爷爷虽然会写东巴文，但写得不太好看，而且也极少写东巴文。也因此，撒达家现在的经书大多数都是夏纳爷爷和克若爷爷的徒弟、朋友等东巴抄写的，只有很少的几本经书是克若爷爷抄写的，这些情况从他家现在所藏经书的跋语中可以看出来。当然他家还有一些经书是撒达的父亲生根在山上捡蘑菇、在河边淘金时利用闲暇时间抄写的，还有几本是撒达自己抄写的。

撒达六七岁的时候，喜欢跟着曾祖父去人家家里做仪式，因为做仪式有时候要跳东巴舞，他觉得东巴舞很有趣，吸引他。有一次，他和村里的小朋友上山去打鸟，突然，有个走在前面的小朋友惊慌失措地跑到他身边，说前面有一只死了的小山羊。当时他心里一点都不怕，大家商量了一会儿，决定把这只山羊拖到一个平一点的地方给它做个超度仪式。他们派一个小朋友回

撒达杜基东巴

去拿刀，其他人把小山羊拖到一户人家的平地上。等拿刀的小朋友回来后，他们决定跳东巴舞，因为只有撒达一个人跟曾祖父去看过较多的仪式，所以他就成了那里的"大东巴"。在他的指挥下，每个小朋友都做得很认真，他们就模仿着跳东巴舞，沉浸在游戏中。不知什么时候，他们发现曾祖父夏纳站在他们前面，面带微笑跟他说："回家吃饭的时候把其他小朋友也叫回来一起吃饭吧！"撒达怕回去后曾祖父骂他，心里责怪那只小山羊，但又不敢不回去，当然，他的小朋友可能也是怕挨骂，没敢跟他一起回去。怀着忐忑不安的心情回到家，没想到曾祖父却给了他两根煮熟的猪排，第二天早上又给了他两个煮鸡蛋。那是他小时候最喜欢吃的食物。之后，隔几天，曾祖父就会给他吃这些好吃的。他当时只觉得跟着曾祖父有好吃的东西，于是心里又感激那只小山羊了，现在回想才知道那是曾祖父对他具有做东巴潜力的一种鼓励，给他点亮了一盏明灯。从那以后，曾祖父几乎每天晚上都在家里教他跳东巴舞，因为那时候没有电灯、电视，他也就把学跳东巴舞当成了生活的最大乐趣。

　　撒达七岁的时候，曾祖父夏纳爷爷去世了，于是祖父克若爷爷接着教他背诵东巴经、写东巴文。爷孙俩经常在山上放羊、打猎，他们也就在山上教学东巴经、东巴文。

2012年7月，撒达到西南大学文献所复习功课，同时帮我们解决一些东巴经翻译和东巴文字释的问题。我们无意间谈到学写东巴文的事，他说他小时候跟爷爷克若在山上放羊，放到哪里，爷孙俩就各自捡一大一小两个石块，教学写东巴文，然后随写随扔，因为漫山遍野都有石头，他就是这样学会东巴文的。撒达说，在上山下山的途中，爷爷也会教他背诵东巴经，可以说爷爷几乎是随时随地给他教授东巴经和东巴文。晚上，他也喜欢和爷爷一起睡，因为爷爷会给他讲很多东巴经里的故事，他还可以把脚搭在爷爷的身上。爷爷讲完故事就教他背几句东巴经，第二天早上起来前让他回忆头天晚上背诵的经文，让他再背出来。村里或昨窝村、克子村、苏达村的人家请爷爷去做各种祭祀仪式时，爷爷也会把他带在身边，教他击鼓、敲锣、捏面偶，等等，让他在仪式中学习。

在山上牧场放羊遇到早上就开始下雨的时候，爷爷就会把撒达一个人关在屋里睡觉，因为他还小，下雨天放羊有点危险。撒达就在山上的小屋里睡觉，等爷爷和村里人回来后，他就出去串门，等爷爷叫他回去吃饭时才跑回去。那时候，他有点怕学东巴经，因为小孩的天性是玩嘛。他最怕爷爷吃完饭后问他："吃饱了吗？吃饱了我们就念经书。"因此他也会找些借口骗爷爷，说要做这要做那，爷爷当然也就让他去玩一会儿。有一次，吃完饭后他见塑料桶里没水了，就跟爷爷说："您不是教我做事要有始有终吗？咱们吃了饭也要洗碗吧？"爷爷说："嗯。""可是桶里没水了，我去先去打水吧。"爷爷同意了，他就像飞出笼子的小鸟，还没到水源处就把塑料桶甩了出去，自己拿着弹弓打鸟去了。一去就贪玩了两个时辰左右，回去打水时，塑料桶不见了，心里想这下没好日子过了，因为既骗了爷爷还把塑料桶也弄丢了！想着想着吓得哭了起来。山里人少，忽然他听见背后有动静，更是吓了一跳，也不敢回头看，边哭边说："求求你放过我……"隐隐约约地，他听到好像有人在说话，仔细一听，原来是爷爷。爷爷说："这回该回去念经书了吧！"他一下子忘记了对爷爷的恐惧，扑进爷爷的怀里。爷爷抱起他，给他擦了眼泪，他往爷爷身后一看，塑料水桶装满了水，在爷爷背后放着呢。爷爷就一手抱着她，一手提着水桶回到了小屋。爷爷先把碗洗干净放好，然后说："我们该念书了！"于是知道爷爷不会骂他，他才放下心来跟爷爷读经书。第二天早上起来时，他记住了头天晚上背的那些东巴经，爷爷就高兴地说要带他去藏民的牧场里逛，他高兴得跳了起来。但走到门口的时候，天在下雨，他就垂下头来，爷爷说："我要带你去藏民牧场，你怎么不高兴了呢？"撒达小心翼翼地说："外面在下雨，您不是下雨的时候不准我出去吗？"爷爷笑着说："现在你长大了，不管天晴下雨都可以跟我出去了！"从那以后，他再也没骗过爷爷。

撒达的父亲也一心想让撒达跟爷爷好好学习东巴，所以对撒达比较严格。撒达八岁上学以后，平时学东巴的时间少了，所以周末和暑假、寒假有仪式要做的时候，父亲就会让撒达跟着爷爷去做仪式，他就不能跟小朋友一起玩了。所以那时候他总是盼望不做仪式而去玩，特别有点讨厌寒假，因为寒假里要做的仪式很多，几乎天天都要做仪式。有一次，在一户人家做仪式时，撒达偷偷地溜出去玩。但没玩多久不知道父亲从哪里冒出来的，把他给"抓"了回去，拉到了爷爷身边。爷爷倒是面带微笑对他说："回来了就好，上来念经。"话没说完，鼓槌已经交到了他手里，他在众目睽睽之下只好摇着头敲打着当时看起来似乎和太阳一样大的鼓，嘴里喋喋不休地念着经，别人越是笑他，他就把鼓敲得越响，直到爷爷让他不要敲了为止。从那以后，他的胆量增加了很多倍，有仪式的时候，他也喜欢跟爷爷抢着敲鼓，边敲鼓边念经了。但有时候他还是很调皮，因为念经的腔调要根据鼓声，所以有时候撒达就在不能停顿的地方故意停下来，爷爷就上当了，他就偷偷地笑。爷爷只是拍拍他的脑袋说："不能这样啊，东巴也要有规矩！"他不服气，后来自己试验边敲鼓边念经，说要跟爷爷比赛，看能不能念经不受敲鼓声音的影响，看谁不看经书能背诵，看谁早上起得早，吃饭吃得快，还把羊群分成两队，看谁的羊肥壮一些，打架打得凶一些……就这样，在爷孙俩的"比试"中，撒达的东巴水平慢慢提高了。

3. 成为一个真正的东巴

撒达正式主持东巴仪式，是在五年级的暑假。有一天他和爷爷去给一户人家做仪式，到了人家家里，爷爷说："今天就由你来主持仪式，我坐在旁边看你，怎么样？"虽然心里有些害怕，但撒达还是鼓起勇气一口答应了，爷爷高兴得直点头。于是撒达就有了第一次独立做仪式的经历。半个月后，他才知道爷爷患了气管炎，念经有点困难了，也开始在考察他做东巴仪式的功底。后来，父亲带爷爷去香格里拉县医院看病，但病稍微好点，爷爷就嚷着要回家，说开了针药到俄亚乡卫生院去打针吃药就可以了。于是，爷爷白天在医院输液，晚上就和他挤在学校的床上。后来，爷爷的病似乎好了，但一个月左右的时间又复发了，可是这次爷爷说什么也不愿意再到外面去治病。而且，有人来请他做仪式的时候，他还是像往常一样答应下来，带着撒达去做，到人家家里就让撒达自己做，他在旁边看着指导、纠正。家里人都很担心爷爷的病，撒达晚上在被窝里偷偷地哭泣，因为他知道爷爷不久于人世了。有一天，有户人家还是来请他们做仪式，撒达很想对来人大骂一顿，但还没等他开口，爷爷就说："今天你自己去做吧，我会在家里听着你每一段情节做得怎么样！"做完仪式回家以后，爷爷真的为他指出了一些细节错误。五年级暑假的一天，克若爷爷永远地离开了撒达和他的亲人。

纳西族的风俗是，某一家或某若干家，比较固定地请某一家东巴来做仪式。老东巴去世了，由家中的晚辈东巴继承，而东巴也有为这些人家消灾祈福的义务。爷爷去世后，如果村里人要做仪式的日子不是周末或假期，撒达就得跟老师请假了。

撒达东巴（左二）在六斤东巴母亲葬礼中辅助念经

撒达小学毕业到木里县读初中高中至现在读大学，习惯请他做仪式的村里人家还是请他做寒假或暑假里举行的仪式，如除秽、小祭风、顶灾用鸡许愿、退口舌等仪式等。只有在他外出上学期间，才不得不请昨窝村的瓜祖东巴和本村的贡布次里东巴做其他的一些仪式。当然，有些仪式，本身就需要三四个甚至更多的东巴合作才能完成，如禳垛鬼中仪式和大仪式、大祭风仪式、开丧超度仪式，等等，而这些仪式中，撒达也只能当辅助东巴，因为他上学没有太多时间学习这些大仪式。

克若爷爷曾跟撒达说过，做仪式的时候要胆大心细，自己一个人也不要害怕，说必要的时候爷爷就会来帮助你的。爷爷还给了撒达一张他的相片，让他在做仪式的时候带在身边。这样，在做仪式的时候，撒达就觉得爷爷就坐在他的旁边给他指点，他也就能大胆地做仪式了。

是金子在哪里都会发光，撒达到木里县读初中高中的时候，在木里县城工作买房安家的俄亚乡人知道撒达是东巴会做仪式后，在搬到新房子居住之前，就会请他去做除秽、烧香仪式。他不想要报酬，觉得不好意思，但有时候人家执意会给他一两百块钱。杨亦花于 2011 年 12 月 17 日到木里县去看望撒达，刚好遇到有人请他去做除秽仪式，于是跟他一起到一户原籍苏达村的人家的新房子里去做了除秽、烧香、请家神仪式。

我们向撒达询问东巴活动的一些细节。撒达说给人家做仪式，除了一些做仪式必须给的实物报酬外，其他的钱是主人随意给，没有能力的也不给，东巴也不在乎报酬的多少。做的仪式不同，给的报酬也就不一样，但做仪式的时候神坛上的祭粮必须送给东巴，还要送一圈琵琶肉，送两瓶酒等。而做的仪式不同的话，祭粮多少也不一样，比如顶灾用鸡许愿仪式，祭粮是 1 升（相当于 2 斤）、小祭风仪式是 3 升，禳垛鬼小仪式和退口舌是非仪式是 5 升、中仪式是 7 升、大仪式是 9 升，丧葬仪式也是 9 升。祭粮按季节分，冬季用稻谷，夏季用麦子，也可以用玉米，但玉米用得少，而荞麦是给鬼的祭粮。所以从祭粮的颜色分为白粮和黑粮，白粮是敬神的，黑粮是祭鬼的。我们又问他："东巴请的人很多，那你们凭什么决定去和不去？"撒达说："我们东巴只要有人来请，一般都必须去，没有不去的，不去的话自己会有罪责。""那如果家里农忙啊那些怎么办？""家里再忙也要去给人家做仪式。一般做完仪式后，人家又会来帮忙做农活。"我们问他家的 200 多本经书中，他会念的有多少本，他说有 60 本左右，还有一些是看日子之类不用念的占卜类经书。撒达写了好几本经书，但有几本给了昨窝的瓜祖东巴，有几本给了密地的东巴，有几本给了村里的贡布次里东巴，自己留着的只有几本。

关于东巴的心境，我们问他："东巴给人家算命啊，有神啊鬼啊的说法，而你又在读高中，科学认为没有神没有鬼，要是生病了就上医院，不要去算命之类的，这种你觉得是不是有点矛盾？"撒达笑着说："是有点。"我们又问他："你做东巴必须坚守东巴教的这一套，但在学校你又是学科学的，科学又不相信那一套，那在你的内心有什么想法？"撒达说："在学校的时候我还是相信科学的。"把我们逗得哈哈大笑，我们说："在家你就相信东巴那一套，你还是分得很清楚的嘛！"我们说："东巴是一种信仰，当然它也就不考虑科学呀这些东西，但话又说回来，你会不会碰到这种情况：有人生病了来请你占卜一下，是什么原因，那你会给他什么建议？"撒达说："我还是按老规矩先给他占卜，要是不行就建议他去找药、上医院。"我们就开玩笑说："那你以后占卜的时候就改进一下，说占卜的结果是你要吃什么什么药，哈哈哈。"我们说："玩笑归玩笑，我们的意思是说，东巴文化作为一种古老的文化，它里面是有一些封建的迷信的东西，也有很多精华。所以我们肯定要慢慢放弃一些东西，放弃那些不科学的东西，保存精华部分。但从现在来看，东巴文化是一种濒危的文化，我们要先不论好的坏的，都先保存下来，什么都没有了就谈不上继承了。所以你作为东巴，又是学生，也不要有心理负担。但是对于你们占卜出来的原因，你们东巴自己相不相信？"撒达说："对于东巴来说，应该是相信的。"我们说："有些东巴生病了，他也要上医院，所以还是有矛盾的。所以，以后你自己搞研究的时候还是要站在科学的立场，在你做东巴的时候是要相信它。"我们又问他："你在做东巴的时候完全忘了你是一个学科学的人吗？你们做东巴仪式的时候先要敬神恳请神灵的威力降临到你们身上，做了这个仪式之后你是不是觉得比如你曾祖父夏纳、爷爷克若就在冥冥之中帮助你？也就是你做起仪式来很顺畅，若有神助的感觉？"撒达说："是的，我做仪式的时候迎请了神灵和曾祖父、爷爷的威力，然后有点感觉到他们似乎在帮助我。"

4. 学习，学习

和撒达认识之后，我们就经常联系，结成了互相学习，互相帮助的对子。一方面，我们鼓励和帮助他努力学习汉文化，同时带他到俄亚各村、木里依吉乡、宁蒗县拉伯乡、香格里拉县三坝乡、丽江塔城乡做田野调查，扩大加深对东巴文化的认识；另一方面，撒达也对我们师生在俄亚的调查学习提供帮助，解答我们的疑问，甚至充当纳西语方言调查的发音人。

撒达杜基东巴（左三）和我们一起到俄亚大村调查

撒达在木里读初中时，由于俄亚的教学质量不太好，汉文化基础打得不好，加上到木里后学习方法不对，学习成绩不理想。班上很多同学得过且过，学习不努力，他也受到一些影响，学习信心不足。我们就给他打气，跟他讲这样的道理：你已经十九二十岁，如果是在家里不上学的话，家里人大概已经给你说了媳妇娶妻生子承担家庭责任了，所以你应该珍惜难得的在学校学习的机会。别的同学不想学，那是他们的事，你也管不了，但你要努力管好自己，应该也有能力管好自己。因为做五个小时的东巴仪式，你一个人都能坚持下来了，现在有老师教，汉文化学习也应该能够坚持下来。撒达听到这样的类比以后，心里似乎一下子想通了很多，开始加倍努力学习，顺利考上了高中。

2010 年 8 月，杨亦花到俄亚调查，在克米局村与撒达的父母亲沟通，让撒达在高二寒假和暑假、高三寒假这几个假期少做些仪式，先让他好好学习汉文化考大学，考上大学后再给村民做仪式。这期间就请他们给村民解释一下，这一年的仪式先请贡布次里东巴和昨窝的瓜祖东巴做一下。他的父母亲都很支持，说他们不会说汉语，对学习也什么都不懂，就拜托我们带撒达好好学习，希望他能考上大学。

2012 年寒假，1 月底到 2 月中旬，撒达和同村同学高杰到丽江塔城杨亦花家里复习功课、过年，年后撒达回家给村里人做了几场仪式。然后给村里人解释暑假和寒假要补课复习，请他们谅解，一年的仪式请他们暂时请瓜祖东巴和贡布次里东巴做一下。2012 年暑假，7 月 17 日到 8 月 2 日，撒达到西南大学补习功课并帮助我们解决一些东巴经、东巴文的翻译问题。我们再次给他讲了等他考上大学后再坚持做东巴仪式，以后慢慢走学术研究和东巴实践相结合的学者型东巴道路的道理。在这期间，杨亦花和研究生郑邦宏、逄方慧等人给他补习英语、语文、历史，给他讲授了一些学习方法、答题技巧，他慢慢有点领悟了。回学校后考试，我们问他感觉怎么样，他调皮地回答说："前几天考试，我第一次考了班上的第一名，我想我的学习是进步了吧！"

撒达杜基东巴在西南大学文献所与喻遂生教授交流

2013 年 9 月，撒达考上了南充职业技术学院的语文教育专业，成了一名大学生。因为他读的是专科，为了提升学历，他课余努力准备，在陆续参加四川省的汉语言文学专业本科自学考试。

撒达和我们认识之后，利用寒暑假，积极参与我们的田野调查，向各地的东巴学习，同时在家乡坚持为乡亲们做婴儿取名、顶灾、小祭风、退口舌、禳垛鬼等仪式。如：

2010 年 7 月暑假，杨亦花带撒达到香格里拉县三坝乡调查学习东巴文化，在白地古都村向和志本老东巴学习了《鲁般鲁饶》等几本经书，到瓦刷村知恩村民组拜访和利国、和建本等东巴，到哈巴村告湾村民组拜访杨玉龙东巴，到其支村民组拜访和国才东巴，到东坝拜访习尚洪、墨虎等东巴。这期间，村里人经常打电话来请他回去做仪式。7 月下旬，撒达先回家给村里人做仪式去了。

撒达杜基东巴与白地和志本东巴合影

撒达杜基东巴朝拜阿明灵洞

　　8 月中旬，杨亦花到俄亚调查，撒达和村里的同学高杰赶马帮到洛吉漆树湾接应。到俄亚后，撒达与杨亦花一起去俄亚益地村拜访了阿子乐、依德等东巴，到卡瓦村去拜访了杜基次里、尤丁、五斤等东巴。回到家后，撒达给他姑妈家做了一场顶灾用鸡许愿仪式，给杨亦花讲解了做仪式的原因、仪式用的法器、面偶、经书、过程，等等。这种仪式从下午五点左右开始，一直到晚上十点才结束，要持续 5 个小时，杨亦花拍摄了仪式过程。这个顶灾仪式后的第三天、第四天，他和贡布次里东巴又辅助昨窝村的瓜祖东巴给邻居依德家做了一个禳垛鬼中型仪式，杨亦花也跟他们学习采访，拍摄了仪式过程。

撒达东巴配合瓜祖东巴做禳垛鬼仪式

2011 年 1 月底到 2 月下旬，撒达带史晶英到他家所在的俄亚克米局村学习纳西语和东巴文，史晶英根据学习调查的材料总结了纳西语克米局村音系，翻译了克米局的《竖送魂经幡仪式规程》①。

2011 年 8 月 13 日，杨亦花、周寅、史晶英、马文丽、郭佳丽一行五人又到俄亚调查，撒达带我们到俄日村拜访了阿嘎东巴，到苏达村拜访了六斤、金果、五斤等东巴，还参加了六斤东巴母亲的开丧超度仪式和竖经幡仪式，到昨窝村拜访了瓜祖东巴，到托地村拜访了依德次里东巴，到大村拜访了木瓜林青东巴。

2014 年 7 月 23 日，撒达杜基东巴和杨亦花到昨窝村，向瓜祖东巴学习了放生牦牛许愿仪式，了解了此仪式的规程、注意事项、需要念诵的经书。8 月 1 日，撒达杜基东巴在他家的高山牧场上做了放生牦牛许愿仪式。8 月 7

---

① 史晶英：《东巴文仪式规程文献研究》，硕士学位论文，西南大学，2013 年。

日，撒达杜基东巴和昨窝村的瓜祖东巴一起做了自己家里的退口舌仪式。8月10日，撒达杜基东巴给克米局村阿恒美家的孙女做了婴儿取名仪式，给婴儿取名为格玛。8月12日，撒达杜基东巴和杨亦花到俄亚大村，向杜哲伟布东巴学习了大村的婴儿取名仪式规程、要用到的经书，以及其他的几本经书。

8月16、17日，撒达杜基东巴跟随杨亦花到依吉乡甲波村，向纳白生根东巴学习了几本东巴经。8月18日，到宁蒗县拉伯乡油米村向杨扎实东巴学习了一些仪式规程。

撒达在高山牧场做放生牦牛许愿仪式（2014.8）

8月23日，撒达杜基东巴跟随杨亦花到香格里拉县三坝乡东坝科目村向墨虎东巴调查学习东巴经，8月25日到白地恩土湾村和尚礼先生家观看学习了波湾村和学仁东巴举行的住新房请家神仪式。

2015年1月20日，撒达杜基东巴跟随杨亦花观看学习了宁蒗县拉伯乡油米村阿公塔东巴为其女儿阿玉香举行的成人礼穿裙子仪式、新年烧天香仪式、油米村的山神台烧香仪式。

1月23日，撒达杜基东巴和杨亦花到俄日村向阿嘎东巴学习了大祭风仪式的一些规程和两本东巴经。1月25日撒达杜基东巴帮村里的 $gə^{55}dzi^{24}$ 戈吉家做了小祭风仪式，1月26日帮克子村 $ko^{55}zo^{24}$ 郭若家做了小祭风仪式，1月27日帮村里的 $pv^{33}lo^{24}$ 布洛家做了祭水龙王仪式，1月28日帮村里的 $bu^{55}bu^{21}$ 卜卜家做了小祭风仪式，1月29日帮村里的 $pv^{33}lo^{24}$ 布洛家做了小祭风仪式，1月31日与昨窝村的瓜祖东巴和本村的贡布次里东巴合作给家里做了大祭风仪式。

撒达为俄亚乡次尔乡长写的纳西族谚语（2014.8）

2月2、3日，撒达杜基东巴跟随杨亦花老师到依吉乡甲区村，向夏纳东巴、依修东巴学习了祭祖仪式中用到的几本东巴经。2月5日，撒达杜基东巴与昨窝村的瓜祖东巴和村里的贡布次里东巴合作帮村里的 $bu^{55}bu^{24}$ 卜卜家做了退口舌是非仪式，2月6日，与昨窝村的瓜祖东巴和村里的贡布次里东巴合作给家里做了的退口舌是非仪式，2月7日，帮村里的高杰家做了小祭风仪式，2月9日，与昨窝村的瓜祖东巴和村里的贡布次里东巴合作帮 $kh\ae^{21}\,d\!z\!\partial^{33}\,r\!\partial r^{24}$ 开久乐家做了大祭风仪式，2月11日帮村里的 $\alpha^{55}\,d\!z\!i^{24}$ 阿吉家做了小祭风仪式。

2月13日，撒达杜基东巴跟随杨亦花到宁蒗县拉伯乡树枝村，向石宝寿东巴学习了几本东巴经。

2月23日，撒达杜基东巴跟随杨亦花到丽江塔城乡拉市洛村和俊仁东巴家，观看学习了祭天仪式。

可以看出，年轻的撒达同时在汉文化及科学知识和东巴文化及实践两个方面，努力地学习，学习。凭着他的聪慧和勤奋，凭着他对东巴文化的执着和热爱，我们相信他今后一定会成为一个既会理论，又会实践的东巴和学者。

第六章

俄亚东巴经编目及字释举例

第一节　俄亚东巴经编目

"文化大革命"中，俄亚东巴的经书大部分被没收焚毁，大村只有威迪美家的茨里东巴密藏在地道和山洞的经书侥幸逃过一劫。"文革"以后，威迪美茨里东巴的经书成为大多数俄亚东巴传抄的母本，因此可以说俄亚大村经书的版本大致是一样的。后来威迪美茨里东巴的老经书被他的儿子卖给了依吉乡的东巴，因此在俄亚大村，以前的老经书已经很少见了。大村五组托地村的依德次里东巴是现在俄亚公认的大东巴，也是目前俄亚收藏经书最多的东巴之一，因此我们以他的经书作为俄亚经书的代表来进行编目。

依德次里东巴把自己的经书分为开路（丧）经、卜书、零杂和除秽经、驱鬼经、什罗超荐经、汝卡经书、送凶死者经七类。我们按照依德次里东巴的分类对他的经书进行整理、编号。经过编号工作，我们发现，截止到2010年1月，依德次里东巴共有200册经书，其中开路（丧）经54册、卜书16册、零杂和除秽经32册、驱鬼经34册、什罗超荐经25册、汝卡经书8册、送凶死者经31册。

按照依德次里经书的分类顺序，我们给每本经书进行了编目。编目内容包含8个部分：编号、经书名（东巴文）、经名汉译、经书纸质、长（cm）×宽（cm）×页码（除去封面）、经名读音、简释、说明及摘要。

为了便于识别，我们给每本经书上贴上了数字标签。"经书名"是请依德次里东巴照着经书封面重新抄写的，有的字形与经书封面扫描件或有差异。"经名读音"是记的依德次里东巴的读音，与我们在第四章《俄亚纳西语调查》中所记录的松点生根老人的读音不完全相同。记音采用国际音标，由于存在一个字形记录多音节的情况，为便于和字形对应，我们在每个字形所记录的音节之间留出两个字符的空隙，如：经，有四个字形，但第一个字形要读 mv^{33}thv^{33}a^{33}zη^{33}这四个音节，所以就写成"mv^{33}thv^{33}a^{33}zη^{33}　kv^{33}　tςu^{55}　me^{33}"；再如经，共五个字形，也读五个音节，就依序写成"tshη^{21}　i^{55}　sl^{33}　uo^{21}　me^{33}"。"经名汉译"是我们翻译的，以直译为主，间有意译。"简释"部分包含简要的字释和词的对译。"说明及摘要"部分简单介绍该经书使用的情况和经书所记录的大致内容。有个别经书的某些项目失记，暂以"待补"标明，以待来日补充。

下文是对依德次里东巴的经书编目的情况。

一　开路（丧）经（1—54）

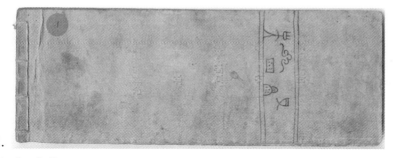

1.

唤醒亡灵经字形

《唤醒亡灵经》，牛皮纸，26cm × 9.5cm × 17 页

读音：tshη^{21}　i^{55}　sl^{33}　uo^{21}　me^{55}

简释：字 tshη^{21}鬼。字 i^{21}漏，蛋破漏液之形，借为 i^{55}睡。字 sl^{55}茅草，借为 sl^{33}引领；两字连读为 i^{55} sl^{33}叫醒。字 uo^{21}谷堆，借为是。字 me^{33}雌阴，借为句末表示肯定的语气词 me^{55}。uo^{21}me^{33}，义为是的，又音 ua^{21}me^{33}，经书常用语，用在句尾，有时省作 me^{55}。

说明及摘要：一般家中亲人去世，摆尸于家中，请东巴做仪式 3—5 天，一天念诵 5 次，分别在大清早早茶前、早饭前、午茶（13—14 点）前、午饭（16 点）前、晚饭（20—21 点）前，意为把死者喊醒起来吃饭。

经书内容大致为：我们这些人都起来了，你（死者）也该起来吃饭了。

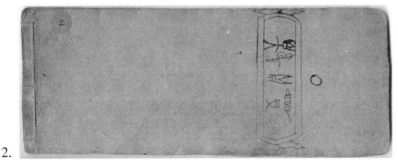

2.

《执法杖经上册》，牛皮纸，26.5cm×10.5cm×30 页

读音：mv³³thv³³a³³zʅ³³　kv³³　tɕu⁵⁵　me⁵⁵

简释：mv³³thv³³法杖；a³³杆；zʅ³³握。蒜 kv³³，借作"头"。tɕu⁵⁵锥子，借作 dʑu⁵⁵册；两字连读为 kv³³tɕu⁵⁵头（上）册。

说明及摘要：送去火葬（开路）那天念，分上下两册。经书内容大致为：万事虽然不易，但今天，我们全村的人来给你送行，带上吃的、穿的、用的、花的来，让你满满地装在身上，一路顺利到达祖先的地方。

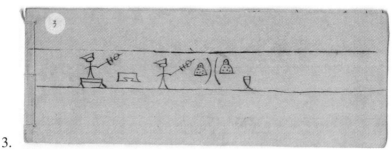

3.

《继承父亲才德经》，牛皮纸，27.5cm×10cm×14 页

读音：tʂua³³diæ²¹　gə³³　diæ³³　uo²¹by³³　me⁵⁵

简释：tʂua²¹diæ²¹能干的男子；tʂua³³床，借为男子（一家之主）；diæ²¹能干、将帅。gə²¹家屋中盛放祭品的小桌子，借作助词 gə³³的；uo²¹谷堆，引申为财富；by³³分开，引申为分配。

说明及摘要：你（死者）生前有许多的才能和财产，在你死后，请你都留下来，分给你的子女和家人。

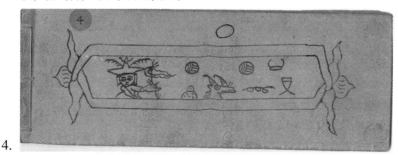

4.

《献牲、解秽经》，牛皮纸，26.5cm×9.5cm×12页

读音：首字不读音，字形如东巴手持法杖之形。mu^{33}　uo^{33}　i^{33}　mu^{33}　tɕʰə^{55}　kha^{21}　me^{55}

简释：⊕ mu^{21}簸箕，借为送给死者的牺牲 mu^{33}。⊕ uo^{21}谷堆，借为 o^{33} dʑe^{33}牲口。⊗ i21 山骡，借为驱赶，uo^{33}i^{33}放养牲口。⊗ tɕʰə^{55}秽气，不干净的。⊗ kha^{33}角，借为除（秽），用 mbu^{21}kə^{33}（杜鹃）树枝蘸水洗 mu^{33}（牺牲），以使之洁净。

说明及摘要：你（死者）生前辛苦饲养了这么多的牲口，养育了一大家子，开了这么多的荒田，现在我们把这头牛（羊）洗干净，请你带走，作为送给祖先的礼物。

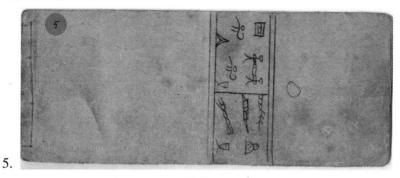

5.

《竖"达主"经、规程经》，牛皮纸，27cm×11cm×22页

读音：ta^{21}　dʑu^{33}　tsʰ^{55}　tiæ^{55}　ɕi^{33}　dʑu^{21}　me^{55}，mæ^{33}　dʑu^{33}　ku^{33}

ua²¹（uo²¹）　me⁵⁵

简释：囝 ta⁵⁵箱子，𐤀 dʑu²¹坠落，两字连读借为 ta²¹ dʑu³³达柱，经幡杆，经幡。𐤀 tshŋ³³犁铧，借为 tshŋ⁵⁵竖立。𐤀 tiæ²¹拉扯，中含 çi³³肉字，𐤀 dʑu²¹坠落，两字连读为 diæ⁵⁵ çi³³ dʑu²¹典希祝，藏音；经幡竖好以后，亲友们在东巴的带领下，围着经幡杆边撒五谷种子，边随东巴念完一句东巴经，跟着唱念一句 diæ⁵⁵ çi³³ dʑu²¹典希祝。𐤀 mæ³³尾、后，𐤀 tʂu⁵⁵锥子，借为 tʂu⁵⁵段、节，两字连读为 mæ⁵⁵ tʂu⁵⁵后段，后节。𐤀 ku³³野蒜，姜，借为规程。

说明及摘要：此经用在"达主"（竖经幡）仪式中，时间选在死者死后的 13 日后，与死者的属相相合的那一天。后面还写了规程经。

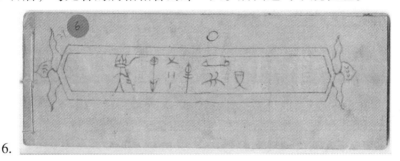

6.

《十三根箭的来历经》，牛皮纸，26cm×9.5cm×15 页

读音：首字不读音。lɯ³³sŋ³³　tshe³³　sŋ³³　ly³³　thv³³　pu⁵⁵　me⁵⁵

简释：lɯ³³sŋ³³箭。tshe³³sŋ³³十三。ly³³矛，借为"个"。thv²¹桶，借为 thv³³出；pu²¹艾蒿，借为 pu⁵⁵送走，两字连读为 thv³³ pu⁵⁵出处来历。

说明及摘要：火葬时，由死者的长子手持弓箭射向四方，祝愿父亲或母亲（死者）在回家的路上不会受到鬼怪的拦截。

7.

《崇仁普地找药经》，牛皮纸，27cm×11.5cm×12页

读音：首字不读音。tsho²¹ ze³³　phər²¹　di²¹　tʂhɿ³³　ndy⁵⁵　na³³　a²¹　sa⁵⁵　me⁵⁵

简释：依德次里东巴重抄的书名与经书封面略有不同。tsho²¹ ze³³ phər²¹ di²¹崇仁普地，从人省，tsho²¹大象声，phər²¹解开声，di²¹大酒坛声。崇仁普地是传说中纳西始祖崇仁丽恩三兄弟之老大。tʂhɿ³³药；/ ndy⁵⁵棍子，引申作找。na³³羽毛，a²¹绿松石，借作na³³ a²¹最好的东西；sa⁵⁵，出气之形，借作撒。

说明及摘要：三兄弟去找药，想救回死去的父母。

8.

《超荐美利董、求寿火化经》，牛皮纸，27cm×12cm×41页

读音：首字不读音。mu³³　ʐi⁵⁵　du²¹　u³³　ku³³ mu³³　me⁵⁵，mæ³³ dʑu³³　zɿ³³　ʂl³³　mu³³　ki³³　me⁵⁵

简释：👤mu³³ɿi⁵⁵du²¹美利董神，由👤du²¹神、🌱mu³³ɿi⁵⁵天种（天上下来的种子）构成。🔔u³³，神主，供松枝以象征，引申作超荐度。🥚ku³³蛋，🐝mu³³牛蝇，ku³³mu³³为身体。🌿mæ³³dʑu³³后面；🌾zɿ³³草，这里作寿命解；七çæ³³，借作sɿ³³长短之长；🧺mu³³簸箕，借作尸体；🥣ki³³小碗，借作烧，古音，口语ndʑi⁵⁵烧。

说明及摘要：讲述美利董神的魂回归的经书。

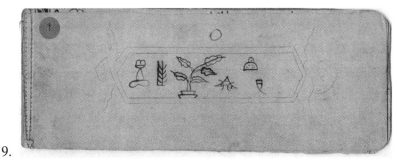

9.

《超荐董神、吹"哈音巴达"树经》，牛皮纸，27cm×10.5cm×25页

读音：du²¹　u³³　ndʑɿ²¹　ba⁵⁵　uo²¹　me⁵⁵

简释：👤du²¹，董神，🔔u³³神主，供松枝以象征，引申作超荐；du²¹u³³超荐董神的仪式名称。ndʑɿ²¹树，这里指名为hæ²¹i³³ba⁵⁵nda³³的神树，字形🐸为ba⁵⁵me³³蛙，借作ba⁵⁵吹，古音，口语da³³、mu²¹吹。

说明及摘要：讲述人鬼争抢hæ²¹i³³ba⁵⁵nda³³之树的经过。

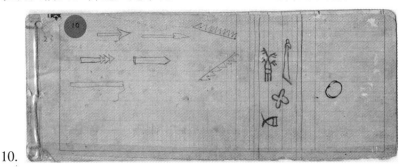

10.

《杀木、厄鬼经》，记账本纸，26cm×10cm×14页

读音：mu³³　ɯ²¹　sy³³　me⁵⁵

简释：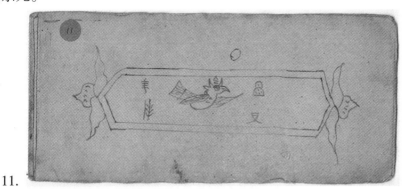 mu^{33}、w^{21}，二鬼名；字形 ✿ 为 sy^{33} 锡，借为 sy^{33} 杀，又音 çy^{33}。

说明及摘要：讲述为防止 mu^{33}、w^{21} 二鬼来死者家抢财产，要念经先把它们杀死。

11.

《求寿神鸟经》，牛皮纸，27cm×12cm×12 页

读音：z̩^{33}　ş̩^{33}　u^{33}　çə^{21}tçhu^{55}mbi^{21}　uo^{21}　me^{55}

简释：前三字见 008 号经书说解；➤ çə^{21}tçhu^{55} 西藏神鸟名；mbi^{21} 飞，汝卡音，当地口语音 ndʑi^{21}。

说明及摘要：神鸟 çə^{21}tçhu^{55} 将五方的吉祥长寿带来仪式现场。

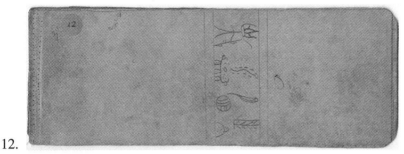

12.

《超荐"赤杰吉姆"经》，牛皮纸，27cm×10cm×18 页

读音：首字不读音。tş̩^{33}　tçə^{33}　ndʑi^{21}　mu^{33}　ŋv^{55}　uo^{21}

简释：ↆ tş̩^{33} 岩壁滴水，▱ tçə^{21} 煮，∅ ndʑi^{21} 水，tş̩^{33} tçə^{33} ndʑi^{21} mu^{33} 赤杰吉姆，神名，是美利董神的老婆。

说明及摘要：美利董夫妻养育了 9 个子女，讲述他们如何抚育儿女成长，并长命百岁。

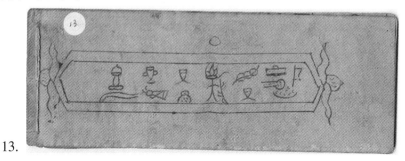

13.

《送神路、开鬼笼经》，牛皮纸，26cm×10cm×16 页

读音：hæ²¹ i³³ di²¹ phi³³ tse³³ gv³³ kho³³ pu³³ me⁵⁵

简释： hæ²¹，恒神， i³³ 路，hæ²¹ i³³ 神路； di²¹，大酒坛，借作大， phi²¹，肩胛骨，借作送，两字读作 di³³（大）tse²¹（册）phi²¹（送），意不明； tse³³ 火镰， gv³³，盛谷器皿，tse³³ gv³³ 关死者魂灵的铁房子；kho³³ 门； pu³³ 糠，假借作开。

说明及摘要：铁房子关着死者的魂灵，房子共有五个门，分别被五方的鬼把守，东巴——杀死它们，将死者救出来。

14.

《驱鬼经》，记账本纸，25.5cm×10cm×8 页

读音：tshη²¹ i⁵⁵ uo²¹ me³³

简释： tshη²¹ 鬼， i⁵⁵ 蛋液流漏之形，借作驱赶。

说明及摘要：晚上念的最后一本。所有的鬼不许挡他（死者）的路，他什么也不会怕，生前打过虎，抓过鹰，仇人来了也吓不倒他。

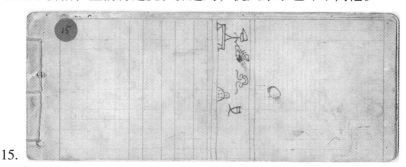

15.

《慈母（死者）驱魔经》，记账本纸，26cm×10.5cm×36页

读音： tʂua^{33} diæ^{21}　i^{33}　uo^{21}　me^{55}

简释：见前文3号经书说解，tʂua^{33}diæ^{21}勇敢能干的男子；借作 i^{55}驱赶。

说明及摘要：夸赞死者的经书。鬼不敢来招惹你，财富都会来到你手中。

16.

《慈母（死者）驱魔经》，牛皮纸，27cm×11cm×38页

读音：mbo^{33}diæ^{21}　i^{21}　uo^{21}　me^{33}

简释：mbo^{33}diæ^{21}，mbo^{33}山梁，借作 mbo^{33}家庭主妇，和 tʂua^{33}（一家之主）相对；diæ^{21}勤劳能干的；i^{33}山骡，借作 i^{21}赶。

说明及摘要：夸赞女死者的经书。你（死者）年轻时，各族的男子都追求你，你美丽又能干，请把你的美德和才能都留给我们。

17.

《（头册）为勇士（死者）招魂、（尾册）勇士（死者）上马经》，牛皮纸，26cm×9.5cm×31 页

读音：kv³³ dʑu³³ diæ²¹ a²¹ ʂʅ³³，mæ³³ dʑu³³ diæ²¹ ʐua³³ hy³³ uo²¹ me³³

简释：kv³³ dʑu³³前面；diæ²¹能者；a²¹ ʂʅ³³招魂，✦ a²¹绿松石，借作魂；ᮁ ʂʅ³³以曲线示喊、招之义，ᾥ çæ³³七，借作 ʂʅ³³喊、招，这里起提示义符ᮁ的读音的作用。mæ³³ dʑu³³后面；✹ ʐua³³马；ꟺ火，转意为 hy³³红，借作站。

说明及摘要：招魂并送死者骏马以回祖先之地。你（死者）生前打仗勇敢，把英灵都留在了战斗过的地方，今天帮你将它们招回，和你一起回归祖先。

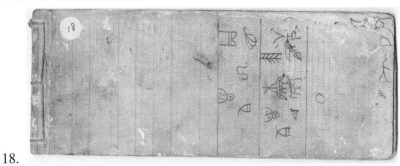

18.

《超荐勇士、烧香敬祖经，（后册）砍鬼牌经》，记账本纸，26cm×10cm×36 页

读音：diæ²¹ u³³ tʂhu³³ ba⁵⁵ ndʑi⁵⁵ uo²¹ me³³，mæ³³ dʑu³³ zʅ²¹ uə³³ phy²¹ uo²¹ me³³

简释：前两字见前文说解；$\textbf{\textit{₹}}$ tʂhu³³串珠，$\textbf{\textit{⊗}}$ ba⁵⁵me³³蛙，tʂhu³³ba⁵⁵敬祖先、神；$\textbf{\textit{⚘}}$ ndʑi⁵⁵烧香；$\textbf{\textit{⌇}}$ zʅ²¹山柳叶，$\textbf{\textit{⎗}}$ uə³³村落，zʅ²¹uə³³鬼牌；$\textbf{\textit{℧}}$ be²¹phv³³葫芦，借作phv²¹砍。此字应该是phv³³雄阴。

说明及摘要：祭十八路神、东巴什罗等祖先，请他们出来帮忙，我（东巴）来做仪式（法事）。

19.

$\textbf{\textit{₹⌒∤⌂﹀}}$

《赶"勒切"经》，牛皮纸，26cm×9.5cm×11 页

读音：le³³ tɕhə⁵⁵ tɕhi³³ uo²¹ me³³

简释：$\textbf{\textit{₹}}$le³³从獐子（le³³）、鬼的合文；$\textbf{\textit{⌒}}$ tɕhə⁵⁵秽，le³³tɕhə⁵⁵勒切，十一种鬼的总称；$\textbf{\textit{∤}}$ tɕhi³³刺，赶鬼的竹刺。

说明及摘要：我们（东巴和参与仪式的众人）给众鬼献饭，让它们不会挡你（死者）的路。

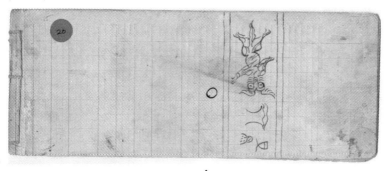

20.

$\textbf{\textit{₹⚹⌂﹀}}$《分虎皮经》，记账本纸，26cm×10cm×17 页

读音：la³³ ɯ³³ by²¹ uo²¹ me³³

简释：$\textbf{\textit{₹}}$ la³³ɯ³³虎皮；$\textbf{\textit{⚹}}$ by²¹分，参看《纳西象形文字谱》1065 号字

说解。

说明及摘要：你（死者）生前勇猛非常，打过不少老虎野兽，今天将你打过的呼虎皮分成了 99 份，我们每人拿一片回家，将来外出就不怕野兽来伤害了。

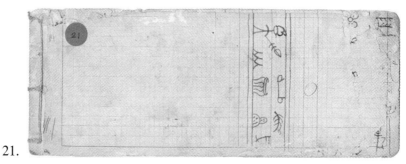

21.

《慈母衣服的来历经》，记账本纸，26cm×10cm×9 页

读音：$mi^{55}diæ^{21}$　kv^{33}　$dʑi^{33}$　thv^{33}　pu^{33}　uo^{21}　me^{33}

简释： $mi^{55}diæ^{21}$，从 $diæ^{21}$（女）能人； mi^{55} 火，借作 mi^{55} 女； kv^{33} 蛋，这里读 gu^{33}， $dʑi^{55}ka^{33}zo^{33}$，蓑衣，这里读 $dʑi^{33}$，$gu^{33}dʑi^{33}$ 衣服； thv^{33} 桶，借作出； pu^{33} 艾蒿，借作造、做，$thv^{33}pu^{33}$ 造出来，即来历。

说明及摘要：女主人（死者）生前能干勤快，追述她如何织出布匹，剪裁出衣服的辛劳过程。仪式中将她生前做好的衣服分给亲友。

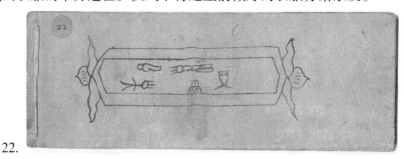

22.

《开路规程经》，双层牛皮纸，26cm×9.5cm×19 页

读音：$çi^{33}$　ku^{33}　uo^{21}　me^{33}

简释： ，从 死人， 肉 $çi^{33}$ 声； 姜 ku^{33}，借作规程。

说明及摘要：开路仪式的规程。记录从死到火葬整个过程仪式的规程。

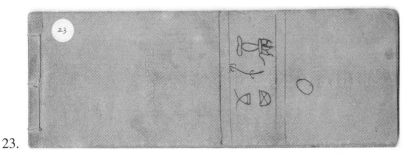

23.

《坐念经》，双层牛皮纸，26cm×9.5cm×20页

读音：ndʐη^{21}　py^{21}　thv^{33}　me^{33}

简释：ndʐη^{21}坐；py^{21}，字像仪式中使用的树，借作念；thv^{33}奶渣，借作出。

说明及摘要：上山火葬前，东巴念诵此经，祈祷从今以后，所有的鬼都赶出去。

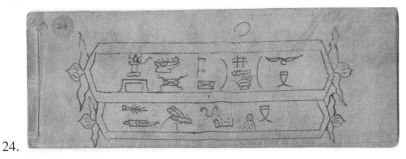

24.

《献黄猪打卦经、"洛普如"经》，双层牛皮纸，26cm×9.5cm×15页

读音：mbu^{21}　çi^{21}　mbu^{21}　kho^{33}　tshe^{33}　ŋgo^{21}　do^{33}　uo^{21}　me^{33}，mæ^{33}　dʐu^{33}　lo^{33}　phv^{33}　ʐua^{21}

简释：首字不念，表示东巴是坐着念诵此经。mbu^{21}猪，çi^{21}金饰，转意作黄，bu^{21}çi^{21}死者刚死时杀的母猪；kho^{33}门，tshe^{33}盐，kho^{33}tshe^{33}门楣；从饭、瘦肉、)（分，ŋgo^{21}，谷仓声，字义不明；do^{33}木板，借作卦；mæ^{33}dʐu^{33}后面；lo^{33}獐子，phv^{33}雄阴，

z̩ua²¹量，lo³³phv³³z̩ua²¹（洛普如），仪式名，用于夭折的婴儿仪式。

说明及摘要：对夭折的婴儿念的经书。（死者的）母亲用瓶子装点奶水，再加一个鸡蛋送给他（婴儿），叹息孩子没有命留在这个家里。

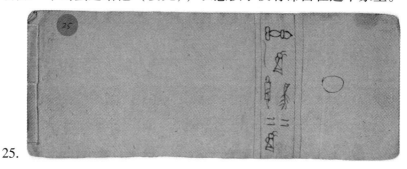

25.

《送神路经（后面第四册）》，牛皮纸，27cm×10.5cm×10页

读音：hæ²¹　i³³　phi²¹，mæ³³　dʑu³³　ɽu³³　tse²¹　phi²¹

简释：，hæ²¹i³³神路；，腿phi²¹，假借作phi²¹清理，古音，口语读pv³³，第二个有丢弃、遗失的意思，但具体意义不明。ɽu³³四，tse²¹鬼，借作册。

26.

《送神（第二册）路》，牛皮纸，27cm×10cm×13页

读音：hæ²¹　i³³　ŋ̩i³³　tse²¹　phi²¹

简释：hæ²¹i³³神路；ŋ̩i³³tse²¹二册；phi²¹腿，借作phi²¹清理。

说明及摘要：把死者的魂灵从有九个黑门关着的鬼屋中救回来。

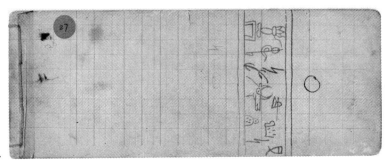

27.

《献牛牲经》，记账本纸，26cm×10cm×8 页

读音：首字不读音。tʂhʅ³³　　py²¹　　tʂhʅ³³　　phv³³　　ɯ³³　　ʐua²¹　　uo²¹ me³³

简释：tʂhʅ³³代；py²¹念经；phv³³雄阴，借作 phv³³lɯ³³io²¹价钱；牛 ɯ³³，借作 ɯ³³皮；ʐua²¹量，转意作 ʐua²¹上交。

说明及摘要：把牲牛的头和皮带到祖先那里去。

28.

《撒麦种、耕种、献酒饭经》，牛皮纸，27cm×10cm×7 页

读音：æ³³　　phv³³　　dy²¹　　ndʐʅ³³　　mi³³　　i³³　　çi³³　　ha³³　　çi²¹　　me³³

简释：æ³³铜，借作 æ³³麦子，古音，口语 dʑe³³麦子；雄阴，借作 phv³³撒；dy²¹田地，ndʐʅ³³老妇，借作 ndʐʅ³³种（地）；mi³³火，借作 mi⁵⁵女；i³³酒，çi³³黄，借作 çi³³献。

说明及摘要：讲述给死者祭献的酒食，从撒种到耕种、收获、酿造的过程。

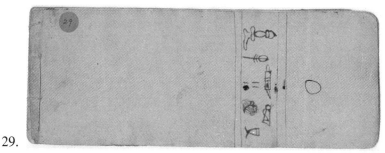

29.

《送神路中卷（第三册）》，牛皮纸，27cm×11cm×19页

读音：hæ²¹ i³³ phi²¹ ly³³ dʑu³³ sŋ²¹ tse³³ phi²¹ me³³

简释：‡ ly³³ 矛，借作 ly⁵⁵ 中间，▱ dʑu³³，锥子，借作册、卷。

说明及摘要：讲述把死者的魂灵从十八个鬼地找回，送向神地。

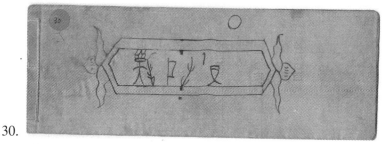

30.

《大门经》，双层牛皮纸，26cm×9.5cm×10页

读音：首字不读音。kho³³ py²¹ di²¹ me³³

简释：阝 kho³³ 门；𝈿 py²¹ 念；𝈿 di²¹ 一，借作大。

说明及摘要此经东巴必须坐在主人家的门口来念。死者从生到死，每天从这个门口经过，他的魂就压在门下，东巴念经，将魂招回。

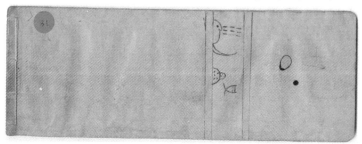

31.

《闯九座鬼山经》，双层牛皮纸，26cm×10cm×14 页

读音：mbu²¹ na²¹　ŋgv³³　mbu²¹　tçhi³³　uo²¹　me³³

简释：，mbu²¹ 梁子与 na²¹ 黑点（大）的合文；ŋgv³³ 九；tçhi³³ 尖刺，借作 tçhi³³ 占据、把守。

说明及摘要：在去往祖先的路上，要翻越九座被鬼怪把守的梁子，每个梁子上有一对鬼，回归的死者必须把带的粮食分一点给它们，才能放行。

32.

《拿牛头、牛皮智闯鬼关经》，牛皮纸，28cm×10.5cm×10 页

读音：kv³³　w³³　ta³³　kho³³　tər⁵⁵　me³³

简释：kv³³ 蒜，借作头，指牛头；w³³ 皮，指牛皮；ta³³ 匣子，借作塞、给；kho³³ 门，tər⁵⁵ 鬼，借作关，kho³³ tər⁵⁵ 关门。

说明及摘要：讲述仪式上给死者献一头牛，还有其他物品让他带在身上。在回去的路上，要记过十八个鬼把守的关卡，鬼会向行人所要财物，这样，没过一个关卡，死者就把带来的帽子、衣服、马鞍、钱包、牛头、牛皮、牛肝、牛胃等放在他们面前，乘他们打量之机，偷偷地溜过去。

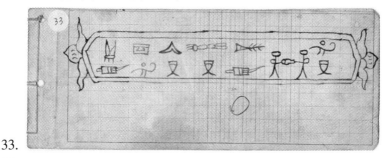

33.

《前册竖"达主"规程经、后册"叠西居"经》，记账本纸，26.5cm×10.5cm×14 页

读音：kv³³ dʑu⁵⁵ ta²¹ dʑu³³ tshʅ⁵⁵ me³³ ku³³，mæ³³ dʑu³³ tiæ⁵⁵ çi³³ dʑu³³ me³³

简释：前九字见上文说解。kv³³ dʑu⁵⁵ 前面；ta²¹ dʑu³³ 达主；tshʅ⁵⁵ 插； ku³³ 野蒜，借作 ku³³ 规程。 mæ³³ 尾、后，mæ³³ dʑu³³ 后面；tiæ²¹ 拉扯、 çi³³ 肉二字合文，diæ⁵⁵ çi³³ dʑu²¹，藏音，亲友们在仪式上边撒五谷的种子，边念叨着 diæ⁵⁵ çi³³ dʑu²¹ 这三个字；diæ⁵⁵ çi³³ dʑu³³，藏音，献颂祝语。

说明及摘要：东巴（什罗）去世时念诵的经书。东巴死后七七四十九天，就变成了菩萨，口中念着 diæ⁵⁵ çi³³ dʑu³³ 和六字箴言。

34.

《点油灯经》，白美术纸，27.5cm×11.5cm×10 页

读音：ma²¹ mi³³ ta²¹ uo²¹ me³³

简释：ma²¹ 酥油；mi³³ 油灯，火；ma²¹ mi³³ 酥油灯；ta²¹ 塞给。

说明及摘要：将"笃梓"的旗子放下，将油灯挂上旗杆，你（死者）的魂就能打着油灯上到三十三个神住着的地方去，菩萨喜欢油灯，见到你带来油灯，菩萨就会收留你。

35.

《超荐死者经，后册"子课尼"经》，牛皮纸，27cm×11.5cm×21页

读音：mu^{55}　ndʑʅ^{33}　mi^{33}，mæ^{33}　dʑu^{33}　ndʑʅ^{21}khɯ^{33}　ŋi^{33}　uo^{21}　me^{33}

简释：ʂ̩^{21}mu^{33}牛蝇，借作mu^{55}去世；ndʑʅ^{33}老妇，借作ndʑʅ^{33}念经的人；mi^{33}火，借作le^{21}mi^{33}忘记；ndʑʅ^{21}khɯ^{33}树脚，ŋi^{33}鱼，借为上交、还，ndʑʅ^{21}khɯ^{33}ŋi^{33}子课尼，仪式名。

说明及摘要：不详。

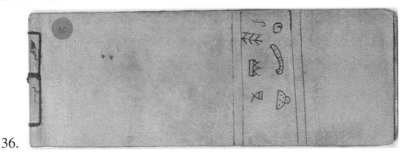

36.

《大超荐、安心上路经》，牛皮纸，27cm×10.5cm×45页

读音：kv^{33}　di^{21}　u^{55}　ndʑʅ^{21}　ndʑʅ^{33}　mi^{33}　uo^{21}　me^{33}

简释：蛋kv^{33}，借作kv^{33}mu^{33}身体。di^{33}，数字一，借作大；ndʑʅ^{33}mu^{33}犁架上连接犁轭与犁的部分，借作ndʑʅ^{21}吓、害怕；ndʑʅ^{33}念经的人；mi^{33}忘记。

说明及摘要：你（死者）一路上会碰到许多吓人的野兽，就用我们为你准备的竹竿、铁锤打，心里就不会害怕，忘记这些吓人的鬼兽，一路顺利平安到家。

37.

《马立经，后册撒酒经》，白美术纸，27cm×11.5cm×19页

读音：ʐua³³ ŋgə³³，mæ³³ dʑu³³ na³³ a²¹ sa³³ uo²¹ me³³

简释：ʐua³³马，ŋgə³³木板，借作古音 ŋgə³³站，口语 hy³³站，ʐua³³ŋgə³³马站，仪式名，在丽江称 gu²¹dʑæ 马起；na³³酒撒之形，a³³绿松石，sa³³口吹气，na³³a²¹sa³³，在葬礼上，东巴以杜鹃枝蘸酒撒在参加仪式的亲友的头上。

说明及摘要：此册为下册，39 号经书为上册。这匹马送给你，你骑着它到了火葬场后，请把它回送给我们。

38.

《洗马河的来历经》，牛皮纸封面，里面是美术纸，27cm×12cm×12页

读音：ŋgo²¹ tʂhʐ³³ ndʑi²¹ thv³³ ndʑi²¹ pu³³

简释：ŋgo²¹马，古音，水，此不读音，字为洗马之义，tʂhʐ³³代，借作 tʂhʐ³³洗，ŋgo²¹tʂhʐ³³洗马；pu³³艾蒿，借作来历。

说明及摘要：洗马水的来历。三条河 ʂʐ⁵⁵ndʑi²¹、ŋgo³³ndʑi²¹、mu³³ri³³

ʂ^{55}ndʐi^{21}是最干净的河水，用三条河的河水来洗这匹马。

39.

《马立经上册》，牛皮纸，27cm×11.5cm×47页

读音：ʐua^{21}　　hy^{33}　　kv^{33}　　dʐu^{55}　　uo^{21}　　me^{33}

简释：火，转意为 hy^{33} 红，借为 hy^{33} 站；kv^{33} dʐu^{55} 头册（上册）。

说明及摘要：这匹马是你（死者）生前辛苦养大的，今天我们把它洗干净，配上漂亮的马鞍和笼头，长长的缰绳就放在你的身边，你骑上它上路，并请你把它送回给我们。按：依德次里东巴特别强调，在这个仪式上，有个最关键的细节，就是进行到请死者魂灵上马一刻，主持仪式的东巴口中念念有词，并关注着那匹马的情况，只有看到马的身体一激灵，才表示死者已经骑上，仪式才可往下进行。

40.

《献鸡经》，牛皮纸，26cm×9.5cm×11页

读音：首字不读音。tɕi^{55}　　mi^{33}　　æ^{21}　　ŋi^{33}　　khɯ^{33}　　uo^{21}　　me^{33}

简释：tɕi^{55} 剪子，tɕi^{55} mi^{33} 作为祭品的鸡的名字；ŋi^{33} 心，古音，句中可能用为助词；khɯ^{33} 脚，借作 khɯ^{33} 送，古音。

说明及摘要：该本经书中多处写作"牛"的均要读成"鸡"，原因未明。给死者送一只鸡（或公或母）代表其活着的配偶，一同去见祖先，请死者不要回来做坏事。纳西人认为人死后就成为鬼，鬼亦是神，有善恶之别，就像活着的人有善恶一样。

41.

《儿童葬礼仪式规程经》，牛皮纸，27cm×10cm×7 页

读音：se^{33} mi^{33} çi^{33} me^{33} ku^{33} uo^{21} me^{33}

简释：se^{33}完结，字源不明，mi^{33}火，se^{33}mi^{33}小孩；çi^{33}肉，借为çi^{33}死；ku^{33}规程。

说明及摘要：给小孩死者做仪式的规程。从洗尸体开始整个仪式的过程。

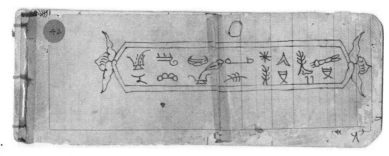

42.

《三碗黄酒、银碗来历经、后册"笃梓""子课尼"规程经》，记账本纸，26cm×9.5cm×20 页

读音：i^{33} na^{21} so^{33} dzʅ^{33} v^{21} khua^{33} thv^{33}pu^{33}，mæ^{33} dʐu^{33} dv^{21} ndzʅ^{21} tʂhu^{33} ndzʅ^{21}khɯ^{33} ȵi^{33} ku^{33} me^{33}

简释：i^{33}酒，na^{21}黑，借自藏文字母，i^{33}na^{21}黄酒（酒色呈黑色）；

so³³ 义未明，字形来源于大秤，借为藏音 so³³ 三；dzı³³ 骨节，借为动量词道、遍；v²¹ 银饰、银；khua³³ 碗；thv³³ pu³³ 出处来历；dv²¹ 千，dv²¹ ndzı²¹，家人死后，从仪式开始，在主人家门口竖一根高约 8 米的旗杆，上挂油灯和经幡，持续多年，寄托家人对死者的哀思，叫笃梓；tsı³³ 犁铧，借作 tsı²¹ 竖、tʂhu³³ 插；ndzı²¹ khɯ³³ ɳi³³ 子课尼，仪式名称。

　　说明及摘要：这是两本经书。头册讲述仪式中要准备的四碗酒的来历，第一碗给菩萨，第一碗给鬼神，第三碗才是给死者的，第四碗给主持仪式的东巴。后一册讲述竖旗杆"笃梓"和 ndzı²¹ khɯ³³ ɳi³³ 子课尼仪式的规程。

43.

《夫妻重聚天堂经》，牛皮纸封面，里面是美术纸，27cm×11.5cm×11 页

　　读音：首字不读音。mi³³ tʂı⁵⁵ ɾv³³ tʂı⁵⁵　tɕi⁵⁵　mi³³　thv³³　me³³

　　简释：mi³³ tʂı⁵⁵ ɾv³³ tʂı⁵⁵，经书中作男女天堂相会义，mi³³ 女，ɾv³³ 男，古音，又作 tʂı⁵⁵ 骨节，借作 tʂı⁵⁵ tʂı⁵⁵ 交汇；tɕi⁵⁵ 剪刀，mi³³ 火，两字连读 tɕi⁵⁵mi³³，作为祭品的鸡的名字；thv³³ 奶渣，借作出。

　　说明及摘要：死者的配偶已经先去世，仪式中在死者的遗体旁栓一只鸡（公或母），你（死者）今日将这只鸡放了，只管去找你的爱人，到天堂相会去吧！

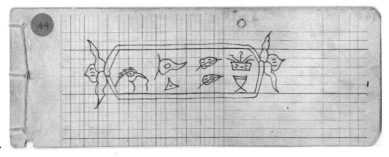

44.

《鸡鸣时分挂旗、献食经》，记账本纸，26cm×10cm×27 页

读音：æ³³ dʑu²¹　the³³　ndʑi²¹　ne³³　ne²¹　sɹ⁵⁵　me³³

简释：æ³³ dʑu²¹ 鸡鸣；the³³ 旗子；ndʑi²¹ 酒丸子，借作挂，给"笃梓"（经幡）上的油灯换成旗帜；ne³³ 苋米，ne³³ne²¹ 大姑娘带来的礼物（即祭品，包括蜂蜜、米饭等），sɹ⁵⁵ 草，借为献。

说明及摘要：你（死者）的大姑娘给你送来了很多好吃的、好喝的，请你醒来享用，吃不完也请一起带走，作为去见祖先的礼物，并把你的才能和美德传给后人。

从这里我们可以看到，俄亚纳西人认为，人的死，只是睡着了一会儿，就像去往另一个远地之前的小憩，醒来后就前往祖先生活的地方去，不是一件悲伤的事情。

45.

《献活牲经》，记账本纸，26cm×10.5cm×10 页

读音：sɹ³³　mu⁵⁵　fv³³　uo²¹　me³³

简释：sɹ³³ 柴，借为活的；mu⁵⁵ 牛牲；fv³³ 毛，借为献，经书用语。

说明及摘要：你（死者）一生辛苦操劳，今天儿女们要把这头牛献给你。这是一头健壮的牛，蹄、角都很好，请你起来瞧一瞧，牵到你住的地方去养吧。

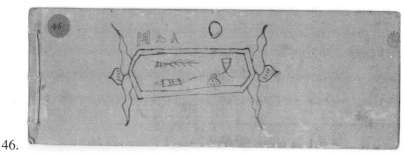

46.

《祭女死者经下册》，双层牛皮纸，27cm×9.5cm×9页

读音：phe²¹ khɯ³³ tshʅ³³ mæ³³ dʑu³³ uo²¹ me³³

简释：这是下册，52号是上册。phe²¹le³³麻布，借为phe²¹女死者，经书用语，男死者为phu³³，字形常用雄阴；khɯ³³脚，借作放，tshʅ³³犁铧，借作插，phe²¹khɯ³³tshʅ³³仪式名。其余诸字说解见前文。

说明及摘要：讲述的是mu³³ɾi⁵⁵du²¹（美利董）的九个兄弟在母亲去世之后，从四方回家，用尽各种办法都没能火化母亲的遗体后，最后听从之前父母九背柴来烧死去的男人，七背柴来烧死去的女人的规定，砍柴把母亲火化了的故事。

47.

《抬尸出门经》，双层牛皮纸，26cm×9.5cm×6页

读音：iə³³ko²¹ sʅ³³ ndv²¹ dʑu³³ zʅ³³ uo²¹ me³³

简释：iə³³ko²¹家；sʅ³³柴禾，ndv²¹毒花，sʅ³³ndv²¹尸体，喻其像块木头柴禾；dʑu³³搁物架，zʅ³³豹子，古词，口语读ndʑi³³，dʑu³³zʅ³³慢慢抬（尸体）到外面。

说明及摘要：这本经书是把尸体从屋里抬到外面时念的。今天是你开路（回祖先）的日子，我们抬你出来，在外面给你盖了屋子。

俄亚纳西人的观念中，鬼和神并没有截然的界限，死者若不能得到好的对待，也会变成鬼回来祸害家人，所以，反映在葬礼的仪式之中，既有对死者的哀痛，又有好生招待，防止他心里不满意，他日再变鬼回来作祟。

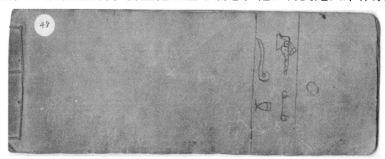

48.

《崇搬图经》，牛皮纸，27cm×10.8cm×28页

读音：tsho^{33} mbu^{33} thv^{33} uo^{21} me^{33}

简释：tsho^{33}人，以象头标其音，古词；mbər^{33}水槽，借为mbu^{33}迁徙；thv^{33}出来，又借作来历。

说明及摘要：记录内容起始于远古，叙述了天地和万物的起源，洪水滔天，人类的起源和演化发展，人类先祖世系及其创业繁衍，并通过tsho^{33}zæ^{33}ɿi^{55}ɯ^{33}崇仁丽恩和tshe^{55}hə^{21}py^{33}mbu^{21}册恒保补夫妻如何结合，以及孜老阿普（册恒保补之父）的活动，反映了古代纳西族人民游牧、渔猎、刀耕火种等社会生产活动。

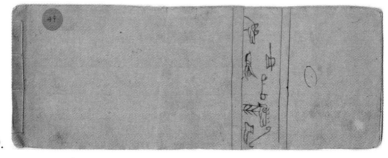

49.

《钉尸衣、撒药经》，牛皮纸，$27.5cm \times 10.5cm \times 9$ 页

读音：gv^{33}　su^{33}　la^{33}　zʅ^{21}tʂʅ^{33}　khɯ^{33}　me^{33}

简释： gv^{21}熊，借作 gv^{33}身；su^{21}斧头，转意为铁，再借作 su^{33}衣服，经书用语；la^{21}手，借作 la^{33}敲、订；zʅ^{21}tʂʅ^{33}，zʅ^{21}死者，从松（神主），a^{55}zʅ^{21}猴子声，tʂʅ^{33}药，tʂʅ^{33}ɯ^{33}，字形以表示奶液入口；khɯ^{33}脚，借作 khɯ^{33}撒，zʅ^{21}tʂʅ^{33}khɯ^{33}，仪式中东巴一手端碗羊奶，一手用布蘸着碗中的奶水撒在尸体上，借以消除死人的病痛。

说明及摘要：把三种麻和布用针钉在棺材上，让死者带走，以后做衣服用，叫 gv^{33}su^{33}la^{33}。东巴将代表药水的羊奶撒在死者身上，将来有病就能医好，祈祷将来手脚和身体都不得病。

50.

《送死者上路、撒药经》，双层牛皮纸，$26cm \times 9.5cm \times 12$ 页

读音：zʅ^{21}　pv^{33}　ŋgə^{21}　tɕi^{33}　zʅ^{21}　la^{33}　a^{21}　sa^{33}　uo^{21}　me^{33}

简释：zʅ^{2}死者，pv^{55}蒸笼，借作 pv^{33}送；ŋgə^{21}高、上；tɕi^{33}剪子，借放；la^{33}奶，a^{21}zʅ^{33}绿松石，la^{33}a^{21}吉祥之意；sa^{33}气，以口哈气之形，借为撒，以树枝蘸水，撒在尸体身上，疑是汉语借音撒。

说明及摘要：今天送你（死者）上路，会走到一个有四个分岔的路口，你要选对 sl^{33}姓家的那条路，才能找到我们的祖先，并请把我们送你的马给我们一起打发回来。

纳西人以前的葬礼上可能要把送葬的马杀掉，表示陪死者一起走向祖先之地。后来仪式就改变了杀马的习俗，一方面是仪式总体趋简的缘故，另一方面也考虑到马对于纳西人家巨大的经济价值，所以，东巴会在经书中加入这一项内容，请求死者在葬礼后把马再送还给主人家，体现了后世东巴们面

对宗教和现实两难局面时的那份机智。

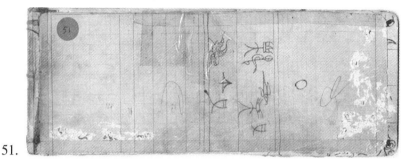

51.

《安魂经》，记账本纸，26cm×10.5cm×21页

读音：首字不读音。mu^{55}　ndʑŋ^{33}　mi^{33}　uo^{21}　me^{33}

简释：　ʂu^{21}mu^{33}牛蝇，借指老死的人mu^{55}；　ndʑŋ^{33}爷爷，指念经的老东巴；　mi^{33}火，借作忘记。

说明及摘要：你今天老死而去，请你忘记你的害怕，人都会死的，有爪子的动物会死去，有角的会死去，山会消失，连石头也会，你不要害怕，这是mu^{33}ɻi^{55}du^{21}美利董神和le^{33}tɕi^{33}se^{21}勒基色神定下的规矩，董神和色神他们也会死的，董神来自白石山上，色神出自蓝色的大海中，他们是人类最早的祖先。

52.

《祭女死者经上册》，牛皮纸，26cm×10.5cm×23页

读音：这本是上（头）册，下册是46号。phe^{33}　khɯ^{33}　tshŋ^{33}　kv^{33}　dʑu^{33}　uo^{21}　me^{33}

简释：待补。

说明及摘要：讲述纳西族火葬的来历。以及火葬用柴的规定：男性用 9 背、女性用 7 背、13 岁以上没结婚的青年用 5 背、5—13 岁的用 3 背、3—5 岁的用 2 背。

53.

《超度、献牲经》，双层牛皮纸，26cm×9.5cm×15 页

读音：首字不读音。çi³³　u³³　mu²¹　mu³³　fv³³　uo²¹　me³³

简释：çi³³死，这里指死者；u³³超荐；mu²¹鬼名，借作死的；簸箕，借作 mu³³牛牲；fv³³毛，借作献。

说明及摘要：讲述把牛洗干净送给死者的过程。

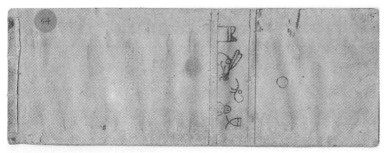

54.

《村民在悲痛经》，双层牛皮纸，26cm×9.5cm×5 页

读音：uə³³　le³³　dʑu³³　uo²¹　me³³

简释：uə³³寨子，这里指村民；le³³獐子，借为悲痛，dʑu³³搁物架，借作有。

说明及摘要：东巴站在尸体前念，葬礼期间每晚一次：天上的人、山里的人，地上的人都会死。我们都要遵守这个规矩。你本想活一百年，但命中注定没有办法。

二 卜书（ʥʅ²¹the³³ɯ³³算命书）

55.

井♧丰

《看病经》，塑料笔记本，抽签算命书，13cm×9.5cm×83 页

读音：ŋgo²¹ sy²¹ ly³³

简释：井 ŋgo²¹粮仓，借作 ŋgu²¹病；♧ sy²¹锡块，借作量词样；丰 ly³³矛，借作 ly²¹看。

说明及摘要：看病人何时得病，病人应该做什么，等等。

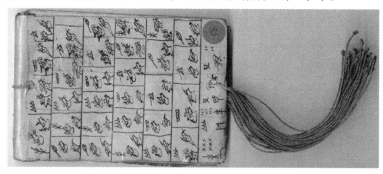

56.

◯毛 ×××　×××筆

《八字六十卦经》，牛皮纸、抽签算命书，14cm×9.5cm×31 页

读音：mbu²¹ tho²¹ tʂhua⁵⁵tʂʅ³³ pha³³

简释：◯ mbu²¹梁子；毛 tho³³靠，与前一字形"梁子"共同会意；mbu²¹tho²¹八字；tʂhua⁵⁵tʂʅ³³六十；筆 pha³³算卦。

说明及摘要：60 卦，12 属相。

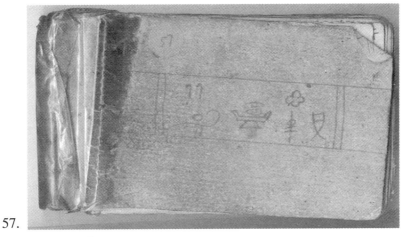

57.

《两枚海贝算卦经》，包装纸封面，牛皮纸正文，16cm×9cm×29 页

读音：ηi^{33}　$dʑu^{33}$　$bæ^{21}mæ^{33}$　sy^{21}　ly^{33}　me^{33}

简释：$dʑu^{33}$ 搁物的架子，借作个，经书用语；$bæ^{21}mæ^{33}$ 掷海贝算卦。

说明及摘要：用两个海贝掷三次，算人的吉凶、牲口丢失能否找得回来，等等。

58.

《算日子经》，绿色塑料笔记本，13cm×9.5cm×98 页

读音：khv^{33} zη^{21} tsη^{21} the^{33} w^{33}

简释：🐦 sη^{55}kv^{33}镰刀，🌿zη^{21}草，khv^{33}zη^{21}年；🔧tsη^{33}捆、系，借作 tsη^{21}算；🚩the^{33}旗帜，🐚w^{33}好，两字连读the^{33}w^{33}经书。

说明及摘要：算方向，有图，分八方，男的顺时针算，女的逆时针算。

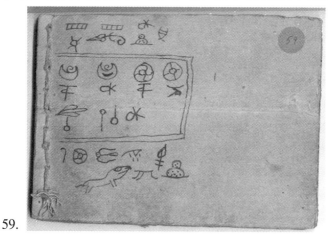

59.

《算星象、月象、日子、仇人经》，牛皮纸，17cm×12cm×14 页

读音：tɕi^{33} kw^{33} tɕi^{33} za^{21} tsη^{21}，hæ^{33} phər^{21} hæ^{33}na^{21} ŋi^{33} phər^{21} ŋi^{33} na^{21} tsη^{21}，z$\textstyle\ell^{21}$ kw^{33} ko^{21} kw^{33} tsη^{21}

简释：📦 dy^{21}地，转意作 tɕi^{33}土，🔧kw^{33}星，za^{21}星，tsη^{21}扎，借作 tsη^{21}算；z$\textstyle\ell^{21}$柳叶，借作仇人；ko^{21}针。

说明及摘要：看星相、看月份（黑月和白月）、看日子（黑日子和白日子）、算仇人等。

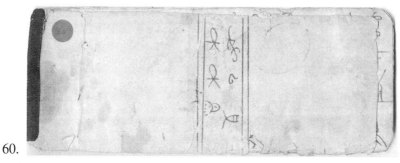

60.

《看星辰经》，白美术纸，26.5cm×10.5cm×10 页

读音：za²¹　tsʅ²¹　kɯ³³　tsʅ²¹　uo²¹　me³³

简释：字释见上文。

说明及摘要：算 za²¹、kɯ³³（星相）的经书。

61.

《看凶星、鬼日经》，记账本纸，25cm×10.5cm×37 页

读音：thv³³　sy²¹　za²¹　sy²¹　ly³³　me³³

简释：thv³³桶，借为鬼。sy²¹锡块，借作量词"样"；ly³³矛，借作 ly²¹看。

说明及摘要：一年中选定吉日，给鬼献食。

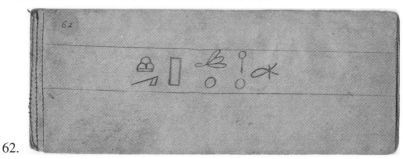

62.

《配属相经》，牛皮纸，27cm×10.5cm×17 页·

读音：ri³³　tsa³³　do³³

简释：ri³³pa³³石头；tsa⁵⁵me³³锛锄；ri³³tsa³³属相；do³³piə⁵⁵木板，借作对比、配对。

说明及摘要：看属相配不配。

63.

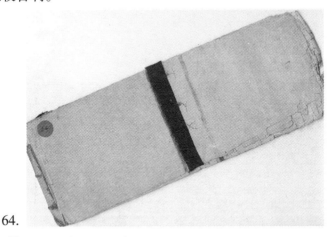

《教牲口驮货物、小牛犁地经》，记账本纸，25cm×10.5cm×13页

读音：tɕi⁵⁵　so²¹　ri³³　so²¹　tʂ̩²¹

简释：✂ tɕi⁵⁵剪子，借作（没有驮过货物的）牲口；🐄 so²¹借作教（牲口驮货物）；🐂 ri²¹犁，借作（没有犁过地的）小牛。

说明及摘要：选日子教牲口驮东西，训小牛学犁地，并看选哪个方向去教比较吉利。

64.

《算凶吉经》，最早的经书，高土的舅舅（其师父）赠，30.5cm×11cm×12页

读音：phər²¹　sa³³　na²¹　sa³³　tʂ̩²¹

简释：干 phər²¹绳结散开之形，借作白、吉利；🫘 sa³³气，借作方向，经书用语，口语 pha³³方向；𝖷 na²¹藏文借字，黑、凶。

说明及摘要：看病人吉凶，做法事替病人祛病。

65.

《祛病经》，作业本，11.5cm×11.5cm×8 页

读音：hua³³　　the³³　　ɯ³³

简释：　hua³³花鹛鸟，the³³ɯ³³经书。

说明及摘要：藏语音读经书，东巴只知道该书大致意思：消灾祛病，东巴念完此经后，吹口气，就能治好小病。

66.

《看相经》，牛皮纸，26cm×12cm×3 页

读音：mi³³　　ɘu³³　　tsʅ²¹

简释：　mi²¹火，ɘu³³村，mi³³ɘu³³看相时观测的身体部位。

说明及摘要：藏语音读经书，大致意思是：从九个 mi³³ɘu³³，看一年的

吉凶。

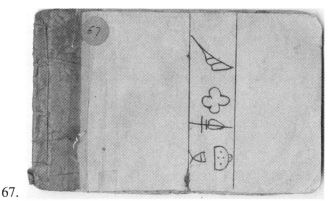

67.

《算凶相经》，牛皮纸，16cm×10.5cm×10 页

读音：do²¹　sy²¹　ly³³　me³³

简释： do²¹ 鬼名； sy²¹ 样； ly³³ 矛，借作 ly²¹ 看。

说明及摘要：看凶相。

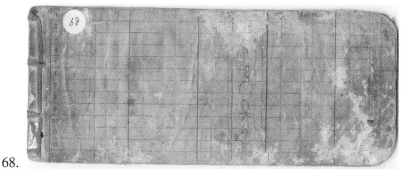

68.

《大属相经》，记账本纸，25cm×10.5cm×40 页

读音：tsʅ²¹　kə³³　di²¹

简释： tsʅ²¹ 扎，借作 tsʅ²¹ 算； kə³³ 依德东巴认为是 "鹰" 字，疑不确，应为借字；tsʅ²¹kə³³ 配属相； di²¹ 大。

说明及摘要：卜书类的头一本，算人的 mbu³³thu³³ 八字配不配，同 62 号经书相比，尽管都是看属相的经书，但是依据的标准不同。

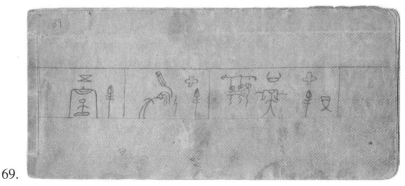

69.

《卜算起新房、洗头、打雷、幻听经》，牛皮纸，27cm×12cm×20页

读音：ndʑi²¹ çi³³ ndʐ̩³³ ly³³，kv²¹　tʂʰ̩³³　sy²¹　ly³³，mv³³　ŋgv³³
kha³³　mi³³　sy²¹　ly³³

简释：ndʑi²¹房子，çi³³百，借为新，ndʐ̩²¹坐，借为tʂ̩²¹竖；
kv²¹（头）tʂʰ̩³³（洗），tʂʰ̩³³代、辈，借为洗；mv³³ ŋgv³³天打雷；
ŋgv³³昏，借为打雷；kha³³角，借为声音，mi³³听，sy²¹样。

说明及摘要：为起新房、给婴儿洗头的日子算卦，以及打雷看凶吉的
经书。

70.

《算八字经》，牛皮纸，20cm×13cm×5页

读音：mbu²¹　tho²¹　tʂ̩²¹　the³³　ɯ³³

简释：tho²¹松树，mbu²¹tho²¹八字；tʂ̩²¹扎，借作tʂ̩²¹算。

说明及摘要：用"五行"算八字的经书。

三　零杂、除秽经

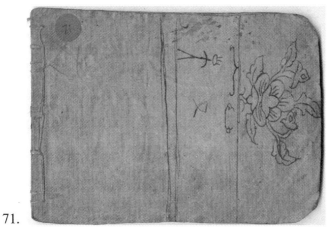

71.

《拜天神经》，牛皮纸，17cm×12cm×19 页

读音：mv³³　tsh₁³³　bv³³　me³³

简释： mv³³ 天，像屋顶之形， tsh₁³³ 鬼， bv³³ 锅，借作 py²¹ 念。

说明及摘要：向天神赎罪。

72.

《关鬼门经》，牛皮纸，25cm×9cm×8 页

读音：çi³³　kho³³　ndʐ₁³³　the³³　ɯ³³　uo²¹　me³³

简释： çi³³ 死， kho³³ 门， ndʐ₁³³ 鬼名，一种凶死鬼，借为关；çi³³ kho³³ndʐ₁³³ 关鬼门。

　　说明及摘要：挡口舌经。在火塘前念，于凶死者死后一个月做一个仪式，祈祷鬼门关闭，凶险永远与人们隔绝。

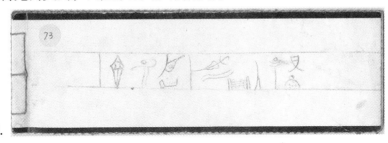

73.

《献鬼牌、旗给凶星，挡鬼经》，包装纸，27cm×9cm×10页

　　读音：kha^{33} dʑu^{33} the^{33} dʑu^{33} ʐua^{21} za^{21} i^{33} phe^{21} tv^{55} uo^{21} me^{33}

　　简释： kha^{33}木牌； dʑu^{33}，借作欠； the^{33}旗帜， ʐua^{21}量（粮食），会意，又引申作上交； za^{21}星名， i^{33}路， phe^{21}麻布，借为引导； tv^{55}顶，字形以架向上支撑物体，会意“上顶”之义。

　　说明及摘要：上交所欠的木牌和旗帜给 za^{21}烧鬼，指示它回去的路，并顶（堵）上，再也不让它回来。书中说道：这五张木牌和旗帜是如何如何做出来的，现在交给你们，请你们不要来找我们。

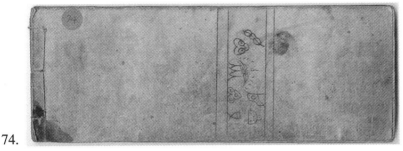

74.

《烧天香经》，牛皮纸，27cm×10cm×60页

　　读音：tshu^{55} ba^{55} ndʑi^{55} the^{33} ɯ^{33} uo^{21} me^{33}

　　简释： tshu^{55}珠串； ndʑi^{55}烧；tshu^{55}ba^{55}ndʑi^{55}烧天香，仪式名。

　　说明及摘要：烧天香仪式，是俄亚纳西人一年中最重要的祭祀仪式。于纳西新年的初一到初三，全村的人来到山上的祭坛前烧香，祭拜十八路神和山神，并献上麦、面、茶、酒、柏枝和酥油，一起焚烧掉，祈望众神在新的一年中保佑大家平安顺利。

75.

《超荐祖先神、挡鬼经》，牛皮纸，27cm×11.5cm×11 页

读音：sa^{33}　la^{33}　u^{33}　la^{21}tɕu^{55}　phər^{21}　me^{33}

简释：🗡 sa^{33}气，🗡 la^{33}手，sa^{33}la^{33}指有儿女之后才去世的死者；🗡 u^{33}超荐祖先，象神主，供松枝，松树表示死者，字形 ∟ 表示松树靠在某物前；🗡 la^{21}tɕu^{55}仪式名，字形画仪式中一个割绳子的场景，这是图画文字在经书中的遗留，🗡 tɕu^{55}锥子，提示部分读音；🗡 phər^{21}解开。

说明及摘要：sa^{33}la^{33}超荐死者。la^{21}tɕu^{55}仪式名，为防止死去的父母的鬼灵回来作祟，给活着的后代带来伤害，仪式中用到一根麻线，一截染成黑色，另一截是白色，得病的家人一手抓着白的一端，东巴用刀从中间切断，表示阻止鬼对病人的祸害。书中念道："祖先啊，你死了这么久，还来对家人做坏事，可能是死的时候没有把你的灵魂喊到，今天向你献上这么多酒食，请你以后不要再给家里做坏事，你高高地坐到格咕噜（kə^{21}ku^{55}ɻu^{33}）上吧。"按：kə^{21}ku^{55}ɻu^{33}格咕噜，家中祭奉家神的地方，在火塘旁的上位，一年四季，香烟不断。

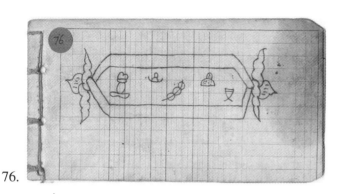

76.

《祭"都玛"经》，记账本纸，19cm×10cm×8 页

读音：du^{21} ma^{33} $tshu^{33}$ uo^{21} me^{33}

简释：du^{21} 董神，ma^{21} 油，du^{21} ma^{33} 女神名；$tshu^{55}$ 珠串，借作 $tshu^{33}$ 念。

说明及摘要：藏音经书，东巴不明其义。由家中 60 岁以上的老人每天清早或晚上在家中念诵，大意是：让家中躲着的所有的鬼听到念经后，都不敢留在家里。

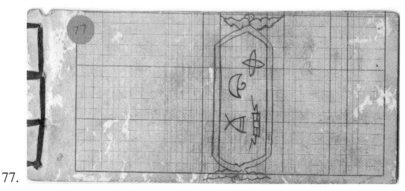

77.

《招魂经》，记账本纸，21cm×9.8cm×23 页

读音：a^{21} $hæ^{33}$ khv^{21} me^{33}

简释：a^{21} 绿松石，$hæ^{33}$ 月亮，a^{21} $hæ^{33}$ 魂；khv^{55} khv^{33} 口弦琴，借为 khv^{21} 请。

说明及摘要：东巴为病人做仪式，认为得病的原因是魂灵脱离了躯体，需要把它找回来，称"请（喊）魂"，过程是这样的：在病人家中进行完前奏之后，东巴带着病人一起来到山上烧天香的祭坛前，如果病人病得很重无法前行，就由一个和他属相相合的人替代。东巴安排病人躲在远处的大树后，用一根长长的麻线，一头由病人拽着，一头拽在祭坛前的东巴的手上，东巴念着手中的经书，对着五方呼唤死者的魂灵，请众神把病人被吓走的魂灵送回来，向祖先进献完酒食之后，东巴大喊三声病人的名字，缓缓而收紧手中的麻线，将病人拉引到跟前来，然后一起回家。

78.

《"秽"鬼的来历、除秽经》，牛皮纸，27cm×10cm×10 页

读音：tɕhə³³　hua³³　thv³³　me³³，thi·³³　ŋo²¹　tɕhə³³　hua³³　khæ³³ me³³

简释：tɕhə³³ 秽；hua³³ 花鹇鸟，借作坐的地方，thv³³ 水桶，借作出处；thi²¹ 喝，ŋo²¹ 谷仓，thi³³ ŋo²¹ 然后；khæ³³ 射，借作搬。

说明及摘要：讲述"秽"的来历，现在把"秽"搬移到它原来的地方，即除秽。

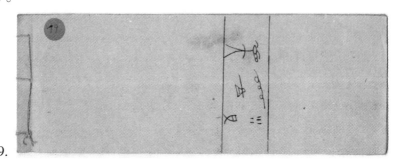

79.

《"丽恩"除秽经》，牛皮纸，27cm×10cm×11 页

读音：ri³³　ɯ³³　tɕhə³³　ʂu³³　ua³³　me³³

简释：ri³³ ɯ³³崇仁丽恩，传说中人类的祖先；ʂu²¹铁，借为形容词 ʂu³³干净，动词"洗净"读 tʂhʅ³³ ʂu³³；tɕhə³³ ʂu³³是一种除秽的仪式，通过点燃一把杜鹃枝叶（ia²¹hua³³），青烟缭绕，仿佛秽气随烟飘然而散。ua³³五，借作是，ua³³ me³³是的，经书常用语，用在句尾，又常省作 me³³。

说明及摘要：经书讲述丽恩那一代原本也是有秽气的，做了 tɕhə³³ ʂu³³之后才变得干净的。

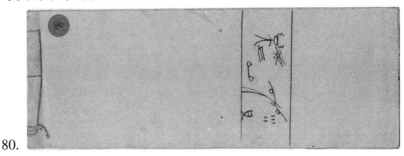

80.

《"都撒阿普"消灾经》，牛皮纸，27cm×10cm×12 页

读音：dv²¹　sa³³　thv³³　tɕhə³³di²¹　phər²¹　ua³³　me³³

简释：dv²¹鬼名；dv²¹sa³³a³³thv³³人名；tɕhə³³di²¹，di²¹捆、系，字形表示以牛角尖挑开绳节之形；phər²¹解节。

说明及摘要：dv²¹sa³³a³³thv³³他们家以前做过这个仪式：把树枝削尖，将一顶用 zʅ³³树树枝扎成的帽子戴在病人头上，东巴用一根削尖的树枝把帽子挑走，不干净的东西就被赶走了，dv²¹sa³³a³³thv³³是我们的祖先，现在仿照他的做法，把你（病人）的病痛消除。

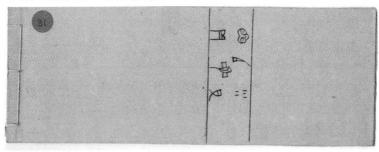

81.

《"巴沃其佐"除秽经》，牛皮纸，27cm×10cm×11 页

读音：ba^{55}　uə^{33}　tɕhi^{33}　ndzo^{21}　tɕhə^{33}　ʂu^{21}　me^{33}

简释：／tɕhi^{33} 刺，ndzo^{21} 桥；ba^{55}uə^{33}tɕhi^{33}ndzo^{21} 神名；tɕhə^{33}ʂu^{21} 仪式名。

说明及摘要：讲述了很久以前，一个叫 ba^{55}uə^{33}tɕhi^{33}ndzo^{21} 的人，他常杀狗、野马等动物，因此家里是不干净的。后来，他的父亲去世了，恰好那天他不在家，全村的人都不愿意来他家帮忙。他回来后，做了 tɕhə^{33}ʂu^{21} 仪式，家中的秽气消除了，大家才来帮忙，并把老人送葬了。

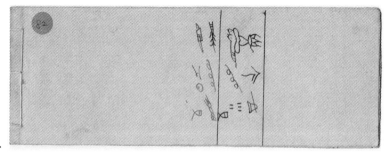

82.

《什罗威灵除秽经、除秽规程经》，牛皮纸，27cm×10cm×20 页

读音：çæ^{55}　rər^{33}　ndzʅ^{21}　tɕhə^{33}　ʂu^{21}　ua^{33}　me^{33}，mæ^{33}　dʑu^{33} tɕhə^{33}na^{21}kv^{21}　kv^{33}　me^{33}

简释：çæ^{55}rər^{33} 东巴什罗；rər^{33} 男性生殖器，象形；ndzʅ^{21} 威灵；kv^{33} 蛋，tɕhə^{33}na^{21}kv^{21} 仪式名；kv^{33} 规程。

说明及摘要：讲述东巴圣祖什罗的故事。什罗在天上本有 99 个老婆，地上有个吃人的女鬼，名叫 sʅ^{33}mu^{33}dy^{21}ku^{33}ʂʅ^{21}ma^{21}，什罗前往降服她。什罗首先假装娶了她做了自己的第 100 个老婆，但是，自己却慢慢变坏，常喝酒，和她一起做坏事，当他意识到自己的错误后，也逐渐失去了法力。在做了 tɕhə^{33}ʂu^{21} 仪式后，什罗才重新找回了威灵。

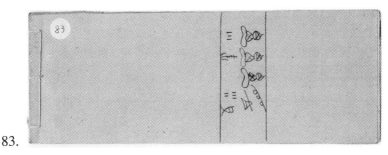

83.

《"涅色"三兄弟除秽经》，牛皮纸，27cm×10cm×11页

读音：ŋə³³se³³　　so²¹　zŋ³³　tɕhə³³　ʂu²¹　me³³

简释：ŋə³³se³³神名；so²¹三，藏音；zŋ³³草，借为guɯ³³zŋ³³弟弟。

说明及摘要：纳西祭署（ndʑi²¹kha³³py²¹）仪式中的署神为住在水塘中的三兄弟。村里若有人生病，东巴如认为是其家人在水塘前做了不干净的事才招来病祸，就念诵此经，请三兄弟原谅，恢复病人的健康。

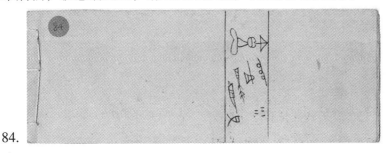

84.

《"美利董"除秽经下册》，牛皮纸，27cm×10cm×11页

读音：mu³³ɾi⁵⁵　du²¹　tɕhə³³　ʂu²¹　mæ³³　dʑu³³　ua³³　me³³

简释：mv³³ɾi⁵⁵（种），天，象有种子由天而降之形；du²¹董神，mu³³ɾi⁵⁵du²¹美利董，神名。

说明及摘要：讲述了美利董和妻子tʂhŋ³³tɕə³³ndʑi²¹mu³³的故事。早先，美利董夫妻在高山放牛，走丢了一头，妻子tʂhŋ³³tɕə³³ndʑi²¹mu³³出去寻找，遇见了mu³³ɾi⁵⁵ʂl²¹（美利董家的仇人）的儿子，二人发生了关系，生下了私生子tɕhə³³zo³³，两家由此发生了一系列事情，做了tɕhə³³ʂu²¹仪式之后，关系就处理好了。

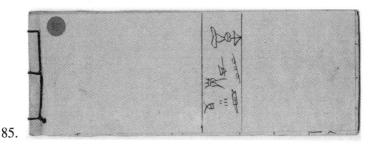

85.

《"美利董"除秽经上册》，牛皮纸，27cm×10cm×32页

读音：mu³³ ɻi⁵⁵ du²¹ tɕhə³³ ʂu²¹ kv³³ dʐu³³ me³³

简释：kv³³ dʐu³³头册。

说明及摘要：美利董年轻时，有一天去海边帮人打卦，看到水中自己孤立的身影，不免产生一丝寂寞，心中产生要娶一个老婆的念头，于是拿出几块金银抛向大海，一个美丽的女子从水中升起，二人结为夫妻，但多年未育，于是请来东巴做了仪式，果然灵验，他们一共生了九子九女，并过上了幸福的生活。

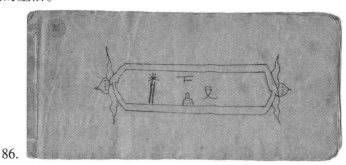

86.

《念天柱经》，牛皮纸，27cm×11.5cm×13页

读音：mv³³ dv²¹ çə³³ uo²¹ me³³

简释：〜 mv³³天，象屋顶之形，ᛁ dv²¹家中火塘屋中最粗的柱子，※ dv²¹千声；下 çə³³借为说，哥巴字，借汉字"下"。

说明及摘要：起新屋的仪式中，当家中竖ᛁ dv²¹柱时，东巴要坐在此柱子旁念诵此经，大意是：东方的木匠要盖新房，请来东巴做法事，东巴说着吉祥话，祝福主人家一切顺利。

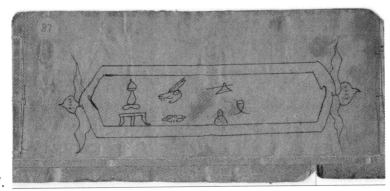

87.

《祭恒神（灶神）经》，牛皮纸，27cm×11.5cm×16页

读音：hæ²¹　le²¹　pv⁵⁵　ʂɿ²¹　uo²¹　me³³

简释：hæ²¹恒，神名，字形表示恒神坐在火塘三脚架旁；le³³獐子，pv⁵⁵蒸笼，hæ²¹ le²¹ pv⁵⁵神坐的地方；ʂɿ²¹铁斧，借作ʂɿ⁵⁵ i³³祭祀。

说明及摘要：该经用作起新房仪式。以前要请来附近大寺的喇嘛来念，今日村中无人能懂，也不知是记录的那种语言的经书，只明白其中几句话的意思：祝你家有吃有喝，牲口、家人平安。

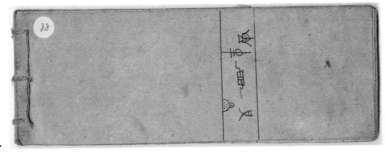

88.

《请家神经中册》，牛皮纸，27cm×10cm×41页

读音：sɿ³³　ly³³　khv²¹　uo²¹　me³³

简释：sɿ³³家神；ly³³矛，借作中；khv²¹口弦琴，借作请。

说明及摘要：婚礼仪式用的经书，这是中册。请五方的东巴将最好的东西进到主人家来。

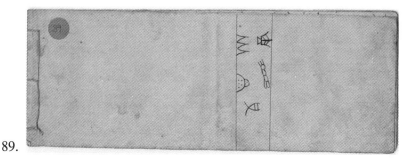

89.

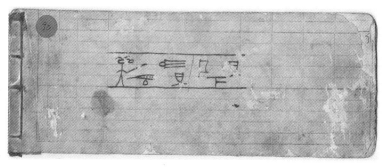 《丽恩放牧、说吉利话经》

牛皮纸，27cm×10cm×17 页

读音：sๅ^{33} mi^{33} kv^{55} uo^{21} me^{33}

简释：sๅ^{33}家神。依德次里不明 mi^{33} kv^{55} 为何意。

说明及摘要：病人的魂喊回来，请家神保佑。

90.

《丽恩放牧、说吉利话经》，作业本，27cm×10cm×29 页

读音：ri^{33} ɯ^{33} khæ^{21} ndy^{33} sa^{33} kho^{33} çə^{33} uo^{21} me^{33}

简释：字象 ri^{33} ɯ^{33}丽恩放牧之形。 ri^{33}牛虻，此用为提示前一字的读音；khæ^{21}牦牛，经书用语，口语作 mbər^{21}；ndy^{33}放牧，khæ^{21}ndy^{33}放牛，此二字没有写，由第一个字表示； sa^{33}撺迶（放牧的牲口）；kho^{33}门，借作吉祥话；çə^{33}说。

说明及摘要：经书讲述崇仁丽恩是如何找到酥油的。结婚仪式中，东巴要将酥油抹在新人的额头，说道：现在把酥油点在你们的头上，祝你们白头偕老，多子多福。

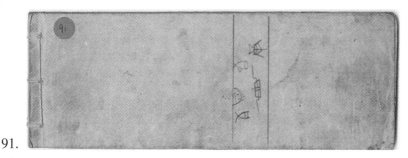

91.

《请家神经，头册》，牛皮纸，27cm×10cm×42 页

读音：$s\eta^{33}$ di^{21} khv^{21} uo^{21} me^{33}

简释： $s\eta^{33}$家神； di^{21}大；khv^{21}请。这是头册。

说明及摘要：结婚仪式用，鸡一叫就要念：今天是个吉祥日，我请四方的好的东西到我家来，长寿的、吉祥的都来，祝我们长寿！

92.

《火烧咒鬼经、规程经》，牛皮纸，27cm×12cm×30 页

读音：mi^{21} $t\text{ṣ}hu^{33}$ $ndzi^{33}$ $mæ^{33}$ $d\text{ʑ}u^{33}$ kv^{55} uo^{21} me^{33}

简释： mi^{33}火， $t\text{ṣ}hu^{33}$珠串，借作 $t\text{ṣ}hu^{33}$咒鬼， $ndzi^{33}$烧，像架柴火烧柏树枝叶；其余诸字见前文说解。

说明及摘要：平时，俄亚人遇到家人生病，会请东巴来做法事消灾，在念完大段经文后，这个仪式需用湿的柴禾架起，将代表鬼的木偶放在上面焚烧。如果火没有燃起来，东巴必须从头再念一遍，再来点火，如此反复，直到点燃。如果五次都没有成功，整个仪式就以失败告终，这暗示该东巴法力有限，引不来鬼，是很没有面子的事情。因此俄亚的很多东巴都不愿接受主人家的邀请来做这种仪式。依德次里很骄傲地说，他从来没有失败过。

93.

《分鸡牲经》，牛皮纸，27cm×11.5cm×22 页

读音：do^{33} ça^{33} by^{21} uo^{21} me^{33}

简释：do^{33}板；do^{33}ça^{33}，92 号经书的仪式中，作为献给西方东巴的公鸡的名字；by^{21}绝后鬼，借作分。

说明及摘要：东巴念道："四方的东巴们，我把这只鸡分给你们，如果不够，请来吃鬼肉，喝鬼血，啃鬼的骨头，你们都来帮我吧。"

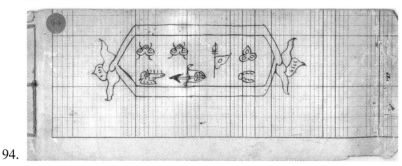

94.

《捉蛙射蛙经》，记账本纸，30cm×12cm×30 页

读音：ba^{55} z̩^{21} ba^{55} khæ^{33} the^{33} ɯ^{33} me^{33}

简释：ba^{55}蛙；a^{55}z̩^{21}猴子，借作捉，khæ^{33}射。

说明及摘要：这本经书讲述了纳西东巴经书的来历。很久以前，人间还没有经书、卦书，它们都藏在天上 pa²¹ ndʑi³³ sa³³ mæ³³ 处。人间为此多灾多难，大家于是商量着，请大鸟去讨要经书。

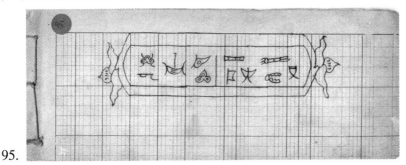

95.

《推算巴格、规程经》，记账本纸，30cm×12cm×14 页

读音：ba⁵⁵　kə³³　tsɿ²¹　tɕi³³　kho³³　ndi³³　kv⁵⁵　me³³

简释：ba⁵⁵kə³³ 八方；tsɿ²¹ 算； ，转意作 tɕi³³ 土；tɕi³³ kho³³ ndi³³ 仪式名；kv⁵⁵ 规程。

说明及摘要：家人生病后，请东巴来做法事，将病人穿过的衣物穿在树做的假人身上，远远地丢到山涧，东巴算好了丢弃的方向，念道：tɕə³³ dv²¹（病鬼名），请你带走他的病和不好的东西。

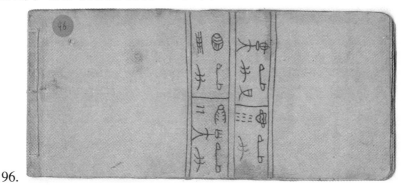

96.

《达拉鬼的来历、克果鬼的来历、猛笛鬼的来历、格尼鬼的来历经》，牛皮纸，27.5cm×12cm×27 页

读音：ta³³　ɾa³³　thv³³　pu³³　khə⁵⁵　ŋgo³³　thv³³　pu³³　mu²¹　ndʐ³³

thv³³   pu³³   ŋgə²¹   n̠i³³   thv³³   pu³³

简释：🐿ta³³ɾa³³鬼名，其头上戴的是转经筒；🖊🖊 thv³³pu³³出处、来历；🦋khə⁵⁵篮子；⁝⁝⁝ŋgo²¹九，khə⁵⁵ŋgo³³凶死鬼名；🐛nd̠ʐ³³毡廉；mu²¹nd̠ʐ³³胎死腹中鬼名；🐚ŋgo²¹臼齿，🖋n̠i³³二，ŋgə²¹n̠i³³，由东巴变的鬼名。

说明及摘要：女人不孕、小孩夭折的要请东巴来做仪式。仪式完成后，东巴要送主人家na²¹khə³³（一种用多股彩线织成的护身符）。东巴念道："你们（众鬼）最喜欢漂亮的东西，今天我们都送给你们，请你们原谅这个女人，让她顺利生下小孩吧。"最后，东巴还要用面偶做的鬼、油灯等扎成一个花篮（如下图）送到山上，找到一颗能结果的大树挂上，求得神灵的保佑。⚘

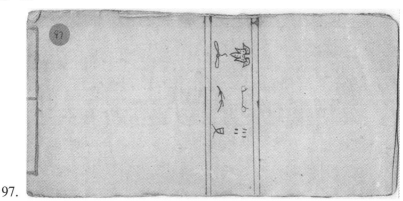

97.

🐚🖊🖋🖊

《赤斯鬼的来历经》，牛皮纸，27cm×13cm×18页

读音：tʂhʐ³³   sʐ⁵⁵   thv³³   pu³³

简释：🐚tʂhʐ³³肺；🖊sʐ⁵⁵肝；tʂhʐ³³sʐ⁵⁵鬼名，海中吃鱼的鬼。

说明及摘要：小孩出生几日后，要给他取名字，东巴根据母亲生产的方向、时辰等来推算孩子的来历，以及是否需要做tʂhʐ³³sʐ⁵⁵仪式。tʂhʐ³³sʐ⁵⁵是海中专吃鱼的鬼，俄亚人的观念中，小孩子就像是小鱼一样，只有请东巴来把tʂhʐ³³sʐ⁵⁵杀死，孩子才能平安成长。

98.

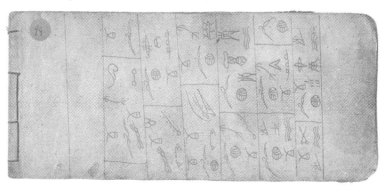

《阿纳尼经》，牛皮纸，30cm×12cm×11 页

读音：a^{21}　na^{33}　ŋi^{33}　uo^{21}　me^{33}　py^{21}　ly^{33}　kho^{33}

简释：〖图〗a^{21}呵，从口出声；a^{21} na^{33} ŋi^{33}远古的时候；丽江、白地的《〖图〗（开坛经 py^{21}ly^{33}kho^{33}）》同此经一样。

说明及摘要：做降死人仪式时念的头一本经书。讲述人类很早以前，石头、树木都还没有出现，世界万物的来历，人、神、鬼、牲口的父母是谁等。

99.

牛皮纸，27cm×12cm×21 页

读音：待补。

简释：待补。

说明及摘要：是大、小祭风等 11 种仪式的规程。所用的祭牲有一对鸡等，最小的仪式只需一只鸡蛋。

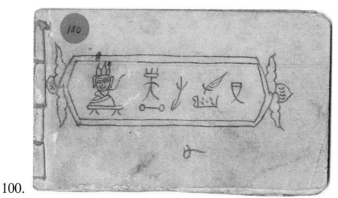

100.

《向咒鬼赔礼道歉经》，作业本，15.5cm×9.5cm×16 页

读音：a^{33} tsh1^{21} tshy^{33} z̩ua^{21} me^{33}

简释：○—○ a^{21}骨头，借作咒语；$\curlywedge$ tsh1^{21}鬼；a^{33} tsh1^{21}，咒人的鬼；tshy^{55}黍，借作 tshy^{33}赔；z̩ua^{21}上交。

说明及摘要：病人骨头痛，请东巴来做法事 a^{33}hɯ^{55}，认为是背后遭人咒怨所致。须向 a^{33}tsh1^{21}咒人的鬼赔礼道歉，东巴念道："他（病人）以前做错了事，得罪了您，今天赔给你，求你放过他。"

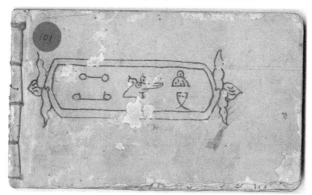

101.

《咒鬼的来历经》，作业本，16cm×9.5cm×22 页

读音：a^{33} thv^{33} a^{33} pu^{33} me^{33}

简释：thv^{33}，借作出处；pu^{33}艾蒿，借作来历。

说明及摘要：在 100 号经书之前念。讲述了 a^{33}tsh1^{21}咒人的鬼的来历。

念道："五方的 bə³³ dʑi²¹ la³³ ma³³ 会咒人，a³³ tshɿ²¹ 就是它口中说出来的，今天请把它赶回原来的地方去。"

102.

《祭署仪式规程经》，牛皮纸，27cm×10cm×4 页

读音：a³³ hɯ⁵⁵ py²¹ ku³³，hæ³³ kv³³ ʂɿ²¹ kv³³ hy³³ ku³³ me³³

简释：⌒ hɯ³³ 海子；a³³ hɯ⁵⁵ 仪式名，py²¹ 念；≋ hæ²¹ 风；kv³³ 蒜，借作屋顶；ʂɿ²¹ 暑，水神名，经书用语，在口语中叫 ndʑi²¹ kha³³；hæ³³ kv³³ ʂɿ²¹ kv³³，仪式名，又叫 gə²¹ tv⁵⁵；hy³³（火）红，借作做。

说明及摘要：念 a³³ hɯ⁵⁵ 经、做 hæ³³ kv³³ ʂɿ²¹ kv³³ 仪式的规程。

四 驱鬼经

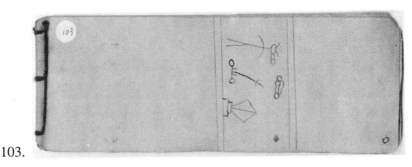

103.

《"居那若罗"神山下的丽恩念咒经》，牛皮纸，27.5cm×10cm×32 页

读音：zʅa⁵⁵ ɾa³³ khɯ³³ ɾi³³ ɯ³³ a²¹ py²¹ dzʅ³³

简释：ndzʅ²¹ na⁵⁵ zʅa⁵⁵ ɾa³³ 居那若罗神山；khɯ³³ 脚；ɾi³³ ɯ³³ 崇仁丽恩，a²¹ 骨头，借作咒语，py²¹ 祭木，借作念；dzʅ³³ 骨节，

dʑʅ³³dʑo²¹仪式名。

说明及摘要："居那若罗"神山山脚下的丽恩，在 dʑʅ³³dʑa²¹仪式上念咒语。讲述丽恩家以前由于 a²¹鬼作祟，没有生育，后来请家族的东巴念了"a²¹py²¹dʑʅ³³dʑo²¹"经书后，陆续有了三个后代。今天我们请东巴来念经，希望能像丽恩家一样，人丁兴旺。

104.

《念咒，分白石、花石经》，牛皮纸，27cm×10cm×20 页

读音：a²¹　py²¹　ɾu³³phəɾ²¹　ɾu³³ndʑæ²¹　tɕhi²¹　me³³

简释：a²¹骨头，借作 a²¹tshʅ²¹（鬼名）；ɾi³³pa³³白石，ɾu³³ndʑæ²¹花石，字形表示"分"义；tɕhi²¹悬、吊，借作分。

说明及摘要：请东巴将代表家人的白石和代表"a²¹tshʅ²¹"的花石分开，祈求以后鬼不再来家里做坏事。

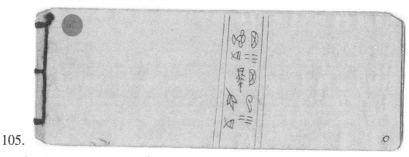

105.

《出处经头册，送仇敌经》，牛皮纸，27cm×10cm×27 页

读音：thv³³　di²¹　me³³　mæ³³　dʑu³³　zʅ²¹　huɯ³³　ua²¹　me³³

简释：thv³³奶渣，借为出；di²¹借为头，经书用语；zʅ²¹柳叶，借为仇人；huɯ³³海子，借为送回，经书用语。

说明及摘要：有凶死者家庭，第七年和第九年要做一次仪式。东巴持剑在家中每个房间挥砍一番，口中念道："今天家里所有的鬼都必须赶出去，不许回来。"

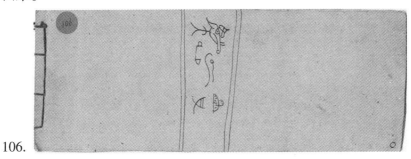

106.

《崇搬图经》，牛皮纸，27cm×10.5cm×23 页

读音：tsho^{33}　mbu^{33}　thv^{33}　uo^{21}　me^{33}

简释：人，大象 tsho^{33} 作人头以标其音，古词；mbɚ^{33} 水槽，借为 mbu^{33} 迁徙；thv^{33} 桶，借作出来，又可作"来历"解。

说明及摘要：这是另一本《崇搬图》，使用在 ʂɿ^{21}be^{33} 中，仪式在家中举行，用一头羊、一只鸡和两头猪，不含 çi^{33} 和 zɿ^{21}，而 48 号经书《崇搬图经》使用的仪式不同，用在开路仪式中。两书大部分是一样的。

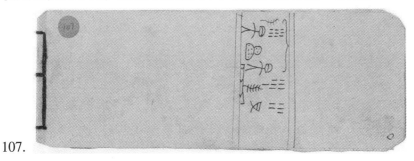

107.

《天生九子、地产七子经》，牛皮纸，27cm×10cm×10 页

读音：mv^{33}　zɿ^{33}　ŋgv^{33}　zo^{21}　dy^{21}　zɿ^{33}　ʂɿ^{33}　zɿ^{33}　ua^{21}　me^{33}

简释：zɿ^{33} 草，借为生，经书用语；zo^{33} 儿子，经书中或读作 zɿ^{33}；çæ^{33} 七，经书中读作 ʂɿ^{33}，古词。

说明及摘要：讲述天生九子、地产七子的故事。

108.

《请东巴、卦师经》，白美术纸，27cm×10.5cm×20页

读音：py^{33}　pha^{21}　ka^{33}　ʂu^{21}　uo^{21}　me^{33}

简释：py^{33}东巴字形为东巴念（py^{21}）经，转指东巴；pha^{21}卦师，女巫手持卦书之形；ka^{33}祭米，箩筐中盛放五谷种子，鹤声；ʂu^{33}铁斧，ka^{33}ʂu^{21}请。

说明及摘要：请东巴、卦师，以及经书的来历。

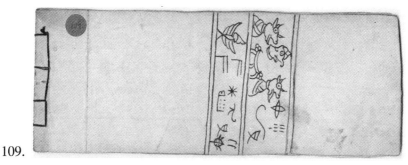

109.

《给"辛吉"煮献饭、招魂经》，《向"毒鬼"还债经》，白美术纸，27cm×10.5cm×15页

读音：çi^{21}ndʑi^{33}　tsho^{21}　no^{33}　tɕə^{33}　çi^{21}ndʑi^{33}　kho^{33}　a^{21}ʂl^{33}　me^{33}，ʂua^{55}　ʂua^{33}　dv^{21}　dʑu^{33}　ʐua^{21}　me^{33}　ɲi^{33}　dze^{21}

简释：书名中的ɲi^{33} dze^{21}（两册）说明了这本经书包含了两种经书。çi^{21}ndʑi^{33}鬼名；tsho^{21}大象；no^{33}面偶；tsho^{21}no^{33}献饭；tɕə^{33}煮；kho^{33}门，借作口；a^{21}ʂl^{33}招魂；鬼，一种白天装成农民，晚上吃人的鬼，

名叫 ȵua⁵⁵ ȵua³³ dv²¹，用后面三字标示读音；⚹ dʐu³³ 搁物架，借为欠账；⚹ ẓua²¹，借为还；⚹ ȵi³³ 二；⚹ dze²¹ 小麦，借作本、册。

说明及摘要：第一本念道："你（鬼 çi²¹ndʑi³³）给他（主人）家做了坏事，今天他们家杀牲口，煮了一锅肉送给你，病人的魂仍然含在你的口中，还没有吞到肚里去，请你吐出来还给他吧。"第二本是打卦驱鬼的念道："先把欠你（ȵua⁵⁵ ȵua³³ dv²¹）的东西还给你，现在我们打一卦，如果你胜了，你就走，不然一定杀你。"用海贝打卦，如果东巴赢了，就用碗盛满水，碗上搭两根木棍，代表黑白二桥，做一个面偶代表鬼，放在黑桥上。东巴以用刀劈向面偶，代表杀死了这个鬼，希望鬼不再来这家害人。

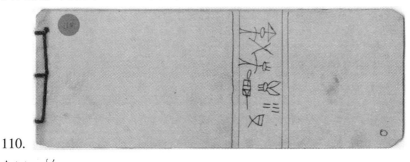

110.

《董史相争经上册》，牛皮纸，27cm × 10cm × 21 页

读音：du²¹ æ²¹ ʂ²¹ kv³³ tɕu⁵⁵ ua²¹ me³³

简释：⚹ mu³³ ɾi⁵⁵ du²¹ 美利董和 mu³³ ɾi⁵⁵ ʂ²¹ 目利史是传说中的两个神，两家是仇人；æ²¹ 相斗；

说明及摘要：讲述了董、史两家的故事。董神住在阳山，史神住阴山（没有太阳光的山），史把董的儿子骗来，想杀死他，反倒害死了自己的儿子，两家结下了仇恨。

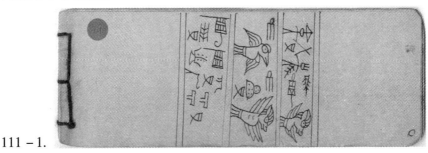

111－1.

《董史相争经下册》，牛皮纸，27cm×10.2cm×39 页

读音：du²¹ æ²¹ ʂ̩²¹　mæ³³　tɕu⁵⁵

简释：这是 110 号经书的下册。

说明及摘要：讲述了董神如何最后战胜了史神的故事。

这本同时还记录了另一本经书。

111－2.

《请战神经、向战神敬酒经》页

　读音：ɖər³³kə²¹　iə³³ma²¹　sa³³　uo²¹　me³³　mæ³³　tɕu⁵⁵　ŋga³³tʂ̩³³ khɯ³³　ŋga³³　i³³　le³³　ti⁵⁵ti³³　me³³

　简释：ɖər³³kə²¹东格，战神；iə³³ma²¹尤玛，战神；sa³³请；ŋga³³tʂ̩³³ khɯ³³，ŋga³³胜利，用"旗帜"转指"胜利"，仪式中撒（khɯ³³）黄酒（tʂ̩³³）于代表战神"尤玛"的面偶前，感谢他带来的胜利。表示"酒滴"。i³³酒；le³³助词，字形或来自茶叶；ti⁵⁵字本义为凳子，假借为喂，ti⁵⁵ti³³重叠连用表相互态，是俄亚人敬酒的常用语。

　说明及摘要：上册请"东格""尤玛"两位战神，进献酒食，请他们把帮助东巴做仪式，保佑自己胜利。下册为感谢战神的帮助，以黄酒撒在代表战神的面偶前，祈祷自己能如他们一样，战无不胜。

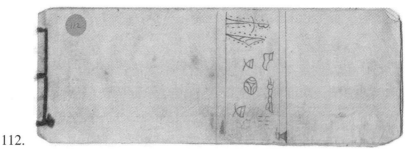

112.

《祭花病鬼仪式规程经》，牛皮纸，27cm×10cm×12 页

　读音：to³³ndʐə²¹　khɯ³³　me³³　ku³³　uo²¹　me³³

　简释：to³³（病鬼）ndʐə²¹，仪式名，字像仪式中刻的木偶和木牌，使用完后要扔到山谷填埋，字中的"多点"状表示 ndʐə²¹花；ʂu²¹be³³仪式

分三种，大的叫 to³³na²¹ 黑，中的叫 to³³ndʐə²¹ 花，小的叫 to³³phər²¹ 白，大的用一头牛作祭牲，中的用一头羊、一只鸡和两头猪，小的用一只羊和一只鸡。 khɯ³³ 脚，借为做。

说明及摘要：做 to³³ndʐə²¹ 仪式的规程。

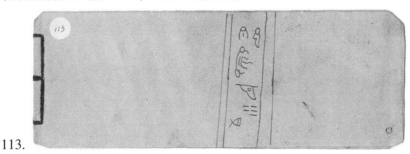

113.

《煮苦肉经》，牛皮纸，27cm×10cm×4 页

读音：çi³³　　kha³³　　tçə³³　　the³³　　ɯ³³　　me³³

简释： çi³³ 瘦肉； kha³³ 苦，字像口吐苦物状， tçə³³ 煮；the³³ɯ³³ 经书。

说明及摘要：苦肉煮给祖先，请你不要插手破坏今天的仪式。

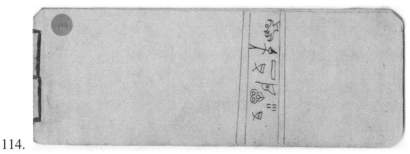

114.

《丢"基独"树人经》牛皮纸，27cm×10cm×32 页

读音：dʑi²¹　　ndv²¹　　tçhi³³　　the³³　　ɯ³³　　ua²¹　　me³³

简释： dʑi²¹ 爪子； ndv²¹ 鬼名；dʑi²¹ndv²¹ 一种用树枝扎成的假人（ndo³³ndʐ̩²¹），仪式中要做代表男女的假人各一个。 tçhi³³ 肩胛骨，借作丢。

　　说明及摘要：东巴念道："我们全家人身上不好的东西，请你们（假人）都带走。"

115.

《请"木比日日"分白骨、黑骨经》，《第十天竖"噶鲁"、请日、月经》，牛皮纸，27cm×10.2cm×20页

　　读音：mu³³　py²¹　（tsʅ³³　zʅ²¹）　sa³³　a³³phər²¹　a³³na²¹　phu³³ tɕhi²¹，tshe²¹　ŋi³³　ka³³ɽu³³　tshʅ⁵⁵　ua²¹　me³³　bi²¹　khv²¹　le³³　khv²¹ me³³

　　简释：mu³³没有、不，或认为字形如手掌微收之侧面形，意为手中无物。py²¹念；mu³³py²¹zʅ³³zʅ²¹木比日日，神名，凶死仪式时要请他来。该字不读音，用前两字标示部分读音；sa³³，借作请，经书用语，口语中说khv³³请，a²¹骨头，phər²¹白，a³³na²¹黑（na²¹）骨，字从骨中有黑点，tɕhi²¹悬挂，phu³³tɕhi²¹分开。

　　tshe²¹ŋi³³（十天），十tshe²¹，二ŋi³³，借作天，ka³³ɽu³³噶鲁，小仪式名，tshʅ⁵⁵犁铧，借为插，于河边等干净处挑选白色的石头，放在屋顶的祭坛上，上插柏树枝。俄亚纳西人每年烧天香的大祭坛叫zʅ²¹ tse³³，位于村后的大山上，每家的屋顶还设有一个小祭坛，用白石垒成，叫na²¹tse³³uo³³。a²¹绿松石，此读作ua²¹，ua²¹me³³是的，经书用语；khv⁵⁵khv³³口弦琴，借作请；bi²¹太阳，le³³月亮。

　　说明及摘要：请大东巴mu³³py²¹zʅ³³zʅ²¹来帮忙，把黑白两鬼分开；请山神来，压住所有的鬼；请十八路神来，像日月一样来帮我们。

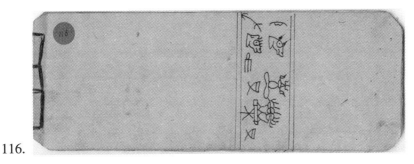

116.

《请"木比孜日"来烧天香经》，牛皮纸，27cm×10cm×30页

读音：mu³³　py²¹　tsʅ³³　zʅ²¹　tshu⁵⁵ba⁵⁵ndʑi⁵⁵　uo²¹　me³³

简释：tsʅ³³兽名，不详。a⁵⁵zʅ²¹猴子，mu³³py²¹tsʅ³³zʅ²¹木比孜日，神名，即，该字形不读音。tshu⁵⁵ba⁵⁵ndʑi⁵⁵烧天香。

说明及摘要：请大东巴 mu³³py²¹tsʅ³³zʅ²¹ 从天上下来帮我们烧天香，进献这些牲口给您。

117.

《烧"冈巴"经》，牛皮纸，27cm×10.5cm×13页

读音：ŋga³³mba²¹　ndʑi³³　the³³　ɯ³³　uo²¹　me³³

简释：ŋga³³mba²¹用杜鹃、zʅ³³树的枝条扎成，用于驱鬼的仪式；ndʑi²¹酒丸子，借作ndʑi³³烧。

说明及摘要：东巴念道："你（ŋga³³mba²¹）是我们做的，今天你要帮我们来赶走鬼。"点燃它，朝着驱鬼的方向抛去，再走近查验 ŋga³³mba²¹ 落地后的摆向，判断是否驱鬼成功，否则，东巴要再重复一次，直至成功。

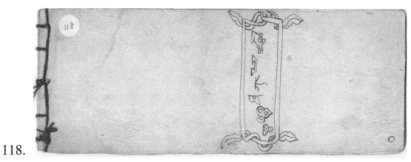

118.

《压"戈鬼"经》，白美术纸，27cm×10.5cm×19 页

读音：khv³³　gə²¹　zŋ³³　the³³　ɯ³³　uo²¹　me³³

简释：sŋ⁵⁵kv³³ 镰刀，借为 khv³³ 年；gə²¹ 上、登，借为（一年中）不吉利的东西；zŋ³³ 草，借为压。

说明及摘要：讲述董神夫妻命名十二生肖的来历。最后东巴念道："今年是某某年，请你把最不好的（gə²¹）都压住，希望今年顺利。"

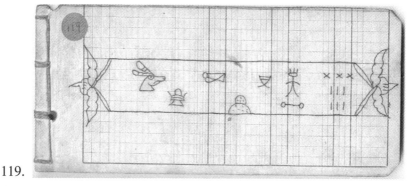

119.

《给三百六十个硬鬼献饭经》，记账本纸，21cm×9.5cm×37 页

读音：lo²¹　ha³³　phi³³　tshŋ²¹　a³³　si²¹　çi³³　tʂhua³³　tshŋ²¹　lo²¹　uo²¹　me³³

简释：lo²¹ 黑麂子，借作献；ha³³ 饭，这里有个值得注意的很有意思的现象，lo²¹ha³³ 献饭（准备献还未献），这是一个定语在中心词之前的偏正短语结构，如果已经在仪式中献给鬼的那碗饭，就叫作 ha³³lo²¹，定语就放在了中心词的后面。纳西语的定语成分在中心词之后是常态，这里巧妙

地改变定语的位置，起到改变定语动词的"态"的语法范畴的作用，从而改变短语的词汇意义，这也是一种造新词的方式。可惜这样的例子还没有发现第二例。

tɕhi³³肩胛骨，这里读作 phi³³，lo²¹ ha³³ phi³³，仪式中献给鬼的那锅饭；tʂʅ²¹鬼，a³³骨头，tʂʅ²¹ a³³硬鬼；si²¹三，çi³³百，tʂhua³³六，tʂʅ²¹十，三百六十；lo²¹黑麂子，借为送。

说明及摘要：一年有三百六十天，天上有三百六十种鬼，今天我们准备了小麦饭、米饭还有很多好吃的献给你们，请你们来吃，吃了就不要再回来这里。

120.

《"垛"鬼的来历、送"垛"鬼经》，牛皮纸，26cm×9.5cm×15 页

读音：ndo²¹　thv³³　ndo²¹　pu³³　ndo²¹　pv³³　uo²¹　me³³

简释：ndo²¹傻鬼；pv⁵⁵蒸笼，借作pv³³送。

说明及摘要：这本是汝卡经书，还有 121、123 号以及 162—169 号共 11本均是汝卡的经书。

讲述傻鬼的来历，它的父母是谁。村民如果见到鸡生了个怪蛋等奇异的现象，认为是这个鬼来到了家里，就会请东巴来家里做法事，将傻鬼送回去。

121.

《罪孽的来历经》，牛皮纸，27.5cm×10cm×15 页

读音：mi³³ khə²¹ thv³³ pu³³ uo²¹ me³³

简释： khə⁵⁵篮子；mi³³khə²¹责任，俄亚纳西人把"责任"看成一种鬼。

说明及摘要：纳西人将起新房，或是买一头牲口，看成是在履行一种责任，需要请东巴来家中举行仪式，把责任卸掉。东巴会选几根松枝，把它削尖，用麻线拴住它们，另一头连在家里人的拇指上，男性系左手，女性右手，仪式中，东巴来给每个人解开麻线，表示身上的责任转移给了松枝。

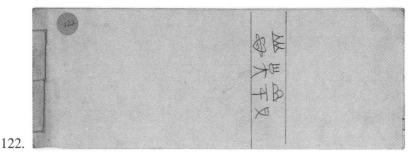

122.

《解开罪孽之结经》，牛皮纸，27cm×10cm×6 页

读音：mi³³ khə²¹ tʂʅ²¹ ri³³ phər²¹ me³³

简释： ri³³pa³³石头，借作 ri⁵⁵缠绕； phər²¹解开，字形如栓于木桩上的绳索松解之形，借作表颜色"白"的意义。

说明及摘要：把"责任"解开。

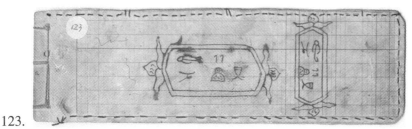

123.

《开坛经》，记账本纸，26cm×8cm×15页

读音：待补。

简释：同98号经书。

说明及摘要：待补。

124.

《加威灵经》，牛皮纸，27cm×11.5cm×20页

读音：ndzʅ²¹　tɕæ³³（tʂæ³³）　uo²¹　me³³

简释：^{彳} ndzʅ²¹，东巴的祖先，$\wedge$像天，$^{\Gamma}$示由天上下来，祖先从天上下来帮助自己，就是泽被自己，给自己加威；$\Longleftrightarrow$ tʂæ³³pu³³læ³³东巴必备的工具，木质拓模，刻有文字或面偶的模子，借为加冕。

说明及摘要：这本经书由于是仪式前东巴向自己的祖师爷求威灵的经书，所以在很多仪式上都要用到。大意是：请所有厉害的东巴都下来帮我。

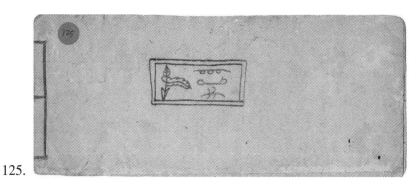

125.

《"达得"的来历、压秽鬼经》，牛皮纸，27cm×11.5cm×6页

读音：$lɯ^{33}sɿ^{33}da^{33}te^{33}$　thv^{33}　pu^{33}　$tɕhə^{55}$　$zɿ^{33}$

简释：$lɯ^{33}sɿ^{33}da^{33}te^{33}$，$lɯ^{33}sɿ^{133}$箭，用竹竿挑挂着印有经文的画布，招魂用。$tɕhə^{55}zɿ^{33}$压秽鬼，$tɕhə^{33}$秽，$zɿ^{33}$压，字形像用土填埋秽鬼状。

说明及摘要：述说$da^{33}te^{33}$的来历。用来自五方的白、绿、黑、黄和花色的$da^{33}te^{33}$来压住鬼。

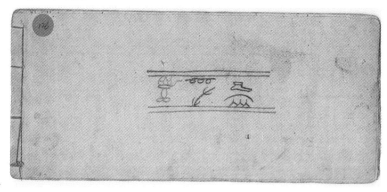

126.

《除秽压火鬼经》，牛皮纸，27cm×12cm×22页

读音：$tɕhə^{33}$　py^{21}　mi^{33}　$zɿ^{33}$

简释：py^{21}祭木，借作念经，mi^{33}（火）$zɿ^{33}$（压），压火鬼，用脚踩压火鬼。

说明及摘要：火鬼做坏事，怕烧着房子，今天用一只鸡来压住它，五方的火鬼也压在这下面。

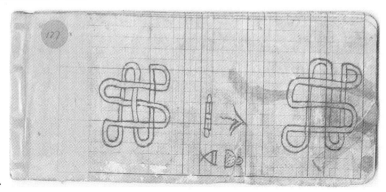

127.

记账本纸，21cm×9.5cm×28 页

读音：待补。

简释：待补。

说明及摘要：与 124 号经书相同。

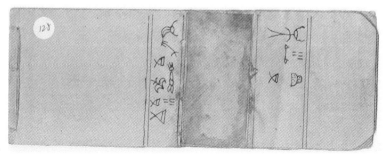

128.

《"都撒噶土"经、"吉卡"规程经》，牛皮纸，27cm×10cm×21 页

读音：dv²¹ sa³³ a³³ thv³³ uo²¹ me³³ mæ³³ dʑu³³ ndʑi²¹ kha³³ py²¹ me³³ ku³³ ua²¹ me³³

简释：dv²¹帽子 dv⁵⁵ dv³³；ŋa³³五（藏音），dv²¹ sa³³ ŋa³³ thv³³ 都撒噶土，人名，所有的鬼都害怕他，他与妻子住在高山牧场，家里还有个奴隶；ndʑi²¹（水）kha³³，kha³³角，水井，这里是一家住在水井边负责管理水源的神的名字，其实就是署神的一种。

说明及摘要：讲述 dv²¹sa³³a³³thv³³ 和 ndʑi²¹kha³³ 两家的恩怨。白地和尚礼处有一本类似的经书，叫 ŋi⁵⁵uə³³dy²¹uə³³tʂ̩³³tso²¹，没有俄亚这本难。

129.

《开"署"门、送"署"神经》，牛皮纸，27.5cm×12cm×5页

读音： $\mathrm{\mathfrak{s}\eta^{21}}$　$\mathrm{kho^{33}pu^{33}}$　$\mathrm{\mathfrak{s}\eta^{21}}$　$\mathrm{t\mathfrak{s}h\eta^{33}}$　$\mathrm{t\mathfrak{c}hi^{33}}$　$\mathrm{me^{33}}$

简释： $\mathrm{\mathfrak{s}\eta^{21}}$署神； $\mathrm{kho^{33}pu^{33}}$开门； $\mathrm{t\mathfrak{s}h\eta^{33}}$肺，借作送，经书用语，口语说 $\mathrm{pv^{33}}$送； $\mathrm{t\mathfrak{c}hi^{33}}$刺，借作指引（魂归祖先）。

说明及摘要：病人的魂被关在署神家，请署神将门打开放出来，并指引署神回去的路。

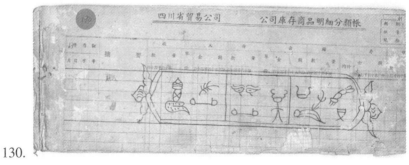

130.

《"署"神的来历经》，记账本纸，30cm×11.5cm×27页

读音： $\mathrm{\mathfrak{s}\eta^{21}}$　$\mathrm{thv^{33}}$　$\mathrm{\mathfrak{s}\eta^{21}}$　$\mathrm{pu^{33}}$

简释：封面读音"署"出现两次，只写了一个"署"字。

说明及摘要：署的来历。很久以前，在天和地没有分开，三座大山还没起来的时候，才有了海 $\mathrm{mu^{33}\,ri^{55}\,da^{21}\,d\mathfrak{z}i^{33}\,h\mathfrak{a}^{55}}$，才有了黄金大蛙 $\mathrm{h\mathfrak{æ}^{21}\,\mathfrak{c}i^{21}\,ba^{55}}$ $\mathrm{me^{33}}$，黄金大蛙分出两个蛋，变成了东方的署，两年里下了两个蛋……讲述了署的来历，署就是水神 $\mathrm{nd\mathfrak{z}i^{21}\,kha^{33}}$，住在水塘、水井边，村里吃水的人在

那里不要做不干净的事，以免得罪署神。

131.

《祭"穆厄"、杀鬼经》，牛皮纸，27cm×12.5cm×20页

读音：mu³³　ɯ²¹　py²¹　mu³³ɯ²¹sy³³　uo²¹　me³³

简释：mu³³ɯ²¹穆厄，鬼名，两个一起出现，经常抢夺人类敬献给其他神灵的食物；mu³³ɯ²¹sy³³，sy³³锡，作"杀"的声符。

说明及摘要：mu³³ɯ²¹这两个鬼守在水神的门前，抢走了我们送给神的饭食，今天把你们分开，送回原来的地方去，如果不肯走，一定要杀死你们。

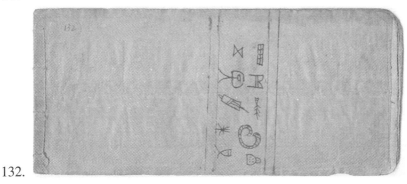

132.

《"普西委尼"经、"乌尼赤督"经》，牛皮纸，28cm×12cm×26页

读音：phv³³　çi²¹　uə³³　ri²¹　mæ³³　dʒu³³　v³³ri³³　tʂhʅ²¹　dv³³　uo²¹　me³³

简释：phv³³氆氇，一种藏布；ri²¹举，phv³³çi²¹uə³³ri²¹普西委尼，

一个家庭的名字，是个奴隶主；🐚 v³³ɹi³³雪山；🐚 tʂʅ²¹血肠；米 dv³³千；v³³ɹi³³ tʂʅ²¹ dv³³乌尼赤督，一个猎户的家庭名字，住在高山上。

说明及摘要：讲述东巴什罗在这个家庭中地位的确立。

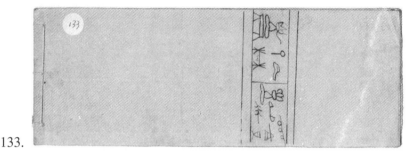

133.

《送"果革"，董、色神的来历，除秽经》，牛皮纸，27cm × 10cm × 10页

读音：首字不读音。ko²¹　kæ³³　khɯ³³　du²¹　se²¹　thv³³　pu³³　tɕhə³³　ʂu³³　me³³

简释：🔥提示东巴要坐在火塘旁念。ⸯ ko²¹针，借作家，米 kæ³³晒东西的搭架，借作前，ko²¹ kæ³³仪式中所有敬献的祭品、代表不吉利的树枝等，都称为"果革"；khɯ³³放、送；🐚 du²¹董神，🐚色神；🔪 ʂu²¹铁，借作ʂu³³净。

说明及摘要：向神献祭，给董、色二神的住处除秽。

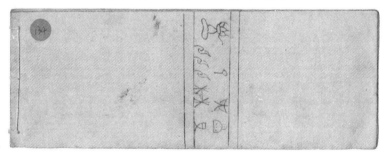

134.

《放"果革"关死门经》，牛皮纸，27cm × 10cm × 10页

读音：首字不读音。mu³³　tsʅ²¹　ko²¹　kæ³³　ndʐ³³　me³³

简释：ᎧᎧᎧ mu³³tsʅ²¹火葬场；Ꭷ ko²¹针，借作家，ᎧᎧ kæ³³晒东西的搭架，借作前，ko²¹kæ³³仪式中所有敬献的祭品、代表不吉利的树枝等，都称为"果革"；Ꭷ ndʅ³³凶死鬼，借作关。

说明及摘要：把这些不好的事情都关在门外，从今以后，这家再也不见这样的坏事。

135.

ᎧᎧᎧ

《"叶拉德达"经》，牛皮纸，27.5cm×10cm×15 页

读音：iə²¹ la⁵⁵ de³³ ɖa³³ uo²¹ me³³

简释：Ꭷ iə²¹烟叶；ᎧᎧ la⁵⁵手；ᎧᎧ de³³七，藏音；ᎧᎧ ɖa³³六，藏音；iə²¹la⁵⁵de³³ɖa³³人名。

说明及摘要：iə²¹la⁵⁵de³³ɖa³³喜欢打猎，有一次打了西边的鬼 le³³tɕi²¹sʅ³³ phu²¹的一头马鹿，于是杀了一只羊，配给所有的鬼，请鬼不要来我家。

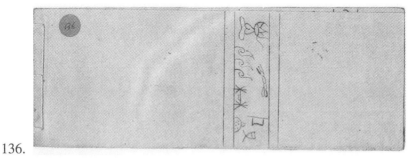

136.

ᎧᎧᎧᎧ

《用"果革"关"死门"经》，牛皮纸，27cm×10cm×11 页

读音：首字不读音。mu³³ tsʅ²¹ ko²¹ kæ³³ kho³³ uo²¹ me³³

简释：Ꭷ kho³³门。

说明及摘要：所有火葬场的门，用这只羊和 ko^{21}kæ^{33}（祭品）来关掉，祈祷主人家一切顺利。

五　超荐东巴什罗

137.

《请什罗给予法力经》，牛皮纸，26cm×9.5cm×25 页

读音：首字不读音。bu^{21}　ʂɿ^{21}　bu^{21}　iə^{33}　the^{33}　ɯ^{33}　uo^{21}　me^{33}

简释：bu^{21} 猪，借作东巴什罗的本事、才能；ʂɿ^{21} 铁斧，借作找；iə^{33} 茶叶，借作给。

说明及摘要：请求东巴什罗将他的巨大才能 bu^{21} 传给自己。此经由大东巴做仪式前念诵，作为帮手的小东巴需要跪在下面磕头。

138.

《超荐什罗，做树人、面偶规程经》，包装纸，27cm×9cm×6 页

读音：çæ^{55}ɣər^{33}　u^{33}　sɿ^{33}　zɿ^{21}　ha^{33}　zɿ^{21}　ku^{33}　me^{33}

简释：çæ^{55}ɣər^{33} 东巴什罗；u^{33} 超荐，松树表示死者，字形 L 表示松树靠在某物前；sɿ^{33} 柴；zɿ^{21} 做。

说明及摘要：准备超荐东巴什罗仪式的道场（包括树枝、面偶）的过程。

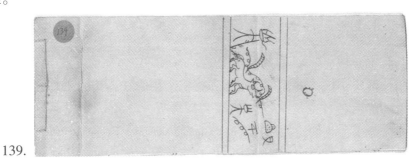

139.

《用活羊解鬼结经》，牛皮纸封面，白美术纸正文，27cm × 10.5cm ×

12 页

读音：首字不读音。$sɿ^{21}$ $tʅ^{33}$ $phər^{21}$　　$tshɿ^{21}$　　$tʅ^{33}$　　$phər^{21}$　　uo^{21}　　me^{33}

简释： 这是经书中保留下的图画字。$sɿ^{21}$活的，指仪式中用一头活的山羊；$tʅ^{33}$绳结，用三根麻线系在羊的身上；$phər^{21}$解开；$tshɿ^{21}$鬼，$tʅ^{33}$绳结。

说明及摘要：主持仪式的大东巴用三根麻线系在一头活的山羊身上，仪式中用岩羊角依次挑开打的结扣，念道：你（去世的东巴）一辈子杀牲很多，今天，你的魂藏在这只羊身上，用这头羊代表你杀过的所有的牲口，把你的魂找回来，从此你的责任（罪孽）脱离你的身体。

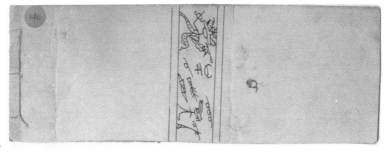

140.

《解鬼结、丢挡路鬼经》，牛皮纸，27.5cm × 10cm × 10 页

读音：首字不读音。kha^{33}　　$tʅ^{33}$　　$phər^{21}$　　$mæ^{33}$　　$dʑu^{33}$　　le^{33}　　$tɕhə^{33}$

$tɕhi^{33}$　　uo^{21}　　me^{33}

简释：东巴左手持板铃、右手持拨浪鼓跳舞之状；kha³³木牌，tι³³绳结，phər²¹解开；le³³獐子，tɕhə³³秽气，le³³tɕhə³³挡路鬼，此鬼一共有十一种；tɕhi³³刺，借作丢。

说明及摘要：仪式中，东巴用镰刀将三个用麻线连接的木牌解开，然后烧掉，象征着死者（也是东巴）的魂和鬼分开。念道：你现在死了，我们木牌和魂分开了。我们给挡路鬼（le³³tɕhə³³）献饭，你一路上再没有鬼拦你的路和过的桥，没有鬼向你抢粮食，你和灵魂一起回到祖先的地方去。

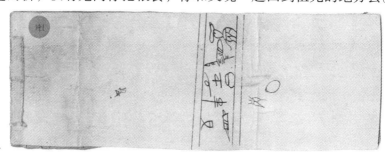

141.

《解鬼结经中册》，牛皮纸，27.5cm×10cm×13页

读音：首字不读音。kha³³　　tι³³　　phər²¹　　ly³³　　dʑu³³　　me³³

简释：ly³³dʑu³³中册。

说明及摘要：也是为东巴消除生前的罪孽，好让他安然魂归故里；你一生做错的事情，今天为你消灾。

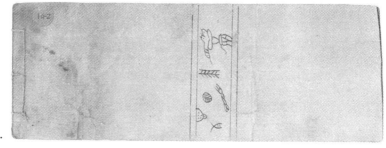

142.

《超荐什罗规程经》，牛皮纸，27cm×10cm×16页

读音：çæ⁵⁵ɻər³³　　u³³　　ku³³　　uo²¹　　me³³

简释：⚚u³³神主，供松枝以象征，引申作超荐（度）。

说明及摘要：超荐什罗的规程。

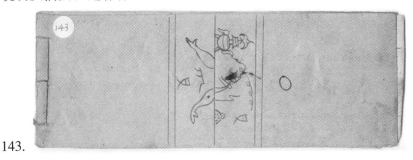

143.

《洗脱秽气经、分黑白蹄子经》，牛皮纸封面，牛皮纸、美术纸正文，27.5cm×10cm×25页

读音：py³³mba²¹ çæ⁵⁵rər³³ tçhə³³ tʂʅ³³ me³³ kha⁵⁵ phər²¹ kha⁵⁵ na²¹ by²¹ me³³

简释：⚚py³³mba²¹净水壶；tçhə³³沾缠草，借为秽；tʂʅ³³折断的木棍，常借为代，这里借为洗；字形描绘了仪式中以上这个洗的过程；kha⁵⁵蹄子；by²¹分开，为不能独立成字的构件。

说明及摘要：你（去世的东巴）在人间做了不干净的事情，如果不洗掉，（你）就会有手不能拿，有耳听不清，有眼看不见，今天我们帮你洗干净，把白蹄、黑蹄分开，黑的分给鬼，白的留下。

144.

《开门迎接什罗经》，牛皮纸，27cm×10cm×21页

读音：çæ⁵⁵rər³³ tçə³³ tshe³³pu⁵⁵ ʂʅ³³ kho³³pu³³ uo²¹ me³³

简释：🔑 tɕə³³ tshe³³ 钥匙，口语作 ndʐɯ³³ kv²¹，▨ tshe³³ 盐巴，提示前一词的第二个音节，pu⁵⁵ 拿，字形像主持仪式的东巴手拿钥匙开门状；sʅ²¹ 署神；kho³³ pu³³ 开门。

说明及摘要：东巴死前，他的魂关在署神的家里，今天他的徒弟（指主持仪式的东巴）把门打开，接他的魂回来。

145.

《祭勇士、喊魂经》，牛皮纸，27cm×10cm×16 页

读音：ɕæ⁵⁵ rər³³　diæ²¹　py²¹　diæ²¹ a²¹ sʅ³³　uo²¹　me³³

简释：diæ²¹ 能干，字形如持矛的男子，py²¹ 字象仪式中使用的树人，借作念；a²¹ sʅ³³ 招魂，a²¹ 绿松石，借作魂；sʅ³³ 以代表麻线的曲线示"喊、招"之义，ɕæ³³ 七，借作 sʅ³³ 喊、招，这里起提示义符 的音读的作用。招魂仪式中，常用麻线把魂魄收回来。

说明及摘要：你（去世的东巴）生前是个能干的东巴，到各地去做仪式，今天请你把会做的事情都传给我们。你的魂还留在生前到过的地方，今天你的 360 个徒弟去给你找回来。

146.

《超荐什罗、龙朵下凡、送丝姆经》，牛皮纸，27cm×10cm×23 页

读音：çæ^{55} ʄər^{33}　u^{33}　lo^{21}　ndo^{33}　dy^{21}za^{21}（❖字不读音），sʅ^{33}mu^{33} pv^{55}　me^{33}

简释：❖u^{33}神主，供松枝以象征，引申作"超荐（度）"，❖ lo^{21}獐子，❖ ndo^{33}傻鬼鬼牌，lo^{21}ndo^{33}龙朵，什罗来到人间降妖时起的假名字；❖ dy^{21}za^{21}，dy^{21}地，za^{21}下、降；❖字是什罗执法器降妖状，不读音。❖ sʅ^{33} mu^{33}丝姆，地上专门吃人的女鬼，左手持镰刀，右肩扛一根木棍，背上挎一个装死人的牛皮袋；❖ pv^{55}蒸锅，借作送。

说明及摘要：讲述什罗如何从天上来到人间，又如何和丝姆狼狈为奸。主持的大东巴念道：你们一起做了坏事，今天你还不想离开这个女鬼，由我们徒弟杀掉她，还有你们的两个双胞胎儿子一起送到西方很远的地方去。仪式中用一个草人代表女鬼，穿着花衣服，再扎一对草人代表两个儿子，放在死者的遗体旁，主祭东巴持鹰爪边舞边念，用鹰爪刺中草人，表示杀死了女鬼，并献饭，送到西边的岩洞之中。

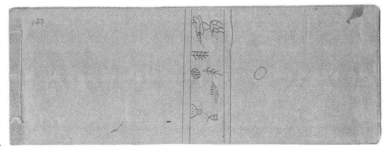

147.

《超荐什罗、送丝姆经》，牛皮纸，27.5cm×10cm×23 页

读音：çæ^{55} ʄər^{33}　u^{33}　sʅ^{33}　mu^{33}　pv^{55}　uo^{21}　me^{33}

简释：❖u^{33}神主，供松枝以象征，引申作"超荐（度）"，❖ sʅ^{33}柴禾，❖ mu^{33}簸箕，sʅ^{33}mu^{33}女鬼丝姆，这里以两个假借字标示读音；❖ pv^{55}蒸锅，借作送。

说明及摘要：咒 sʅ^{33}mu^{33}丝姆的经书。你（丝姆）吃了我们的人，后来又害我们师父（什罗）做了丑事，今天以九根带刺的树枝、九块石头挡住你回来的路。

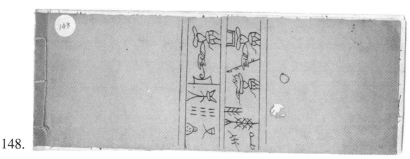

148.

《超荐什罗、"单梓"的来历、开九个鬼门经》，牛皮纸封面，牛皮纸、美术纸正文，27cm×10.5cm×13 页

读音：çæ⁵⁵ ɭər³³ u³³ da²¹ ndʐɿ²¹ thʏ³³ pu³³ tse²¹ kho³³ ŋgo²¹ kho³³ pu³³ uo²¹ me³³

简释：u³³ 神主，供松枝以象征，引申作"超荐（度）"，da²¹ ndʐɿ²¹ 带刺的树的名字，这里借指海里一种大嘴巴的鬼"单梓"；tse²¹ kho³³ ŋgo²¹ kho³³ pu³³ 鬼门九门开，tse²¹ 鬼，ŋgo²¹ 九，kho³³ 门，pu³³ 开，字形象东巴打开九座鬼门状。

说明及摘要：前册讲述了 da²¹ ndʐɿ²¹ 的来历，它是海中 tʂhɿ³³ sɿ³³ 鬼的口中吐出来的一种树，满身长刺，树的四周都有鬼来把守。东巴生前砍过很多树，你的魂还系在这棵树上，今天我们把四个鬼杀掉，把你的魂找回来。

后一册讲述：东巴生前每天做祭风的仪式，tse²¹ 鬼把你的魂关在有几个大门的屋子里，今天我们拿钥匙打开这九把锁，把你的魂找回来。

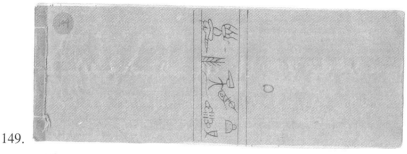

149.

《超荐什罗、送东巴（上路）经》，牛皮纸封面，牛皮纸、美术纸正文，27cm×10cm×9 页

读音：çæ^{55}ɾəɾ^{33}　u^{33}　diæ^{21}　pu^{33}　uo^{21}　me^{33}

简释：字形描绘能干的死者上路；pv^{55}蒸锅，借作送。

说明及摘要：你是个能干的东巴，今天把你的魂从俄亚一步步送至你父母的地方。这是东巴的葬礼上必须念诵的经书，第一天，将死者的魂送到东巴什罗的父母那里，经书记载，什罗的父亲（a^{33}sʅ^{21}）名叫la^{33} pu^{33} tho^{33} kæ^{33}，母亲（a^{21}me^{33}）名叫sʅ^{33} za^{21} ɾa^{21} tɕə^{55} dʑi^{33}mu^{21}。第二天再送回死者亲生父母的地方去。

150.

《什罗去世时送其升天经》，双层牛皮纸，27cm×9.5cm×10 页

读音：çæ^{55}ɾəɾ^{33}　mu^{33}　ȵiə^{21}　gə^{21}　pu^{33}　uo^{21}　me^{33}

简释：mu^{33}牛蝇，借作死（指自然老死）；ȵiə^{21}眼睛，经书用语，口语中为miə^{21}ly^{33}，借作时候；gə^{21}小供桌，借作上。

说明及摘要：东巴刚去世的时候，家族的东巴要给死者穿上东巴的服装，并来到屋顶念这本经书，跳东巴舞，烧天香。念道："你一去世，我们将你送到天上的 33 层神地，去见所有已故的东巴。"

151.

《三百六十个哥巴献油灯经》，牛皮纸，27cm×10cm×8 页

读音：kə³³ ba³³ si³³ çi³³ tʂhua³³tʂʅ²¹（🐦字不读音），mbe³³ mi³³ ta³³ me³³

简释：🐦 kə³³ 藏文借字，🌸 ba³³ 花，kə³³ba³³ 哥巴，老东巴去世后，他的徒弟和比他年幼的东巴均称作哥巴；🎋 si²¹ 三，🌸 çi³³ 百，tʂhua³³ 六，✖ tʂʅ²¹ 十，三百六十；🕯 mbe³³ mi³³ 油灯，又称 ma²¹ mi³³；🏠 ta⁵⁵ 箱子，借作送给，经书用语，口语称 iə⁵⁵。🐦字不读音，表示的是现场的东巴。

说明及摘要：东巴去世的首日，附近所有的年纪比他小的东巴来到他家，每人带来一盏油灯一起点燃，脱帽磕头："我们 360 个哥巴的油灯送给你，带你到天上的 33 层神地去，请把你会做的（仪式、经书）都传给我。"

152.

《三百六十个哥巴踩鬼经》，牛皮纸，27cm×10cm×14 页

读音：首字不读音。kə³³ ba³³ si³³ çi³³ tʂhua³³tʂʅ²¹ thv³³ thv³³ uo²¹ me³³

简释：🪣 thv³³ 桶，借作踩，thv³³thv³³ 连用表示反复态，义为"不停地踩"。

说明及摘要：经书记载东巴什罗原来每天要去海里洗澡，和丝姆结婚后，做了不少坏事，人就变得糊涂了，有次去洗澡，他错误地先脱了五佛冠，之后才脱了衣服和鞋子，就溺死在海里。三个徒弟到处都没有寻到师父，小徒弟 i²¹çi³³na³³bv³³tha³³ 坐下来打了一卦，才找到师父，但是无法捡回师父的遗体，请来所有的东巴帮忙才成，又让小徒弟做仪式，所有的东巴把海里所有的鬼都踩死，并送东巴什罗回到天上。东巴念道："今天我们 360 个东巴也做这么一个仪式，把你送回天上去。"

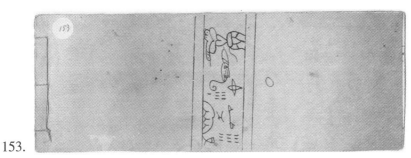

153.

《什罗九座黑梁子喊魂经》，牛皮纸，27cm×10cm×9 页

读音：çæ^{55} ɾər^{33}　mbu^{21}na^{33}　ŋgv^{33}　mbu^{21}　a^{21} ʂ^{33}　uo^{21}　me^{33}

简释：mbu^{21}na^{33}黑梁子；ŋgv^{33}九，a^{21} ʂ^{33}招魂，a^{21}绿松石，借作魂；ʂ^{33}以代表麻线的曲线示"喊、招"之义，çæ^{33}七，借作 ʂ^{33}喊、招，这里起提示义符 的音读的作用。招魂仪式中，常用麻线把魂魄收回来。

说明及摘要：什罗（你）回去的路上，要翻九个梁子，碰到九对鬼，今天我们给你准备了饭，好让你路上打发这些鬼，顺顺利利地到达。

154.

《什罗开神门经》，包装纸，27cm×9.5cm×3 页

读音：çæ^{55} ɾər^{33} hæ^{33} kho^{33} pu^{21}　uo^{21}　me^{33}

简释：çæ^{55} ɾər^{33} hæ^{33} kho^{33} pu^{33}，hæ^{33}，即恒神，kho^{33} pu^{33}开门。

说明及摘要：师父今天你要变成神，我们打开神门，将你一步一步送往 33 层神地去。

155.

《赞什罗经》，白美术纸，27.5cm×10.5cm×8 页

读音：çæ⁵⁵ rər³³　diæ²¹　i³³　the³³　ɯ³³　me³³

简释：çæ⁵⁵ rər³³ 字形描绘了什罗坐在麻布之上，象征什罗的魂灵要踏上回归的路桥上天去，这条具有象征意义的麻布要从屋里的遗体处一直铺到楼上的屋顶，叫 phe³³（麻）phər²¹（白）phe³³ ri³³ ndzo²¹（桥）；ndiæ⁵⁵ 狐狸，借作 diæ²¹ 能干；i³³ 岩牛，又叫山骡，借作夸。

说明及摘要：你生前是个能干的东巴，纳西人会做的你都会做，别人不会的你也会做，请你把你最好的才能留下来，不好的都带走。

156.

《送什罗去见"拉姆"经》，牛皮纸，27cm×10cm×26 页

读音：çæ⁵⁵　rər³³（第三字不读音）la³³　mu³³　pv³³　uo²¹　me³³

简释：çæ⁵⁵ 血，字形如创口血流之状。形近字 ndzʅ²¹ 东巴的祖先，像天，示由天上下来，祖先从天上下来帮助自己，就是给泽被自己，给自己加威；rər³³ 男性生殖器，çæ⁵⁵ rər³³ 什罗；la³³ 手，mu³³ 簸箕，la³³ mu³³ 拉姆，女神名，共有十八位，坐在董神的白山上；pv³³ 甑

子，借作送、引导。

说明及摘要：今天你的徒弟们送你去白山见 18 位 la^{33}mu^{33}，她们要一个个地来接你去的。

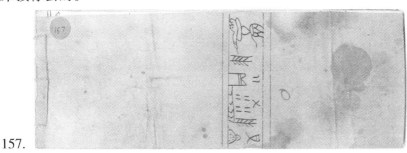

157.

《超荐什罗、过 18 个地方的鬼村经》，白美术纸，27.5cm×10cm×15 页

读音：çæ^{55}　ɾər^{33}　ȵi^{33}　ue^{33}　tshe^{21}　hua^{55}　dy^{21}　u^{33}　uo^{21}　me^{33}

简释：ȵi^{33} 二，ue^{33} 村子，ȵi^{33}ue^{33} 所有的鬼住的村子；tshɿ^{21} 十，hua^{55} 八，dy^{21} 地，象地块之形；u^{33} 神主，供松枝以象征，引申作超荐。

说明及摘要：讲述什罗闯过鬼村的故事。念道："你回去的路上要经过十八个 ȵi^{33}ue^{33}，我们 360 个徒弟送你东巴用的各种法器，你一定要带在身上。"

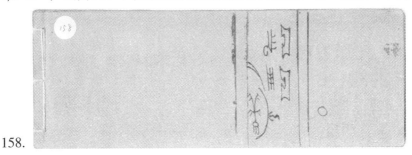

158.

《跳东巴舞压鬼经》，双层牛皮纸，26cm×9.5cm×15 页

读音：gə^{33}　so^{21}　gə^{33}　ndʐ^{33}　tɕhi^{55}　tshɿ^{21}　zɿ^{33}

简释：gə^{33} 上，借作跳，经书用语，口语读 tsho^{33}；so^{21} 借为学；ndʐ^{33} 毡廉，借为必须、应该；tɕhi^{55} 刺，借作丢；tshɿ^{21}zɿ^{33} 压鬼。

说明及摘要：封面的意思是：跟师父学会了跳东巴舞，今天（徒弟）

必须要跳东巴舞，帮助师父把"责任（罪孽）"丢弃，压住鬼。

　　仪式中，用3到5米长的绳子，上面等距离拴着九节骨头，拉到门外，由大弟子跳东巴舞，右手持刀，左手执法杖，用力砍下一节绳子，把骨头丢掉，反复九次，口中念道：你（师父）每次仪式时，主人家都要宰牛、宰羊、杀鸡，你吃了人家的肉，喝了人家的酒，还收了人家的礼物，今天将你吃过的骨头丢了，卸下你的责任。如果东巴的妻子去世，仪式上也要做这个法事，因为东巴每次拿回家的礼物，他的妻子也有享用。

159.

《什罗换名字经》，牛皮纸，27cm×10cm×18页

读音：çæ^{55} ɾər^{33}　mi^{21}　kæ^{33}　uo^{21}　me^{33}

简释： çæ^{55}血，字形如创口血流之状，这里提示 çæ^{55}ɾər^{33}（什罗）的首音， mi^{33}火，借 mi^{21}名（字）； kæ^{33}秋千，借作换。

说明及摘要：为死去的东巴换（起）一个名字。在超荐仪式上，有大徒弟根据师父的生辰八字，给他换一个名字带到天堂去，换好之后，系一个哈达于遗体的颈上。

160.

《帮什罗卸下罪孽经》，牛皮纸，27cm×10cm×18页

读音：çæ⁵⁵　rər³³（第三字不读音）mi³³　khə²¹　phv³³　uo²¹　me³³

简释： ç çæ⁵⁵血，字形如创口血流之状，这里提示 çæ⁵⁵ rər³³（什罗）的首音，mi³³火，khə²¹，mi³³khə²¹责任；phv³³雄阴，借为脱。

说明及摘要：东巴一辈子做仪式，中间有做了错事，收了主人不少礼物，身上积累了不少责任（罪过），今天徒弟们帮你把它们脱下，让你干干净净地上路。

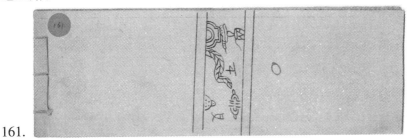

161.

《送什罗（上路）经》，包装纸封面，牛皮纸正文，25.5cm×8.5cm×7页

读音：çæ⁵⁵ rər³³　pv³³　uo²¹　me³³

简释：çæ⁵⁵ rər³³字形描绘了什罗坐在凳子上，这是东巴生前仪式中常坐的样子。当天的仪式上，要从屋内遗体旁开始，用麻布铺一条路到屋顶，在一个筛箩上撒上五谷的种子，中间放一张小凳子，上面做一个代笔什罗的面偶。象征送东巴上路。pv³³甑子，借作送、引导。

说明及摘要：仪式中念道："我们所有的东巴，今天用手中法器发出的声音送你到33层神地。"

六　汝卡（zι³³kha³³）·祛病类经书

162.

《（头一册）放"噶"经、（中册）竖"董"石经》，牛皮纸，27cm×12cm×10 页

读音：o³³　dʑu³³　ka³³　tɕi²¹　ly³³　dʑu³³　du²¹　tshŋ⁵⁵

简释： o³³ 头，汝卡字，俄亚"头"作 kv²¹ly³³；ka³³ 噶，仪式中东巴布置的道场，在竹箩中盛放五谷种子，中间竖一个犁铧 tshŋ⁵⁵，用柏树枝插在中间象征居那若罗神山。 tɕi²¹ 云，借作放； du²¹ 董神，仪式中从干净地方如河边捡来一块白色的石头，插在仪式道场之中，代表董神； tshŋ⁵⁵ 犁铧，借为插、竖，竖立这块石头代表董神。

说明及摘要：头册讲的是五谷粮食都是我们如何辛苦种来的，由东巴祭献给祖先神灵，求取保佑，让病人早点好起来。中册讲述做 du²¹tshŋ⁵⁵ 插董神石仪式，内容是请董神坐在这里，守着这个仪式，来给我（东巴）帮忙。

依德次里东巴说，这八本经书都是汝卡的经书，是他从东巴甲若处抄来的，现在大村的仪式中也使用这些经书，由于这些经书在俄亚纳西族中使用了很长时间，所以东巴们见到书中汝卡的字和读音，也能识读。机才高土的舅舅（亦即高土的师父）曾把这些经书中的汝卡字换成了纳西字，这些经过改造的版本，在高土东巴于 2009 年去世之后，还保存在他的儿子 tɕi³³ tshe²¹la⁵⁵bu³³ 机才纳布手中。从这个事例可以看出，俄亚地区的东巴文化呈现出不同支系相互融合、支撑的关系。

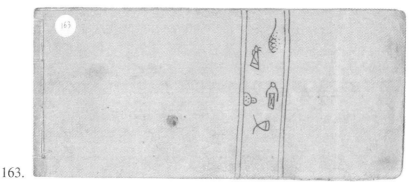

163.

《"匡锅"赶鬼经》，牛皮纸，27.5cm×11.5cm×13 页

读音：khua³³ŋgo²¹　phi³³　tsha³³　uo²¹　me³³

简释：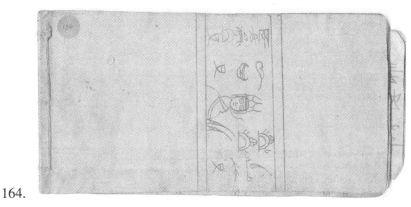khua³³ŋgo²¹仪式中用来烧玉米面、松柏枝的碗，有时就是一个瓦片。phi³³腿，借作丢，汝卡经书音，俄亚经书读tɕhi³³丢；tsha³³咬，从口 tshe³³盐声，借为赶。

说明及摘要：病人生病是因为各方的鬼在做坏事，东巴在 khua³³ŋgo²¹里放几块点燃的木炭，上面撒上面粉、松树枝、柏树枝、酥油、骨头或肥肉，一般根据不同的鬼选择烧不同的东西，口中一边念道："你们想吃的东西，我都给你送来了，请你们赶快走。"东巴端着 khua³³ŋgo²¹绕着病人和家里的各处走一遍后，将它丢出去，表示连同作怪的鬼一起赶出家门。

164.

《"白笛补"（外面念）经、赶（鬼）经、指路和刺的来历经》，牛皮纸，书后补加有略宽的插页，26cm×12cm×32 页

读音：be²¹ ty³³ bv²¹ me³³ ŋv²¹ me³³ huɯ⁵⁵ ŋv²¹ me³³，（第七字不念）tɕhi³³ tɕhi³³ no³³ no³³，tɕhi³³ thv³³ tɕhi²¹ pu³³ me³³

简释：be²¹四季豆；ty³³打（铁）；be²¹ty³³，汝卡音"外面"，俄亚读外面作 by²¹ty⁵⁵；bv²¹钻，汝卡字，纳西"钻"字写作，bv²¹字在这里借作念，俄亚读 py²¹念。huɯ⁵⁵海，借作赶；ŋv²¹银饰，用作银，汝卡音，与丽江音同，俄亚的"银"读作 v²¹；ŋv²¹me³³，汝卡经书用语，俄亚读 ua²¹me³³。

字不读音，表示东巴坐着念经之状。tɕhi³³指路的意思，tɕhi³³tɕhi³³重叠连用有"反复"态的语法作用；no³³高山，汝卡音，俄亚读"高山"作 ko²¹，no³³no³³，重叠连用有"反复"态的语法作用。tɕhi²¹削尖的树枝。

　　说明及摘要：这本经书分三册。首册要由东巴手持大刀拿到屋外去念：
"五方的鬼，今天我来赶走你们。"中册念道："现在仪式快完了，我给你们
献的饭你们也吃了，我指给你们回到高山上的路，东方的鬼回东方的高山上
去，西方的……"下册讲述这根树枝的来历：这树枝是主人砍来的，削尖是
东巴来做的，好比就是东巴的一只手，现在仪式完成了，把你放在鬼们回来
的路上，如果有哪个鬼胆敢再回来，就由你把它们戳死在这里。

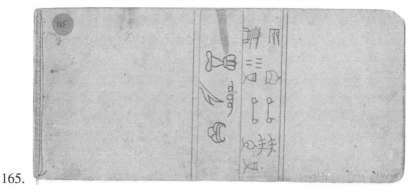

165.

　　《"白笛补"（外面念）经、来历经、（尾册）董神除秽经》，牛皮纸，
27cm×12cm×17 页

　　读音：be^{21}　ty^{33}　bv^{21}　me^{33}　thv^{33}　thv^{33}　tɕi^{55}　tɕi^{33}　o^{33}　me^{33}
mæ^{33}　dʑu^{33}　du^{21}　tɕhə^{33}　kha^{33}　ŋv^{21}

　　简释：thv^{33}桶，借作出，tɕi^{55}艾蒿，汝卡音，纳西语读 pu^{33}，
thv^{33}tɕi^{55}来历，纳西语读 thv^{33}pu^{33}，thv^{33}thv^{33}tɕi^{55}tɕi^{33}（pu^{33}pu^{33}），重叠表示
"反复、列举"的语法意义；o^{33}头，汝卡字，o^{33}me^{33}经书用语；tɕhə^{33}
秽，kha^{33}角，这里借作洗；ŋv^{21}汝卡经书音，同 ŋv^{21}me^{33}、o^{33}me^{33}，纳
西族经书作 uo^{21}me^{33}、ua^{21}me^{33}、me^{33}，大意均为是的、是。

　　说明及摘要：分两册。前册要到外面的高山或河边去念，讲述今天仪式
中所有的鬼的父亲是谁、母亲是谁，以及它们一一的来历。后册讲述做 du^{21}
（董神）tɕhə^{33}（秽）kha^{33}（洗）仪式，以白色的石头代表董神，用杜鹃枝
蘸水给董神将身上不干净的东西洗掉。

166.

《劝高山上的"凶"鬼经、迷惑"凶"鬼经》，记账本纸，26cm ×
10.5cm ×38 页

读音：ʂua²¹　ku³³　za²¹　dʑi²¹，za²¹　hua³³　uo²¹　me³³

简释：厂 ʂua²¹高；ʬ ku³³野蒜，借作头；ʂua²¹ ku³³高头，指高山；za²¹鬼
住在高山之上。dʑi²¹劝，字形象以爪抓炒熟的大麦粒之状，东巴在祛病
的仪式中，站在病人旁边，用炒熟的大麦撒到旁边，献给 za²¹鬼，劝它不要
惹这个病人了。dʑi²¹劝是经书用语，口语中读作 pæ³³pæ²¹劝架；dʑi²¹爪
子，其读音同 dʑi²¹劝；俄亚的"抓、逮"读 tɕə²¹；hua³³鸟名，借作糊
涂，让 za²¹鬼糊涂，继而放开病人的意思。

说明及摘要：这本分两册，是用纳西、汝卡文字记录的藏音经书，俄亚
的东巴都不明白经书的意思，没有人敢做这个仪式，因为东巴自己都不懂，
当然就不能劝服害人的 za²¹鬼。这个仪式来源于另外一本经书中记录的一段
za²¹鬼和东巴什罗的对话：

什罗："请你（za²¹鬼）不要害人了。"

za²¹鬼："如果我不惹人，你们东巴就没有人家来请，哪来的吃喝？不如
我们前面惹人，后面就有人来请你们。"

什罗："可以，我来劝你们，但你们一定要放过病人。"

za²¹鬼："可以，那我们大家就有吃喝了！"

东巴经典中的神、人和鬼，与普通百姓邻里之间的关系有着很大的相
似，或者说，纳西族的先民脑海中的神和鬼，就是身边某个人的原型，自然
就有属于人的弱点甚至是人性的丑陋的一面。纳西族对于他们心中神灵的崇
敬，其实并不像别的宗教的信徒对于他们所信仰的神的崇拜那般神圣。

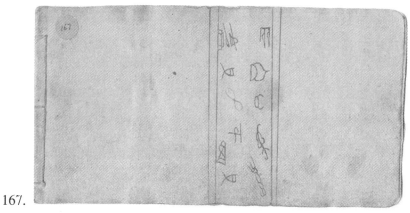

167.

《"白笛补"（外面念）经、丢鬼牌规程经》，牛皮纸，12.5cm×24.5cm ×15 页

读音：be²¹ ty³³ bv²¹ me³³ kha³³ pe³³ za²¹ phər²¹ phi³³ ku³³ me³³

简释：前四字说解见上文。kha³³ 角；pe³³ 绳子；kha³³ pe³³ 汝卡经书音，仪式中用的木牌，上面画有各种神鬼的图案，纳西族叫这种木牌为 kha³³ phər³³。这种仪式叫作 kha³³ pe³³（木牌）phi³³（丢）。za²¹ phər²¹ 也是一种仪式名，phər²¹ 白，指给 za²¹ 鬼的献饭必须如奶、米饭等是白色的；phi³³ 肩胛骨，借作丢。

说明及摘要：这是"kha³³ pe³³ phi³³""za²¹ phər²¹ phi³³"两种仪式的规程。前者规模大，后者是小仪式。仪式前，东巴要用 tɕe³³ phv³³ ɾər³³ 做五个面偶放在道场中，tɕe³³ phv³³ ɾər³³ 又叫 ha³³ pa³³ 饭照，是东巴常备的用具，于一截木棍上阴刻有各种神鬼，用它在揉好的面团上可以拓印出面偶来。

仪式中，东巴要在病人的身边给 za²¹ 鬼献饭，所献的饭食分别盛放在五个 khua³³ ŋgo²¹ 中，仪式完了之后，东巴要派人把这五个 khua³³ ŋgo²¹ 分别丢到东南西北中五方的山上去，象征着送走各方的 za²¹ 鬼。

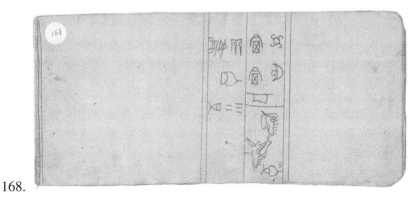

168.

《驱鬼经、"白笛补"（外面念）经》，牛皮纸，27cm×12cm×15 页

读音：kɯ²¹ tsha²¹ ha⁵⁵ tsha²¹ kho³³, iu³³ i³³ o³³, be²¹ ty³³ bv²¹ ua²¹ me³³

简释：kɯ³³ 星宿；tsha³³ 咬，借作赶，经书用语，口语中的"赶"读作 sa³³；ha⁵⁵ 夜；kho³³ 门，借作（从东巴口中）放、出，汝卡音，纳西语中的"放"读作 khɯ⁵⁵。纳西经书中表示东巴口中念出经书的"念"有多个词汇，如 khɯ⁵⁵ 放、tʂhu³³ 出、py²¹ 念，规程类经书中只用 tʂhu³³，没有用 py²¹ 的。口语中常用 tʂhu³³，而不用 khɯ⁵⁵ 和 py²¹。py²¹ 可能是强调"读"的意思，而 tʂhu³³ 强调"进行"某种仪式或经书。iu³³ 猴子，汝卡音，同丽江的读音相同，俄亚的"猴子"读作"z̩²¹"，借作拿，指仪式中用的木牌、面粉是从哪里哪来的；i³³ 奶牛，借作开始，指仪式的开始。iu³³ i³³ o³³ 这三个音节其实代表了一大段内容，三个词之间没有语法关系，根本不成话，仅起提示关键词的作用。be²¹ ty³³ bv²¹（外面念），仪式名，这三字书写在前或者后面都可以。

纳西支系和汝卡支系经书的封面用语比起书中的经文来，很多更像是关键词的作用，提示该本经书的主要内容，涉及仪式名称、仪式中所用的工具、神或人名、动作或状态、方位等等方面，由于多不成话，所以极少有虚词的介入，因此，释读纳西经书封面的难度更大，需要联系经书的大致内容，我们才可以把这些零散的词语贯通起来。

说明及摘要：这是两本经书。前一本讲述东巴如何赶走不吉利的东西，念道：今天是最好的日子，12 个星相中最不好的要赶走，12 年里最不好的年要赶走，12 月里最不好的一月、31 天中最不好的一天都要赶走，我们准备的柏树、粮食都让你们带走，请回到各自的地方去，不要来这里。后一本中念道：今天病人家把辛苦种的炒面、山中砍来的柏树做的木牌拿来做仪式，送给你们，请你们带走，放下病人。

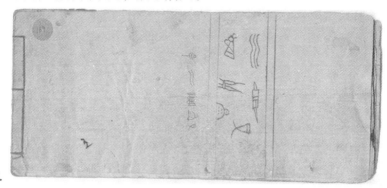

169.

《丢风鬼（头册）经、挡灾、指路经》，牛皮纸，27cm×12cm×36 页

读音：hæ³³　phi³³　ku³³　dʑu³³　tv⁵⁵　iə³³　phe³³　uo²¹　me³³

简释：≋ hæ³³ 风鬼；ⵏ tv⁵⁵ 抵、顶；～ iə³³ 路，汝卡音，俄亚的"路"读作 i³³；𖼖 phe³³ 麻，借作指，汝卡音，俄亚纳西族的"指"读作 tɕhi³³；iə³³phe³³ 指路，指引风鬼回去的路。

说明及摘要：仪式分三个阶段，首先讲述风鬼的来历，它的父母是谁，今天风鬼害了人，东巴来这里劝鬼不要害人，并送上饭食。念道："今天你们也吃好了，我们（指来做仪式的东巴）也劝了好大一会了，现在指给你们回去的路，回到你们自己父母的家里去。"仪式尾段，把风鬼哄上天之后，用一根树枝抵住，象征挡住它回来的门。

代表仪式最后阶段的ⵏ字放在封面题目的中间，说明东巴经书的标题中的词可以不受逻辑顺序的制约，放在词段的任意位置。

七　送凶死者经

170.

《凶鬼、凶死鬼的来劲经，（后册）小祭风规程经》，牛皮纸封面，作业本正文，16cm×10cm×23页

读音：za²¹　thv³³　pu³³　ti²¹　thv³³　pu³³　mæ³³　dʐu³³　hæ³³　zo³³　be³³　ku³³　ti²¹　ndy³³　tɕhi⁵⁵　ku³³　me³³

简释：za²¹凶鬼，ti²¹凶死鬼；hæ³³风；zo³³酒坛子，借作小，hæ³³ zo³³小祭风仪式；be³³做（活），以锄头挖土会意；mv⁵⁵ ndy²¹棍子，用作ndy³³，ndy³³是仪式中东巴做的一个小用具，用草编一个三角形的筐，上面放九个象征着凶死鬼的面偶，用仙人掌做一个代表马鹿的头，放在最上面，形如：。

说明及摘要：上册讲述了za²¹鬼和凶死鬼的来历。下册是做小祭风和ti²¹ ndy³³仪式的规程。za²¹鬼的父亲住在天上最高的地方，母亲住在海里，一天，za²¹鬼父亲吐了一口痰，正好落在za²¹鬼母亲的手上，二人就结了婚，生了9子7女，他们都是za²¹鬼。鬼是mu³³ ɹi⁵⁵ ʂɭ²¹目利史的儿子变的，他被董神的儿子打死后，变成了一头马鹿，又被董神的儿子打死，变成一只乌鸦，再被打死，就做变化，成了许多的凶死鬼。东巴教认为人凶死，是这两种鬼在作怪。

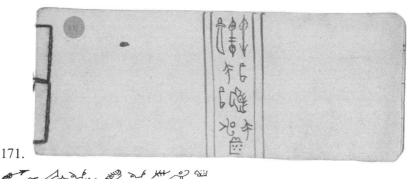

171.

《武器的来历经、猪的来历经、偿债经》，牛皮纸，27cm×11cm×9 页

读音：lɯ³³ ly³³ khæ⁵⁵ ŋgæ²¹ bu²¹ thv³³ pu³³ dʑu³³ ʐua²¹

简释： ri³³箭；   ly³³矛；   ŋgæ²¹刀；   khæ⁵⁵铠甲；   dʑu²¹ 搁物的架子，借作欠；   ʐua²¹上交。

说明及摘要：讲述箭矛刀甲等武器的来历。是由董神的木匠打造出来的，用这些武器打死了史神的儿子以及后来变的鬼，今天东巴学过来，用武器对付你们凶死鬼。接着讲述了猪的来历，它是从天上掉下的一坨粪，掉进海里 pu³³ pa³³ be³³ 做变化，变成了猪，藏族给它取了一个名字，汉族也起了个名字，纳西族取的名字是 bu²¹，这个猪头上的毛分了三个岔。仪式中东巴在纸上写上凶鬼的父母的名字，系在它脖子上，象征把依附在凶死者身上的凶鬼换到这头黑猪的身上，在村中找一个属虎的人，扮作战神尤玛，用箭射、刀砍等来把猪杀死，而且一定不能吃，埋到村口桥下的水边，念道："这是我们欠你的凶鬼，今天交还给你们。"

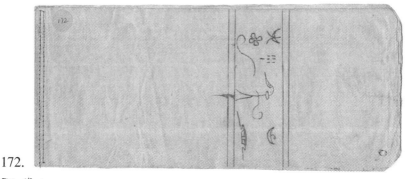

172.

《武器的来历经、猪的来历经、偿债经》，牛皮纸，27cm×12cm×10 页

读音：ka^{33}la^{21}tshy^{55}　ti^{21}　a^{21}　ʂ^{33}　a^{21}　khv^{33}　me^{33}

简释：　ka^{33}la^{21}tshy^{55}一个家庭的名字，字形头上的 tshy^{55}提示读音，tshy^{55}是一种长在高山的庄稼名；　a^{21}ʂ^{33}招魂，a^{21}魂，用一根弯线表示招人的魂，详细说解见 77 号经书；　a^{21}绿松石，辅助提示读音；　çæ^{33}七，借作 ʂ^{33}喊、招。a^{21}khv^{33}请魂，a^{21}音节借了前面的字形。

说明及摘要：ka^{33}la^{21}tshy^{55}这家有四兄弟，父亲被垮塌的岩石所埋，家人四处找不到父亲，一只蜜蜂钻进石缝，指引兄弟们找回了父亲的尸体，但是他的魂没有找到，于是请来东巴做了喊魂仪式，才把他的魂找了回来。念道："今天我们也做这个仪式，把你（凶死者）的魂找到并请回家。"

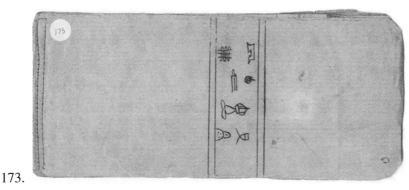

173.

《请"戈扩"经》，牛皮纸，27cm×12cm×14 页

读音：gə^{21}　khu^{33}　sa^{33}　gə^{21}kho^{33}　uo^{21}　me^{33}

简释：　gə^{21}小供桌，　kha^{21}khu^{33}篱笆；gə^{21}khu^{33}，即　戈扩，神名，以前是吃人的鬼，后被教化，改邪归正，专门吃鬼，他长有九头十八只手，坐在西方的黑山岩上。

说明及摘要：请 gə^{21}khu^{33}戈扩来帮忙杀鬼。

174.

《凶死鬼的来历经》，牛皮纸，28cm×12cm×14 页

读音：ti²¹ thv³³ ti²¹ pu³³ uo²¹ me³³

简释：大 ti²¹ 凶死鬼名；桶 thv³³ 桶，借作（造）出，艾蒿 pu⁵⁵ 艾蒿，借作来历。

说明及摘要：凶死鬼的来历。史神的儿子被董神的儿子杀死，依次变成黑马鹿、乌鸦、虎、豹等九种动物，都被董神的儿子杀掉，然后他的头变成天上的凶鬼，肺变成太阳的凶鬼、身体变成 za²¹ 星的凶鬼、尾变成……今天东巴来与（死者的）家属（叫 sη³³zη³³）杀死你们这些凶鬼。

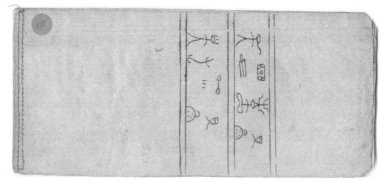

175.

《"丽撒吉儿"经、三种驱鬼经》，牛皮纸，27.5cm×12cm×25 页

读音：ri²¹ sa³³ tçi³³ tçi²¹（第五字不读音）sa³³ uo²¹ me³³，tshη²¹ py²¹ si³³ dzη³³ uo²¹ me³³

简释：大 ri²¹ 喊；tçi²¹ 云；tçi²¹ 秤砣；ri²¹ sa³³ tçi³³ tçi²¹，即丽丽

撒吉几，神名。 tshŋ^{21}鬼， py^{21}念经， dzʐ^{33}骨节，借作种、类。

说明及摘要：请 ri^{21}sa^{33}tɕi^{33}tɕi^{21}丽撒吉几来帮忙，杀了很多的牲口、酒来接你。三种念鬼的经书。

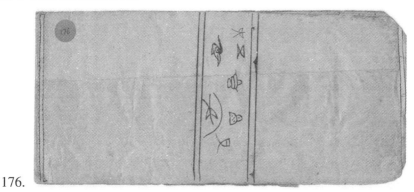

176.

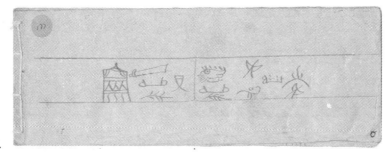

《吹鬼、压鬼经》，牛皮纸，27cm×12cm×5 页

读音： ti^{21}　　hua^{33}　　ti^{21}zŋ^{33}　　uo^{21}　　me^{33}

简释： hua^{33}鸟名，借作吹，经书用语，口语"吹"读 mu^{21}。ti^{21}hua^{33}、ti^{21}zŋ^{33}均是仪式名。

说明及摘要：今天请来了众神，他们会 ti^{21}hua^{33}仪式，会吹的法术，趁 ti^{21}鬼糊涂之际，用脚踩死，拿麻袋装好，下午同那头黑猪一起埋到桥下河边去。仪式中，东巴脚踩象征着鬼的木牌，并装进麻袋，仪式完毕后，连同杀死的猪一起埋了。

177.

牛皮纸，27cm×10cm×12 页

读音：待补。

简释：待补。

说明及摘要：这本经书同 176 号。

178.

《压黑死鬼规程经、山顶招魂经》，牛皮纸，27cm×10cm×10 页

读音：ti²¹ na²¹ z̩³³ me³³ ku³³，ndz̩ʅ²¹ kv³³ ti²¹ a²¹ ʂʅ³³ ku³³ me³³

简释：一般在句尾，意为是的，又常省作 me³³。这里 me³³ 置于 ku³³ 规程之前，可以解作结构助词"的"，也可以认为只是书写位置的前移，因为纳西经书封面标题的语序关系比较松散。ndz̩ʅ²¹ kv³³ 山头；kv³³ 蒜，借作头。

说明及摘要：两本仪式的规程。凶死者多是在开荒打猎，或是修缮房屋而被摔压死的，所以，有专门的压死鬼的经书。前一本要在死者家中念的，后一本要请东巴到死者摔死的山上去念，把他的魂喊回来。

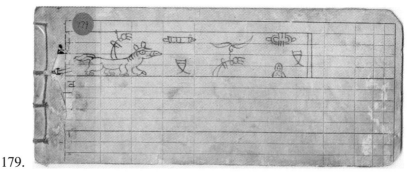

179.

《吊死鬼来历经、送情死者经》，记账本纸，27cm×11.5cm×30 页

读音：tsʅ³³ ŋgo²¹ ndʑə³³ me³³ tsʅ³³ iə²¹ pv³³ me³³

简释：tsʅ³³ 吊死鬼；ŋgo²¹ 马；ndʑə³³ 字形不明，借作骑；tsʅ³³

ŋgo²¹ndʐə³³给吊死、情死者做的仪式名。 ✦ ia²¹烟叶，借作情死；pv³³送、引导。

说明及摘要：上下两册。上册讲述了吊死鬼的来历。很久以前，一个叫 kə³³thv³³çi²¹khu³³的不好的男人来到村子里，所有的人家都不愿把女儿嫁给他，只有 ia²¹ndʐŋ³³a²¹ndʐŋ³³喜欢上他，结婚后生了一对儿女，长大后，儿子上山砍柴，被捆柴的绳子吊死在了树上，女儿穿着鞋去河边打水，脚下一滑也摔死了，两人便成了吊死鬼和情死鬼。下册讲述东巴如何送这两个鬼回祖先的地方去，念道：“你们喜欢听歌曲，我们吹着笛子和口弦来送你们，过了那座大山，会有那边的人来接，他们男的吹笛子，女的吹口弦，手上还举着金花银花，一步一步把你们接走。”

tʂʅ³³ŋgo²¹ndʐə³³这个仪式在丽江地区也有，名字不同，叫“çi³³（穷）ndʐŋ³³（吃）hɯ²¹（富）ndʐŋ³³mi⁵⁵（女）”，讲述送别吊死或情死者，东巴对着死者的遗体念道：“你死去了，你一向很穷，变成一个可怜（穷）的人，其实你不要悲伤，这个世界上跟你同样命苦的人不止一个，你看，天上的白云被风吹来吹去，片刻不得停歇；你再看身边的河水，白天没有坐的时间，晚上没有睡的地方，它们都很穷。你安心地去吧，不要担心。”

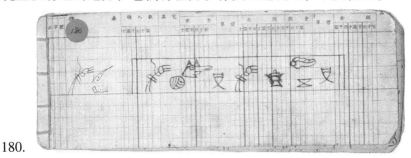

180.

《给凶死者献食经》，记账本纸，25.5cm×9.5cm×22页

读音：tʂʅ³³　mu³³　ndʐŋ³³　tʂʅ³³　ha³³　tʂʅ²¹　çi³³　me³³

简释：✦ tʂʅ³³吊死鬼，⊕ mu³³借指“仪式中所有的献饭和祭品”；✦ ndʐŋ³³兽名，不详，借作经书用语，表示仪式中还没有送给死者的所有的祭食。✦ ha³³饭；✦ tʂʅ²¹肥肉，音近词 tʂʅ³³，腐烂；✦ çi³³送。

说明及摘要：这是给吊死者送别的经书。讲述了酒的来历，详细描写了从种植到收割、酿造的全过程。东巴念道：今天还有很多的饭和食物，以后就没有吃的了，你不要吃得太饱了，要省着点吃，一天的饭要分成十天来吃，一月的分十个月吃，一年的饭分作十年吃。

181.

《吊死鬼的来历经、请"卡日尼节"超度死者》，白美术纸，29cm×11.5cm×24页

读音：tʂʅ³³ thv³³ pu³³ tʂʅ³³ u³³ kha²¹ i³³ ȵi³³ tɕə²¹ sa³³ uo²¹ me³³

简释：kha²¹嘴；i³³四，藏音；kha²¹ʑi³³ȵi³³tɕə²¹卡日尼节，神名。其余字的解释见前文。

说明及摘要：上下两册。上册讲吊死鬼的来历：东方的一对属兔和虎的人，喜欢唱歌和吹笛子，吊死在了树上；南方一对属蛇和马的……西方一对……今天主人做仪式，送你们回去。下册讲东巴请 kha²¹ʑi³³ȵi³³tɕə²¹ 来杀鬼，他是专门杀鬼的神，兄弟三个由三个蛋变化而来，kha²¹ʑi³³ȵi³³tɕə²¹ 是老大，老二叫 ȵi⁵⁵diə²¹pa³³u³³，老三 ga³³la²¹khə³³phər²¹i²¹ɕə³³，分家时，父母给了老大弓和箭。

182.

《起神座经》，牛皮纸，27cm×12cm×21 页

读音：首字不读音。i²¹　di³³（第四字不读音）me³³

简释：提示字，字形提示东巴要坐着敲鼓做法事。i²¹ 蛇，借为仪式中的一种器物，即，在竹子编的箩筐中，撒五谷的种子，插上犁铧、柏树枝，还有面偶做的神像及油灯等，这个器物叫 i²¹，表示神的坐处；di³³ 字形不明，疑为凳子，借为起，口语中说 gə²¹（上）di³³ 起来。

说明及摘要：请所有的神一一过来 i²¹ 这里集中，请你们起来，帮我做仪式。

183.

《砍树鬼经》，牛皮纸，27cm×10.5cm×26 页

读音：sʅ³³　ŋgə²¹　ha³³　ŋgə²¹　tho⁵⁵khɯ³³nda⁵⁵　uo²¹　me³³

简释：sʅ³³ 柴、木，仪式中用的树枝；ŋgə²¹ 木瓦，借作讲，经书用语，口语中的"讲"作 iə²¹；ha³³ 饭，这里指面偶做的人像 ha³³hi³³（饭人）tɕə³³dv²¹（基杜）；tho⁵⁵（松）khɯ³³（脚）nda⁵⁵（砍），半人高的松树连根拔起，用于仪式。

说明及摘要：讲述树鬼有十二种如何砍，死者属相不同要砍不同的树。东巴念道："砍树的是这家的男人，这些树本来都没有眼、手等，东巴来做仪式，让你们长了眼睛和手脚，并献上饭，请你们带走。粮食是我们辛苦干活得来，今天献给你们，请将一年十二个月里不好的带走，对大人小孩不好的东西也带走。"在念经时，东巴还用刀来砍这颗松树，当念道"对男人不好的请带走"时，东巴轻砍九下树的根部，"女人不好的带走"砍七下，

"孩子不好的带走"砍三下，最后重砍一下，将整棵树根砍断，表示把刚才那些不好的都砍断。最后，东巴算方向，将仪式中的祭品等丢弃到村外。

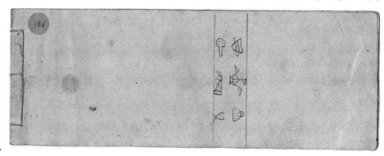

184.

《丢面偶赶凶鬼经》，牛皮纸，27cm×10cm×11页

读音：khə³³　ŋgo³³　to³³ma³³　phi³³　uo²¹　me³³

简释：🧺 khə⁵⁵篮子；🎵 ŋgv³³舀，借作九，khə³³ŋgo³³肯果，凶鬼的名字。🔱 to³³ma³³面偶，仪式中代表鬼；🦋 phi³³丢。

说明及摘要：你（to³³ma³³）是最大的鬼，今天我们送你吃的，请你帮忙把所有的鬼赶走。

185.

《请"东格"武神经、什罗的身世经》，记账本纸，26.5cm×10.5cm×44页

读音：ti²¹　gə³³　sa³³　çæ⁵⁵　rər³³　thv³³　pu³³　me³³

简释：🦅 ti²¹gə³³东格武神，一种会看会懂的神鸟，能明辨是非。

说明及摘要：上册讲请"东格"：这家（主人）有很多的鬼，请你来帮我们指出鬼藏在哪里，谁是好人坏人。下册讲东巴什罗的来历。什罗的父亲名叫 la³³pu³³tho³³kæ³³，母亲叫 sʅ³³za²¹ɾa²¹tçə⁵⁵dʑi³³mu²¹，两人结合，过了9个月13天还没有生下来。什罗在妈妈的肚子里问："妈妈，我从哪里出来？"母亲说："平常出来的那条路。"什罗说："那里不干净，三天后，你把左手举一下。"三天之后，什罗从妈妈的左腋下生出来，那天是腊月十四，属猴，八字属铁，星相是 dʑi³³kv³³水头。出生三天后说了三句话，三个月后会走路，三岁就会做东巴所有的仪式。所以，众鬼叹道："什罗一出生，我们就没有待的地方了！"

仪式中，东巴边跳边说："什罗是我的大师父，今天来帮我把所有的鬼赶走。"

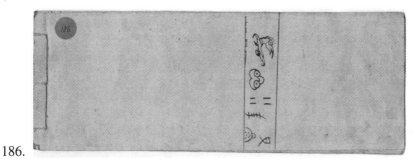

186.

《"节巴"四兄弟经》，牛皮纸，27cm×10cm×9页

读音：tçə³³　pa³³　i³³　zʅ³³　uo²¹　me³³

简释：🐾 tçə²¹抓、逮；tçə³³pa³³节巴，一个家庭的名字，家中有四兄弟；i³³四，藏音；zʅ³³草，借作量词个。

说明及摘要：讲述 tçə³³pa³³节巴四兄弟和鬼的故事。以前，四兄弟跟鬼要了4样贵的武器和衣服，鬼也跟他们要了28样武器，后来双方闹矛盾，发生了战争，四兄弟打了胜仗，杀死了全部的鬼。东巴念道："tçə³³pa³³节巴家是我的祖先，我们今天也要和上次一样，杀死所有的鬼。"

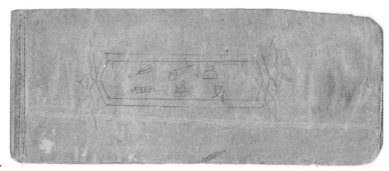

187.

《请仇人经》，牛皮纸，27.5cm×11.5cm×23 页

读音：$z\lambda^{21}$ khv^{33} the^{33} w^{33} me^{33}

简释： $z\lambda^{21}$ 柳叶，借作仇人；khv^{33} 请。

说明及摘要：今天仪式上，四方的仇人请来喝酒，东方的（泸沽湖）、南方的（丽江）、西方的（中甸）、北方的（永宁）、中方的（瓦厂）仇人都来这里。东巴以三棵树代表仇人，拿刀砍到，象征把仇人杀尽。

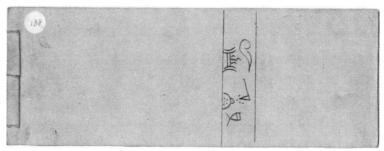

188.

《做准备赶（鬼）经》，牛皮纸，27cm×10cm×12 页

读音：hw^{33} dzo^{21} be^{33} uo^{21} me^{33}

简释： hw^{33} 海，借作赶； dzo^{21} 架子，借作 dzo^{33} dzo^{21} 准备； be^{33} 做。

说明及摘要：东巴念道：五方的鬼，今天请来了东巴，吃的我们送过了，骨头也烧了，如果你们还不走的话，所有的东巴都在这，一定把你们都杀光。

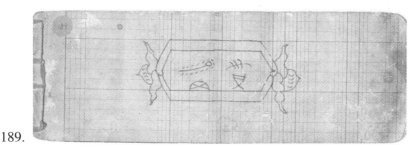

189.

《"赤"鬼的来历经》，记账本纸，30cm×10cm×14页

读音：tʂʅ²¹　thv³³　pu³³　me³³

简释：tʂʅ²¹岩上滴水之状，借作鬼名，此鬼会吓人，伏在人的身上，使人得病。

说明及摘要：tʂʅ²¹鬼有三个父亲和母亲，他们做变化，生了五个蛋，分别是白、绿、黑、黄、花，各自变成了东、南、西、北、中的鬼，他们让主人家的人得病了，东巴说：你们要是惹人的话，我们不会给你们吃的，要吃就吃这个。说完，抓一把火塘里的灰向门口撒三下，以示驱鬼。

190.

《赶星赶月经》，牛皮纸，27cm×10cm×11页

读音：kɯ³³　tsha³³　ha⁵⁵　tsha³³　kho³³　me³³

简释：这是一本汝卡经书。kɯ³³星；tsha³³咬，借作汝卡音的"追、赶"，纳西语的"赶"读读sa³³；ha⁵⁵（夜）这里均指最不好的星和夜。

说明及摘要：把最坏的星象、年、月、日、夜都赶走，今天是一年中最好的月份，一月中最好的一天，我们才来做这个仪式。

191.

《矛盾的来历经》，牛皮纸，27cm×10cm×5页

读音：ndzɿ³³　pu³³　ndzɿ³³　le²¹　me³³

简释：ndzɿ³³树名，借作矛盾；le²¹东巴说字形如人在高山上喊叫，有回音，借作来历。

说明及摘要：以前，天上的dʑə³³la³³a³³phv³³把女儿tshe⁵⁵hə³³pi³³mbu²¹许配给侄子mu³³ndzɿ³³kha³³ɾa³³，她不愿意，喜欢上了崇仁丽恩，于是偷偷下凡和地上的爱人结婚，mu³³ndzɿ³³kha³³ɾa³³十分生气，从天上放了九个石头、木头、绳子到地上，压死了一只小虫，两只小鸡为了争抢这只虫打斗起来，两只母鸡看见了也加入进来，接着两只公鸡，两个小孩，孩子的父母相继争斗起来，矛盾越来越大。今天我们主人家害怕出现矛盾，请东巴来把鬼压住。

仪式中东巴用九个石头，九个树人放在家中的道场，全家的成员要一一拿刀砍石头和树人，象征着大家齐心协力驱赶鬼。

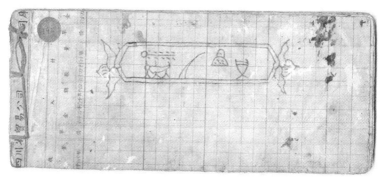

192.

《挡口舌鬼经》，记账本纸，23.5cm×10.5cm×19 页

读音：bu^{33}　tʂhʅ^{21}　tɕhi^{33}　uo^{21}　me^{33}

简释：𝄪 bv^{21}烧，借作 bu^{33}口舌鬼；tʂhʅ^{21}时间，借作送；tɕhi^{33}刺，借作指（路）。

说明及摘要：挡口舌仪式。各方所有认识我的人，今年说过的所有关于我的闲言碎语，今天由东巴将那些不好的话都从我身上取掉，东巴给你们（口舌鬼 bu^{33}）指路，回到你们的家里去。

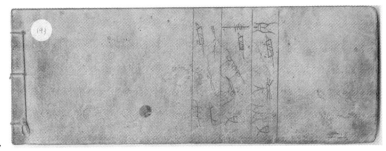

193.

《（头册）青子密的来历经、（中册）吹走秽气经、（尾册）尤玛（战神）的来历经》，牛皮纸，27cm×10cm×47 页

读音：kv^{33}　dʑu^{55}　tɕhə^{33}　ndʑʅ^{21}　mi^{33}　ly^{33}　dʑu^{55}　tɕhə^{33}　hua^{33}
mæ^{33}　dʑu^{55}　iə^{33}　ma^{21}　thv^{33}　pu^{33}　me^{33}

简释：𝄪 ndʑʅ^{21}老妇，又释作东巴，借作唱；tɕhə^{33}ndʑʅ^{21}mi^{33}指爱唱歌的不干净的女人。hua^{33}吹。𝄪 ma^{21}酥油，iə^{33}ma^{21}神名。

说明及摘要：分三册。头册讲 tɕhə^{33}ndʑʅ^{21}mi^{33}的父母生了两个孩子，一个蛇头人身，一个蛙头人身，他们做变化，变成了五方的 360 个 tɕhə^{33}鬼，今天你们害到我们家，我们请来东巴除秽，赶走你们。东巴要点燃杜鹃枝，蒸腾的烟雾从烟囱出去，象征着不干净的东西也抽出去。中册是藏音，东巴不明白具体意思，仪式中东巴要端一碗干净的水，朝水吹气，象征用干净的水把秽气吹走，然后全家的人要手蘸这碗水洗面。尾册讲述尤玛的来历，尤玛是纳西传说中的战神，他的父母做变化，生了一个蛋，抱在怀中三天没有孵出来，太阳、月亮、星星、熊、老虎等都抱过三天，仍然没有把蛋孵出来，掉到海里，tʂʅ^{33}sʅ^{33}la^{33}bv^{21}也没有孵出蛋来，最后敲开蛋壳，才把他变

出来，于是，尤玛长得像所有曾经抱过他的那些神和猛兽，能征善战。

东巴念道："今天我们把尤玛请来赶走所有的不干净的鬼。"

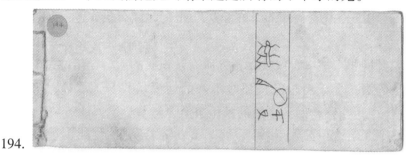

194.

《赶走口舌鬼经》，牛皮纸，27cm×10cm×10 页

读音：bu^{33} be^{21} phər^{21} me^{33}

简释：𤫗 bu^{33}烧，借指口舌鬼；be^{21}东巴在仪式中用树枝扎成一个圆箍戴在主人家每个人的头上，然后用一个削尖的树枝再帮大家把它挑走，象征着把附在人身体里的口舌鬼赶走。phər^{21}解开。

说明及摘要：所有不干净的话，东巴用刺来解开。

195.

《退口舌仪式中献鸡的来历经》，记账本纸，21cm×10cm×31 页

读音：bu^{33} py^{21} lo^{21} ha^{33} phi^{33} æ^{21} thv^{33} pu^{33} uo^{21} me^{33}

简释：bu^{33}py^{21}念退口舌经；lo^{21}黑麂子，借作献；ha^{33}饭，tɕhi^{33}肩胛骨，这里读作 phi^{33}，lo^{21}ha^{33}仪式中准备献给鬼的那锅饭；phi^{33}丢，æ^{21}鸡。

说明及摘要：退口舌经，又叫挡口舌经。今天主人煮了一锅饭，送给各方的 bu³³ 鬼，请你们过来吃，从今往后，不要回来。

经书中还讲述了献的一只鸡的来历，地上万物开始时都没与寿命，鸡找到的是 120 岁，人只找到 10 岁，后来人和鸡交换了寿命，变成现在人可以活 120 岁，鸡只能活 10 岁。东巴念道："这只鸡是我们养的，今天献给你们。"

196.

《请东方"董"神经》，记账本纸，19cm×10.5cm×31 页

读音：$\eta i^{33} me^{33}$　thv^{33}　du^{21}　ti^{33}　me^{33}

简释：⊗ $\eta i^{33} me^{33}$ 太阳，ﾉ thv^{33} 桶，借作出，$\eta i^{33} me^{33} thv^{33}$ 太阳出（的地方），即东方；墨 du^{21} 董神名；冊 ti^{55} 字本义为凳子，借为 ti^{33} 起。

说明及摘要：董神你教会了我们所有的仪式，请你来看看我们今天仪式做得对不对。

197.

《找鬼经、（尾册）做白祭风规程经》，牛皮纸，27.5cm×10cm×26 页

读音：thv⁵⁵ zo³³ uo²¹ me³³ mæ³³ dʐu³³ hæ³³ phər²¹ be³³ ku³³ me³³

简释：⊗ thv³³奶渣，借作动词 thv⁵⁵出，义把鬼挖出来；zo³³小，小仪式的意思；≋ hæ³³风，祭风的仪式；≋ 干 hæ³³phər²¹白祭风，一种最小的仪式名，因为此仪式只用一只白鸡蛋，不杀鸡，所以叫白祭风，如果杀鸡的话，要将鸡血献给风鬼，仪式叫 hæ³³hy³³红祭风。

说明及摘要：分两册。前册讲把鬼挖出来，献饭和酒，并把它们送走。下册是做白祭风仪式的规程。

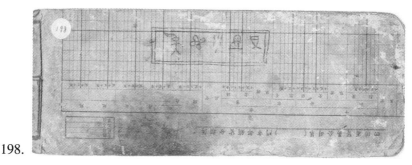

198.

《"高勒趣"招魂经》，记账本纸，30cm×11cm×17 页

读音：ka³³la²¹tshy⁵⁵ a²¹ ʂɿ³³ uo²¹ me³³

简释：ka³³la²¹tshy⁵⁵一个家庭的名字，字形头上的 tshy⁵⁵提示读音，tshy⁵⁵是一种长在高山的庄稼名；a²¹ ʂɿ³³招魂，a²¹魂，用一根弯线表示招人的魂，详细说解见 77 号经书；a²¹绿松石，辅助提示读音；çæ³³七，借作 ʂɿ³³喊、招，这里起提示义符的音读的作用。

说明及摘要：ka³³la²¹tshy⁵⁵家的两父子在山上开荒，见到了很多动物，于是又种麻，用来做扣子，放在山上逮着了不少猎物，得罪了署神，因为这些动物都是署神家的，两家产生了矛盾，署神抓走了 ka³³la²¹tshy⁵⁵家的父亲去做奴隶，不久就把他害死了。儿子又去把父亲的魂喊了回来。

主人家念道："ka³³la²¹tshy⁵⁵是我们家的祖先，今天我们也学着祖先的方法，把死者的魂喊回来。"

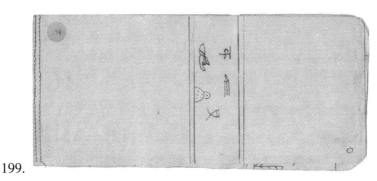

199.

《请菩萨经》，牛皮纸，28cm×12cm×12页

读音：phər²¹ la²¹ sa³³ uo²¹ me³³

简释： phər²¹la²¹菩萨； sa³³请。

说明及摘要：所有的菩萨啊，请你们来帮我做这个凶死鬼的仪式。

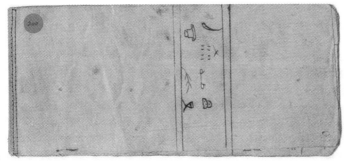

200.

《十八根刺的来历经》，牛皮纸，27cm×12cm×11页

读音：tɕhi³³ zo³³ tshe²¹ ho³³ ly³³ thv³³ pu³³ me³³

简释： tɕhi³³刺； zo³³小；tɕhi³³zo³³木块削尖的刺，表示用来戳鬼的武器，尖部涂成红色，表示鬼的血，后面涂成黑色，仪式之后，要插在挡住凶死鬼回来的路上。 tshe²¹ho³³ly³³十八根，东巴要削十八根tɕhi³³zo³³，每根代表一位神。

说明及摘要：tɕhi³³zo³³的来历。

第二节　俄亚东巴文献字释举例

所谓"字释"，指对经文逐字进行解释。这一术语最早见于方国瑜、和志武先生《纳西象形文字谱》第四部分《纳西文字应用举例》中。《举例》为和志武先生所作，所举各例都分"经文原文""字释""句读和音译"三部分。"句读和音译"包括全段标音、逐词对译、汉译，加上原文，与"四对照"本相当（注释除外）。"字释"解释了每个字的音义，有的还有字形、字义的分析。如果是假借字，还要解释其假借义和读音。如果有一字读多次、有字无词、借形字等情况，还要作出适当解释。"字释"每字单列一行，眉目清楚，伸缩自如。

东巴经的释读是进行东巴文研究的基础，弄清经典中每一个文字符号的意义，并对其进行详尽的分析，是完整地释读经书、解析其深厚文化内涵的基础性的工作。由于东巴经存在着大量的假借、引申等现象，如果不对东巴经进行逐字的解释，那么《全集》中所刊布的东巴经也很难被人们读懂和使用。

我们对从俄亚调查所得东巴文献进行字释，以便更好地开展研究。下文仅对字释内容进行举例性介绍。

一　《俄亚益地村汝卡支系习氏白根家族东巴文祭祖经典》字释举例

《俄亚益地村汝卡支系习氏白根家族东巴文祭祖经典》，连封面共15页，长27.6cm，宽10.4cm，由土黄色的牛皮纸写成，左两大针麻线装订。本经书的抄写者和拥有者是四川省木里县俄亚乡益地村的阿子乐东巴，他本人是纳喜支系，但村里的13户汝卡支系人已经没有东巴了，所以央求他帮他们做祭祖仪式。于是他从卡瓦村尤丁东巴家借了汝卡祭祖经典，抄写了这册经典。

汝卡习氏家族有白根、红根两个家支，白根家族的得名是因为他们祭祖时祭祖树插在一捆稻草上面的白色蔓菁上，而且他们这支的人去世后给死者竖的经幡杆杆顶要绑上一小撮稻草；红根家族的得名是因为他们祭祖时祭祖树插在红泥块上，而且他们这支的人去世后给死者竖的经幡杆杆顶也要绑上一小撮稻草。

封面：

字释：

yo^{33} 祖先，汝卡话，纳西支系读 zv^{21} 或 $z_{\iota}v^{21}$。

py^{21} 祭树，这里借为祭祀、念经。

the^{33} 旗子。

$\gamma \omega^{33}$ 吉祥宝物。两字连读借为 $the^{33}\gamma \omega^{33}$ 书。

$u\alpha^{33}$ 五，借为判断词 $u\alpha^{21}$ 是。

me^{55} 雌，借为句末肯定语气词。

标音：　　yo^{33}　　py^{21}　　$the^{33}\gamma \omega^{33}$　$u\alpha^{21}$　　me^{55}。（$\varsigma i^{21}kh\omega^{33}ph\vartheta r^{21}$）

　　　　　祖　　祭　　书　　　是　　（助）（习根白）

汉译：是祭祖的经书。（汝卡习氏族白根家族）

第1页：

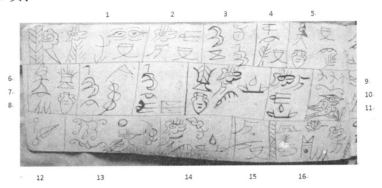

字释：

（1）🦅段首符号，不读音。

🦅yo³³祖先，汝卡话。

🦅py²¹祭树，这里借为祭祀、念经。

🦅ŋə²¹眼睛，借为时、时候。

🦅me⁵⁵雌，借为句末表示祈使的语气词me³³。

（2）🦅yo³³祖先，汝卡话。

🦅le⁵⁵沱茶，借为le³³又。

🦅sɑ⁵⁵气，借为迎请。

🦅me⁵⁵雌，借为句末肯定语气词。

（3）🦅khv⁵⁵弯曲，借为年。

🦅hæ²¹金纽扣，借形为🦅ʂʅ²¹黄色，再假借为🦅ʂʅ⁵⁵新。

🦅tʂʅ³³悬挂，借为这。

🦅dʑʅ³³一。

🦅khv⁵⁵弯曲，借为年。

（4）🦅phər²¹解开，借为爷爷，汝卡话。

🦅mə³³暮，借为不。

🦅sʅ³³树，借为知道、认识。

🦅me⁵⁵雌，借为结构助词me³³的，与前面的"认识"构成的字结构。

（5）🦅zo³³男子。

🦅nɯ³³心，借为主语助词。

🦅me⁵⁵雌，借为me³³母亲。这里与爷爷相对应该指奶奶。

🦅mə³³暮，借为不。

🦅sʅ³³树，借为知道、认识。

（6）🦅me³³母亲，借为结构助词的，与"认识"构成的字结构。

🦅mə³³暮，借为不。此处不读音，属于衍文。

🦅mi³³火，借为mi²¹女子，汝卡话，纳西支系读mi⁵⁵。

🦅o³³沃神，借为o⁵⁵们。

🦅nɯ³³心，借为主语助词。

（7）ʔ dʑʅ²¹一。

khv⁵⁵弯曲，借为年。

mə³³暮，借为不。

be³³做，借为结构助词的。

tʂha²¹墨玉串珠，借为快，汝卡话，纳喜支系读为tʂhu²¹。

（8）ʔ dʑʅ²¹一。

khv⁵⁵弯曲，借为年。

mə³³暮，借为不。

ho²¹肋骨，借为慢、迟。

be⁵⁵be³³豆荚，借为结构助词be³³的。

（9）sv⁵⁵家神。

nɯ³³心，借为主语助词。

yo³³祖先，汝卡话。

le⁵⁵沱茶，借为le³³又。

khv³³割，借为khv²¹迎请。

kɯ²¹胆，借为kɯ³³恳求。

thv²¹桶，借为thv³³到、到达。

（10）yo³³祖先，汝卡话。

le⁵⁵沱茶，借为le³³又。

sa⁵⁵气，借为迎请。

kɯ²¹胆，借为kɯ³³恳求。

thv²¹桶，借为thv³³到、到达。

（11）mbe³³雪，借形为tʂhv³³冬季。

mv³³天。

ŋgo³³lv²¹大雁。

za²¹饶星，借为下、下来。

（12）ko²¹针，这里不读音，但有"家里"iə³³ko²¹之意。

za²¹饶星，借为下、下来。

（13）hɯ²¹雨，借形为ʐu²¹夏季。

mv³³天。

◯ gv³³蛋。借为 gv⁵⁵hɯ²¹ 中的音。

gv⁵⁵hɯ²¹ 布谷鸟。

za²¹ 饶星，借为下、下来。

（14）yo³³祖先，汝卡话。

le⁵⁵沱茶，借为 le³³ 又。

khv³³割，借为 khv²¹ 迎请。

za²¹ 饶星，借为下、下来。

kɯ²¹胆，借为 kɯ³³ 恳求。

thv²¹桶，借为 thv³³ 到、到达。

（15）le⁵⁵沱茶，借为 le³³ 又。

çə⁵⁵下，借为说。

me⁵⁵雌，借为句末表示祈使的语气词。

（16）分段符号。

gə²¹上、上面，此处读 gə²⁴ 表示"上面的"。

sɿ³³树。

bv³³锅。

æ²¹鸡。

nɑ²¹黑。

uə³³寨子。五字连读为地名 sɿ³³bv³³æ²¹nɑ⁵⁵uə³³ 司补安纳围。

mi³³火，借为 mi²¹ 下、下面。

yo³³祖先，此处变读为 yo⁵⁵。

le⁵⁵沱茶，借为 le³³ 又。

khv²¹内部，借为迎请。

全页标音：

（1）yo³³py²¹ŋə²¹me³³，　（2）yo³³le³³sɑ⁵⁵me⁵⁵。（3）khv⁵⁵ʂɿ⁵⁵tʂhɿ³³dʐɿ³³khv⁵⁵

　　祖　祭　时（助）　　　祖　又　迎（助）　　　年　新　这　一　年

（4）phər²¹mə³³sʅ³³me³³（5）zo³³uo³³nɯ³³，me³³mə³³sʅ³³（6）me³³mi²¹uo⁵⁵nɯ³³，
　爷爷 不 知 的　　　男 们（助）奶奶 不 知　　的 女 们（助）

（7）dʑʅ²¹khv⁵⁵mə³³tʂha²¹be³³，　　（8）dʑʅ²¹khv⁵⁵mə³³ho²¹be³³，
　一 年 不 快 地　　　　　　一 年 不 慢 地

（9）sv⁵⁵nɯ³³yo³³le³³khv²¹kɯ³³thv³³，　（10）yo³³le³³sa⁵⁵kɯ³³thv³³。
　生者（助）祖又 请 求 到　　　　　祖又迎 求 到

（11）tʂhv³³mv³³ŋgo³³lv²¹za²¹，（12）yo³³le³³khv²¹yo³³le³³za²¹kɯ³³thv³³。
　冬 天 大雁 下　　　祖又 请 祖又 下 求 到

（13）zʅu²¹mv³³gv⁵⁵hɯ³³za²¹，（14）yo³³le³³khv²¹yo³³le³³za²¹kɯ³³thv³³
　夏 天 布谷 下来　　　祖又 请 祖又 下 求 到

（15）le³³ɕə⁵⁵me⁵⁵。（16）gə²⁴sʅ³³bv³³æ²¹na⁵⁵uə³³nɯ³³mi²¹，yo⁵⁵le³³khv²¹
　又 说（助）　　上 司补安纳围（助）下 祖又请
（yo³³le³³za²¹kɯ³³thv³³）。
（祖又下 求 到）

（祖又下 求 到）

（祖又下 求 到）

汉译：（1）祭祖的时候，（2）迎请祖先。（3）新年这一年，（4）（5）（6）没见过祖先爷爷的孙子们，没见过祖先奶奶的孙女们，（7）（8）每年不快也不慢地，（9）生者又恳请祖先降临，（10）又恳请祖先回来。（11）冬天大雁下来，（11）又恳请祖先回来；（13）夏天布谷鸟下来，（14）又恳请祖先回来，（15）要这样说啊。（相当于交代性的提示语，读经时不读出来）（16）从上面的司补安纳围把祖先（请下来）。

第 2 页：

字释：

（1）$\mathcal{b}$ le⁵⁵沱茶，借为 le³³又。

$\overset{\sim}{\mathcal{B}}$ za²¹饶星，借为下、下来。

δ kɯ²¹胆，借为 kɯ³³恳求。

$\overset{\sim}{\mathcal{b}}$ thv²¹桶，借为 thv³³到、到达。

（2）$\overset{\sim}{\mathcal{H}}$ hæ²¹金纽扣，借为金。汝卡东巴文中，这个字和下面这个字有分工，纳西东巴文中没有下一个字，所以都用这个字。

$\bowtie$ ʂɿ²¹金纽扣的省写，借为 ʂɿ²¹黄色。汝卡字，李霖灿先生认为从金字变来。

$\nearrow$ tshe⁵⁵叶子，借为地名中的音 tshe²¹。

[回][回][回] dy²¹地。四字连读为地名 hæ²¹ ʂɿ³³ tshe²¹ gɯ⁵⁵ dy²¹寒史册给地，直译为黄叶飘落地。

$\mathcal{M}$ mi³³火，借为 mi²¹下。

$\mathcal{B}$ yo³³祖先，此处变读为 yo⁵⁵。

δ kɯ²¹胆，借为 kɯ³³恳求。

$\mathcal{J}$ za²¹饶星，借为下、下来。

$\overset{\sim}{\mathcal{b}}$ thv²¹桶，借为 thv³³到、到达。

（3）$\mathcal{Y}$ sɿ³³树。

$\mathcal{D}$ bv³³锅。

三三三 ŋgv³³九。

○—○ uɑ³³骨头。四字连读借为地名 sɿ³³ bv³³ ŋgv⁵⁵ khɑ³³ uə³³司补古卡围。

〰 mi³³火，借为 mi²¹下。

yo³³祖先，此处变读为 yo⁵⁵。

le⁵⁵沱茶，借为 le³³又。

khv²¹内部，借为迎请。

kɯ²¹胆，借为 kɯ³³恳求。

thv²¹桶，借为 thv³³到、到达。

（4）phər²¹解开，借为白。

na²¹黑。

ʐə³³ dʑv²¹路汇集、交叉，汝卡话。

dʑʅ²¹村寨，借为 dʑv²¹汇集、交叉。

çi²¹稻谷，借为氏族名称习，或石。

ho²¹肋骨，借为氏族名称和。

dʑʅ²¹村寨，借为 dʑv²¹汇集、交叉。

bə³³脚掌，借为民族名 bə⁵⁵普米族。

uo²¹谷堆，借为奴仆。

mi³³火，借为 mi²¹下。

（5）dʑʅ³³一种像狗的动物，常借为人类。

khɯ³³脚。

ʐə²¹草。

tshʅ³³犁铧，借为 tshʅ⁵⁵生长。四字连读为地名 dʑʅ³³khɯ³³ʐə²¹tshʅ⁵⁵ mbu²¹孜克热刺坡。

nɯ³³心，借为语助词。

mi³³火，借为 mi²¹下。

（6）ɣɯ³³牛。

the³³旗子。

sʅ³³树。

rɯ⁵⁵牛虱。

to³³木板，借为坡 to⁵⁵。四字连读为地名 ɣɯ³³the³³sʅ²¹rɯ⁵⁵to⁵⁵额特斯力坡。

� to⁵⁵坡，这里只表意不读音。

mi³³火，借为 mi²¹下。

za²¹饶星，借为下。

（7）sๅ³³柴、木。

bu²¹猪。

æ²¹山崖，从山 （æ²¹鸡）声。

na²¹黑。

uɛ³³村寨。四字连读为地名 sๅ³³bv³³æ²¹na⁵⁵uə³³司补安纳围。

kɯ²¹胆，借为 kɯ³³恳求。

za²¹饶星，借为下。

（8）tʂhe²¹十。

ŋ̣i³³太阳，借为二。

z̩ə²¹草，字形为长在平地上的样子。

tๅ³³板凳，铁砧，借为山间平地。四字连读为地名 tʂhe²¹ŋ̣i³³z̩ə²¹mbər³³tๅ⁵⁵册尼热博德。

hɯ²¹雨。这里不读音，没有意义，可算衍文。

yo³³祖先，此处变读为 yo⁵⁵。

za²¹饶星，借为下、下来。

kɯ²¹胆，借为 kɯ³³恳求。

thv²¹桶，借为 thv³³到、到达。

（9）sๅ³³树。

bu²¹猪。

ŋgv³³九。

kho³³门。

ua³³骨头，借为村寨 uə³³。五字连读借为地名 sๅ³³bv³³ŋgv⁵⁵kha³³uə³³司补古卡围。

mi³³火，借为 mi²¹下。

（10）a²¹啊，口出声的样子。

ʂa²¹牛轭。

kv³³蒜。汝卡字，没有长芽时的样子，纳西东巴文都写为长芽的样子。

kə⁵⁵耙。四字连读为山名 ɑ²¹ɾa³³kv³³kə²¹阿罗古格，也就是纳西支系说的居那若罗山。俄亚把神山称为古格。

ndʐv²¹山，这里只表意不读音。

o⁵⁵头、顶。汝卡话。

kv³³蒜。

kɑ³³好，借自藏文，借为 kɑ²¹胸。

mi³³火，借为 mi²¹下。

ndʐv²¹山。这里指阿罗古格山，读为 kv³³kə²¹。

khɯ³³脚。

za²¹饶星，借为下。

kɯ²¹胆，借为 kɯ³³恳求。

thv²¹桶，借为 thv³³到、到达。

（11）ŋə²¹眼睛。

ty³³打击。

uo⁵⁵高山牧场。

ʂua²¹高。四字连读为地名 ŋə²¹ty³³uo⁵⁵ʂua²¹uo⁵⁵钮碓窝刷窝。

mi³³火，借为 mi²¹下。

za²¹饶星，借为下。

thv²¹桶，借为 thv³³到、到达。

（12）sʅ³³树。

i³³坛子。

me⁵⁵雌阴。句中无此字读音，属于有字无词。

tʅ³³板凳、铁砧。

dy²¹地。四字连读为地名 sʅ²⁴i³³tʂʅ⁵⁵dy²¹斯尔依支堆。

mi³³火，借为 mi²¹下。

za²¹饶星，借为下。

kɯ²¹胆，借为 kɯ³³恳求。

thv²¹桶，借为 thv³³到，到达。

全页标音：

（1）yo⁵⁵le³³za²¹kɯ³³thv³³；（2）hæ³³ʂɿ²¹tshe²¹gɯ⁵⁵dy²¹nɯ³³mi²¹，
　　　祖　又　下　请　到　　　　　寒　史　册　给　地　　（助）下

yo⁵⁵le³³khv²¹yo⁵⁵le³³za²¹kɯ³³thv³³；（3）sɿ³³bv³³ŋgv⁵⁵kha³³uə³³nɯ³³mi²¹，
祖　又　请　祖　又　下　请　到　　　　司　补　古　卡　围　　（助）下

yo⁵⁵le³³khv²¹yo⁵⁵le³³za²¹kɯ³³thv³³；（4）phər²¹ʐ̩ə⁵⁵na²¹ʐ̩ə³³dzv²¹，çi²¹ʐ̩ə⁵⁵
祖　又　请　祖　又　下　请　到　　　　　白　路　黑　路　交　习　路

ho²¹ʐ̩ə³³dzv²¹，bə⁵⁵ʐ̩ə³³uo²¹ʐ̩ə³³dzv²¹nɯ³³mi²¹，yo⁵⁵le³³khv²¹yo⁵⁵le³³za²¹kɯ³³thv³³；
和　路　交　普米路　仆人路交（助）下　　祖　又　请　祖　又　下　请　到

（5）dʐɿ³³khɯ³³ʐ̩ə²¹tshɿ⁵⁵mbu²¹nɯ²¹mi²¹，yo⁵⁵le³³khv²¹yo⁵⁵le³³za²¹kɯ³³thv³³；
　　　孜克热刺　　　坡（助）下　祖　又　请　祖　又　下　请　到

（6）ɣɯ³³the³³sɿ²¹ɭɯ⁵⁵to²¹nɯ⁵⁵mi²¹，yo⁵⁵le³³khv²¹yo⁵⁵le³³za²¹kɯ³³thv³³；
　　　额特斯力　　　坡（助）下　祖　又　请　祖　又　下　请　到

（7）sɿ³³bv³³æ²¹na⁵⁵uə³³nɯ³³mi²¹，yo⁵⁵le³³khv²¹yo⁵⁵le³³za²¹kɯ³³thv³³；
　　　司补安纳围（助）下　祖　又　请　祖　又　下　请　到

（8）tshe²¹ȵi³³ʐ̩ə²¹mbər³³tʐɿ⁵⁵nɯ³³mi²¹，yo⁵⁵le³³khv²¹yo⁵⁵le³³za²¹kɯ³³thv³³；
　　　册尼热博德　　　（助）下　祖　又　请　祖　又　下　请　到

（9）sɿ³³bv³³ŋgv⁵⁵kha³³uə³³nɯ³³mi²¹，yo⁵⁵le³³khv²¹yo⁵⁵le³³za²¹kɯ³³thv³³；
　　　司补古卡围　（助）下　祖　又　请　祖　又　下　请　到

（10）ɑ²¹ɾɑ³³kv³³kə²¹uo⁵⁵nɯ³³mi²¹，kv³³kə²¹kɑ²¹nɯ⁵⁵ mi²¹，

阿罗古格顶（助）下　古格　胸（助）下

kv³³kə²¹khɯ²¹nɯ⁵⁵mi²¹，yo⁵⁵le³³khv²¹yo⁵⁵le³³zɑ²¹kɯ³³thv³³；

古格　脚（助）下　祖又　请　祖　又下　请　到

（11）ŋə²¹ty³³uo⁵⁵ʂɑ²¹uo⁵⁵nɯ³³mi²¹，yo⁵⁵le³³khv²¹yo⁵⁵le³³zɑ²¹kɯ³³thv³³；

钮碓窝刷窝　　（助）下　祖又　请　祖又下　请　到

（12）sɿ²⁴ʑi³³tʂɿ⁵⁵dy²¹nɯ³³mi²¹，yo⁵⁵le³³khv²¹yo⁵⁵le³³zɑ²¹kɯ³³thv³³；

斯尔依支堆　（助）下　　祖又　请　祖又下　请　到；

汉译：（1）又恳请祖先回到家来。（2）从寒史册给地往下迎请，又恳请祖先回到家来。（3）从司补古卡围往下迎请，又恳请祖先回到家来。（4）从白路黑路交汇处，习（氏族）路与和（氏族）路交汇处，普米路和仆人路交汇处往下迎请，又恳请祖先回到家来。（5）从孜克热刺坡往下迎请，又恳请祖先回到家来。（6）从额特斯力坡往下迎请，又恳请祖先回到家来。（7）从司补安纳围往下迎请，又恳请祖先回到家来。（8）从册尼热博德往下迎请，又恳请祖先回到家来。（9）从司补古卡围往下迎请，又恳请祖先回到家来。（10）从阿罗古格顶、古格胸（山腰）、古格脚（山脚）往下迎请，又恳请祖先回到家来。（11）从钮碓窝刷窝往下迎请，又恳请祖先回到家来。（12）从斯尔依支堆往下迎请，又恳请祖先回到家来。

第3页：

字释：

（1）ᛘ sʅ³³树。

ᔆ i³³山骡。

ᔆ æ²¹山崖。

ᛘ ŋɡɑ³³胜利。四字连读为地名 sʅ⁵⁵i³³ æ²¹ ŋɡɑ⁵⁵mbu²¹斯邑艾嘎坡。

ᔆ zɑ²¹饶星，借为下。

（2）ᔆᔆᔆ tɕhə⁵⁵秤。

ᔆ çi³³百。

ᔆ ndʐo²¹桥。

ᔆ khɑ³³角。

ᔆ mɑ²¹酥油，酥油饼盛放于容器中的侧面形状，也有只写两个圈的异体，见后面的字形。五字连读为地名 tɕhə³³ çi⁵⁵ ndʐo²¹ khɑ³³ mɑ²¹车希宗卡玛。

ᔆ yo³³祖先，此处变读为 yo⁵⁵，汝卡话。

ᔆ zɑ²¹饶星，借为下。

（3）ᔆ be³³做。

ᔆ ɣæ³³男性生殖器。

ᔆ uə³³村寨。

ᔆ mɑ²¹酥油。

ᛘ to³³木板，借为 to⁵⁵坡。五字连读为地名 mbe³³ ɣæ³³ uə³³ mɑ²¹ to²¹白兰伟玛坡。

ᔆ zɑ²¹饶星，借为下。

ᔆ kɯ²¹胆，借为 kɯ³³恳求。

ᔆ thv²¹桶，借为 thv³³到、到达。

（4）ᔆ tʂər⁵⁵骨节。

ᔆ tse⁵⁵mbe³³，借形为 ʂʅ²¹铁。

ᔆ khɯ³³狗。

ᔆ phər²¹解开。

ᛘ tʅ³³板凳，借为山间平地。五字连读为地名 tʂər²¹ ʂʅ⁵⁵ khɯ³³ phər²¹ tʅ³³止硕克排德。

za^{21}饶星，借为下。

mi^{33}火，借为mi^{21}下。

（5）uo^{21}沃神，大神名。

ts^{33}拴。

ndzo^{21}桥。

ma^{21}油。四字连读为地名uo^{33}tso^{33}ndzo^{21}kha^{33}ma^{21}窝左宗卡玛。

yo^{33}祖先，此处变读为yo^{55}。

le^{55}沱茶，借为le^{33}又、再。

za^{21}饶星，借为下。

（6）z^{21}蛇。

^{33}牛。

tho^{55}钉木桩。

t^{33}板凳，借为山间平地。

r^{55}牛虻。五字连读为地名z^{21}^{33}tho^{33}t^{33}r^{55}日厄驮德勒。

mo^{21}簸箕。此处不读音也无意义，属于衍字。

le^{55}沱茶，借为le^{33}又、再。

za^{21}饶星，借为下。

（7）lo^{21}山谷。

s^{33}树。

æ^{21}na^{21}黑鸡，此处借音为黑崖。

uə^{33}村寨。四字连读为地名rv^{33}s^{33}æ^{21}na^{55}uə^{33}鲁司埃纳围。

za^{21}饶星，借为下。

（8）la^{33}虎。

uo^{33}头、顶。

mbu^{21}坡。三字连读为地名la^{21}uo^{55}la^{33}ndz^{21}mbu^{21}拉窝拉紫坡。

yo^{33}祖先，此处变读为yo^{55}。

le^{55}沱茶，借为le^{33}又、再。

za^{21}饶星，借为下。

（9）sər^{33}七。

 da²¹织。

 dy²¹地。因写完字后再装订成书，所以这个字的另一半被装订了。三字连读为地名 ʂʅ⁵⁵da²¹uə²¹ɾɯ²¹dy⁵⁵苏达围勒堆。

（10） mi³³火，借为 mi²¹下。

 uə³³村寨。

 yo³³祖先，此处变读为 yo⁵⁵。

 le⁵⁵沱茶，借为 le³³又、再。

 za²¹饶星，借为下。

（11） uə³³村寨。

 ʂʅ²¹黄，由金字变化而来。

 ndʐo²¹桥。

 kha³³角。

 ma²¹酥油。五字连读为地名 uə³³ʂʅ⁵⁵ndʐo²¹kha³³ma²¹围施宗卡玛。

 za²¹饶星，借为下。

（12） khɯ³³狗。

 dʑʅ³³一种有点像狗的动物，常借为人类。

 mbu²¹坡。

 se²¹岩羊。

 kɯ²¹胆。五字连读为地名 khɯ²¹dʑʅ³³se²¹kɯ³³mbu²¹克子瑟戈坡。

 yo³³祖先，此处变读为 yo⁵⁵。

 le⁵⁵沱茶，借为 le³³又、再。

 za²¹饶星，借为下。

（13） za²¹饶星，此字选得不太好，因为地名中的读音为 dʑa²¹。

 khɯ³³狗。

 ɾv³³nɑ²¹黑石。

 nɑ²¹黑。四字连读为地名 dʑa²¹khɯ³³ɾv³³me³³nɑ²¹咱克鲁美纳。

 le⁵⁵沱茶，借为 le³³又、再。

 kɯ²¹胆，借为 kɯ³³恳求。

 thv²¹桶，借为 thv³³到、到达。

（14）　⌖ a^{21} 玉。

　　🜨 $iə^{21}$ 尤草。

　　🜨 $ndzo^{21}$ 桥。

　　🜨 kha^{33} 角。

　　🜨 ma^{21} 油。五字连读为地名 $a^{21}iə^{55}ndzo^{21}kha^{33}ma^{21}$ 俄亚宗卡玛。

　　🜨 mi^{33} 火，借为 mi^{21} 下。

　　🜨 za^{21} 饶星，借为下。

全页标音：

（1）$sๅ^{55}i^{33}æ^{21}\eta ga^{55}mbu^{21}nɯ^{33}mi^{21}$，$yo^{55}le^{33}khv^{21}yo^{55}le^{33}za^{21}kɯ^{33}thv^{33}$。

　　　斯邑艾嘎　坡（助）下　　祖又　请祖　又下求　到

（2）$t\matha^{33}\mathi^{55}ndzo^{21}kha^{33}ma^{21}nɯ^{55}mi^{21}$，$yo^{55}le^{33}khv^{21}yo^{55}le^{33}za^{21}kɯ^{33}thv^{33}$。

　　　车希宗卡玛　　　（助）下　　祖又　请　祖又下求　到

（3）$mbe^{33}ræ^{33}uə^{33}ma^{21}to^{21}nɯ^{55}mi^{21}$，$yo^{55}le^{33}khv^{21}yo^{55}le^{33}za^{21}kɯ^{33}thv^{33}$。

　　　　白兰伟玛　　坡（助）下　　祖又　请　祖又下求　到

（4）$t\shateร^{21}\shu^{55}khɯ^{33}phər^{21}tๅ^{21}nɯ^{55}mi^{21}$，$yo^{55}le^{33}khv^{21}yo^{55}le^{33}za^{21}kɯ^{33}thv^{33}$。

　　　止硕克排德　　　（助）下　　祖又　请　祖又下　求　到

（5）$uo^{33}tso^{33}ndzo^{21}kha^{33}ma^{21}nɯ^{55}mi^{21}$，$yo^{55}le^{33}khv^{21}yo^{55}le^{33}za^{21}kɯ^{33}thv^{33}$。

　　　窝左宗卡玛　　　（助）下　　祖又　请祖又下　求　到

（6）$zๅ^{21}\gammaɯ^{33}tho^{33}tๅ^{33}rɯ^{33}nɯ^{21}mi^{21}$，$yo^{55}le^{33}khv^{21}yo^{55}le^{33}za^{21}kɯ^{33}thv^{33}$；

　　　日厄驮德勒　　　　（助）下　　祖又　请祖又下　求　到

（7）$rv^{33}sๅ^{33}æ^{21}na^{55}uə^{33}nɯ^{21}mi^{21}$，$yo^{55}le^{33}khv^{21}yo^{55}le^{33}za^{21}kɯ^{33}thv^{33}$。

　　　鲁司埃纳围　（助）下　祖　又请　祖又下　求　到

（8）la²¹uo⁵⁵la³³ndʐŋ²¹mbu²¹nɯ³³mi²¹，yo⁵⁵le³³khv²¹yo⁵⁵le³³za²¹kɯ³³thv³³。

　　拉窝拉紫坡　　　（助）下　祖又　请　祖又下求　到

（9）ʂ̩⁵⁵da²¹uə²¹ɾɯ²¹dy⁵⁵（10）nɯ³³mi²¹，yo⁵⁵le³³khv²¹yo⁵⁵le³³za²¹kɯ³³thv³³。

　　苏达围勒堆　　　（助）下祖又　请　祖又下　求到

（11）uə³³ʂ̩⁵⁵ndzo²¹kha³³ma²¹nɯ³³mi²¹，yo⁵⁵le³³khv²¹yo⁵⁵le³³za²¹kɯ³³thv³³。

　　围施宗卡玛　　　（助）下　祖又请　祖　又下　求到

（12）khɯ²¹dʐŋ³³se²¹kɯ³³mbu²¹nɯ³³mi²¹，yo⁵⁵le³³khv²¹yo⁵⁵le³³za²¹kɯ³³thv³³。

　　克子瑟戈　　坡（助）下　祖又　请　祖又下求　到

（13）za²¹（dza²¹）khɯ³³ɾv³³me³³na²¹nɯ³³mi²¹，yo⁵⁵le³³khv²¹yo⁵⁵le³³za²¹kɯ³³thv³³。

　　咱克　石大黑（助）下　祖又请祖又下求　到

（14）a²¹iə⁵⁵ndzo²¹kha³³ma²¹nɯ³³mi²¹，yo⁵⁵le³³khv²¹yo⁵⁵le³³za²¹kɯ³³thv³³。

　　俄亚宗卡玛　　　（助）下　祖又　请　祖又下　求　到

汉译：（1）从斯邑艾嘎坡往下迎请，又恳请祖先回到家来。（2）从车希宗卡玛往下迎请，又恳请祖先回到家来。（3）从白兰伟玛坡往下迎请，又恳请祖先回到家来。（4）从止硕克排德往下迎请，又恳请祖先回到家来。（5）从窝左宗卡玛（东尼的下面）往下迎请，又恳请祖先回到家来。（6）从日厄驮德勒（现为藏族村）往下迎请，又恳请祖先回到家来。（7）从鲁司埃纳围（鲁司黑崖寨）往下迎请，又恳请祖先回到家来。（8）从拉窝拉紫坡往下迎请，又恳请祖先回到家来。（9）（10）从苏达围勒堆往下迎请，又恳请祖先回到家来。（11）从围施宗卡玛往下迎请，又恳请祖先回到家来。（12）从克子瑟戈坡往下迎请，又恳请祖先回到家来。（13）从咱克鲁美纳（咱克石大黑）往下迎请，又恳请祖先回到家来。（14）从俄亚宗卡玛往下迎请，又恳请祖先回到家来。

二　《竖送魂经幡仪式规程·三次敬献美酒的来历·典希祝》字释举例

《竖送魂经幡仪式规程三次敬献美酒的来历·典希祝》，是俄亚克米局村撒达杜基东巴家藏的仪式规程经，长 28.5cm，宽 10.3cm，包括封面封底共 17 页，其中正文前 4 页为竖送魂经幡仪式规程，其后部分是该仪式中需要诵读的 3 种最主要的经书中的 2 本（另外一本是《燃灯经》）。第 1 页与第 2 页由页面为 56cm×10.3cm 的纸张上下折叠而成，是在仪式中要照着抄写（区别仅在于写到人名时写死者的名字）摹画在一张纸或麻布上再贴或绑在经幡杆上的母本。第 3 页与第 4 页页面为 28.5cm×10.3cm，实际上是第 1 页、第 2 页的背面，内容为经幡杆上的贴图。

经书封面写了这一册合订经书共包含的三部分内容。原书封面字迹污浊，下图对中间的字迹部分进行了一定处理，并反馈给东巴检验后确定无误。封面文字自上而下、自左而右可分 6 列，前 2 列共 7 字标写了第一种经书的名称，中间 2 列共 4 个字和 1 个字组标写了第二种经书的名称，最后 2 列 3 个字和 1 个字组标写了第三种经书的名称。

封面：

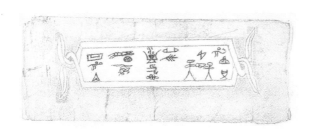

字释：

$\square$ ta^{55} 柜子、匣子。

$\mathscr{P}$ dz̧u^{21} 古代的战争武器，抛石机。两字连读为 ta^{21}dz̧u^{33} 经幡。

Λ tshv^{33} 犁铧，借为 tshv^{55} 竖立。

$\mathscr{E}$ ku^{21} 姜，假借为 ku^{33} 规矩、规程。

$\mathscr{E}$ mo^{21} 簸箕。

$\sim$ iə^{21} 尤菜，一种野菜。两字连读为 mo^{21}iə^{33} 仪式规程。

$\mathscr{E}$ ba^{21} 花，借为语气词，表肯定。

$\mathscr{E}$ z̧ɿ^{33}na^{21} 美酒。由$\square$（酒）和$\blacktriangledown$（黑色）组成。

so³³大秤，借为三（藏语音）。

tʂər⁵⁵骨节，借为阶段。仪式过程中依次向神、死者、鬼敬献三次醇酒。

thv²¹水桶，借为thv³³出现。

pu³³艾蒿，借为pu⁵⁵出处。

tæ²¹拉、扯。

ʂ̩³³肉。

ʂ̩²¹黄色。

dʐ̩u²¹古代的战争武器，抛石机。四字连读为tæ⁵⁵ ʂ̩³³ dʐ̩u²¹典希祝，经书名，为一本用东巴文记录藏语的经书。

uo²¹谷堆，借为是。

me⁵⁵雌阴，借为句末肯定的语气词。

标音：

ta²¹dʐ̩u³³tshv⁵⁵ku³³mo²¹iə³³ba²¹，ʐ̩ʐ̩³³na²¹so³³tʂər⁵⁵thv³³pu⁵⁵，tæ⁵⁵ ʂ̩³³dʐ̩u²¹uo²¹me⁵⁵。

经幡　竖　规程 规程（助）酒　醇 三 节 出处 来历　典希祝　　是（助）

汉译：是竖经幡仪式规程、三次敬献美酒的来历、典希祝。

第1页：

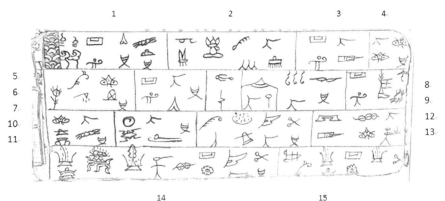

字释：

（1）波浪纹，篇章开始的符号。

云纹，篇章开始的符号。

▱ ta^{55}柜子、匣子。

✿ dz̩u^{21}古代的战争武器，抛石机。两字连读为 ta^{21}dz̩u^{33}经幡。

⋏ tshv^{33}犁铧，借为 tshv^{55}竖立。

ϫ me^{55}雌阴，借为助词 me^{33}的。

⬳ ku^{21}姜，借为 ku^{33}仪式规程。

⬠ uo^{21}谷堆，借为是。

ϫ me^{55}雌阴，借为句末语气词助词。

（2）⌐こ kə^{55}耙。

⚘ kv^{33}蒜。两字连读为 kə^{33}kv^{33}首先。

⚘ to^{33}mba^{21}东巴。

⟋ khv^{33}镰刀，与收割混用了，故借为 khv^{55}年龄。

⋏⋏ mi^{33}火，借为 mi^{21}名字。

人 le^{55}沱茶，假借为 le^{33}又。

⟰ pər^{55}梳子，借为写。

（3）▱ ta^{55}柜子、匣子。

✿ dz̩u^{21}古代的战争武器，抛石机。两字连读为 ta^{21}dz̩u^{33}经幡。

人 le^{55}沱茶，假借为 le^{33}又。

⊏⊐ tɕu^{55}锥子，借为 tɕu^{21}缝。

（4）人 le^{55}沱茶，假借为 le^{33}又。

⚜ pa^{33}青蛙。

⚜ pa^{33}青蛙。两字连读 pa^{33}pa^{21}，指把拓板上的字画图案蘸墨后拓印出来。

ϫ me^{55}雌阴，借为句末语气词。

（5）⚘ dze^{33}小麦。

⟋ ndʐ^{21}蕨菜。

⟰ be^{33}做活。三字连读 dze^{21}ndʐ^{21}be^{33}大小一致地。

⚜ pa^{33}青蛙，借为拓印。

⬭ thv^{55}奶渣，借为 thv^{33}出来。

ϫ me^{55}雌阴，借为句末语气词。

（6）▱ tɑ⁵⁵ 柜子、匣子。

𗗉 dʐu²¹ 古代的战争武器，抛石机。两字连读为 tɑ²¹ dʐu³³ 经幡。

人 le⁵⁵ 沱茶，假借为 le³³ 又。

𗗇 tshv³³ 犁铧，借为 tshv⁵⁵ 竖立。

𗗈 me⁵⁵ 雌阴，借为句末语气词。

（7）🌰 thŋ²¹ 喝，借为指示代词这、那。

𐅀 se³³ 线绕尽，引申为完结。

（8）🏠 le³³ ko²¹ 家里。🏠（房屋）与 人（沱茶）、𐄷（ko²¹ 针）组成。

𑑛 huɯ²¹ 雨，因为夏天经常下雨而借形为夏天 ʐu²¹，再假借为 ʐu³³ 午饭。

人 le⁵⁵ 沱茶，假借为 le³³ 又。

〜 iə²¹ 尤草，借为 iə⁵⁵ 敬献。

𗗈 me⁵⁵ 雌阴，借为句末语气词。

（9）▱ tɑ⁵⁵ 柜子、匣子。

𗗉 dʐu²¹ 古代的战争武器，抛石机。两字连读为 tɑ²¹ dʐu³³ 经幡。

𗗊 tɑ²¹ dʐu³³ khuɯ³³ 经幡柱的下部。由𗗊（经幡柱）和 〜（脚）组成。

𐄰 çæ³³ 血。

𗗋 ræ³³ 睾丸，两字连读 çæ³³ ræ²¹ 桌子。

（10）🐸 pɑ³³ 青蛙。

𗗌 ty³³ 敲击。两字连读 pɑ³³ ty³³ 木板，作用类似桌子。

人 le⁵⁵ 沱茶，假借为 le³³ 又。

𗗍 ku²¹ 姜，借为 ku⁵⁵ 放置。

𗗈 me⁵⁵ 雌阴，借为句末语气词。

（11）⊙ kv³³ 蛋。

𗗎 hæ²¹ 金纽扣，借为绿色。两字连读为 kv³³ hæ²¹ 松针。

人 le⁵⁵ 沱茶，假借为 le³³ 又。

〜 lo²¹ 山谷，借为铺设。

𗗈 me⁵⁵ 雌阴，借为句末语气词。

（12）🪶 ŋuɑ³³ 羽毛，假借为奶。

𐄷 tɕhi³³ 刺，借为 tɕhi²¹ 甜。

by^{33}面粉。

tse^{55}mbe^{33}斧头，借形为铁 ʂʯ^{21}，再假借为干净。

the^{33}旗子，借为 the^{21}表祈使语气的助词。

le^{55}沱茶，假借为 le^{33}又。

tɕi^{55}羊毛剪，借为 tɕi^{33}放置。

me^{55}雌阴，借为句末语气词。

（13）　gə^{21}上。

tɕu^{55}锥子。两字连读为 gə^{33}tɕu^{21}上面。

tʂhu^{21}墨玉。

pa^{33}青蛙。两字连读为 tɕhu^{55}pa^{33}天香。

le^{55}沱茶，假借为 le^{33}又。

zʯ^{21}拿。由人双手捧物形和草组合而成。

（14）　zʯ^{33}酒。

ha^{33}饭。

ʂʯ^{21}mi^{33}香炉。

mbæ^{33}mi^{33}酥油灯。

rər^{21}呼唤。

ne^{33}苋米。两字连读为 rər^{21}ne^{33}祭粮

ta^{55}柜子、匣子。

sv^{33}羊毛。两字连读为 ta^{33}sv^{33}祭酒。

the^{33}旗帜，借为语气助词 the^{21}。

le^{55}沱茶，假借为 le^{33}又。由于页面底边破损，此字有残缺。

tɕi^{55}羊毛剪，借为 tɕi^{33}放置。

me^{55}雌阴，借为句末语气词。

（15）　kho^{21}栅栏。

ndʐʯ^{21}蕨菜。两字连读位 kho^{21}ndʐʯ^{33}亲戚。

zʯ^{33}酒。

ha^{33}饭。页面底边破损，此字有残缺。

ta^{55}柜子、匣子。

🐑 sv³³ 羊毛。两字连读为 ta³³sv³³ 祭酒。

👑 z̩ʅ³³ 酒。

⤳ tɕi⁵⁵ 羊毛剪，借为 tɕi³³ 放置。

全页标音：

(1) ta²¹dz̩u³³tshv⁵⁵me³³ku³³uo²¹me⁵⁵。(2) gə³³kv³³、to³³mba²¹nɯ³³khv⁵⁵、mi²¹le³³pər⁵⁵

　　经幡　竖　的规程　是(助)　　首先　东巴（助）年龄　名又写

(3) ta²¹dz̩u³³le³³tɕu²¹，(4) le³³pa²¹pa²¹me⁵⁵，(5) dze²¹nd̩ʅ²¹be³³pa²¹thv³³be³³me⁵⁵。

　　经幡又缝　　又拓印（助）　　一致　地　印　出地（助）

(6) ta²¹dz̩u³³le³³tshv⁵⁵me⁵⁵。(7) th̩ʅ³³se³³ɳə³³，(8) le³³ko²¹z̩u³³le³³iə⁵⁵me⁵⁵，

　　经幡　又　竖（助）　这完　时　　家里午饭又给（助）

(9) ta²¹dz̩u³³khɯ³³çæ³³ræ²¹、(10) pa³³ty³³le³³ku⁵⁵me⁵⁵，(11) kv³³hæ²¹le³³lo²¹me⁵⁵。

　　经幡　脚　桌子　　木板　又　摆（助）　松针　又　撒（助）

(12) ŋua⁵⁵tɕhi²¹by³³ʂu²¹the²¹le³³tɕi³³me⁵⁵。(13) gə³³tɕu²¹，tɕhu⁵⁵pa³³le³³z̩ʅ²¹。

　　甜奶　面粉（助）又放（助）　　　高处　天香又拿

(14) z̩ʅ³³sa⁵⁵ha³³sa⁵⁵ ʂu³³mi³³mbæ³³mi³³ɼər²¹ne³³ta³³sv²¹the²¹le³³tɕi³³me⁵⁵。

　　祭酒　祭饭　香炉　油灯　祭粮祭酒（助）又放（助）

(15) kho²¹nd̩ʅ³³z̩ʅ³³ha³³ ta³³ sv²¹ z̩ʅ³³ the²¹le³³tɕi³³。

　　亲戚　酒　饭"达思"酒（助）又放

汉译：(1)《竖经幡仪式规程》：(2) 首先，东巴要把（死者的）属相和姓名写上，(3) 把经幡旗缝起来，(4) 拓印（用白麻布在刻有藏文六字真言的拓模上拓印），(5) 大小一致地拓印出来，(6) 把经幡杆竖立起来。(7) 这些做完之后，(8) 将家里的午饭敬献给死者（经幡），(9) 在经幡杆的下部放上桌子和(10) 木板作为供桌，(11) 把绿色的松针铺在供桌

上，（12）把圣水和烧香时撒的面粉放好，（13）将天香盆拿到高处，（14）把祭酒、祭饭、香炉、酥油灯、祭粮、祭酒放置好，（15）亲戚带来的酒、饭和"达思"酒放置好，

第2页：

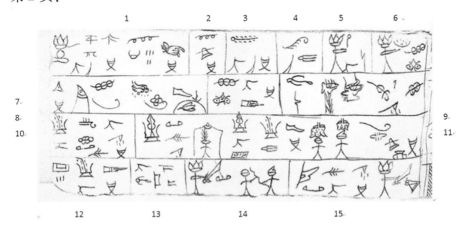

字释：

（1） to³³mba²¹ 东巴。

禾 phər²¹ 解开，借为盘神。

个 ndzʅər²¹ 本义待考，借为威力神。

ㄣ ka³³ 借自藏文的字母，保佑。

人 le⁵⁵ 沱茶，假借为 le³³ 又。

ㄥ tɕhi³³ 刺，借为祈求。

ㄨ me⁵⁵ 雌阴，借为句末语气词。

~~~ tɕhə⁵⁵ 秽气。

凵 khɑ³³ 角，借为声音。

''' uɑ³³ 五。

la²¹ 手。两字连读 uɑ³³la³³ 哇啦，拟声词，为诵读经书的声音。

me⁵⁵ 雌阴，借为句末语气词。

（2）~~~ tɕhə⁵⁵ 秽气。

tse⁵⁵mbe³³ 斧头，借形为 ʂu²¹，再假借为 ʂu⁵⁵ 除去。

me⁵⁵ 雌阴，借为句末语气词。

（3）　tʂhʅ³³硝水，借为驱除。

　le⁵⁵沱茶，借为 le³³又。

　tɕhi³³刺，借为驱除。

　me⁵⁵雌阴，借为句末语气词。

（4）　ȵua³³奶。

　tɕhi³³刺。两字连读 ȵua⁵⁵tɕhi²¹净水、圣水。

　sa⁵⁵气流，借为迎请。

（5）　to³³mba²¹la²¹tʂhər³³东巴洗手。由 东巴伸手接水洗手的字形和 细小的水流组成。

　le⁵⁵沱茶，借为 le³³又。

　tʂhər⁵⁵辈、代，借为 tʂhər³³洗。

（6）　to³³mba²¹by²¹ʂu²¹phv⁵⁵东巴撒祭祀面粉。由 东巴手捧面粉 两字组成。

　tʂhu²¹墨玉。

　pa³³青蛙。

（7）　ndʑi³³酒药。三字连读 tɕhu⁵⁵pa³³ndʑi⁵⁵烧天香。

　me⁵⁵雌阴，借为句末语气词。

　ndzʅ²¹山。

　tʂhu²¹墨玉。

　lo²¹山谷。

　tʂʅ²¹禽爪，借为驱鬼。

　a²¹玉石，借为灵魂。

　ʂər⁵⁵招手的样子。两字连读为 a²¹ʂər⁵⁵招魂。

　zər²¹踩踏。由 脚和 向上鼓起的物体组成。

　zʅə²¹草。

　zʅ⁵⁵柳树，借为 zʅ²¹仇人。三字连读为 zʅ²¹zər²¹镇压仇敌。

（8）　tʂhu²¹墨玉。

　pa³³青蛙。两字连读为 tɕhu⁵⁵pa³³天香。

　le⁵⁵沱茶，借为 le³³又。

- tçu⁵⁵锥子，借为连接，继续。

me⁵⁵雌阴，借为句末语气词。

（9）thŋ²¹喝，借为 thŋ³³这、那。

se³³线绕尽，引申为完结。

zŋ²¹祖先。

mbər²¹牦牛，借为 mbər³³迁徙。

za²¹饶星，借为下。

dŋ³³一。

be³³干活，引申为进行。

ne³³苋米，借为 ne²¹，语气助词，表进行时态。

（10）　zŋ³³酒。

na²¹黑色，借自藏文字母。两字连读为 zŋ³³na²¹美酒，指很好的酒。

so³³大秤，借为三，藏语读音。

tʂər⁵⁵骨节，借为阶段。三个阶段指仪式中依次向神、死者、鬼敬献三次醇酒。

thv²¹桶，借为 thv³³出现。

pu³³艾蒿，借为 pu⁵⁵来历。

le⁵⁵沱茶，借为 le³³又。

be³³做活，借为诵读。

me⁵⁵雌阴，借为句末语气词。

（11）　ma²¹mi³³酥油灯。

thv²¹桶，借为 thv³³出现。

pu³³艾蒿，借为 pu⁵⁵来历。

be³³做活，借为诵读。此字有残缺。

tshv²¹py²¹dʑi²¹sŋ³³phe³³做祭祀这一家。由　（dʑi²¹房屋，引申为家）和　（sŋ³³phe³³祭祀主人）组成。

ma²¹mi³³酥油灯。

le⁵⁵沱茶，借为 le³³又。

tʂŋ³³土，借为 tʂŋ⁵⁵点燃。

zŋ³³酒。

sɑ⁵⁵气流。两字连读 zʅ³³sɑ⁵⁵祭酒。

khɯ³³脚，借为 khɯ⁵⁵敬献。

me⁵⁵雌阴，借为句末语气词。

tʂhər⁵⁵肺。

zo³³男子。两字连读为 tʂhər³³zo³³孝子。

tʂhər⁵⁵肺。

mi⁵⁵女子。两字连读为 tʂhər³³mi⁵⁵孝女。

lo²¹山谷。

pv⁵⁵瓢子。两字连读为 lo⁵⁵pv³³额头。

ty³³敲击，引申为磕（头）。

me⁵⁵雌阴，借为句末语气词。

（12）tɑ⁵⁵柜子、匣子。

sv²¹三。两字连读为 tɑ³³sv³³祭酒。

zʅ³³酒。

le⁵⁵沱茶，借为 le³³又。

tɕu⁵⁵锥子，借为敬献。

me⁵⁵雌阴，借为句末语气词。

（13）le⁵⁵沱茶，借为 le³³又。

thʅ²¹喝。

khu³³门。

çə⁵⁵说。字形源自汉字"上"并倒置。

çə⁵⁵说。字形源自汉字"上"。三字连读为 khu³³çə⁵⁵çə³³说吉利话。

（14）ŋgæ²¹刀，字形为东巴手握刀。砍刀在宗教仪式中称 ŋgæ²¹，而在生活中一般称为 ndɑ³³phiə²¹。

thv²¹桶，借为 thv³³出现。两字连读为 ŋgæ²¹thv³³ŋgæ²¹pu⁵⁵剑的出处和来历。

khɯ²¹to⁵⁵le³³zv³³把线握在手中。由（khɯ²¹线）与（zv³³握，字形为男子手中握麻线）与（女子手中握麻线）组成。男子和女子的东巴文虽不读出但仍有意义，表示所有参加葬礼的男人和女人都要参加此仪式。

（15）the³³旗帜。这里指经幡柱上用麻布做的，印有六字箴言拓印的旗。

　　⌐ thv²¹桶，借为 thv³³出现。

　　≪ pu³³艾蒿，借为 pu⁵⁵来历。

　　人 le⁵⁵沱茶，借为 le³³又。

　　be³³做活，借为诵读。

　　me⁵⁵雌阴，借为句末语气词。

　　tshər⁵⁵割。由 （东巴手握砍刀）和 （肩胛骨）组成。此处省略了 khɯ²¹phər²¹（白线）khɯ²¹na²¹（黑线），仪式过程中将麻线的一端拴在经幡柱上，另一端由参加葬礼的亲友握着。东巴手拿镰刀，口中念经，将麻线割成两截，连接经幡柱的一节表示黑线，代表死者，拿在亲友手中的一节表示白线，代表活人。

全页标音：

（1）to³³mba²¹phər²¹ka³³ndʐər²¹ka³³le³³tɕhi³³me⁵⁵，tɕhə⁵⁵kha³³ua³³la³³me⁵⁵，
　　　东巴 盘神 力 威力神 力 又求（助） 除秽 声音 哇啦（助）

（2）tɕhə⁵⁵ʂu⁵⁵me³³，（3）tɕhə⁵⁵tʂʅ³³le³³tɕhi³³me⁵⁵。（4）ŋua⁵⁵tɕhi²¹sa⁵⁵，
　　　秽 除（助） 秽 鬼 又 驱逐（助） 圣水 迎请

（5）to³³mba²¹la²¹le³³tʂhər³³，（6）to³³mba²¹by³³ʂu²¹le³³phv⁵⁵，tɕhu⁵⁵pa³³
　　　东巴 手 又 洗 东巴 圣面 又 撒 天香

（7）ŋdzi⁵⁵me⁵⁵，ndzʅ²¹tʂhu⁵⁵，lo²¹tʂhu⁵⁵，dzʅ³³dzʅ²¹a²¹ʂər⁵⁵，zʅ²¹zər²¹，
　　　烧（助） 山 敬 山谷 敬 驱鬼 招魂 仇敌 压

（8）tɕhu⁵⁵pa³³le³³tɕu⁵⁵me⁵⁵，（9）thʅ³³se³³，zʅ²¹mbər³³zʅ²¹za²¹ɖʅ³³be³³ne²¹。
　　　天香 又 接（助） 这 完 祖 迁 祖 降一 做（助）

（10）zʅ³³na²¹so³³tʂ ʂər⁵⁵thv³³pu⁵⁵le³³be³³me⁵⁵。（11）ma²¹mi³³thv³³thv³³
　　　酒 醇 三 节 出现 来源 又 做（助） 酥油灯 出现

pu⁵⁵pu³³be³³。tshɯ²¹py²¹dʑi²¹sʅ³³phe³³，ma²¹mi³³le³³tʅl⁵⁵，zʅ³³sa⁵⁵le³³khɯ⁵⁵me⁵⁵，
来源　做　　　祭祀这一家　　油灯　又　燃　酒祭又　敬（助）

tʂhər³³zo³³tʂhər³³mi⁵⁵lo⁵⁵pv³³ty³³me⁵⁵。（12）ta³³sv²¹zʅl³³le³³tɕu⁵⁵me⁵⁵，
孝子　孝女　额头　磕（助）　　　　祭酒　　又　敬（助）

（13）le³³tʅɳ²¹，khu³³çə⁵⁵me⁵⁵。（14）ŋæ²¹thv³³ŋæ²¹pu⁵⁵，khɯ²¹to⁵⁵le³³zv³³。
又　喝　吉利话说（助）　　　剑　出　剑　来源　线　上又　抓

（15）the³³thv³³pu⁵⁵le³³be³³me⁵⁵，khɯ²¹phər²¹khɯ²¹na²¹tshər⁵⁵。
旗　出　来源又　做（助）　线　白　线　黑　切断

汉译：（1）东巴要祈求盘神、威力神的保佑，诵读除秽的经书，（2）进行除秽仪式，（3）把秽鬼送走，（4）迎请点洒净水。（5）东巴要洗手，（6）东巴要撒祭祀面粉，（7）进行烧天香仪式吧，给高山敬献，给山谷敬献。进行招魂仪式，进行镇压仇敌仪式。（8）烧天香仪式要紧接上。（9）这些做完后，诵读一次《迎请祖先》经书。（10）诵读《三次敬献美酒的出处和来历》经书吧。（11）要诵读《酥油灯的出处和来历》经书。要祭祀祖先的这一家人，要点燃酥油灯，敬酒，孝子孝女要磕头。（12）敬献祭酒仪式要紧接上，（13）喝酒，说吉利话。（14）诵读《刀的出处和来历》经书，（亲友们）把麻线握在手中。（15）诵《经幡旗帜的出处和来历》，把死者与生者间的线割断。

三　《创世纪（崇般图）》字释举例

依德次里东巴的《创世纪》，我们给它编号为48，牛皮纸，长27cm，宽10.5cm，连封面共27页，音译为《崇般图》，又意译作《创世纪》。这本经书用于开丧超度仪式，出殡那天早上念诵。讲述的是纳西族的先祖崇仁丽恩五兄弟与他们的六姐妹相互婚配为夫妻，亵渎了天地、日月和山川，导致了洪水泛滥，洪水淹没了人间，只有崇仁丽恩一个人幸存下来。人间没有可以作伴侣的人了，崇仁丽恩就上天去找伴侣，在途中遇见了册恒保补天女，

两人一见钟情，商定互相要结为终身伴侣。崇仁丽恩和册恒保补骑着白鹤去孜劳阿普天父的天宫里，向册恒保补的父亲孜劳阿普与母亲衬恒阿孜求婚，阿普反复考验崇仁丽恩后，最后把女儿许配给了他。崇仁丽恩和册恒保补结为夫妻后，从天宫一站接一站地下来到人间，生儿育女，过着幸福美好的生活。儿女们后来繁衍了纳西族的一代代祖先，并分成了四个支系和梅树尤。

封面：

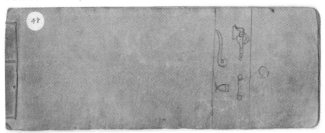

字释：

tsho²¹ 大象，借作"人"，古词。

mbər³³ 涧槽，借作迁徙。

thv²¹ 桶，借作 thv³³ 出处。

me⁵⁵ 雌阴，借为句末语气词。

标音：

tsho³³ mbər³³ thv³³ me⁵⁵。

人类 迁徙 出处（助）

汉译：是人类迁徙的来历。

第8页：

字释：

（1）　hi³³人，此处三人并排表示崇仁丽恩兄弟，"兄弟"古语读作be³³gv³³。

　ua³³五。

　thv²¹桶，借作 thv³³出处。

（2）　tɕu²¹野马。

　mi⁵⁵女子。两字连读 tɕu²¹mi⁵⁵吉咪，女子名。此处六人并排表示吉咪六姐妹。

　tʂhua⁵⁵六。

　thv²¹桶，借作 thv³³出处。

（3）　tsho²¹大象，此处表示 tsho²¹ze³³ɾɯ⁵⁵ɣɯ³³崇仁丽恩，纳西族始祖。

　ua³³五。

　æ²¹争斗。

　mə³³没有。

（4）　mi⁵⁵女子。

　tʂhua⁵⁵六。

　mi⁵⁵女子。三字连读为 tɕu³³mi⁵⁵tʂhua⁵⁵me³³he²¹吉咪六姐妹。

（5）　ka³³ne²¹交欢，　tɕhə⁵⁵污秽，此处指利恩兄妹交欢产生了污秽。

　mv³³天。

　tɕhə⁵⁵污秽。

　dy²¹地。

　dʐ̩³³寨。

　uə³³寨。

　tɕhə⁵⁵污秽。

　bi³³太阳，古语。

　le²¹月亮，古语，黑点表示有秽气。

　tɕhə⁵⁵污秽。

　kɯ²¹星。

　za²¹饶星。

（6）ha⁵⁵夜晚，倒置与月亮相区别。

su⁵⁵家神。

la³³老虎。

sʐ³³树。

（7）mə³³没有。

tsa⁵⁵锄，借作游。

ʂu²¹水獭。

dʑi²¹水。

mə³³没。

tha⁵⁵塔，借作能。

（8）ndʐʅ²¹山。

dʐʅ²¹时刻。两字组合表示山洪暴发，山崩地裂。

so³³大秤，借作滑坡。

lo²¹山谷。

çə⁵⁵哥巴字。

so³³三，藏语音读。两字连读çə⁵⁵so³³满溢。

（9）tsho²¹ze³³ɭɯ⁵⁵ɣɯ³³崇仁丽恩。

ɭv³³石头，借作ɭv⁵⁵放牧。

dy²¹地，借作ndu³³应该。

khɯ³³狗，借作khɯ⁵⁵去。

ndʑər²¹树。

hua³³白鹇鸟。

phər²¹解开，借作白。

（10）tho³³松树。

tɕu⁵⁵锥子，借作……之间。

ɭv⁵⁵放牧，此处特指牧白绵羊。

phər²¹解开，借作白。

ho²¹肋骨，借作慢。

se³³线绕尽，借作se²¹了。

（11）[图] ri^{21}耕。

[图] mu^{33}牛。

[图] mə^{33}不。

（12）[图] du^{21}董神。

[图] se^{21}色神。

[图] phər^{21}解开，借作白。

[图] ko^{21}高原牧场。

[图] ko^{21}针，借作高原。

（13）[图] du^{21}董神。

[图] nv^{55}心，借音作nɯ^{33}主语助词。

全页标音：

（1）ɭɯ^{55}ɣɯ^{33}ua^{55}be^{33}gv^{33}thv^{33}，（2）tɕu^{21}mi^{55}tʂhua^{55}me^{33}he^{21}thv^{33}，
　　利恩　五　兄弟　出　　　吉咪　六　姐妹　出

（3）ɭɯ^{55}ɣɯ^{33}ua^{55}be^{33}kv^{33}，æ^{21}lo^{33}tso^{33}mə^{33}dʑu^{33}，be^{33}kv^{33}æ^{21}ɖʐ^{55}ne^{21}，
　　利恩　五　兄弟　　争斗事什么没　有　兄弟　打斗（助）

（4）mbu^{33}lo^{33}tso^{33}mə^{33}dʑu^{33}，（5）me^{33}he^{21}mbu^{33}ka^{33}ne^{21}，dʑi^{21}tɕhə^{55}ɖæ^{21}
　　妻　事什么没　有　　　姐妹　妻　交欢　房秽院

tɕhə^{55}thv^{33}；mv^{33}tɕhə^{55}dy^{21}tɕhə^{55}thv^{33}；dʑ^{33}tɕhə^{55}uə^{33}tɕhə^{55}thv^{33}；
秽　出　天秽　地秽　出　村秽　寨秽　出

bi^{33}tɕhə^{55}le^{21}tɕhə^{55}thv^{33}；kɯ^{21}tɕhə^{55}za^{21}tɕhə^{55}thv^{33}；（6）sv^{55}ha^{33}i^{33}so^{21}gv^{33}，
日秽　月秽　出　星秽　饶星　秽　出　　　三　夜（助）晨时

sʐ^{33}kv^{33}dʑi^{33}i^{21}（7）lo^{55}ʈʐ^{33}hə^{33}，dʑi^{21}kv^{33}la^{33}ŋi^{33}tsa^{55}mə^{33}tha^{55}，dʑi^{21}mæ^{33}ʂɿ^{21}
树上　水涨　越起去　水头虎鱼游　不　成　水尾水獭

ȵi³³ndʑər³³mə³³tʰa⁵⁵，(8)gə²¹nɯ³³ndʐʅ²¹miː²¹so²¹çə⁵⁵tʰv³³；miː²¹nɯ³³lo²¹la⁵⁵kʰa³³la²¹tʰv³³；

鱼游　不　成　　上（助）山下　崩　出现　下（助）山谷满　出现

（9）tsʰo²¹ze³³ɭɯ⁵⁵ɣɯ³³ɣɯ³³，be³³ndu³³ɻv⁵⁵ndu³³kʰɯ⁵⁵，ndzər²¹kv³³hua³³

崇仁丽　恩恩　　　做　兴放牧兴　去　树　上　鹇

pʰər²¹ha⁵⁵，ha⁵⁵ndʐv³³ȵo³³ho²¹se²¹，(10)tʰo³³tɕu⁵⁵iu³³pʰər²¹ɻv⁵⁵，ɻv⁵⁵ndu³³ȵo³³ho²¹se²¹，

白停　停伴自己慢了　　松间绵羊白放牧放牧兴自己慢了

（11）tsʰo²¹ze²ɭɯ⁵⁵ɣɯ³³ɣɯ³³，mu³³ɻi³³mə³³kv⁵⁵me³³，

崇仁丽恩　　　牛　耕　不　会（助）

（12）du³³se²¹pʰər²¹ko⁵⁵ko²¹nɯ³³so²¹……

董神色神白高山牧场（助）学

汉译：（1）利恩五兄弟出生了，（2）吉咪六姐妹出生了，（3）利恩五兄弟之间是不该有争斗的，但是兄弟间产生争斗了；（4）不兴成为妻子的吉咪六姐妹成了妻子，于是兄妹交欢，世间产生了污秽。（5）出了房秽院秽，天秽地秽，村秽寨秽，太阳秽月亮秽，星秽饶星秽。（6）过了三天三夜的时候，山洪暴发洪水没过树梢，（7）上游的老虎和鱼游不了泳，下游的水獭和鱼也游不了泳。（8）上面山体滑坡，下面的山谷被掩埋了。（9）崇仁丽恩去放牧，看见树上白鹇鸟成对栖息着，觉得自己结伴太晚了；（10）到松树林里去放牧，看到绵羊成双成对，觉得自己结伴太晚了。（11）崇仁丽恩原先不会耕地，（12）就去董神色神住的白雪高原上学耕地。

第9页：

字释：

（1）ŋi³³me³³太阳，引申作ŋi³³白天。

tse³³phv³³翻过来，耕好的地翻过来。

ho²¹夜晚。

tse³³phv³³翻过来，耕好的地翻过来。

bu²¹猪。

（2）ŋi³³me³³太阳，引申作ŋi³³白天。

tʂʅ²¹套、吊，用竹子做成上以绳子做活扣，套捉野生动物。

ho²¹夜晚，黑点表示夜黑。

mə³³没。

do²¹看见。

（3）ho²¹夜晚，字源于月亮，倒置与月亮相区别。

tʂʅ²¹套、吊，猪和套扣组合，表示套住了猪。

do²¹看见。

ŋi³³me³³太阳，引申作ŋi³³白天，此处不读音。

ŋi³³二，借作句末语气词。

（4）khɯ²¹扣套，陷阱。

bu²¹猪，画一条腿，表意猪脚被扣子套住。

phər²¹白，此处应读为ʂʅ²¹黄，疑为误写。

（5）tɕi³³kv³³kha³³ɣa²¹吉古夸罗，利恩五兄弟之一，kha³³意为"坏"。

dv³³犁架。

ɹi²¹耕地。

phv³³雄阴，此处借音作 a²¹phv³³祖父。

mu³³ɹɯ⁵⁵du²¹a²¹phv³³美利董祖父，横置表示美利董祖父被打倒。

tshη³³犁铧。

le⁵⁵tɕi³³se²¹a³³dʐη³³勒基色祖母，横置表示勒基色祖母被打倒。

mv³³天。

ɹəɹ²¹叫、喊，象口出声音。横置表示美利董祖父被打倒，倒地而叫。

ɹəɹ²¹叫、喊，象口出声音。横置表示勒基色祖母被打倒，倒地而叫。

dy²¹地。

（6）v²¹银。

to³³lo⁵⁵帽子，此处读作 to³³lo⁵⁵khə³³帽子破，象一帽子被划破。

mə³³不。

hɯ³³牙齿，借音作 hɯ²¹顺心。两字连读作 mə³³hɯ³³不高兴，生气。

hæ³³ʂη²¹mu⁵⁵thv³³khi³³黄金手杖断。由 khi³³折断和 hæ²¹黄金组成。

（7）tsho²¹ze³³ɹɯ⁵⁵ɣɯ³³崇仁丽恩。

bæ²¹lo³³劝事，象左右手拿尺子劝辩之形。

du²¹董神。

（8）phv³³雄阴，借作 a³³phv³³祖父的音节。

mə³³没。

ko²¹针，借作疼。

le³³tɕi³³se²¹勒基色。

mə³³没。

（9）mv³³ɹɯ⁵⁵du²¹美利董神。

ɹɯ⁵⁵牛虱，借为 tsho²¹ze³³ɹɯ⁵⁵ɣɯ³³崇仁丽恩中的音节。

sη²¹三。

se³³线绕尽了，借为句末语气助词了。

（10）🔸 muɯ³³luɯ⁵⁵du²¹美利董神。

🔸 tsho²¹ze³³ɽuɯ⁵⁵ɣɯ³³崇仁丽恩。

🔸 æ²¹争斗。

（11）🔸 mi⁵⁵女。

🔸 tʂhua⁵⁵六。

🔸 mi⁵⁵女。三字连读为 tɕu²¹mi⁵⁵tʂhua⁵⁵me³³he²¹吉咪六姐妹。

🔸 mə³³没。

（12）🔸 kɑ³³ne²¹交欢，🔸 tɕhə⁵⁵污秽，此处指利恩兄妹交欢产生了污秽。

🔸 mv³³天。

🔸 tɕhə⁵⁵污秽，象污气之形。

🔸 uə³³寨。

🔸 dzʅ³³村。

🔸 bi³³太阳。

🔸 le²¹月亮。

（13）🔸 ndzʅ²¹山，🔸 dzʅ²¹时刻，借形作大水、山洪暴发，🔸 ndzʅ̩ər³³露水，借音作 dzu²¹掉落、崩塌。三字组合表示山洪暴发，山崩地裂。

🔸 so³³大秤，借音滑坡。

🔸 lo²¹山谷，小黑点表示被掩埋。

🔸 mi³³火，借作 mi²¹下边。

（14）🔸 tsho²¹ze³³ɽuɯ⁵⁵ɣɯ³³ɣɯ³³崇仁丽恩。

🔸 sy⁵⁵铅块，借作 sy²¹怎么。

🔸 khua⁵⁵碗，借作 khua³³有效，有用。

🔸 du²¹董神。

对译：

🔸　　　🔸　　　🔸 🔸　　　🔸

（1）bu⁵⁵ʂʅ²¹iæ³³ndzʅ̩æ²¹nɯ³³，ŋi⁵⁵ɽi²¹ho²¹tse³³phv³³，ho²¹ɽi²¹ŋi⁵⁵tse³³phv³³，
　　猪 黄 铜　獠牙（助）　日 耕 夜　翻过来　夜耕日　翻过来

（2）du²¹nɯ³³n̠ʑi⁵⁵i³³le³³tʂʅ²¹khɯ⁵⁵，le³³tʂʅ²¹le³³mə³³do²¹，
　　男（助）日（衬音）套又放　又　套又不　见

（3）ho²¹i³³le³³tʂʅ²¹khɯ⁵⁵，le³³tʂʅ²¹le³³do²¹ni³³，(4)bu³³ʂʅ²¹iæ³³ndʐæ²¹khɯ²¹
　　夜（衬音）又套放　又　套又见了　　　猪　黄铜　獠牙套

lo²¹ndər³³，(5)tɕi³³kv³³kha³³ɹɑ²¹zo³³，dv³³ɹi²¹ɑ³³phv³³ty³³，tʂhʅ³³ɹi²¹ɑ³³dʐʅ³³ndʑi²¹，
里　掉　　吉古夸罗　男子　犁架耕　爷爷　打　犁铧耕　奶奶　打

du²¹ɹər²¹mv³³le³³mi³³，se²¹ɹər²¹dy²¹le³³mi³³，(6)du³³mə³³hɯ²¹v³³phər²¹to³³lo⁵⁵khə³³，
董叫　天　又听到　色喊地　又听到　　董神生气　银白　帽子　破

se²¹mə³³hə²¹hæ³³ʂʅ²¹mu⁵⁵thv³³khi³³，(7)tsho²¹ze³³ɹɯ⁵⁵ɣɯ³³，bæ²¹lo³³zo³³mə³³ʂʅ³³，
色神生气金黄　手杖　折断　　崇仁　丽恩　　劝事男不死

（8）mv³³ɹɯ⁵⁵du²¹ɑ³³phv³³，ko²¹mə³³gə²¹mə³³ndæ³³，le³³tɕi³³se²¹ɑ³³dʐʅ³³，
　　美利董　　祖父　痛不高兴不　需要　　勒基色　祖母

dʑi²¹mə³³gə²¹mə³³ndæ²¹，(9)mv³³ɹɯ⁵⁵du²¹nɯ³³çə⁵⁵："tsho²¹ze³³ɹɯ⁵⁵ɣɯ³³ɣɯ³³，
痛　不高兴不　需要　　美利董（助）说　　崇仁丽恩恩

sʅ⁵⁵zu²¹tɑ³³kv⁵⁵se²¹。"(10)mv³³ɹɯ⁵⁵du²¹nɯ³³le³³çə⁵⁵me³³："ɹɯ⁵⁵ɣɯ³³uɑ⁵⁵be³³gv³³，
三　句说　会了　　美利董　（助）又说（助）利恩　五　兄弟

æ²¹lo³³tso³³mə³³dʑu³³，be³³gv³³æ²¹tʅ⁵⁵ne²¹，(11) mbu³³lo³³tso³³mə³³dʑu³³，
争斗事什么没有　兄弟　打斗　着　　　　妻　事什么没有

（12）me³³he²¹mbu³³kɑ³³ne²¹，dʑi²¹tɕhə⁵⁵dæ²¹tɕhə⁵⁵thv³³；mv³³tɕhə⁵⁵dy²¹tɕhə⁵⁵
　　姐妹　妻　交欢　房　秽　院　秽出现天秽　地　秽

thv^{33}；dʐ̩^{33}tɕhə^{55}uə^{33}tɕhə^{55}，bi^{33}tɕhə^{55}le^{21}tɕhə^{55}thv^{33}。（13）gə^{21}nɯ^{33}ndʐ̩^{21}
出　　村秽寨秽　太阳秽月　秽　出　　　　　　　上（助）山

mi^{21}so^{21}çə^{55}thv^{33}；mi^{21}nɯ^{33}lo^{21}la^{55}kha^{33}la^{21}thv^{33}；（14）tsho^{21}ze^{33}ɣɯ^{55}ɣɯ^{33}
下　崩塌　出现　下（助）山谷　满溢　出现　　　　崇仁丽恩

le^{33}çə^{33}me^{33}，mv^{33}ɣɯ^{55}du^{21}a^{33}phv^{33}，sy^{21}be^{33}khua^{33}bu^{21}ts̩^{33}，
又　说（助）　美利董　　祖父　怎么　做　好（助）据说

汉译：（1）（由于利恩五兄弟在董神和色神的高原上耕作，他们不高兴了）于是变成黄铜色的猪去翻他们犁好的地，白天耕好的地夜晚就给翻了过来，夜晚耕好的地白天就给翻了过来。（2）于是白天里利恩在耕地里放了活扣套子，到了夜晚没有套到，（3）在夜晚又放了活扣套子，到了白天套到了。（4）看到一头黄铜色的猪被套在那里了。（5）吉古夸罗（利恩五兄弟之一）拿起犁架打了祖父（董神变化的黄猪），操起犁铧打了祖母（色神变化的黄猪），董神大叫震天，色神大叫撼地。（6）董神的白银帽子被打破了，很生气，色神的黄金手杖被打断了，很生气。（7）崇仁丽恩不顾生死去劝架，（8）说："不应该打得美利董祖父痛得直叫，不该打得勒基色祖母痛得直叫。"（9）美利董神说："崇仁丽恩恩，我只说出三句话，你就会受用了。"（10）利恩五兄弟之间是不该有争斗的，但是兄弟间产生争斗了；（11）因为不该成为妻子的吉咪六姐妹成了妻子，（12）兄妹交欢，因此世间产生了污秽，出了房秽院秽，天秽地秽，村秽寨秽，太阳秽月亮秽；（13）上面山体滑坡，下面的山谷被掩埋了。（14）崇仁丽恩又说："美利董祖父，怎么做才好呢？"

四　俄亚应用性文献字释举例

俄亚东巴文应用性文献种类很多。2011 年 8 月，杨亦花博士带领四位硕士走访了俄亚乡的俄亚大村和俄亚二村（苏达村），对这两个村落的东巴文化情况进行了调查研究。19 日，我们一行五人采访了俄亚大村的木瓜林青东巴。在调查研究中，我们搜集到一份关于天文历法的东巴文材料，现介

绍和字释如下。

向木瓜林青东巴学习

木瓜林青东巴，属鼠，2011 年 76 岁，善观天象，熟悉历法，是俄亚大村纳西年算日子的主要负责人。林青东巴告诉我们今年属兔，当日的俄亚历①是 8 月 22 日，属牛。当我们问及今年的历日情况时，林青东巴掐着指头为我们算日子，告诉我们今年正月初一是属牛。于是我们又问日子如何推算，不期林青东巴为我们拿出了一份之前推算好的今年十二个月月首值日生肖的材料。鉴于在俄亚历中今年是兔年，我们姑且称之为"兔年历日书"。

材料书写在一本《吉他弹唱歌曲集》的末页空白纸上，由林青东巴用黑色中性笔书写，该页长宽约为 24.8cm×17.5cm。（如下页图所示，圈码为笔者所加）

这份"兔年历日书"的性质相当于现在通行的历日表，亦属于应用性文献。这应该也是至今公布的第一份关于历日的应用性文献。鉴于该材料对历法研究和文献研究的价值，我们对其进行译释，以了解大村的历法情况。

字释：

①🦋 tho³³le³³ 兔。

🐛 nda²¹ 镰。借为 🌾 获也，常与 🌿 混用为 khv⁵⁵ 年。以上两字连用表示

---

① 木瓜林青表述为纳西历，本文中我们一律记为俄亚历。

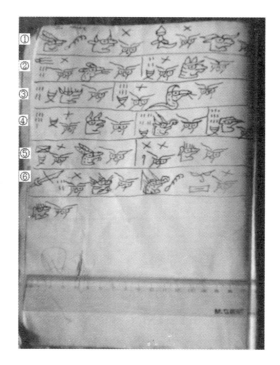

兔年历日书

兔年。

　　☯ ɣɯ³³牛。

　　✕ tshe²¹十。此处借为月亮的古语 le²¹tshe⁵⁵的省读 tshe⁵⁵月，再变读为 tshe³³。

　　⚛ do²¹见。以上两字连读借为 tshe³³do²¹，表示见月，即初。以上三字连读表示初一属牛。

　　⚘ he²¹ndʑi³³恒神走，纳西族东巴教认为二月是自然神活动的月份，所以此处借为二月⚚ he²¹ndʑə³³。

　　✕ tshe²¹十。借为月亮的古语 le²¹tshe⁵⁵的省读 tshe⁵⁵月，再变读为 tshe³³。

　　⚛ do²¹见。同上连读为见月，即初。

　　⚖ iu²¹绵羊。

　　⚛ do²¹见。

标音：tho³³le³³khv⁵⁵ɣɯ³³nɯ³³tshe³³do²¹，he²¹ndʐə³³tshe³³do²¹iu²¹nɯ³³do²¹。

　　　　兔　子　年　牛（助）初　见　　二月　月　见绵羊（助）见。

汉译：兔年（正月）牛见月首。二月初一属羊。

②sa⁵⁵气流。

ua³³五。以上两字连读为三月。

tshe²¹十，此处借为月亮的古语le²¹tshe⁵⁵的省读tshe⁵⁵月，再变读为tshe³³。

do²¹见。同上连读为见月，即初。

fv⁵⁵鼠。

do²¹见。

lu³³四。

me³³雌，两字连读为lue⁵⁵me³³四月。

tshe²¹十，此处借为月亮的古语le²¹tshe⁵⁵的省读tshe⁵⁵月，再变读为tshe³³。

do²¹见。同上连读为见月，即初。

ʐ̩ua³³马。

do²¹见也。

标音：sa⁵⁵ua³³tshe³³do²¹fv⁵⁵nɯ³³do²¹，lue⁵⁵me³³tshe³³do²¹ʐ̩ua³³nɯ³³do²¹。

　　　　三月　月见鼠（助）见　　四月　月　见马（助）见。

汉译：三月初一属鼠，四月初一属马。

③ua³³五。

me³³雌。两字连读ua⁵⁵me³³五月。

bu²¹猪。

do²¹见。

tʂhua⁵⁵六。

me³³雌。两字连用tʂhua⁵⁵me³³六月。

tshe²¹十，此处借为月亮的古语le²¹tshe⁵⁵的省读tshe⁵⁵月，再变读为tshe³³。

🕊 do²¹ 见。同上 ✝ 连读为见月，即初。

🐊 z̩ʅ²¹ 蛇。

🕊 do²¹ 见。

標音：ua⁵⁵me³³tʂhe²¹do²¹bu²¹nɯ³³do²¹，tʂhua⁵⁵me³³tʂhe²¹do²¹z̩ʅ²¹nɯ³³do²¹。
　　 五 月 月 　 见 猪（助）见 　 六 月 　 月 见 　蛇（助）见

汉译：五月初一属猪。六月初一属蛇。

④ 𝌆 ʂr³³ 七。

🦋 me³³ 雌。两字连读 çæ³³me³³ 七月。

✝ tʂhe²¹ 十，此处借为月亮的古语 le²¹tʂhe⁵⁵ 的省读 tʂhe⁵⁵ 月，再变读为
tʂhe³³。

🕊 do²¹ 见。同上连读为见月，即初。

🐕 khɯ³³ 狗。

🕊 do²¹ 见。

𝌆 ho⁵⁵ 八。

🦋 me³³ 雌。两字连读 hua⁵⁵me³³ 八月。

🐉 lv²¹ 龙。

🕊 do²¹ 见。同上连读为见月，即初。

𝌆 ŋgv³³ 九。

🦋 me³³ 雌。两字连读 ŋgue³³me³³ 九月。

🐔 iæ²¹ 鸡。

🕊 do²¹ 见。

標音：çæ³³me³³tʂhe³³do²¹khɯ³³nɯ³³do²¹，hua⁵⁵me³³tʂhe³³do²¹lv²¹nɯ³³do²¹，
　　 七 月 月 　见 狗（助）见 　 八 月 　 月 　见 龙（助）见

ŋgue³³me³³tʂhe³³do²¹iæ²¹nɯ³³do²¹。
九 　月 月 见 　鸡（助）见。

汉译：七月初一属狗，八月初一属龙，九月初一属鸡。

⑤ 🜔 tʂhe³³ 盐，借为十。

卂 me³³雌。以上两字连用表示十月。

✘ tshe²¹十，此处借为月亮的古语 le²¹ tshe⁵⁵的省读 tshe⁵⁵月，再变读为 tshe³³。

🦋 do²¹见。同上连读为见月，即初。

🦋 tho³³le³³兔。

🦋 do²¹见。

✘ tshe²¹十。

𝟙 dɯ²¹一。两字连读为 tshe²¹də³³十一月。

🦋 do²¹见。同上连读为见月，即初。

✘ tshe²¹十，此处借为月亮的古语 le²¹ tshe⁵⁵的省读 tshe⁵⁵月，再变读为 tshe³³。

🐵 a⁵⁵zɿ²¹猴。

🦋 do²¹见

标音：tshe²¹me³³tshe³³do²¹tho³³le³³nɯ³³do²¹，tshe²¹də³³tshe³³do²¹a⁵⁵zɿ²¹nɯ³³do²¹。
　　十　月　月　见　　兔（助）见　十　一　月　见　猴　（助）见
汉译：十月初一属兔，十一月初一属猴。

⑥🗡 nda⁵⁵砍。

ii ua³³五。以上两字连用借为十二月。

✘ tshe²¹十，此处借为月亮的古语 le²¹ tshe⁵⁵的省读 tshe⁵⁵月，再变读为 tshe³³。

🦋 do²¹见。同上连读为月见，即初。

🐯 la³³虎。

🦋 do²¹见。

🐉 lv²¹龙。

🪝 nda²¹镰，借为获也（删），常与混用为 khv⁵⁵年。两字连读 lv²¹khv⁵⁵龙年。

🪶 iə²¹烟叶。

⌐ pe³³闩。两字连读 iə²¹pe²¹正月。

✚ tshe²¹十。

do²¹ 见。同上连读为见月，即初。

ɑ⁵⁵zʐ²¹ 猴。

do²¹ 见。

标音：ndɑ³³uɑ³³tʂhe³³do²¹lɑ³³nɯ³³do²¹，lv²¹khv⁵⁵iə²¹pe²¹tʂhe³³do²¹ɑ⁵⁵zʐ²¹nɯ³³do²¹。

十二　月见虎（助）见 龙年　正月　月见　猴（助）见

汉译：十二月初一属虎，龙年正月初一属猴。

全篇释文：兔年正月初一属牛，二月初一属羊，三月初一属鼠，四月初一属马，五月初一属猪，六月初一属蛇，七月初一属狗，八月初一属龙，九月初一属鸡，十月初一属兔，十一月初一属猴，十二月初一属虎。龙年正月初一属猴。

第七章

俄亚东巴文研究

第一节　东巴文文字结构概说

汉字的文字结构指汉字的造字法，即文字的字符与它所表示的词的音义的联系方式。汉字造字法，自古以来以"六书说"为正统。至清戴震提出"四体二用"说，指出指事、象形、谐声、会意为"书"之体，转注、假借为"用文字"之"两大端"[①]。戴氏指出了六书内部分类标准的不同，其见解是很高明的。1936 年唐兰先生在《古文字学导论》中提出了象形、象意、形声三书说[②]，起到了振聋发聩、打破六书一统地位的作用，但由于其界划并不清楚，实践上难以行通，未能得到学术界的认可。后来陈梦家先生提出了象形、假借、形声三书说，刘又辛先生提出表形、假借、形声三书说，他们都强调三书是汉字发展的三个阶段[③]。裘锡圭先生认为"陈氏的三书说基本上是合理的，只是象形应该为表意"[④]，并在《文字学概要》中采用陈氏三书说。新三书说是根据汉字字符与汉字所记录的词的音义的关系来分类的，字符只和词义联系的是表意字，只和语音联系的是假借字，和音义皆有

---

① 戴震：《答江慎修先生论小学》，《戴震文集》，中华书局 1980 年版，第 64 页。

② 唐兰：《古文字学导论》（增订本），齐鲁书社 1981 年版，第 402 页。

③ 陈梦家：《殷墟卜辞综述》，中华书局 1988 年版，第 77 页。刘又辛《从汉字演变的历史看文字改革》，《中国语文》1957 年第 5 期。

④ 裘锡圭：《文字学概要》，商务印书馆 1988 年版，第 106 页。

关系的是形声字，这在逻辑上是严密周延的。但由于新三书说表意一类过于庞大，使用起来层次烦琐，并不方便。我们认为传统的六书说是一个可以改造利用的框架，去掉聚讼纷纭的转注，加上借形，即象形、指事、会意、形声、假借、借形，可以作为研究东巴文的新六书。

方国瑜先生在《纳西象形文字谱》中提出了东巴文的十书说[1]：一曰依类象形，如日作⊕，月作〰，是为象形。二曰显著特征，如鸡作🐓，犬作🐕，此类当归入象形，犹如甲骨文象形字牛之作𝑌，羊之作𝑌。三曰变易本形，如坐作⬚，跪作⬚，此类当归入象形。四曰标识事态，如高作⌐，九作⫶，是为指事。五曰附益他文，如眉作⬚，线作⬚，当归入象形；啼作⬚，我们作⬚，当归入指事；靠作⬚，钻作⬚，当归入会意。六曰比类合意，如牧作⬚，砍作⬚，是为会意。七曰一字数义，如锅作⬚ bv^{33}，又用作铜 $ər^{33}$；斧作⬚ $tse^{55}be^{33}$，又用为铁 $ɡu^{21}$，是为借形。八曰一义数字，如光 bu^{33} 作⬚（星光），又作⬚（日光）；压 $zər^{21}$ 作⬚（以脚压卵），又作⬚（石压蒿枝），这类字实为异体字，当分别归入象形和会意。九曰形声相益，如岗作⬚ to^{55}，从坡⬚ to^{33} 板声；岩作⬚ $æ^{21}$，从岩⬚ $æ^{21}$ 鸡声，是为形声。十曰依声托事，如⬚ $tɕi^{55}$ 为羊毛剪，假借为 $tɕi^{55}$ 小；⬚为 $tshi^{21}$ 肩胛骨，假借作 $tshi^{55}$ 扔；是为假借。方先生的十书因分类标准不统一，有若干不合理的地方，归并后实际可得到象形、指事、会意、形声、假借、借形六书。

周有光先生《纳西文字中的"六书"》一文认为："纳西文字的造字和用字原理也可以用'六书'来说明，对一切自源和原生的文字，'六书'有普遍适用性。"[2] 除转注外，我们与该文的看法相同。

本章所用东巴文字例，主要采自俄亚大村下属托地村依德次里东巴的经书，其读音为依德次里东巴的读音。因村落和发音人的差别，其读音与他人容或有异。文中引用方国瑜《纳西象形文字谱》、李霖灿《么些象形文字字典》字例时，以〔F＋数码〕、〔L＋数码〕的形式表示该字在书中的序号。

---

[1]　方国瑜、和志武：《纳西象形文字谱》，云南人民出版社 1982 年版，第 57 页。

[2]　周有光：《纳西文字中的"六书"》，《民族语文》1994 年第 6 期。

第二节 俄亚东巴文字形结构研究

东巴文六书中，象形、指事、会意、形声是造字方法，假借、借形是用字方法。本节分析俄亚东巴文的造字方法，而假借、借形归入下一节用字制度讨论。

一 象形

象形字根据其构成可以分为独体象形和合体象形，还可从字形变化衍生的角度划分出变体象形。

1. 独体象形

独体象形可分为整体象形和局部象形。

（1）整体象形

画出所象事物的整体形象，字形所表达的信息等于词义。整体象形字在俄亚东巴文字形中分布较广，在天文、地理、植物、动物、器物、人和人体等类中都有体现。如：

⊗ mv^{33} 天	⌣ le^{21} 月亮	∽ tɕi^{21} 云
⎐ dy^{21} 地	△ dzy^{33} 山岭	⋏ ko^{21} 深山
∥ ndʑi^{21} 水	∽ huɯ^{33} 海	∥ tʂʅ^{33} 温泉
⋇ ndʐʅ^{21} 树	⋇ tho^{55} 松树	∕ tɕhi^{33} 刺
⋙ pe^{55}le^{33} 蝴蝶	⋗ mba^{33}ɻa^{55} 苍蝇	⋙ tʂhua^{55}a^{33} 蚂蚁
⋇ ba^{55}me^{33} 蛙	⋌ i^{21} 蛇	⋙ ȵi^{13} 鱼
⊞ phv^{55} 毯氇	⋔ ndə^{21} 纺锤	⋔ ko^{21} 针
⋈ tʂʅ^{33}te^{21} 剪刀	⋔ dʑi^{55} 衣服	⋀ le^{33} 裤子
⋩ hi^{33} 人	⋔ a^{21}phv^{33} 爷爷	⋔ a^{21}tsʅ^{33} 奶奶。
⊙ pha^{33}me^{33} 脸	∽ khɯ^{33} 脚	Ɣ ȵi^{55}me^{33} 鼻子

（2）局部象形

画出所象事物的局部形象，字形所表达的信息小于词义。俄亚东巴文局部象形字多为兽类和禽类字，如：

〇 uə²¹鹰	〇 huɯ²¹锦鸡	〇 æ²¹鸡
〇 fv³³野鸡	〇 a²¹鸭子	〇 hua³³白鹇鸟
〇 ɣɯ³³牛	〇 iu²¹绵羊	〇 khɯ³³狗
〇 bu²¹猪	〇 ndʑi³³豹子	〇 tsho²¹大象
〇 tʂhua⁵⁵鹿	〇 i³³岩羊	〇 ndiæ⁵⁵狐狸
〇 py²¹豪猪	〇 çi²¹稻子	〇 tshy⁵⁵黍

2. 合体象形

合体象形可分为同体重复式象形和异体附加式象形。

（1）同体重复式象形

此类字由若干相同的形体构成，其单一形体所表达的信息即等于词义，同体重复表示其群体意义。

〇 kɯ³³星	〇 mbe³³雪	〇 ndzʐ³³露水
〇 ŋi³³phər²¹霜	〇 zʅ³³草	〇 pər²¹虎纹

（2）异体附加式象形

此类字是画出与所象事物相关的事物，字形主体所表达的信息等于词义，附加部分衬托其背景以利于理解和识别，整个字形所表达的信息大于词义，但附加部分对于表示词义是必需的，或有助益的。如：

〇 ba²¹，光线，画出光源太阳。

〇 mi³³zʐ²¹火花，画出火，比较丽江东巴文〇火花〔F0144〕。

〇 ndʑɿ²¹冰，画出水，比较丽江东巴文〇〇冰〔F0122〕。

〇 lɯ³³杉树，画出山，比较丽江东巴文〇杉树〔F0197〕。

〇 ndzɿ¹²¹khla⁵⁵a²¹树枝，画出树。

〇 ndʑi²¹khv⁵⁵石花菜，画出石头。

〇 ga⁵⁵ʐa³³pa³³蜘蛛，画出结网的树，比较丽江东巴文〇蜘蛛〔F0415〕。

〇 dʑi²¹爪子，画出鸟头，比较丽江东巴文〇爪子〔F0277〕。

〇 miə⁵⁵tsʅ²¹fa³眉毛，画出眼睛。

〇 hæ⁵⁵tsʅ³³耳朵，画出头。

〇 la⁵⁵la³³乳房，画出人体。

〇 kv³³tɕo²¹ba³³辫子，画出人体。

⚇ he⁵⁵tsɿ³³kha³³耳环，画出人头和耳朵。

⚇ ndʑo²¹桥，画出水。

⚇ bæ²¹mæ³³海贝，东巴占卜用，画出掷贝时装贝的碗。

3. 变体象形

变体象形是从另一个角度划分出的类别。变体是相对正体而言的，俄亚东巴文变体象形字以人的动作字为多，可视为由人的基本字形变形而成。如：

⚇ hi³³人——⚇ tsho³³跳 ⚇ ma³³kv³³tshɿ⁵⁵跪 ⚇ tsɿ⁵⁵tsɿ³³蹲

⚇ do⁵⁵摔、跌 ⚇ kiæ²¹恳求 ⚇ kɯ²¹kɯ³³发抖

⚇ khu²¹承接 ⚇ a³³左 ⚇ i²¹右

除了表示动作的字，还有其他一些变体象形字，如：

⚇ ndʐʅ¹²¹树——⚇ khi³³折 ⚇ gi²¹弯 ⚇ lɯ²¹倒

⚇ le²¹月亮——⚇ hæ³³me³³khu⁵⁵月食

⚇ mi³³thv²¹火把——⚇ ŋɘ²¹熄

二 指事

指事字是由非象形的抽象符号或者由象形字、会意字加非象形的抽象符号构成的字。

1. 纯指事字

纯指事字由非象形的抽象符号构成。如：

⚇ di³³一 ⚇ ɭu³³四 ⚇ çæ³³七

⚇ tshe²¹十 ⚇ çi³³百 ⚇ dv²¹千

⚇ tsɿ²¹竖 ⚇ ɡua²¹高 ⚇ mby²¹分

2. 加体指事字

加体指事字，由象形字、会意字加非象形的抽象符号构成，所用的抽象符号主要有曲线和点，按其所表示的意义可分为以下类别：

（1）表示声音

⚇ mba²¹吼 ⚇ ɭi²¹喊 ⚇ kha³³n̩i³³听

（2）表示部位

⚇ mba³³大脖子 ⚇ bv³³tçɘ⁵⁵肚脐 ⚇ mbv³³ɭi³³肾

（3）表示摇动、发抖

ᚉ mv³³ly⁵⁵ly³³ 天摇　　　　ᚌ ri³³ly⁵⁵ly³³ 地震　　　　ᚍ zʅ³³ 害怕

ᚎ ndzʅ²¹（虫）受惊

（4）表示众多

ᚏ kɯ⁵⁵dzʅ²¹mv³³ʂər⁵⁵ 繁星　　　　ᚐ ʅt⁵⁵ 满　　　　ᚑ ndʐæ³³ 富裕

（5）表示延续

ᚒ zʅ³³ʅ³³ha⁵⁵i³³ 祝您长寿

三　会意

会意字由几个字或由字和不成字的象形符号组成。会意字和合体象形字的区别在于，会意字的词义由组成该字的各部分会合而成，而不等于其中任何一部分的意义。会意字主要表动词，但因会意字必定是合体，故表独体的动词字归入象形。会意字也有一部分名词，凡合体名词字，其中一部分等于词义的，归入合体象形，其中任何一部分都不能等于词义的，归入会意。

1. 同文会意和异文会意

俄亚东巴文根据其构成成分的异同可以分为同文会意和异文会意。

（1）同文会意

同文会意是会合相同的字形或构形相同而方向相反、相对的几个字而成。这类字在整个东巴文中都不多，在俄亚东巴文中更为少见：

ᚓ bi³³ 林，四方有树为林。　　　　　　ᚔ ndzʅ³³ 伴，两人携手为伴。

ᚕ kha³³kha³³ 骂，两人对吵为骂。

（2）异文会意

会合不同的字而成，俄亚东巴文会意字的绝大多数都是异文会意字。如：

ᚖ ndzʅ³³ 挖，从人持锄挖地。

ᚗ dʑi²¹ 搓线，从人搓线。

ᚘ ndʐe³³ 骑，从人骑马。

ᚙ pe³³ 绊脚，从人脚触石头。

ᚚ i⁵⁵ 睡，从人躺卧床上。

᚛ io²¹ 埋，从人在土下。

pu³³漂，从人在水上。

diæ²¹能干，从士兵执矛表示能干。

ʦha³³咬，从虎咬牛。

tʰæ⁵⁵撞，从牛撞人。

gv³³涉，从兽蹄涉水。

ha⁵⁵栖息，从鸟在树上栖息。

bv²¹孵蛋，从鸡孵蛋。

bv²¹炙、烧，从肉在火上烧。

khæ⁵⁵射，从箭在弓上表射。

2. 会形式与形义式

俄亚东巴文会意字根据字符的表意情况分可以分为会形式和形义式，俄亚东巴文会意字主要是会形式。

（1）会形式

由"图形＋图形"构成，如：

mv³³tʰv³³晴，从 ⌒ 天，从 日，表示天晴。

mv³³nʣa³³阴，从 ⌒ 天，从 云，表示天阴。

ʤʅ²¹住，从屋，从人坐，表示居住。

khɯ³³sʅ²¹，从人牵狗表示打猎。

ty³³敲打，从人持锤击砧表示敲击。

这些字的每一个组成部分都是简写的自然物的图形，并根据各物之间原有的事理关系进行会意，整个字相当于一幅自然的图画。

（2）形义式

由"图形＋字义"构成，这类字很少，如：

mv³³ŋgv³³打雷，从 ⌒ 天，从 箭，箭表示雷劈。

gv³³dv²¹核桃，由树和石头构成，表示果硬如石。

雷电似箭和果硬如石是人的想象和比喻，"箭"和"石"不是"打雷"和"核桃"中原有的构成部分，其图形是以词义参与会意，整个字不能还原为一幅自然图画。

四　形声字

形声字由形符和声符构成，包含有标音成分是形声字最基本的特征，东巴文形声字情况比较复杂，从不同的角度可以有不同的分类。

1. 根据形声字音节数分

根据形声字的音节数可以分为单音节形声字和多音节形声字。

（1）单音节形声字

so³³巅　　　æ²¹山岩　　　tshe³³盐

ʂ̩¹⁵⁵茅草　　　ndi³³吏　　　sɿ³³智者

tɕhi⁵⁵冷　　　ndo²¹傻　　　tɕhi³³卖

（2）多音节形声字

ɹa²¹mæ³³百灵鸟　　　çə⁵⁵çə³³喜鹊　　　tɕi³³pa³³ɹa³³金八那鸟

a²¹bo²¹伯父　　　a²¹bv³³哥哥　　　me³³me²¹姐姐

a³³sɿ²¹父亲　　　go³³me³³妹妹　　　ɹi³³bv³³孙子

2. 根据标音是否完全分

根据标音是否完全可分为完全标音的形声字和不完全标音的形声字。

（1）完全标音的形声字

mu⁵⁵ɣɯ³³丈夫　　　a²¹ȵi³³舅母　　　ɹi³³me³³孙女

na²⁴ŋɡɯ²¹你们　　　khuə⁵⁵çə³³唱颂　　　ka⁵⁵ti²¹胖

单音节形声字都是完全标音的形声字，上列双音节形声字都有两个声符，是完全标音的形声字。前面所列的"百灵鸟""喜鹊""金八那鸟""伯父""哥哥""姐姐"也是完全标音的形声字。

（2）不完全标音的形声字

i³³bi²¹大江　　　tho³³le³³兔子　　　uə³³ndʑæ²¹麻雀

la³³kha²¹白杨。　　　hua³³sɿ³³桦树　　　ta⁵⁵me³³织篦

上列双音节形声字都只有一个声符，是不完全标音的形声字。前面所列的"父亲""妹妹""孙子"也是不完全标音的形声字。

3. 根据形符、声符是否完整分

根据形符、声符是否完整可分出省形、省声的形声字。

a²¹kv³³舅舅，从人省，a²¹啊、熊gv²¹声。

khu³³母族，从人，khu³³栅栏省声。

4. 根据其构成和来源分

根据其构成和来源，可分为亦声式、注音式、加形式、拼合式形声字。

（1）亦声式

亦声式形声字即包含标音成分的会意字，亦即一般所谓的会意兼形声，这类字可能还不是严格意义的形声字。如：

□ v²¹ʐi³³雪山，山为银白色，从山从银，□ v²¹银声。

□ ŋga³³将帅，从人坐，□ ŋga³³胜利声。□本旗帜之形，读作ŋga³³胜利，声中有义。

□ hæ²¹买，从人执金，□金hæ²¹声。

□ a³³khu³³父戚，从人从栅栏省，□ khu³³栅栏声。氏族设栅而居，故从栅栏。

（2）注音式

注音式形声字系在同音同义的象形、会意字上加注声符而成。去掉声符之后，充当形符的象形、会意字作为与形声字对立的非形声形式，仍能自足地表示形声字所表示的词语。如：

□ æ²¹山岩，从□山，□ æ²¹鸡声。

□ tshe³³盐，从□盐块，□ tshe³³十声。

□ tho³³le³³兔子，从□兔子，□ tho³³松声。

□ kə³³n̠i²¹香椿树，从□香椿，□ kə³³鹰，□ n̠i²¹二声。

注音式形声字是最早产生的严格意义上的形声字，在俄亚东巴文形声字中数量较多，又如：

□ tshe²¹梭子	□ mbər²¹ɣɯ³³ba³³la²¹牦牛皮衣	□ ta⁵⁵me³³织篦
□ la³³kha²¹白杨	□ ndi³³nie²¹蕨菜	□ tɕi⁵⁵kuo²¹南瓜
□ mu³³长老	□ gv²¹mu³³身体	□ sɿ⁵⁵肝

（3）加形式

加形式形声字是在假借字的基础上加注形符而成的形声字，如：

□ iə²¹纳西古氏族名"叶"氏，从□人，□ iə²¹烟叶声。

□ me²¹纳西古氏族名"梅"氏，从□人，□ me²¹"梅"树声。

□ ho²¹纳西古氏族名"和"氏，从□人，□ ho²¹肋骨声。

□ sɿ⁵⁵纳西古氏族名"束"氏，从□人，□ sɿ⁵⁵茅草声。

纳西古氏族名"叶、梅、和、束"原来可用□ iə²¹烟叶、□ me²¹"梅"树、□ ho²¹肋骨、□ sɿ⁵⁵茅草表示，加形符□人后成为形声字。

（4）拼合式

拼合式形声字形符和声符没有意义上的联系，也没有注音或加形的过程，系直接拼合而成。如：

𝆦 huɯ²¹ 富，从 𝆦 人，𝌫 huɯ³³ 牙齿声。

𝆨 ndi³³ 吏，从 𝌫 人坐，𝆨 ndi³³ 蕨声。

𝆨 tɕhi³³ 卖，从人 𝆨 人，／tɕhi³³ 刺声。

𝆨 sʅ³³ 智者，从 𝌫 人坐，𝆨 sʅ³³ 木声。

𝆨 ɾa²¹mæ³³ 百灵鸟，从 𝆨 鸟，𝌫 ɾa²¹ 牛轭，𝆨 mæ³³ 尾声。

𝆨 ɕə⁵⁵ɕə³³ 喜鹊，从 𝆨 鸟，𝆨 ɕə⁵ 声。

第三节　俄亚东巴经的用字制度

要全面反映俄亚东巴经书的用字情况，应该对俄亚众多东巴的尽量多的经书进行研究，但这显然一时还难以做到。由于时间和篇幅的限制，本节仅以依德次里东巴所抄写的东巴经《崇搬图》和本书所载依德次里东巴经书编目中的材料，大致介绍俄亚经书的假借、借形、字词关系等问题。

一　假借

假借是借用音同或音近的字来记录与该字意义无关的词，是用字表词的问题。如：

𝆨 khv²¹ 口弦，假借为内　　　　　𝆨 by²¹ 面粉，假借为外

𝆨 mu³³ 日暮之形，假借为没有、不　𝆨 thv³³ 桶，假借为出

𝆨 uə³³ 村寨，假借为圆　　　　　　𝆨 pa²¹ 青蛙，假借为宽

𝆨 ndzʅ³³ 蕨菜，假借为增加　　　　𝆨 phəɾ²¹ 解开，假借为白

𝆨 zʅ²¹ 山柳，假借为仇人　　　　　𝆨 tɕi⁵⁵ 羊毛剪，假借为小

经书中的假借很多，下面依据经书中的本无其字的假借、本有其字的假借、一字借作多字，多字借作一字等现象进行分析。

1. 本无其字的假借

这类假借所表达的意义多比较抽象，不容易造字，于是用其他音同或音

近的字形代替，这类字在经书中一般有很多异体，并非专门借某一个字形不可。

（1）如《崇搬图》第1页1.1节：

$\text{\Huge \c{c}}$ çæ^{33}七，书中常借作 ŋ^{33}长。

nʥi^{21}，义为"水"，假借作 nʥi^{21}时候。

ta^{55}箱子，借作 ta^{55}说。

tha^{55}塔，借作 tha^{33}锋利、快。

（2）《崇搬图》第1页2.1节：

thv^{33}桶，借作出。

a^{21}zŋ^{33}绿松石，字又写作 ，借作 a^{21}影子。

sy^{21}锡，借作量词"样"。

2. 本有其字的假借

（1）如《崇搬图》第3页1.4节： ， khɯ^{33}脚，这里读 bu^{21}普米族。该词有专门表形字 bə^{33}普米族。

（2）如《依德次里的信》第五行： ，其中 pər^{55}梳子，借作写 pər^{33}。该词有专字 pər^{33}写。

（3）184号经书《 》（丢面偶赶凶鬼经）中， ŋgv^{33}舀，假借作九。该词有专字 ŋgo^{21}九。

（4）155号经书《 》（赞什罗经）中， ndiæ^{55}狐狸假借作 diæ^{21}能干。该词有专字 diæ^{21}能干，字形如持矛的男子。

（5）18号经书《 》［超荐勇士、烧香敬祖经，（后册）砍鬼牌经］中，烧 nʥi^{55}字作 ，为合体象形字，而在117号经书《 》（烧"冈巴"经）中，假借 nʥi^{21}酒丸子作 nʥi^{33}烧。

3. 一字借作多字

（1）如《崇搬图》第2页2.4节： ， gɯ^{21}白齿，借作宽。而在第一页3.6节、4.1和4.2节， 借作真、对。

（2） dʑu^{21}搁物的架子，在57号经书《 》（两枚海贝算卦经）中假借作个，而在 73 号经书《》（献鬼牌、旗给凶星，挡鬼经）中，又假借作欠。

（3） dze³³ 鬼名。在《崇搬图》第 1 页 4.1 节中，借作强，而在第二页 1.4 节：中，被借作经书用语跑。

（4） tʂʅ³³ 代，象折断的木棍，常假借为代，在 143 号经书《》（洗脱秽气经、分黑白蹄子经）中，又借为洗。

（5） thv³³ 桶，常借表 thv³³ 出，在 152 号经书《》（三百六十个哥巴踩鬼经）中，假借作踩，thv³³thv³³ 连用表示反复态，义为不停地踩。

4. 多字借作一字

（1）i²¹ 驱赶，在 16 号经书《》［慈母（死者）驱魔经］里借用i³³ 山骡，而在 14 号经书《》（驱鬼经）里，则借用i⁵⁵ 蛋破漏液。

（2）thv³³ 出，在经书中常借 thv³³ 桶来表达，如 97 号经书《》（赤斯鬼的来历经）中的 thv³³pu³³ 出处、来历，而在 105 号经书《》（出处经头册，送仇敌经）中，则借thv³³ 奶渣为出。

经过统计，《崇搬图》前 3 页的单字及所记音节数分别为：第一页 83/155、第二页 80/184、第三页 72/187，3 页共 235 字，记录了 526 个音节，音节记录率为 44.7%。加上封面的 4 个单字，共 239 个单字，其中用其字本义、引申义的有 124 字，占总字数的 51.9%。也就是说，余下的占总字数 48.1% 的 115 个单字是作为假借字使用的。这个比例似乎比前人统计的其他地方东巴经要低得多，但如果考虑到这本经书的音节记录率只有 44.7%，一半以上的词语并没有被记录下来，而且它们中有不少是虚词，这些没有被记录的词语要记录的话，往往更倾向于使用假借字，所以，随着文字记录语词程度的提高，假借字的比例会提高得更多。

二 借形

借形是指用一个字形记录几个意义有关而语音无同源关系的同形字。方国瑜先生称这种现象为"一字数义"，和志武先生则称这种字为"转意字"，王元鹿先生则称这种字为"义借字"。了解这种字，对于我们认识、解释汉字古文字中的某些同形异字现象和鉴别古音研究的材料，有重要的作用。如：

mi³³火——hy²¹红，以火表示红。

ba²¹花——ze³³漂亮，以花表示漂亮。

zɿ³³纽扣——hæ²¹金，以纽扣表示金。

he³³khv⁵⁵耳环——v²¹银，以耳环表示银。

bv³³锅——æ³³铜，以锅表示铜。

tse⁵⁵be³³斧头——ʂɿ²¹铁，以斧头表示铁。

假借字和借形字都是用一个字记录不同的语词，但假借字仅仅是"依声托事"，假借义和本义并无意义上的联系，而借形字则正好相反，本义和转义有关联，但语音上没有联系。借形字从一个侧面反映了一个民族赖以生存的自然环境和物质文化、风土民情、思维特点等，是研究民族文化及其对语言文字的影响的极好材料，但它仅具有文化学、字源学等方面的价值，而不能作为古音研究的材料。

三 俄亚东巴文的字词关系

俄亚东巴经中，文字记录语词时，主要有字词对应、有词无字、有字无词三种字词关系，分述如下。

1. 有词无字

(1) 〔东巴文〕《崇搬图》第 1 页 2.2 节

bi²¹ ŋiə³³ le²¹ mu³³ thv³³ be³³ thi³³ dʑi²¹，bi²¹ a²¹ le²¹ a²¹ sɿ⁵⁵ sy³³ thv³³，kɯ²¹ ŋiə³³

日　和　月　没　出　做　它　时，日　影　月　影　三　样　出，　星　和

za²¹ mu³³ thv³³ be³³ thi³³ dʑi²¹，kɯ²¹ a²¹ za²¹ a²¹ sɿ⁵⁵ sy³³ thv³³

饶星 没 出 做 他 时，星 影饶星影三 样 出

译文：日和月还没出现时，出现了日和月的三种影子，星和饶星还没出现时，出现了星和饶星的三种影子。

本节经文共 4 句 30 个音节，但只写出了 14 个字，记录率为 46.6%。第一句只写了"日""月""不""出（假借桶）"4 个字，"bi²¹ n̠iə³³ le²¹ 日和月"中的连词"n̠iə³³ 和"没有写出，"be³³ thi³³ dʑi²¹ 做成它的时候"，3 个字都没有写出。第二句只写了"影子（假借玉）""三""出"3 个字，"日""月"承上句省略了，两个"a²¹ 影子"共用一个字，或者说"影"字读了两次，量词"sy³³ 样"没有写出。第三句只写了"星""饶星""不""出"4 个字，"kɯ²¹ n̠iə³³ za²¹ 星和饶星"中的连词"n̠iə³³ 和"没有写出，"be³³ thi³³ dʑi²¹ 形成它的时候"，3 个字都没有写出。第四句只写了"影子""三""出"3 个字，省略情况同第二句。

（2）[图]《崇搬图》第 1 页 4.3 节

[图]

gɯ²¹ me³³ tse²¹ me³³ pu³³ pa³³ be³³, i³³ kv³³ a²¹ gə³³ thv³³, a²¹ gə³³ pu³³ pa³³ be³³,

真　的强　的　变化　做，丽江　阿格出，阿格　变化　做，

[图]

kv³³ phər²¹ di³³ ly³³ thv³³。

蛋　白　一个　出

本节经文共 4 句 22 个音节，但只写出了 8 个字，记录率为 36.4%。第一句写了"真（假借臼齿）""的（假借雌）""强（假借争鬼）""变化（假借艾蒿和青蛙）"5 个字，两个"的"共用一个"雌"字。第二句只写了一个标音字"[图] gə³³"，表示"阿格神"，其他 4 个音节都没有写出。第三句一个字未写，其中"阿格神"可以视为承上省略了。第四句只写了"白（假借解开）""出（假借桶）"。

东巴学习经书时，都是口耳相传，熟记在胸，临时背诵而出，很少有拿着经书照本宣科的，而且东巴做法事时，诵经时还伴有各种动作、舞蹈，手中随时拿着经书也不太方便。东巴经典作为口传文学作品，在使用中可以视具体情况增减变动，适当发挥，经书主要起备忘、提示要点的作用。所以东巴一般都不会用东巴文逐词记录经文，承前蒙后省略、一字多读的现象十分普遍。俄亚东巴经记录语词的比例，大约在 50%。

2. 有字无词

东巴经书中有字而不必读出相应语词的现象可称为"有字无词"。造成

这种现象的原因很多，最主要的是东巴用以辅助表意。

（1）《崇搬图》第 1 页 3.1 节

tʂu²¹ ɕi³³ zʅ²¹ mu³³ n̠i²¹

铃铛 舌 响 不　能

译文：铃铛舌不响。

经书中此句中的"ʐua³³马"字不读音，只表示"铃铛"是用在马脖子上的。"mu³³不"字写了两个，或者是东巴看版面还有空白，或者是为了强调多写了一个，或者纯粹是衍文。

（2）《崇搬图》第 2 页 3.2 节

hæ²¹ ɣɯ³³ iu²¹ ɣɯ³³ ma²¹ thi³³，so²¹ ɡua²¹ mv³³ kv⁵⁵ kv³³ ni³³ ndʑi²¹，tɕi²¹ phər²¹ so³³ thi³³，

神　额若额玛　　他，岭 高 天 上 会 来 飞，云 白 三 股，

ndʑʅ⁵⁵ le³³ kv³³ khə³³ be³³，iə²¹ hæ²¹ so³³ bu²¹ ndʑʅ⁵⁵ le³³ kv³³ tiæ³³ khə³³，

拉 来 蛋 篮 做，草 绿 三 棵 扯 来 蛋 底 放，

kv³³ phər²¹ ŋgo²¹ dʐʅ²¹ kv²¹。

蛋 白 九 对 下

译文：额若额玛神，从天上高山顶飞来，叼来三朵白云做窝，扯了三颗青草垫底，下了九对白蛋。

是天，是鸡，将两字写在一起作，表示神鸡从天上飞来，这里"鸡"表示额若额玛神，并不读音。是云，写成直角形是为了围住蛋，表示云朵做成的鸡窝。象大地上长着草，表示绿草垫在鸡窝底，地字不读音。

（3）《》182 号经书封面

这本经书名《i²¹di³³me³³起神座经》，首字象东巴击鼓，不读音，只是提示东巴要击鼓做法事。经书封面这类不读音的字多是东巴念经之形，比较普遍。

3. 字词对应

这类经书不多，见于经书中某些段落、咒语、地名、人名等，但是东巴

文是可以完全记录口语的。可参看后文《应用文献篇》依德次里东巴文题词译释。

第四节 俄亚托地村东巴文的意义类别

我们对俄亚乡大村五组托地村依德次里东巴的东巴经进行深入的研究，根据依德次里的东巴经及依德次里的讲解，按照意义类别对东巴文字形进行分类。意义类别分为天文、地理、植物、动物、人称人体、动作、生产生活、数量、宗教、性状形象等类，最后附上俄亚经书所见汝卡字表，共11类。依德次里东巴游历过丽江、白地等多个纳西族聚居地，认识一些俄亚之外的东巴文字，亦常于不自觉中流露于笔端，但因不见于俄亚传统经书，这些字形我们没有收录。

一 天文

、✦ mv^{33} 天。

⊗ ȵi^{33}me^{33}，又音 bi^{21}，太阳、时日之日。

le^{21}，又音 hæ^{33}、hæ^{33}me^{33}、hæ^{33}me^{33}tshŋ^{21}，月亮、年月之月。

、O、O O O、♦♦♦ kɯ^{33} 星。

、、 za^{21} 星名。

zy^{21} 星名。

tɕi^{21} 云。

mv^{33} ʂɯ^{55}ndʑi^{21}thi^{21} 虹。

、 hɯ^{21} 雨。

hɯ^{21}khua^{21} 暴雨。

hɯ^{21}gɯ^{33} 下雨。

ndʐʅ^{33} 露水。

mbe^{33} 雪。

ȵi^{33}phər^{21} 霜。

tɕhi^{55} 闪电。

mv^{33}ŋgv^{33}打雷。 ŋgv^{33}，（雷）劈。

mv^{33}ŋgv^{33}n̠i^{33}la^{55}（雷）劈。

、 hæ^{21}风。

、 sa^{55}气。

sa^{55}汽。

mbu^{33}光。

mi^{33}mbu^{33}火光。

kɯ^{55}dʐγ^{21}mv^{33}ʂ ər^{55}繁星。

kɯ^{21}khi^{33}陨星。

mv^{33}ly^{55}ly^{33}天摇。

mv^{33}thv^{33}晴。

mv^{33}ndʑa^{33}阴。

、 ba^{21}光线。

ba^{21}ŋi^{55}晒。

pv^{21}晒干。

hæ^{33}me^{33}gv^{21}月落。

hæ^{33}me^{33}khu^{55}月食。

n̠io^{21}春。

z̩u^{21}夏。

tʂhɿ^{33}秋。

tshɿ^{33}冬。

二 地理

da^{21}phu^{55}阴山。

tʂhɿ^{21}岩上滴水。

、 、 dy^{21}、ɾi^{33}土地、田、平原。

ɾi^{33}田。

ɾi^{33}ly^{55}ly^{33}地震。

khɯ^{21}li^{55}带草的土块。

△、△ ndʐʅ²¹ 山。

△、△ mbo²¹ 坡。

⋈ uə³³，寨。

⛰ ko²¹ 深山。

△ dʑy³³ 山岭。

⛰ so³³ 巅，山顶。

⛰ ndʐʅ²¹mbər²¹ 烧山。

⛰ ɣɯ³³ndʐʅ²¹ 灰土山。

⛰ mbe³³ndʐʅ²¹ 雪山。

⌒ lo²¹ 山谷。

△ æ²¹ 山岩。

⛰ æ²¹biə²¹ 岩崩。

△ v²¹ɾi³³ 雪山。

⛰ ə⁵⁵mbo²¹ 回声。

⛰ ndʐʅ²¹na⁵⁵ʐa⁵⁵ɾa³³ "居那若罗" 山。

⌒、⬭ ndʑi²¹ 水。

⌇ ndʑi²¹kha³³ 泉。

⌇ ndʑi²¹bv²¹ 涌泉。

⌇、⋙ tʂhʅ³³ 温泉。

⌇ tʂhʅ³³ 阻水。

⛰ æ²¹ndʑi²¹ 瀑布。

⌇ ndər²¹çi³³ 洪水。

⌇ ndər²¹ 泡沫。

⌇ ndʑi³³zʅ²¹ 水浪。

⌇ ndʐʅ²¹ 冰。

⌇ i³³bi²¹ 大江。

⌇、⬭ khæ³³ 渠。

⌇ hɯ³³ 海。

⌇ ndər³³ 池塘。

ɕi²¹i³³bi²¹金沙江。

tɕi³³土。

ɣɯ³³灰。

ndʐæ²¹泥、湿润。

ɕə²¹沙子。

ri³³石头。

tʂhe³³盐。

、 v²¹银。

、 、 hæ²¹金。

、 a²¹zɿ³³绿松石。

、 、 tʂhu²¹珠。

æ³³铜。

ʂɿ²¹铁。

sy²¹锡。

lo²¹bv³³冠珠。

、 mi³³火。

mi³³zɿ²¹火花。

、 bv²¹炙、烧。

mbər²¹烧、大规模烧山。

mi³³tɕi⁵⁵点燃的火把。

mv⁵⁵mbv²¹爆竹。

ŋgə²¹熄。

ho²¹gv³³lo²¹北方。

i³³tɕhi³³mi²¹南方。

、 、 gə²¹上。

mu²¹下。

a³³左。

i²¹右。

三 植物

ndʑɿ²¹ 树。

bi³³ 林。

sɿ³³ 木、柴。

my⁵⁵ tʂhy³³ 松明。

ndʑɿ²¹a³³ 树干。

ndʑɿ²¹khla⁵⁵a²¹ 树枝。

phiə³³ 叶子。

、 、 ba⁵⁵ba³³ 花。

mba²¹ly³³ 花蕾。

ndʑɿ²¹ly³³ 果。

、 tɕhi³³ 刺。

da²¹ndʑɿ²¹ 一种带刺的树。

ndər³³ 芽。

khi³³ 折。

gi²¹ 弯。

gɯ²¹ 掉落。

lɯ²¹ 倒、果实压倒树枝。

by³³ 粗。

tʂhi²¹ 细。

tho⁵⁵ 松树。

se²¹tho³³ 松子。

ʂu³³ 柏。

i³³kə²¹ 细叶香木。

lɯ³³ 杉树，生长在高山。

çə⁵⁵ 桧树。

sɿ⁵⁵ɣɯ²¹ 板栗。

bə³³çi²¹ 青杠树。

gv³³dv²¹核桃。

dz̩u³³ly³³黄果。

tha⁵⁵dz̩ʅ³³柿子。

sa²¹kha³³梅。

ly³³tsʅ³³李树。

bu³³tʂhʅ³³桃树。

sʅ⁵⁵li³³梨树。

kɯ⁵⁵ndv³³狼毒花。

dzy²¹椒树。

kə³³ŋi²¹香椿树。

tɕhi²¹sʅ³³桑树。

hua³³sʅ³³桦树。

ndz̩ʅ³³树名。

tɕhi³³çi²¹小孽树。

ɾi⁵⁵ndzʅ²¹柳树。

、 zʅ²¹山柳叶。

mbu²¹kə ³³野杜鹃。

la³³ kha²¹白杨。

mv⁵⁵竹子。

pv⁵⁵li²¹竹棍，可作笛子。

zʅ³³草。

zʅ³³草。

、 、 ʂl⁵⁵茅草。

mbo²¹菖蒲。

、 pu³³艾蒿。

、 iə³³烟草。

tʂhʅ³³药。

ndv²¹毒草

、 、 ndi³³niə²¹蕨菜。

kw³³ndv²¹紫苏。

na²¹pa³³仙人掌。

sa³³苎麻。

ŋə³³tɕə³³沾缠草。

mba²¹五谷。

、 dze³³小麦。

mv³³dze³³大麦。

zʅ³³青稞。

ɕi²¹稻子。

、 ne³³苋米。

、 tʂhy⁵⁵黍。

a⁵⁵kha³³苦荞。

a⁵⁵gw³³甜荞。

、 nv²¹豆子。

be²¹，四季豆。

ȵi³³me³³hæ³³me³³ba²¹向日葵。

tɕi⁵⁵kuo²¹南瓜。

、 ȵiæ³³hæ²¹白菜。

ly³³ko⁵⁵ndʐo³³蔓菁菜。

、 ku²¹姜。

、 kv³³蒜。

ndʑi²¹khv⁵⁵石花菜。

、 mu⁵⁵菌子。

pu³³糠。

hæ²¹i³³ba³³da²¹ndʐʅ²¹神树。

四 动物

、 ɣw³³牛。

ndʑi²¹ɣw³³水牛。

、 mbər²¹牦牛。

ndʑ̩²¹犏牛。

iu²¹绵羊。

tsh̩⁵⁵山羊。

khɯ³³狗。

z̨ua³³马。

tɕo²¹野马，从马 tɕo²¹叫声。

dər²¹骡子。

the²¹z̨ua³³驴，古词。

bu²¹猪。

hua⁵⁵le²¹猫。

fv⁵⁵鼠。

、 la³³虎。

tsha³³咬。

u³³dv²¹猛兽。

ndʑ̟i³³豹子。

çi³³ŋgɯ³³狮子。

tsho²¹大象。

sæ²¹犀牛。

gv²¹熊。

i³³岩牛。

ndiæ⁵⁵狐狸。

pha²¹豺。

ndʑ̩³³兽名。

ʂu⁵⁵khə³³狼。

khɯ³³phy⁵⁵狗獾。

bu²¹phy⁵⁵猪獾。

bu³³çi²¹野猪。

dv²¹ 野猫。

tʂhua⁵⁵ 鹿。

tʂhua⁵⁵ me³³ he³³ pa²¹ 母鹿。

tɕhi³³ 黄麂。

lo²¹ 麂子。

se²¹ 岩羊。

le³³ 獐子。

le³³ kv³³ 麝香。

tho³³ le³³ 兔子。

ʂʅ²¹ 獭。

py²¹ 豪猪。

py²¹ ly³³ 豪猪的毛刺。

ha⁵⁵ z̩a³³ 松鼠。

、 a⁵⁵ z̩ʅ²¹ 猴子。

ɣɯ³³ 鸟的总称。

ndʑi²¹ 飞。

、 ha⁵⁵ 栖息。

dʑu²¹ 啼。

khv⁵⁵ 啄。

ndv³³ phi²¹ 翅膀。

、 、 na²¹ 绒毛。

、 dʑi²¹ 爪。

dʑə²¹ 捕。

〇、 kv³³ 蛋。

kv³³ ndʑi²¹ 将孵之蛋。

i²¹ 漏。

kv³³ ndʑi²¹ 蛋水。

tʂʅ³³ 同胞、后代。

bv²¹ 孵蛋。

kv²¹khə³³ 鸡窝。

şղ⁵⁵ 鸡冠。

pv⁵⁵pv³³ 鸡胃。

æ²¹pa⁵⁵la³³ 鸡膝。

mæ³³ 鸟尾。

æ²¹ 鸡。

fv³³ 野鸡。

huɯ²¹ 锦鸡。

ɣɯ³³huɯ²¹ 斑鸠。

hua³³ 白鹇鸟。

ma⁵⁵iə³³ 孔雀。

、　la⁵⁵kæ²¹ 乌鸦。

çə⁵⁵çə³³ 喜鹊。

gv³³huɯ²¹ 布谷鸟。

kə⁵⁵mu⁵⁵kv³³phər²¹ 白头翁鸟。

kə⁵⁵po³³z̪ua³³ 太平鸟。

tɕi³³pa³³ɾa³³ 金八那鸟。

lɯ⁵⁵tshe³³ 绶带鸟。

ndʐi²¹mæ³³mv³³tsʅ²¹ty³³ 鹡鸰鸟。

ȵi³³dʑæ²¹ 吸风鹰。

ndʐi²¹kv³³da³³la²¹ 鱼鹰。

ho²¹ze³³ 燕子。

uə³³ndʑæ²¹ 麻雀。

ɾa²¹mæ³³ 百灵鸟。

tɕi⁵⁵ka²¹ɾa²¹ 琉璃鸟。

a²¹ 鸭子。

bæ³³ 野鸭。

bæ³³çi²¹bæ³³ɾi³³me³³ 鸳鸯鸟。

ndʐi²¹la⁵⁵kæ²¹ 水鸦。

a³³phər²¹ 白鹤。

uə²¹ 鹰。

çə²¹gu³³ 雕。

bu²¹fv³³ 猫头鹰。

dʑe³³bo²¹ 蝙蝠。

æ²¹phər³³ 公鸡。

ȵi²¹ 家畜。

hy³³ 野兽。

ɣɯ³³ 皮。

pər²¹ 虎纹。

fv³³ 毛。

、 sʅ³³ 羊毛。

hæ⁵⁵tsʅ³³ 耳朵。

、 kha³³ 角。

tʂhua⁵⁵kha³³ 鹿茸。

、 dʑæ²¹ 獠牙。

、 mæ³³ 尾。

dʑi²¹（鹰）爪子。

khua³³be²¹ 蹄。

、 phv³³ 雄。

、 、 me³³ 雌。

mbæ²¹（兽）奔。

gv³³ 涉。

tsho³³ 跳。

mba²¹ 吼。

thæ⁵⁵ 撞。

tɕi⁵⁵ 驮。

fv⁵⁵la³³ 黄鼠狼。

、 tso²¹ 壁虎。

bi³³di²¹ 虫。

ndzʅ²¹ 惊。

kho³³lo³³ 蚕。

tv³³ɕi²¹ 蜈蚣。

ga⁵⁵ɹa³³pa³³ 蜘蛛。

mbæ³³ 蜜蜂。

pe⁵⁵le³³ 蝴蝶。

ȵi⁵⁵mbər²¹ 蜻蜓。

mba³³ɹa⁵⁵ 苍蝇。

、　　ʂu²¹mu³³ 牛蝇。

mbv⁵⁵tsʅ²¹ 蚊子。

tʂhua⁵⁵a³³ 蚂蚁。

ɹi³³ 牛虱。

rər³³，粪虫。

ȵi³³ 鱼。

fv⁵⁵ze³³ 白海螺。

bæ²¹mæ³³ 海贝。

、　　ba⁵⁵me³³ 蛙。

i²¹ 蛇。

ɹu²¹dʑə³³ 飞蛇。

ɹi²¹ 龙。

五　人称、人体

hi³³，人。

tsho²¹ 人类。

dʑʅ³³ 人类。

zo³³ 男子、儿子。

mi⁵⁵ 女子。

a²¹phv³³ 爷爷。

𘟥、𘟦 a²¹ tʂ̩³³ 奶奶。

𘟧、𘟨 z̩ʴ²¹ 死者。

𘟩 tʂh̩³³ 代。

𘟪 a³³s̩²¹、s̩²¹ 父亲。

𘟫 a²¹me³³、me³³ 母亲。

𘟬𘟭 a²¹s̩²¹zo³³ 父子。

𘟮𘟯 a²¹me³³mi⁵⁵ 母女。

𘟰 ɾi³³bv³³ 孙子。

𘟱 ɾi³³me³³ 孙女。

𘟲 a²¹bv³³ 哥哥。

𘟳 gɯ³³z̩³³ 弟弟。

𘟴𘟵𘟶 a²¹bv³³gɯ³³z̩³³ 兄弟。

𘟷 me³³me²¹ 姐姐。

𘟸 go³³me³³ 妹妹。

𘟹 me³³hæ²¹go³³me³³ 姐妹。

𘟺 a²¹kv³³ 舅父。

𘟻 a²¹ɲi³³ 舅母。

𘟼𘟽 a²¹bo²¹ 伯父、叔父。

𘟾 dʑe³³ɣɯ³³ 侄子。

𘟿 dʑe³³me³³ 侄女。

𘠀𘠁 mu⁵⁵ɣɯ³³ 丈夫、女婿。

𘠂𘠃 tʂ̩³³me³³ 媳妇。

𘠄𘠅 ndʑ̩²¹ne³³bu²¹ 姻缘。

𘠆𘠇 mi³³ɾi³³ 夫妻。

𘠈 khu³³ 母族。

𘠉 ndi³³ 父族。

𘠊 tsha³³ 亲戚。

𘠋 a³³khu³³ 父戚。

tho²¹ndi³³ 亲戚。

a²¹kv³³zo³³ 表兄弟。

a²¹ȵi³³mi³³ 表姐妹。

bər³³ 客人。

pv⁵⁵ 主人。

i³³nda²¹ 主人家。

ndʑɿ³³ 人神之媒。

ndi³³ 吏。

mu³³ 长老。

ŋga³³ 将帅。

kv³³ 能者。

sɿ³³ 智者。

ɣi³³ 丈量师。

tɕhə³³ 建筑师。

diæ²¹ 能干。

be²¹diæ³³ 勇士。

py²¹ 巫师。

pha²¹ 卦师。

huɯ²¹ 富。

çi³³ 穷。

dʑɿ²¹ 打仗的士兵。

khv³³ 偷、盗。

ha³³me⁵⁵ 乞丐。

ndʑɿ³³ 伴。

sɿ³³ 相识、熟人。

iə²¹ 叶，纳西古氏族名。

me²¹ 梅，纳西古氏族名。

ho²¹ 和，纳西古氏族名。

ʂɿ⁵⁵ 束，纳西古氏族名。

ly³³hi³³ "吕西" 人。

ʂu²¹hi³³ "鼠西" 人。

ŋgv³³ʤʅ²¹ "古宗" （藏族）。

bə³³普米族。

le³³bv³³白族。

ŋə²¹我。

ŋə³³ŋɯ²¹我们。

nv²¹你。

na²⁴ŋɯ²¹你们。

a³³ŋɯ²¹咱们。

thi³³他。

tsʰʅ²¹鬼。

kʰæ²¹棺。

、ʨʰi⁵⁵冷。

ka³³ɹa³³伤心。

hi³³tʰʅ³³懒人。

ndo²¹傻。

kv³³ʨo²¹ba³³辫子。

kʰa³³kʰa³³骂。

mba³³大脖子。

ʨə³³生疮。

miə²¹ŋa³³瞎子。

kʰə³³ŋi³³跛子。

gv²¹mu³³身体。

ka⁵⁵ti²¹胖。

、 　thi⁵⁵me³³腰。

kv²¹ly³³头。

pʰa³³me³³脸。

hæ⁵⁵tsʅ³³耳朵。

miə⁵⁵tsʅ²¹fa³³眉毛。

ȵi⁵⁵me³³鼻子。

hɯ³³khɯ³³牙齿。

ŋgo²¹臼齿。

ndʐæ²¹獠牙。

ɕi³³舌头。

ki⁵⁵be²¹脖子。

、 la²¹手。

tɕhi³³肩胛骨。

phi³³腿。

khɯ³³脚。

mv³³pu³³脚板。

tɕhi³³ȵi³³ŋgv²¹戳、扎。

、 、 nv³³me³³心脏。

nv³³me³³bi²¹心平安、放心。

tʂhʅ³³肺。

sʅ⁵⁵肝。

kɯ²¹胆。

bv³³tɕə⁵⁵肚脐。

hu³³胃。

tɕi⁵⁵胰脏。

mbv³³肠。

mbv³³ɣi³³肾。

ka²¹胸骨。

、 a²¹骨头。

a²¹khi³³骨折。

tʂʅ⁵⁵骨节。

、 、 ho²¹肋骨。

ɕi³³（瘦）肉。

na⁵⁵瘦肉。

个、ᢉ çæ³³ 血。

ᗾ l̠a⁵⁵l̠a³³ 乳房。

ᑫ tɕhi²¹ 甜。

ᑕ kha³³ 苦。

ᗕ hy²¹ 红，口红色。

ᗞᗞ tɕhə³³ 秽。

六　动作

ᛠ hy²¹ 站立。

ᢉᣟ⊠ᛃ、ᛟ ndʐ̩²¹ 坐。

ᗢ dʐ̩²¹ 住。

ᛉ tho²¹ 靠。

ᛦ tsʅ⁵⁵tsʅ³³ 蹲。

ᛩ ti³³ 起。

ᛡ ma³³kv³³tshʅ⁵⁵ 跪。

ᛈ kiæ²¹ 恳求。

ᗭ i⁵⁵ 睡。

ᗭᛟ i⁵⁵mu³³ 做梦。

ᛡ ŋgu²¹ 病。

ᛕ pu³³ 怀孕。

ᛥ to²¹to³³ 抱。

ᛥᛤ tshʅ³³ 踢。

ᛡᛤ æ²¹ 争斗。

ᛡᛤ la³³la³³ 争执、打架。

ᛥᛠ sy³³ 杀。

ᛡᛤ dʑʅ³³ 跟随、追求。

ᛡᛤ mbu³³ 迁徙。

ᛡ、ᛥ ɾi²¹ 抬。

ᗞᛠ pu⁵⁵ 带着。

khu²¹ 承接。

dzʐu³³ 献。

iə⁵⁵ 给。

sʅ⁵⁵ 拣。

、 zʅ²¹ 拿。

tʂhʅ³³ 握。

di³³ 得到、找到。

hæ²¹ 买。

tɕhi³³ 卖。

dʑi²¹ 搓线。

sʅ³³ndə²¹ 纺线。

da²¹ 织。

ty³³ 打。

ɣə²¹ 捞。

be³³ 做。

ndʑʅ³³ 挖。

zʅ²¹ 做。

khv³³ 收获。

ha²¹ŋgi⁵⁵ 晒粮。

ty³³ 舂米。

ri⁵⁵ 放牧。

khɯ³³ ʂʅ²¹ 打猎。

dzʐʅ³³ 钓鱼。

tsa⁵⁵ 划船。

、 tiæ²¹ 拉。

pv²¹ 拔。

io²¹ 埋。

pu³³ 漂。

do⁵⁵ 摔、跌。

tʂʅ³³ 吊颈。

ka³³ɹa³³ 伤心。

kɯ²¹kɯ³³ 发抖。

bv²¹ 匍匐、驼背。

phu²¹ 逃跑。

ŋæ³³ 躲藏。

bv²¹ 钻。

phi⁵⁵ 丢弃。

tɕhə³³ ʂʅ³³ 除秽。

hæ³³ 背。

gu²¹ 背子。

thiæ³³ 戴。

mu²¹ 穿。

phæ³³ （手）铐。

phe³³ 簸。

ndʑi³³ 走。

nda²¹ 跑。

ndo³³ 登（高处）。

lo⁵⁵ 翻越。

za²¹ 下（山）。

ndʑe³³ 骑。

tsho³³ 跳、舞。

pe³³ 绊脚。

thv⁵⁵ 踩踏。

zʅ³³ 压。

tsʅ³³ 塞。

tʂhʅ³³ 洗。

kv²¹tʂhʅ³³ 洗头。

çə³³ 说。

天、天、𝍱 ɣi²¹ 喊。

𝍱 go²¹ 唱。

𝍱、𝍱 iə²¹ 笑。

𝍱 khuə⁵⁵çə³³ 唱颂。

𝍱 go²¹tɕhi⁵⁵ 哼唱。

𝍱 tsho³³go²¹ 边歌边舞。

𝍱 pv⁵⁵li²¹mu²¹ 吹笛子。

𝍱 khv⁵⁵khv³³mu²¹ 弹口弦。

𝍱、𝍱 ndʑɿ³³ 吃。

𝍱 gɯ³³ 饱。

𝍱 z̩u²¹ 饿。

𝍱 thi²¹ 饮。

𝍱 thi²¹ 喝、饮、吸。

𝍱 le⁵⁵thi²¹ 喝茶。

𝍱 bər³³lo²¹ 待客。

𝍱 iə³³thi²¹ 吸烟。

𝍱 tɕæ³³phy⁵⁵ 吐口水。

𝍱 tʂɿ²¹phe³³phi³³ 吐痰。

𝍱 phy⁵⁵ 呕吐。

𝍱 pe²¹ 吐。

𝍱 tsha³³ 咬。

𝍱 lv⁵⁵ 罩。

𝍱 ndʑɿ²¹ŋgo³³ 商量。

𝍱 dʑe³³dʑe²¹ 飨。

𝍱 kha³³ȵi³³ 听。

𝍱 ly²¹ 看。

𝍱 ly²¹do²¹ 看见。

𝍱 a²¹ 应答之声。

𝍱 ŋgɯ³³ 嚼。

七 生产、生活

ᚷ、✕ tɕi⁵⁵ 羊毛剪。

、 ndʐ³³ 毡蕉。

又、 ta⁵⁵me³³ 织篦。

 tshe²¹ 梭子。

✕ tshɿ³³te²¹ 剪刀。

✕ ŋgæ²¹ 夹。

⸮、ꝑ ko²¹ 针。

〜〜〜 khɯ²¹ 线。

◎ khɯ⁵⁵to²¹le²¹ 线团。

ꝑ ndə²¹ 纺锤。

ꝑ tʂhu³³ 插。

◎〜 sɿ³³khɯ²¹ 毛线。

 tɕu²¹ 做（新衣）。

 phe²¹le³³ 麻布。

 da³³ 织布器具。

 tho²¹bv³³ 布。

 phv⁵⁵ 氆氇。象形。

 i²¹pu³³ 绸缎。

 dʑi⁵⁵ 衣服。

 mbər²¹ɣɯ³³ba³³la²¹ 牦牛皮衣。

 sɿ³³dʑi⁵⁵ 羊毛衣。

 khæ⁵⁵ 铠甲。

 le³³ 裤子。

 thər²¹ 裙子。

 da³³hɯ²¹ko³³mu³³ 法帽。

 za³³ 鞋子。

 tɕi⁵⁵kha³³ 马鞍。

a²¹zʅ³³绿松石首饰。

v²¹银。

hæ²¹zʅ³³金饰。

he⁵⁵tsʅ³³kha³³耳环。

dʑu³³手镯。

la²¹pv³³戒指。

miə²¹lo³³镜子。

pər⁵⁵梳子。

pər⁵⁵tshʅ³³篦子。

tsa⁵⁵kho³³ʐu⁵⁵挖槽的工具。

、 tshʅ³³犁铧。

dv³³犁头。

ʐi²¹耕。

ʐa²¹犁轭。

kə³³耙。

la³³dʑə²¹齿锄。

、 、 da²¹镰刀。

tshʅ¹⁵⁵切。

kha⁵⁵tsʅ³³点种的木棒。

ka⁵⁵粮架。

kɯ⁵⁵ʐi³³连枷。

dʑo²¹架子。

dʑu²¹搁物的架子。

gə²¹tsa⁵⁵tso³³杈子。

bæ²¹刮粮板。

mbo²¹sʅ³³tse³³pa²¹挖泥的木锨。

ku⁵⁵dv²¹风箱。

le³³he²¹皮袋。

、 、 、 uo²¹谷堆。

井 ŋgu²¹ 谷仓。

㭕 ndʑæ³³ 富裕。

⊕ tʂ ʅ²¹ 碓。

✳ biə²¹ 捕猎的陷阱。

▦ ta³³çi³³ 捕鱼的网。

ᑕᑐᑕᑐ kua²¹ 灶。

ᑌ ʂu³³khɯ³³ 铁架。

ᒡ mi³³thv²¹ 火把。

𝆑 tse³³ma²¹ 火镰。

◊ be²¹phy²¹ 葫芦。

꩜、ꄱ bv³³ 锅。

꯰、꯺、꯻ pv⁵⁵ 蒸笼。

ꑗ、ꆏ、ꆼ thv³³ 桶。

꒰ zo²¹ 瓦罐。

꒻ lo³³pe²¹ 盆。

$ lv⁵⁵ 缠、绕

ꉹ i²¹ 漏水。

ꉎ ndʑi²¹ka³³pa⁵⁵ 瓢。

ꄞ bu³³tse²¹ 勺子。

ꀚ ɣɯ³³sʅ³³ 滤勺。

Ⅲ tər²¹ 砧板。

ꆂ khua³³ 碗。

ꆩ ʂ ʅ⁵⁵ 满。

ꄜ o⁵⁵ 倒（水）。

ꆆ ŋgæ²¹be³³ 盘子。

ꆈ le⁵⁵ki³³ 杯子。

ꆊ ti³³ 煨。

ꆌ tɕə³³ 煮。

ꆍ tʂu³³ 炒。

khɯ³³蒸。

ndʑi³³酒药引子。

pe³³酒糟。

、　、　、　ha³³饭。

tʂhua³³米。

、　dze³³bi²¹面粉。

la⁵⁵（牛）奶。

、　ma²¹酥油。

、　thv⁵⁵奶渣。

ma²¹le⁵⁵酥油茶。

、　、　i³³酒。

le⁵⁵茶。

tʂʅ³³ɣɯ³³药。

dv²¹lv⁵⁵饵块。

by²¹dv²¹炒面团。

一、　tsa³³削木头的小斧。

、　nda³³砍。

khə³³破（开）。

kho³³ndy²¹锤子。

ty³³打、敲。

ʂɿ³³铸。

da³³phiə²¹砍刀。

fv²¹锯子。

ndʐɿ³³楔子。

ʂɿ²¹bo³³铁钉。

thi²¹刨子。

tɕu⁵⁵锥子。

ŋgv²¹刺、扎。

tʂhɿ³³刺穿。

khɯ³³tʂʅ⁵⁵phæ³³脚铐。

mv⁵⁵na²¹gv³³墨斗。

kha⁵⁵tʂʅ³³la⁵⁵打桩。

kuə⁵⁵划刀。

ndʑi²¹房屋。

ŋgə²¹瓦板。

pv⁵⁵邻居。

uə³³寨子。

kha²¹kho³³围墙。

mbiə²¹倒塌。

、、kho²¹栅栏。

tʂʅ⁵⁵kha³³羊圈。

hua⁵⁵dy²¹临时住宿的棚屋。

、kho³³门。

phu³³开。

、pe³³门闩。

le⁵⁵dʑi²¹梯子。

do³³板。

tʂu⁵⁵tʂu³³拼接。

tha⁵⁵塔。

kæ³³秋千。

tʂua³³床。

bæ³³mi³³油灯。

、ta⁵⁵柜子。

ŋgo³³mi²¹ta⁵⁵zo³³小竹匣。

、mu²¹簸箕。

kə³³kə²¹筛子。

mbæ³³kv²¹扫帚。

khɯ³³kuə²¹猎狗项圈。

🖊 mbe³³dy²¹ 笔。

🥢 mv⁵⁵na²¹ 墨。

▦ the³³ɣɯ³³ 经书。

🔨 pər³³ 写。

◑ ɾiˑ³³me³³ 弓。

↘ ɾiˑ³³sɿ³³ 箭。

➤ çæ³³bæ²¹ 箭头。

⊶ khæ⁵⁵ 射。

⸸、⸸ ly³³ 矛。

◉ kho³³lo⁵⁵ 盾。

✐ ŋgv²¹ 扎、戳。

◁ ʐu³³ 刀。

◁ ŋgæ²¹ 剑。

◁ hæ⁵⁵ 切。

⚘ be²¹kha³³ 铁冠。

◄ bər²¹kha³³ 号角。

⚐、⚑、⚑ the³³ 旗帜。

⚑ ŋga³³ 胜利。

／ mv⁵⁵ndy²¹ 棍子。

⫽ ɾi³³ndy²¹ 尺子。

⫽ ɾiˑ³³ 量。

𝄚 py³³ 升。

⊞ ʐua²¹ 量（粮食）。

📏 tɕi²¹ 秤。

▽ ndʐə³³ 秤锤。

⚖ kɯ²¹ 称重。

🪗 khɣ⁵⁵khv³³ 口弦。

🎵 pv⁵⁵li²¹ 笛子。

🥁 da³³kv³³ 鼓。

dʐ̩u²¹z̩³³ 钟。

æ²¹ 绳子。

phi⁵⁵ 断。

tər³³ 结。

phæ³³ 栓。

iə³³kue⁵⁵ 烟锅。

ndʑo²¹ 桥。

tʂʰ̩⁵⁵dv²¹ 革囊。

八　数量

1、di³³ 一。

11、ȵi³³ 二。

、si²¹ 三。

ʐu³³ 四。

、ua³³ 五。

tʂʰua³³ 六。

、çæ³³ 七。

、hua⁵⁵ 八。

ŋo²¹ 九。

tʂʰe²¹ 十。

ȵi³³tʂʰ̩²¹ 二十。

çi³³ 百。

、dv²¹ 千。

mv³³ 万。

九　宗教

py²¹ 祭。

ndiæ²¹ 吃素鬼。

to³³ma³³ 面偶。

ha³³hi³³面人。

sa²¹da⁵⁵山神龙王面偶。

tʂhi³³khə⁵⁵祭笼。

tv²¹ndʑi²¹经幡柱。

kha⁵⁵鬼牌。

tɕhi²¹赶鬼的竹刺。

ŋgə²¹隔鬼。

ka⁵⁵祭米。

ʂɿ⁵⁵dy²¹香条。

ʂɿ²¹mi³³香火。

kha⁵⁵五佛冠。

na²¹khə³³用木架绕线成蛛网状，象征鬼蜮。

py³³mba²¹祭水壶。

phy³³by³³降魔杵。

mv³³thv³³法杖。

ma²¹li³³ko³³lo⁵⁵法轮。

bə³³di²¹法珠。

fv⁵⁵ze³³bu²¹kha³³法螺。

tsi³³ɣər²¹板铃。

to³³mba³³ɣa³³手鼓。

tʂhu⁵⁵ba⁵⁵ndʑi⁵⁵烧天香。

la³³a²¹遗物。

o⁵⁵ɾi³³保佑。

py²¹东巴。

pha²¹卦师。

ta³³ɣa³³鬼名。

o³³窝神。

hæ³³恒神。

u²¹主福泽的神。

a²¹gə³³阿格，菩萨名。

ti²¹gə³³"东格"武神。

iə³³ma²¹尤玛神。

ʂl̩²¹署神。

ɽi²¹龙。

sl̩³³家神。

no⁵⁵畜神。

tshl̩²¹鬼。

ʂua⁵⁵ʂua³³dv²¹鬼。

、 ndv²¹笃鬼。

、 tse²¹贞鬼。

ze²¹飞鬼。

mu²¹水鬼。

ɣɯ²¹鬼。

ndʐl³³凶死鬼。

la³³拉鬼。

、 le³³勒鬼。

tshl̩³³吊死鬼。

by²¹绝后鬼。

ndo²¹傻鬼。

ɽi³³ɣɯ³³丽恩，纳西族始祖人名。

tshe⁵⁵hə³³pi³³mbu²¹丽恩的妻子。

ka³³la²¹tshy⁵⁵高勒趣，人名。

十 性状、形象

、 ʂua²¹高。

di²¹大酒坛。

na²¹黑，借藏文字形。

khuɑ²¹坏。

ᕈᢏ gɑ³³好，借自藏文的字母。

tshɿ³³热。

tɕhi³³冷。

tʂhu²¹快。

ho²¹慢。

ndʑə²¹辛苦。

tsɿ²¹竖。

dv²¹直。

gi²¹弯、曲。

tɕhi³³悬、吊。象形。

、)(mby²¹分配，分开。

ndʐʅ³³增。

十一 汝卡字表

o³³头。俄亚音 kv²¹。

çə³³舌头，引申作"说"。

hy²¹红。

ȵio²¹折断。

khu⁵⁵装。

no³³雪山。

ze³³漂亮。

i³³漏。

dʑi³³人。

kha³³角。

ndu²¹仪式中代表男神的石头。

mu²¹菌子。俄亚音 mu⁵⁵，字作 。

phe²¹麻布。俄亚作 phe²¹le³³。

thv⁵⁵奶渣。

ko²¹里、内。

◫◫◫ dzə²¹ 土。象形，俄亚音 tɕi³³。

요 na²¹ 黑。又作 人，俄亚作 ㄨ

)) de³³ 吉祥。字源不明。

凸 bv²¹ 钻。又写作 ß，字源不明。俄亚音同，字作 ℛ。

⬠ tsa⁵⁵，木匠凿木的工具。俄亚作 ◿ tsa⁵⁵kho³³ɻu⁵⁵。

◖ß ɻi³³me³³ 弓。俄亚作 ß。

⌒ gi²¹ 弯。

3 gv²¹ 弯。

⬭ to³³ 形义不明。

⣿⣿⣿ mi⁵⁵ 火。

⬈ kho⁵⁵ 宰。俄亚作 ⤝。

ℬ ŋo²¹ 是的。

ʃ tɕhi³³ 悬、吊。

※ ndʐ̩³³ 竹编的席子。俄亚作 ⬛ ndʐ̩³³，毡廉。

8♋ khə⁵⁵ 篮子。俄亚作 ✦。

Ⓕ kho³³ 门。俄亚作 ⍜。

⬀ sɿ³³ 磨（刀）。俄亚作 ⬅。

第五节　俄亚、丽江东巴文的比较

较多学者认为，纳西族渊源于远古时期居住在我国西北河湟地带的古羌人，他们向南迁徙至岷江上游，又向西南方向至雅砻江流域，然后再西迁到金沙江上游地带。现在的纳西人是迁来的移民和土著融合而形成的。纳西族东巴教的送魂、祭祖仪式中，东巴所背诵的到祖先居住地的路，其实就是通过一代代东巴口耳相传下来的祖先迁徙之路线。李霖灿于 20 世纪 40 年代曾亲自探寻过这条记录在古老的东巴经里的送魂路线，尽管经书中所记的最早的源头，不是河湟地带，而是无量河上游的贡嘎岭雪山。李霖灿在《么些族迁徙路线之寻访》① 里谈道：么些人在无量河的中游一个叫索洛的地方过河，分为两支，一支向东南，经木里、永宁来到盐源、西昌一带，这是没有文字的一支；另外一支仍沿着河流向南，到达金沙江 N 字大转弯的北端，逆江而上到北地，在这里，东巴教得到发扬光大，经书达到三百余本之多，成为东巴教的圣地。一支继续南下，由打鼓（今大具）渡过金沙江，到达丽江，并在这里形成一个大本营。

根据俄亚的建寨传说，四百年前，一支纳西人由丽江出发，经永宁、俄碧来到俄亚，队伍中随行的东巴也将象形文字带到这里。经过四百年的独立发展，俄亚东巴文和丽江东巴文究竟有多大的区别？我们在俄亚托地村东巴文分类字表中，找到 157 个不同于《纳西象形文字谱》所收的字形。相对于托地村东巴文 1090 个单字总数来说，157 个有差异的字形所占比例仅为14.6%，而且其中还包括不少形近字，这似乎可以说明四百年前的东巴文已经发展到基本定型和比较稳定的阶段了。

但东巴文毕竟还是形貌和制度比较原始的文字，也没有经过"书同文"的规范整理，各地东巴在使用中的异形异用现象很多，所以俄亚的东巴文与丽江的东巴文尽管同根同源，传承是主流，但经过四百年的变迁，我们还是可以发现它们之间在造字表词、思维方式和自然人文背景方面的不同。下列每组例字，前为俄亚字形，后为丽江字形。

1. 字形取象、构意不同

房屋、住、主人这一家——［F0972］、［F0561］、［F0496］。俄亚的房屋像帐篷，丽江是"人"字顶房，俄亚字反映了纳西先民早期游牧生活的居住情况。

酥油茶、喝茶——［F0934］、［F0658］。都是碗中有酥油、有茶叶，但丽江字是散的茶叶，俄亚字是沱茶的变形。《么些象形文字字典》1642 号所收汝卡字茶叶作、，并解释说："象销行草地团茶之状。"和志武先生说汝卡字" le³³ 茶（象沱茶）"②，《白地和依甲账本》写作、，《俄亚账本》写作、，俄亚和丽江字的差异反映了

①　李霖灿：《么些研究论文集》，台北故宫博物院 1984 年版。

②　《中国民族古文字研究》，中国社会科学出版社 1984 年版，第 312 页。

造字时两地销售的茶叶形态的不同。

香条——[F1236]。丽江字是香蜡形，俄亚用一种可燃的树叶缠在木条上作敬神的香，两字显示了两地制作香烛在材料和方式上的区别。

辛苦——[F0926]。俄亚字从人爬坡，比较直观。丽江字从饭从筷子，会"粒粒皆辛苦"之意，蕴含的意义更深刻。

粗、细——[F0189]、[F0190]。俄亚字"粗、细"是以树干（树＋骨头）作形符，面粉、犁铧作声符。丽江字以树为形符，将声符置于树干中间，暗示字义是表示树干截面粗细的状况，这种以声符位置表意的手法显示了造字者的匠心。

仔细比较两地的文字，还可以找到一些例子，这些差异对于了解造字时两地的自然环境、历史文化、生活方式、造字思维等有重要的价值。

2. 字形繁简不同

（1）俄亚较繁，丽江较简。如：

钓鱼——[F0873]。俄亚字多了人和鱼。

划船——[F1145]。俄亚字船下多了水。

舂米——[F0869]。俄亚字多了人。

压——[F1175]。丽江字用一个虚拟的圈代替了鬼。

墨——[L1594]。丽江东巴文"黑、墨"同字，都用一黑点表示，俄亚字画出了承墨之器及兑墨之水。

、面粉——、[F0929]。丽江东巴文粉末、面粉同字，俄亚字后一形体加上小麦，使面粉义更明确。

下午——[F0068]。俄亚字以山作为背景。

乳房——[F0750]

蛙——[F0439]

火化场——[F0578]

（2）俄亚较简，丽江较繁。如：

束、扎、捆——[F1122]　　　　　破——[F0949]

豆子——[F0257]　　　　蔓菁——[F0262]

麻布——[F0801]　　　　耙子——[F0851]

脚铐——[F0598]　　犁具连接犁轭的绳——[F0850]

△酒药引子——◐◑［F0920］　　　狐狸——～［F0387］

3. 造字、表词方法不同。如：

川毛——～［F0340］（独体象形—复体象形）

冰——～～～［F0122］（合体象形—独体象形）

蜘蛛，象张网之形 ——～［F0415］（合体象形—独体象形）

杉树，生长在高山——～［F0197］（合体象形—独体象形）

岩崩——～［F0108］（会意—象形）

人，从人用火——～［F0446］（会意—象形）

饭香—☆［F0924］（会意—指事，☆表示"香气"）

△dzy^{33}山岭——▲［F0096］（象形—形声）

筛子——～［F1040］（象形—形声）

打猎瞭望——～［F0628］（会意—形声）

得到——～［F0608］（会意—形声）

木柱子，以刀砍木做柱子会意——░［F1011］（会意—形声）

直——░［F1170］（形声—象形）

（美利董神）——░［F1291］（形声—象形）

×梭子——◑［F0786］（形声—象形）

读——░［F0755］（形声—会意）

做梦——░［F0569］（形声—会意）

$æ^{21}$争斗，$la^{33}la^{33}$争执、打架——░［F0688］（形声—会意）。
░有 $æ^{21}$争斗、$la^{33}la^{33}$打架之义，俄亚字各加声符░ $æ^{21}$鸡和░ la^{33}虎，将
二者区别开来。

低——～［F1160］（假借—形声）

内——░［F0168］（假借—形声）

从上面的比较可以看出，俄亚东巴文总的说来图形性更强一些，形声化
程度低一些，但俄亚东巴文中也有一些构型更简洁、加声符区别词语更细致
的字（如俄亚字加声符区别争斗和打架），只不过这种字数量不多。

俄亚、丽江两地东巴文高达85%以上的相同率，这与东巴教徒的宗教
信仰有极大的关系，一代代的东巴在传抄经书过程中，应该是比较严格地遵

循了祖宗的教规。和志武指出："宗教徒保持性强，墨守成规，惟世易时移，继续有发展，时有新义及新字，但大体保存其旧，从原来传至现在的经书，略可知初作经书之大概。"① 经过了20多代东巴传下来的经书，还有如此高的一致性，也说明了东巴文本身已经相对稳定成熟。两地文字的差异，是由于东巴文没有经过"书同文"的阶段，由于时代、地域、方言、个人差异所带来的结果。

第六节　俄亚、汝卡东巴文的比较

俄亚乡是纳西族汝卡支系的主要分布地区之一，主要分布在俄日、苏达、益地、卡瓦、鲁司、色苦等村落，汝卡村民上千人。"文化大革命"中，汝卡东巴也被冲击得很厉害，经书被焚毁，老东巴相继去世，东巴文化一度非常衰落。改革开放以后，汝卡村落的年轻东巴，很多到大村向瓜丹布迪、机才高土等东巴拜师求教，而大村的老东巴也基本熟悉汝卡的经书和文字，由此看来两个支系东巴之间的交往，已非一两代的缘分。我们没有就俄亚汝卡东巴文做专题的调查，在整理依德次里经书的过程中，找到了编号为120、121、123、162—169、190 共12 本汝卡经书，内容以祛病类为主。用"我中有你"可以比较形象地反映俄亚大村纳西经书的情况，按照情理，汝卡的经书也应呈现出"你中有我"的情形才是。

从12 本经书中，我们梳理出与俄亚一般东巴文、丽江东巴文字形不同的单字34 个，列表比较如下：

序号	字义	汝卡		俄亚		丽江	
		字形	音	字形	音	字形	音
1	头		o^{33}		$kv^{21}ly^{33}$		kv^{21}
2	舌头		$\varsigma\partial^{33}$		ςi^{33}		ςi^{33}

① 方国瑜、和志武：《纳西象形文字谱纳西·应用文字举例》，云南人民出版社 2005 年版。

（续表）

序号	字义	汝卡		俄亚		丽江	
		字形	音	字形	音	字形	音
3	红		hy²¹		hy²¹		hy²¹
4	折断		ȵio²¹		khi³³		tʂhər⁵⁵
5	装		khu⁵⁵		ka³³		ko³³
6	雪山		no³³		v²¹ɻi³³		ŋv³³lv³³
7	漂亮		ze³³		i³³、rər²¹		i³³、lə²¹
8	漏		i³³		i²¹		i²¹
9	人		dʑi³³		hi³³、dzɿ³³		çi³³
10	角		kha³³		kha³³		kho³³
11	男神		ndu²¹		du²¹		du²¹
12	菌子		mu²¹		mu⁵⁵		mu⁵⁵
13	麻布		phe²¹		phe²¹le³³		phe²¹
14	奶渣		thv⁵⁵		thv⁵⁵		thv⁵⁵
15	内		ko²¹		khv²¹		khv²¹
16	土		dzə²¹		tɕi³³		tʂɿ³³
17	黑		na²¹		na²¹		na²¹
18	吉祥		de³³				
19	意义不明		mbv²¹				
20	钻		bv²¹		bv²¹		bv²¹
21	凿具		tsa⁵⁵		tsa⁵⁵kho³³ru⁵⁵		tsa⁵⁵
22	弓		ɻi³³me³³		ɻi³³me³³		lɯ³³me³³
23	（很）弯		gi²¹		gi²¹		dʑər³³
24	（较）弯		gv²¹		gv²¹		gv²¹
25	形义不明		to³³				
26	火		mi⁵⁵		mi⁵⁵		mi⁵⁵
27	宰		kho⁵⁵		kho⁵⁵		kho⁵⁵
28	是的		ŋo²¹		uo²¹		o²¹
29	悬、吊		tɕhi³³		tɕhi³³		tʂhɿ³³
30	竹席		ndʐ³³		ndʐ³³		dər³³
31	篮子		khə⁵⁵		khə⁵⁵		khə⁵⁵

（续表）

序号	字义	汝卡		俄亚		丽江	
		字形	音	字形	音	字形	音
32	星	〔字形〕	kɯ³³	〔字形〕	kɯ³³	〔字形〕	kɯ³³
33	门	〔字形〕	kho³³	〔字形〕	kho³³	〔字形〕	khu³³
34	磨（刀）	〔字形〕	sɿ³³	〔字形〕	sɿ³³	〔字形〕	sɿ³³

李霖灿先生认为汝卡地域"可能为象形文字之原始地域"[1]，他在中甸洛吉中村曾收集到 50 个汝卡字。我们将这些汝卡字与俄亚字对比，发现其中一些见于俄亚经书，我们原本以为是俄亚东巴自创的字形，其实可能是来自汝卡字。如：

〔字形〕 bi³³ 林—〔字形〕〔L1631〕

〔字形〕 uo²¹ 谷堆—〔字形〕〔L1630〕

〔字形〕 tsɿ³³ tsɿ³³ 束、扎、捆—〔字形〕〔L1637〕

〔字形〕 di³³ 字源不明，疑为凳子—〔字形〕〔L1639〕

〔字形〕 tɕhi³³ 肩胛骨—〔字形〕〔L1676〕

钟耀萍的博士学位论文《纳西族汝卡东巴文研究》[2]，从文字结构等多方面论证了汝卡东巴文较一般东巴文更为古老的观点。从俄亚地域的情况来看，也大致可以反映这一事实。汝卡经书中保留了更为古老的古语古词，甚至其口语中还在使用，如：人 dzi³³、缝补 zɿ²¹；有些音和丽江是一样的，但是，在俄亚纳西口语中却发生了改变，如：〔字形〕 iu³³ 猴子，汝卡音同丽江的读音相同，俄亚的"猴子"读作 zɿ²¹。汝卡支系从总体上看，保存的是较古的东巴文化，而在长期与纳西其他支系的交流中，还是吸收了很多其他支系的文化因素。我们这几年每次去俄亚，都要经过李霖灿几十年前到过的洛吉，也专门去洛吉中村考察过那里的东巴传承情况。非常遗憾，村里已找不到东巴经书，最后一个大东巴也于几年前去世了。我们在俄亚大东巴机才高土家，多次遇到来学习的苏达村的年轻汝卡东巴六斤，他说，村里的老东巴

---

[1] 李霖灿：《么些象形文字字典》，台北文史哲出版社 1972 年版，第 125 页。

[2] 钟耀萍：《纳西族汝卡东巴文研究》，民族出版社 2014 年版。

都已经去世了，自己只有来大村拜师，才能够把村里的仪式进行下去。汝卡东巴文化的因素也深深地渗入大村的文化中来，成为大村东巴文化的一部分。依德次里告诉我们，自己手中的汝卡经书，是从大村甲若东巴处抄来的，现在大村的仪式中也使用这些经书。使用的时间长了，东巴们也能识读汝卡字。机才高土的舅舅曾把这些经书中的汝卡字换成纳西字，这些经过改造的版本，在机才高土东巴去世之后，还保存在他的儿子机才纳布手中。现在俄亚汝卡东巴文化已经得到较好的恢复，全乡现有汝卡东巴近20人，俄日村阿嘎东巴是家传东巴，2011年58岁，现有经书200多册，已成为俄亚龙达河上游著名的大东巴；苏达村的六斤东巴、卡瓦村的尤丁东巴等都发展得很好。俄亚地区纳西族不同支系的东巴文化将形成相互交流、相互支撑的局面。

第三编

白地篇

白地阿明灵洞

第八章

白地的自然和社会历史概况

第一节　白地的自然和人文概况

一　白地的位置和自然环境

　　白地，是纳西语 bər^{33} ɖər^{33} 的汉语音译，也写作"北地""蹦地"等。白地位于云南省香格里拉县东南部三坝纳西族乡的中部，距县城建塘镇公路里程 101 公里，历来是三坝的政治经济文化中心，现在是三坝乡的一个村委会（行政村），是乡政府所在地。

　　白地以有全国面积最大的泉华台地之一而闻名。一股水量丰沛的泉水从山中流出，水中的碳酸氢钙因压力降低、温度升高而分解，析出白色的碳酸钙沉淀物，覆盖在山坡上，随着山势，形成层层叠叠、高低错落、酷似梯田的台阶状白色沉积岩。当地纳西语称为 bɑ^{21} phər^{21} ɖər^{33}，意为逐渐长大的白花，汉语俗称白水台。白水台占地约 0.1 平方公里，高出它所覆盖的洪积台地 100 米左右，高出附近的白水河约 200 米[①]。以前，白水台的范围应该更大，因为我们看到白水台景区下面修公路挖开的崖壁，都是白色沉积岩。现年 88 岁的和志本东巴说，他小时候整座山都是白的，比现在好看多了。

――――――――――

　　[①]　赵希涛、李铁松、和尚礼：《中国云南白水台》，中国旅游出版社 1998 年版，第 14 页。

白水台

远眺白水台（下面是修公路挖开的白色崖壁）

　　白地是东巴文化的发祥地，是各地东巴心目中的圣地，自古有"不到白地不算真东巴"的说法，直到现在，白地仍然是东巴文化保存最好的地区之一。从 20 世纪三四十年代起，就不断有学者对白地的东巴文化进行考察研究。本课题考察的是三坝乡全乡的东巴文化，但由于白地东巴文化的历史地位和代表性，我们遵从学界的习惯，除特别注明者外，以白地指称三坝乡整个纳西族聚居区域。

　　三坝乡位于香格里拉县东南部，哈巴雪山东麓，地势西北高东南低，以

凝固的涟漪

仙人遗田

有白地、东坝、哈巴三块不平整的坝子（实为山间斜坡地）而得名。全乡面积977平方公里，乡境内最高点为哈巴雪山主峰，海拔5396米，最低点位于江边村委会的金沙江河谷，海拔仅1600米，海拔高差达3796米。乡政府原驻白地水甲村，海拔2380米，距县城105公里，现迁至白水台下的白水新村。全乡辖白地、东坝、安南、瓦刷、哈巴、江边6个村委会（行政村），75个村民小组（自然村）。

白水台祭坛

三坝乡内雪山耸立、山高谷深、河流纵横，全乡年平均气温 13 摄氏度。独特的自然环境，生成了丰富的生物种群，几乎包罗了香格里拉县所有植被的类型。这里有世界闻名的"仙人遗田"白水台，有被喻为"世界花园之母"的天然动植物园哈巴雪山，还有黑海、九子海、白水瀑布、阿明灵洞、渣日岩画等自然人文景观，有很大的旅游开发潜力①。

白地四面崇山环绕，东临北去的金沙江。过去主要靠人马驿道与外界联系，外出的主要路线有 5 条。一条是从南面经哈巴雪山山麓至永壳渡金沙江到大具，再到丽江，过去马帮需 5 天。1942 年，李霖灿先生就是沿着这条驿道进入白地，在大东巴久嘎吉家记录了纳西族神圣的祭天大典，并与村民共同度过白水台"二月八"歌舞会。西方纳西学之父约瑟夫·洛克也多次走过这条古驿道。我们 1999 年 1 月第一次到白地，也是坐车到丽江大具，然后过江步行两天到白地。第二条为经南面翻越海拔 4000 多米的雪门槛到土官村，再沿香格里拉至丽江的茶马古道主道至丽江，需 5 天，这条驿道冬季经常大雪封山。第三条为往西翻越达腊高原至小中甸再到香格里拉独克宗，需 3 天。冬季达腊高原雪封山时走第四条驿道，即往北面经安南至天生桥再

哈巴雪山和哈巴村

位于金沙江河谷的江边村

到香格里拉独克宗，需3天。第五条驿道是往北沿纳西族先民的迁徙路经洛吉翻阿比博山到达四川省木里县俄亚乡，需4天。1980年，白地至中甸的公路通车，1999年修通香格里拉旅游环线虎跳峡段，从丽江可经虎跳峡直达白地，白地的交通大为改善。白地比较封闭的地理环境使其很少受到外来文化的影响，保存了比较古老的东巴文化形态并流传至今，是目前纳西族东巴文化原始风貌保存最完好的地区之一。

虎跳峡公路

二　白地的人口、经济和教育

三坝全乡6个村委会，75个村民小组，据1990年的统计数据，有居民2768户，15665人。有纳西族、汉族、回族、彝族、藏族等11个民族，其中纳西族占总人口的62%，是香格里拉县唯一的民族乡。是全县民族众多，居住分散，人口多，贫困面较大的乡。

全乡耕地面积28008亩，人均耕地1.8亩。有林地114万亩，覆盖率达75%，有牧草地4.8万亩。经济以农业为主，多数地区农作物一年两熟，少数地区一年一熟或两年三熟。主要农作物有水稻、玉米、小麦、洋芋，主要牲畜有牛、羊、马。乡境内有金、银、钨、铜、铅、锌及大理石等矿产资源，早在明清时期，就有大量开采金、银、铜、铅、锌的矿厂。现在有一个钨矿厂，年产钨精矿60吨，有一个安南电站，装机400千瓦。1990年全乡农村经济总收入432万元，人均283元，粮食亩产157公斤，人均产粮376公斤。三坝乡有中学1所（香格里拉县第四中学），教职工35人，在校学生280人①。小学40

---

① 2012年香格里拉县第四中学撤销，并入香格里拉县城几所中学，白地完小搬入四中原址。

所，教职工 105 人，在校学生 2257 人，适龄儿童入学率 89%[①]。

据 2008 年《三坝乡年鉴》和《三坝纳西族民族乡政府 2009 年上半年工作总结》的数据，2008 年全乡有居民 4080 户，17356 人。居民中农业人口 17067 人，占总人口的 98%。全乡耕地面积 20490 亩，人均耕地 1.2 亩。近年办学条件得到明显改善，全乡小学适龄儿童入学率达 99.8%，初中毛入学率达 98%，顺利通过了云南省政府的"普九"评估验收。

香格里拉第四中学

晨练

---

① 以上数据据中甸县地方志编纂委员会《中甸县志》，云南民族出版社 1997 年版，第 63 页。

第二节　白地历史和传统文化概况

一　白地历史概况

三坝唐代属吐蕃神川都督府，宋为磨些大酋所据。元代，白地、瓦刷、哈巴和江边属宝山州，东坝属吐蕃。明成化二十三年后被木氏土司占领，清雍正二年丽江改土归流后，属中甸县五境之江边境[①]。民国初仍属江边境，时称为北地村[②]。民国二十七年（1938 年）中甸县推行保甲制度，白地属第三区三坝乡。三坝乡下辖 7 保 96 甲[③]，白地时称白地甲。1950 年沿设三坝乡，白地分为白上村、白下村。1957 年乡改为区，村改为乡，白上、白下、瓦刷并为白地乡。1961 年改为白地公社，下设白上、白下、瓦刷三个管理区。1962 年恢复区乡建制，白地属三坝区之白地乡。1968 年三坝区改为三坝公社，其下的白地乡分为白地、瓦刷两个大队。1984 年，改为三坝区，白地设为乡。1988 年复改为三坝乡，1989 年成立三坝纳西族乡，白地设行政村[④]，现称为白地村民委员会。白地村委会辖 15 个村民小组（自然村），其中古都、波湾、吴树湾、水甲、恩水、恩土、补主湾、阿鲁湾 8 个自然村为纳西族村，上火山、中火山、下火山、陈家村、熏洞 5 个村为汉族村，马家村、陆家村为彝族村。

纳西族是最早在白地定居的民族，汉族、彝族在清末到民国时期迁入白

---

① 中甸县五境为大中甸、小中甸、格咱、尼西、江边五境，参见中甸县地方志编纂委员会《中甸县志》，云南民族出版社 1997 年版，第 48 页。

② 和清远主持、冯骏纂修，和泰华、段志诚标点校注：《（民国）中甸县纂修县志材料》（1932 年）："在江边境，曰良美村，曰格路湾村，曰所邑村，曰吾竹村，曰车竹村，曰天吉村，曰木笔湾村，曰拉咱古村，曰哈巴村，曰东坝村，曰洛吉村，曰北地村。"《中甸县志资料汇编》第 4 册，中甸县志编纂委员会办公室 1992 年版，第 23 页。

③ 段绶滋纂修，和泰华、段志诚标点校注：《（民国）中甸县志》（1939 年），《中甸县志资料汇编》第 3 册，中甸县志编纂委员会办公室 1991 年版，第 82 页。

④ 以上参见中甸县地方志编纂委员会《中甸县志》，云南民族出版社 1997 年版，第 63 页。

地。据史书记载，源于中国西北氐羌族群的纳西先民于汉代向南迁徙到了大渡河上游的旄牛道，被称为"牦牛夷"，从三国到唐初的数百年间，雅砻江以东的纳西族先民逐渐向西南迁徙，称"摩沙夷"。公元3世纪初，越巂郡定筰县（今四川盐源县）已有"摩沙夷"居住。8世纪末，迁徙到了今金沙江流域的滇西北一带，白地的纳西族大概就是在这个时期开始在此定居的①。

据我们对各村各支系的调查，发现纳西族"梅""禾""束""尤"四个古氏族在白地都有分布，还有自称 la³³gə²¹"拉格"的纳西族汝卡支系，也有融入纳西族的汉族、白族、藏族后代。各种不同来源的人是分期、分批迁入的。

民间传说白地最早的村庄是古都村，当时人们骑着马驱赶着牦牛、绵羊群逐水草而来。古都村的先民们最先居住在白地峡谷下部的今阿鲁湾村的位置，因这里属干热河谷，有芒针草，牦牛很难适应，所以迁到峡谷中部今水甲村旁有泉眼叫 ɒ²¹se⁵⁵bi³³"阿塞比"的地方。因那个地方是沼泽地，屋内地面出水而又搬到了峡谷上部，即今白水台下的位置。古都村的全称是 gv³³ʂŋ³³gv²¹tv⁵⁵ue³³"古始古都湾"，意思是最早的村庄。

和志武先生对白地水甲村的名称有这样的分析："6世纪的梁、陈之世，另一支纳西先民经木里无量河流域，南迁至金沙江上游中甸县东南部的三坝地区，以白地乡的'水甲'为中心而发展起来。'水甲'系地名，为纳西语'束氏族发祥地'之义，当和汉晋以来越巂郡的'遂火县'和唐初的'袖州'有一定联系。"②

对于西部方言区的纳西族来说，白地是迁徙路上重要的一站，以上两条材料说明，白地在纳西先民南迁至此时期就有人定居，且延续至今。

明代，丽江木氏在加强对滇、川、藏交界地区武装控制的同时，采取了

---

① 学界认为纳西族主要渊源于远古时期居住在我国西北甘、青河湟地带的古羌人。向南迁徙至岷江上游，又向西南方向迁至大渡河与雅砻江流域，之后再向南迁至金沙江上游。唐代樊绰《蛮书》卷四载："磨蛮，亦乌蛮种类也。铁桥上下及大婆（鹤庆）、小婆（永胜）、三探览（丽江）、昆池（盐源）等川，皆其所居之地也。"已和当今纳西族的分布很相近。

② 和志武：《纳西东巴文化》，吉林教育出版社1989年版，第9页。

政治、经济、文化、宗教各种措施，推行村寨领主（拇瓜、木瓜）制度，大量开采金、银矿，移民造田等，促进了这个地区社会经济文化的全面发展，带来社会稳定、民族团结，使纳西族地区实现了政治、经济一体化。这时期有多支移民从外地迁到白地，如现在居住在古都村、波湾村、吴树湾村的"普都"祭天群杨姓纳西人，由丽江木家桥迁到白地[①]。水甲村一支和姓纳西人从丽江迁来，他们首先在现在的下知恩村附近居住了一段时间后，再迁到了白地。还有一些人是藏族，老百姓的说法是木氏土司为了加强控制，曾经把一些藏族等其他民族的人口迁到纳西族中，至今这些人家的户名还保留了迁出地的地名，如"绒巴"指香格里拉县的尼西，"究古"指小香格里拉的一个村庄。

白地纳西族的最后一次迁入是自称 la^{33} $gə^{21}$ "拉格"的纳西族汝卡人，现在主要居住在吴树湾村。人们认为他们从永宁迁徙而来，首先在今古都村西北面的山坡上居住了一段时间，那地方被当地人称为 la^{33} $gə^{21}$ $ndzʅ^{21}$ $dæ^{21}$ "拉格足当"，意为"拉格人的地基"，后于清雍正四年搬到当时还是一片乱石滩的吴树湾。吴树湾是纳西语 ue^{33} $ʂʅ^{55}$ ue^{33} 的谐音，意为新村，全称为 rv^{33} $ŋɯ^{33}$ ue^{33} $ʂʅ^{55}$ ue^{33} "鲁格吴树湾"，意思是乱石滩中的新村。

二 白地传统文化概况

白地是纳西东巴文化的发祥地，也是东巴教的圣地，在东巴教中有独一无二的重要地位，白地的传统文化就是东巴文化。和志武先生认为："东巴教开始大规模用象形文编写东巴经，可能始于被奉为神明的白地人阿明，他生于北宋中期（11 世纪），这时的东巴教已发展到著书立说的新阶段，标志着东巴文化已形成于白地。"[②]

和志武先生还说："白地为东巴教圣地，出过阿明大师，有著名的白水台和阿明灵洞胜地，象形文字和东巴经书保持古老独特风格，是东巴文化形

---

① 参见和继全《木氏土司与白地历史文化——兼论木氏土司的起落和纳西东巴教的兴衰》，载《丽江木氏土司与滇川藏交角区域历史文化研讨会论文集》，中国藏学出版社 2009 年版。

② 和志武：《纳西东巴文化》，吉林教育出版社 1989 年版，第 91 页。

成的中心，没有喇嘛教和佛教寺庙，受外来文化影响较少，不用标音文字（哥巴）的经书，学问高深的大东巴也比较多，因此民间有'白地东巴最贤能'之说。"① 和志武先生论及了白地东巴文化圣地的内容：圣人阿明和阿明灵洞、圣地白水台、东巴文化形成中心深厚的文化底蕴。

民国《中甸县志·宗教》② 有这样的记载：

> 东跋教为摩些民族之古教。推其时间，或在喇嘛教之前。凡第三区三坝乡七伙头所管之摩些民族，悉信奉之。即良美、吾车、木笔三乡之摩些族人，虽与汉族同化已久，然对于东跋教，依然信仰。甚至第二区小甸乡之少数藏人，亦以其血统中有摩些关系，于绝对崇信喇嘛教外，仍不敢漠视东跋教，每逢年节，必延东跋念经祭天。足见此教创始之久也。

> 东跋教不立寺庙，所奉之神，最尊者曰萨根歪德，即"玉皇"之意。次曰海渣歪拍，其神有四臂。再次曰一根阿高。惟一根阿高系藏经之ཧ，即六字真言之首字，并无神像。再次曰黑衣客柯，其神有九首十八臂。最后即教主东跋萨拉也。

> 其后又有尔米玉勒者，能宏东巴萨拉遗教，在三坝乡北地甲石洞内成道。故凡习东跋者，无论为丽江或中甸人，均非至石洞受洗礼不可，仿佛喇嘛教之崇信达赖也。

文中"尔米玉勒"即被人们认为东巴教始祖东巴什罗之后的第二祖师阿明什罗，传说他是白地水甲村人，从小赴藏学经，学成后将经书译成东巴文，收徒授业，创建了东巴教。和志武先生说："传说阿明曾到西藏学经，藏语藏文很好，回来后用象形文编写东巴经传教，著书立说，晚年在'阿明灵洞'（岩洞）修行成道，故被当成神明人物。东巴经中也有以他命名的经

---

① 和志武：《纳西东巴文化》，吉林教育出版社 1989 年版，第 57 页。
② 段绶滋纂修，和泰华、段志诚标点校注：《（民国）中甸县志》，《中甸县志资料汇编》第 3 册，中甸县志编纂委员会办公室 1991 年版，第 135—137 页。

书，如《阿明祭羊卜经》《求阿明威灵经》和《阿明依多飒经》等。"① 阿明自然成为人们崇拜的对象。

在阿明灵洞烧香

白地木楞房上的东巴文编码

阿明灵洞位于白地东北面山上接近山顶的一座石崖下，掩映在一片金色的栎树林中。洞为喀斯特溶洞，分左右二洞。右洞较小，左洞分上下两层，上层约 15 平方米，平整、干燥，光线柔和，下层仅一洞口。据传阿明是白地水甲村人，小时候因家贫欠债被藏族贵族僧侣抓去养马抵债。他一边干活，一边暗中学习，逐渐精通了经典和法术。阿明放马的地方有一条大河，河上有一座独木桥，是回家的必经之路。阿明放马时将一匹好马训练得具有遇桥飞奔、遇河猛冲的本领，而其他马一到桥边，他就扬鞭猛抽将它们赶回，使它们养成了遇桥回头的习惯。有一天，阿明窃取了全套经书和法器，骑马飞奔过河，僧侣们骑马追来，一到桥边，马就回头，只好眼睁睁看着阿明逃走。阿明逃回白地，为逃脱追捕，隐藏到水甲村对面山上的岩洞中，读书写经，潜心修炼。山下村落的人们每天都听见鼓锣声响，但不知声音从何而来。几年以后，阿明走出崖洞，已是道法高深，能呼风唤雨，预知祸福，成为东巴教的宗师，而他住过的崖洞，则被称为阿明灵洞，成了东巴教徒顶

---

① 和志武：《纳西东巴文化》，吉林教育出版社 1989 年版，第 15 页。

礼膜拜和当地民众敬神祭天的圣地①。东巴教徒如能到阿明灵洞举行加威灵仪式，据说便威灵附体，法力无边，镇鬼降妖，无所不能，所以各地东巴都以到白地朝圣祈求威灵作为人生的崇高目标。

东巴教形成以来，世世代代各地到白地朝圣学习的东巴络绎不绝。想到阿明灵洞举行烧天香和求威灵等祭祀仪式的外来朝圣者，必须先在白地拜一东巴师父学习东巴经文和祭祀仪轨，等到学习圆满得到师父认可，才可以在师父的主持下举行加威灵的仪式，颇似藏传佛教的灌顶仪轨，并非任何人都有资格擅自举行仪式。据传丽江著名大东巴青巴羊到白地朝圣时，仅除秽仪式的经文就学习了整整三年。和继全在哈佛大学所藏丽江长水东巴经书中发现写有"这是从白地迎请来的经书，非一般的经书"等跋语，可见白地一直以来是东巴文传播的中心②。和志武先生曾说："纳西族民间把白地当成东巴教的圣地，各地凡有条件的东巴，一生中都要到阿明灵洞朝圣，举行烧天香和求威灵的祭祀仪式。民谚称'没到过白地，不算好东巴；没到过拉萨，不算真喇嘛'。连纳西东部方言区永宁坝的东巴（东部方言，无文字，自称'达巴'）们，也认为他们的口诵经是从白地学来的。"③

白地的另一个东巴文化圣地是白水台。白水台好似层层梯田，被称为"仙人遗田"，传说是创世之神修的梯田模型，让人们模仿着修梯田种粮食。人们认为他们的保护神就居住在白水台，所以这里是当地各民族人们祭祀神灵的地方，一些重大东巴祭祀仪式和节庆活动也在白水台进行，如每年的"二月八"祭天仪式和歌舞会等。《光绪新修中甸志书稿本》记载有："仲春朔八，土人以俗祀为祭，赆币承牲，不禁百里而来；进酒献茶，不约千人而聚。此一奇也，亦胜景也。"④ 白地纳西族传统节日"二月八"主要活动在白水台举行，该节日融地方历史、宗教、民俗、文艺、民族交流等为一体，

---

① 参见和钟华、和尚礼编《纳西东巴圣地民间文学选》，云南民族出版社1991年版；杨正文《东巴圣地——白水台》，《圣祖遗迹留千古》，云南人民出版社1999年版，第44页。

② 外地东巴到白地朝拜学习的情况，可参见杨正文《最后的原始崇拜——白地东巴文化》，云南人民出版社1999年版，第254—260页。

③ 和志武：《纳西东巴文化》，吉林教育出版社1989年版，第15页。

④ 吴自修修，张翼夔纂，和泰华、段志诚标点校注《光绪新修中甸志书稿本》，《中甸县志资料汇编》第2册，中甸县志委员会办公室1990年版，第31页。

白地人家门楣上的东巴文避邪文字

白地东巴法器

集中体现了当地传统农耕文化、游牧文化、东巴祭祀文化、民间歌舞文化等
丰富的文化内涵①。1942 年"二月八",李霖灿先生到白水台和各族民众共
度节日,写下《白水台》一文,生动详细地描绘了白水台的绮丽风光和多

---

① 和继全、和晓蓉:《传统节日的文化传承与多民族宗教和谐功能——以香格里拉白
地纳西族传统节日"二月八"为例》,《思想战线》2009 年人文社会科学专辑。

造东巴纸的原料荛花树皮

和志本东巴家造东巴纸的木槽

彩的民族文化①。

　　白地底蕴深厚的传统文化，很早就引起了人们的关注。白水台有明嘉靖

----

① 李霖灿：《白水台》，载《神游玉龙山》，云南人民出版社 1994 年版。该文"1941年"当为"1942 年"之误。

年间的摩崖诗，方国瑜先生认为是丽江土司木高所题①，诚如是，则外界对白地的关注，至少可上溯到明代。当代著名学者洛克、陶云逵、周汝诚、李霖灿、和志武等都曾到白地考察，阿明灵洞至今还留有李霖灿先生的题词②。白地以她深厚的传统文化，越来越成为学者们关注和向往的地方。

白水台摩崖石刻

到白水台烧香的妇女

①　方国瑜、和志武：《纳西象形文字谱》，云南人民出版社 1982 年版，第 40 页。

②　参见本书《应用文献篇》之《阿明灵洞李霖灿题词译释》，及喻遂生《白地阿明灵洞东巴文题词译释》，《纳西东巴文研究丛稿（第二辑）》，巴蜀书社 2008 年版。

白地的经书和竹笔

白地人家的东巴文对联

第九章

白地纳西语调查

第一节　白地纳西语概况

一　调查过程

要翻译东巴经，必须学习纳西族语言，2008 年以来，我们在白地以语言学习和经书翻译为主的调查主要有以下 6 次。

2008 年 4 月 5 日至 8 日，借到丽江开会之机，喻遂生带着杨亦花和钟耀萍、梁进、张杨、卓婷同学到白地进行了为期 3 天的考察，在和树荣先生家记录了吴树湾村的一些纳西语词。

2008 年 7 月 22 日至 8 月 22 日，杨亦花和钟耀萍到白地翻译了几本东巴经。

2009 年 1 月 30 日至 3 月 18 日，喻遂生带着杨亦花和曾小鹏、武晓丽到白地翻译了一本东巴经，同行的还有旅德学者吴智俊。喻遂生和武晓丽因为开学于 2 月 16 日先行返回，杨亦花、曾小鹏和吴智俊至 3 月 18 日翻译了两本东巴经。

2010 年 7 月 14 日至 8 月 1 日，杨亦花对三坝乡白地、东坝、哈巴、瓦刷村委会的东巴文化现状进行了补充调查，并与和志本东巴翻译了几本东巴经。

2014 年 1 月 12 日至 2 月 8 日，杨亦花、周寅、和学璋到日树湾村、各迪村、科目村、古都村、吴树湾村调查，在日树湾村向习尚洪东巴学习了多本经书，在吴树湾村向和树昆东巴学习了婚礼中的祭家神仪式及其他经书。

2014 年 8 月 23 日至 25 日，杨亦花带撒达杜基东巴到东坝科目村，向墨虎东巴学习了几本东巴经，到恩土湾村观看了和学仁东巴为和尚永先生家举行的住新房请家神仪式，向和学仁东巴学习了《请家神经》。

同时，和继全作为白地波湾村本地出生的学者，对白地纳西语也作过长期的调查和深入的研究。

调查情景（左二为发音人和永新东巴）

二 白地纳西语音系及语言特点

白地和丽江都属于纳西语西部方言区，但白地和丽江的纳西语有些不同，差异主要表现在语音方面，词汇方面的差异较小，语法方面的差别非常小。白地各村寨的纳西语也有差异，我们在白地主要调查了古都村和波湾村两个音系，记录经书时也分别使用不同的音系。本小节我们以白地古都村纳西语作代表（简称白地音系），与方国瑜、和志武先生《纳西象形文字谱》记录的丽江大研镇纳西语，从语音和词汇两方面作简单的比较，下一节详细介绍波湾村音系。

（一）白地音系

白地音系的声韵调如下：

声母 44 个：

p ph b mb m f

ts tsh dz ndz s z

t th d nd n l

ʈ ʈh ɖ ɳɖ ɳ l̺ ʂ ʐ tʂ tʂh dʐ ɳdʐ

tɕ tɕh dʑ ɳdʑ ȵ ɕ ʑ

k kh g ŋg ŋ h ɣ

韵母 23 个：

单韵母 15 个： ɿ ʅ i y e æ ø a ɒ o ɯ u v ə ɚ

复韵母 8 个： ia iə ua uæ uɛ uə uo uɚ

声调 4 个：21 33 55 24①

（二）语音的差别

白地纳西语音系与丽江音系的区别，主要在声母分纯浊辅音和鼻浊辅音
两套，韵母的复元音没有丽江多，声韵相同的词声调差别较大，以及声韵配
合方面的一些差异。

1. 声母

白地纳西语有 44 个声母，全浊声母有无鼻冠音要区别意义。如：nda³³
nda²¹ 旁边 ≠ da³³ da²¹ 漂浮，ndʐʅ²¹ 树 ≠ dʐʅ²¹ 交汇，ɳdʑə²¹ 辛苦 ≠ dʑə²¹ 跑，
ɳɖɚ³³ 短 ≠ ɖɚ³³ 生长，gv³³ 好 ≠ ŋgv³³ 槽子。大研镇纳西语只有鼻浊辅音，没
有纯浊辅音②。

白地有 tɕ 组声母，如：tɕi³³ 放置、tɕo²¹ 转回、tɕhy²¹ 顺从、ɕi³³ 人，但许
多在丽江读 tɕ 组声母的词，在白地仍然保留着尖音的形式，如：刺，丽江

----

① 在语流中，有时 21 调变读为 214，33 调变读为 334，55 调变读为 554，24 调变读为
214，这是名词表示所有格形式形成的延长音。

② 参考和即仁、姜竹仪《纳西语简志》，民族出版社 1985 年版，第 105—107 页。

读 tɕhi³³，白地读 tshi³³；水，丽江读 dʑi²¹，白地读 dʐi²¹；稻谷，丽江读 ɕi²¹，白地读 si²¹。

白地的有些词，声母和丽江不同。比如：山，丽江读 dʑy²¹，白地读 ndʐv²¹。丽江与元音 u、v、ə 等相拼的 ts 组字，白地是用 tʂ 组声母，如：汗，丽江读 tsv⁵⁵，白地读 tʂv⁵⁵；秒，丽江读 tshə⁵⁵，白地读 tʂhə⁵⁵；斑点，丽江读 ndzæ²¹，白地读 ɳdʐæ²¹；说，丽江读 sə⁵⁵，白地读 ʂə⁵⁵，等等。

2. 韵母

白地纳西语有 23 个韵母，与大研镇纳西语相比，复韵母要少些，如白地纳西语没有复韵母 ie、iæ、io、ye、yæ。但白地有一个特殊的复韵母 uər，比如《和氏家族祭祖经》第 3 页：dʑv²¹na³³ʅuər⁵⁵ʅuər³³thɯ⁵⁵居那若罗山腰，ʅuər²¹牛轭，等等。

和丽江纳西语相比，白地纳西语还有几个比较特殊的韵母变体，比如：

ø　　 lo³³ndo³³hua³³hø²¹dʐv²¹罗朵花红山

ɒ　　 ɳua³³ɒ²¹吉祥福泽

白地的有些词，韵母和丽江的不同。比如：天，丽江读 mɯ³³，白地读 my⁵⁵；去，丽江读 bɯ³³，白地读 bi³³；山，丽江读 dʑy²¹，白地读 ndʐv²¹，等等。

3. 声调

白地纳西语和丽江一样有 21、33、55、24 这 4 个声调。古都村 24 调用得很少，只有很少的几个词，比如：ia²⁴好、是，属于口语中的应答用语。在语流中，特别是在经典中有时表示名词所有格的时候，21、33、55 这几个基本调会变读为 214、334、554 等延长音的形式，比如我们在字释部分中找到的例句：

214　　 he²¹神—he²¹⁴神圣的

gə²¹上面—gə²¹⁴上面的

mi²¹下面—mi²¹⁴下面的

334　　 khɑ³³声音—khɑ³³⁴声音的

554　　 sv⁵⁵家神—sv⁵⁵⁴家神的

有时，感叹句中也有延长音的变调形式，比如：yo²¹³khɑ³³yo³³祝愿好啊！

有时，同一个词，白地纳西语和丽江纳西语，在声调方面有些差别，很多相同的词，丽江读中平调，白地读高平调，比如马，单念时，丽江读 z̩uɑ³³，白地读 z̩uɑ⁵⁵；盐，丽江读 tshe³³，白地读 tshe⁵⁵；天，丽江读 muɯ³³，白地读 my⁵⁵（韵母也不同），等等。

（三）词汇的差别

白地的纳西族有 nɑ²¹hæ⁵⁵纳罕和 z̩ər³³ka³³汝卡两个支系，古都村属于纳罕支系。下面从古语、隐语、日常用语等方面介绍古都村词汇的一些特点。

1. 古语

古语是现在已经不大使用的古代词语。在日常生活中，白地纳西语中保留的古语相对于丽江来说要多一些，比如，牲畜，丽江叫 gv²¹z̩uɑ³³或 tshv³³sæ²¹，白地叫 khv⁵⁵gv²¹；爷爷奶奶，丽江叫 ə⁵⁵lo³³ə⁵⁵næ³³，是汉语借词，白地叫 ɑ²¹phv³³ɑ³³dʐɿ⁵⁵。

因为仪式和经典大多是口耳相传一代代延续下来的，加上有仪式规程等方面的规定，纳西语的古语在仪式和经典中保留得较多。下面选取一些《和氏家族祭祖经》中的古语例子：

草，丽江读 zɿ³³，白地日常读 zi³³，经书中读为 z̩ə²¹，比如 dy²⁴z̩ə²¹tʂʰɿ³³dʐɿ²¹大地上所有的草，dy²¹duɯ²¹z̩ə²¹dʐɿ²¹mbu²¹大地有草坡。

左，丽江读 uæ³³，白地日常读 ɒ³³，经书中也读 ɒ³³。太阳，一般叫 ȵi³³me³³，经书中称为 bi³³。月亮，一般叫 he³³me³³，经书中读为 le²¹tshe⁵⁵。例如 ɒ³³nuɯ³³bi³³thv⁵⁵lv²¹，i²¹nuɯ³³le²¹tshe⁵⁵mbu³³左边日出暖洋洋，右边月出亮堂堂。

粮食，一般叫 hɑ³³ly³³，经书中叫 æ³³，例如 əe³³phv⁵⁵ɣuɯ³³mə³³phv⁵⁵，əe³³phv⁵⁵z̩v²¹the³³z̩uɑ²¹种粮食是为了防止饥饿。

人，人类，现在都叫 çi³³，古语叫 dzi³³，例如 dzi³³dʐə²¹lɑ³³lər³³dy²¹人类居住的美好大地。整句话也是古语。

绵羊，现在叫 yo²¹，古语叫 mbo³³，例如 mbo³³pv⁵⁵ku²¹ȵə²¹tɕi³³，mbo³³dze²¹le²¹mə³³tɕo²¹绵羊送高山牧场，好绵羊不会逃回家。

2. 隐语

隐语是出于各种文化习俗和交际需要而创制的一些以特征来指称事物的隐晦说法。白地纳西语中也有隐语。我们在白地翻译东巴经时，和志本东巴说，以前在丧葬仪式期间，称呼丧事家庭的粮食、器具、家畜和家禽时要用隐语，不能用平时的称呼，不然，它们会被亡者和鬼带走。比如平时称粮食为 ha³³ly³³ 或 ba²¹，丧事期间要改称 æ³³；牛为 ɣɯ³³，丧事期间要改为 kha³³ gv²¹（弯角）或 fv⁵⁵ndər³³（短毛），耕牛 ɭɯ²¹ɣɯ³³ 要改为 kæ³³tæ²¹（在前面拉的），母牛 ɣɯ³³me³³ 要改为 be²¹dʐɿ²¹（有奶的），绵羊 yo²¹ 要改为 fv⁵⁵ȵər³³（软毛），山羊 tshi⁵⁵ 要改为 mu³³tsi⁵⁵（胡子）或 be²¹te⁵⁵le³³（山羊叫唤的象声词），猪 bu²¹ 要改为 tʂɿ⁵⁵ndv³³（拱土），鸡 æ²¹ 要改为 nv⁵⁵gv²¹（弯嘴），狗 khɯ⁵⁵ 要改为 mæ⁵⁵gv²¹（卷尾），等等。以前老百姓都知道和遵从这些规矩，只是后来由于社会政治等方面的原因，三十多年没做仪式，很多老百姓都不知道这些仪式期间的用语了。这些情况也说明了语言应用的变化。

3. 日常用语

日常生活用语中，有些词说法不一样，如：来，丽江叫 lu³³，白地叫 i³³；做饭，丽江叫 ha³³thv⁵⁵，白地叫 ha³³zv²¹；天阴，丽江叫 mɯ³³ndʑa³³，白地叫 my⁵⁵ɖuər³³ɖuər³³；哪里，丽江叫 ze²¹⁴kv³³，白地叫 a²¹dʑə⁵⁵；开水，丽江读 dʑi²¹tshər³³，白地读 dʑi²¹bər²¹；沸腾，丽江读 tshər²¹thv³³，白地读 bər²¹；昏头昏脑，丽江叫 kv³³ʐɿ³³kv³³go³³，白地叫 ȵɖər²¹ȵɖər³³lo³³lo³³；疯子，丽江叫 çi³³nv³³，白地叫 çi³³hua²¹la³³；去，丽江叫 bɯ³³，白地 bi³³；骗人，丽江叫 çi³³kua³²或 çi³³tɕy²¹，白地叫 çi⁵⁵tʂv²¹；喜欢、爱，丽江叫 phiə²¹，白地叫 bæ²¹；想念，丽江叫 ʂʵ³³ndv³³，白地叫 bo²¹mi³³；愿意，丽江叫 bo²¹mi³³，白地叫 ta³³ȵi³³，等等。

第二节　白地波湾村纳西语音系

波湾村纳西语被三坝民众认为是最难以听懂的纳西语，其原因之一是保存古语较多，如古纳西语疑问代词"sø³³什么"一词，在其他纳西族地区口语里基本消失，仅仅见于东巴经典中①，而在波湾村纳西语中得到保存。二是方言特征明显，声母、韵母、声调都有自己的方言特征。另外，波湾村因为保存的古文化较多，许多在其他纳西族地区已经消失的宗教、民俗专有名

---

① 方国瑜、和志武：《纳西象形文字谱》，云南人民出版社 1981 年版，第 509 页。

词仍然得以保留。

一　声母

（一）波湾村纳西语辅音声母

波湾村纳西语有辅音声母44个：

p	ph	b	mb	m	f	v
ts	tsh	dz	ndz		s	z
t	th	d	nd	n	l	ɿ
ʈ	ʈh	ɖ	ɳɖ	ɳ		
tʂ	tʂh	dʐ	ndʐ		ʂ	ʐ
c	ch	ɟ	ɲɟ	ɲ	ç	
k	kh	g	ŋg	ŋ	h	ɣ

（二）波湾村声母的特征

1. 同部位塞音、塞擦音有清音、浊音的对立。

2. 同部位浊塞音、浊塞擦音有纯浊音和鼻冠浊音的对立。

3. 丽江坝纳西语的舌尖中浊边音l，波湾村的纳西语分读为l和ɿ，二者呈互补分布。ɿ有时读作r，本文统记为ɿ。

4. 舌尖后音中ʈ、ʈh、ɖ、ɳɖ、ɳ与舌尖中音t、th、d、nd、n呈互补分布。

5. 丽江坝纳西语的舌面音tɕ、tɕh、dʑ、ndʑ、ç，波湾村纳西语部位靠后，读作c、ch、ɟ、nɟ、ç，本文照读音记录，但其鼻音部位靠前，仍记作ɲ。

6. 舌面后音（舌根音）中清擦音部位靠后，且带有喉壁摩擦，故记作h。

（三）声母举例

p	pɑ^{55}到达	pu^{33}拿	pi^{21}辣
ph	phi^{55}糠	phɑ^{33}脸	phu^{33}开

b	bu⁵⁵ 叔叔	bi³³ 林子	bɑ²⁴ 庄稼
mb	mbu⁵⁵ 聋	mbɑ³³ 喉癭	mbi²⁴ 穷苦
m	mv⁵⁵ 闷	mi³³ 熟	mɑ²¹ 油
f	fv⁵⁵ 毛	fv³³ 鼠	fæ²⁴ 发
ts	tsi⁵⁵ 拴，绑	tsø³³ 留	tsɑ²¹ 要害
tsh	tshø⁵⁵ 小米	tshɑ³³ 咬	tshi²¹ 来
dz	dzø⁵⁵ 山梁	dzo²¹ 模子	dzø²⁴ 花椒
ndz	ndzɑ⁵⁵ 瘦	ndzi³³ 走	ndzo²¹ 桥
s	se⁵⁵ 样子	sɑ³³ 气	sɿ²¹ 爱好
z	zi⁵⁵ 睡	zɑ³³ 谢	zɿ²⁴ 压
t	tø⁵⁵ 打	tɑ³³ 柜子	tv²¹ 千
th	thv⁵⁵ 木桶	the³³ 旗子	tho²¹ 靠
d	dv⁵⁵ 犁架	dv³³ 积攒	dɑ²¹ 漂
nd	ndi⁵⁵ 结实	ndo³³ 跌倒	ndv²⁴ 毒药
n	ne⁵⁵ 苋米	nɑ³³ 瘦肉	nɑ²⁴ 黑
l	lø⁵⁵ 矛	lɑ³³ 虎	li²¹ 灵
ɽ	ɽɯ⁵⁵ 猎神	ɽuɑ³³ 容器	ɽə²¹ 来
ʈ	ʈə⁵⁵ 问	ʈæ³³ 结果实	ʈər²¹ 鬼名
ʈh	ʈhɯ⁵⁵ 身侧	ʈhæ³³ 戴帽	ʈhər²¹ 裙子
ɖ	ɖɯ³³ 得到	ɖæ²¹ 地基	ɖæ²⁴ 勤快
ɳɖ	ɳɖæ⁵⁵ 结实	ɳɖæ³³ 狐狸	ɳɖər²¹ 晕
ɳ	ɳɯ⁵⁵ 少	ɳæ³³ 躲藏	ɳɯ²¹ 你
ʈʂ	ʈʂɿ⁵⁵ 泥土	ʈʂə³³ 抓	ʈʂæ²¹ 纯
ʈʂh	ʈʂhɿ⁵⁵ 吊	ʈʂhæ³³ 摞	ʈʂhæ²¹ 窥探
dʐ	dʐɿ⁵⁵ 街	dʐɿ³³ 倒挂	dʐə²⁴ 步
ndʐ	ndʐɿ⁵⁵ 豹子	ndʐɿ³³ 漂亮	ndʐæ²¹ 麻雀
ʂ	ʂɿ⁵⁵ 肉	ʂɿ³³ 新	ʂæ²¹ 开天之神
ʐ	ʐæ⁵⁵ 让	ʐɿ²¹ 蛇	ʐɿ²⁴ 缝
c	ci⁵⁵ 害怕	cy³³ 打鸣	ci²¹ 酸
ch	chi⁵⁵ 破裂	chi³³ 放	chy²¹ 顺从

ɟ	ɟi³³下雨雪	ɟy³³有	ɟə²⁴庄稼好
ɲɟ	ɲɟi⁵⁵开裂	ɲɟi³³相信	ɲɟɛ²¹战胜
ɲ	ɲi⁵⁵鱼	ɲi³³要	ɲy²¹泡透
ç	çi⁵⁵人	çə³³贴	çə²¹稀
k	kv⁵⁵大蒜	ka³³大雁	kæ²¹秋千
kh	kha⁵⁵苦	khæ³³拆	khv²¹内
g	gu⁵⁵冥想	gə³³舞	gv²¹熊
ŋg	ŋga⁵⁵胜利	ŋgæ³³滑	ŋgv²¹藏
ŋ	ŋɯ⁵⁵实在	ŋa²¹我	ŋə²⁴忍
h	ha⁵⁵饭	hæ³³风	hɯ²¹雨
ɣ	ɣɯ⁵⁵牛	ɣə²¹磨面	ɣɯ²⁴搭肩

二　韵母

（一）波湾村纳西语韵母

1. 单韵母17个：ɑ　æ　ɛ　e　ø　i　y　ɯ　u　v　vr　o　ɒ　ə　ər　ɿ　ʅ

2. 复韵母3个：iə　uɑ　ue

（二）波湾村纳西语韵母的特征

1. 高元音 i 、y、ɯ 、u 实际读音为松的 i 、y、ɯ 、u。

2. 舌尖前圆唇高元音 y 和 ø 互补，在与 c、ch 、ɟ 、nɟ 、ç 组相拼时发 y 音，其他时候发音部位较低，发 ø 的音。

（三）韵母举例

ɑ	kha⁵⁵苦	ba³³父亲	pha²¹豺狼
æ	mbæ⁵⁵糖	thæ³³戴（帽）	fæ²⁴发
ɛ	cɛ⁵⁵啸	chɛ³³折断	cɛ²¹上
e	le⁵⁵獐	pe³³绊（倒）	mbe⁵⁵雪
ø	mø⁵⁵天	tø³³耐烦	bø²¹外

i	çi⁵⁵ 人	bi³³ 林子	ci²¹ 云
y	chy⁵⁵ 办法	ɟy³³ 有钱	chy²¹ 顺从
ɯ	ɣɯ⁵⁵ 牛	ɾɯ³³ 田地	hɯ²¹ 雨
u	khu⁵⁵ 门	hu³³ 胃	bu²⁴ 猪
v	ŋgv⁵⁵ 柜子	pv³³ 甑子	mv³³ 老
vr	mbvr⁵⁵ 搬迁	pvr³³ 写	phvr²¹ 白色
o	po⁵⁵ 趴	mo³³ 不	mo²⁴ 不
ɒ	ɒ⁵⁵ 左	ɒ²¹ 影子	ɒ²⁴ 汇集
ə	bə⁵⁵ 脚底板	mbə³³ 躲	ʐə²¹ 草
ər	ɾər⁵⁵ 睾丸	ɖər³³ 发芽	ʈər²¹ 鬼名
ʅ	zʅ⁵⁵ 脆	tshʅ³³ 热	tshʅ²⁴ 抢
ʮ	ʂʮ⁵⁵ 肉	dzʮ³³ 死亡	zʮ²¹ 蛇
iə	piə⁵⁵ 屋架	piə³³ 好	biə²⁴ 片
ua	khua⁵⁵ 肩膀	ʈua³³ 起泡	kua²¹ 火塘
ue	ɾue⁵⁵ 乱	gue²¹ 弯	kue²¹ 圈

三　声调

（一）波湾村纳西语声调

高平调 55　　　中平调 33　　　低降调 21　　　中升调 24

（二）声调举例

ɒ⁵⁵ 左　　　　　sa⁵⁵ɒ³³ 麻秆　　　　ɒ²¹ 影子　　　ɒ²⁴ 聚

a³³ba⁵⁵ 父亲　　　ba³³ 父亲　　　　ba²¹ 向阳　　　ba²⁴ 庄稼

bø⁵⁵ 粗　　　　　bø³³ 肠子　　　　bø²¹ 外　　　　bø²⁴ 粉末

四　声韵调配合表

（见下页）

声母	韵母	a	æ	ε	e	ø	i	y	ɯ	u	v	vʅ	o	ɑ	ə	ɚ	ɿ	ʅ	ie	uɑ	ue
唇音	p	123	123	2	123	123	234			123	123	124	1234						123		
	ph	123	123	1	123	123	123			2	12	123	123						123		
	b	1234	234		1234	1234	234			1234	123	234							24		
	mb	123	124	12	1234	123	1234			1234	1234	1234							14		
	m	1234	123	12	123	1	123			123	1234	2	1234						2		2
	f		4								123	13									
舌尖前音	ts	123			1234	123	1234				12		123		1234		12				
	tsh	123			123	123	123						123		2		1234				
	dz	2			1234	124	123	3			1234		1234				4				
	ndz	13			234	234	123				1234		123				23				
	s	123			123	123	1234				123		123				123				
	z	124			1234	124	23				1234		123				1234				
舌尖中音	t	123			1234	124	3				123	2	123								
	th	123			123	123	2				123	12	1234								
	d	234			24	23	1				1234	234	3								
	nd	234			3	123					1234	124	1234								
	n	234			1234	1234					1234		12								
	l	1234			123	123	3	2					123								
舌尖后音	r								1234	1234	1234				34	123				1234	1
	ʈ		123						12	12	2				12	123				12	
	ʈh		12						123	234	2				23	23					
	ɖ		234						23	13	13				23	23				2	2
	nɖ		123						1234			124				1234				124	
	ɳ		124						123							2				1234	
	tʂ		1234							2	123	123			12	1234		123		123	
	tʂh		123							123	123	123			12	123		123		123	
	dʐ		23							123	124	23			123	4		1234			
	ndʐ		1234							4	123	123			4	23		1234		124	
	ʂ		123							123	123	124			1234	23		1234		123	
	ʐ		13							234	1234	124			123	1234		1234		124	

（续表）

声母	a	æ	ɛ	e	ø	i	y	ɯ	u	v	ʋ	o	ɑ	ə	ɚ	ɹ	ɭ	ie	uɑ	ue
舌面前音																				
ȶ	14		1234			1234	123							34						
ȶh	3	4	12			123	123							2						
ɟ			234			23	23							124						
ȵ·ʝ						12	123							4						
ȵ			1			123	13							1234						
ɕ						1	13			123				123						
舌面后音																				
k		123						123	123	123		234		1234					123	12
kh		123						123	123	123		123		123					123	
g	4	234						234	123	1234				24						
ŋg	124	234			2			123	23	1234		34		124						
ŋ	23	12						1		123				4						
h	123	123		123				123	123			1234		1234					123	
ɣ	123	123										234		23					123	
声母	a	æ	ɛ	e	ø	i	y	ɯ	u	v	ʋ	o	ɑ	ə	ɚ	ɹ	ɭ	ie	uɑ	ue
零声母																				
ø	123	234	13			123	1234	1234	1234	1234		234	1234					1234	124	

五　波湾村纳西语同音词表

本同音词表收录同音的单音词和有相同音节的复音词，以展现波湾村纳西语词在各个音节的分布及大体的词汇情况。本表按韵母分部，同韵母的词按声母排列，声韵相同的按声调分行排列，同声调的词提行时退格以醒目。单音词在前，复音词在后。与标目相应的音节用～代替。同音词不重复标音，如"瓢、盆、砍"同音 pa^{33}，标作"pa～^{33}瓢、盆、砍"。声韵不同的复音词原则上要在不同音节重复出现，如"pa^{21}ŋgɯ^{33}手足开裂"，分见于 pa 音节和 ŋgɯ 节。声韵相同，声调不同的复音词，在不同声调重复出现，如"pa^{55}pa^{33}磋商"，作"～^{55}pa^{33}磋商""pa^{55}～^{33}磋商"，分见于 55 调和 33 调。

ɑ

pa 　　～^{55}到达　　～^{55}pa^{33}磋商、明确

　　　　～^{33}瓢、盆、砍（槽口）　　bu^{21}me^{55}～^{33}剿母猪　　pa^{55}～^{33}磋商、明确　　pa^{21}～^{33}背负　　chə^{33}～^{33}la^{21}ɾɯ^{33}秋巴腊里，鬼名

　　　　～^{21}宽　　～^{21}ŋgɯ^{33}手足开裂　　～^{21}pa^{33}背负

pha 　　～^{55}la^{21}楚巴（藏族男装的宽大上衣）

　　　　～^{33}脸

　　　　～^{21}豺狼、顺手、方便、舞动

ba 　　a^{33}～^{55}父亲　　～^{55}ʝy^{33}有面子

　　　　～^{33}父亲

　　　　～^{21}向阳、花　　～^{21}dua^{33}虫名

　　　　～^{24}庄稼、花朵　　ndo^{24}～^{21}阴山

mba 　　～^{55}情有可原、线（量）

　　　　～^{33}喉瘿、树节瘤

　　　　～^{21}吼　　khɯ^{21}～^{21}查看捕兽的扣子

ma 　　～^{55}情人、总是

　　　　～^{33}擦、酥油、吃（粉状物）　　ʝə^{33}～^{33}戥子

　　　　～^{21}动物油　　～^{21}ɳʝy^{33}牛的脂肪

　　　　～^{24}语气词，表嘱托

tsa　　　~^{55}家族、种群　tsa^{33}~^{55}安装

　　　　　~^{33}鬼名　　~^{33}tsa^{55}安装

　　　　　~^{21}舒服、舒适、要害

tsha　　tsha^{33}~^{55}（狗）互咬

　　　　　~^{33}咬　　~^{33}tsha^{55}（狗）互咬　kha^{21}~^{33}一种菌子

　　　　　~^{21}搅拌、挑拨

dza　　　~^{33}副（量，用于牙齿等）　hɯ^{55}ɖɯ^{33}~^{33}一副牙

ndza　　~^{55}瘦

　　　　　~^{21}赚、便宜、划算、恰好

sa　　　~^{55}麻、洒、锁（动）　　~^{55}bə^{33}纺麻线

　　　　　~^{33}气　khu^{33}~^{33}锁（名）　　~^{33}phvr^{55}麻线

　　　　　~^{21}松毛、散

za　　　bu^{21}~^{55}me^{21}小母猪　~^{55}khɯ^{21}手工线

　　　　　~^{33}鞋、染

　　　　　~^{24}罗睺、降临、降下　mo^{21}~^{24}不止、不仅

ta　　　~^{33}柜子、（火）烫、补、挡住、拦住　~^{33}ta^{55}合

　　　　ta^{33}~^{55}合　bv^{21}~^{33}助力（打架时）

　　　　　~^{21}抗衡　~^{21}na^{33}弩

tha　　　~^{55}mu^{21}印模　ɽɯ^{21}~^{55}piə^{55}磨盘

　　　　　~^{33}塔、可以

　　　　　~^{21}瓶子、印（动）

da　　　~^{33}追赶　~^{33}~^{33}驱赶

　　　　　~^{21}飘、飞

　　　　　~^{24}织布　ɣɯ^{33}~^{24}织布

nda　　　~^{33}砍、大、地神　a^{21}~^{33}亲密朋友　i^{33}~^{33}主人　~^{33}phiə^{21}砍刀

　　　　　~^{21}翅膀、旁支

　　　　　~^{24}ndʐ̩^{21}一种树名

na　　　~^{33}瘦肉　ta^{21}~^{33}弩　gv^{33}~^{33}认真

　　　　　~^{21}木料　~^{21}fv^{33}天黑

　　　　　~^{24}黑

la ~⁵⁵懒（汉语借词）

~³³虎、高粱 tʂʅ³³~³³打针

~²¹敞口、手 pa⁵⁵~²¹楚巴（藏族男装的宽大上衣）

chə³³pa³³~²¹ɾɯ³³秋巴腊里，鬼名 ~²¹tʰɯ⁵⁵腕 phvr²¹~²¹神

~²⁴~²⁴健壮 ~²⁴ɹy²¹手镯

ca ~⁵⁵架（汉语借词）

~²⁴夹（汉语借词）

ɹa ~²¹ha⁵⁵很多

ka ~⁵⁵祭神用的粮食、帮工 ~⁵⁵ku²¹山坳

~³³大雁、好、善、盖、遮

~²¹胸、累、树名

~²⁴驯（牛犊）

kha ~⁵⁵苦 i³³~⁵⁵袖子

~³³声音、远、角

~²¹皇帝、拦、园子 ~²¹tsha³³一种菌子

ga ~²⁴语气助词，表商量、征询的口气

ŋga ~⁵⁵胜利、草名、难

~³³爬

~²⁴分离、分叉、开裂

ŋa ~³³我

~²¹我

ha ~⁵⁵饭、光滑、手艺好 ɹa²¹~⁵⁵很多

~³³夜（量）、投宿、栖

~²¹神名、条（量）

a ~⁵⁵be³³去年 ~⁵⁵me⁵⁵母亲 a²¹~³³亲密朋友 ~⁵⁵ti³³男性的
头帕

~⁵⁵ɹi²¹表示陈述、吩咐的语气词

~⁵⁵ŋgɯ²¹咱们 ~⁵⁵bv²¹哥哥、行贿

~³³phv³³爷爷 ~³³ba⁵⁵父亲 ~³³dʑi⁵⁵奶奶 ~³³zʅ⁵⁵zʅ²¹小小的

~³³gɯ³³花荞 ~³³bu⁵⁵伯伯、叔叔 ~³³gv⁵⁵舅舅

　　　　$\sim^{21}$ze^{24}缓慢地　　$\sim^{21}$ɟə^{55}哪里　　$\sim^{21}$ɖɯ^{21}姨妈（比母亲大）

æ

pæ　 çy$^{21}\sim^{55}$香柏树

　　　$\sim^{33}$分开（吵架、打架时）、极瘦

　　　cɛ$^{33}\sim^{21}$脖子　　$\sim^{21}$ŋɡɯ^{33}皮肤开裂

phæ　khv$^{33}\sim^{55}$年纪

　　　$\sim^{33}$扒开、栓　　$\sim^{33}$ci^{55}情人

　　　$\sim^{21}$占卜、铺开

bæ　$\sim^{33}$藏起来

　　　$\sim^{21}$高兴、小平地

　　　$\sim^{24}$片状物、扑克　　kæ$^{21}\sim^{24}$木片（形状规则的）

mbæ　$\sim^{55}$糖、蜜蜂　　$\sim^{55}$phø^{21}掏蜂蜜　　$\sim^{55}$ɟy^{33}鞭子

　　　$\sim^{33}$野鸭　　$\sim^{33}$kv^{33}扫帚、犁架上用来调节深浅的一个部件

　　　$\sim^{24}$水流动、发情

mæ　$\sim^{55}$尾巴

　　　$\sim^{33}$抓到、赶到　　dzi$^{55}\sim^{33}$下游　　$\sim^{33}$hæ$^{55}\sim^{33}$越到后面越……

　　　$\sim^{21}$hæ^{33}可怜

fæ　$\sim^{24}$发（汉语借词）

tæ　$\sim^{55}$拟声词（打枪的声音）

　　　$\sim^{33}$结（果实）、拉、粘　　tæ$^{21}\sim^{33}$抽屉

　　　$\sim^{21}$给　　$\sim^{21}$tæ^{33}抽屉

thæ　$\sim^{55}$底下、底子

　　　$\sim^{33}$戴（帽）、（牛角）顶

ɖæ　$\sim^{33}$ɽv^{33}基石

　　　$\sim^{21}$地基、广场

　　　$\sim^{24}$勤快、能干

ŋɖæ　$\sim^{55}$结实、紧

　　　$\sim^{33}$狐狸、限量

　　　$\sim^{21}$讨要　　$\sim^{21}$hæ^{33}粥

ȵæ　　～^{55}躲藏　　～^{55}ȵæ^{24}小小的

　　　　～^{33}蔫、苗

　　　　ȵæ^{55}～^{24}小小的

tʂæ　　～^{55}占

　　　　～^{33}攂、架（在麦架上架粮食）

　　　　～^{21}真实、纯

　　　　～^{24}冲突

tʂhæ　　～^{55}差

　　　　～^{33}村庄的方位

　　　　～^{21}调查、窥探、寄生

dʐæ　　dʐæ^{21}～^{33}倾斜

　　　　～^{21}成、斜、城、城墙

ndʐæ　　～^{55}zʅ^{33}渣日（地名）

　　　　～^{33}骑、富足

　　　　～^{21}稀泥、麻雀

　　　　～^{24}花色、愚痴

ʂæ　　～^{55}血、删减、剐

　　　　～^{33}神通　　～^{33}me^{21}七月　　～^{33}ndo^{21}害羞

　　　　～^{21}神名（开天之神）

ʐæ　　～^{55}让（汉语借词）　　o^{21}～^{55}一种酒精度很低的酒

　　　　～^{21}笑、建造（房子）

ɟæ　　～^{24}du^{33}比较多

kæ　　kæ^{33}～^{55}一种女性上衣　　～^{21}bæ^{24}木片（形状规则的）

　　　　～^{33}前、糊涂　　～^{33}kæ^{55}一种女性上衣

　　　　～^{21}秋千、威、城墙、排（量）

khæ　　～^{55}水沟、咬

　　　　～^{33}射、拆

　　　　～^{21}交换、（火葬用的）木棺

ŋgæ　　～^{33}滑、占、把住

　　　　～^{21}刀

$\sim^{24}$夹、散

ŋæ　　$\sim^{55}$ŋæ^{33}拥挤

ŋæ$^{55}\sim^{33}$拥挤

hæ　　mæ$^{33}\sim^{55}$mæ^{33}越到后面越……

$\sim^{33}$风、买、（刀）割、害（汉语借词）　ŋḍæ$^{21}\sim^{33}$粥

mæ$^{21}\sim^{33}$可怜

$\sim^{21}$金、打谷场　　$\sim^{21}$phvr^{33}灰尘

æ　　$\sim^{33}$tsɿ^{55}小鸡

$\sim^{21}$ʂua^{55}阉鸡

$\sim^{24}$phvr^{21}公鸡

ɛ

pɛ　　ɑ$^{55}\sim^{33}$叹词，表示嫌脏

phɛ　　$\sim^{55}$拟声词，泼水的声音

mbɛ　　$\sim^{55}$翘

$\sim^{33}$翘

mɛ　　mɛ$^{33}\sim^{55}$闭嘴

$\sim^{33}$闭（眼睛）　　$\sim^{33}$mɛ^{55}闭嘴

cɛ　　$\sim^{55}$啸、脖子　　$\sim^{55}$tər^{33}祭畜神的一种民俗活动

$\sim^{33}$关节扭伤、杯子、挖　　$\sim^{33}$pæ^{21}脖子　　cɛ$^{21}\sim^{33}$勾结

$\sim^{21}$上、勾　　$\sim^{21}$cɛ^{33}勾结

$\sim^{24}$上面

chɛ　　$\sim^{55}$屎、屁

$\sim^{33}$折断、扳、烧糊

ȵʑɛ　　$\sim^{33}$蔫，萎靡不振、晒、多

$\sim^{21}$战胜，胜利　　tho$^{33}\sim^{21}$松油

$\sim^{24}$炼油　　nv$^{55}\sim^{24}$油腻

ŋɛ　　mu$^{21}\sim^{55}$软稀稀

ɛ　　$\sim^{55}$铜

$\sim^{21}$mɑ^{33}牛（童语）

e

pe ~⁵⁵酒糟　~⁵⁵mv³³白酒

　　~³³绊（倒）　khu⁵⁵~³³门闩、渣、吐出

　　~²¹蹋　iə³³~²¹正月

phe ~⁵⁵le²¹（用来披的）羊皮

　　~³³片、颠簸

　　~²¹麻布、盆（汉语借词）　~²¹me³³草鞋

be ~⁵⁵做、鸡冠　~⁵⁵be²¹芸豆　lo³³~⁵⁵干活　dzo²¹~⁵⁵说背后话

　　ɑ⁵⁵~³³去年　tshi⁵⁵~³³今年　~³³to³³形象

　　~²¹钱　~²¹phø⁵⁵葫芦　be⁵⁵~²¹芸豆

　　~²⁴块（量）、多事

mbe ~⁵⁵雪、薄

　　~³³村、含羞　~³³~³³斧头　pv⁵⁵~³³村庄

　　~²¹（羊）叫

　　~²⁴（羊）叫

me ɑ⁵⁵~⁵⁵母亲　~⁵⁵me³³姐姐　gu³³~³³妹妹　bu²¹~⁵⁵pa³³劁母猪

　　nv³³~⁵⁵心脏

　　~³³雌性、讨、只（量）　ɾu⁵⁵~³³孙女　me⁵⁵~³³姐姐

　　phe²¹~³³草鞋　he³³~³³葵花籽

　　~²¹麦芒、（果实）饱满，成熟　bu²¹za⁵⁵~²¹小母猪

　　ʂæ³³~²¹七月　huɑ⁵⁵~²¹八月

tse dzi²¹~⁵⁵过年　~⁵⁵zv²¹旮旯　tse³³~⁵⁵挪动

　　~³³用、砌（砖）　~³³tse⁵⁵挪动

　　~²¹神名

　　~²⁴狭窄

tshe ~⁵⁵盐　tshe³³~⁵⁵节制

　　~³³叶、节约，小气　~³³tshe⁵⁵节制

　　~²¹十、避讳

dze nv²¹~⁵⁵鸡豆

　　　　　$\sim^{33}$麦子　$hua^{21}\sim^{33}$一种树的名字

　　　　　$\sim^{21}$平整（田地）

　　　　　$\sim^{24}$册（书）、掺和、整平

ndze　　$ndze^{21}\sim^{33}$严丝合缝

　　　　　$\sim^{21}$（隼口）相合　　$\sim^{21}le^{55}$整洁　　$\sim^{21}ndze^{33}$严丝合缝

　　　　　$\sim^{24}$吻合

se　　　　$\sim^{55}$样子　　$\sim^{55}dzi^{21}$溪水

　　　　　$\sim^{33}$完、结束

　　　　　$\sim^{21}$岩羊　　$\sim^{21}tho^{33}$松子

ze　　　　$\sim^{55}$削

　　　　　$\sim^{33}$多少（疑问代词）　　　$\sim^{33}sy^{21}$几种

　　　　　$\sim^{21}$生育神、仁鬼

　　　　　$\alpha^{21}\sim^{24}$缓慢地

te　　　　$\sim^{55}te^{21}$轻碰

　　　　　$\sim^{33}$颠倒　$le^{33}\sim^{33}$灯、相反

　　　　　$\sim^{21}$点、碟　$te^{55}\sim^{21}$轻碰

　　　　　$\sim^{24}$相当于"喂"，望引起注意的叹词

the　　　$\sim^{55}\gamma\mathrm{u}^{33}$书

　　　　　$\sim^{33}$旗子、麻利

　　　　　$\sim^{21}$那　　$\sim^{21}z\!\!\!_{ \cdot}\mathrm{ua}^{33}$驴

de　　　　$\sim^{33}$强灌（酒、食物）

　　　　　$\sim^{24}$（食物）变质、让马停止的口令

nde　　　$\sim^{21}$交媾

ne　　　　$\sim^{55}$苋米

　　　　　$\sim^{33}$谁　$\sim^{33}ne^{21}\mathbf{s}v^{33}$丧葬仪式的一个程序

　　　　　$ne^{33}\sim^{21}\mathbf{s}v^{33}$丧葬仪式的一个程序

　　　　　$phv^{55}\sim^{24}$立即

le　　　　$\sim^{55}$獐子、裤子、士兵　$ndze^{21}\sim^{55}$整洁　$\eta\vartheta^{33}\sim^{55}gv^{33}$白天

　　　　　$\sim^{55}khua^{21}$裤子

　　　　　$\sim^{33}$诬陷、耍赖、翻页　　$\sim^{33}te^{33}$相反　　$\sim^{33}h\vartheta^{21}$去了

　　　　　　~³³bv³³白族

　　　　　　y³³ ~²¹小羊羔　　ŋgə⁵⁵ ~²¹死亡　　phe⁵⁵ ~²¹（用来披的）羊皮

he　　　　~⁵⁵耳朵、放　　ɒ²¹ ~⁵⁵魂

　　　　　　~³³月　　~³³me³³葵花籽

　　　　　　~²¹神（佛）

ø

pø　　　　~⁵⁵升　　~⁵⁵ʂɿ²¹旱獭

　　　　　　~³³念经、干燥、蚂蟥、送

　　　　　　~²¹念诵、土墙

phø　　　be²¹ ~⁵⁵葫芦　　ȵə³³ ~⁵⁵火麻

　　　　　　~³³煮（鸡蛋）、呕吐　　~³³ ~³³管子　　ndʐɿ⁵⁵ ~³³马镫

　　　　　　~²¹欠缺、块（田地）　　mbæ⁵⁵ ~²¹掏蜂蜜

bø　　　　~⁵⁵粗、锅

　　　　　　~³³肠子、敢　　ɒ³³ ~³³竹叶菜

　　　　　　~²¹外

　　　　　　~²⁴粉末、（线）散开、钻

mbø　　　~⁵⁵牺牲（名）

　　　　　　~³³分、田坵

　　　　　　~²¹爬行、利息

mø　　　　~⁵⁵天　　~⁵⁵thv³³天晴

tsø　　　　~⁵⁵罪（汉语借词）

　　　　　　~³³留　　ȡɯ⁵⁵ ~³³一对（母和子）

　　　　　　~²¹准（占卜）、猜中

tshø　　　~⁵⁵小米、坚强

　　　　　　~³³赔

　　　　　　~²¹一种可以做染料的红土

dzø　　　　~⁵⁵山梁

　　　　　　~³³山梁、脊背

　　　　　　~²⁴花椒

ndzø　　~³³逃、蹦

　　　　~²¹沥水

　　　　~²⁴用斧头细细地砍

sø　　　~⁵⁵删减

　　　　~³³杀、什么

　　　　~²¹种类、样

zø　　　~⁵⁵小孩

　　　　~³³lø⁵⁵纽扣

　　　　~²⁴星宿名

tø　　　~⁵⁵打、砸、捕兽的一种机关

　　　　~³³（婴儿）出生、层、耐烦

　　　　~²⁴拟声词（哭声）

thø　　~⁵⁵thø³³厚实

　　　　~³³段、节（量）　dʑɯ³³ ~³³一半段　thø⁵⁵ ~³³厚实

　　　　~²¹lø³³大簸箕

dø　　　~³³牛犊　　~³³hø³³草果

　　　　~²¹地、地方、平坝

ndø　　~⁵⁵多手多脚、闲不住

　　　　~³³平、追

　　　　~²¹木棍

lø　　　~⁵⁵矛、放马　ȵə²¹ ~⁵⁵眼睛

　　　　~³³中间、扣（纽扣）　　~³³ ~³³斗嘴

　　　　~²¹温的（水）　thø²¹ ~³³大簸箕

　　　　~²⁴看

hø　　　dø³³ ~³³草果

i

pi　　　~³³雌性生殖器、比（汉语借词）

　　　　~²¹辣　　~²¹nv²¹（味）刺鼻

　　　　~²⁴笔（汉语借词）

phi　　~⁵⁵糠

　　　~³³（绳子）断、摘（水果）、弃

　　　~²¹编（辫子）、大腿、肩胛骨

bi　　~³³林子、去、太阳

　　　~²¹好（身体）、半升

　　　~²⁴多

mbi　~⁵⁵开裂、尿

　　　~³³开裂

　　　~²¹飞、栎树

　　　~²⁴穷苦

mi　　~⁵⁵女、火　　~⁵⁵khɯ²¹（火）烟

　　　~³³下、熟、熏

　　　~²¹名　　~²¹thv³³黄果

tsi　　~⁵⁵拴，绑

　　　~³³塞、脾脏、数、算　fv³³ ~³³鼠

　　　fv⁵⁵ ~²¹毫毛

　　　~²⁴拟声词，表示不满时发出的声音

tshi　~⁵⁵刺、迁移、抄写　　~⁵⁵be³³今年

　　　~³³冷、卖、山羊

　　　~²¹来、肩胛骨、甜

dzi　　ɑ³³ ~⁵⁵奶奶　　~⁵⁵gv³³水的上游　　~⁵⁵mæ³³水的下游

　　　~³³曾经、试探、尝试、人类　thər²¹ ~³³精液

　　　~²¹水、房子、鞘　　~²¹tse⁵⁵过年　se⁵⁵ ~²¹溪水

ndzi　~⁵⁵酒曲、龙胆草、官员、权利

　　　~³³走、烧、燎

　　　~²¹讨厌

si　　~⁵⁵皮、认识、董事

　　　~³³百、兽、丝　mo⁵⁵ ~³³不知道

　　　~²¹生育、同样

zi　　v³³ ~⁵⁵鸟　bu²¹ ~⁵⁵khɯ²¹垫猪圈的草

　　　　　~³³睡、草、漏　　dɯ³³ ~³³一辈子　　cy²¹ ~³³铃铛

　　　　　~²¹好吃，可口、次（量）

　　　　　~²⁴撕成细条

ti　　　~³³定、顶　　ɑ⁵⁵ ~³³男性的头帕

　　　　　~²¹门户

thi　　　~²¹推刨、刨（动）

di　　　~³³大铝锅

ndi　　　~⁵⁵充满的样子、结实

li　　　~²¹灵（汉语借词）

ci　　　~⁵⁵害怕、胆小　　phæ³³ ~⁵⁵情人

　　　　　~³³小、羊毛剪、口水、仇、驮子

　　　　　~²¹酸、云、秤、斤

　　　　　~²⁴急

chi　　　~⁵⁵破裂、破碎　　chi³³ ~⁵⁵装（到口袋里）

　　　　　~³³放　　~³³chi⁵⁵装（到口袋里）

　　　　　~²¹怕

ȵi　　　~³³饱、下（雨、雪）。

　　　　　ɑ⁵⁵ ~²¹表示陈述、吩咐的语气词

n̥ȵi　　　~⁵⁵开裂

　　　　　~³³相信

n̥i　　　~⁵⁵鱼、借

　　　　　~³³要、奶、鼻涕、（摩擦）破皮　　so²¹ ~³³明天

　　　　　~²¹压、和（面）

çi　　　~⁵⁵人、别人　　~⁵⁵kuɑ³³骗人

i　　　~⁵⁵山驴、有　　~⁵⁵zo³³敞口的坛子　　dʐvr²¹ ~⁵⁵鸟名

　　　　　~³³上釉的陶器　　gv⁵⁵ ~³³秃头　　~³³ndɑ³³主人　　~³³kɑ⁵⁵袖子

　　　　　~²¹右　　~²¹kə³³子由（树名）

y

sy　　　ze³³ ~²¹几种

dʑy   zɿ³³ɾər³³bu³³ ~³³蝉

cy   ~⁵⁵tʂhu²¹最早

~³³打鸣、（手足）抽搐、捕（鱼）

~²¹勾引　　~²¹zi³³铃铛

chy   ~⁵⁵办法

~³³尖、撮（量）

~²¹顺从、胎（量）

ɟy   ~³³有、富有　mæ⁵⁵ ~³³鞭子　bɑ⁵⁵ ~³³有面子

~²¹女奴　lɑ²⁴ ~²¹手镯

ȵɟy   ~⁵⁵硬、僵硬

~³³蔓菁　mɑ²¹ ~³³牛的脂肪

~²¹bɑ³³火草

ȵy   ~⁵⁵一饮而尽

~²¹泡透

çʑ   ~⁵⁵柏树　　~⁵⁵ʂɿ³³祭祀

~²¹香、疲惫

y   ~⁵⁵玉、晕（汉语借词）

~³³均匀　　~³³le²¹小羊羔

~²¹绵羊、轻

~²⁴少量的

ɯ

ɾɯ   ~⁵⁵猎神、重（形）　　mu³³ ~⁵⁵mo³³ʂɿ³³tʂhər⁵⁵长生不老药

~³³田地、来　chə³³pɑ³³lɑ²¹ ~³³秋巴腊里，鬼名

~²¹船　　~²¹thɑ⁵⁵piə⁵⁵磨盘

~²⁴心狠、砍倒（树）

tɯ   ~⁵⁵起

~³³架（锅）、坚持、喂（液体）　　to²¹ ~³³怀抱　v²⁴ ~³³固执

thɯ   ~⁵⁵身侧　lɑ²¹ ~⁵⁵腕

~³³腰、他　　~³³ŋɡɯ²¹他们

~²¹喝、吸、辛苦

ɖɯ　　~³³一、得到　hɯ⁵⁵~³³dza³³一副牙　~⁵⁵tsø³³一对（母和子）

~³³thø³³一半段　~³³zi³³一辈子　~³³ŋgu³³、~³³ŋgɯ³³一半

~²¹大　ɑ²¹~²¹姨妈（比母亲大）

ɳɖɯ　　~⁵⁵ɳɖɯ³³互助

ɳɖɯ⁵⁵~³³互助

~²¹（物品的边缘）卷

~²⁴蕨菜

ɳɯ　　~⁵⁵少

~³³缠绕

~²¹你、羊

kɯ　　~⁵⁵胆、穿山甲、藏匿

~³³聪明、炙、灼、拴（腰带）　bv²¹~³³腰带

~²¹星星、胆量

khɯ　　~⁵⁵狗

~³³根、埋、生闷气

~²¹线、耐用　za⁵⁵~²¹手工线　~²¹mba²¹查看捕兽的扣子

mi⁵⁵~²¹（火）烟　bu²¹zi⁵⁵~²¹垫猪圈的草

~²¹tʂhʅ³³开垦

gɯ　　ɑ³³~³³花荞

~²¹真实、宽　~²¹gɯ²⁴发抖

gɯ²¹~²⁴发抖

ŋgɯ　　~⁵⁵吃　~⁵⁵ŋgɯ³³咀嚼

ɖɯ³³~³³一半　ŋgɯ⁵⁵~³³咀嚼　pɑ²¹~³³手足开裂

pæ²¹~³³皮肤开裂

~²¹盖在屋顶的木板　ɑ⁵⁵~²¹咱们　tʂhɯ³³~²¹他们

ŋɯ　　~⁵⁵实在、硬（汉语借词）

hɯ　　~⁵⁵牙、锋利　~⁵⁵ɖɯ³³dza³³一副牙

~³³去、海、湖、容易

~²¹雨、富、多　ɳə⁵⁵~²¹年恒（男子名）

ɣɯ　　　~⁵⁵牛、娴熟　　mv³³ ~⁵⁵女婿

　　　　~³³皮　　~³³dɑ²⁴织布　　~³³sv³³漏勺

　　　　~²¹磨（面）

　　　　~²⁴搭肩、清理

u

pu　　　~⁵⁵艾蒿

　　　　~³³拿、带、核

　　　　~²¹胶、预订　　ku⁵⁵ ~²¹布谷鸟

phu　　~³³开（门）、量词（牛、马等）

bu　　　ɑ³³ ~⁵⁵伯伯、叔叔

　　　　~³³福分　　~³³dʑu³³桃子

　　　　~²¹轮流　　~²¹zi⁵⁵khɯ²¹垫猪圈的草　　zʐ³³ɾər³³ ~³³dʑy³³蝉

　　　　~²¹ndo⁵⁵一种用竹做的酒壶　　~²⁴猪　　~²¹zɑ⁵⁵me²¹小母猪

　　　　~²¹me⁵⁵pɑ³³劁母猪

mbu　　~⁵⁵聋

　　　　~³³亮、山坡、田埂

　　　　~²¹坡

　　　　~²⁴扛、承担

mu　　　thɑ⁵⁵ ~²¹印模

　　　　~³³猛鬼、牺牲（名）　　　~³³ɾɯ⁵⁵mo³³ ʂʅ³³tʂhər⁵⁵长生不老药

　　　　~²¹铸范　　~²¹ŋɛ⁵⁵软稀稀

ɾu　　　~⁵⁵（用手掌）捧　　~⁵⁵me³³孙女

　　　　~³³四、马料（粮食颗粒）、元（量）

　　　　~²¹租金、庹（两臂左右伸直的长度）用两手伸直丈量

　　　　~²⁴（瓜藤）盘在地上、睡

tu　　　~⁵⁵拟声词，捶打的声音

　　　　~³³拟声词，吹牛角号的声音

ɖu　　　~³³部分、有些、摆设、规程

　　　　~²¹传说中的古人名

mo²¹ ~²⁴不舒畅

ŋḍu　~⁵⁵会（推测）、古规

　　~²¹神名

tʂu　~³³锥子、连接　gv⁵⁵ ~³³扎辫子的彩线

tʂhu　~⁵⁵调皮、顽劣

　　~³³插、伸

　　~²¹晚饭、快、墨玉　cy⁵⁵ ~最早

dz̢u　~⁵⁵缝隙、答应

　　~³³拉伸、债务　bu³³ ~³³桃子

　　~²¹感冒

ndz̢u　~²⁴掉、降

ʂɿ　~⁵⁵模样、过去的行政单位（相当于现在的行政村）

　　~³³寻找、农作物中掺杂的其他物种、虱子

　　~²¹铁、金（五行之一）、干净、单一　pø⁵⁵ ~²¹旱獭

z̢u　~³³午饭

　　~²¹饿、夏天

　　~²⁴句（量）、罢休

ku　~⁵⁵pu²¹布谷鸟

　　~³³递、拿给、古谱

　　~²¹生姜　kɑ⁵⁵ ~²¹山坳

khu　~⁵⁵门、铺开　~⁵⁵pe³³门闩、渣、吐出

　　ŋgu³³ ~³³渡口　~³³sɑ³³锁（名）

　　~²¹接

gu　~⁵⁵（念咒时）冥想

　　~³³me³³妹妹

　　~²¹站立、所背的东西

ŋgu　ḍɯ³³ ~³³一半　ŋgu²¹ ~³³脊背

　　~²¹病、痛、马　~²¹ŋgu³³脊背

hu　hu³³ ~⁵⁵摇晃

　　~³³胃、糊涂　~³³hu⁵⁵摇晃

~²¹夜间

u　　~⁵⁵拟声词，蜂鸣的声音

　　~³³凸、肿

　　~²¹奴隶、之下

　　~²⁴汲（水）

v

pv　　~⁵⁵dzʐ²¹工匠　　~⁵⁵mbe³³村庄

　　~³³甑子、（热水）烫、烟熏、群

　　~²¹堆　tʂə⁵⁵~²¹一种野生菌

phv　　~⁵⁵值钱、价格　　~⁵⁵ne²⁴立即

　　~³³毽毽、雄性、洒　ɑ³³~³³爷爷

bv　　~⁵⁵粗

　　le³³~³³白族　　~³³ɣv³³煨茶用的陶罐

　　ɑ⁵⁵~²¹哥哥、行贿　　~²¹tɑ³³助力（打架）　　~²¹kɯ³³腰带

mbv　　~⁵⁵~⁵⁵走路很有劲的样子

　　~³³背后话、满地都是

　　~²¹tsv³³火葬场

　　~²⁴爆炸

mv　　~⁵⁵闷　mv³³~⁵⁵怀里

　　~³³老　　~³³ɣɯ⁵⁵女婿　　~³³tʂə⁵⁵蘑菇　pe⁵⁵~³³白酒

　　~³³mv⁵⁵怀里　tʂər⁵⁵~³³一种野生菌

　　~²¹熟的东西、尸体、簸箕

　　~²⁴吹、够

fv　　~⁵⁵野鸡、毛　　~⁵⁵tsi²¹毫毛

　　~³³鼠、缝补、深陷　nɑ²¹~³³天黑　　~³³tsi³³鼠

　　~³³phvr³³雄野鸡

　　~²¹充塞、沉睡、坟（汉语借词）

tsv　　tsv³³~⁵⁵安装

　　~³³竖立、爬（坡）　　mbv²¹~³³火葬场　　~³³tsv⁵⁵安装

tshv ~^{55}端、掀

~^{33}犁铧、踢

~^{21}细、鬼、水冲

dzv ~^{55}dzv^{33}冰 mo^{21}~^{55}dzv^{33}无所谓

~^{33}同类、村庄、冰 dzv^{55}~^{33}冰 mo^{21}dzv^{55}~^{33}无所谓

~^{21}双、对

~^{24}（树）生长、交汇

ndzv ~^{55}凿子

~^{33}（用锄头）挖、啄 ~^{33}~^{33}攀比

~^{21}坐、婚事

~^{24}犏牛

sv ~^{55}三

~^{33}家神、三、拣 ɣɯ^{33}~^{33}漏勺

~^{21}繁多、话多

zv ~^{55}抓、握

~^{33}青稞、皱

~^{21}拿、做 tse^{55}~^{21}旮旯

~^{24}猴子、麻、震动

tv ~^{55}挑衅

~^{33}顶（动）、凑、赌、支撑

~^{21}千、直、竹篓

thv ~^{55}木桶、土地神

~^{33}奶渣、发生 mø^{55}~^{33}天晴 mi^{21}~^{33}黄果

tʂhvr^{33}~^{33}落单、守寡

~^{21}勾结、搭建（棚子）

dv ~^{55}犁架、那边

~^{33}积攒 gv^{21}~^{33}核桃

~^{21}鬼名

~^{24}野猫

ndv ~^{55}大坨、大块、结满果子的样子

~^{33}翅膀

~^{21}处所

~^{24}毒药、中毒

nv　~^{55}嘴　~^{55}ȵʐɛ^{24}油腻

~^{33}疯、近　~^{33}me^{55}心脏　pi^{21}~^{21}（味）刺鼻

ndʐvr^{55}~^{21}怪味

~^{21}嗅　~^{21}dze^{55}鸡豆

~^{24}黄豆、温顺

ɾv　~^{55}石头

~^{33}蛆、两（量）　bv^{33}~^{33}煨茶用的陶罐

~^{21}龙、旧

~^{24}抬

tv　~^{33}种植　~^{33}~^{33}对质

tʰv　~^{33}借

ȵɖv　~^{55}挖

~^{21}刻、编

tʂv　~^{55}漆、迎接、鸳鸯

~^{33}米酒、吸　~^{33}iə^{55}方孔钱

~^{21}骗、捕猎时的围栏

tʂʰv　~^{55}钻

~^{33}家族、早饭、秋天

~^{21}作祟、鬼名

dʐv　~^{55}繁衍

~^{33}仇　~^{33}ʂv^{55}牵挂

~^{24}鸡蛋坏了

ndʐv　~^{55}通（洞）

~^{33}伙伴、相伴　~kv^{33}钥匙

~^{21}山

ʂv　~^{55}古氏族之一、思量　ʂv^{21}~^{55}纸　dʐv^{33}~^{55}牵挂

~^{33}茅草、带领　ne^{33}ne^{21}~^{33}丧葬仪式的一个程序

~²¹掌管自然界的神灵、骰子、拖拉 ~²¹ʂv⁵⁵纸

ẓv ~⁵⁵柳

~³³ ~³³回避

~²¹仇敌

~²⁴拉肚子、伺候

kv ~⁵⁵大蒜、野韭菜

~³³会、巧取豪夺 mbæ³³ ~³³扫帚、犁架上用来调节深浅的一个部件 ndẓv³³ ~³³钥匙

~²¹禀性

khv ~⁵⁵割、偷

~³³年、岁、属相、弯曲 ~³³phæ⁵⁵年纪

~²¹内、请、召唤

gv ~⁵⁵头 ɑ³³ ~⁵⁵舅舅 ~⁵⁵i³³秃头 ~⁵⁵tʂu³³扎辫子的彩线

~³³好 ~³³na³³认真 dʑi⁵⁵ ~³³水的上游 ȵə³³le⁵⁵ ~³³白天 kə³³

~³³开头、前面

~²¹熊、弯 ~²¹dv³³核桃

~²⁴（谷穗）弯

ŋgv ~⁵⁵平底锅、（雷）击、筋

~³³九、（房子）坚固

~²¹藏

~²⁴戳

ŋv ~⁵⁵超度

~³³iə³³租

~²¹银、哭、钱

v ~⁵⁵ ~⁵⁵形容雨下得很大

~³³zi⁵⁵鸟

~²¹料想、方木料

~²⁴tɯ³³固执

vr

pvr ~⁵⁵拟声词，擤鼻涕的声音

　　　　　　～^{33}梳子、写、抓、拔　　hæ^{21} ～^{33}灰尘

　　　　　　～^{24}拟声词，放屁的声音

phvr　　sɑ^{33} ～^{55}麻线

　　　　　　fv^{33} ～^{33}雄野鸡

　　　　　　～^{21}白色、解开（绳子）　　～^{21}lɑ^{33}神　æ^{24} ～^{21}公鸡

bvr　　～^{33}客人

　　　　　　～^{21}稗子、绳子、沸腾　　～^{21}bvr^{24}小猪

　　　　　　bvr^{21} ～^{24}小猪

mbvr　　～^{55}搬迁、笕槽

　　　　　　～^{33}淌（脓）、披毡

　　　　　　～^{21}牦牛、脓

　　　　　　～^{24}烧

mvr　　～^{33}ŋər^{33}软

fvr　　～^{55} ～^{55}轻快　ŋə^{21} ～^{55}斜眼

　　　　　　～^{21} ～^{21}沉睡的样子

tvr　　～^{33}编（竹、毛线等）、墩子、胜任、顺眼、逼近

thvr　　thvr^{33} ～^{55}裹

　　　　　　～^{33}犯傻　　～^{33}thvr^{55}裹

ɖvr　　～^{33}平台

　　　　　　～^{21}泡沫

　　　　　　～^{24}摧毁

ɳɖvr　　～^{55}错、水塘

　　　　　　～^{33}池塘（量）

　　　　　　～^{24}围攻

tʂvr　　～^{55}咳嗽

　　　　　　～^{33}吓唬

　　　　　　～^{21}拟声词，饮酒的声音

tʂhvr　　～^{55}搅拌　ŋuɑ^{33} ～^{55}打奶

　　　　　　～^{33}肺、握　zo^{55} ～^{33}孝子　～^{33}thv^{33}落单、守寡

　　　　　　～^{21}高兴

dʐ̩vr　dʐ̩vr²¹ ~³³把人或动物反复往下压、蔫了的样子

　　　　~²¹dʐ̩vr³³把人或动物反复往下压、蔫了的样子　　~²¹i⁵⁵鸟名

ndʐ̩vr　~⁵⁵湿　　~⁵⁵nv²¹怪味

　　　　~³³游泳

　　　　~²⁴惊、黏稠、犁架的部件

ʂvr　ʂvr³³ ~⁵⁵佐餐

　　　　~³³明显　　~³³ʂvr⁵⁵佐餐

　　　　~²⁴酸奶

ʐ̩vr　~⁵⁵干热河谷

　　　　~³³私藏、刀

　　　　~²⁴追赶、揉

o

po　~⁵⁵趴、拟声词

　　　　~³³宝物、小山丘

　　　　~²¹包（量）

　　　　~²⁴包（动）、无奈

pho　~⁵⁵炮（汉语借词）

　　　　~³³伙

　　　　~²¹逃

mo　~⁵⁵生气、含（嘴里）　　~⁵⁵si³³不知道

　　　　~³³不　mu³³ɣɯ⁵⁵ ~³³ʂ̩³³tʂhər⁵⁵长生不老药

　　　　~²¹ɖu²⁴不舒畅　　~²¹dzv⁵⁵dzv³³无所谓

　　　　~²⁴不是　　~²¹zɑ²⁴不止、不仅

tso　~⁵⁵推、灶　　~⁵⁵tso³³推挤

　　　　~³³放（篮子里）、穿（袜子）　　tso⁵⁵ ~³³推挤

　　　　~²¹壁虎

tsho　~⁵⁵葱

　　　　~³³楼、跳、锉子

　　　　~²¹大象、一种民间经济互助组织

dzo　dzo³³～⁵⁵汤泡饭、用具

　　～³³积攒、制（工具）　　～³³dzo⁵⁵汤泡饭、用具

　　～²¹坛子、模子　～²¹～²¹样子　～²¹be⁵⁵说背后话

ndzo　～⁵⁵冰雹

　　～³³正常

　　～²¹桥

　　～²⁴滚蛋

so　～⁵⁵高山、松动（汉语借词）

　　～³³学、习惯、搓

　　～²¹早上　～²¹ȵi³³明天

zo　～⁵⁵男性、儿子、小　～⁵⁵tʂhvr³³孝子

　　～³³小　i⁵⁵～³³敞口的坛子

　　～²¹拟声词，吃水果的声音

to　～⁵⁵木板、额头

　　～³³坡　to²¹～³³拥抱　be³³～³³形象

　　～²¹抱　～²¹to³³拥抱　～²¹tɯ³³怀抱

tho　～⁵⁵松树

　　～se²¹～³³松子　～³³ȵʝɛ²¹松油

　　～²¹靠、背后

do　～²¹看见　ȵə²¹～²¹天亮

ndo　bu²¹～⁵⁵一种用竹做的酒壶

　　～³³跌倒、流淌

　　～²¹傻、臀部　ʂe³³～²¹害羞

　　～²⁴ba²¹阴山

no　～⁵⁵家畜神、杂草

　　～³³满足、闹

lo　～⁵⁵木盆、溜索

　　～³³翻越、水沸腾后溢出　～³³be⁵⁵干活

　　～²¹山谷、红麂子、用水冲刷

ko　～³³凹、干涸

～²¹高山草甸、高山牧场、内

～²⁴针

kho　～⁵⁵猜

～³³屠宰、破（柴）

～²¹亲戚、丛、凹陷的地方

ŋgo　～²¹粮仓、牙齿

～²⁴煎（药）、熬（汤）

ho　～⁵⁵汤、八

～³³深、八、次（量）

～²¹肋骨、赶（牛、猪）

～²⁴合（汉语借词）

o　～³³倒、家产

～²¹鹅、谷神　　～²¹z̩æ⁵⁵一种酒精度很低的酒

～²⁴是

ɒ

ɒ　～⁵⁵左、骨节、杆、柄

～³³硬　　～³³bø³³竹叶菜

～²¹光、影子　　～²¹he⁵⁵魂　　tʂhuɑ³³ ～²¹蚂蚁

～²⁴汇集、影子

ə

bə　～⁵⁵脚底板、怕、吻、普米族①

sɑ⁵⁵ ～³³纺麻线

～²¹处、吻

～²⁴穗

mbə　～³³躲、粗鲁、一堆（量）②

---

①　老年人多发 bə，年轻人多发 bo。

②　老年人多发 mbə，年轻人多发 mbo。

ɹə	～²¹来
	～²⁴美丽、漂亮
ʈə	～⁵⁵问、受苦
	～³³对折
ʈʰə	～³³实在、认真、滴（量）
	～²¹雨滴的样子
ɳɖə	～⁵⁵滴水
	～³³滴（量）
tʂə	～⁵⁵pv²¹一种野生菌　　tʂə³³～⁵⁵掂量
	～³³抓　　～³³tʂə⁵⁵掂量
tʂʰə	～⁵⁵（往上）爬　　mv³³～⁵⁵蘑菇
	～³³污秽、鬼名
	～²¹这儿、张开
dʐə	～²⁴步
ʂə	～⁵⁵杉树、受损
	～³³说
	～²¹沙、撕
	～²⁴下降（水位、体重等）
ʐə	～⁵⁵ʐə³³用刀破成条状
	～³³条　　ʐə⁵⁵～³³用刀破成条状
	～²¹草
cə	～³³记号、谎话、煮
	～²⁴便秘
cʰə	～³³铅（汉语借词）　　　～³³pa³³la²¹ɾɯ³³秋巴腊里，鬼名
ɟə	ɑ²¹～⁵⁵哪里
	～³³ma³³戬子
	～²⁴（庄稼）好、（人）善
ɲɟə	～²⁴辛苦，辛劳、困难
ŋə	～⁵⁵hɯ²¹年恒（男子名）
	～³³大清早　　～³³le⁵⁵gv³³白天　　～³³pʰø⁵⁵火麻

~²¹lø⁵⁵眼睛　　~²¹do²¹天亮　　~²¹fvr⁵⁵斜眼

~²⁴眼睛

çə　 çə³³ ~⁵⁵粘

~³³贴　　~³³çə⁵⁵粘

~²¹（和的面）稀、休息　　~²¹kuɑ⁵⁵鸟名

kə　~⁵⁵雕

~³³镜子、放狗追、筛　　~³³gv³³开头、前面

i²¹ ~³³子由（树名）

~²¹陶坛子

~²⁴戒（烟、酒）、隔（汉语借词）

khə　khə³³ ~⁵⁵健康

~³³竹篮、泄（水）　　~³³khə⁵⁵健康

~²¹（肉）变质、那里、这里（处所）

gə　~³³舞

~²⁴馊、上、心甘情愿

ŋgə　~⁵⁵le²¹死亡

~³³赌气、翘

~²⁴撬、（花）谢

ŋə　~²⁴忍、坚持

hə　hə³³ ~⁵⁵疼痛

~³³痛　　~³³hə⁵⁵疼痛

~²¹勒　le³³ ~²¹去了

~²⁴吓唬

ɣə　~³³烤、晒

~²¹捞

ər

ɼər　~⁵⁵睾丸

~³³种子、叫唤　z̩ɻ³³ ~³³bu³³dz̩y³³蝉

ua²⁴ ~²¹伙伴

ʈər 　　~⁵⁵突然

　　　　~³³关、堵塞　　cɛ⁵⁵ ~³³祭畜神的一种民俗活动

　　　　~²¹鬼名

ʈʰər 　　~³³差劲

　　　　~²¹裙子　　~²¹dzi³³精液

ɖər 　　~³³发芽、（皮、纺织品）老化

　　　　~²¹骡子

ɳɖər 　　~⁵⁵短

　　　　~³³竹帘、打中

　　　　~²¹晕

　　　　~²⁴厩肥

ɳər 　　~³³压、鸟名　　mvr³³ ~³³软

tʂər 　　~⁵⁵mv³³一种野生菌

　　　　~³³使唤、（竹、骨等）节

　　　　~²¹许可

　　　　~²⁴拟声词，猪叫的声音

tʂʰər 　　~⁵⁵洗、药、染料　　mu³³ ɯ⁵⁵mo³³ ʂ̩³³ ~⁵⁵长生不老药

　　　　~³³腐烂

　　　　~²¹肥肉

dʐ̩ər 　　~²⁴说话

ndʐ̩ər 　　~³³（油）煎

　　　　~²¹融化

ʂər 　　~³³事情、污垢

　　　　~²¹七、长、牵

ʐ̩ər 　　~⁵⁵ʐ̩ər³³小距离移动

　　　　ʐ̩ər⁵⁵ ~³³小距离移动

　　　　~²¹圆木料、猛兽

　　　　~²⁴吼

ɿ

tsɿ 　　~⁵⁵（水）冲　　æ³³ ~⁵⁵小鸡　　tsɿ³³ ~⁵⁵黏稠

　　　　　$\sim^{33}$tsʅ^{55}黏稠

tshʅ　　tshʅ$^{33}\sim^{55}$讲价

　　　　　$\sim^{33}$热、断（水）　　$\sim^{33}$tshʅ^{55}讲价

　　　　　$\sim^{21}$捞、十　uɑ$^{55}\sim^{21}$五十

　　　　　$\sim^{24}$抢

dzʅ　　$\sim^{24}$抢、强盗

ndzʅ　　$\sim^{33}$唱、尊（量）、斜

　　　　　ndɑ$^{24}\sim^{21}$一种树名

　　　　　$\sim^{21}$树、凑（分子）

sʅ　　　$\sim^{55}$柴、木

　　　　　$\sim^{33}$刮、剃、肝

　　　　　$\sim^{21}$爱好、父亲

zʅ　　　$\sim^{55}$很脆的样子

　　　　　$\sim^{33}$忍　　$\sim^{33}$ɼər^{33}bu^{33}dzˌy^{33}蝉

　　　　　ɑ^{33}zʅ$^{55}\sim^{21}$小小的

　　　　　$\sim^{24}$压

ʅ

tʂʅ　　　$\sim^{55}$泥土

　　　　　$\sim^{33}$筛　$\sim^{33}$lɑ^{33}打针

　　　　　$\sim^{21}$真实、爪子、土坯

tʂhʅ　　$\sim^{55}$吊

　　　　　$\sim^{33}$掰开　khɯ$^{21}\sim^{33}$开垦

　　　　　$\sim^{21}$拟声词，赶牲口的指令

dʐʅ　　　$\sim^{55}$街、集市

　　　　　$\sim^{33}$倒挂、死亡

　　　　　$\sim^{21}$时间、时代　pv$^{55}\sim^{21}$工匠

　　　　　$\sim^{24}$煮

ndʐʅ　　$\sim^{55}$豹子　　$\sim^{55}$bø^{33}马镫

　　　　　$\sim^{33}$漂亮、燃烧

　　　　　　　~²¹花费（时间）、耽搁

　　　　　　　~²⁴打

ʂ̩　　　　　~⁵⁵肉

　　　　　　　~³³新、死　çy⁵⁵~³³祭祀　mu³³ɾɯ⁵⁵mo³³~³³tʂhər⁵⁵长生不老药

　　　　　　　~²¹黄色、狮子

　　　　　　　~²⁴确定

z̩　　　　　~⁵⁵认、承认（汉语借词）

　　　　　　　~³³路、酒　　~³³ɳɖuɑ²⁴迷路

　　　　　　　~²¹蛇、还未超度的亡灵

　　　　　　　~²⁴缝、灶灰

iə

piə　　　~⁵⁵屋架、圆盘状的东西、盘（量词）　　ɾɯ²¹tha⁵⁵~⁵⁵磨盘

　　　　　　　~³³成、好　piə²¹~³³扁

　　　　　　　~²¹piə³³扁

phiə　　phiə³³~⁵⁵毁坏

　　　　　　　~³³叶、破坏、片　　~³³phiə⁵⁵毁坏

　　　　　　　ndɑ³³~²¹砍刀

biə　　　~³³敞口的陶罐

　　　　　　　~²⁴片（木板、石板）

mbiə　　~⁵⁵坚持得住、（器具）耐用

　　　　　　　~²⁴垮、坍塌

miə　　　~³³命、伤疤

iə　　　　tʂv³³~⁵⁵方孔钱　iə³³~⁵⁵互相馈赠

　　　　　　　~³³烟、给、送　　~³³pe²¹正月

　　　　　　　~²¹融化

　　　　　　　~²⁴一种野菜、再次

uɑ

ɾuɑ　　　~⁵⁵指望、希望

　　　　~^{33}容器、口腔

　　　　~^{21}胜任

　　　　~^{24}轭

ʈua　　~^{55}碳酸钙石

　　　　~^{33}（身上）起泡、起疙瘩

ɖua　ba^{21}~^{33}虫名

ɳɖua　~^{55}小水潭、积（水）

　　　　~^{33}糊涂、螯

　　　　~^{24}迷失　zɿ^{33}~^{24}迷路

ɳua　~^{55}糯米

　　　　~^{33}牛奶　　~^{33}tʂhvr^{55}打奶

　　　　~^{21}毛团、虫名

　　　　~^{24}羽毛

tʂua　~^{55}床

　　　　~^{33}隔开、间（量）

　　　　~^{21}男子、快

tʂhua　~^{55}六

　　　　~^{33}米、鹿　　~^{33}ɳ^{21}蚂蚁

　　　　~^{21}潮湿

ndʐua　ndʐua^{33}~^{55}抢夺

　　　　~^{33}撞、抢、镐　　~^{33}ndʐua^{55}抢夺

　　　　~^{24}争

ʂua　~^{55}小叶杜鹃　æ^{21}~^{55}阉鸡

　　　　~^{33}楔子　　~^{33}~^{33}齐

　　　　~^{21}高、馋

ʐua　~^{55}马

　　　　~^{33}能干　the^{21}~^{33}驴

　　　　~^{24}舍得、薅草

kua　~^{55}骗　çə^{21}~^{55}鸟名

　　　　~^{33}管诉、讼　~^{33}~^{33}相约　çi^{55}~^{33}骗人

　　　　~^{21}火塘

khuɑ　~^{55}肩膀

　　　~^{33}碗、带来好处

　　　~^{21}坏　le^{55} ~^{21}裤子

huɑ　~^{55}白鹇鸟　~ me^{21}八月

　　　~^{33}野外的住所、伙、花眼

　　　~^{21}发呆　~^{21}dze^{33}一种树的名字

uɑ　~^{55}uɑ^{33}麦秆做的一种乐器　~^{55}tshɿ^{21}五十

　　　~^{33}五、瓦（汉语借词）　uɑ^{55} ~^{33}麦秆做的一种乐器

　　　~^{24}语气词　~^{24}ɣɚ^{21}伙伴

ue

sue　~^{33}官员

ɣue　~^{55}乱（汉语借词）

kue　~^{55}n̠i^{21}顺畅、灵巧

　　　~^{33}刮子、棺木（土葬用）

　　　~^{21}圈、溜达、流浪

khue　~^{55}门道、势头

　　　~^{33}弯取、绕、本事、能力

　　　~^{21}弯曲的木条

gue　~^{21}弯、歌、吟唱

ŋgue　~^{55}逛、赊账

　　　~^{24}爱惜

hue　~^{21}（突然）闪过

ue　ue^{33} ~^{55}圆形、包围

　　　~^{33}村庄　~^{33}ue^{55}圆形、包围

　　　~^{24}黄鹰

第十章

白地东巴文化现状调查

第一节　白地东巴文化概况

一　白地的东巴

1. 东巴的数量和分布

白地有白地、瓦刷、哈巴、江边、安南、东坝 6 个村委会，据我们调查，现在江边村委会和安南村委会已经没有东巴，也不再举行东巴教仪式了。当然，安南村委会村民绝大多数是藏族和彝族，纳西族很少，是东巴消亡的主要原因。目前东巴较多的是白地、东坝两个村委会，两村东巴分布如下。

白地村委会有 8 个纳西族村，共有东巴 46 人，其中：古都村 7 人，吴树湾村 25 人，波湾村 6 人，水甲村 3 人，恩水湾村 2 人，补主湾村 1 人，恩土湾村 1 人，阿鲁湾村 1 人。

东坝村委会共有 9 个纳西族村，共有东巴 42 人，其中：日树湾村 10 人，科目村 13 人，各迪村 4 人，七洛村 3 人，次恩支村 3 人，迪满村 1 人，车拉八村 3 人，松八村 4 人，关金村 1 人。

哈巴、瓦刷两个村委会东巴较少，哈巴村委会只有东巴 4 人，其中告湾村 2 人，其支村 2 人，其他村已经没有东巴。瓦刷村委会共有东巴 10 人，其中中知恩村 5 人，下知恩村 5 人，其他村已经没有东巴。

截至 2009 年 6 月，白地健在的东巴共有 102 人，各村东巴的具体信息详见第二节《白地各村东巴概览》。

2. 东巴的传承

白地东巴的总数看起来比较多，但这是我们把稍微学过一下、会做一点东巴教仪式的人都算在内得出的数字，实际上这些东巴的水平参差不齐，特别是水平高的东巴不多而且大东巴多已经年迈。不过，白地东巴文化在经历了多次政治运动特别是"文革"之后，还能恢复到这种程度，已经很不错了。这一方面得益于 20 世纪 80 年代以来改革开放的政策，一方面得益于白地是东巴文化圣地，群众的信仰还比较虔诚，同时也得益于有识之士在改革开放后认识到东巴文化的重要性而不遗余力地通过各种方式恢复传承活动。

以前白地东巴的传承主要是父子亲属相传、师徒相传，改革开放后白地东巴文化的传承，政府和有识之士起了很重要的作用。

和尚礼先生原是白地小学的教师，20 世纪八九十年代任乡文化站站长时，曾对"文革"后留存的东巴经进行收集，收到大约 650 册。还在 1992 年请大东巴习阿牛、和志本担任教师，招收各村略懂东巴仪式的东巴举办为期一月的培训班，学习了几本在丧葬仪式中用到的比较重要的东巴经。后来在各村从事东巴活动的主要就是当时的老师和学员。如东坝日树湾村的习阿牛（2009 年 7 月 28 日去世）、习尚洪东巴，科目村的墨虎、杨成章东巴，次恩支村的和丽军东巴等；白地古都村的和志本、和志强、杨光红（2010 年去世）、杨文景、和卫东巴，吴树湾村和占元（2009 年 6 月 2 日去世）、杨玉林、杨玉发东巴，波湾村的和学仁东巴，水甲村的杨树开、杨玉清、和崇武东巴，阿鲁湾村的杨自清东巴，知恩村的和利国东巴等。和尚礼先生后来担任三坝乡长、县政协副主席，开办东巴山庄、东巴村（后改为纳西族生态博物馆），继续支持东巴文化的恢复和传承。

杨正文先生原在迪庆州方志办工作，1998 年退休后牵头成立迪庆纳西学会并任会长，在白地创办了圣灵东巴文化学校，聘请和志本东巴、和丽军东巴等为老师，举办过几次为期几个月的东巴文化传习班。古都村的和志强、杨文景、和卫东巴，水甲村的杨树开东巴等人都在圣灵东巴文化学校夜校学习过。杨正文先生在退休后积极从事东巴文化的整理研究工作，成果颇丰，出版了《东巴圣地白水台》《最后的原始崇拜》《杨正文纳西学论集》《藏区东巴文化

和尚礼（中）和他创办的东巴村

杨正文先生（左）和他创办的圣灵东巴文化学校

要览》等有关白地东巴文化的著作，在学术界有较大的影响。

和树荣先生曾任白地中心小学校长，于 1998 年在吴树湾村创办了白水台汝卡东巴学校，聘请和占元东巴为老师，采用夜晚学习、业余学习为主的方式，培养年轻的东巴。根据农村的实际情况，他们采取了传递教学的方法。白天由家里劳动力较多学得也比较快的和树昆、杨玉春、杨秀光、和桂武、和根利等人中的一两人跟和占元老东巴学习，晚上再由他们去教其他只能晚上学习的人。这个东巴学校除了农忙，从未间断过东巴文化的传承学习活动，现在，和树昆等已能独立主持法事。和树荣、和树昆、杨玉春等还热情地接待和帮助来访的学者，并和他们合作进行研究。和树荣、和树昆、杨玉春等还到昆明和丽江出席过学术会议。

和树荣（中）、和树昆（左）、杨玉春出席国际人类学大会

和占元东巴和他的徒弟

波湾村的和学仁东巴，从 2006 年 11 月开始，招收了 9 个徒弟，教授东巴文、东巴经，从人名、户名教起，慢慢教读和抄写《烧天香经》《请家神经》，以及在开丧超度仪式中要用到的十多册经书。后来因为时间和经费等问题，有 6 个徒弟没有再坚持学习，还有 3 个徒弟一直坚持学习到现在。

2010 年，白庚胜先生为白地争取到了 20 多万元的赞助，促成了迪庆州东巴文化传习馆的建立，由和树荣先生任馆长，通过对各村东巴文化的摸底

吴树湾村的年轻东巴

吴树湾东巴夜校

调查，在三坝、洛吉两乡成立了十二个东巴文化传习点。第一传习点设在白地波湾村，第二传习点设在白地古都村，第三传习点设在白地水甲村，第四传习点设在哈巴告湾村，第五传习点设在东坝日树湾村，第六传习点设在东坝各迪村，第七传习点设在东坝科目村，第八传习点设在东坝次恩支村，第九传习点设在东坝松八村，第十传习点设在瓦刷上知恩村，第十一传习点设在瓦刷下知恩村，第十二传习点设在洛吉乡洛吉中村。各传承点的主要召集

拜访和占元东巴

人为：东坝的习尚洪、墨虎、永才；瓦刷的和丽国、和成志、和永泰；白地阿鲁湾村的杨自清，恩水湾的和贵全，水甲村的杨树开、杨尚、杨桂红，古都村的杨文景、杨润发等，洛吉乡中村的和七斤、和荣等。

迪庆州东巴文化传习馆以吴树湾村为中心，与上述村落传习点形成了点线面结合的传承网络，在传承过程中实行相互学习，互通有无，相互扶持的合作机制，另外，在传承模式上实行了平时集中在点上学习，一年举行几次集中交流座谈活动。有经验大家共同分享学习，有困难大家共同集思广益来解决，从而为东巴文化的传承打下了扎实的基础

各村的传习点现在基本能坚持晚上学习 2 个小时的东巴经、东巴文。我们 2011 年 8 月去调查时，到吴树湾村传承点和古都村传习点进行了参观学习。吴树湾村的传习点当时是由和树昆东巴在教授东巴经，古都村的传习点由和志本东巴在教授开丧超度仪式中用的《法杖经上册》。他们说到当时为止，已经学了 6 册主要用于开丧超度仪式的东巴经。

二　白地东巴文献

1. 东巴经书

白地的东巴每个人多多少少都有一些经书，最少的有三五本，最多的有上百本。由于几次政治运动，特别是"文革"的破坏，白地东巴拥有的老

在古都村传习点和学员一起学习

经书数量并不多。我们 2009 年初拜访和尚礼先生时，他说 20 世纪 90 年代他当乡文化站站长期间，在白地征集了大约 650 册老东巴经。我们在调查中还发现很多东巴有一到三五本老东巴经，甚至更多。

白地幸存的老东巴经都有各种坎坷的经历。采访时，有些东巴说"文革"中他们把有些经书藏在房顶几片木片瓦的中间，所以没被造反派发现没收走，但"文革"结束时因为多年的日晒雨淋，即使藏在木片瓦下面，拿出来时有些经书也已经腐朽不能使用了。有些东巴说他们的老经书除了被人借走的以外都未能幸免于难，因为大家都知道他们是东巴世家，有很多祖传下来的老经书，不交出来不行。如古都村的和志本东巴说，"文革"时那些人来没收他舅舅柯恒东巴传给他的东巴经、法器时，他被调到外面去劳动，不在家。他妻子见没收的人来了，想到占卜用的抽签牌画很重要，于是悄悄把 54 张抽签牌画藏在披着的羊皮披肩里。不料那些人搜走经书法器之后不一会儿又回来了，说他们刚清点了没收的那些经书，不见抽签牌画，让她老老实实地交出来。和志本东巴的妻子只好战战兢兢地从羊皮披肩里拿出抽签牌画交给了造反派。和志本东巴现有的 80 多本经书中，只有六七本是老经书，他说这几本老经书有的是他们没收时掉落的，有的是之前被人借走当时没在家而幸存的，他现在有的这些半新的经书，大多是他在乡文化站、东巴山庄、东巴村当老师的时候，借和尚礼先生征集来的老经书原本抄写的。波湾村有个东巴，倒比较有先见之明，知道在没收东巴经和法器后，就事先把很多经书和法器寄存在了一个不是东巴的亲戚家，只留下一些品相不太好也不太重要的东巴经等着造反派来搜查没收。那个东巴平时做生意不常在家，村里有法事有时也没能参加，因此造反派也不知道他到底有多少经书，他家的很多老经书也因此幸免于难。恩水湾村和贵全东巴家收藏的老东巴经比较多，是因为他的奶奶聪明能干，"文革"时期通过各种方法巧妙地收藏传下来的。和贵全东巴说，他家的老经书在1990年前后大部分被当时的乡文化站站长和尚礼先生收集去了，和先生当时承诺说以后和贵全东巴要用到那些经书以及文化站从其他人家收集到的经书都可以随时去看。东坝的墨虎东巴也有很多老东巴经，这得益于他的父亲当年开了一个矿石冶炼厂，很有钱而且有先见之明，给他买了很多老经书。听说有一次一家的老经书卖了，买主已经到了中甸县城，墨虎东巴的父亲硬是以高价把经书又给他买了回来。

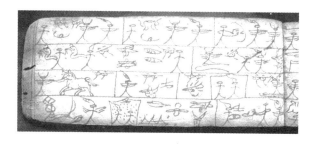

白地波湾村的老经书

调查时，我们每到一个东巴家，都要请他们把经书拿出来让我们计数、拍照、做文献要素的记录，老本东巴经我们就会做特别的标记，几个村委会调查下来，保守统计，白地民间收藏的老本东巴经有100多册，加上和尚礼先生当年征集的老东巴经，白地现在应该还有近800册老东巴经。

至于"文革"后新抄的经书，每个东巴自己都会抄写一些。有的抄写的经书多达上百册，如吴树湾村的和树昆东巴。有的70多册，如古都村的和志本东巴、东坝科目村的墨虎东巴等。有的50多册，如东坝日树湾村的习尚洪东巴、和永才东巴，波湾村的和学仁东巴，吴树湾村的杨玉春东巴、杨秀光东巴、和桂武东巴、和根利东巴等。有的30多册，如古都村的和志

东坝墨虎收藏的老经书

强东巴、杨文景东巴、和卫东巴、和永新东巴，水甲村的杨树开东巴，阿鲁湾村的杨自清东巴，恩水湾村的和永胜、和贵全东巴父子，吴树湾村的十多位东巴、瓦刷中知恩村的和利国东巴，东坝日树湾村的习胜华东巴等。有的只有十多册，如古都村的杨光红东巴、波湾村的和袁东巴、吴树湾村的十多位东巴、东坝科目村的和明万东巴等。也有的只有三五册经书，如水甲村的杨玉清东巴等。白地现在共有东巴 102 人，以平均每人有 20 册经书计算，现在白地民间也有近 2000 册新抄写的东巴经。这个数量是比较客观和保守的估计，但也很可观了。

2. 应用性文献

没有上过汉族学校的东巴，除了阿拉伯数字以外，一般都不会写汉字，因此，东巴文除了写经书以外，有时还用于地契、账本、借条、收条、书信、题词、歌本等应用性文献。在调查中，我们也收集到了白地的一些东巴文应用性文献。如我们在吴树湾村和树昆东巴家看到了两份清朝末年的东巴文地契。波湾村和继全先生家收藏着他爷爷和伊甲当年做生意时候的东巴文账簿 11 本。杨正文先生的笔记本上有和志本东巴当年向他借《竖经幡经》的借条。我们给东巴付了劳务费之后请东巴写收条，他们也是用东巴文写的。20 世纪 90 年代，习阿牛东巴给郭大烈先生写过一封东巴文书信，拜托郭先生照顾一下他的小儿子习胜林东巴；和树昆东巴给我们写过 4 封东巴文书信，讲述他当时的境况并问候我们的近况。阿明灵洞里有李霖灿先生、杨学才东巴、和志本东巴等很多人的东巴文题词。古都村的和志强东巴等人有很多用东巴文记录的民歌歌本。粗略统计下来，白地东巴文应用性文献有十多类 40 多份。

白地和志本东巴（上）、东坝墨虎东巴（下）新抄的经书

和志本东巴的抽签卜画

墨虎东巴画的纸牌画

白地东巴文账簿

三　白地东巴教活动

白地的东巴教活动在"文革"以后大为减少，但民间对东巴教的信仰还比较虔诚，遇事占卜是比较普遍的情况。2008 年 7 月，我们在吴树湾村跟随和占元东巴学习翻译东巴经的时候，经常会有丢失了牛的人家、家有久治不愈的病人的人家、结婚好久不孕不育去医院检查治疗无效的夫妇，来找和占元东巴占卜原因以及解除困厄的方法。2009 年 2 月初我们在古都村跟随

和树昆在释读东巴文地契

和志本东巴写在聘书硬皮上的账单

和志本东巴学习翻译东巴经时，也遇到了来占卜做生意的方位、财运的人，来占卜家里不顺寻求顺利方法的人，等等。东巴占卜不向来人要具体的报酬，老百姓根据自己的家庭情况，一般给东巴一两升粮食、十几个鸡蛋、一两饼沱茶，有钱就再送 10 元或 20 元，没钱也就不给。老板来占卜生意情况的，有时除了送一条烟、几瓶酒之外，还要给东巴至少 50 元钱，多的会给 200 元。如果占卜的结果要做什么仪式，简单可行的，东巴就会教他们自己回去做，如果他们做不了的，东巴就会在约定的时间到他们家里去帮忙做仪式。

和志本东巴为一名妇女占卜，左：抽签，右：解读

　　白地现在还在举行多种东巴教仪式，东坝科目村墨虎东巴说他做的仪式大大小小多达36种。当然，不一定每个家庭都要做这么多。一般来说，白地的纳西族每天要举行日常的祭祖活动，在家人的属相日和大年初一、二月八、火把节等节日里到白水台敬神烧香祈福。波湾村"文革"后恢复了二月初七全村在白水台的举行祭天仪式，吴树湾村也在2009年恢复了祭天活动。东坝村委会恢复了正月十六在格楚楚（九仙峰）举行敬神烧天香仪式、二月初十在格楚楚举行大型祭署仪式。牲畜、家人不顺利的家庭会根据东巴占卜的情况，做很多仪式，比如除秽、开丧超度、请家神、退口舌是非、顶灾用鸡许愿、小祭风等仪式。

　　我们在白地调查多年，见过白地举行的退口舌、祭祖、祭天、祭署、敬神烧天香、算卦、丧葬等仪式场面。他们做仪式很少像丽江那样，为了求快而把几种仪式、几本经书杂糅合并进行，而是按老规矩按顺序按时间认真举行。东巴们认真地做仪式，老百姓虔诚地参与，静静地等待，态度认真，秩序井然。特别是敬神烧天香的活动，白地的村民由于几乎每户每天在家都要烧香敬家神、祭祖，每逢家人的属相日或有家人外出、学生考试都要到白水台去烧香，所以很多老百姓都会念几句东巴经中敬神烧天香的祝祷词，虔诚的心态和东巴教意识老少一致，由此可见东巴文化在老百姓心目中仍然占据着主导的地位。可以说，有足够数量的东巴和经书存在，常态地进行足够数量的活动，是东巴文化仍然活态留存的主要标志。以上三方面的情况使我们感到比较欣慰，

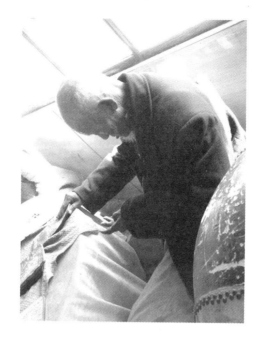

和志本东巴掐指算卦

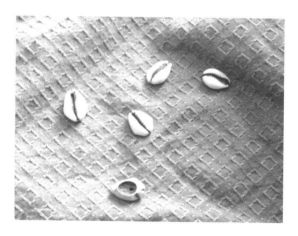

和志本东巴的占卜用贝

让我们感到东巴文化在白地具有保护传承的可能性和可行性。

和志本东巴做祭祖仪式

白地的丧葬仪式

第二节　白地各村东巴概览

至 2009 年 6 月，三坝全乡有东巴 102 人，主要分布在白地、东坝两个村委会，哈巴、瓦刷两个村委会只有人数很少的几个东巴。江边村委会有

12 个村民组，406 户，1756 人，据我们现在掌握的材料，已没有东巴了。安南村委会有 7 个村民组，453 户，1792 人，主要是藏族和彝族，几乎没有纳西族，也没有东巴①。

一 白地村委会东巴概况

白地村委会位于三坝乡中部，是乡政府所在地，总耕地 3374 亩，户数 858 户，人口 3374 人，下辖 15 个村民组（自然村）。其中 8 个纳西族村、5 个汉族村、2 个彝族村。有完小 1 所、村小 2 所、教师 27 名、学生 376 名。白地的东巴文化相对来说保存较好，全村共有东巴 46 人，下面是 8 个纳西族村东巴的简况。

（一）古都村

古都村传说是白地最古老的村庄，美丽的白水台风景区就位于古都村上面，全村现有东巴 7 人。

白水台下的古都村

1. 和志本东巴，详见第三节《白地东巴个案考察研究》。

2. 杨光红东巴，属猴，1932 年生，2010 年 12 月去世，享年 79 岁，和

---

① 各村户数、人数等数据，据《三坝乡年鉴》（2008 年）、《三坝纳西族民族乡政府 2009 年上半年工作总结》所述 2008 年的数据。

志本东巴的徒弟。他有 11 本经书，能看东巴文，但不太会写，主要是口诵。村里有结婚的喜事时，常被请去做 sv^{55}khv^{21}请家神仪式。自从和志本东巴 1990 年被乡文化站、东巴山庄、东巴村聘用后，他就常被村里人请为主持丧事仪式的大东巴。

3. 和志强东巴，乳名 bə^{55}ŋɖɯ^{21}崩迪，属鸡，1933 年生，2011 年 79 岁，和志本东巴的弟弟、徒弟。他的母亲没有出嫁，他一直和母亲、舅舅、哥哥和志本一起生活，10 岁的时候因生父家的儿子夭折而去了生父家。他有 34 本经书，会写东巴文也会口诵东巴经，平时在白水台风景区为游客烧香祈福。村里有丧事时协助和志本东巴和杨光红东巴主持开丧超度仪式，还被办丧事家庭的亲戚请去做 sv^{55}khv^{21}请家神的仪式。2007 年，他在白地为一对俄罗斯新人举行了纳西族婚礼。2010 年 6 月，那对俄罗斯夫妇电话告诉他已生了小孩，邀请他去俄罗斯一游，7 月 18 日他在大儿子的陪同下去了俄罗斯，7 月 26 日回到白地。

杨光红东巴　　　　　　　　　　　和志强东巴

4. 杨文景东巴，属兔，1939 年生，2011 年 73 岁，和志本东巴的徒弟，会写东巴文也会口诵东巴经，现有 35 本经书，其中有几本为其他东巴所送。平时在家务农，村里有丧事时协助和志本东巴和杨光红东巴主持开丧超度仪式。

5. 和永新东巴，属马，1954 年生，2011 年 58 岁，和志本东巴的大儿

杨文景东巴   和卫东巴

子、徒弟。平时在家造东巴纸，或到白水台风景区抄写其父的东巴经、为游
客烧香祈福，出售东巴纸和经书，一般不参加村里东巴举行的开丧超度等
仪式。

6. 和永红东巴，属马，1966 年生，2011 年 46 岁，和志本东巴的小儿
子、徒弟。1994 年到 1996 年，曾到北京人田丰先生在昆明开办的民族文化
传习馆学习过一些云南少数民族的传统文化。平时在家造东巴纸、画东巴画
以及务农，一般不参加村里东巴举行的开丧超度等仪式。

7. 和卫东巴，属鼠，1972 年生，2011 年 40 岁，和志本东巴的徒弟。
2003 年到 2005 年在杨正文先生开办的东巴夜校学习，此后平时有空就带一
条烟之类的礼物到和志本东巴处学习，一直到现在。2010 年 7 月 16 日到 22
日他和杨亦花一起向和志本东巴学习了几本东巴经。他曾在杨正文先生的东
巴圣灵学校帮忙，抄写了一些东巴经，他自己有十多本经书。平时开车、开
沙场维持生计，村里有丧事时协助和志本东巴和杨光红东巴主持开丧超度
仪式。

（二）吴树湾村
吴树湾村传说是白地最年轻的村庄，村民 80% 是纳西族汝卡支系人。

吴树湾村

村里十多年前就办了一个白地汝卡东巴学校，由和占元老东巴培养了很多年轻东巴，全村现有东巴 25 人。

1. 和占元东巴，详见第三节《白地东巴个案考察研究》。

2. 杨玉林东巴，属龙，1928 年生，2011 年 84 岁，汝卡东巴。

3. 杨玉发东巴，属牛，1937 年生，2013 年去世，享年 75 岁，汝卡东巴。杨玉林东巴的弟弟，他有十多本经书。

4. 和德明东巴，属马，1954 年生，2011 年 58 岁，汝卡东巴。和树昆东巴的父亲，是和占元东巴第一批徒弟中学得比较好的，和树昆开始学习后，为了让儿子专心学习，他主要承担农活，参加学习的时间少了。

5. 杨红军东巴，属龙，1964 年生，2011 年 48 岁，汝卡东巴。

6. 和德军东巴，属蛇，1965 年生，2011 年 47 岁，汝卡东巴，和德明东巴的弟弟。

7. 和学初东巴，属蛇，1965 年生，2011 年 47 岁，汝卡东巴。是和占元东巴的第二批徒弟中学得比较好的。

8. 和丽东东巴，属猪，1971 年生，2011 年 41 岁，汝卡东巴。

和贵全东巴　　　　　　和丽东东巴　　　　　　和永光东巴

9. 杨春江东巴，属虎，1974 年生，2011 年 38 岁，汝卡东巴。

10. 和建国东巴，属兔，1975 年生，2011 年 37 岁，汝卡东巴。

11. 和贵全东巴，属兔，1975 年生，2011 年 37 岁，汝卡东巴。

12. 和仕泉东巴，属蛇，1977 年生，2011 年 35 岁，汝卡东巴。

13. 和建全东巴，属蛇，1977 年生，2011 年 35 岁，汝卡东巴。

14. 杨春光东巴，属蛇，1977 年生，2011 年 35 岁，汝卡东巴。

15. 和永光东巴，属羊，1979 年生，2011 年 33 岁，汝卡东巴。

杨玉春东巴　　　　　　　　　　杨秀光东巴

16. 杨玉春东巴，属羊，1979 年生，2011 年 33 岁，汝卡东巴。初中毕业，是和占元东巴第二批徒弟中学得比较好的，白地汝卡东巴学校副校长，他有 80 多本经书，还擅长唱纳西民歌。近年来，多次与和树荣老师、和树昆东巴一起参加与纳西东巴文化相关的国际、国内学术会议。

17. 杨春东东巴，属狗，1982 年生，2011 年 30 岁，汝卡东巴。

18. 杨秀光东巴，属猪，1983 年生，2011 年 29 岁，汝卡东巴。是和占元东巴第二批徒弟中学得比较好的，东巴文、东巴舞水平较高，有 70 多本经书。

19. 杨光东巴，属猪，1983 年生，2011 年 29 岁，汝卡东巴。

20. 和树昆东巴，详见第三节《白地东巴个案考察研究》。

21. 和桂武东巴，属鼠，1984 年生，2011 年 28 岁，汝卡东巴。初中毕业，是和占元东巴第二批徒弟中学得比较好的，有 70 多本经书，东巴文和东巴画水平较高。

22. 杨立强东巴，属兔，1987 年生，2011 年 25 岁，汝卡东巴。

23. 和茂华东巴，属蛇，1989 年生，2011 年 23 岁，汝卡东巴。

24. 和根强东巴，属蛇，1989 年生，2011 年 23 岁，汝卡东巴。

25. 和根利东巴，属马，1990 年生，2011 年 22 岁，汝卡东巴。初中毕业，是和占元东巴第二批徒弟中学得比较好、年纪最小的东巴，有 60 多本经书，东巴文和东巴画水平较高。

和桂武东巴

和根强东巴

（三）波湾村

波湾村位于公路上方的一个山包上，全村在二月初七那天到白水台举行祭署、祭天仪式，这是波湾村与其他村不同的特色。村里有和学仁东巴利用晚上的时间免费教愿学东巴的人，原有 9 人学习，现仅有 3 人。全村现有东

和根利东巴

树义田东巴

和学胜东巴

巴6人。

1. 树义田东巴，属羊，1931 年生，2011 年 81 岁。他有十多本自己抄写的经书。

2. 和学胜东巴，属兔，1939 年生，2011 年 73 岁。他有祖传的七八本经书，十多本树银甲东巴抄送的经书，他自己会些口诵经但不大会写东巴文，平时在白水台风景区给游客烧香祈福。

3. 和学仁东巴，属马，1942 年生，2011 年 70 岁。他以前跟树银甲、和

和学仁东巴

占元、和志本、习尚洪东巴学习过，有 51 本经书，这几年利用晚上的时间义务教授本村想学东巴的人。

4. 和袁东巴，属猴，1968 年生，2011 年 44 岁，和学仁东巴的徒弟。他有 20 多本经书。

5. 和正武东巴，属狗，1970 年生，2011 年 40 岁，和学仁东巴的徒弟。他有 30 多本经书。

6. 和文胜东巴，属虎，1974 年生，2011 年 38 岁，和学仁东巴的徒弟。

（四）水甲村

水甲村位于公路下方，整个村庄从远处看呈横卧的丫字形状，它是原来乡政府所在地、现在的白地村委会所在地。水甲村是现在白地纳西村中丧葬仪式做得最简单的，村里现在有东巴 3 人。

1. 杨玉清东巴，属鼠，1936 年生，2011 年 76 岁。他有 3 本经书，1992年在乡文化站开办的东巴培训班学习过。由于这几年杨树开东巴和和崇武东巴被邀请到丽江东巴纸坊工作，村里的丧葬仪式都由他主持。

2. 杨树开东巴，属蛇，1941 年生，2011 年 71 岁，他是东巴教第二代教主阿明什罗的后代，到他已经是 15 代（一说 19 代）了。他学东巴比较晚，

水甲村

是 2003—2005 年杨正文先生开办东巴夜校才开始学习，现在有 25 本经书，大多在香烟壳纸上写成。2007 年到 2009 年 11 月在丽江古城东巴纸坊给游客写字、作画，2009 年 12 月回家后没再去了。

3. 和崇武东巴，属虎，1950 年生，2011 年 62 岁。他是水甲村大东巴和年恒的小儿子，也在杨正文先生 2003—2005 年开办的东巴夜校学习过，2007 年到 2009 年 11 月和杨树开东巴一起在丽江古城东巴纸坊给游客写字、作画，2009 年 12 月回家后没再去了。

杨玉清东巴

杨树开东巴

（五）恩水湾村

恩水湾村位于呈横卧的丫字形的水甲村右丫杈延伸线方向，只有30多户人家，村里现有父子东巴2人。

1. 和永胜东巴，属蛇，1941年生，2011年71岁，是恩水湾村已故大东巴久嘎吉的孙子。他的母亲聪明能干，"文革"时期巧妙地收藏了很多祖传经书，所以虽然1990年前后被当时的乡文化站站长和尚礼先生收集去了很多经书，但他家现在仍有祖传和后来父子二人新抄的经书共80多本。

2. 和贵全东巴，属猪，1971年生，2011年41岁，和永胜东巴的儿子。2008年曾经给韩国的丁一教授当翻译去过俄亚，有一本绘有俄亚简图、记录有俄亚山水、村落、东巴名等内容的笔记。

和永胜、和贵全东巴

（六）补主湾村

补主湾村在恩水湾村下方两百米左右处，只有一个小东巴。杨杰东巴，属兔，1987年生，2011年25岁。村里有丧葬仪式都请恩水湾村的和永胜东巴父子主持。

（七）恩土湾村

恩土湾村在离恩水湾村一里地左右的北方，只有一个东巴。和立正东巴，属马，1930年生，2011年82岁。村里有丧葬仪式也都请恩水湾村的和永胜东巴父子主持。

（八）阿鲁湾村

杨自清东巴

阿鲁湾村在补主湾村的下方，是白地村委会最下面的一个村，与瓦刷村委会接壤。村里人自称 $na^{21} ci^{33}$ "纳西"，与白地其他纳西村自称 $na^{21} hæ^{55}$ "纳罕"不同。阿鲁湾村共有43户人家，现在只有一个东巴。杨自清东巴，属羊，1931年生，2011年81岁。他说小时候跟父亲的堂兄 $ko^{55} hɯ^{21}$ 郭恒东巴学过一些烧香仪式，而 $ko^{55} hɯ^{21}$ 东巴在烧香时与众不同的是，念的是白族语，因为他在白族地方呆过好几年。他还跟恩水湾村的久嘎吉大东巴学过几天，但主要跟久嘎吉大东巴的学生 $yo^{33} hɯ^{21}$ 永恒学习。他在1992年乡文化站组织的东巴培训班学习过，后来曾受邀请参加过1999年丽江国际东巴艺术节。他平时主要在山上边放羊边抄写东巴经，也做烧天香、请家神的仪式，村里有丧事请他回去时就去主持开丧超度仪式。他现在有21本经书，多在香烟壳纸上写成。

二 东坝村委会东巴概况

东坝村委会位于三坝乡东北部，离白地有 60 公里的路程。村主任杨振红说，东坝共 1142 户，总人口 4800 左右，是三坝乡人口最多的村委会。其中 255 户 1110 多人是彝族，其他 3700 多人全是纳西族，东坝的纳西族都自称为 $nɑ^{21}hæ^{55}$ "纳罕"。东坝耕地面积 7000 亩，地少人多，交通也不如其他村委会方便，但七八年前改道后比以前好多了，现在每个自然村都通了公路。

东坝的经济收入一般靠土特产：核桃、黄豆、白芸豆（彝族村）、松茸，全村人均收入 800 多元。每个村民小组都有两三户不能解决温饱问题的困难户，整个村委会有四五十户困难户。全村在外打工的有 300 多人，其中只有少部分在广州、深圳等地，大部分在香格里拉县城和丽江。

东坝的村卫生所归乡卫生院管理，有 4 名医护人员，由于交通不太方便，村民除了大病到县城就医外都在村卫生所治疗，所以村卫生所的收入比乡卫生院的收入还好。

东坝有 1 所完小（由 4 个村小合并而成）、6 所村小，20 多名教师、600 多名在校学生。由于交通不便，道谷、拉丁、迪满、次恩支、老炉房、渣日还保留了村小。东坝每年有六七个学生考上大学，30 多人考上中专，五六十人考上高中。每年有四五人应征入伍，现在部队服役的有 20 多人，退伍军人 80 多人。

文化活动方面，春节期间，各村民小组自发组织联欢晚会、篮球赛等。由村委会组织的文化活动主要有两种：一是由村委会牵头由东巴主持的农历二月初十到九仙峰（纳西语叫 $kɯ^{21}tsʅ^{55}tsʅ^{55}$）山麓举行的祭自然神仪式（纳西语叫 $ʂv^{21}gv^{21}$）。杨主任说，这个风俗不知是什么时候形成的，农历二月八，整个三坝乡的百姓都去白水台朝拜野炊，农历二月十，整个三坝乡的百姓都来九仙峰朝拜野炊。二是村委会组织的三八妇女节歌舞活动。祭自然神的活动前些年乡政府每年会给八九百元，但 2008 年和 2009 年没有给，村里让东巴们先垫钱搞活动，等向乡政府要到钱后再补上，但东巴们不愿意，所以活动停了两年了，杨主任表示愿意努力恢复这样的活动。2009 年 4 月创办了白山九仙峰旅游广告公司的科目村人墨顺华修通了到九仙峰的公路，公路完工后，由村委会牵头邀请东巴在山脚举行了烧天香敬神（纳西语叫 tʂho⁵⁵pa³³ndʑi⁵⁵he²¹ʂo⁵⁵）的仪式。杨主任说，东巴的活动主要是百姓在婚丧嫁娶、疾病、六畜不兴旺以及家庭有灾难发生时自发请东巴去做法事等，由村委会组织的比较少。全村共有东巴42人。

（一）日树湾村

日树湾村纳西语的全称叫 kɯ⁵⁵le³³zʅ³³ʂʅ²¹ue³³，一般简称 zʅ³³ʂʅ²¹ue³³。习尚洪东巴说是因为这个村长满了一种类似芦苇叶子稍微发黄且叶边锋利的草而得名，三个字直译是草黄村也就是黄草村，但现在受汉译"日树湾"的影响语音逐渐变化而读成了 zʅ²¹ʂv⁵⁵ue³³。日树湾 2008 年 137 户，2010 年已是 140 多户 630 多人，村民大多属纳西族的汝卡支系，一共有东巴 10 人。

1. 习阿牛东巴，法名 to³³ŋə²¹ 东牛，属兔，1916 年生，汝卡东巴。我们 2009 年调查时 94 岁，是当时健在的最年长的东巴。老人于 2009 年 7 月 28 日去世，享年 94 岁。老人的生日，他一次说是腊月十二日或十三日，一次说是腊月十二日。若按腊月十二日计算，则是 1916 年 1 月 16 日。老人身份证上的汉字译名是习阿年，但外界一般都写成习阿牛，此亦随俗。村里人一般称呼他为 mi⁵⁵dʑi²¹（家名）ɑ³³phv³³（爷爷）。他家是日树湾村习家的老祖屋，习尚洪东巴家就是从他家分出去的。我们在习尚洪东巴家看到习家的祖先魂路《çi²¹tɕa²⁴zˌv²¹zˌ³³uo²¹me⁵⁵》，其中已经提到习阿牛的名字，到他这一代，他们从 ly⁵⁵dy²¹ 永宁搬过来已经是十四代，大概 350 年了。

习阿牛 13 岁开始学习东巴，18 岁开始主持仪式，他跟过的四位老师是：to³³hɯ²¹ 东恒、to³³ku³³ 东古（乳名 ue³³po³³）、to³³khɯ³³ 东克（乳名 ko⁵⁵hɯ²¹）、to³³dʑi²¹ 东吉（乳名 dʑə³³kɑ⁵⁵dʑi²¹，tɕhi²¹lo²¹ 七络村人）。他说他做得比较多的仪式是：tər²¹tshʅ²¹thv⁵⁵ 驱赶挡路鬼、hæ³³py²¹hæ³³be³³ 祭风，还有 ko⁵⁵pu³³tshʅ²¹thv⁵⁵ 驱赶路上遇到的鬼，以及开丧超度仪式。老人不仅掌握的东巴唱腔最多，还最擅长跳东巴舞，被新闻媒体称为"东巴舞王"。近年国家重视非物质文化遗产的传承和保护，2007 年 6 月，他作为东巴舞蹈传承人，被中国文学艺术界联合会、中国民间文艺家协会命名为中国民间文化杰出传承人。

习阿牛东巴　　　　　　　　　　　　向习阿牛东巴学习

　　习阿牛东巴记忆力很好，他说 1983 年丽江召开东巴达巴座谈会时，有一个金江的东巴送给他一本东巴文药书，希望习阿牛东巴给他加些威灵。后来大概是 1987 年，和尚礼先生来收集东巴经书，习阿牛东巴把这本经书给他了。他还想起了 20 个世纪 80 年代有个人来采访他时说过的一些话。他说那个人问他："你们村有几个当官的人吗？"他回答说没有。那人又问他："那你们村有没有大学生？"他回答说没有。那人就很不客气地说："那你们村下辈子也没有希望了！"这句话让他很伤感很气愤。不过他后来很欣慰，因为他的孙子上了大学，村里也早就有好几个大学生了。

　　习阿牛东巴的妻子属马，1918 年生，1999 年兔年去世，享年 82 岁。听说在世时会唱《格萨尔》，纳西语称为 kə^{21}sa^{33}dʐ^{33}或 kə^{21}sa^{33}dzi^{21}pv^{55}。他们有五男二女，二儿子习胜华，属虎，1950 年生，也是个东巴。四儿子习胜民，属猴，1956 年生，是藏传佛教的活佛，称为翁堆活佛，驻锡丽江指云寺，2010 年 11 月 3 日圆寂。五儿子习胜林，属狗，1958 年生，也是个东巴，法名叫 a^{55}mi^{21}to^{33}tɕhi^{21}阿明东启。

　　习阿牛东巴的弟子有习尚洪、习胜华、和力民、习志国、习胜林、墨虎、永才、高土（习健民）等，其中习尚洪、和力民、习胜林和墨虎被他称为自己的四大弟子。

　　因老人行动不便，我们没有提出看他的全部经书，只问了关于经书的一些情况。老人的二儿子习胜华东巴说自己收藏着 50 多本，其他的被五儿子习胜林东巴拿走了。我们只拍了一本封面叫 tshi^{21}za^{21}uo^{21}me^{55}的经书，牛皮纸，开本 27.3cm×13.1cm，正文加封面 51 页，用麻线左面装订，是老人 82 岁的时候写的。

我们在 2009 年两次去拜访习阿牛东巴，一次是正月十二日，有喻遂生、和树荣、杨亦花等人，第二次是 7 月 6 日至 8 日，有和力民、和树荣、杨亦花等人。老人家已经不能自己站立和走动，家人没有时间扶他时，他就躺在火塘边休息或躺在院子里晒太阳。第一次拜访时他谈得不多，但坐在地上高兴地用手给我们摆了好几种东巴舞的姿势。第二次他头脑较清醒，耳聋也稍有好转，谈得也较多。老人家对东巴文化的热忱、执着和献身精神使我们深受感动。2009 年 7 月 29 日，在昆明第 16 届国际人类学民族学联合会世界大会纳西学研究新视野论坛上，传来了习阿牛东巴于 28 日晚 11 时去世的消息，与会者无不悲痛惋惜。我们大概是老人生前接待的最后一批学者了，念及老人对我们的教诲和期待，不禁怆然。

2. 习尚洪东巴，法名 to^{33}ka^{21}东嘎，属猴，1944 年 4 月 5 日（农历三月十三）生，2011 年 68 岁，汝卡东巴。他家是东巴世家，曾祖父 gə^{33}ma^{55}ŋga^{33}是大东巴，祖父不是东巴，父亲习有才是大东巴。他七八岁时学《tʂho^{55}pa^{33}ndʑi^{55}烧天香》，后来上了小学，高小毕业后新社会不准学习和做东巴仪式，直到 1990 年乡文化站办东巴培训班时才又开始重新学习。他在乡文化站待了一年多，主要是向习阿牛东巴、和志本东巴学习。后来和尚礼先生办了东巴山庄，他和和志本东巴在山庄待了五年，主要是帮山庄画卷轴画、抄东巴经书。2006 年，和尚礼先生又办了一个东巴村，他和和志本东巴在东巴村又待了两年多，一直到 2009 年 5 月才回到家。他说在山庄和东巴村里抄写了 20 多本经书、画了 100 多幅画。其间他与和尚礼先生去过俄亚和日本等地。

习尚洪东巴说他们汝卡支系除 zɿv^{21}py^{21}祭祖、ɕi^{33}ʂɿ^{33}ɕi^{33}pv^{55}pv^{55}死了人后送魂是纯汝卡以外，其他仪式和经书与纳罕都相同。他们汝卡支系的葬礼不用《thv^{33}dʑo^{21}创世纪》和《mv^{55}thv^{33}a^{55}zɿ^{33}ly^{55}tʂo^{55}持法杖经·中册》等经书。

习尚洪东巴还擅长占卜，2009 年 7 月 8 日上午 11 点我们正在调查时，ko^{21}dy^{21}各迪村的汪玉中（属羊，1943 年生，时年 67 岁）因为生病来找他算卦。占卜结束后，看到汪玉中拿着我的笔记在看，我便打听了他的一些情

习尚洪东巴　　　　　　　　　　习尚洪东巴的卷轴画

况：他自己也懂得一些丧葬礼仪，能写一些东巴文，会诵七八种口诵经。

7月8日下午，习尚洪东巴和习胜华东巴带我们到北面山腰上拍摄了日树湾村的全貌，到烧天香敬神处进行考察。因为东坝离白地阿明灵洞加威灵处较远，有时候给东巴弟子加威灵的 ŋdʐər²¹tʂæ⁵⁵ 仪式也在此处进行，所以又把这块地方称为 ŋdʐər²¹tʂæ⁵⁵dæ²¹ 加威灵的平地。1999年，由于习阿牛东巴年事已高，他给和力民先生加威灵的仪式就是在这里举行的，只是第二天还让他的四大弟子亲自去了白地的阿明灵洞朝拜。习尚洪东巴说，大年初一早上，每家都要扛着一根叫作 tse³³dɯ³³ 的竹子到这个地方烧香求福。7月9日，习尚洪东巴带我们考察了位于他家房后叫 ue³³lu³³me³³ 的地方、他们村祭村寨神处 dʑ ï³³ue³³py²¹kv³³，以及他们村的祭天场 my³³py²¹dæ²¹。

习尚洪东巴有两女两男，大儿子叫习国林，乳名六七，属猴，1980年生，2009年30岁，已婚，育有一女，在学东巴，能做 tʂho⁵⁵pa³³ɲdʑi⁵⁵ 烧天香、he²¹ʂo⁵⁵ 敬神、z ï²¹lu³³ 给小孩取名字等，习尚洪东巴不在家的时候村里有些人家会请他去做这些仪式。

习尚洪东巴有6个弟子：汪金风，属牛，1949年生，ko²¹dy²¹ 各迪村人，学得比较好，但2008年已经过世。和立全，属猴，1980年生，2009年30岁，堆落人，原来当东坝完小校长，利用晚上的时间来向习尚洪东巴学习东

与习尚洪东巴合影

巴经、东巴文、东巴画等，现为县纪委工作人员。阿华，ko²¹dy²¹各迪村人，跟他学过《py²¹ly³³kho³³》《du²¹ʈɯ³³》《ŋdz̩ər²¹tʂæ⁵⁵》这三册经书，现为县广电局工作人员。另外还有和永才、习健民、习国林。

3. 习胜华东巴，法名 to³³hɯ²¹东恒，属虎，1950 年生，2011 年 62 岁，汝卡东巴。习阿牛东巴的二儿子，从小耳濡目染，但真正学习东巴只有三四年的时间。习阿牛东巴一直跟着他们生活，所以他说他家里有五十本左右的经书。

4. 习胜林东巴，法名 ɑ⁵⁵mi²¹to³³tɕhi²¹阿明东启，属狗，1958 年生，2011 年 54 岁，汝卡东巴。习阿牛东巴的小儿子，从小就跟父亲学习，也主持一些仪式，据说习阿牛东巴的很多经书和法器都在他那儿。

5. 和永才东巴，法名 to³³tshe²¹东才，属狗，1970 年生，2011 年 43 岁，汝卡东巴。我们到他们村调查时，他到一个偏远的村子做仪式去了。习尚洪东巴说他现在算得上是东坝的大东巴了，因为他敢做 tər²¹ʂʅ³³tər²¹ŋv⁵⁵超度非正常死亡者的仪式，几乎整个东坝村委会的这种仪式都是他主持。后来我们回到白地吴树湾村调查，他到白地古都村买东巴纸，顺便到吴树湾村找和树昆，我们交谈了很久。他面相憨厚，说话口齿稍微有点不清晰。他说他18 岁开始学东巴，先是跟 ko²¹dy²¹各迪村的 uɑ³³nɑ³³bv³³zo³³汪纳布若、ɑ²¹z̩v⁵⁵pu³³阿如保（学名汪玉宝、绰号 mɑ³³lv²¹）等东巴学习，也跟习阿牛东巴学习。后来到白地吴树湾村跟和占元东巴学习过，也到洛吉中村跟和德明东巴学习过。他说他现在有 52 册经书，有用东巴纸写的，也有用香烟纸壳等写的。他主要是口诵，对有些经书不是很精通。

习胜华东巴　　　　　　　　　和永才东巴

6. 习志国东巴，法名 to^{33}kue^{21} 东国，属猴，1968 年生，2011 年 44 岁，汝卡东巴。习尚洪东巴说他是在高山牧场放牛时跟习阿牛东巴学习的，可以做敬神烧天香的仪式，也协助主持丧葬仪式，可能有十多本经书。

7. 习健民东巴，乳名 kə^{55}thv^{33} 高土，法名 to^{33}thv^{33} 东土，属羊，1979 年农历七月生，2011 年 33 岁，汝卡东巴。十八九岁开始学东巴，先跟 ko^{21}dy^{21} 各迪村的 a^{55}ʐu^{55}pu^{33} 阿如保东巴学习，也跟习尚洪东巴学东巴画、东巴经，向习阿牛东巴学习东巴舞、东巴经，24 岁开始主持丧葬仪式。他有《sv^{55}khv^{21} 请家神》《tʂho^{55}pa^{33} dʑi^{55} 烧天香》等 31 本经书，几乎都是自己学习抄写的。他还有 3 幅照着习尚洪东巴的卷轴画画的画，有两个照着习尚洪东巴的原件做的五幅冠。

8. 习威噶若东巴，纳西名叫 ue^{33}ŋa^{33}zo^{33} 威噶若，属虎，1986 年生，2011 年 26 岁，汝卡东巴。因为他家是东巴世家，家里人让他跟习尚洪东巴学了一些东巴知识，但水平不高，只会做一些简单的烧香仪式，念烧香口诵经，没有学写东巴文、东巴经，没有东巴法器。

9. 习修克若东巴，纳西名叫 çə^{33}khɯ^{33}zo^{33} 修克若，属龙，1988 年生，2011 年 24 岁，汝卡东巴。他家是东巴世家，家人让他跟习尚洪东巴学了一些东巴知识，但只会做一些简单的烧香仪式，念烧香口诵经，没有学写东巴文、东巴经,没有东巴法器。

10. 习国林东巴,属猴,1980 年生,2011 年 32 岁,汝卡东巴。习尚洪东巴的大儿子,因为出生时祖父 67 岁,故取乳名为六七。他跟习尚洪东巴学习了一些东巴知识,能做 tʂho⁵⁵pa³³n̠dʑi⁵⁵ 烧天香、he²¹ɕi⁵⁵ 敬神、zʅ²¹lu³³ 给小孩取名字等仪式,习尚洪东巴不在家的时候村里人会请他去做这些仪式。

习健民东巴

墨虎东巴

（二）科目村

kho³³mbu²¹ 科目村是东坝村委会所在地,据墨虎东巴介绍,科目村有 13 个东巴,因时间仓促,我们只走访了其中的几位。

1. 墨虎东巴,乳名 ɑ⁵⁵hu²¹ 阿虎,法名 ɑ⁵⁵mi²¹tʂʅ⁵⁵me³³thɑ²¹ 阿明次美塔,是七络村大东巴 dv²¹dzʅ³³ŋgɑ³³ 笃志嘎取的,属鼠,1972 年生,2011 年 40 岁。14 岁开始学东巴,最早从本村的杨天宝（kə⁵⁵dʑi²¹to³³pu³³）东巴学习,后来从关金村人称"关金阿普"的和玉才东巴学习,和玉才东巴去世后从习阿牛东巴学习。其间也到白地从波湾村树银甲东巴、吴树湾村和占元东巴、古都村和志本东巴学习,还到洛吉、四川俄亚、抓子、永宁,以及西藏盐井等地去交流过。他说他 21 岁开始主持仪式,30 岁之前就做了和玉才东巴和本村杨天宝东巴的 ɕər⁵⁵rər³³ŋv⁵⁵ 超度丁巴什罗仪式,做大助手参与仪式还送过 5 个东巴,主持过一般的丧葬仪式 30 多场,帮着别的东巴做的仪式有 100 多场。他会跳东巴舞,还会造东巴纸,自己造纸有 12 年了。他还参加过 1999 年在丽江举行的国际东巴艺术节,可以说是一个见多识广博采众长的东巴。墨虎东巴家的大门口竖着两棵经幡柱，纳西语叫 tʂu⁵⁵pe³³，麻布做的经幡上面写满了东巴文和藏文，他说一棵是他父亲去世后的第七天竖的，一棵是他父亲去世一年后竖的。他家的院子里有一个比较大的烧香炉，还竖了一个画着神写着东巴文的木塔，厨房门口竖着代表阴神和阳神的两个神石。他现在做的仪式有 36 种左右，主要是开丧超度仪式、sv⁵⁵khv²¹请家神仪式、tʂho⁵⁵pa³³n̩dʑi⁵⁵he²¹ʂo⁵⁵烧天香敬神、mbv³³py²¹退口舌仪式、ʂv²¹gv²¹祭署仪式、mv³³py²¹祭天、z̩v²¹py²¹祭祖等。

他父亲墨玉林早年就很支持他学习东巴，给他买了很多老经书，甚至在得知东巴纳布若的家人把 z̩u²¹lu³³ly²¹给婴儿取名看小孩一生境况仪式的 12 册经书卖出去以后，又把它追买了回来。墨虎说他自己写的经书和买的老经书等加起来，有 160 多本，但我们请他拿出来清点和拍摄测量时，他只给我们看了 13 本经书和 1 幅卷轴画。

2. 和明万东巴，属蛇，1941 年生，2011 年 71 岁。他家是四代祖传东巴世家，他主要擅长于背 kho³³tɕi³³口诵经，会看些东巴文，也会跳东巴舞。主要做请家神、敬神烧天香、开丧超度等仪式。开丧超度仪式经常和墨虎东巴一起合作。

3. 杨成章东巴，属龙，1976 年生，2011 年 36 岁，在丽江打工。

4. 墨尚春东巴，乳名 æ²¹sər⁵⁵阿斯，属鸡，1945 年生，2011 年 67 岁。擅长于占卜，主要做 lv³³phər²¹掷石子占卜、phi²¹çə⁵⁵肩胛骨卜（一岁以下的猪、牛、羊的肩胛骨）、æ²¹ko³³ly³³鸡头卜、mu²¹khɯ²¹木刻（割木板，是从彝族朋友处学来的，感觉不太准确）、bæ²¹mæ³³to⁵⁵掷海贝（小时候跟他大哥、老东巴在放牧处学的）。

5. 杨石宝东巴，属鸡，1957 年生，2011 年 55 岁。

6. 肖玉华东巴，属马，1966 年生，2011 年 46 岁，会做 sv⁵⁵khv²¹请家神、he²¹ʂo⁵⁵tʂho⁵⁵pa³³dʑi⁵⁵敬神烧天香等仪式。

7. 和阿塔东巴，属龙，1928 年生，2011 年 84 岁。

8. 墨威蓝东巴，乳名 ue³³lər²¹威蓝，属猴，1932 年生，2011 年 80 岁。

9. 墨大丁东巴，乳名 tɑ³³ɖɯ³³大丁，属蛇，1929 年生，2011 年 83 岁。

10. 墨阿年遮东巴，乳名 ɑ⁵⁵ŋə²¹tʂə³³阿年遮，属蛇，1941 年生，2011 年 71 岁。

11. 钱永福东巴，属牛，1937 年生，2011 年 75 岁，懂一些东巴常识。

12. 墨阿吉若东巴，乳名 $a^{55}dʑi^{21}zo^{33}$，属猴，1956 年生，2011 年 56，懂一些东巴常识。

13. 杨志金东巴，乳名阿五七，属马，1966 年生，46 岁。学过一年半 $sv^{55}khu^{21}$ 请家神、$he^{21}ʂo^{55}tʂho^{55}pa^{33}dʑi^{55}$ 敬神烧天香等仪式，但因为经书被人拿走了，口诵背不下来，现在没做这些仪式已经有五六年了。墨虎东巴说杨志金东巴弄丢了的那本经书是老东巴送的，杨志金在经文下面写了汉文解释。

和明万东巴

（三）各迪村

各迪 $ko^{21}dy^{21}$ 村有 38 户人家，村民大多属纳西族的汝卡支系。以前有好几个大东巴，现在只有汪纳布若、汪玉中、汪胜荣、汪胜海 4 个东巴了。

1. 汪纳布若东巴，属牛，1925 年生，2006 年去世，享年 82 岁，汝卡东巴。属于大东巴，但没有经书，全凭口诵。

2. 汪玉中东巴，属羊，1943 年生，2011 年 69 岁，汝卡东巴。懂得一些丧葬礼仪，能写一些东巴文，会诵七八种口诵经。

3. 汪胜荣东巴，属牛，1973 年生，2011 年 39 岁，汝卡东巴。乳名阿

墨尚春东巴

司，家传第六代东巴。

4. 汪胜海东巴，属羊，1979 年生，2011 年 33 岁，汝卡东巴。乳名阿红，是汪胜荣的弟弟，同属于家传第六代东巴。

（四）七络村

tɕhi²¹lo²¹ 七络村现有 3 个东巴。

1. 杨贵宝东巴，属虎，1962 年生，2011 年 50 岁。

2. 阿五九 a⁵⁵u³³tɕo³³ 东巴，属兔，1987 年生，2011 年 25 岁，杨贵全东巴的儿子。

3. 杨天成东巴，属鼠，1984 年生，2011 年 28 岁，日树湾村和永才东巴的徒弟。

（五）次恩支村

2009 年 7 月我们去调查时听说 tshɿ³³ɣɯ⁵⁵tɯ³³ 次恩支村的东巴都不在家，我们就没去村里调查了，只是听习尚洪和墨虎东巴他们简单介绍了一下情况，说他们村共有 3 个东巴。2010 年 7 月 26 日傍晚，我们在科目村遇到了 a⁵⁵lv²¹tɕy³³ 阿六九和 a²¹uo⁵⁵zo³³ 阿窝若两位东巴，他们是去日树湾村习尚洪东巴处商议东坝东巴文化传承点挂牌仪式事宜的。我们一起到墨虎东巴家交谈了一下，他们说他们的师傅都是迪满村的阿五九东巴和他们村的杨克恒 kɯ⁵⁵hɯ²¹ 东巴，他们小学毕业后 17 岁开始学东巴，24 岁时阿五九东巴去世，他们开始主持开丧超度、占卜、请家神、烧天香、驱鬼等仪式。他们共有 2 副九宫占卜抽签牌和 3 本经书（《持法杖经中册》《人类迁徙的故事》《粮食的来历》），都是请日树湾村的和永才东巴写的，其他经典都是靠口诵。

和文光东巴

和立华东巴

1. 和文光东巴，乳名 ɑ⁵⁵lv²¹tɕy³³ 阿六九，属虎，1974 年生，2011 年

38 岁。

2. 和立华东巴，乳名 ɑ²¹uo⁵⁵zo³³ 阿窝若，属虎，1974 年生，2011 年 38 岁。

3. 和丽军东巴，属虎，1974 年生，2011 年 38 岁。在丽江东巴文化研究院学东巴，他现在有 61 本经书，原来写的 300 多本经书已经卖了，东巴画也是边画边卖。

（六）迪满村

听墨虎东巴说 dy²¹mæ³³ 迪满村只有一个墨玉勤东巴，属羊，1955 年生，2011 年 57 岁。

（七）车拉八村

据墨虎、习尚洪东巴说 tʂhə⁵⁵lɑ³³bɑ³³ 车拉八村有 3 个东巴。

1. 阿牛若东巴，纳西名 ɑ⁵⁵ȵə²¹zo³³ 阿牛若，属马，1954 年生，2011 年 58 岁。

2. 夏纳若东巴，纳西名 çə²¹nɑ⁵⁵zo³³ 夏纳若，属兔，1963 年生，2011 年 49 岁。

3. 克嘎东巴，纳西名 khə⁵⁵ŋgɑ³³ 克嘎，属蛇，1965 年生，2011 年 47 岁。

（八）松八村

据墨虎东巴说 so⁵⁵bɑ²¹ 松八村有 4 个东巴：

1. 久嘎东巴，纳西名 dʑə²¹kɑ⁵⁵ 久嘎，属马，1930 年生，2011 年 82 岁。

2. 杨永胜东巴，属马，1942 年生，2011 年 70 岁。

3. 和丽坤东巴，纳西名 uɛ³³thɑ²¹ 威塔，属牛，1985 年生，2011 年 27 岁。

4. 和全东巴，属虎，1986 年生，2011 年 26 岁。

（九）关金村

关金村现在只有一个阿司若 ɑ²¹sʅ⁵⁵zo³³ 东巴，属猴，1980 年生，2011 年 32 岁，正在跟随墨虎东巴学习。

关金村以前的全称是 lɯ³³ ʂɿɑ²¹ kɯ²¹ ue³³ tɕi³³，现在省去了前面的两个音节，把后面的三个音节也合并成 kue³³ tɕi³³ 了。据日树湾村习尚洪东巴讲：这个村所在的坝子叫 kɯ⁵⁵ dy²¹ 东坝，坝子比较大，传说是纳西族在东坝最早居住的地方。村里有一棵 5 人合抱还围不过来的柏树和两棵 3 人合抱才围得拢的核桃树，传说是当时最早居住的两兄弟栽种的。或许是因为这个传说的缘故，整个东坝村委会的东巴在 kɯ²¹ tshɿ⁵⁵ tshɿ⁵⁵ 九仙峰进行祭署仪式时，主持仪式的大东巴必须是关金村的。前几年，被称为 kue³³ tɕi³³ ɑ²¹ phv³³ 关金阿普的和玉才还在，他是三坝有名的大东巴，掌握 40 多种东巴唱腔。和玉才东巴去世以后，墨虎东巴正在培养阿司若成为新的 ʂv²¹ gv²¹ to³³ mbɑ²¹ 祭署东巴。2009 年 7 月 9 日下午我们经过关金村前往科目村时，特地去拍摄测量了那棵古老的柏树。柏树在根部就分出了一株子树，所以我们把它称为母树和子树。母树周长 7.72 米，子树周长 1.18 米。两棵核桃树因为被圈在人家的菜园里，所以没有进行实际测量，目测有 3 人合抱那么粗。

（十）补支村、老炉房村、渣日村

这几个村离村委会较远，据说他们的丧葬仪式活动都是请日树湾村或科目村的东巴去主持的，几乎没有自己的东巴了。

补支村，纳西语叫 pv³³ tɯ³³。老炉房村是汉语借词，因以前木土司办银矿而得名。渣日村纳西语叫 ndʐæ³³ zɿ²¹，位于金沙江边。

三　哈巴村委会东巴概况

哈巴村委会位于三坝乡西南部，户数 847 户，总人口 3728 人，下辖 18 个自然村。住着汉族、回族、普米族、傈僳族、纳西族等居民。有 1 所完小、8 所村小、21 名教师、368 名在校学生。哈巴村委会现在只有告湾村和其支村有东巴了，共有东巴 4 人。

（一）告湾村

告湾村纳西语叫 kɑ⁵⁵ ue³³，又分为上下两个村，都位于公路下方约两公里的山包上。村里现在有两个东巴。

1. 杨学义东巴，告湾上村人，属牛，1937 年生，2011 年 75 岁，主要做结婚时的 sv^{55}khv^{21}请家神仪式和祭天仪式，只是因为又是党员，近年来不太到婚事家庭做请家神仪式了。他的哥哥 i^{33}ɳdər^{55}thɑ^{21} 依德塔也会做些东巴法事。

2. 杨玉龙东巴，告湾下村人，属兔，1951 年生，2011 年 61 岁。他三个月时父亲被土匪杀害，三岁时母亲改嫁，他有两个姐姐，一同由当时是大东巴的爷爷抚养长大，所以小时候跟爷爷学过一点东巴常识。他 1969 年到 1976 年在维西当兵，退伍后分到粮食局工作，1984 年自动退职回家开荒种地。他妻子比他小 10 岁，他们有一个女儿两个儿子。他退职回家后，村里的东巴都去世了，村里人知道他是东巴的后裔，懂一些东巴知识，所以结婚时的请家神仪式和丧葬仪式都请他主持。他还擅长于用花椒树枝砍成的卜具（5 小块）占卜，有 2 本经书。

杨玉龙东巴

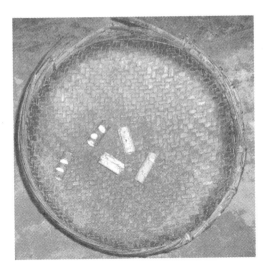

花椒树枝砍成的卜具

（二）其支村

其支村纳西语叫 tɕhi^{21}tɯ^{33}，位于公路下方一公里左右的一个小平坝，交通比较方便，土地肥沃。我们去调查时是 7 月末，村民们正在挖个儿大、光滑的洋芋，白芸豆长势良好正在开花，也是一派丰收的景象。村里有很多大树，水沟、道路和巷道都铺了水泥，整个环境非常干净，难怪由原来的村小改成的党支部门口挂着由香格里拉县政府颁发的"文明村"牌匾。村里现在有两个东巴。

其支村

1. 和国才东巴,乳名 $y^{21}tha^{21}$,属兔,1927 年生,2011 年 85 岁。他出生于东巴世家,但小时候对学东巴不感兴趣,没有学过东巴文,父亲去世前曾让他学习口诵的请家神等仪式经典,所以他只会口诵经。因为从小到二十多岁耳闻目睹了东巴做法事的过程,父亲又教过他一些口诵的东巴经,后来村里的东巴去世后没有人做法事了,村里人就再三恳请他,他才开始主持丧葬仪式,但仪式相对于白地来说比较简单。大约在 2004 年,他收了一个徒弟和丽国,从 2008 年开始,丧葬仪式等法事就由徒弟主持了。

和国才东巴

2. 和丽国东巴，属羊，1967 年生，2011 年 45 岁，和国才东巴的徒弟，从 2008 年起主持村里简单的丧葬仪式。

四　瓦刷村委会东巴概况

瓦刷村委会位于三坝乡西南部，户数 432 户，总人口 1830 人，下辖 8 个自然村。有 1 所完小、3 所村小、11 名教师、156 名在校学生。瓦刷村委会只有中知恩村和下知恩村还有东巴，共 10 人。

（一）中知恩村

中知恩村纳西语叫 mv³³tɯ³³，是大地方的意思，又叫 dʑʅ³³ɣɯ³³ 知恩，是山间比较大的一块平坝区，村里现在有 5 个东巴。

1. 和利国东巴，乳名 kə⁵⁵thv³³ 高土，属马，1930 年生，2010 年 12 月 18 日去世，享年 81 岁。他说他 15 岁开始跟一个叫 na³³bv³³dʑi²¹ 纳布吉的哥哥和 kue⁵⁵tʂə³³ 贵周叔叔学东巴，18 岁开始主持仪式，参加过祭天、退口舌是非等仪式，一直到"文革"。"文革"后到 2008 年的 20 多年，做开丧超度、祭风、顶灾、烧天香等仪式，曾应邀请参加过 1999 年丽江国际东巴文化艺术节。从 2008 年下半年开始，由于膝关节风湿病只能卧床休息，村里的东巴法事由他的几个徒弟主持了。他和儿子共有 33 本经书，大多数用东巴纸写成。中知恩村有他的四个徒弟，下知恩村的 lv²¹tɕi⁵⁵ 六斤、mv³³ɳə⁵⁵hɯ²¹ 穆牛恒、a²¹ko⁵⁵dʑi²¹ 阿果吉东巴也是他的徒弟。

2. 和永泰东巴，属羊，1967 年生，2011 年 45 岁，和利国东巴的大儿子、徒弟，1997 年开始学东巴，从 2008 年起主持村里的丧葬等仪式。

3. 和金泉东巴，乳名 ɳə⁵⁵ɳə²¹，属鸡，1969 年生，2011 年 43 岁，和利国东巴的徒弟。他现在有 5 本经书，多用烟壳纸和电池盒纸写成。

4. 和成志东巴，乳名 na³³bv³³hɯ²¹，属羊，1967 年生，2011 年 45 岁，和利国东巴二女婿、徒弟，1992 年参加过乡文化站组织的东巴培训班。

5. 和云东巴，纳西名叫 lv²¹zi⁵⁵ 陆义，属羊，1979 年生，2011 年 33 岁，和利国东巴的徒弟。

（二）下知恩村

下知恩村，纳西语叫 mi²¹ɳdʑʅ³³ɣɯ³³，位于金沙江边。村里现在有 5 位

和利国东巴与和永泰东巴

和利国东巴的《烧天香、请家神经》

东巴。

　　1. 和仕其东巴，乳名 $a^{21}ko^{55}dʐi^{21}$ 阿果吉，属狗，1934 年生，2011 年 78 岁。他说七八岁时向中知恩村的 $çə^{21}na^{55}tha^{21}$ 修那塔东巴学习，后来也跟和利国东巴学过。40 多岁时生了一场病后，耳朵变聋了。他现在有 6 本经书。

　　2. 和建本东巴，乳名 $a^{21}ka^{55}$ 阿嘎，属狗，1934 年生，2013 年去世，享年 80 岁。他二十五六岁时跟叔叔 $yo^{21}ŋga^{33}$ 永嘎东巴学习，学了十年左右。无儿女，跟侄子也是徒弟和国良一家生活，有 3 个徒弟，13 本经书。

　　3. 和国良东巴，乳名 $kə^{55}hɯ^{21}zo^{33}$ 戈恒若，属虎，1962 年生，2011 年 49 岁，和建本东巴的侄子和徒弟。

　　4. 和国文东巴，纳西名 $a^{21}ko^{55}ŋga^{33}$ 阿果嘎，属猴，1968 年生，2011 年 44 岁，和建本东巴的徒弟。

　　5. 和尚军东巴，纳西名 $yo^{33}hɯ^{21}$ 永恒，属狗，1982 年生，2011 年 30 岁，和建本东巴的徒弟。

和仕其东巴

和建本东巴

第三节　白地东巴个案考察研究

一　吴树湾村和占元东巴

和占元东巴在授课

和占元东巴，乳名 $a^{55}\eta\vartheta^{21}zo^{33}$ 阿牛若，法名 $to^{33}\eta\vartheta^{21}$ 东牛，因为他的家名叫 $a^{55}mba^{33}$，所以在他年纪大了以后，村里人都叫他 $a^{55}mba^{33}phv^{33}$ 阿巴普。

我们在 2008 年 1 月、4 月、7 月、8 月、2009 年 1 月 5 次累计 2 个多月，向他学习翻译了三四本东巴经，了解了解放前后东巴做的各种仪式，以及他的一些生活经历等。

和占元东巴因为没有兄弟姐妹，母亲把他的生日农历七月十二记得很清楚，他属兔，因此我们对照日历，得知他出生于 1927 年 8 月 9 日。

和占元东巴和他的经书

和占元东巴很小的时候父亲就去世了，母亲一手把他带大，和他相依为命。他说他的祖辈不是东巴，但自己对东巴很感兴趣，所以小时候跟舅舅等好几位东巴学习过多种东巴仪式、东巴经。"文革"的时候，造反派因为他家不是东巴世家而忘了他学过东巴，所以除了被人借去的经书被烧毁以外，他留在家里的经书幸免于难。他的经书加上他自己写的和原来一些师傅送的，共有 80 多册。

东巴往往是多面手，和占元东巴也不例外，除了学东巴以外，他还是木匠、石匠。年轻时曾到金江等金沙江边地区去做过盖房子的木匠、石匠活，所以他会说俗称"江边话"的江边汉语方言。和占元东巴有 1 个女儿 3 个儿子。生产队时期，为了改善家里的住宿条件盖一栋房子，他和妻子花费了很长的工余时间。光是砍、剖盖房子用的木片瓦，将它们背回家，就用了好几个月的早上。因为当时要遵守护林的规定，砍柴伐木都要到比较远的山上。白天，他又要到山上去打制生产队水磨房用的石磨。因为常年做用钢钻打制石磨磨齿等比较精细的工作，加上有时小碎石溅到眼睛里被石头细屑污染，他的眼睛 60 多岁时做过白内障手术，我们去调查时他说看东西还是不大清楚。他的小儿子体恤他喜欢看东巴经、写东巴文，给他买了两个放大镜和好几副老花镜，但 70 多岁以后，他看东巴经和写东巴文还是有些费劲。下图是和占元东巴 2008 年 8 月 21 日（农历七月二十一日）给我们写的收条，与他以前写的经书相比，有些笔画多的字在连接处就可以看出他写字时的艰难。

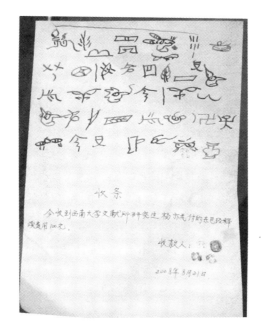

和占元东巴写的收条

吴树湾村绝大部分住户属于纳西族汝卡支系，从 20 世纪 80 年代起，很多学者、记者都拜访过和占元东巴。他的钱包里收藏着一个写有他们名字、地址、电话的小本，和一些中外学者的名片，如日本学者冈晋、黑泽直道，国内学者鲍江，等等。他说云南社科院的杨福泉先生拜访过他三次，有一次还带了一位加拿大的女士一起来拜访他。和钟华老师也向他采访过白地汝卡支系的东巴祭祀、丧葬等仪式活动的情况。

吴树湾村一直热心组织东巴文化传承活动的退休教师和树荣老师说，"文革"后从 1978 年开始，白地各村又恢复了以前的丧葬仪式，吴树湾村的

和占元东巴以前写的经书

很多丧葬仪式都是由和占元东巴主持的。1992年，三坝乡文化站组织各村略懂东巴仪式的人学习或复习了20多天东巴经和东巴仪式，和占元东巴也参加了复习。1993年到1994年，和占元东巴被北京的田丰先生聘请到昆明民族文化传习馆当了一年纳西族传统文化教师。1998年3月，和占元东巴主动找和树荣老师、和德明东巴商量，说他愿意无偿担任教师，给愿意学习东巴文化的年轻人传授东巴文化知识：讲授东巴经、教东巴舞、传授各种东巴仪式。于是，和树荣老师捐赠了三所传统民居木楞房，大家商量着把其中的两所搬到了吴树湾村外100多米处，成立了"白地汝卡东巴文化学校"。从那时起一直到2009年6月去世，和占元东巴毫无保留地把自己的东巴文化知识传授给了他的徒弟。吴树湾村现在有大大小小20多个东巴，全都是他的徒弟。其中和树昆东巴学得最努力、时间最长、学得也最好，还有杨玉春、杨秀光、和桂武、和根利等好几个小东巴，也都是他的高徒，都能够独立主持法事了。和树荣老师说，从开始主动招收徒弟传授东巴文化以来，和占元东巴从来没有提过报酬的事，都是和树荣老师在得到迪庆州文化馆、丽江市以及一些文化名人对学校的捐助时主动给和占元东巴很少的一些辛苦费而已。但那也是屈指可数的几次，1999年年底给了200元，2001年到2008年，有时候每年就从学校所得的赞助费中给他三五百元而已。只要和树荣老师在家，每天和占元东巴都会到他家去坐坐，商谈东巴文化传承方面的各种事宜。和占元东巴对濒危的汝卡支系文化有一种文化自觉意识，培养东巴文化传承人不遗余力、无私奉献。2010年在白庚胜先生的帮助下，"白地汝卡东巴文化学校"得到上海某基金的支持，更名为迪庆纳西东巴文化传习馆，在三坝、洛吉两乡设立了 12 个传习点。

和占元东巴生性活泼，常常在我们教学之余，连说带比画地给我们讲人民公社时期的事。说当时为了鼓励群众干活的士气而经常唱一首《团结在一起》的歌，每次讲到唱歌的时候，他都会兴之所至地边打拍子边唱"让我们团结在一起，多快乐，多快乐……"把我们逗得哈哈大笑，整个气氛非常活跃。他还给我们讲述过一些他年轻时谈恋爱的故事。他说，他在有现在的妻子阿巴孜之前和两个女子谈过恋爱，一个是江边金江乡比他小 12 岁属虎的女子，另一位是白地某村也是比他小 12 岁属虎的女子，但最后都因为地域、家庭贫困等原因没能在一起。而现在的妻子阿巴孜也比他小 12 岁，也属虎，所以他常戏说他命里可能就是和属虎的女子有缘。因为他乐观活泼，村里的大人小孩都喜欢跟他开玩笑，特别是他的那几个调皮的徒弟和树昆、杨玉春、和根利等。在我们向和占元东巴学习期间，有一次教学的间隙，他给我们按照巴格图占卜等方法取了纳西名字，我们就说我们得认他做干爹我们是他的干女儿了，他就常用汉语说"我的干女儿，我的干女儿"，和树昆他们也就学他说"干女儿，干女儿"。我们晚上住在古都村秀花的客栈里，每天早上吃了早餐后再去向他学习，因此和树昆他们每每见我们去了，老远就开玩笑地给他报信："阿巴普，干女儿来了，干女儿来了。"他听见了也不说什么，只是笑眯眯地慢慢走出来迎接我们，显得很高兴。接到我们以后，他几乎每次都说："我早上就占卜了，卜到你们大概这个时候会来，你们果然来了！"和他一起来迎接我们的，往往还有他的那条几乎和他形影不离的白毛小狮子狗。晚上我们回古都村时，他每每很不舍的样子，而最舍不得我们走的也是他的那条白狗，每次在我们离开前它就等在大门外了，想跟着我们走，撵它进去，它就从大门口的水沟里又钻到了大门外。我们经常得走一段再往后看一下它是不是跟来了，经常要连哄带骂地让它回去。有一次我们说着话忘了看它的跟踪情况，等到发现它时，它居然悄悄跟着走了很远，我们只好走回一段路把它往回赶，虽然不忍心但没办法还用小石头打在离它不远的地方吓唬了它好几次，它才哼哼唧唧一步三回头地回去。而第二天早上，我们到门口时，白狗已经摇头摆尾地等在那里了，一点也不记我们的仇。

2008 年 8 月底我们学习结束的时候，和占元东巴很认真地对我们说：

2009 年 2 月我们与和占元东巴在一起

"你们真的会认我做干爹吗?"我们说:"认您做干爹需要做些什么呢?"他说:"过年的时候要来拜年啊!"我们就说:"那我们真的认您做干爹吧!"2009 年 1 月 30 日(正月初五)我们又到白地调查学习,正月初六就去认干爹给他拜年,他非常高兴。没想到这次拜年以后竟然成了永别,他在 2009 年 6 月 2 日无疾而终,享年 82 岁!

　　和占元东巴在平时生活中虽然活泼乐观、平易近人,但在教授东巴文化的时候很认真严肃。和树荣老师常给我们讲白地汝卡东巴文化学校成立之初年轻人学习的一些事。他说,和占元东巴为了让年轻人便于记忆学习,先把东巴经的许多内容用故事的形式讲给他们,然后再一句句地教他们吟诵。纳罕(纳西)支系和汝卡支系的有些经书不一样,有些经书相同但吟诵的腔调不一样,吴树湾村 80% 的人是汝卡支系,20% 的人是纳罕支系,所以吴树湾的东巴必须掌握纳罕和汝卡两种经书和腔调。当然,这对于"文革"时期和"文革"后出生没有传统文化积淀的年轻人来说是件很难的事。和占元东巴教得很认真,徒弟们偶尔调皮或教授多遍不认真学习时,他也会发脾气,特别是对他自己的一些亲戚如和桂武、杨玉春等,更加严格地要求,不留情面。和占元东巴有一次也跟我们谈起过他批评徒弟的事,说:"我狠狠地批评了他们,后来学习的时候他们就很认真了!"

和占元东巴喜欢穿有好几个大荷包的夹克或外套，方便他放随身的"宝贝"：放大镜、钱包、小海贝、两三本小占卜书、手绢，等等。他随身带着占卜书，自己遇到想到什么事就随时拿出海贝占卜、看卜书，使自己对事情有个吉凶预测。村里人遇到比如丢失东西、家里有久治不愈的病人等情况也喜欢请他占卜，而他并不收取任何报酬。2008 年 8 月，在我们学习期间，和树昆东巴二姐家放牧在高山牧场的一头母牛走丢了，七八个人在山上找了两三天也没找到，和树昆就来找和占元东巴占卜。他们掷海贝、看丢东西的占卜书后，得出的结论是：牛掉下了悬崖，架在一个狭小的地方，上不去也下不来了。后来，几个人又在山里的悬崖边找了几天，发现母牛真的掉在那样一块地方，但由于伤痛和饥饿已经死了。

因为我们学习的内容大多是丧葬仪式中用的经书，民间认为不吉利，所以不能在家里学习，只能辗转到村里的白地汝卡东巴学校外面、学校的另一栋小木楞房外面、苹果园里等地方学习，因此我们每天要牵着和占元东巴在他家和学习场所之间来回走几次。在路上，他要么解答我们的疑问，要么和我们说笑，要么讲他想起的祛病的 hua^{55} ly^{33} 花吕（咒语）。杨亦花常常牵着他走路，有时他就会拉拉杨亦花的手，停下来，然后一本正经地说：小杨，还有一个花吕是这样的，我还没教过你，比如你的眼睛患了病，比如有喂奶的妇女突然奶水很少，比如你的咽喉发炎……你就准备一碗冷水，一口气念几遍这些花吕，然后你含一口水，把水喷洒在病人身上，等等。2008 年 8 月 20 日下午，杨亦花正在向和占元东巴学习《bər^{33} ḍər^{33} na^{21} hæ^{55} z̩v^{33} kha^{33} ne^{33} ne^{21} ʂv^{55} o^{21} me^{55}》（白地纳罕汝卡献饭经）时，突然接到家人打来的电话，告知父亲病重，急得她直哭。等她打完电话稍微平静，和占元东巴安慰了她一会儿，问了她父亲的症状、哪天得的病，然后帮她占卜，看了卜书以后说，是一个在外面凶死的属虎的男性亲戚在作祟，让她回去后试试捏面偶的方法：用大麦或燕麦的炒面捏一个有头、眼睛、鼻子、嘴、脖子、胸、腰、手的男面偶，用手拿着在病人的额头、下颌、胸口接触一下，傍晚擦黑之时拿着面偶，垂手低于自己的腰部，让面偶面向大门，送到大门外丢弃。送出面偶后，准备一杯冷水，先漱漱口，然后念花吕咒语 o^{55} be^{21} ze^{33} ga^{21}

ʅɯ³³ pe³³ ma³³ se³³ de³³ ho²¹，o⁵⁵ be²¹ ze³³ de²⁴ ŋa³³ dæ³³ kiɛ³³ ne³³，so³³ ho³³ ʅɯ²⁴。念一次，朝水杯吹三口气，念三次吹九次，然后含水朝病人的头部、全身上下喷吐，喷吐三次，剩余的水就让病人喝下去，一天早中晚各三次，一两天就会见效。杨亦花 8 月 23 日到巨甸医院看护住院的父亲时，虽然没有实践和占元东巴教授的捏面偶和念花吕咒语的方法，但把和占元东巴的占卜告诉了父亲，她父亲也回忆了以前确实有在外面凶死的男性亲戚，但是否属虎不能确认。

我们常常祝和占元东巴长命百岁，但他很坦然地说现在生活好了，很享受，但感觉每天没什么事做，在家、在外面坐久了也坐不住，也不希望自己活得太久，感觉太累了。但他说有个说法：人在 81 岁去世，只算得了 1 岁的寿命，所以也不希望自己 81 岁终。2008 年 8 月 8 日，我们提前给他预定了一个生日蛋糕，上面喷了东巴文祝福语 ⸻ py³³ mbo²¹ zʅ³³ ʂər²¹ ha⁵⁵ʾi⁺³³ gv³³ be³³ ho⁵⁵ 祝东巴长寿富足。8 月 9 日，我们把这个我们戏称为"世界上第一个东巴文生日蛋糕"的礼物送给了和占元东巴。他在香格里拉县交警大队工作的小儿子得知我们要给他过生日，也从县城寄回了一个写着"爸爸：祝您生日快乐"的蛋糕，他的小孙女还专门打电话来祝贺他生日快乐。当天他在家的吴树湾村的徒弟和学初、和树昆、和桂武、杨玉春、杨秀光、和秀光等人也给他送了礼物参加了他的生日聚会。当时，我们的初衷只是想给老东巴送个生日蛋糕，大家聚聚给他一个惊喜，但后来和占元东巴的徒弟们可能也约好了要凑份子和我们一起给他过生日。于是，和占元东巴的妻子阿巴孜可能通知了他们的大女儿一家回来帮忙办晚宴宴请我们，所以女婿和外孙女一大早就回来帮忙杀鸡、煮肉做饭了。最后，两大桌人一起吃晚饭给和占元东巴祝寿。晚饭后收拾洗刷好，我们在堂屋给和占元东巴戴上"寿星帽"，点上生日蜡烛，给他唱生日歌，请他许愿吹蜡烛，大家吃蛋糕，轮流给他唱歌祝福，热热闹闹地给他开了个 81 岁生日晚会。

2008 年 8 月 19 日，我们在向和占元东巴学习翻译东巴经之前，先请他讲述了汝卡支系和纳罕支系仪式和东巴经有哪些不同。他说，汝卡支系和纳罕支系的仪式和经书不同的有以下 5 种。

1. z̩v²¹ py²¹ 祭祖仪式。现在村里已经没有这种经书了，原因是 1953 年村

我们给和占元东巴过 81 岁生日，给他做了"世界上第一个东巴文生日蛋糕"

里的两个小孩玩火失火，把全村 50 户人家烧得只剩下 3 家，经书也烧了①。

2. ŋɡɑ³³lɑ²¹tshŋ⁵⁵祭护法神仪式。共 20 本经书，现在一本经书都没有了。这种仪式在农历九月的初七、初八、初九中哪天日子好就哪天来做。做的前一天晚上要念两本经书：① dɯr³³tshŋ⁵⁵设祭坛经、② zʅ²¹tɯ³³kɑ⁵⁵uo⁵⁵设神坛撒祭粮经。然后凌晨鸡叫头遍到天亮时念③ŋɡɯ³³ʂər²¹ŋɡɯ³³dɯr³³zər²¹请大神镇鬼经、④ ŋɡɑ⁵⁵tʂu³³迎接胜利神经、⑤ lɑ³³mu³³sɑ⁵⁵迎请拉姆女神经、⑥ sv⁵⁵lɯ²¹si⁵⁵sɑ⁵⁵迎请家神箭经。然后口诵⑦hɑ³³mu³³dʑi³³生献饭食经，然后出门去烧香、念经、建木塔，念⑧thɑ⁵⁵tshŋ⁵⁵建塔经，⑨ py²¹ndʐ̩²¹pɑ⁵⁵砍祭树经，⑩ŋdʐæ³³ndʐər⁵⁵赞颂富贵经。然后在砍来竖在门口的柏树前举行 khv⁵⁵me⁵⁵zʅ³³me⁵⁵求寿岁、nɯ²¹me⁵⁵ɲ²¹me⁵⁵求吉祥福泽的仪式。然后从房顶把柏树根朝下地丢到准备好的祭台上，然后给三代祖先敬献 4 份饭食，每份包括 3 个油煎饼、1 片纳西语称为 kɑ³³le³³的米虾片（用米面做成很薄的片状后晒干，吃的时候用油煎，会像花一样撑开）、1 碟纳西语称为 ko²¹pe⁵⁵的扁米、1 碟核桃（5 个）、1 杯纳西语称为 tɯ⁵⁵zʅ³³的苏里玛酒、1 杯茶、1 杯白酒。然后吃早饭，早饭时要给主祭东巴 lɯ⁵⁵bu²¹5 片肥肉、1 根猪排骨、5 个油煎饼、5 个核桃。早饭后念⑪khv²¹ndʐ̩²¹pɑ⁵⁵砍库树经、⑫tshi³³lɯ⁵⁵mu³³ndɑ²¹sɑ⁵⁵迎请茨里穆达经、⑬ ʂər⁵⁵

① 郭大烈主编：《中国少数民族古籍总目提要·纳西族卷》，著录有中央民族大学少数民族古籍整理出版规划办公室收藏的《阮可支系祭祖经》，注明为白地阮可支系读本，当是收集于吴树湾村，上海人民出版社 1993 年版，第 7 页。

rər³³sɑ⁵⁵迎请什罗经、⑭hɑ²¹sɑ⁵⁵迎请哈神经、⑮khɑ³³tʂhər³³sɑ⁵⁵请神药经、⑯khæ³³sɑ⁵⁵迎请坎神经。然后进行 hɑ³³ʂ̣l²¹献熟食，4 碗米饭，每碗米饭上面盖上一块猪肉。然后在祭台上放置 13 块连花带根的 ɑ²¹ɖur⁵⁵bɑ²¹阿端花的块根，在每块上插 1 炷香、1 根桦树枝、1 根 lɑ⁵⁵pɑ³³黄栎树枝、1 根柏树枝，然后把 13 个拉姆女神的画像牌和 13 个祖先面偶放在 13 束树枝前。然后念⑰phər²¹khɯ³³ʂæ²¹khɯ³³khɯ⁵⁵放神犬经、⑱ko²¹lɑ³³be³³做果拉经。然后把祭台上的柏树撤到台下，念⑲lɑ³³tsɑ²¹tɕi³³放置刺匝经。然后回到家中念⑳sv⁵⁵khv²¹请家神经。正月举行的 zl̩³³tsu⁵⁵py²¹延寿仪式的经书与此祭护法神仪式的经书完全相同，但各个家族举行仪式的时间不一样。gə⁵⁵dʑi²¹khu²⁴格极括家族和 ti²¹phv²⁴迪普家族在正月初四举行，鸡叫头遍时就要用两个牦牛号角吹三遍号，然后摇板铃；pɑ⁵⁵ndʐl̩²¹kho²⁴巴子括家族在初五举行；白地纳罕人家都是在初六举行；ue²¹zo³³kho²⁴微若括家族在初七举行。

3. ŋɡɑ³³py²¹祭胜利神仪式。正月初十凌晨 5 点左右进行，有 2 本经书：①ŋɡɑ³³tʂhə⁵⁵ʂ̣u⁵⁵给胜利神除秽经、②ŋɡɑ³³py²¹ɡv³³mu²¹祭胜利神规程经，经书现在也都没有了。

4. my⁵⁵py²¹祭天仪式。正月初九举行，要用四五本经书。

5. dʐl̩³³uɛ³³py²¹祭村寨神仪式。三月、四月举行，仪式的主要目的在于求村寨风调雨顺，现在做仪式的地方老树还在，但和占元东巴不会念这种经，也不知道有多少本经书。

2009 年 4 月我们与和占元东巴合影

二　古都村和志本东巴

和志本东巴，法名 to²¹by⁵⁵东秉，属龙，1928 年生，2011 年 84 岁。他说他生于龙年龙月龙日龙时，但具体的月份和日子却记不得了。他对我们说他的身世比较复杂，他现在做祭祖仪式祭祀的三代祖先是这样的：第一代是曾祖父阿普东鸽 ɑ²¹phv³³to³³ŋguɯ⁵⁵、曾祖母阿孜可郭吉 ɑ³³dʐ̩⁵⁵khɯ³³ku⁵⁵dʑi²¹①。第二代是和志本东巴的外祖母阿孜鸽咪 ɑ³³dʐ̩⁵⁵kə⁵⁵mi⁵⁵、姨祖母阿孜依德恒 ɑ³³dʐ̩⁵⁵i³³ndər⁵⁵huɯ²¹。和志本东巴的外祖母阿孜鸽咪没有兄弟，她的相好是一个有妇之夫，不许她出嫁或招婿，因此未婚生育。姨祖母阿孜依德恒，未嫁未生育。第三代是舅父阿普柯恒 ɑ²¹phv³³khuɯ⁵⁵huɯ²¹、舅妈阿孜茨里咪 ɑ³³dʐ̩⁵⁵tshi⁵⁵li³³mi⁵⁵和母亲阿孜依德吉 ɑ³³dʐ̩⁵⁵i³³ndər⁵⁵dʑi²¹。和志本东巴也是非婚生子，他的母亲阿孜依德吉也没有出嫁，舅舅阿普柯恒和舅妈阿孜茨里咪没有儿子，有个女儿也夭折了，因此他继承了舅舅的衣钵。他还有个弟弟和志强，后来因为父亲入赘那家的儿子夭折了，弟弟十岁左右就去了他父亲家。

和志本东巴很爽朗活跃，喜欢开玩笑，也不忌讳和我们说他年轻时候的风流韵事。他说他 20 多岁的时候，英俊潇洒，和古都村后来成为他妻子的女子谈恋爱，还和吴树湾村的一个女子相好，和补主湾村的一个女子也相好。和志本东巴说他们年轻时因为白天要干农活很晚才收工吃晚饭，然后约会的时候都是很晚了。他到补主湾村去找相好约会的时候已近半夜，而女子出来约会要等到家人入睡以后，有时他在约会地点等得睡着了，女子姗姗来迟，会把他吓一跳。当时因为年龄还不大，所以他没有很快决定要娶哪个女子为妻。而古都村后来成为他妻子的女子被村长的舅舅家来说媒订了婚约，被迫先嫁给了村长舅舅的儿子。在她生了一个儿子之后，和志本东巴依然和她相好，最后，他们冲破阻挠成了夫妻，只是很不幸，那个儿子因为幼年时的家庭变故等原因，后来成了哑巴。和志本东巴的小儿媳妇秀花在和志本东巴给我们讲到这些事的时候，总会半开玩笑地揭他的老底："阿普，听奶奶

---

①　纳西语"ɑ²¹phv³³阿普"意为爷爷，"ɑ³³dʐ̩⁵⁵阿孜"意为奶奶，也可泛指前辈，常缀加在人名前，成为人名的一部分。

和志本东巴和他的传承人绶带

说你们结婚生子后您还会去吴树湾村对歌，把奶奶反锁在家里，是吧？"和志本东巴抓抓头有点不好意思地说"那时候是20多岁"，把我们逗得哈哈大笑。2009年2月的一天上午，我们正在向和志本东巴学习翻译东巴经《持法杖经中册》，来了一个补主湾村的名叫和玉安的妇女，说是因为家里的病人久治不愈，还有家里的牲畜不太兴旺而来请和志本东巴占卜。这在我们学习过程中是常有的事，我们当时向和志本东巴学习了两个月，多次遇到乡亲和游客来请他占卜，不得不停下教学活动。和志本东巴占卜完后已到了午饭的时间，补主湾村距离古都村比较远，我们就请和玉安大姐和我们一起共进午餐。闲谈间，和志本东巴问她父母亲是谁，和玉安大姐就说了父母的名字，然后说她母亲在她两岁的时候就去世了，母亲以前的事都是后来和亲戚邻居闲谈时才知道一些。忽然她说到一件事，说她听亲戚邻居说她母亲年轻时曾经和古都村的一个男子相好，但他们没说名字她就不知道是谁。和志本东巴脱口而出："就是我啊！""哦，是吗？原来大姐就是过去和您相好的补主湾村女子的女儿啊！"我们都边笑边对和志本东巴说，觉得很有趣。

和志本东巴常常会对我们开玩笑感慨地说，以前吃的穿的少但娱乐活动多，很快乐，现在的时代吃穿丰富，但娱乐活动少，丢了很多传统歌舞等文

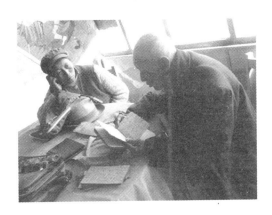

和志本东巴给补主湾村的乡亲占卜

化。还说，以前只有一个妻子，但不时可以和别人的妻子约会，社会舆论是允许的，男男女女都这样。

2009 年 1 月 30 日（正月初五）拜访和志本东巴

和志本东巴的小孙子 dv²¹ dzʅ³³ 笃志（学名和丽君）有时候不吃做好的饭偏要自己炒蛋炒饭吃，和志本东巴就会用一句很有意思的纳西谚语教育他："æ²¹ kv³³ ha³³ tʂhu³³ tʂhu³³，uo³³ tʂhu³³ uo³³ le³³ be³³ 鸡蛋炒炒饭，自己丢自己的面子"。有时候他可能也觉得纳西族的仪式众多繁杂，好像是自己给自己找事做，又没有什么大的收获，因此会引用一句纳西谚语说："na²¹ hæ⁵⁵ be³³ gv²¹ bɯ²¹，ndzʅ⁵⁵ gv²¹ le²¹ mə³³ dɯ³³ 纳罕做法多，得不到吃的。"

生产队时期，和志本东巴曾被派去赶马帮，在白地、丽江、高黎贡山的崇山峻岭间走了六年，和汉、藏、彝、傈僳等族的人交朋友，会好几个民族的日常生活语言，有丰富的社会经验。他是劳动的能手，又是出色的猎手，善于观察猎物的脚印，出去打猎，从不空手而归。他有 8 个儿女，生产队时期，由于家里人多，生产队分的粮食和肉不够吃，他经常凌晨 4 点左右起床到山上去打猎，打到猎物回到家时离到生产队上工的时间还绰绰有余，不仅解决了家里的温饱问题，还可以分些肉食给亲戚邻居救急。现在和尚礼先生开办的东巴村那间古朴的纳西民居里挂着的那一大串猎物头骨，就是和志本东巴当年打到的大猎物头骨的一部分。

2009 年 2 月我们向和志本东巴学习翻译东巴经

从 1990 年和尚礼先生担任三坝乡文化站站长期间一直到 2009 年，和志本东巴与习阿牛、习尚洪等东巴被断断续续聘为乡文化站、东巴山庄、东巴村的工作人员，整理文化站收集的"文革"后存留的东巴经，回忆东巴唱腔、东巴舞蹈，等等。1994 年到 1995 年，和志本东巴还被北京的田丰先生聘请到昆明民族文化传习馆当了一年纳西族传统文化教师。因为在东巴造纸、书法、绘画、占卜等方面的名气，他经常被各种媒体宣传报道，也经常有国内外学者前来拜访求教。一位台湾女学者在 2007 年向他学了一个月东巴造纸，临走时把造纸的工具都带回去了。研究纳西族文化的日本学者黑泽直道和冈晋等也多次向他学习过，现在和志本东巴的钱包里与和占元东巴一样收藏着很多学者、记者的名片。我们在 2008 年 1 月、4 月、7 月、8 月，

2009 年 1 月到 3 月、7 月，2010 年 7 月累计 7 次 5 个月向他学习翻译了近 10
本东巴经，了解了祭祖、丧葬等仪式活动。

　　由于继承发展了祖辈传下来的东巴纸造纸技艺，2006 年和志本东巴被
列为首批"国家级非物质文化遗产代表性传承人"。有一次给和志本东巴打
电话，他告诉我们 2010 年 4 月，在和尚礼先生的组织下，他在东巴村给学
员们传授演示了一次东巴造纸术。下面的照片是我们 2008 年暑假向和志本
东巴学习期间，昆明的《都市时报》记者来采访他的东巴纸造纸工艺流程
时我们有幸参观并拍下来的。

煮树皮

清洗

敲打

放入木槽

　　因为有"不到白地不算真东巴"的俗语，所以，我们请他回忆了一些
以前来白地学东巴的人以及白地的大东巴被请到外地去做法事的情况。他说
他记得国民党时期，他舅舅到江边的上江去做了半年东巴仪式，因为在和当
地东巴"斗法"中胜出，所以这家请了那家请，很受欢迎。舅舅还在那边

搅拌纸浆

捞出水面

贴在木板上

晾干成型

整理了一本哥巴文和东巴文对照的书回来，可惜在"文革"中被抄被烧毁了。由此看来，"白地没有哥巴文"的说法可能也不是完全正确的。至于来白地学东巴的人，和志本东巴说他记得国民党时期还是有几个：上江乡四湾村的 $kə^{33}zo^{33}$ 格若，上江乡某村的 $y^{55}tşu^{21}$ 玉竹，上江乡木高村的 $tshη^{55}lɯ^{33}$ 茨里，上江乡木可湾村的尤树（学名和元寿），还有一个丽江塔城陇巴村的和一个塔城村的，名字他忘记了。

和志本东巴是他们村其他6位东巴和整个白地、东坝地区部分东巴的师傅，是现在东巴界为数不多的名副其实的大东巴。他小时候晚上帮跟舅舅学东巴的人点松明火，久而久之耳濡目染，没有专门学习就会了很多东巴经和东巴仪式。1949年，舅舅去世，他继承了很多经书和法器。但在"文革"中经书被收缴烧毁，他的妻子把50多张占卜用的签牌藏在羊皮披肩里以为很安全，没想到搜查的人看到经书种类不齐再次来逼问，她只好战战兢兢地把签牌也交了出去。他现有的76册东巴纸经书、一卷宽约35厘米长约15

2009 年 7 月和志本东巴和古都村东巴在丧葬仪式上念经

米的麻布《神路图》和多幅神像卷轴画，多是后来在乡文化站、东巴山庄、东巴村工作之余，对照当时收集到的东巴经、卷轴画抄写、摹画的。他的东巴文书法和东巴画技艺精湛，多年前就获得了"云南省民间工艺美术师"的称号。他写的东巴文字体稍显修长，独具特色，我们看习惯了之后在其他地方也基本上能认出他的字。如 2009 年 3 月 3 日，我们到恩水湾村和贵全东巴家采访，当他拿出一些经书给我们看时，一本有两个彩色封面名叫《$\underset{\cdot}{z}$ua^{55} gɯ^{21} 让马发抖》的经书和一本也有两个封面名叫《mu^{55} thv^{33} ɳ^{33} ly^{55} tʂu^{55} 持法杖经中册》的经书引起了我们的注意。仔细一看，第一本经书第一个稍微新点的封面上写着"gv^{21} tv^{55} zo^{33} nɯ^{33} khæ^{21} se^{21} me^{55}（由）古都村的男子换了（封面）"意思的东巴文，第二本封面没写谁换的话，但书名是东巴文。从两本经书新封面的字体特点、"（由）古都村的男子换了（封面）"的村名，以及和贵全东巴的曾祖父久嘎吉与和志本东巴的舅舅柯恒两个大东巴的朋友关系，都可以证明这两个新加的封面是和志本东巴写的，也可以证明和志本东巴经书中的这两本是借和贵全东巴家的老经书抄写的。和志本东巴现藏的一本老经书《tsho^{21} mbər^{33} thv^{33} dzo^{21} uo^{21} me^{55} 是人类迁徙的经书》还是当年和贵全东巴的曾祖父久嘎吉大东巴抄写的。

和志本东巴的木牌画画得很漂亮，他说 2006 年给丽江东巴文化博物院画了 10 张木牌画，他们给了他每张 30 元的辛苦费，但是他自己在 2007 年才去丽江拿的。去的时候还带了 1 卷 15 丈长的神路图，那是他花了一年半

和志本东巴的卷轴画　　　　　　　　　和志本东巴讲解经书

的空余时间画的，材质是和尚礼先生送给他的拼缝起来的俄亚麻布，但李锡院长说因为博物院重修没有钱买神路图了。因为不时有媒体记者采访报道他的东巴文书法和绘画，所以直到现在也经常有广州、深圳、北京等地的人愿意出高一点的价格请他画纳西语称为 $tʂæ^{33}$ 的卷轴画，有些人还给他寄了纸和颜料。

和志本东巴的记事本

和志本东巴因为经常接受采访、出售书画，不时有一些额外的收入。对于儿女，他会公平而又有区别地对待。近几年的大年初一，他都会给 8 个儿女每人一千元，同时对招婿另过的三、四女儿和嫁到东坝的小女儿给予一些特别的照顾。和志本东巴在 1988 年香格里拉县政协八届二次会议上被选为县政协委员，到现在已经 20 多年了，后来因为年龄大了，政协允许他不出席年会。他有一本《政协委员工作手册》，里面用东巴文记了一些人的名字，以及阿拉伯数字电话号码。他还有一本记事本，里面夹了一些照片，用东巴文写了一些人名、地址以及阿拉伯数字电话号码，有一页记的是日本学者黑泽直道的国籍、属相、年龄、家庭住址等，还用东巴文记了一些账目和事情。我们用了好几天午饭后的休息时间请他解读了那些内容。在一本硬皮聘书的封二页，他记了私下里给四女儿和小女儿一些钱的情况。他的这些东巴文记事本写了很多零零碎碎的事情，很有生活气息，使我们看到了作为"人神之媒"的东巴日常生活的一面。

现在 80 多岁的和志本东巴脊背不驼，耳朵灵敏，眼睛特别好，我们送给他的放大镜根本派不上用场，他还基本保持着他猎手的风格，走路爬山很快，我们有些年轻人都不如他。愿他老人家健康长寿，把更多的东巴文化知识传授给后辈。

2009 年 3 月 1 日与和志本东巴到山上考察吴树湾村过去的"避难所"

三　吴树湾和树昆东巴

和树昆东巴，生于 1984 年 6 月 23 日，农历五月二十四日，但身份证被写成了 1983 年 6 月 8 日。1985 年 7 月和钟华老师去白地向他爷爷和义才采访民歌时给他取了和树昆这个名字，还把这个名字写在一张红纸上。他小时候体弱多病，上学时成绩不太好，也不太爱学习，所以小学毕业就没再上学。1998 年 3 月 16 日，在和占元东巴、和树荣老师和和树昆的父亲和德明东巴的努力下，吴树湾村成立了白地汝卡东巴文化学校，由和占元东巴担任教师教授愿意学东巴的中青年人。和树昆东巴的父亲和德明东巴带头参加了吴树湾村第一批学习东巴的队伍。1998 年 9 月，和树昆东巴也开始学东巴，对东巴文化很感兴趣，学习也很用功，并从此除了农忙时节帮忙家里劳动外，跟和占元东巴专门学习了 7 年，成了吴树湾村现在东巴文化水平最好的东巴。

和树昆东巴

因为和树昆东巴身高 1 米 95，我们就戏称他为"世界上最高的东巴"。2008 年 1 月，我们第一次去白地就认识他了，后来他成了我们的好朋友、好帮手、好向导、好"保镖"。他曾多次陪我们到俄亚、三江口等地调查学习，为我们当翻译、帮手、"保镖"。

和树昆东巴是和占元东巴的高徒，他原先采取晚上跟和占元东巴学习的方式，但后来考虑到和占元东巴年事已高，担心仅仅晚上学习学不完东巴必备的知识和技能，因此得到父母和家人的支持，连续 7 年每年除了农忙的两个月以外，就专门跟和占元东巴学东巴经书、唱腔、占卜、看星宿、跳东巴

和树昆东巴在夜校教授东巴经

舞、做东巴仪式，等等，一直到 2009 年 6 月 2 日和占元东巴去世。从和树昆白天跟和占元东巴学习开始，他和其他几位小东巴熟练地掌握了一些东巴经典，他们担心和占元东巴白天晚上都教学很辛苦，于是采取了白天和树昆和其他几位有时白天有空的小东巴跟和占元东巴学习，晚上由白天学习的小东巴再教授其他东巴的传递教学方式，而晚上学习的很多经书都是由和树昆东巴教授的。

因为吴树湾白地汝卡东巴学校的校长和树荣老师又是白地完小的校长，因此，他在白地完小开设了东巴文兴趣课，请和树昆东巴去担任老师，给小学生教授一些东巴文，培养学生对自己民族文字的兴趣以增强民族自豪感。于是和树昆东巴每周义务去白地完小上一节东巴文兴趣课，深受老师和学生的欢迎。

和树昆东巴热爱生活，喜欢吹笛子、唱民歌、跳民族舞和东巴舞。每当村民在他家门口的球场上围成一圈跳民族舞时，要么是他叔叔吹笛子，要么就是他吹笛子，村民跟着笛子的节奏跳舞和唱和。他高高的个子，站在排头或中间正好合适。

正月十五的时候吴树湾村有一个他们村独有的纳西语叫 $ʂ̩^{21}tsho^{33}$ 狮子舞的节目，每两个年轻男子为一组，一人顶狮头，一人顶狮尾，好几头"狮子"跳各种动作，然后有一人打扮成小丑，不时去挑逗"狮子"和观众，和树昆就经常主动去扮演小丑的角色，引得观众开心地哈哈大笑。

和树昆在跳东巴舞

　　和树昆东巴还善于饲养家禽家畜，他只有小学文化水平，但知道科学养猪、养鸡。他买了猪饲料，然后按比例与猪食配在一起，定时喂猪，水单独喂。三个月后他喂的猪明显比传统方法喂的猪大、肥。他还从市场上买了小肉鸡和饲料回来，和青菜、白菜、玉米粒、麦粒搭配搅拌后定时喂鸡，鸡也长得很快。他还喜欢养马，有一次看到某村人家有一匹小白马，就想到了东巴教祖师东巴什罗的白马坐骑，于是跟父母亲商量，要用自家养得膘肥体壮的高头大褐色马换那匹小白马，父母也只好支持他。于是，他就拥有了一匹白色的小骏马。小白马长得也快，但和树昆个子太高，我们在他家的时候小白马还不能供他当坐骑。

　　和树昆东巴与和占元东巴一样喜欢开玩笑。2008 年 7 月我们跟和占元东巴学习、翻译东巴经的时候，和树昆东巴常常一大早看到杨亦花和钟耀萍从古都村客栈走到了吴树湾村旁边，就像个小孩一样跑去叫和占元东巴："阿巴普，阿巴普，您的两个干女儿来了！"然后又到和占元东巴家门口迎接她们俩，老远就故意捏着鼻子学和占元东巴说话："干女儿，干女儿来了！"他不太忙的时候就会和我们一起跟着和占元东巴学习，也给我们提供了很多翻译和生活上的帮助。

　　和树昆东巴上小学的时候不爱学习汉文化知识，他说当时就是不想学。

和树昆（中）和吴树湾村的年轻东巴

但他很喜欢东巴文化，一学就一发不可收拾，要记点什么东西用的也是东巴文。他和杨玉春东巴曾经用东巴文写了入党申请书，但村支书说不能用东巴文写，所以就被退了回来。我们就请他们找找那份申请书，但他们找了好久都没找到，说可能是当时一生气就扔了或撕了。尽管有时候东巴文"行不通"，但和树昆东巴平时还是习惯用东巴文写字，2004年他给喻遂生写了一封东巴文的书信，而且信封上写的也是东巴文，不过，和树荣老师帮他添写了汉字的收信人地址和姓名。喻遂生收到并翻译发表了这封信，称那个信封是第一枚东巴文的实寄封。

2007年春节，和树昆东巴给喻遂生发来了问候春节的汉字短信，让喻遂生震惊了一把：连东巴都会发短信，我也应该学会发短信。因此在跟学生学习和"钻研"了几次以后，喻遂生也会发短信了。后来，我们与和树昆经常短信或电话、QQ交流，他对汉文化也有了一些新的认识。

和树昆东巴非常慷慨，2003年我们到白地调查时，他主动提出家里有两份东巴文地契，要送给我们。我们当时觉得这是文物，不便接受，后来他的父母也觉得是家传的东西送人不太好，和树昆只好又向我们委婉地表达了不能送人的意思，但完全同意让我们拍照，并帮助我们释读。2008年杨亦花和钟耀萍在吴树湾村调查时，午饭和晚饭都是在和树昆东巴家里吃的，他和家里人每天做很多好吃的饭菜招待，非常热情。

和树昆东巴也算是祖传东巴了，他爷爷和义才是著名的民间歌手，会唱很多纳西族民歌，并能即兴创作演唱，他的大曾祖伯父久嘎吉和三曾祖伯父阿普三都是当时著名的大东巴，有很多老经书，但他们去世后，后人把他们的经书和法器都卖了。和树昆东巴的父亲和德明在学东巴以前做些生意，也卖了很多老经书。但学东巴以后又把他家卖出去的一些经书和法器用一头牛换了回来。因此，他家现在有 5 本祖传的老东巴经书和一对板铃，以及那两份东巴文地契，还有后来他父亲和他抄写的 75 册东巴经书和 13 册从外地复印来的经书，后来置办的大鼓、板铃、海螺等东巴法器。

和树昆东巴的视野开阔，不仅注重在村里跟和占元老东巴学习，而且经常借参加古都村的婚礼、葬礼等机会向古都村的和志本东巴在仪式中学习；到东坝跟习阿牛东巴、习尚洪东巴学习；还到洛吉跟老东巴学习。2008 年 10 月到 11 月，跟随钟耀萍到宁蒗县拉伯乡加泽村委会的树枝村和油米村调查，一边当钟耀萍的翻译和"保镖"，一边自己也跟石波布东巴和杨扎实东巴学习。2009 年 10 月，跟随钟耀萍到四川木里俄亚的俄日村调查，一边当翻译和"保镖"，一边向阿嘎东巴学习。这样的学习和交流经历，使他开阔了视野，了解了自己的长处和需要不断学习的方面。

2008 年 3 月到 5 月，和树昆东巴和杨玉春东巴、和桂武东巴、和根利东巴参加了在丽江举办的东巴文化强化培训班。他还与和树荣老师、杨玉春东巴应邀参加了 4 月初由丽江文化研究会、东巴文化研究会主办的东巴文化研讨会。从此，他和杨玉春东巴、和树荣老师一起参加了 2009 年、2010 年、2011 年、2012 年在丽江举行的旅游文化会议、茶马古道会议，等等，以及 2009 年 7 月底在昆明云南大学举行的第十六届世界人类学民族学大会，并提交了论文，引起了媒体和学者的关注①。

东巴文化的保护和传承工作任重道远，有了多年学习和广泛交流学习的扎实的基础，相信和树昆东巴将来一定会成长为一位著名的大东巴。

---

① 和树昆：《守住民族文化根脉——一个三坝东巴的自述》，载木仕华主编《纳西学研究新视野——2009 年国际人类学与民族学联合会第 16 届大会"纳西学研究新视野"论坛论文集》，中央民族大学出版社 2014 年版。

2008 年 4 月丽江东巴文化研讨会后我们与和树昆等合影

2009 年 7 月和树昆、杨玉春、和树荣出席第十六届世界人类学大会

第十一章

白地东巴文献编目及字释举例

第一节　白地东巴文献统计及编目

一　白地波湾村东巴文献统计

20 世纪 60 年代四清运动以前，波湾村凡有东巴的家庭都有东巴经典收藏，多则几千册，少则几十册，藏书四五百册的有六七家。其中以 $a^{33}phv^{33}ku^{55}$ "阿普固"家的藏书最多，摆满了一座"井"字结构木粮仓的三面墙，据传除了缺一部叫作 $mø^{55}zo^{33}ndo^{21}pv^{55}$ "蒙若朵布"的用于止雨的经典之外，所有东巴经典无不齐全。他们家的藏书大部分在 1927 年的匪患中被焚烧，另有延寿、大除秽、祭风三套经书被吴树湾村的人借去（具体是谁借的已不详），亦在 1953 年吴树湾村大火灾时被烧毁。

1966 年农历七月二十二日，白地村的几百位村民围聚在白水台的烧香坛前，宣布要横扫一切"牛鬼蛇神"，他们首先捣毁了白水烧香坛，然后浩浩荡荡地冲向各个古老的村庄，开始了毁灭东巴文化的运动。一切东巴活动皆被视为"封建迷信"活动而禁止，东巴被视为"牛鬼蛇神"遭批斗，成堆的东巴经书、神像、法器被烧毁。在这次运动中，波湾村各个东巴世家的东巴经书都成筐地被收去销毁，如都昌家子里高的藏书四五筐全被烧光，树银甲的经书被烧了两大筐，被烧的东巴文献保守估计也在四五千册以上。

20 世纪 80 年代初开始，随着国家宗教政策的落实，一些有识之士开始收集和抄写经书，如大东巴树银甲先生依照记忆重新默写过不少的经书，和学仁东巴等人从其他东巴处转抄了不少经书，目前村里的东巴文献保存量在300 册（份）以上，与其他纳西族村庄相比，目前波湾村东巴文献收藏量较大。下面分户略作介绍。

1. $za^{33}\,z\text{.}u^{21}$绕日家的东巴文献

绕日家即著名大东巴树银甲（1922—2005）家，现在保存有 47 册（份）东巴文献，其中包括东巴祭祀经典旧抄本 8 册，新抄本 28 册，账本 4 册，契约 5 份，人情账单 2 份。绕日家的东巴文献由树银甲收集、抄写，他去世后由他的后人保存，但他后人中没人学习东巴文。

2. $t\c{sh}æ^{21}\,cy^{33}$长脚家的东巴文献

民国时著名大东巴雨才家，最后的东巴和义 1933 生，2006 年去世。他家的东巴文献估计总数有四五十册，我们只看到其中一部分共 24 册。其中旧抄本 2 册，新抄本 22 册，新抄本多数由和义抄写。他们家的东巴文献由和义之子和玉耿（1964 年生）收藏，和玉耿曾经画过一段时间的东巴卷轴画，但没有学习东巴文。

3. $kh\partial^{33}\,i\partial^{21}$可尤家的东巴文献

可尤家现藏经书 11 册，其中家传旧抄本 7 册，由树银甲送给和学胜的新抄本 4 册。和学胜的父亲是东巴，幼时开始参与东巴的活动，后来又跟树银甲学习，但以口诵经文为主。

4. $a^{21}\,phv^{33}\,kh\text{u}^{55}\,zo^{33}$阿普肯若家的东巴文献

阿普肯若家藏有 5 册旧抄本。阿普肯若（1906—1991）本身不是东巴，年轻时母亲去世后自己学习每年的"猛厄本"仪式，会占卜和一些仪式。所藏 5 册经书由民国时期古都村肯恒、恩水湾村久嘎吉等大东巴所写。

5. $a^{21}\,pv^{21}\,t\c{s}\partial^{33}$阿补周家的东巴文献

目前，波湾村东巴经书收藏最多的是和学仁东巴，他从 20 世纪 80 年代初开始学习东巴，自己抄写了许多经书，加上树银甲、习尚洪等东巴所赠送的经书，收藏有 75 册东巴经。

6. $a^{33}\,phv^{33}\,ku^{55}$阿普固家的东巴文献

旧抄本全部销毁殆尽，现有 12 册新抄本经书，由树义田抄写。

7. $a^{33}phv^{33}na^{21}$阿普纳家的东巴文献

由两部分组成，总共有 63 册。第一部分是垦恒（1974 年— ）的收藏，垦恒 90 年代初跟随树银甲学习东巴文，有自己抄写的，也有树银甲等人赠送的，共收藏 37 册（份），其中旧抄本 2 册，新抄本 22 册，账本 9 册，契约 3 份，记账单 1 份。第二部分是垦恒之父和学义（1940 年— ）抄本，和学义没系统学习过东巴文，但能做一些小仪式，会一些口诵经，擅长东巴文的书写，他抄写的目的是为儿子垦恒学习研究所用，总共抄写了 26 册。

除此之外，和袁、和政武、和文胜三个东巴学徒也抄写了一些经书。波湾村的东巴文献在其他地方是否还有收藏是今后值得关注的问题。如 1935 年，周汝诚随当时的中央民族考察团，在中甸白地收集东巴经千余册①。里边是否有波湾村的经书？同时期是否还有人在波湾村征集过东巴文献？又如过去各村之间东巴文献的交流比较频繁，是否还有波湾村的文献保存在其他村里？又如树银甲等曾经为圣灵东巴文化乐园、中甸县档案馆等抄写过东巴文献，这些都值得进一步跟踪调查。

波湾村东巴文献保存情况表

户名	数量	经书	旧抄本	新抄本	应用性文献	传人
绕日	47	36	8	28	11（新3）	无
长脚	24	24	2	22		无
可尤	11	11	7	4		和学胜
阿普肯若	5	5	5			无
阿补周	75	75		75		和学仁
阿普固	12	12		12		树义田
阿普纳	63	50	2	48	13	和袁
合计	237	213	24	189	24	

二 白地波湾村东巴文献编目

我们对波湾村的东巴文献进行了文献学各要素的考察，编写了以下的目

---

① 周汝诚：《永宁见闻录》，《纳西族社会历史调查（二）》，云南民族出版社 1986 年版。

录。主要项目有序号、文献名称、封面、纸质、尺寸、装订、书写方式、页码、正文页数、版本来源、主要内容、用途等。有些文献的某些项目，特别是封面不一定齐全。

由于各种原因，以下文献没有列入目录：①长脚家的部分经书。②和正武、和袁、和文胜三个东巴学徒自抄的 80 多册经书。③和学仁东巴抄录的一套准备出售的祭天经副本。④和学仁东巴收藏的坛城图和有些人家贴在门口的经咒等。

（一）绕日家的东巴文献

1. 请家神

东巴纸旧抄本，线订册页装，左侧装订，11cm×27cm；4 行书写，共 32 页，正文 27 页。用于请家神仪式，内容包括沿迁徙路请家神、赞美家神、供养家神、祈福等。

2. 建神塔

东巴纸旧抄本，线订册页装，左侧装订，10.5cm×28cm；4 行书写，共 12 页，正文 10 页，后面缺失。用于建塔仪式，内容为请神、供养、建塔以禳灾等。

3. 建神塔、给护法献供品

东巴纸旧抄本，线订册页装，左侧装订，11cm×27cm；3 行书写，共 14 页，正文 12 页。用于建塔仪式，内容为请神、供养、建塔以禳灾等。

4. 祭"猛厄"鬼经

东巴纸旧抄本，线订册页装，左侧装订，9.5cm×28cm；3 行书写，共 32 页，正文 28 页。用于祭祀非正常死亡祖先的仪式，内容包括"猛厄"的来历、请鬼、献食、送鬼等。

5. 除秽、起鬼经

东巴纸旧抄本，线订册页装，左侧装订，10.5cm×25.5cm；4 行书写，共 32 页，正文 30 页，封底页缺失。用于除秽仪式（几乎所有的仪式都要举行除秽仪式，按仪式的大小除秽仪式也大小不一。这册经书只是在有一定规模的除秽仪式上才读诵），主要内容为讲述鬼的来历，请各种神力驱鬼。

6. 占卜经

东巴纸旧抄本，线订册页装，左侧装订，9.5cm×22.5cm；4 行书写，共 24 页，正文 22 页，封底页缺失。用属相、日子等占卜、择日。

　7. 祭祖经

　东巴纸旧抄本，线订册页装，左侧装订，11cm×28.5cm；4 行书写，共 44 页，正文 41 页。内容包括顺迁徙路把祖先从祖居地请到家中，然后进行除秽、生献、熟献、降福泽，逆迁徙路送祖等。

　8. 请家神

　东巴纸旧抄本，线订册页装，左侧装订，10cm×24cm；3 行书写，残存 10 页。用于请家神仪式，内容包括沿迁徙路请家神、赞美家神、供养家神、祈福等。

　9. 香炉经

　香烟包装盒书写，线订册页装，左侧装订，9cm×28.5cm；3 行单面书写，共 9 页。内容为每日早晚在香炉烧香时的祈祷文，祭祀对象包括众大神、自然神、祖先等。

10. 六十花甲卜书

学生练习本书写, 16cm×19cm; 每页分三栏, 每栏写有两个属相的五行、九宫数、习性、生育状况等内容, 共 18 页。

11. 祭土神

香烟包装盒书写, 线订册页装, 左侧装订, 9cm×28cm; 3 行单面书写, 共 22 页。用于祭祀土神, 内容主要包括土神的来历、献食、祈福、送神等。

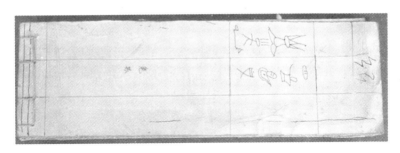

12. 烧天香

白纸书写，线订册页装，左侧装订，12.5cm×27.5cm；3 行书写，共28页，正文 25 页。几乎所有仪式都要使用，也用于节庆等民俗活动，内容主要是用树枝、面、油向各路神灵烟祭，祈福等。

13. 请家神

案卷目录表书写，线订册页装，左侧装订，19cm×27cm；3 行单面书写，共61 页，正文 59 页。用于请家神仪式，内容包括沿迁徙路请家神、赞美家神、供养家神、祈福等。

14. 祭天经

东巴纸书写，线订册页装，左侧装订，11.5cm×30cm；3—4 行书写，彩色，共 40 页，正文 36 页。用于白水台祭天仪式，向天、地、皇、战神、村寨神等祭献、祈福。

15. 摧毁"度直"九坡

东巴纸书写，线订册页装，左侧装订，11.5cm×29.5cm；3 行书写，共 12 页，正文 10 页。用于白水台祭天仪式，内容主要是请神灵护佑，战神助阵，摧毁仇敌守护的九道"度直"黑坡。

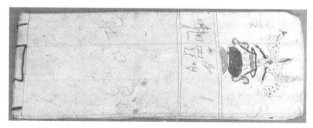

16. 向胜利之神献神药

东巴纸书写，线订册页装，左侧装订，11.5cm×29.5cm；3 行书写，局部彩色，共 10 页，正文 8 页。用于白水台祭天仪式，内容为神药的来历、向胜利之神献神药后吉祥的典故等。

17. 人类繁衍记

东巴纸书写，线订册页装，左侧装订，11.5cm×29.5cm；3 行书写，共 24 页，正文 21 页。用于白水台祭天仪式，讲述人类繁衍的艰辛过程和举行祭天仪式的来历。

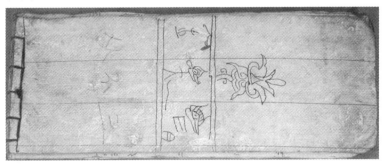

18. 献坐骑、竖村寨神树

东巴纸书写，线订册页装，左侧装订，11cm×29.5cm；3 行书写，共 16 页，正文 14 页。由波湾树银甲东巴凭记忆默写，用于白水台祭天仪式。讲述竖村寨神树的来历，波湾村祭天的人们通过竖村寨神树得到平安富足等。

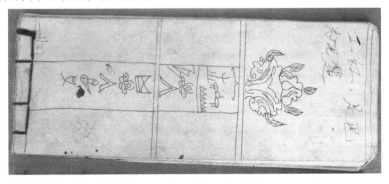

19. 请法力

东巴纸书写，线订册页装，左侧装订，11.5cm×29cm；3 行书写，共 22 页，正文 18 页。东巴举行仪式时，请各种神灵、祖师的法力加于己身，以降魔除妖的经书。

20. 开坛经

借阅文件登记簿书写，线订册页装，左侧装订，19cm×27cm；3—4行书写，共45页。讲述主人家占卜得知需要举行东巴仪式，说明主人家行为规范，没有出格之举，并简述祭祀对象的来历。

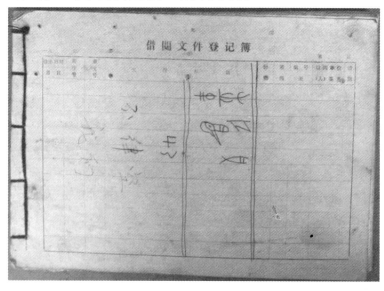

21. "腊布形"占卜

借阅文件登记簿书写，线订册页装，左侧装订，19cm×27cm；3—4 行书写，共 62 页。内容为按出生的年、月、日、时等预测命运。

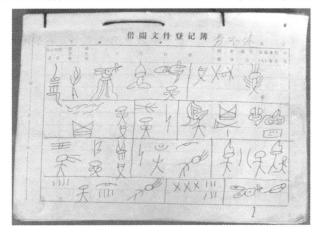

22. 除秽、起鬼经

案卷目录表书写，线订册页装，左侧装订，19cm×27cm；4 行书写，共 25 页。用于除秽仪式（几乎所有的仪式都要举行除秽仪式，按仪式的大小除秽仪式也大小不一。这册经书只是在有一定规模的除秽仪式上才读诵），主要内容为讲述鬼的来历，请各种神力驱鬼。

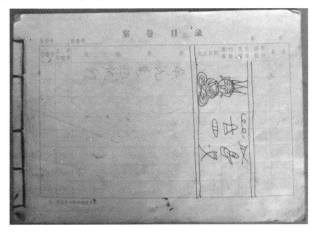

23. 天地年岁

案卷目录表书写，线订册页装，左侧装订，19cm×27cm；4 行书写，共

62 页。内容为各种神灵的寿岁、属相等。

24. 请法力

东巴纸书写，线订册页装，左侧装订，19cm×27cm；4 行书写，共 28 页，正文 26 页。东巴举行仪式时，请各种神灵、祖师的法力加于己身，以降魔除妖的经书。

25. 人类繁衍记

电池盒纸书写，线订册页装，左侧装订，17cm×27cm；4 行书写，共 12 页，正文 10 页。用于白水台祭天仪式，讲述人类繁衍的艰辛过程和举行祭天仪式的来历。

26. 星宿占卜

白纸书写，线订册页装，上侧装订，20cm×28cm；6行书写，共18页，正文15页。

27. 煞神、出生等方位占卜

白纸书写，线订册页装，上侧装订，12cm×24cm；4行书写，共40页，正文36页。内容为按方位占卜出行、经商、祭祀等。

28. 出生方位占卜

白纸书写，线订册页装，左侧装订，13.5cm×26.5cm；4行书写，共34页，正文30页。内容为按母亲的年龄确定出生方位，再预测吉凶等。

29．"究仲"占卜

电池盒纸书写，线订册页装，左侧装订，17cm×28cm；5 行书写，共 24 页，正文 21 页。图片占卜之书，内容为按问卜者所选择的图片预测吉凶等。

30．祭生育神

白纸书写，包装盒硬纸板封面，线订册页装，左侧装订，13.5cm× 26.5cm；3 行书写，共 58 页，正文 54 页。内容包括撒神粮、竖神石、除秽、生育神的来历、人类与生育神之间的传略故事、生献、熟献、请福泽、献药、送神等。

31. 烧天香

香烟包装壳书写，线订册页装，左侧装订，9cm×27cm；3 行单面书写，共 39 页。几乎所有仪式都要使用，也用于节庆等民俗活动，内容主要是用树枝、面、油向各路神灵烟祭，祈福等。

32. 占卜概要、丢弃鬼食要言

白纸书写，线订册页装，上侧装订，20cm×28cm；6 行单面书写，共 16 页。

33. 五粒海贝卜

备课本书写，每页 7—8 行书写，共 14 页。内容为用五粒海贝占卜的占辞。

34. 法杖经末卷

案卷目录表书写，线订册页装，左侧装订，19cm×27cm；4 行书写，共 35 页，正文 33 页。用于丧葬仪式，内容包括为死者亡魂扫清障碍，让亡魂和祖先团聚等。

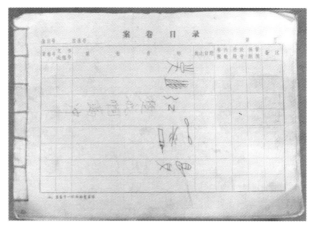

35. 献冥马

白纸书写，线订册页装，左侧装订，15cm×26cm；3 行书写，共 63 页，正文 60 页。用于丧葬仪式，讲述马的来历，用冥马报答死者的恩情等。

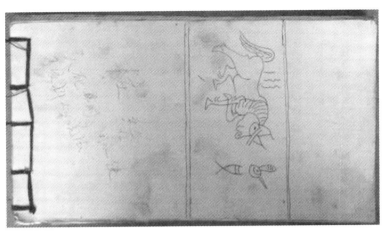

36. 净水咒

借阅文件登记簿书写，线订册页装，左侧装订，19cm×26.5cm；3—4行书写，共12页。用于丧葬仪式，藏语音读经典。

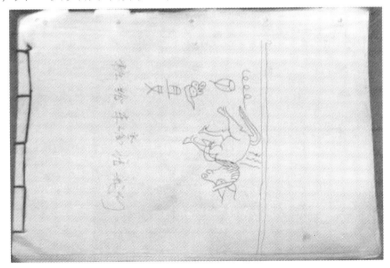

37. 生活开支账本（一）

学生大楷本书写，共29页。

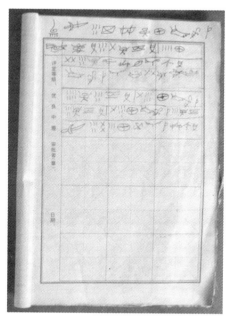

38. 生活开支账本（二）

信笺书写，共14页。

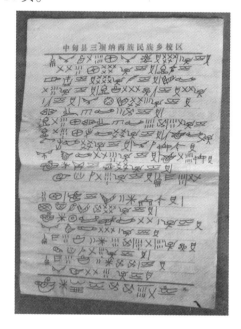

39. 生活开支账本（三）

学生作文本书写，共 5 页。

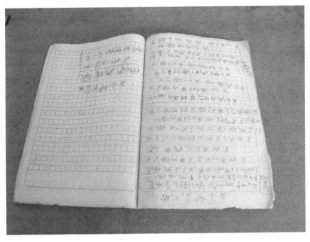

40. 账本

东巴纸书写，线订册页装，上侧装订，11cm×24cm；3—4 行书写，共 46 页。

41. 古都地契

东巴纸书写，1 纸，52cm×19.5cm；正面写有"古都的地契"，背面写有契文，共 10 行。内容为水虎年十二月立下契约，古都村的补若高、阿牛若、依德甲三人把布多里地卖给波湾村的构恒，地价为三十八元，地税为八钱，见证人是构土、构高二人。雪山不垮塌江水不倒流，永不再说反悔的事。后半部分为人情来往的记录。

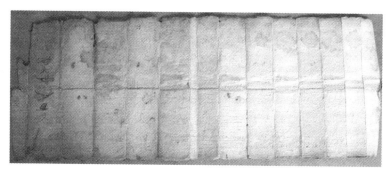

42. 人情簿（一）

东巴纸书写，1 纸，78.5cm×26.5cm；正面左边写有"人情簿"，右边
写有"虎年伟古阿恒吉超度时给甲高才挂了 5 筒（半升）麦子"。背面共 10
行，写有水猴年超度东塔时收别人的人情情况 10 条。狗年别人超度时挂给
别人的人情 3 条。

43. 人情簿（二）

棉纸书写，1 纸，51cm×16cm；写有火龙年十月超度"阿子告"时收
到的人情共 5 条。

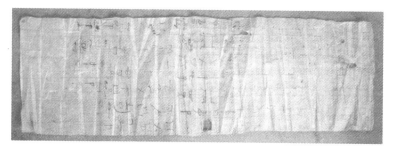

44. 园子的契约

东巴纸书写，1 纸，40cm×20cm；正面写有"园子的地契"，背面写有契文，共 8 栏。内容为"木猪年七月立契，子干家的阿共吉因园子不在同一片内，于是把阿邦牛房背后的园子同核桃树一起卖给了绕日家的构恒，地价为白银十两，以后不能说不是这样的。以后阿共吉即使出黄金白银也不能赎回园子，两家中间见证人是朵木依端塔。是阿共吉的手印。祝愿长寿富贵，多结核桃"。

45. 地价单

东巴纸书写，1 纸，55cm×20.5cm；单面书写，5 行，写有"铁蛇年正月"六块地的地价。

46. 打谷场的契约（一）

东巴纸书写，1 纸，30cm×14cm；两面书写，共 7 行。正面 6 行，背面 1 行。内容为"水狗年十一月二十日立契，绕日构塔向卡里古组赎回打谷场，以前是以一尺地一两银的价格卖的，现在也是以一尺地一两银的价格赎回，十八尺地用十八两赎回。从今以后两家都永远不再反悔，如果反悔赔偿黄金一两。两家之间的见证人是伟日家的垦恒和雨才两人"。

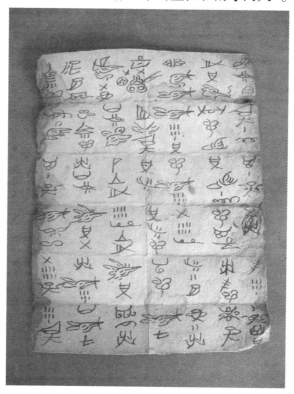

47. 打谷场的契约（二）

东巴纸书写，1纸，28.5cm×22cm；正面写有"打谷场的契约"，背面写有契文，共9行。内容为"水狗年十一月二十日向卡里古组赎回打谷场，以一尺七钱的价格赎了十八尺，共十八元。两家之间的见证人是伟日家的垦恒，长脚家的雨才。是古组的手印"。

（二）长脚家的东巴文献（部分）

48. 三百六十尊神的出处、三百六十种鬼的来历

白纸书写，线订册页装，上侧装订，21.5cm×26cm；每页5—7行书写，共46页，正文42页。内容为各种神灵的来历。

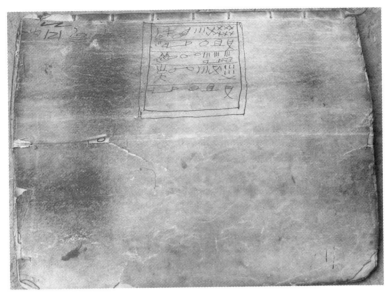

49. 祭"猛厄"鬼

　　白纸书写，线订册页装，左侧装订，13.5cm×26cm；4 行书写，共 62 页，正文 58 页。用于祭祀非正常死亡祖先的仪式，内容包括开坛经、请阳神、加法力、"猛厄"的来历、请鬼、献食、送鬼等。

50. 祭风经

　　砖茶包装盒书写，线订册页装，左侧装订，10cm×27cm；3 行书写，共 24 页，正文 17 页。用于祭风仪式，内容为作祟于人的风鬼的来历，给风鬼献食，送走风鬼等。

51. 法杖经上卷

白纸书写，线订册页装，左侧装订，12cm×27cm；4 行书写，共 32 页，正文 25 页。用于丧葬仪式，给死者的亡魂清除去祖居地路上的障碍。

52. 分离经、指路经

马粪纸书写，线订册页装，左侧装订，11cm×28.5cm；4 行书写，共 28 页，正文 25 页。用于丧葬仪式，内容为让死者和活者分离，送魂路等。

53. 给小孩放替身

白纸书写，线订册页装，左侧装订，14cm×29cm；4 行书写，共 86 页，

正文 83 页。由波湾树银甲东巴凭记忆默写，后送给和义东巴。用于小孩替身仪式，内容为给小孩做放替身仪式的来历、给小孩放替身禳灾等。

54. 六十甲子卜

东巴纸书写，线订册页装，左侧装订，11cm×28.5cm；4 行书写，部分用红笔书写，共 32 页，正文 20 页。内容为六十甲子每一干支出生的人的性格、性情、擅长、寿岁、子嗣等。

55. 净水咒

东巴纸旧抄本，线订册页装，上侧装订，9.5cm×24cm；4 行书写，共 14 页，正文 12 页。外加白纸书壳，为藏语音读经典，用于丧葬仪式。

56. 咒语

东巴纸书写，线订册页装，左侧装订，10.5cm×30cm；4 行书写，共 20 页，正文 18 页。内容为用于治病的各种咒语。

57. 净水咒

东巴纸旧抄本，线订册页装，左侧装订，10cm×28cm；3 行书写，共 10 页，正文 6 页。藏语音读经典，用于丧葬仪式。

58. 迁徙路

砖茶包装盒书写，线订册页装，左侧装订，10cm×27cm；3 行书写，共
12 页，正文 7 页。内容分别为波湾村树支系、和支系的迁徙路地名。

59. 海贝卜

白纸书写，线订册页装，左侧装订，11.5cm×13.5cm；行书写，共 30
页，正文 26 页。内容为用两粒海贝占卜的占辞。

60. 九宫数占卜

白纸书写，线订册页装，左侧装订，13.5cm×19cm；三行书写，共 56
页，正文 52 页。内容为不同九宫数出生的人的婚配吉凶等。

61. 向胜利之神献神药

白纸书写，线订册页装，左侧装订，10.5cm×25cm；3 行书写，共 12
页，正文 10 页。用于白水台祭天仪式，内容为神药的来历、向胜利之神献
神药后吉祥的典故等。

62. 摧毁"度直"九坡

白纸书写，线订册页装，左侧装订，11cm×25cm；3 行书写，共 20 页，
正文 15 页。用于白水台祭天仪式，内容主要是请神灵护佑，战神助阵，摧
毁仇敌守护的九道"度直"黑坡。

63. 祭自然神

硬白纸书写，线订册页装，左侧装订，9cm×28cm；3 行书写，共 16
页，正文 13 页。用于白水台祭天仪式，内容为祭自然神的来历，向自然神
祈福等。

64. 除秽、结尾经

白纸书写，线订册页装，左侧装订，11cm×25cm；4 行书写，共 12 页，

正文 8 页。用于除秽仪式，主要内容为送鬼，解除罪责等。

65. 人类繁衍记

白纸书写，线订册页装，左侧装订，11cm×24.5cm；3 行书写，共 28 页，正文 24 页。用于白水台祭天仪式，讲述人类繁衍的艰辛过程和举行祭天仪式的来历。

66. 除秽、起鬼经

白纸书写，线订册页装，左侧装订，11cm×26cm；3 行书写，共 20 页，正文 17 页。用于除秽仪式（几乎所有的仪式都要举行除秽仪式，按仪式的大小除秽仪式也大小不一。这册经书只是在有一定规模的除秽仪式上才读诵），主要内容为讲述鬼的来历，请各种神力驱鬼。

67. 顶灾经

白纸书写，线订册页装，左侧装订，13.5cm×26cm；4 行书写，共 22 页，正文 13 页。由波湾村树银甲东巴凭记忆默写，后由和义东巴转抄。讲述各种灾难的来历，举行顶灾仪式的来历。

68. 顶灾结尾经

白纸书写，线订册页装，左侧装订，11.5cm×26cm；3 行书写，共 20 页，正文 17 页。用于白水台祭天仪式，内容为顶灾以消除各种灾难，解除举行仪式的罪责等。

69. 献坐骑、竖村寨神树

东巴纸书写，线订册页装，左侧装订，11cm×29.5cm；4 行书写，共 20 页，正文 13 页。由波湾村树银甲东巴凭记忆默写，后由和义东巴转抄。用于白水台祭天仪式，讲述竖村寨神树的来历，波湾村祭天的人们通过竖村寨神树得到平安富足等。

70. 土神占卜

白纸书写，散装，15.5cm×23.5cm；5 行书写，共 20 页。内容为通过土神每日所食的东西占卜。

71. 图片卜

白纸书写，散装，11.5cm×20cm；共 32 片，正面画图像，背面写卜辞。

（三）可尤家的东巴文献

72. 祭祖经

东巴纸旧抄本，线订册页装，左侧装订，11cm×27cm；3—4 行书写，前后皆有残缺，共存 28 页。内容包括顺迁徙路把祖先从祖居地请到家中，然后进行除秽、生献、熟献、降福泽，逆迁徙路送祖等。

73. 祭祖经

东巴纸旧抄本，线订册页装，左侧装订，10cm×29cm；3 行书写，共30 页，正文 28 页。封二写有跋语"水牛年 26 岁时写的"。内容包括顺迁徙路把祖先从祖居地请到家中，然后进行除秽、生献、熟献、降福泽，逆迁徙路送祖等。

74. 祭土神

东巴纸旧抄本，线订册页装，左侧装订，9cm×26cm；4 行书写，封面残缺，共存 18 页，正文 17 页。用于祭祀土神，内容主要包括土神的来历、献食、祈福、送神等。

75. 祭祖经

东巴纸旧抄本，线订册页装，左侧装订，10cm×27.5cm；3 行书写，封面缺失，后面掉页，共存 28 页。内容包括顺迁徙路把祖先从祖居地请到家中，然后进行除秽、生献、熟献、降福泽，逆迁徙路送祖等。

76. 指魂路

东巴纸旧抄本，线订册页装，左侧装订，9cm×24cm；3 行书写，共 30 页，正文 26 页。用于丧葬仪式，给亡灵指送魂之路。

77. 请家神

东巴纸旧抄本，线订册页装，左侧装订，11cm×26.5cm；3行书写，封面缺失，后面掉页，共存40页。用于请家神仪式，内容包括沿迁徙路请家神、赞美家神、供养家神、祈福等。

78. 祭祖经

东巴纸旧抄本，线订册页装，左侧装订，12cm×26m；4行书写，有缺页，共存8页，正文6页。封二有跋语："火狗年七月写的，三十五岁时写的，祝愿教门昌盛。没有人学习东巴经书，夜不成寐。"内容包括顺迁徙路把祖先从祖居地请到家中，然后进行除秽、生献、熟献、降福泽，逆迁徙路送祖等。

79. 祭大神

马粪纸书写，线订册页装，左侧装订，12cm×28cm；三行书写，共30页，正文26页，是树银甲东巴送给和学胜东巴的，内容为向东巴教的主要神灵祭祀祈祷。

80. 咒语

白纸书写，1 纸，36cm×28cm，8 行，内容为治头痛、眼疾、耳朵痛、头晕、肚子痛等的咒语，是树银甲东巴送给和学胜东巴的。

81. 东巴神系

白纸书写，线订册页装，上侧装订，15.5cm×23.5cm；5 行书写，共 17 页，为树银甲东巴抄送给和学胜东巴的经书。

82. 丧葬的古规

案卷目录表书写，线订册页装，左侧装订，19cm×27cm；4 行书写，共 22 页，正文 20 页，是树银甲东巴送给和学胜东巴的。

（四）阿普肯若家的东巴文献

83. 祭祀生育神经

东巴纸书写，旧抄本，线订册页装，左侧装订，10.5cm×27cm；4 行书写，共44 页，正文40 页。第 7 页、第 28 页分别有一则跋语，第 7 页内容为"火鼠年（1936 年）古都村的伟曼东恒①写的"，第 28 页跋语写道"火鼠年（1936 年）二月写的，古都村的伟曼东恒写了后，送给了波湾村坂尤家的男主人。写的时候头尾没有差错，写得好不好请看书里面。祝愿教门昌盛"。第 8 页写有仪式规程。内容包括撒神粮、竖神石、除秽、生育神的来历、人类与生育神之间的传略故事、生献、熟献、请福泽、献药、送神等。

84. 祭祖经

东巴纸书写，旧抄本，线订册页装，左侧装订，10.5cm×22cm；4 行书写，共42 页，正文 39 页。内容包括顺迁徙路把祖先从祖居地请到家中，然后进行除秽、生献、熟献、降福泽，逆迁徙路送祖等。

85. 祭"猛厄"鬼

东巴纸书写，旧抄本，线订册页装，左侧装订，11cm×27cm；4 行书写，封面缺失，共存 106 页，正文 106 页。内容包括除秽、设神坛、烧天香、开坛经、请阳神、加法力、祭"端"鬼、用面偶祭祀、用鸡祭祀、死亡的来历、古人祭祀"猛厄"的传略等。

---

① 为民国时期白地著名大东巴，为目前健在的著名东巴和志本的舅舅。

86. 祭家神

东巴纸书写，旧抄本，线订册页装，左侧装订，10.5cm×25cm；4 行书写，前后皆有缺失，存 32 页。用于请家神仪式，内容包括请家神、建神山、分寿岁、安家神、献供品、献药、请福泽等。

87. 历书

东巴纸书写，旧抄本，线订册页装，左侧装订，12cm×30cm；4 行书写，前后皆有缺失，原存 72 页，后由波湾村树银甲东巴补写 14 页，并加封面封底，现共存 90 页。前部分内容包括一年三百六十天每天的星宿、大神方位、煞神方位、七曜、土地等。后半部分包括曜卜、乌鸦鸣卜、自然神方位卜、星宿卜、择婚等。

（五）阿补周家的东巴文献

88. 请阳神

白纸书写，线订册页装，左侧装订，9cm×27cm；3 行书写，共 28 页，正文 26 页。转抄自东坝墨虎东巴的经书。在大多数仪式中都要使用此书，内容记载一切古谱、古俗都由阳神定下，东巴做仪式遵循阳神定下的规则，并请阳神予以护佑。

89. 纠纷的来历

马粪纸书写，线订册页装，左侧装订，11cm×28cm；3 行书写，共 26

页，正文 22 页。用于退口舌仪式，经文讲述世间种种纠纷和冲突的来历。

90. 纠纷的来历

东巴纸书写，线订册页装，左侧装订，10cm×29cm；3 行书写，共 26 页，正文 23 页。为上一册的转抄本。用于退口舌仪式，经文讲述世间种种纠纷和冲突的来历。

91. 请家神

东巴纸书写，线订册页装，左侧装订，10.5cm×29.5cm；3 行书写，共 40 页，正文 37 页。经文前部分转抄自本村的请家神经书，后面 ndẓæ³³ ndẓŋ³³ "富贵赞"部分转抄自东坝习尚洪东巴的经书。内容包括请家神、赞美家神、祭祀家神、请福泽等内容。

92. 请家神

素描纸书写，线订册页装，左侧装订，9cm×28.5cm；3 行书写，共 44 页，正文 40 页。上书的复抄本。

93. 开坛经

东巴纸书写，线订册页装，左侧装订，11cm×28cm；4 行书写，共 22 页，正文 18 页。转抄自东坝墨虎东巴的经书。讲述主人家占卜得知需要举行东巴仪式，说明主人家行为规范，没有出格之举，并简述祭祀对象的来历。

94. 请阳神

东巴纸书写，线订册页装，左侧装订，11cm×28cm；4 行书写，共 16 页，正文 12 页。转抄自东坝墨虎东巴的经书。大多数仪式都要念诵此经，内容讲述一切规则、规矩由阳神规定，给阳神除秽等。

95. 加法力

东巴纸书写，线订册页装，左侧装订，11cm×28cm；4 行书写，共 22 页，正文 19 页。转抄自东坝墨虎东巴的经书。东巴做仪式时请东巴教的神灵、历代祖师加持，从而具备高超法力。

96. 加法力

白纸书写，线订册页装，左侧装订，9cm×27cm；3 行书写，共 42 页，正文 37 页。转抄自东坝墨虎东巴的经书。东巴举行仪式时，请各种神灵、祖师的法力加于己身，以降魔除妖的经书。

97. 开坛经

白纸书写，线订册页装，左侧装订，9cm×27cm；3 行书写，共 36 页，正文 32 页。转抄自东坝墨虎东巴的经书。讲述主人家占卜得知需要举行东巴仪式，说明主人家行为规范，没有出格之举，并简述祭祀对象的来历。

98. 祭祖经

白纸书写，线订册页装，左侧装订，9cm×28cm；3 行书写，共 8 页，正文 4 页。根据口诵经自己转写。内容包括顺迁徙路把祖先从祖居地请到家中，然后进行除秽、生献、熟献、降福泽、逆迁徙路送祖等。

99. 创世纪

电池盒纸书写，线订册页装，左侧装订，11cm×27cm；3 行书写，共 44 页，正文 40 页。转抄自波湾村树银甲东巴的经书。内容为世界起源、生命起源、洪水故事、人类繁衍等。

100. 创世纪

东巴纸书写，线订册页装，左侧装订，12cm×29cm；4 行书写，共 26 页，正文 22 页。转抄自上一册。内容为世界起源、生命起源、洪水故事、人类繁衍等。

101. 来历之书

白纸书写，线订册页装，左侧装订，9cm×27cm；3 行书写，共 24 页，正文 21 页。转抄自波湾村树银甲东巴的经书。内容为神灵寿岁、古规来历等。

102. 丢弃罪责面偶经

白纸书写，线订册页装，左侧装订，10cm×27cm；3 行书写，彩色，共 20 页，正文 16 页。由东坝习尚洪东巴抄写后送给和学仁。东巴举行完大仪式后，举行解除自己罪责仪式时需要念诵此经，内容为让蝙蝠、旱獭、猴子面偶带走东巴的罪责。

103. 请"莫本机如"神

东巴纸书写，线订册页装，左侧装订，10cm×28cm；3 行书写，共 16 页，正文 13 页。用于退口舌是非仪式，内容为"莫本机如"神的来历，请"莫本机如"神降临镇压是非鬼。

104. 请"莫本机如"神

白纸书写，线订册页装，左侧装订，13cm×19cm；4 行书写，共 18 页，正文 15 页。用于退口舌是非仪式，内容为"莫本机如"神的来历，请"莫本机如"神降临镇压是非鬼。

105. 白蝙蝠取经记

东巴纸书写，线订册页装，左侧装订，10cm×28cm；3 行书写，共 18 页，正文 14 页。凡大一点的仪式都要念诵此经，内容讲述各种占卜书、占卜术的来历。

106. 请神灵

东巴纸书写，线订册页装，左侧装订，10cm×28cm；3 行书写，共 16 页，正文 13 页。内容为请东巴教的各路神灵降临、祈福等。

107. 九种纠纷的来历

马粪纸书写，线订册页装，左侧装订，11cm×28cm；3 行书写，共 26 页，正文 22 页。用于退口舌仪式，经文讲述世间种种纠纷和冲突的来历。

108. 祭祀生育神经

白纸书写，线订册页装，左侧装订，9cm×28cm；3 行书写，彩色，共 20 页，正文 16 页。内容包括撒神粮、竖神石、除秽、生育神的来历、人类与生育神之间的传略故事、生献、熟献、请福泽、献药、送神等。

109. 祭土神

白纸书写，线订册页装，左侧装订，9cm×28cm；3 行书写，共 26 页，正文 21 页。和学仁东巴根据口诵经转写。用于祭祀土神，内容主要包括土神的来历、献食、祈福、送神等。

110. 送作祟鬼、丢弃面偶

香烟包装盒书写，线订册页装，左侧装订，9cm×26.5cm；3 行书写，共 32 页，正文 27 页。和学仁东巴根据口诵经转写。

111. 给云鬼风鬼施食

水泥袋纸书写，线订册页装，左侧装订，10cm×27cm；3 行书写，共

24 页，正文 19 页。和学仁东巴根据习尚洪的口诵录音转写。用于送风鬼仪式，内容为风鬼的来历，给风鬼献食，送走风鬼等。

112. 顶灾经

香烟包装壳书写，线订册页装，左侧装订，9cm×27cm；单面 3 行书写，共 21 页，正文 20 页。由波湾树银甲东巴凭记忆默写，后由同村和义东巴转抄，和学仁转抄自和义东巴的抄本。用于白水台祭天仪式，讲述各种灾难的来历，举行顶灾仪式的来历。

113. 顶灾经

白纸书写，线订册页装，左侧装订，9cm×27cm；3 行书写，书壳为香香烟盒，正文 18 页。为上一册的转抄本。用于白水台祭天仪式，讲述各种灾难的来历，举行顶灾仪式的来历。

114. 竖村寨神树

东巴纸书写，线订册页装，左侧装订，11cm×29cm；3 行书写，共 24 页，正文 19 页。由波湾树银甲东巴凭记忆默写，后由同村树义田东巴转抄。用于白水台祭天仪式，讲述竖村寨神树的来历，波湾村祭天的人们通过竖村寨神树得到平安富足等。

115. 祭天献祭

东巴纸书写，线订册页装，左侧装订，11cm×29cm；4 行书写，共 28 页，正文 24 页。由波湾树银甲东巴凭记忆默写，后由同村和义东巴转抄，和学仁转抄自和义东巴的抄本。用于白水台祭天仪式，是祭天时向神灵祭献供品的经文。

116. 摧毁"度直"九坡

名片纸书写，线订册页装，左侧装订，10.5cm×30cm；4 行书写，共 18 页，正文 14 页。用于白水台祭天仪式，内容主要是请神灵护佑，战神助阵，摧毁仇敌守护的九道"度直"黑坡。

117. 向自然神献神药

东巴纸书写，线订册页装，左侧装订，11cm×29cm；4 行书写，共 20 页，正文 17 页。用于白水台祭天仪式，内容为神药的来历、向胜利之神献神药后吉祥的典故等。

118. 向胜利之神献神药

名片纸书写，线订册页装，左侧装订，11cm×30cm；3 行书写，共 10

页，正文 6 页。用于白水台祭天仪式，内容为神药的来历、向胜利之神献神药后吉祥的典故等。

119. 献坐骑经、竖神树

东巴纸书写，线订册页装，左侧装订，10cm×28cm；3 行书写，共 22 页，正文 19 页。跋语说明是和学仁 69 岁时所写。用于白水台祭天仪式，讲述竖村寨神树的来历，波湾村祭天的人们通过竖村寨神树得到平安富足等。

120. 人类繁衍记

白纸书写，线订册页装，左侧装订，13cm×27cm；4 行书写，共 40 页，正文 36 页。由波湾树银甲东巴凭记忆默写，由同村和义东巴转抄后送给和学仁。用于白水台祭天仪式，讲述人类繁衍的艰辛过程和举行祭天仪式的来历。

121. 人类繁衍记

东巴纸书写，线订册页装，左侧装订，11cm×29.5cm；4 行书写，共 20 页，正文 17 页。用于白水台祭天仪式，讲述人类繁衍的艰辛过程和举行祭天仪式的来历。

122. 请天神、地神、除秽

东巴纸书写，线订册页装，左侧装订，12cm×28cm；4 行书写，共 12 页，正文 8 页。用于白水台祭天仪式，内容为请神、除秽等。

123. 起鬼经

马粪纸书写，线订册页装，左侧装订，11.5cm×27.5cm；4 行书写，共 24 页，正文 19 页。讲述各种鬼怪的来历，让藏匿的鬼怪起来等。

124. 点油灯

白纸书写，线订册页装，左侧装订，12cm×28cm；3 行书写，共 32 页，正文 28 页。和学仁根据口诵经书写。用于丧葬仪式，讲述点油灯的来历，向死者点油灯以报答恩情等。

125. 叫醒亡灵、鸡鸣说古规、寻找神药

白纸书写，封面为香烟盒，线订册页装，左侧装订，9cm×27cm；4 行书写，共 26 页，正文 22 页。用于丧葬仪式，在停灵期间每日鸡鸣时念诵，内容主要讲述死亡的无奈、给死者点神药等。

126. 法器的来历、丧葬仪式规程

白纸书写，线订册页装，左侧装订，9cm×27cm；4 行书写，共 20 页，

正文 15 页。用于丧葬仪式，讲述东巴法衣、法帽、法杖、法鼓等的来历、作用等，后半部分为仪式规程。

127. 指路经

东巴纸书写，线订册页装，左侧装订，11cm×29.5cm；4 行书写，共22页，正文 18 页。用于丧葬仪式，内容为送魂路等。

128. 杀"猛厄"鬼

白纸书写，线订册页装，左侧装订，9cm×27cm；4 行书写，共 28 页，正文 24 页。用于丧葬仪式，在给死者献牺牲（一般是牛）之前念诵，目的是不让"猛厄"鬼抢夺孝子孝女献给死者的牺牲、食物、坐骑等。内容包括迁徙路、崇仁丽恩杀"猛厄"鬼的故事、"俄依俄都命"与"猛厄"鬼"阿仁猛过适"的故事、沿送魂路（逆迁徙路）杀"猛厄"鬼等。

129. 法杖经中卷

白纸书写，线订册页装，左侧装订，14cm×27cm；4 行书写，共 32 页，正文 28 页。转抄自白地恩水湾久嘎吉的经书。用于丧葬仪式，内容包括为死者亡魂扫清障碍，让亡魂别留恋人间，要去和祖先团聚等。

130. 法杖经中卷

东巴纸书写，线订册页装，左侧装订，11cm×29cm；4 行书写，共 34 页，正文 30 页。用于丧葬仪式，内容包括为死者亡魂扫清障碍，让亡魂别留恋人间，要去和祖先团聚等。

131. 分离经

东巴纸书写，线订册页装，左侧装订，11cm×29cm；4 行书写，共 18 页，正文 15 页。用于丧葬仪式，内容主要是让死者的亡魂与活者分离。

132. 媳妇祭奠经

纸盒书写，线订册页装，左侧装订，10.5cm×26cm；3 行书写，共 16 页，正文 11 页。和学仁根据口诵经书写，用于尤支系的丧葬仪式，内容为举行媳妇祭奠的来历等。

133. 法杖经下卷

白纸书写，线订册页装，左侧装订，9cm×27cm；3 行书写，共 54 页，正文 50 页。用于丧葬仪式，内容包括为死者亡魂扫清障碍，让亡魂别留恋人间，要去和祖先团聚等。

134. 驱赶罪责鬼

白纸书写，线订册页装，左侧装订，9cm×27cm；3 行书写，共 28 页，正文 24 页。用于丧葬仪式，内容为解除东巴举行丧葬仪式所产生的罪责等。

135. 马的来历

白纸书写，用香烟盒做书壳，线订册页装，左侧装订，9cm×27cm；3 行书写，共 16 页，正文 11 页。用于丧葬仪式，讲述马的来历，用冥马报答死者的恩情等。

136. 给阳神除秽

白纸书写，用香烟盒做书壳，线订册页装，左侧装订，9cm×27cm；3 行书写，共 36 页，正文 30 页。大多数仪式都要念诵此经，内容讲述一切规则、规矩由阳神规定，给阳神除秽等。

137. 开地狱黑柜

白纸书写，线订册页装，左侧装订，9cm×27cm；3 行书写，共 16 页，正文 11 页。用于丧葬仪式，内容为把死者的亡魂从地狱黑柜中解救出来。

138. 献冥马

东巴纸书写，线订册页装，左侧装订，10.5cm×29cm；3 行书写，共 30 页，正文 26 页。由东坝习尚洪东巴抄写后送给和学仁。用于丧葬仪式，讲述马的来历，用冥马报答死者的恩情等。

139. 献冥马

白纸书写，线订册页装，左侧装订，13cm×27cm；3 行书写，共 42 页，正文 38 页，上一册的转抄本。用于丧葬仪式，讲述马的来历，用冥马报答死者的恩情等。

140. 叫醒亡灵、献神药、杀猛厄鬼

白纸书写，线订册页装，左侧装订，14cm×26cm；3 行书写，共 38 页，正文 36 页，从封二开始书写，写到封三。用于丧葬仪式，在停灵期间每日

鸡鸣时念诵，内容主要讲述死亡的无奈、给死者点神药等，不让猛厄鬼侵扰死者等。

141. 超度贤能者

白纸书写，线订册页装，左侧装订，14cm×26cm；3 行书写，共 34 页，正文 30 页，封面、封底为香烟盒。转抄自东坝习阿牛东巴的经书。用于丧葬仪式，内容主要是赞美贤能者，赞美死者之贤能，并把贤能的美德留给后人等。

142. 丧葬之来历经

白纸书写，线订册页装，左侧装订，9cm×27cm；3 行书写，共 28 页，正文 24 页。由东坝习尚洪东巴抄写后送给和学仁。用于丧葬仪式，内容主要讲述死亡的来历，死亡的不可抗拒。

143. 分离经、指路经

水泥袋纸书写，线订册页装，左侧装订，10cm×27cm；4 行书写，共 20 页，正文 15 页。用于丧葬仪式，内容为让死者和活者分离，送魂路等。

144. 给阳神除秽、净水咒

电池盒纸书写，线订册页装，左侧装订，13cm×28.5cm；5 行书写，共 22 页，正文 18 页。藏语音读经典，用于丧葬仪式。大多数仪式都要念诵此经，内容讲述一切规则、规矩由阳神规定，给阳神除秽等。

145. 五行的来历

白纸书写，线订册页装，左侧装订，9cm×27cm；3 行书写，共 12 页，正文 8 页。用于丧葬仪式，讲述生命来源于木、火、土、铁（金）、水，人死后肉体复归五行。

146. 东巴什罗传略

马粪纸书写，线订册页装，左侧装订，12cm×28cm；3 行书写，共 40 页，正文 36 页。用于东巴的丧葬仪式，内容主要讲述东巴教教主东巴什罗的身世，事迹等。

147. 解救东巴什罗的灵魂

白纸书写，线订册页装，左侧装订，12.5cm×27cm；3 行书写，共 22 页，正文 19 页。此书原来由波湾村著名大东巴树银甲于 20 世纪末凭记忆默写，后送给同村东巴和义，和义又转送给了和学仁。用于东巴的丧葬仪式，内容主要讲述寻找祖师东巴什罗的尸体、超度祖师等。

148. 解救东巴什罗的灵魂

东巴纸书写，线订册页装，左侧装订，11cm×29.5cm；3 行书写，共 26 页，正文 22 页，为上书的转抄本。用于东巴的丧葬仪式，内容主要讲述寻找祖师东巴什罗的尸体、超度祖师等。

149. 指神路

东巴纸书写，线订册页装，左侧装订，11cm×29.5cm；3 行书写，共 32 页，正文 28 页。用于丧葬仪式，内容为把死者的亡魂从地狱解救出来，送往神地。

150. 降福泽

东巴纸书写，线订册页装，左侧装订，11cm×29.5cm；3 行书写，共 32 页，正文 28 页。用于丧葬仪式，内容为不让好运气随死者而去，把福泽留下来，祈愿丧家今后吉祥富贵。

151. 生祭熟祭

白纸书写，线订册页装，左侧装订，12.5cm×27cm；3 行书写，共 22 页，正文 19 页。此书转抄自波湾村著名大东巴树银甲于 20 世纪末凭记忆默写的原本。用于东巴的丧葬仪式，内容为超度东巴的灵魂，不让各种鬼怪来侵扰。

152. 星占、曜占、土神占、"纳启"方位（上）

名片纸书写，线订册页装，左侧装订，分上、下两册，本册为上册，

11cm×30cm；3 行书写，共 36 页，正文 31 页。内容包括一年三百六十天每天的星宿、大神方位、煞神方位、七曜、土地等。

153. 星占、曜占、土神占、"纳启"方位（下）

名片纸书写，线订册页装，左侧装订，分上、下两册，本册为下册，11cm×30cm；3 行书写，共 30 页，正文 27 页。内容包括一年三百六十天每天的星宿、大神方位、煞神方位、七曜、土地等。

154. 用"鲁杂"占卜

白纸书写，线订册页装，左侧装订，13.5cm×28cm；4 行书写，共 22 页，正文 18 页。转抄自白地恩水湾村久嘎吉的经书，用于占卜人的命运。

155. 用"鲁杂"占卜

东巴纸书写，线订册页装，上侧装订，14.5cm×22cm；5 行书写，彩色，共 16 页，正文 12 页。用于占卜人的命运。

156. 卜书

电池盒纸书写，线订册页装，上侧装订，14cm×23cm；5 行书写，共 24 页，正文 19 页。转抄自习尚洪东巴的经书，习尚洪东巴转抄自四川省木里县俄亚乡。内容包括时间、方位等占卜。

157. 方位占卜

东巴纸书写，线订册页装，上侧装订，11.5cm×27.5cm；4 行书写，共 36 页，正文 33 页。

158. 九宫数占卜

白纸书写，线订册页装，左侧装订，9cm×14cm；3 行书写，共 56 页，正文 52 页。转抄自白地恩水湾村久嘎吉的经书。内容为用九宫数占卜。

159. 海贝卜

东巴纸书写，线订册页装，上侧装订，15cm×23cm；4 行书写，共 34 页，正文 30 页。前 20 页为五粒海贝卜，转抄自东坝习尚洪东巴的经书。后半部分为两粒海贝卜，转抄自白地恩水湾村久嘎吉的经书。

160. 九宫签卜

东巴纸书写，散页装，10.5cm×2cm；正面画有神像，背面写卜辞，每片上侧系一细线，用于抽签。

161. 土神占卜

素描纸书写，线订册页装，左侧装订，14cm×27cm；4 行书写，共 46

页，正文 41 页。通过土神每日所食的东西占卜。

（六）阿普固家的东巴文献

162. 人类繁衍记

东巴纸书写，线订册页装，左侧装订，12cm×29.5cm；3 行书写，共 32 页，正文 29 页，新抄本。用于白水台祭天仪式，讲述人类繁衍的艰辛过程和举行祭天仪式的来历。

163. 人类繁衍记

东巴纸书写，线订册页装，左侧装订，11.5cm×30cm；4 行书写，共 16 页，正文 12 页，新抄本。用于白水台祭天仪式，讲述人类繁衍的艰辛过程和举行祭天仪式的来历。

164. 人类繁衍记

白纸书写，线订册页装，左侧装订，12.5cm×31cm；4 行书写，共 28 页，正文 19 页，新抄本。用于白水台祭天仪式，讲述人类繁衍的艰辛过程和举行祭天仪式的来历。

165. 人类繁衍记

白纸书写，线订册页装，左侧装订，12.5cm×31cm；4 行书写，共 30 页，正文 20 页，新抄本。用于白水台祭天仪式，讲述人类繁衍的艰辛过程和举行祭天仪式的来历。

166. 祭"猛厄"鬼

马粪纸书写，线订册页装，左侧装订，11cm×28.5cm；4 行书写，共 38 页，正文 34 页，新抄本。用于祭祀非正常死亡祖先的仪式，内容包括"猛厄"的来历、请鬼、献食、送鬼等。

167. 祭祀"猛厄"鬼（本经）

马粪纸书写，线订册页装，左侧装订，11cm×28.5cm；4 行书写，共 52 页，正文 49 页，新抄本。用于祭祀非正常死亡祖先的仪式，内容包括"猛厄"的来历、请鬼、献食、送鬼等。

168. 祭祀"猛厄"鬼结尾经

东巴纸书写，线订册页装，左侧装订，12cm×29.5cm；4行书写，共22页，正文17页，新抄本。用于祭祀非正常死亡祖先的仪式，内容包括送鬼、解除罪责等。

169. 和支系祭祖经

马粪纸书写，线订册页装，左侧装订，11cm×29cm；4行书写，共22页，正文18页，新抄本。内容包括顺迁徙路把祖先从祖居地请到家中，然后进行除秽、生献、熟献、降福泽，逆迁徙路送祖等。

170. 树支系祭祖经

马粪纸书写，线订册页装，左侧装订，11cm×29cm；4行书写，共20页，正文15页，新抄本。内容包括顺迁徙路把祖先从祖居地请到家中，然后进行除秽、生献、熟献、降福泽，逆迁徙路送祖等。

171. 给胜利神献药

东巴纸书写，线订册页装，左侧装订，11.5cm×29cm；4行书写，共14页，正文10页，新抄本。用于白水台祭天仪式，内容为神药的来历、向胜利之神献神药后吉祥的典故等。

172. 摧毁"度直"九坡

东巴纸书写，线订册页装，左侧装订，12cm×29.5cm；4行书写，共16页，正文12页，新抄本。用于白水台祭天仪式，内容主要是请神灵护佑，战神助阵，摧毁仇敌守护的九道"度直"黑坡。

173. 顶灾结尾经

白纸书写，硬纸板书壳，线订册页装，左侧装订，13.5cm×31cm；4行书写，共22页，正文18页，新抄本。用于白水台祭天仪式，内容为顶灾以消除各种灾难，解除举行仪式的罪责等。

（七）阿普纳家的东巴文献

174. 杀"猛厄"鬼

东巴纸旧抄本，线订册页装，左侧装订，10cm×29.5cm；4行书写。共20页，正文17页。用于丧葬仪式，在给死者献牺牲（一般是牛）之前念诵，目的是不让"猛厄"鬼抢夺孝子孝女献给死者的牺牲、食物、坐骑等。内容包括迁徙路、崇仁丽恩杀"猛厄"鬼的故事、"俄依俄都命"与"猛厄"鬼"阿仁猛过适"的故事、沿送魂路（逆迁徙路）杀"猛厄"鬼等。

175. 尤支系献牲经

东巴纸旧抄本，线订册页装，左侧装订，10.5cm×22.5cm；4行书写。共26页，正文24页。用于丧葬仪式，给死者献牺牲以报答死者的各种恩情，并祈求死者保佑活者。

176. 法杖经中卷

水泥袋书写，线订册页装，左侧装订，11.5cm×30.5cm；3—4 行书写。共 38 页，正文 33 页。树银甲东巴抄写后送给和继全。用于丧葬仪式，内容包括为死者亡魂扫清障碍，让亡魂别留恋人间，要去和祖先团聚等。

177. 创世纪

电池盒纸书写，线订册页装，左侧装订，13cm×27cm；3—4 行书写，共 52 页，正文 49 页。树银甲东巴抄写后传给和继全。内容为世界起源、生命起源、洪水故事、人类繁衍等。

178. 鲁般鲁绕

电池盒纸书写，线订册页装，左侧装订，分两册装订。11.5cm×30.5cm；3—4 行书写。共 56 页，正文 53 页。树银甲东巴抄写后传给和继全。用于超度青年死者、祭风仪式等。内容为情死的来历、典故等。

179. 大鹏鸟降瑞

香烟包装壳书写，线订册页装，左侧装订，单面书写。9cm×28cm，3

行书写，共 20 页，正文 10 页。树银甲东巴抄写后传给和继全。用于延寿仪式，内容主要讲述吉祥的大鹏神鸟给主人家献瑞等。

180. 丧葬规程

水泥袋书写，散页装，14.5cm × 15.5cm，4 行书写，共 8 页，正文 6 页。树银甲东巴抄写后传给和继全。内容为丧葬仪式的规程。

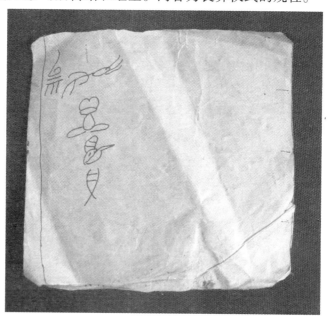

181. 白水台祭天规程

东巴纸书写，1 纸对折，12cm × 29cm，3 行书写，共 4 页，正文 3 页。树银甲东巴抄写后传给和继全。内容为白水台祭天仪式的规程。

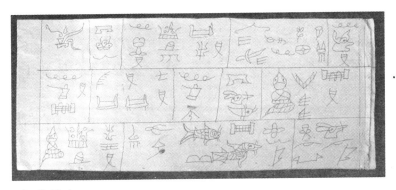

182. 祭作祟鬼

马粪纸书写，线订册页装，左侧装订，11.5cm×29.5cm；3 行书写，共
20 页，正文 17 页。树银甲东巴抄写后传给和继全。用于送作祟鬼，内容为
作祟鬼的来历，何种情况下如何被作祟，送作祟鬼等。

183. 点油灯

东巴纸书写，线订册页装，左侧装订，10cm×28cm；3 行书写，共 20
页，正文 16 页。白地古都村和志本东巴抄写后送给和继全。用于丧葬仪式，
讲述点油灯的来历，向死者点油灯以报答恩情等。

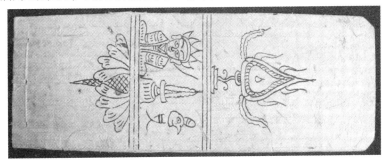

184. 降福泽

东巴纸书写，线订册页装，左侧装订，10cm×28cm；3 行书写。共 14 页，正文 10 页。白地古都村和志本东巴抄写后送给和继全。用于丧葬仪式，内容为不让好运气随死者而去，把福泽留下来，祈愿丧家今后吉祥富贵。

185. 说规程

东巴纸书写，线订册页装，左侧装订，10cm×28cm；3 行书写，共 38 页，正文 34 页。东坝习尚洪东巴转抄自白地恩水湾久嘎吉东巴的经书，后送给和继全。内容为丧葬仪式的规程。

186. 加法力

东巴纸书写，线订册页装，左侧装订，12cm×28.5cm；4 行书写，共 26 页，正文 23 页。东坝习阿牛东巴转抄后送给和继全。东巴举行仪式时，请各种神灵、祖师的法力加于己身，以降魔除妖的经书。

187. 开坛经

东巴纸书写，线订册页装，左侧装订，11.5cm×28cm；4 行书写，共 26 页，正文 22 页。波湾和学义转抄后送给和继全。讲述主人家占卜得知需要举行东巴仪式，说明主人家行为规范，没有出格之举，并简述祭祀对象的来历。

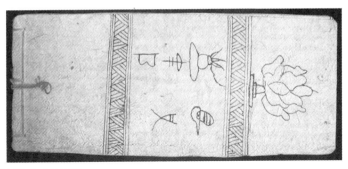

188. 祭祀生育神经

东巴纸书写，线订册页装，左侧装订，11.5cm×28cm；4 行书写，共 40
页，正文 37 页。波湾和学义转抄后送给和继全。内容包括撒神粮、竖神石、
除秽、生育神的来历、人类与生育神之间的传略故事、生献、熟献、请福
泽、献药、送神等。

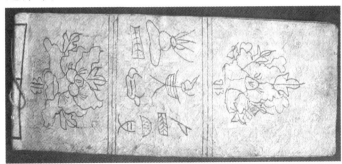

189. 祭祖经

东巴纸书写，线订册页装，左侧装订，11.5cm×28cm；4 行书写，共 32
页，正文 29 页。波湾和学义转抄后送给和继全。内容包括顺迁徙路把祖先从
祖居地请到家中，然后进行除秽、生献、熟献、降福泽，逆迁徙路送祖等。

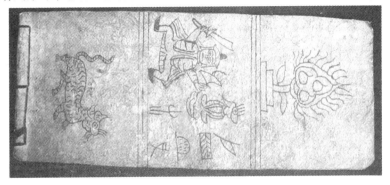

190. 祭"猛厄"鬼

东巴纸书写，线订册页装，左侧装订，11.5cm×28cm；4行书写，共98页，正文94页。波湾和学义转抄后送给和继全。用于祭祀非正常死亡祖先的仪式，内容包括"猛厄"的来历、请鬼、献食、送鬼等。

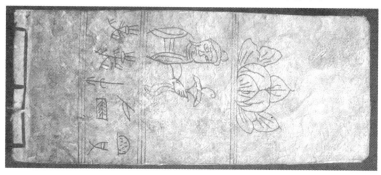

191. 祭家神

东巴纸书写，线订册页装，左侧装订，11.5cm×28cm；4行书写，共26页，正文22页。波湾和学义转抄后送给和继全。用于请家神仪式，内容包括沿迁徙路请家神、赞美家神、供养家神、祈福等。

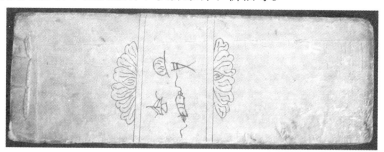

192. 历书

东巴纸书写，线订册页装，左侧装订，11.5cm×28cm；4行书写，共78页，正文74页。波湾和学义转抄后送给和继全。前部分内容包括一年三百六十天每天的星宿、大神方位、煞神方位、七曜、土地等。后半部分包括曜卜、乌鸦鸣卜、自然神方位卜、星宿卜、择婚等。

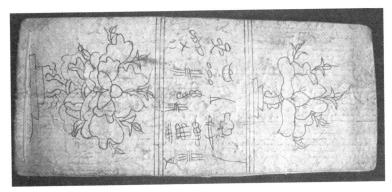

193. 请"莫本机如"神

东巴纸书写，线订册页装，左侧装订，11.5 cm×28 cm；4 行书写，共 14 页，正文 10 页。波湾和学义转抄后送给和继全。用于退口舌是非仪式，内容为"莫本机如"神的来历，请"莫本机如"神降临镇压是非鬼。

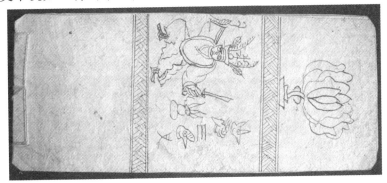

194. 净水咒

东巴纸书写，线订册页装，左侧装订，11.5 cm×28 cm；4 行书写，共 16 页，正文 13 页。波湾和学义转抄后送给和继全。藏语音读经典，用于丧葬仪式。

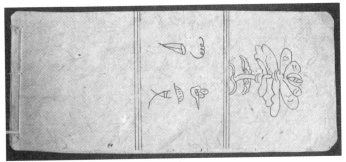

195. 向胜利之神献神药

东巴纸书写，线订册页装，左侧装订，11.5cm×28cm；4行书写，共10页，正文6页。波湾和学义转抄后送给和继全。用于白水台祭天仪式，内容为神药的来历、向胜利之神献神药后吉祥的典故等。

196. 摧毁"度直"九坡

东巴纸书写，线订册页装，左侧装订，11.5cm×28cm；4行书写，共14页，正文11页。波湾和学义转抄后送给和继全。用于白水台祭天仪式，内容主要是请神灵护佑，战神助阵，摧毁仇敌守护的九道"度直"黑坡。

197. 祭自然神

东巴纸书写，线订册页装，左侧装订，11.5cm×28cm；4行书写，共14页，正文11页。波湾和学义转抄后送给和继全。用于白水台祭天仪式，内容为祭自然神的来历，向自然神祈福等。

198. 除秽、结尾经

东巴纸书写，线订册页装，左侧装订，11.5cm×28cm；4 行书写，共 12 页，正文 9 页。波湾和学义转抄后送给和继全。用于除秽仪式，主要内容为送鬼、解除罪责。

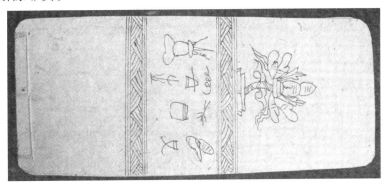

199. 人类繁衍记

东巴纸书写，线订册页装，左侧装订，11.5cm×28cm；4 行书写，共 18 页，正文 15 页。波湾和学义转抄后送给和继全。用于白水台祭天仪式，讲述人类繁衍的艰辛过程和举行祭天仪式的来历。

200. 除秽、起鬼经

东巴纸书写，线订册页装，左侧装订，11.5cm×28cm；4 行书写，共 18 页，正文 15 页。波湾和学义转抄后送给和继全。用于除秽仪式（几乎所有的仪式都要举行除秽仪式，按仪式的大小除秽仪式也大小不一。这册经书只是在有一定规模的除秽仪式上才读诵），主要内容为讲述鬼的来历，请各种神力驱鬼。

201. 顶灾经

东巴纸书写，线订册页装，左侧装订，11.5cm×28cm；4 行书写，共 16 页，正文 12 页。波湾和学义转抄后送给和继全。用于白水台祭天仪式，讲述各种灾难的来历，举行顶灾仪式的来历。

202. 顶灾结尾经

东巴纸书写，线订册页装，左侧装订，11.5cm×28cm；4 行书写，共 16 页，正文 13 页。波湾和学义转抄后送给和继全。用于白水台祭天仪式，内容为顶灾以消除各种灾难，解除举行仪式的罪责等。

203. 献坐骑、竖村寨神树

东巴纸书写，线订册页装，左侧装订，11.5cm×28cm；4 行书写，共 14 页，正文 10 页。波湾和学义转抄后送给和继全。用于白水台祭天仪式，讲述竖村寨神树的来历，波湾村祭天的人们通过竖村寨神树得到平安富足等。

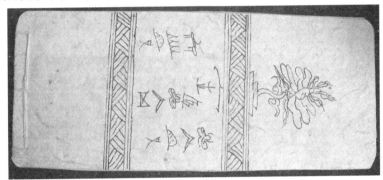

204. 祭天经

东巴纸书写，线订册页装，左侧装订，11.5cm×28cm；4 行书写，共 28 页，正文 24 页。波湾和学义转抄后送给和继全。用于白水台祭天仪式，向天、地、皇、战神、村寨神等祭献、祈福。

205. 纠纷的来源

东巴纸书写，线订册页装，左侧装订，11.5cm×28cm；4 行书写，共20页，正文 16 页。波湾和学义转抄后送给和继全。用于退口舌仪式，经文讲述世间种种纠纷和冲突的来历。

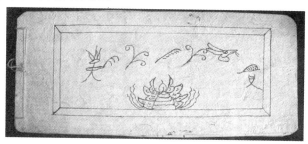

206. 马的来历

东巴纸书写，线订册页装，左侧装订，11.5cm×28cm；4 行书写，共32页，正文 28 页。波湾和学义转抄后送给和继全。用于丧葬仪式，讲述马的来历，用冥马报答死者的恩情等。

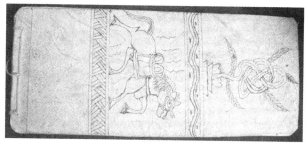

207. 指路经

东巴纸书写，线订册页装，左侧装订，11.5cm×28cm；4 行书写，共18页，正文 15 页。波湾和学义转抄后送给和继全。用于丧葬仪式，内容为让死者和活者分离，送魂路等。

208. 撒祭粮、分离经

　　东巴纸书写，线订册页装，左侧装订，11.5cm×28cm；4行书写，共18页，正文15页。波湾和学义转抄后送给和继全。用于丧葬仪式，内容主要是让死者的亡魂与活者分离。

209. 法杖经中卷

　　东巴纸书写，线订册页装，左侧装订，11.5cm×28cm；4行书写，共34页，正文30页。波湾和学义转抄后送给和继全。用于丧葬仪式，内容包括为死者亡魂扫清障碍，让亡魂别留恋人间，要去和祖先团聚等。

210. 超度贤能者

　　东巴纸书写，线订册页装，左侧装订，11.5cm×28cm；4行书写，共26页，正文21页。波湾和学义转抄后送给和继全。用于丧葬仪式，内容主要是赞美贤能者，赞美死者之贤能，并把贤能的美德留给后人等。

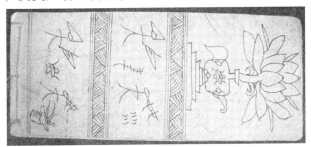

211. 六十甲子

东巴纸书写，线订册页装，左侧装订，11.5cm×28cm；4行书写，共24页，正文20页。波湾和学义转抄后送给和继全。内容为六十甲子每一干支出生的人的性格、性情、擅长、寿岁、子嗣等。

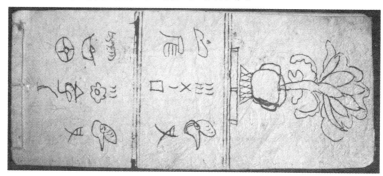

212. 咒语

东巴纸书写，线订册页装，左侧装订，11.5cm×28cm；4行书写，共14页，正文11页。波湾和学义转抄后送给和继全。内容为用于治病的各种咒语。

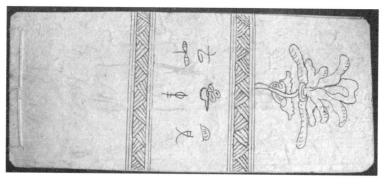

213. 九宫签

东巴纸书写，线订册页装，上侧装订，10.5cm×29cm；4行书写，共24页，正文21页。东坝墨虎送给和继全。用于占卜，内容为九宫数的吉凶等。

214. 马的来历

东巴纸书写，线订册页装，左侧装订，9.5cm×28cm；3行书写，共44页，正文35页。阿鲁湾杨自清转抄后送给和继全。用于丧葬仪式，讲述马的来历，用冥马报答死者的恩情等。

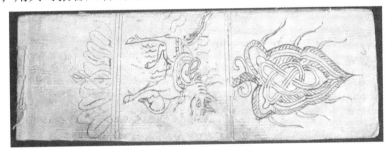

215. 法杖经中卷

东巴纸书写，线订册页装，左侧装订，9.5cm×28cm；3行书写，共52页，正文49页。阿鲁湾杨自清转抄后送给和继全。用于丧葬仪式，内容包括为死者亡魂扫清障碍，让亡魂别留恋人间，要去和祖先团聚等。

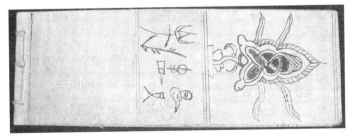

216. 分离经

东巴纸书写，线订册页装，左侧装订，9cm×27cm；3行书写，共20页，正文16页。东坝和丽军转抄后送给和继全。用于丧葬仪式，内容主要是让死者的亡魂与活者分离。

217. 法器的来历

马粪纸书写，线订册页装，左侧装订，11.5cm×29cm；3 行书写，共20页，正文 17 页。波湾树银甲转抄后送给和继全。用于丧葬仪式，讲述东巴法衣、法帽、法杖、法鼓等的来历、作用等。

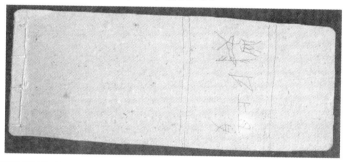

218. 两粒海贝卜

水泥袋纸书写，线订册页装，上侧装订，12.5cm×27cm；4 行书写，共30 页，正文 17 页。吴树湾和占元转抄后送给波湾共恒，共恒转送给和继全。内容为用两粒海贝占卜的占辞。

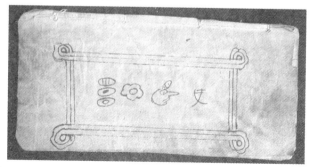

219. 鸡鸣说丧事

马粪纸书写，线订册页装，左侧装订，10cm×30cm；4 行书写，共 16

页，正文 13 页。东坝和丽军转抄后送给和继全。用于丧葬仪式，在停灵期间每日鸡鸣时念诵，内容主要讲述死亡的无奈等。

220. 解救什罗灵魂

马粪纸书写，线订册页装，左侧装订，9.5cm×32.5cm；3 行书写，共20 页，正文 17 页。波湾树银甲转抄后送给和继全。用于东巴的丧葬仪式，内容主要讲述寻找祖师东巴什罗的尸体、超度祖师等。

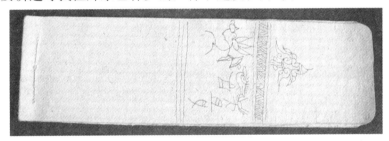

221. 法器的来历

水泥袋纸书写，线订册页装，左侧装订，12cm×29.5cm；4 行书写，共18 页，正文 14 页。波湾树银甲转抄后送给和继全。用于丧葬仪式，讲述东巴法衣、法帽、法杖、法鼓等的来历、作用等。

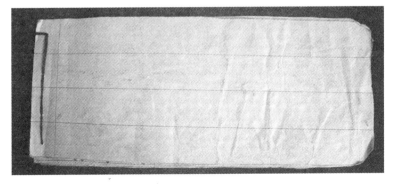

222. 丧葬仪式规程

东巴纸书写，线订册页装，左侧装订，10cm×28.5cm；3行书写，共12页，正文9页，和继全转抄自东坝和丽军的经书。内容为举行丧葬仪式的规程。

223. 烧天香

东巴纸书写，线订册页装，左侧装订，10.5cm×29cm；3行书写，共46页，正文41页，和继全抄写。几乎所有仪式都要使用，也用于节庆等民俗活动，内容主要是用树枝、面、油向各路神灵烟祭，祈福等。

224. 加法力

东巴纸书写，线订册页装，左侧装订，10.5cm×29cm；3行书写，共48页，正文43页，和继全抄写。东巴举行仪式时，请各种神灵、祖师的法力加于己身，以降魔除妖的经书。

225. 和依甲账本（一）

东巴纸书写，线订册页装，左侧装订，（1、2、47、48页行文方向为横置）22cm×15cm；每页5—7行，行文方向为左起竖写，共48页。

226. 和依甲账本（二）

东巴纸书写，线订册页装，左侧装订，行文方向为左起竖写，14.5cm×23cm，共24页，前17页记录与彝族做生意的账目，后7页记录与安南村的人做生意的账目。

227. 和依甲账本（三）

东巴纸书写，线订册页装，左侧装订，行文方向为左起竖写，11.5cm×27cm，共22页，记录放债、地租、卖土特产等账目。

228. 和依甲账本（四）

东巴纸书写，线订册页装，左侧装订，行文方向为左起竖写，22cm×14cm，共12页，记录代理卖盐、茶等账目。

229. 和依甲账本（五）

东巴纸书写，线订册页装，左侧装订，行文方向为左起竖写，15cm×11.5cm，共48页，记录与安南人做生意的账目。

230. 和依甲账本（六）

东巴纸书写，线订册页装，左侧装订，行文方向为左起竖写，22.5cm×14.5cm，共22页，记录阿鲁湾放债、地租等账目。

231. 和依甲账本（七）

东巴纸书写，线订册页装，左侧装订，行文方向为左起竖写，第2、第4页写有藏文，22.5cm×14.5cm，共10页，记录古都、阿鲁湾等村做生意的账目。

232. 和依甲账本（八）

东巴纸书写，线订册页装，左侧装订，行文方向为左起竖写，21.5cm×

15cm，共20页，记录卖盐、茶等账目。

233. 和依甲账本（九）

东巴纸书写，线订册页装，左侧装订，行文方向为左起竖写。21.5cm×14cm；共20页。记录与彝族卖盐、茶等账目。封面、封底有彝文。

234. 和依甲账单

东巴纸书写，28cm×22.5cm，左起竖写，两面书写。记录卖茶、盐等账目。

235. 古舒里地契

东巴纸书写，27.5cm×19cm；正面写有东巴文"古舒里地契"。背面写有契文"铁羊年十一月二十四日立契，依德甲把古舒里地卖给了吴树湾村的都若，地价为银十两，以后不能说不是这样的。若有争议，中间见证人是屋下的子里高和吴树湾的阿高两人。以后可以出钱把地赎回"。

236. 地基、房产纠纷调解书

东巴纸书写，37.5cm×10.5cm；两面书写，内容为"（正面）木牛年十一月十三日立契，夏纳若、阿共究两人因争夺地基而发生纠纷，由阿罗干涉和解。从今后一直到下辈子地基只归夏纳若所有，阿共究永远不能再提地基的事情，夏纳若永远不能再提房屋的事情，房子只是归阿共究和根玛塔所有，夏纳（背面）若、阿共究两人的手印，中间见证人是卡里家的根恒"。

237. 藏纳双语赎地地契

棉纸书写，44cm×24cm；藏文草书 10 行，藏文部分印有印章一枚，指印 2 枚。

藏文内容是：

火鸡年八月八日，波湾从古、小才两人按照约定执行如下：波湾高塔要赎地，用四匹马顶了地钱，这样土地就赎回了；达依根按手印订下来，两边马上成交两清，以后不准有异议。俄同绒格格、绒巴格格两个（印），久高索利（印），俄开措丹（印）。

东巴文译文：

火鸡年八月八日，高提向可尤家从古父子俩人赎维布里地，虽然原来的地契没有找到，仍然给了清债的文书。可尤家日后即使找到了原来的地契，也不再提起异议。中间见证人是陆格格、陆巴格格、朋友久高茸三人。是可尤家父子俩立的契约。

三　白地古都村和志本东巴经书编目

古都村和志本东巴现藏经书 76 册，因为有些经书被人借走了，我们拍摄了在家的 67 册东巴纸质经书的封面、测量记录了每册经书的尺寸页数等情况：

1. 《tsho²¹ mbər³³ thv³³ dzo²¹ uo²¹ me⁵⁵》（《是人类迁徙的经书》），29cm×9.5cm，正文 35 页。

2. 《mv⁵⁵ thv³³ ɑ³³ zʅ³³ ly⁵⁵ tʂo⁵⁵ uo²¹ me⁵⁵》（《是持法杖经中册》），28cm ×
10.5cm，正文 40 页。

3. 《ho²¹ tɕɑ³³⁵ z̩ v²¹ py²¹》（《和氏家族祭祖经》），24.5cm × 10cm，正文 35
页。

4. 《my⁵⁵ py²¹ gv³³ mu²¹》（《祭天规程》），28cm × 10.1cm，正文 32 页。

5.《ʥʑər²¹tʂæ⁵⁵uo²¹me⁵⁵》(《是加威力的经书》), 29.4cm × 12.1cm, 正文 30 页。

6.《ŋgɑ³³tʂhi⁵⁵ŋgɑ³³i²¹uo²¹me⁵⁵》 (《是竖胜利旗祭胜利神的经书》), 27.7cm × 10.1cm, 正文 20 页。

7.《su⁵⁵khv²¹uo²¹me⁵⁵》(《是请家神的经书》), 28cm × 10cm, 正文 39 页。

8.《py²¹ly³³khu³³uo²¹me⁵⁵》（《是做仪式叙述因由的经书》），28cm ×
10.1cm，正文20页。

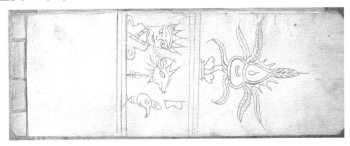

9.《tʂ²¹the³³ɤɯ³³kha³³tsha²¹uo²¹me⁵⁵》（《是占卜类看日子的经书》），
28cm×10.1cm，正文62页。

10.《mv⁵⁵thv³³ɒ³³zɿ³³kv³³tʂo⁵⁵uo²¹me⁵⁵》（《是持法杖上册经》），
28.1cm×10.2cm，正文44页。

11.《mv⁵⁵thv³³ɒ³³zɿ³³ly⁵⁵tʂo⁵⁵uo²¹me⁵⁵》（《是持法杖中册经》），和志本儿
媳妇和秀花抄写本。

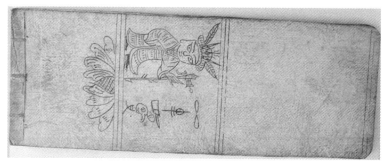

12. 《mv⁵⁵ thv³³ ɒ³³ zʅ³³ mæ⁵⁵ tʂo⁵⁵ uo²¹ me⁵⁵》（《是持法杖下册经》），28.3cm×10.6cm，正文 26 页。

13. 《mbv³³ py²¹ dʑv³³ pu⁵⁵ dʑv³³ le²¹ uo²¹ me⁵⁵》（《祭崩鬼仪式·灾祸鬼的出处来历经》），27.8cm×10.2cm，正文 21 页。

14. 《lv²¹ mbər³³ lv²¹ zɑ²¹》（《青年牧奴迁徙经》），28.6cm×10.6cm，正文 32 页。

15. 《iə³³ ma²¹ tʂho⁵⁵ pa³³ dʑi⁵⁵》（《给优麻神烧天香经》），27.9cm ×
9.7cm，正文 32 页。

16. 《py³³ phæ²¹ ka⁵⁵ ʂu²¹ uo²¹ me⁵⁵》（《求取祭祀占卜经》），27.8cm ×
9.6cm，正文 20 页。

17. 《tʂhuər³³ sər³³ py²¹》（《祭初斯鬼经》），28cm × 10.9cm，正文 52 页，
是和志本舅舅柯恒写的老经书。

18. 《iə³³ma²¹to³³ma³³no⁵⁵me⁵⁵》（《请优麻神驱鬼经》），28.1cm×10cm，正文 17 页。

19. 《ka³³tshi³³uo²¹me⁵⁵》（《请求神灵帮助经》），27.8cm×9.8cm，正文 13 页。

20. 《çi³³tʂhər⁵⁵pv⁵⁵、tʂhər⁵⁵bu²¹dzʐ²¹to⁵⁵ly³³ly²¹me⁵⁵、the³³ɣɯ³³to⁵⁵ly³³ly²¹dɑ²¹me⁵⁵》（《送死者归祖类推祖先代数的经书》），28.2cm×10cm，正文 6 页。

21. 《ŋɑ³³the³³ɣɯ³³、gv³³dʑ̩uər³³khv²¹uo²¹me⁵⁵》（《是推算五行属相配对的经书》），26.6cm×11cm，正文 35 页。

22. 《ŋv³³hæ²¹tɕi²¹tʂo⁵⁵tʂʅ⁵⁵uo²¹me⁵⁵》（《竖金银幡柱经》），28cm×10.3cm，正文 14 页。

23. 《ŋgv³³dʑ̩v³³ɳ³³thv⁵⁵uo²¹me⁵⁵》（《驱赶九种灾祸鬼经》），27.8cm×9.7cm，正文 16 页。

24.《tha⁵⁵ ʟur³³ tʂhɿ²¹ khɯ⁵⁵、mæ⁵⁵ tʂo⁵⁵ ʈur³³ kə²¹ sɑ⁵⁵ be²¹ tɕə⁵⁵》（《妥拉鬼的来历、下卷是迎请端格神煮本丹神水驱鬼经》），27.9cm×10.6cm，正文页码失记。

25.《ço²¹ ʥi⁵⁵ the³³ ɣɯ³³ uo²¹ me⁵⁵》（《是烧香经》），26.2cm×10.2cm，正文12页。

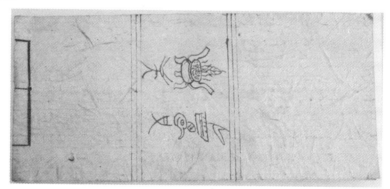

26.《dv²¹ ze³³ ɑ²¹ lv⁵⁵、kɯ³³ zɑ³³ nɑ²¹ mu³³ mi⁵⁵、khɯ⁵⁵ dy²¹ ʈər²¹ iə³³、mu³³ tʂər⁵⁵ kə³³ mu³³ tʂər⁵⁵ ʥo²¹》（《都忍阿鲁与给绕纳姆、柯堆单尤与姆遮格姆的故事经》），28.2cm×10.3cm，正文19页。

27.《phv³³ ʂʅ³³ uɛ⁵⁵ lv³³、ʂv²¹ me⁵⁵ nɑ²¹ pv³³ tʂər⁵⁵ ʥo²¹ uo²¹ me⁵⁵》（《是普史威

鲁与署美纳布的故事经》），27.9cm×9.7cm，正文 14 页。

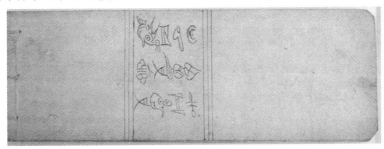

28. 《ba³³ phər²¹ ɖur³³ khua⁵⁵ ko³³》（《白水台来历经》），27.1cm×
12.1cm，正文 5 页，白纸。

29. 《to³³ mba²¹ ŋgə⁵⁵ pu²¹ uo²¹ me⁵⁵》（《是东巴舞蹈种类经》），26.8cm×
10.8cm，正文 21 页。

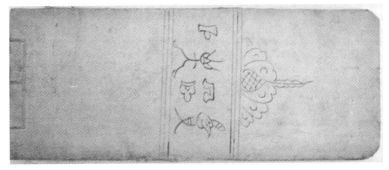

30. 《ȵi³³ guɯ⁵⁵ ty³³ uɛ³³ tʂər⁵⁵ dzo²¹ me⁵⁵》（《是尼格堆伟的故事》），
27.7cm×9.8cm，正文 29 页。

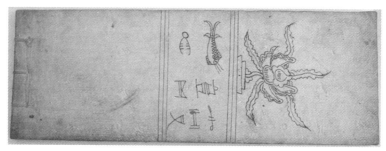

31.《hua³³ly⁵⁵》(《花吕（咒语）经》)，19.2cm×10cm，正文21页。

32.《kɯ²¹tsʅ²¹ɲi⁵⁵ua³³ly²¹uo²¹me⁵⁵》(《是看星宿、日子占卜吉凶经》)，21.5cm×11.4cm，正文24页，是和志本舅舅柯恒写的老经书。

33.《my⁵⁵gv³³sʅ²¹、nda²¹ndʐʅ³³、le⁵⁵ly²¹uo²¹me³³kæ²¹ɭər²¹sʅ²¹、ɭɯ³³ly⁵⁵ly³³sʅ²¹》(《卜雷鸣、日食、乌鸦叫、地震经》)，21.5cm×10.4cm，正文20页，是和志本舅舅柯恒写的老经书。

34.《kv⁵⁵py²¹lv²¹py²¹》或叫《luɯ³³zv²¹py²¹》(《给固鬼和鲁鬼献饭经》或叫《给没来得及做详细仪式就出殡了的祖先祭祀经》)，22.7cm×10.2cm，正文26页。

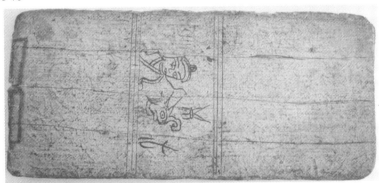

35.《thv⁵⁵dʑi³³mæ⁵⁵tʂo⁵⁵》(《卜算土皇经下册》)，22.9cm×10.5cm，正文36页，是和志本舅舅柯恒写的老经书。

36.《bæ²¹mæ³³sʅ²¹》(《用海贝占卜经》)，21.5cm×12.2cm，正文37页。

37. 《bv³³khɯ⁵⁵gə³³gv³³mu²¹》（《崩鬼来历经》或叫《祭崩鬼仪式规程》），白纸，27cm×20cm，正文15页，白纸。

38. 《çi³³ŋgo²¹sʅ²¹》（《查病因经》）21.2cm×10.3cm，正文44页，是和志本舅舅柯恒写的老经书。

39. 《tʂhv³³tʂhe³³》（《抽线绳占卜经》），本应有36张，丢失1张，现存

35 张，19cm×10.4cm，正文 35 页。

40. 《my⁵⁵khɯ³³za²¹tsʅ²¹》或叫《na³³tshi³³mbæ²¹》（《以天狗饶星奔走的方向占卜吉凶》），27.7cm×19cm，正文 8 页。

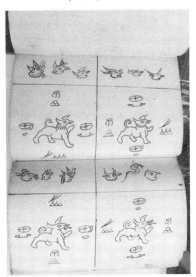

41. 《ko³³ʂə⁵⁵iə²¹ʂə⁵⁵uo²¹me⁵⁵》（《是丧葬仪式规程经》），28.1cm×9.9cm，正文页码失记。

42. 《dv²¹tɯ³³uo²¹me⁵⁵》（《是请督神起驾经》），28cm×10.1cm，正文

34 页。

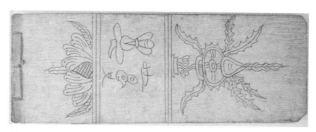

43. 《dʐ̩ur²¹dʑi³³mi³³uo²¹》（《是劝慰亡灵经》），27.9cm × 9.7cm，正文31 页。

44. 《mu³³ɣɯ²¹sy⁵⁵》（《杀猛恩鬼经》），27.9cm × 9.7cm，正文 20 页。

45. 《kha³³phv⁵⁵ŋdʐ̩³³phv⁵⁵》（《给卡鬼支鬼施食经》），27.9cm × 9.6cm，正文 20 页。

46. 《kho³³mv⁵⁵fv³³》（《给死者献牲经》），27.8cm × 9.7cm，正文 22 页。

47.《tʂhv³³me²¹hø⁵⁵》（《儿媳妇送别死者经》），28.2cm×10cm，正文15页。

48.《tʂæ³³ŋgv³³phu³³uo²¹me⁵⁵》（《是开死门经》），27.8cm×9.7cm，正文11页。

49.《nɑ³³sɑ³³uɛ⁵⁵kv³³bu²¹gə³³khu³³ʂə⁵⁵me⁵⁵》（《是讲述纳萨维古坡故事经》），27.9cm×9.7cm，正文14页。

50.《dæ²¹i²¹ɒ²¹ʂər⁵⁵uo²¹me⁵⁵》（《是给贤能的死者招魂经》），27.8cm×9.7cm，正文16页。

51.《he²¹ʐʅ³³phi²¹kv³³tʂo⁵⁵》(《开辟神路经上册》),28cm×9.2cm,正文26页。

52.《he²¹ʐʅ³³phi²¹ly⁵⁵tʂo⁵⁵》(《开辟神路经中册》),28cm×9.2cm,正文15页。

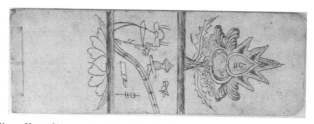

53.《he²¹ʐʅ³³phi²¹mæ⁵⁵tʂo⁵⁵uɑ²¹me⁵⁵》(《开辟神路经下册》),28cm×9.2cm,正文18页。

54.《mbu⁵⁵dæ²¹i²¹uo²¹me⁵⁵》(《超度贤能女死者经》),28.1cm×10.2cm,正文47页。

55.《tʂuɑ²¹ dæ²¹ i²¹ uo²¹ me⁵⁵》(《超度贤能男死者经》), 28.1cm × 10.2cm, 正文 23 页。

56.《mu³³ dʑi⁵⁵ mi³³ uo²¹ me⁵⁵》(《是唱挽歌经》), 27.8cm×9.6cm, 正文 18 页。

57.《ŋgv⁵⁵ bu²¹ ŋv⁵⁵ ŋgo²¹ phv⁵⁵ uo²¹ me⁵⁵》(《是指引死者亡灵过冥界九座山坡经》), 27.6cm×10cm, 正文 18 页。

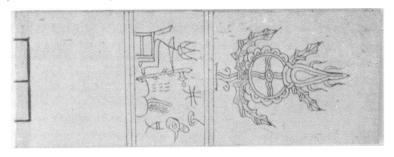

58. 《 ʂ ər^{55} ʮər^{33} dæ^{21} i^{21} uo^{21} me^{55} 》（《是祭颂贤能的东巴什罗经》），
27.8cm×9.7cm，正文 25 页。

59. 《 uo^{21} i^{33} ŋgv^{33} dʑi^{33} ŋgv^{33} tʂər^{55} dʐo^{21} 》（《窝依古兹古的故事经》），
25.6cm×10.3cm，正文 26 页，牛皮纸。

60. 《 dv^{21} ŋv^{55} mbæ^{33} mi^{33} tʂʅ^{55} uo^{21} me^{55} 》（《超度督神给督神点油灯作供养
经》），27.9cm×9.6cm，正文 38 页。

61. 《 luo^{33} ndo^{33} gv^{33} mu^{21} uo^{21} 》（《大型超度东巴什罗亡灵经》），
27.9cm×9.6cm，正文 30 页。

62. 《ʂər⁵⁵lər³³he²¹zʅ³³phi²¹uo²¹me⁵⁵》（《指引东巴什罗亡灵到达神界的道路经》），27.7cm×9.7cm，正文 30 页。

63. 《ʂər⁵⁵lər³³he²¹zʅ³³phi²¹mæ⁵⁵tʂo⁵⁵》（《指引东巴什罗亡灵到达神界的道路经下册》），28cm×10.1cm，正文 37 页。

64. 《ndzʅ²¹ʂo³³thv³³gv³³be³³ȵdər³³me⁵⁵》（《东巴什罗服饰、法器来源经》），27.8cm×10.4cm，正文 9 页。

65. 《si²¹pv⁵⁵mo²¹pv⁵⁵me⁵⁵、ŋv³³hæ²¹mbæ³³mi³³kv³³nɯ³³gə²¹le³³ʂv³³、the³³phər²¹the³³lo⁵⁵ndzo²¹nɯ³³gə²¹le³³ʂv³³me⁵⁵》（《由金色银色油灯、麻布引领刚去世的死者亡灵往祖先神地经》），27.9cm×10.1cm，正文 16 页。

66.《gə³³ba²¹ ʂər⁵⁵ lər³³bu³³ ʂu²¹bu³³ dʐe²¹》（《东巴弟子向东巴什罗祈求威力和法器什物经》），27.9cm×10.2cm，正文 35 页。

67.《ʐua⁵⁵gɯ²¹》（《让马发抖经》），28cm×10cm，正文 34 页。

68.《æ⁵⁵ tɕo²¹ dʐo²¹ be³³ o²¹ me⁵⁵》（《是鸡鸣给死者献饭经》），27.8cm×9.6cm，正文 19 页。

69.《mbu⁵⁵dæ²¹i²¹uo²¹me⁵⁵》（《是超度女贤能死者的经书》），28cm×10.1cm，正文 47 页。

第二节 白地东巴文献字释举例

一 《杀猛厄鬼经》字释举例

（一）文献简介

《杀猛厄鬼经》收藏于波湾村阿普纳家。东巴纸旧抄本，线订册页装，左侧装订，10cm×29.5cm；封面竖置（装订侧向下），封面书名、装饰画等因年代久远而模糊不清。全书共 20 页，正文 17 页，4 行书写。佚名抄写，年代不晚于民国时期。

书名纳西语称为 $mu^{33}\gamma w^{21}s\emptyset^{33}$，意为杀死名为"猛厄"的鬼。和志武先生曾音译为"猛厄绪"。[①]"猛厄"东巴文写作 ，一般情况下简称为 mu^{33}。有时分开为 mu^{33} 和 γw^{21} 两类，如方国瑜把 mu^{33} 翻译为水鬼，把 γw^{21} 翻译为水怪[②]；李霖灿把 mu^{33} 翻译为水怪，把 γw^{21} 翻译为妖怪[③]。本文献书名合称为 $mu^{33}\gamma w^{21}$，正文通称为 mu^{33}。

[①] 和志武：《东巴经典选译》，云南人民出版社 1994 年版，第 66 页。

[②] 方国瑜、和志武：《纳西象形文字谱》，云南人民出版 1981 年版，第 359 页。

[③] 李霖灿、张琨、和才：《么些象形文字字典》，中央博物院专刊乙种之二，1944 年，第 141 页，四川李庄。又见李霖灿、张琨、和才《么些象形文字、标音文字字典》，台北文史哲出版社 1972 年版，第 141 页。

　　东巴经《创世纪》记载,最初洪水滔天时所有的人类都几乎灭亡,只剩下崇仁丽恩一人,开创万物的"东"神用木偶创造人类,想要作为崇仁丽恩的伴侣,因为崇仁丽恩还没到时机就提前看了木偶,导致用木偶造人失败。这些造人未成功的木偶成了林中的"从普"鬼、崖上的"阿比"鬼和水中的"猛厄"鬼三类鬼怪。《创世纪》中对"猛厄"鬼的来历还有另一种记载,即最初开天辟地时,九对白蛋孵化出了九对神灵,九对黑蛋孵化出九对鬼怪,其中的一对鬼怪就是"猛"和"厄"。纳西人认为,"猛厄"鬼生性贪吃,特别喜欢血腥,在各种祭祀仪式中,献牺牲时往往会被"猛厄"鬼抢夺,而使祭祀对象享用不到牺牲,所以要念诵《杀猛厄鬼》经以消除"猛厄"鬼对仪式的影响。在白地波湾村,还有专门的祭祀"猛厄"鬼的仪式,其经文记载"不是凶死鬼,不会变猛厄"。凡是三代以内有非正常死亡者,每年春节之前需要举行该仪式,旨在过年前就祭祀好由凶死者的亡灵所变的"猛厄"鬼,使生者平安过年。

　　本字释所选《杀猛厄鬼》经书,专门用于丧葬仪式,在给死者献牺牲(一般是牛)之前念诵,目的是不让"猛厄"鬼抢夺孝子孝女献给死者的牺牲、食物、坐骑等。内容可分为以下几部分。

　　1. 迁徙路。起于祖居地"金村银寨",止于文献使用、收藏地云南省香格里拉县三坝乡白地行政村波湾自然村。

　　2. 崇仁丽恩杀"猛厄"鬼的故事。

　　3. "俄依俄都命"[①] 与"猛厄"鬼"阿仁猛过适"的故事。

　　4. 沿送魂路(逆迁徙路)杀"猛厄"鬼。

　　本文献是东巴教圣地白地幸存不多的东巴古籍之一,流通、使用地点明确,文字形态古朴自然,保存了字词关系不严密等一些早期东巴文字、文献的特点。本文献于1996年由波湾村著名大东巴树银甲(1922—2005年)先生教授给译者,释读基本保存了民间原初形态。

---

　　① 　o²¹i³³o³³tv²¹mi⁵⁵之音译,纳西族古人名,为俄高勒之妹妹,又名 o²¹i³³tv⁵⁵ndv²¹mi⁵⁵俄依杜都命。

（二）第 2 页译释

1. 第 2 页原图

2. 字释

（1）第 1 句

起始符号，不读音。

la^{33} 虎，假借为语气词啊。这里读为：a^{33} la^{33} mə^{21} ʂə^{55} be^{55} ʈʰɯ^{33} dzʅ^{21}，意为连"啊"也不会说的时候。纳西族认为"啊"为所有语言的开始，没人说"啊"是指远古混沌之时，此处比喻时代久远。

tsho^{21} mbvr^{33} 人类迁徙。tsho^{21} dze^{33} rɯ^{55} ɣɯ^{33} zo^{33} 崇仁丽恩，人名，洪水故事中的唯一幸存者，被认为是人类的男祖先。也读为 tsho^{21}，假借为人类，泛指古人。tsho^{21} dze^{33} rɯ^{55} ɣɯ^{33} zo^{33} 脚上标 ——以示迁徙。

tshi^{21} 肩胛骨，假借为来。

ɖɯ^{55} 一。

ŋi^{21} 日。

mi^{55} 女，读 tshe^{55} hɯ^{21} bu^{33} mbu^{21} mi^{55} 册恒保补命。本是天女，洪水滔天后到人间为崇仁丽恩之妻，被认为是人类的女始祖。

tshe^{55} 叶，此处标写 tshe^{55} hɯ^{21} bu^{33} mbu^{21} mi^{55} 的第一音节。

za^{21}，彗星，假借为降下。

tshi^{21}，肩胛骨，假借为来。

ɖɯ^{55} 一。

ŋi^{21} 日。

（2）第 2 句

宪 tsho²¹mbvr³³人类迁徙。

🐛 la³³虎。

囧 ʂv³³骰子，假借为引领、率领。

🔺 ndʐv²¹na³³ʐua⁵⁵rua³³ndʐv²¹竺那如拉山，纳西族神山，一般译为"居那若罗"神山，与佛教之须弥山类似，传说从山顶可以上天。因纳西语方言差异，汉文音译名与实际读音差异较大，但沿用已惯用翻译习惯。此处简称为 ʐua⁵⁵rua³³。

𝍏 i²¹右。二字连读为 ʐua⁵⁵rua³³i²¹dɯ³³pha³³nɯ³³tshi²¹，意为从居那若罗神山右边迁徙而来。

（3）第 3 句

𝍐 mu³³猛鬼。

🐻 gv²¹熊。

囧 ʂv³³骰子，假借为引领、率领。

🔺ndʐv²¹na³³ʐua⁵⁵rua³³ndʐv²¹居那若罗山。此处简称为 ʐua⁵⁵rua³³。

🦌 ŋ⁵⁵左。二字连读为 ʐua⁵⁵rua³³ŋ⁵⁵dɯ³³pha³³nɯ³³tshi²¹，意为从居那若罗神山左边迁徙而来。

（4）第 4 句

𝍑 ŋv²¹银。

🏠 mbe³³村庄。从门房子，𝍒 mbe³³雪花声。

𝍓 tsho²¹dze³³rɯ⁵⁵ɣɯ³³zo³³崇仁丽恩。也读为 tsho²¹人类。

𝍔 tshi⁵⁵刺，假借为 tshi²¹来。

（5）第 5 句

🦋 hæ²¹金。

🏠 mbe³³村庄。从门房子，𝍒 mbe³³雪花声。

𝍔 tshi⁵⁵刺，假借为 tshi²¹来。

🦴 tshi²¹肩胛骨。假借为来。

以上从第四句到此为一整句，读为 ŋv²¹mbe³³hæ²¹mbe³³çy⁵⁵，tsho²¹mbvr³³tsho²¹za²¹tshi²¹从银村和金村，人类迁徙下来。

🏠 dzi²¹房子，此处表示村子，不读音。

（6）第 6 句

𐊀 tsho²¹dze³³ruɯ⁵⁵ɣuɯ³³zo³³崇仁丽恩，也读为 tsho²¹人类。

𐊁 dzi²¹房子，读为 mbe³³村子。此字中间用双横线隔开，下加 ▬ na²¹ 黑点，读为 mbe³³na²¹，意为黑村。

以上三字读为 mbe³³phvr²¹mbe³³na²¹çy⁵⁵，tsho²¹mbvr³³tsho²¹za²¹tshi²¹。从白村和黑村间，人类迁徙下来。

（7）第 7 句

𐊂 çi⁵⁵羊毛剪，用以标写村庄名 çi⁵⁵ndʐæ²¹ "季赞" 的第一音节。

𐊃 dzi²¹房子，读为 mbe³³村子。

𐊄 mbe³³，村庄。从𐊅房子，𐊆 mbe³³雪花声。

𐊀 tsho²¹dze³³ruɯ⁵⁵ɣuɯ³³zo³³崇仁丽恩，也读为 tsho²¹人类。

𐊇 tshi⁵⁵刺，假借为 tshi²¹来。

（8）第 8 句

𐊈 ɣuɯ³³皮，中间加黑点，读为 ɣuɯ³³ndʐæ²¹杂色的皮。

𐊉 dø²¹地、平坝。

𐊊 lø⁵⁵矛，假借为中间。

以上三字连读为 ɣuɯ³³ndʐæ²¹dø²¹lø⁵⁵gv³³，tsho²¹mbvr³³tsho²¹za²¹tshi²¹从花皮坝中央，人类迁徙下来。

（9）第 9 句

𐊋 ʂɿ³³肉，加点读 ʂɿ³³ndʐæ²¹杂色的肉。

𐊌 çi⁵⁵羊毛剪，假借为放。

𐊍 mbu²¹坡。

以上三字连读为 ʂɿ³³ndʐæ²¹çi⁵⁵gv³³mbu²¹，tsho²¹mbvr³³tsho²¹za²¹tshi²¹从放花肉的山坡，人类迁徙下来。

（10）第 10 句

𐊎 khɑ³³角。

𐊏 dzŋ²¹树。

𐊐 pɑ⁵⁵蛙。此处波湾村的东巴们都读 kɑ⁵⁵，疑为误写。

𐊀 tsho²¹dze³³ruɯ⁵⁵ɣuɯ³³zo³³崇仁丽恩。也读为 tsho²¹人类。

以上四字连读为 khɑ³³ndʐæ²¹dzŋ²¹hæ²¹kɑ⁵⁵，tsho²¹mbvr³³tsho²¹za²¹tshi²¹从

花角绿树间迁徙下来。

（11）第 11 句

$sʅ^{33}$木。

bv^{33}锅。两字连读假借为 $sʅ^{33}bv^{33}$祖先。

$ŋgv^{55}$九，假借为 $ŋv^{55}$超度。

$ɒ^{33}$骨节，假借为处所。

以上四字连读为 $sʅ^{33}bv^{33}ŋv^{55}kha^{33}ɒ^{33}$意为祖灵洞①。

$tsho^{21}dze^{33}rɯ^{55}ɣɯ^{33}zo^{33}$崇仁丽恩，也读为 $tsho^{21}$人类。

$tshi^{55}$刺，假借为 $tshi^{21}$来。

（12）第 12 句

$dø^{21}$地，平坝。

$phvr^{21}$解开，假借为白色。

$dø^{21}$地。

$nɑ^{21}$黑。

$tsho^{21}dze^{33}rɯ^{55}ɣɯ^{33}zo^{33}$崇仁丽恩，也读为 $tsho^{21}$为人类。

$tshi^{55}$刺，假借为 $tshi^{21}$来。

（13）第 13 句

gv^{33}蛋，假借为顶。

$ndʐv^{21}nɑ^{33}ʐua^{55}rua^{33}$ $ndʐv^{21}$居那若罗山神山加两条指示线构成，神山简称为 $ʐua^{55}rua^{33}$，加指示线分别读为 $ʐua^{55}rua^{33}thɯ^{55}$神山腰、$ʐua^{55}rua^{33}khɯ^{33}$神山脚。

$tsho^{21}dze^{33}rɯ^{55}ɯ^{33}zo^{33}$崇仁丽恩，也读为 $tsho^{21}$人类。

三字连读为 $ʐua^{55}rua^{33}gv^{33}$、$ʐua^{55}rua^{33}thɯ^{55}$、$ʐua^{55}rua^{33}khɯ^{33}$，$tsho^{21}mbvr^{33}tsho^{21}zɑ^{21}tshi^{21}$从居那若罗神山顶、神山腰、神山脚，人类迁徙下来。

---

①　过去人去世后需要制作亡灵木偶，以家族为单位放在山洞里，这种山洞被称为 $ŋv^{55}ci^{55}kha^{33}$，$sʅ^{33}bv^{33}ŋv^{55}ci^{55}kha^{33}$指祖宗的亡灵木偶洞。

3. 全页标音：

（1）a³³la³³mə²¹ ʂə⁵⁵be⁵⁵ʈʰɯ³³dzʐ²¹, tsho²¹dze³³rɯ⁵⁵ɣɯ³³zo³³, tsho²¹mbvr³³
　　　　啊 也 不 说（助）那 时　　　崇仁丽恩　男 人类 迁徙

tshi²¹ɖɯ⁵⁵ȵi²¹。tshe⁵⁵hɯ²¹bu³³mbu²¹mi⁵⁵, tsho²¹za²¹tshi²¹ɖɯ⁵⁵ȵi²¹。（2）tsho²¹
来 一 天　　册恒保补　女 人类 下 来 一 天　　　　人类

mbvr³³la³³nɯ³³ʂv³³, ʐua⁵⁵rua³³i²¹ɖɯ³³pha³³nɯ³³tshi²¹。（3）mu³³mbvr³³gv²¹
迁徙 虎（助）引　神山 右 一　面（助）来　　　猛鬼 迁徙 熊

nɯ³³ʂv³³, ʐua⁵⁵rua³³ɒ⁵⁵ɖɯ³³pha³³nɯ³³tshi²¹。（4）（5）ŋv²¹mbe³³hæ²¹mbe³³
（助）引领　神山 左 一　面（助）来　　　　　银 村 金 村

çy⁵⁵, tsho²¹mbvr³³tsho²¹za²¹tshi²¹。（6）mbe³³phvr²¹mbe³³na²¹çy⁵⁵, tsho²¹mbvr³³
处 人类 迁徙 人类 下 来　　　村 白　　村 黑 处 人类 迁徙

tsho²¹za²¹tshi²¹。（7）çi⁵⁵ndʐæ²¹ȵi³³mbe³³ka⁵⁵, tsho²¹mbvr³³tsho²¹za²¹tshi²¹。
人类 下 来　　　季赞 两 村 中间 人类 迁徙 人类 下 来

（8）ɣɯ³³ndʐæ²¹dø²¹lø⁵⁵gv³³, tsho²¹mbvr³³tsho²¹za²¹tshi²¹。（9）ʂʅ³³ndʐæ²¹
　　皮 花 坝 中间　人类 迁徙 人类 下 来　　　肉 花

çi⁵⁵gv³³mbu²¹, tsho²¹mbvr³³tsho²¹za²¹tshi²¹。（10）kha³³ndʐæ²¹ndzʅ²¹hæ²¹
放 处 坡　人类 迁徙 人类下 来　　　角 花 树 绿

ka⁵⁵, tsho²¹mbvr³³tsho²¹za²¹tshi²¹。（11）sʅ³³bv³³ŋv⁵⁵kha³³ɒ³³, tsho²¹mbvr³³
间 人类 迁徙 人类 下 来　　　祖先 超度 灵洞　人类 迁徙

tsho²¹za²¹tshi²¹。(12) dø²¹phvr²¹dø²¹nɑ²¹çy⁵⁵，tsho²¹mbvr³³tsho²¹za²¹tshi²¹。

人类 下 来　　　 地 白　地 黑　处　人类 迁徙 人类 下　来

(13) ʐua⁵⁵rua³³gv³³、ʐua⁵⁵rua³³thɯ⁵⁵、ʐua⁵⁵rua³³khɯ³³，tsho²¹mbvr³³tsho²¹

　　神山 顶　　 神山 腰　　 神山 脚　 人类 迁徙 人类

za²¹tshi²¹。

下 来

4. 全页汉译：

连"啊"也不会说的时候，崇仁丽恩男，迁徙来那一天，册恒保补女，迁徙来那一天。人类迁徙由虎引领，从神山右边而来。猛鬼迁徙由熊引领，从神山左边而来。从银村和金村间，人类迁徙下来。从白村和黑村间，人类迁徙下来。从"季赞"两村间，人类迁徙下来。从花皮坝中央，人类迁徙下来。从放花肉的山坡，人类迁徙下来。从花角绿树间，人类迁徙下来。从祖先亡灵洞，人类迁徙下来。从白地和黑地间，人类迁徙下来。从居那若罗神山顶、神山腰、神山脚，人类迁徙下来。

（三）第 5 页释释

1. 第 5 页原图

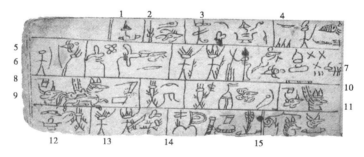

2. 字释

（1）第 1 句

thv⁵⁵ 木桶，假借为 thv³³ 到。

na²¹ 黑，假借为 na²⁴ 只是。两字连读为 tshi³³be³³（今年） tshi⁵⁵n̠i³³

（今日）thv³³（到）na²⁴（只是）si³³（了），只是到了今年的今天。

（2）第 2 句

✦ sŋ⁵⁵木。

➤ khæ⁵⁵沟，假借为映照，显示。

➤ se²¹岩羊，假借为了，表示完成。三字连读为 sŋ⁵⁵dzŋ²¹（长着的木头）pvr⁵⁵（拔）thv³³（出现）se²¹（了），se⁵⁵ɒ²¹（样子）zʅ²¹（亡灵）khæ⁵⁵（显示）se²¹（了），树已连根拔起，样子显示给死者了。

（3）第 3 句

➤ tsho²¹dze³³rɯ⁵⁵ɣɯ³³zo³³崇仁丽恩。

➤ mo²¹不。

➤ sø²¹锡，假借为样、种。三字连读为 tsho²¹dze³³rɯ⁵⁵ɣɯ³³zo³³（崇仁丽恩），tsho²¹mbvr³³（迁徙）tshi²¹（来）ɖɯ³³（一）n̠i²¹（天），mo²¹（不）pu⁵⁵（带）sø²¹（种类）mo³³n̠ɟy³³（没有）。崇仁丽恩他，迁徙来那天，没有不带的（东西）。

➤ mu³³（天）rɯ⁵⁵（地）mo³³（不）ʂʅ³³（死）tʂhər⁵⁵（药），长生不死药。

➤ mo²¹不。两字连读为 mu³³rɯ⁵⁵mo³³ʂʅ³³tʂhər⁵⁵，t̠hɯ³³tʂhər⁵⁵mi³³mo³³pu⁵⁵长生不死药，这药没有带。

（4）第 4 句

➤ tshe⁵⁵hɯ²¹bu³³mbu²¹mi⁵⁵册恒保补女，手中拿着棍，会意为下一句的 ho²¹赶。

➤ tshe⁵⁵叶，标写 tshe⁵⁵hɯ²¹bu³³mbu²¹mi⁵⁵的第一个音节。

➤ mi⁵⁵火，假借为女。

➤ za²¹彗星，此处读 tsho²¹za²¹tshi²¹ɖɯ³³n̠i²¹迁徙来那一天。三字连读为 tshe⁵⁵hɯ²¹bu³³mbu²¹mi⁵⁵（册恒保补女），tsho²¹za²¹（迁徙）tshi²¹（来）ɖɯ³³（一天）n̠i²¹（天），mo²¹ho²¹（不带）sø²¹（种类）mo³³n̠ɟy³³（没有），册恒保补女，迁徙来那一天，没有不赶来的（东西）。

➤ kɯ²¹星。

➤ khæ³³一种神虫。两字连读为 rɯ³³ʂua²¹khæ³³me³³kɯ²¹"里刷开美根"，指一种具有超自然力量的神秘物。

➤ ho²¹肋骨，假借为赶。三字连读为 rɯ³³ʂua²¹khæ³³me³³kɯ²¹（"里刷

开美根"），tʂhɯ³³（那）kɯ²¹（星）mi³³（下）mo³³（不）ho²¹（赶），"里刷开美根"，没有赶下来。

（5）第5句

ɕi⁵⁵人，这里读si²¹，指生者。

ka³³ŋgɯ⁵⁵中间。

mv³³牛蝇，假借为死者。

mv³³老，死。四字连读为si²¹（生）na³³（与）mv⁵⁵（死）ka⁵⁵ŋgɯ³³（之间），ɖɯ³³thv³³（这次）zʅ²¹（亡灵）mv⁵⁵（死）hɯ²¹（去），生与死之间，是死者你老死了。

（6）第6句

ba²¹花。

hæ²¹绿。借形字，借绿松石ɒ²¹的形，假借为生长。

le²¹枯，用花弯下表示。

le⁵⁵獐子，变调为le²¹，标音。

tshe⁵⁵叶。五字连读为hæ²¹（生长）na²¹（和）le²¹（枯萎）ka⁵⁵ŋgɯ³³（之间），ɖɯ³³thv³³（这次）zʅ²¹（亡灵）le²¹（枯萎）hɯ²¹（去），绿（活）与枯（死）之间，是死者你枯死了。

（7）第7句

ndzi⁵⁵酋长、官员。这里读ndzi²¹kv⁵⁵tʂhʅ³³ɖɯ³³rua²¹所有的官员。

pø²¹祭司。这里读pø²¹kv⁵⁵tʂhʅ³³ɖɯ³³o²¹所有的祭司。

pø²¹祭木。

lø⁵⁵khu³³，lø⁵⁵矛和khu³³门的合文。两字连读为tshv²¹（鬼）pø²¹（祭祀）lø⁵⁵（中）khu³³（门）tɯ³³（处），做祭祀仪式的这地方。

zʅ²¹蛇，假借为死者。

mu⁵⁵牛蝇，假借为老死。两字连读为zʅ³³mu⁵⁵ɖɯ²¹sv⁵⁵nɯ²¹死者您这位，对死者的称呼。

he²¹神。

dø²¹地。

sv⁵⁵tshʅ²¹三十。

〕〕 sv⁵⁵三。

pv⁵⁵甑子，假借为送。五字连读为 he²¹ dø²¹（神地）ɣɯ³³ me³³（好的）sv⁵⁵ tshʅ²¹ sv⁵⁵（三十三）dø²¹（地）gə²¹（上）le²¹（又）pv⁵⁵（送），送到三十三神地。

（8）第 8 句

mbe³³斧头，借形作 kho⁵⁵杀、宰。

ɣɯ³³牛。同时又读 mu³³牺牲。两字连读为 kho⁵⁵ mu³³（牺牲）ɣɯ³³（牛）nɯ³³（助）be³³（做），用牛做牺牲。

tʂæ⁵⁵ŋgu²¹献给死者的坐骑①。

be³³做，两字连读为 tʂæ⁵⁵ ŋgu²¹（坐骑）ʐua³³（马）nɯ³³（助）be³³（做），用马做坐骑。

（9）第 9 句

mu³³猛鬼。

mo³³不。

ka³³好。三字连读为 mo³³ ka³³ mu³³ mo³³ ka³³（说）不好猛鬼（最）不好。

（10）第 10 句

mu³³猛鬼。这里拿着矛的猛鬼，读为 dzʅ²¹强盗。

rɯ³³ ʂua²¹高地。ʂua²¹为高，本为山，此处读为 rɯ³³地。与上一条连读为 rɯ³³ ʂua²¹（高地）dzʅ²¹（强盗）be³³（做）dzi²¹ kv⁵⁵（会），会为高地的强盗。

ndzʅ⁵⁵豹，假借为蛊贼。

lo²¹谷。两字连读为 lo²¹ ho⁵⁵（深谷）ndzʅ⁵⁵（蛊贼）be³³（做）dzi²¹ kv⁵⁵（会），会为深谷的蛊贼。

（11）第 11 句

mbe³³斧头，借形作 kho⁵⁵杀、宰。

ɣɯ³³牛，此处读为 mu³³牺牲。两字连读为 kho⁵⁵ mu³³牺牲。

---

① 纳西族认为人死后灵魂要回到祖居地，因路途遥远需要给死者的灵魂送坐骑，在丧葬仪式上有一个献坐骑的小仪式。

tʂæ⁵⁵ŋgu²¹献给死者的坐骑。三字连读为 kho⁵⁵mu³³（牺牲）ndz̪ua⁵⁵（抢）dzi²¹kv⁵⁵（会），tʂæ⁵⁵ŋgu²¹（坐骑）ndz̪ua⁵⁵（抢）dzi²¹kv⁵⁵（会），会抢夺牺牲，会抢夺坐骑，

（12）第 12 句

ʂ̩⁵⁵肉，此处不读音，仅表示献给死者的饭中有肉。

hɑ⁵⁵饭。两字连读为 hɑ³³rɚ⁵⁵献给死者的饭。

ndz̪ua⁵⁵抢。三字连读为 hɑ³³rɚ⁵⁵（献饭）ndz̪ua⁵⁵（抢）dzi²¹kv⁵⁵（会），会抢夺献饭。

（13）第 13 句

ndzi⁵⁵酋长、官员。这里读 ndzi²¹kv⁵⁵tʂʅ³³dɯ³³rua²¹所有的官员。

pø²¹祭司。这里读 pø²¹kv⁵⁵tʂʅ³³dɯ³³o²¹所有的祭司。

sø³³锡，假借为杀。

mu³³猛鬼。两字连读为 mu³³sø⁵⁵dɯ³³thv²¹sø⁵⁵bi³³me³³要杀死猛鬼。

（14）第 14 句

14 句为东巴经中讲述祭祀来历之前固定的用语，其具体含义东巴也难解释，依照字面意思翻译如下：

pu⁵⁵mbu²¹蒿草坡。

phvr²¹解开，借为白色。

pu⁵⁵果核，一说为模子。三字连读为 pu⁵⁵mbu²¹z̪ɔ²¹pu⁵⁵mbu²¹，lɑ⁵⁵po²¹kæ³³nɯ³³ɟy²¹蒿草坡之上，先有打草的模式。

mu²¹铸范。

ʂu²¹铁。

ɟy²¹镯子，假借为有。三字连读为 ɛ³³pu³³ʂu²¹lɑ⁵⁵mu²¹，ʂu²¹mu²¹mi²¹nɯ³³ɟy²¹铸铜需要铁范，先有铁范在下面。

rɯ²¹si⁵⁵箭。

pø³³箭囊。两字连读为 rɯ²¹si⁵⁵pø³³nɯ³³hɯ⁵⁵，pu³³rɯ³³ʂu³³mu²¹kæ³³nɯ³³ɟy²¹箭由箭囊盛放，出处来历在前面就有了①。

_____

① 这里用的是纳西语的"增举"句法，上句的一个音引出下句，两句之间没有意义上的必然联系。

（15）第 15 句

🔸 开始符号，不读音。

　　mø⁵⁵天

🔸 cy²¹天马。两字连读为 mø⁵⁵ze³³cy²¹蒙仁居，传说中的早期人类。

🔸 tʂhər³³代。三字连读为 mø⁵⁵ze³³cy²¹dɯ²¹tʂhər³³蒙仁居那一代。

🔸字为兽形，本义不详，用为 dzi³³人类。

🔸　　thv⁵⁵木桶，假借为产生。两字连读为 dzi³³thv³³ʐu³³be⁵⁵la³³说是即使产生人类。

3. 全页标音：

（1）tshi³³be³³tshi⁵⁵n̠i³³thv³³na²⁴si³³，（2）sʅ⁵⁵dzʅ²¹pvr⁵⁵thv³³se²¹，se⁵⁵a²¹
　　　今年　今天　到 只是 了　　树 长 拔 出 了 样子

zʅ²¹khæ⁵⁵se²¹，（3）tsho²¹dze³³rɯ⁵⁵ɣɯ³³zo³³，tsho²¹mbvr³³tshi²¹dɯ³³n̠i²¹，mo²¹
死者 照 了　　　　崇仁丽恩　　男 人类 迁徙 来 一 天　不

pu⁵⁵sø²¹mo³³n̠y³³，mu³³rɯ⁵⁵mo³³ʂʅ³³tʂhər⁵⁵，t̠hɯ³³tʂhər⁵⁵mi³³mo³³pu⁵⁵。
带 所有 没有　　长生 不 死 药　　这 药 下 没 带

（4）tshe⁵⁵hɯ²¹bu³³mbu²¹mi⁵⁵，tsho²¹za²¹tshi²¹dɯ³³n̠i²¹，mo²¹ho²¹sø²¹mo³³n̠y³³，
　　　册恒保补　　女 人类 迁徙 来 一 天　不 赶 所有 没 有

rɯ³³ʂua²¹khæ³³me³³kɯ²¹，t̠hɯ³³kɯ²¹mi³³mo³³ho²¹。（5）si²¹na³³mv⁵⁵ka⁵⁵ŋɯ³³，
　　　里刷开美根　　那 星 下 没 赶　　生 与 死 之间

dɯ³³thv³³zʅ²¹mv⁵⁵hɯ²¹。（6）hæ²¹na²¹le²¹ka⁵⁵ŋɯ³³，dɯ³³thv³³zʅ²¹le²¹hɯ²¹。
　　此次 死者 死 了　　　绿 与 枯 之间　　此次　死者 枯 了

（7）ndzi²¹kv⁵⁵tʂhʅ³³dɯ³³rua²¹，pø²¹kv⁵⁵tʂhʅ³³dɯ³³o²¹，tshv²¹pø²¹lø⁵⁵khu³³t̠ɯ³³，
　　　所有的官员　　　　所有的祭司　　　做祭祀仪式的地方

ʐʐ̩³³mu⁵⁵d̥ɯ²¹sv⁵⁵nɯ²¹, he²¹d̥ø²¹ɣɯ³³me³³sv⁵⁵tʂʰ²¹sv⁵⁵d̥ø²¹gə²¹le²¹pv⁵⁵, (8) kho⁵⁵

死者 死 一 位 您　 神 地 好 的 三 十 三 地 上 又 送　　 杀

mu³³ɣɯ³³nɯ³³be³³, tʂæ⁵⁵ŋgu²¹ʐua³³nɯ³³be³³。(9) mo³³ka³³mu³³mo³³ka³³, (10)

牺牲 牛（助）做　 坐骑 马（助）做　　　 不 好 猛鬼 不 好

ʐɯ³³ʂua²¹dʐ̩²¹be³³dzi²¹kv⁵⁵, lo²¹ho⁵⁵ndʐʐ̩⁵⁵be³³dzi²¹kv⁵⁵。(11) kho⁵⁵mu³³ndʐua⁵⁵

地 高 强盗 做 会　 谷 深 蟊贼 做　 会　　　 牺牲 抢

dzi²¹kv⁵⁵, tʂæ⁵⁵ŋgu²¹ndʐua⁵⁵dzi²¹kv⁵⁵, (12) hɑ³³rər⁵⁵ndʐua⁵⁵dzi²¹kv⁵⁵。(13) ndzi²¹kv⁵⁵

会　 坐骑 抢 会　　　 献饭 抢 会　　　 所有

tʂʰ̩³³d̥ɯ³³rua²¹, pø²¹kv⁵⁵tʂʰ̩³³d̥ɯ³³o²¹, mu³³sø⁵⁵d̥ɯ³³thv²¹sø³⁵bi³³me³³ (14)

的官员　　　 所有的祭司　　 猛鬼 杀 一 次 杀 要（语）

pu⁵⁵mbu²¹ʐə²¹pu⁵⁵mbu²¹, la⁵⁵po²¹kæ³³nɯ³³ɟy²¹; ɛ³³pu³³ʂu²¹la⁵⁵mu²¹, ʂu²¹mu²¹mi²¹

蒿草坡 草 蒿草坡　 打 法 前（助）有 铜 出 铁 铸范铁 铁 铸范 下

nɯ³³ɟy²¹; rɯ²¹si⁵⁵pø²¹nɯ³³hɯ⁵⁵, pu³³rɯ³³ʂu³³mu²¹kæ³³nɯ³³ɟy²¹ (15) mø⁵⁵ze³³cy²¹

（助）有　 箭 箭囊（助）盛　 出处 来历　　 前面（助）有　　　 蒙仁居

d̥ɯ²¹tʂhər³³, dzi³³thv³³ʐu³³be⁵⁵la³³,

一 代，　 人 出 约定 做 即使

4. 汉译:

到了今年的今天，树已连根拔起，样子显示给死者了。崇仁丽恩男，迁徙来那天，没有不带的，长生不死药，这药没有带；册恒保补女，迁徙来那天，没有不赶来的，"里刷开美根"，没有赶下来。生与死之间，是死者你老死了。绿与枯之间，是死者你枯死了。所有的官员，所有的祭司，从做祭祀仪式的地方，把死者你，送到三十三神地。用牛（给死者）做牺牲，用马（给死者）做坐骑。（说）不好猛鬼（最）不好，会做高地的强盗，会做深谷的蟊贼，会抢夺牺牲，会抢夺坐骑，会抢夺献饭。所有的官员，所有的祭司，要杀一次猛鬼。蒿草坡之上，先有打草的模式；铸铜出自铁范，先有铁范在下面；箭由箭囊盛放，出处来历在前面就有了。蒙仁居那一代，说是即使产生人类，（也不要产生猛厄鬼）

二 藏语音读经典《净水咒》字释举例

（一）文献简介

藏语音读东巴古籍文献是指纳西东巴古籍文献中，用纳西东巴文字记录藏语的文献。①

《净水咒》收藏于波湾自然村"长脚"家。东巴纸旧抄本，9.5cm×24cm，线订册页装，上侧装订，4行书写，共14页，正文12页，外加白纸封面。藏语音读经典，用于丧葬仪式。佚名抄写，年代不晚于民国时期。

（二）第2页译释

1. 第2页原图

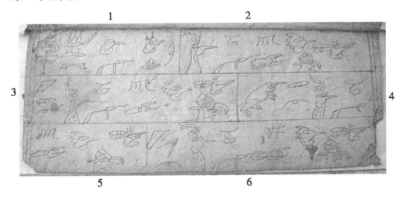

2. 字释

（1）第1句

---

① 参见和继全《纳西东巴文藏语音读经典初探》，西南大学2009年"出土文献与比较文字学"全国博士生论坛论文。

开始符号，不读音。

表示东巴念诵，不读音。

神座，不读音。

o^{33}鹅。

mbø^{33}爬。

pha^{33}豺。

pa^{33}蛙。

mo^{21}不。

（2）第2句

ma^{33}iə^{33}孔雀，此处读iə^{33}。

tʂhʅ^{33}挂。

mbø^{33}爬。

ka^{33}好。

la^{21}手。

çiə^{55}鸡，藏音字。纳西语鸡读为æ^{24}，这里读藏语的鸡çiə^{55}。

tsho^{21}像。

lo^{21}红麂子。

（3）第3句

to^{33}木板。

thv^{33}奶渣。

mo^{21}不。

ma^{33}iə^{33}孔雀，此处读iə^{33}。

tʂhʅ^{33}挂。

mbø^{33}爬

ka^{33}好。

la^{21}手。

çiə^{55}鸡，藏音字。

tsho^{21}象。

lo^{21}红麂子。

（4）第 4 句

tso²¹壁虎。

thv³³奶渣。

mo²¹不。

ma³³iə³³孔雀，此处读 iə³³。

tʂhʅ³³挂。

mbø³³爬。

（5）第 5 句

ka³³好

la²¹手。

çiə⁵⁵鸡，藏音字。

tsho²¹象。

lo²¹红麂子。

（6）第 6 句

to³³木板。

ndʐua³³镐。

mo²¹不。

ma³³iə³³孔雀，此处读 iə³³。

tʂhʅ³³挂。

mbø³³爬

ŋgu²¹井字结构的粮仓。

la²¹手。

çiə⁵⁵鸡，藏音字。

tsho²¹象。

lo²¹红麂子。

3. 全页标音

（1）o³³mbø³³pha³³pa³³mo²¹　（2）iə³³tʂhʅ³³mbø³³ka³³la²¹çiə⁵⁵tsho²¹lo²¹　（3） to³³ thv³³ mo²¹ iə³³ tʂhɿ³³ mbø³³ ka³³ la²¹ çiə⁵⁵ tsho²¹lo²¹。（4）tso²¹ thv³³ mo²¹ iə³³ tʂhɿ³³

mbø³³ ka³³ la²¹ çiə⁵⁵ tsho²¹lo²¹。（5）to³³ ndz̩ua³³ mo²¹ iə³³ tʂhɿ³³ mbø³³ ŋgu²¹ la²¹ çiə⁵⁵

tsho²¹lo²¹。

咒语，纳西族东巴只知其音，不知其义，故只能将读音标出，无法翻译其义。

三　《创世纪》字释举例

（一）文献简介

该本《创世纪》是白地古都村和志本东巴家藏的经书，但经书的抄写者不是他。和志本东巴说，从经书中迁徙路线的最后一站恩水湾村来看，这本经书是恩水湾村的大东巴久嘎吉写的。和志本东巴还说他记得解放前有一年，久嘎吉东巴因为一个官司事件，躲到了他们家，因为他的舅舅柯恒东巴是久嘎吉东巴的好朋友，这本经书很可能是当时舅舅柯恒请久嘎吉东巴写的。舅舅柯恒 1893 年生①，久嘎吉东巴比舅舅大两岁，即生于 1891 年，书写经书的时间大概是 1940 年左右，也就是说这本经书到现在大概有 70 多年的历史了。久嘎吉东巴是当时白地有名的大东巴，20 世纪 40 年代曾经帮助到白地调查的李霖灿先生翻译东巴经，讲解东巴教仪式，20 世纪 60 年代还帮助丽江文化馆翻译过东巴经。

该经书共 28 页，正文 27 页，4 行书写。

《创世纪》封面对应的东巴文，第一个字是东巴手持法杖坐于床的样子，不读音，只表示此书是开丧仪式中用的，其后的东巴文对应的纳西语读作 tsho²¹ mbər³³ thv³³ dzo²¹ o²¹ me⁵⁵，意即是人类迁徙的来历经。这本书就是开丧超度仪式中用的《创世纪》经典。

经书首先从混沌时代讲起，然后讲到神鸡生蛋、天地分开、蛋变成神、

① 详见杨亦花《白地和志本东巴家的祭祖仪式和祭祖经典研究》，硕士学位论文，西南大学，2010 年，第 24 页。

《创世纪》封面

东巴、"精""崇"等人类和万物。到了人类祖先崇仁丽恩时代，兄妹婚配污染了天地，引发了大洪水，洪水使他的几个兄弟丧生，崇仁丽恩在督神的指导下，在洪水中得以逃生。为了繁衍人类，崇仁丽恩娶了天女册恒保补做配偶，被变为白鹤的她藏在翅膀下带到天上向天父求婚。册恒保补的父亲孜劳阿普出了很多难题，企图难倒崇仁丽恩。在册恒保补的帮助下，崇仁丽恩顺利地解决了孜劳阿普的难题，娶了册恒保补，最后从天上迁徙到了大地上。本经书把纳西族始祖崇仁丽恩夫妇的迁徙路线实际化，说他们经过了居那若罗神山、神圣的阿河、木里、俄亚、洛吉、东坝，等等，最后迁徙到了白地的恩水湾村，繁衍了人类。经书最后还讲了死者的儿孙给死者祭献供品。

（二）第 2 页译释

1. 第 2 页原图

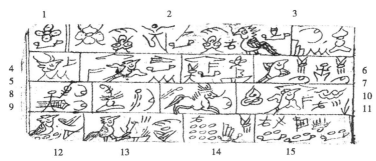

2. 字释

（1）第 1 句

⚘ a³³ŋa²¹ 黑影。⚘ a³³ 玉，借为影子；➤ ŋa²¹ 黑。

thv²¹桶，借为 thv³³出来。两字连读为：ɑ³³nɑ²¹na²¹lv⁵⁵la³³me³³thv³³出现了黑黝黝的影子。

（2）第2句

ɑ³³hæ²¹bu³³lv⁵⁵la³³绿玉发光。 ɑ³³玉，因为玉一般是绿色的，所以经常称为 ɑ³³hæ²¹绿玉。 这几条线表示发光。

pu³³艾蒿。

pa³³蛙。两字连读为 pu³³pa³³be³³做变化。

i²¹gə³³ɑ²¹kə⁵⁵英古阿格，神名，藏文。

the³³旗子，借为 the²¹那里、那儿。

thv²¹桶，借为 thv³³出来。

pu³³艾蒿。

pa⁵⁵蛙。两字连读为 pu³³pa³³be³³做变化。

phər²¹解开，借为白。

æ²¹phər²¹公鸡。

me⁵⁵雌阴，借为量词 me³³只。

thv²¹桶，借为 thv³³出来。

（3）第3句

dʐu³³围墙，借为 tsu⁵⁵命名。

mə³³日暮，借为不、没有。

mi³³火，借为 mi²¹名字。

he²¹神，此处变读为 he²¹⁴。

（4）第4句

ɣɯ³³牛。此处借为神鸡的名字 ɣɯ³³y²¹ɣɯ⁵⁵mɑ²¹恩余恩玛中的第一和第三音节。

mi³³火，借为 mi²¹名字。

ʂə⁵⁵说，哥巴文。

（5）第5句

ʂuɑ²¹高，此处变读为 ʂuɑ⁵⁵。

my⁵⁵天。

n̩dʑi²¹飞。

bə³³ 脚掌。

thv²¹ 桶，借为 thv⁵⁵ 踩踏。

mi³³ 火，借为 mi²¹ 下面。

（6）第 6 句

my⁵⁵ 天。

ʂuɑ²¹ 高。

tse²¹ 仄鬼，借为 tse⁵⁵ 变化。

thv²¹ 桶，借为 thv³³ 出来。

ɖɯ²¹ 大。

khu³³ 门，借为开辟。

dy²¹ 地。

（7）第 7 句

ȵdʑi²¹ 飞。

kv⁵⁵ 蒜，借为能、会。

mə³³ 日暮，借为不、没有。

tsho³³ 跳。

kv⁵⁵ 蒜，借为能、会。

mə³³ 日暮，借为不、没有。

（8）第 8 句

ly³³pu⁵⁵ŋæ²¹pu⁵⁵ 拿着长矛佩着利剑。

mə³³ 日暮，借为不、没有。

mə³³ 日暮，借为不、没有。

（9）第 9 句

dʑi⁵⁵ȵɖɯ²¹ 官吏头目。

tʂhv³³ 硝水，借为 tʂhv⁵⁵ 哭。

mə³³ 日暮，借为不、没有。

（10）第 10 句

tʂhv³³ 硝水，此处不读音。

ʐuɑ³³ 马，这里读 tɕo²¹，古语。

mə³³ 日暮，借为不、没有。

（11）第 11 句

ɣɯ^{33}宝物。此处借为神鸡的名字 ɣɯ^{33} y^{21} ɣɯ^{55} ma^{21} 中的第一和第三音节。

my^{55}天。

ȵdʑi^{21}飞。

ʂua^{21}高，此处变读为 ʂua^{55}。

tɕi^{21}云，此处变读为 tɕi^{55}。

phər^{21}解开，借为白。

su^{21}三，此处变读为 su^{55}。

z̻ə^{21}草，此处不读音。

（12）第 12 句

kv^{33}bv^{21}孵蛋，此处只读蛋的音 kv^{33}。

khə^{55}篮子。

tɕi^{55}羊毛剪，借为 tɕi^{33}放置。

（13）第 13 句

ɣɯ^{33} y^{21} ɣɯ^{55} ma^{21} dy^{214} z̻ə^{21} hæ^{21} ndʐər^{55}恩余恩玛拔了地上的三把草。

su^{21}三，此处变读为 su^{55}。

pu^{33}艾蒿，借为量词 pu^{21}把。

kv^{33}蛋，此处不读音。

khə^{55}篮子。

（14）第 14 句

phər^{21}解开，借为白。

kv^{33}ŋgv^{33}dʑu^{21}九对蛋。

dʐu^{33}围墙，借为量词 dʐu^{21}对。

thv^{21}桶，借为 thv^{33}出来。

kv^{55}蒜，借为 kv^{21}下蛋。

（15）第 15 句

phər^{21}解开，借为盘神。

ʂe^{21}禅神。

dʑɯ^{33}dʑu^{21}一对。

thv²¹ 桶，借为 thv³³ 出来。

ŋɑ³³ 战神。

o²¹ 沃神。

ɖɯ³³ dʐu²¹ 一对。

thv²¹ 桶，借为 thv³³ 出来。

ɖɯ³³ dʐu²¹ 一对。

thv²¹ 桶，借为 thv³³ 出来。

3. 全页标音

（1） ɑ³³ nɑ²¹ nɑ²¹ lv⁵⁵ lɑ³³ me³³ thv³³，（2） ɑ³³ hæ²¹ bu²¹ lv⁵⁵ lɑ³³ nɯ³³ pu³³ pɑ³³
　　　　影　黑　黑　黝　黝　（助）出　　　　玉　绿　发光（助）变化

be³³，i²¹ gə³³ ɑ²¹ kə⁵⁵ the²¹ nɯ³³ thv³³。i²¹ gə³³ ɑ²¹ kə⁵⁵ pu³³ pɑ³³ be³³，æ²¹ phər²¹ ɖɯ³³
做　英古阿格　那（助）出　　　　英古阿格　变化　做　鸡公　一

me³³ thv³³。（3）æ²¹ phər²¹ ʈhɯ³³ ɖɯ³³ me³³，mi²¹ tsu⁵⁵ ɕi³³ mə³³ ŋdʐo²¹，uo³³ mi²¹
只　出　　　鸡公　这　一　只　名　取　人　没　有　　自己名

uo³³ le³³ tsu⁵⁵，he²¹⁴（4）ɣɯ³³ y²¹ ɣɯ⁵⁵ mɑ²¹ le³³ mi²¹ sʅ⁵⁵。（5）ɣɯ³³ y²¹ ɣɯ⁵⁵ mɑ²¹
自己　又　取　神的　　　恩余恩玛　又　取名　说　　　　恩余恩玛

ʈhɯ³³ ɖɯ³³ me³³，ʂuɑ⁵⁵ ʂuɑ³³ my⁵⁵ nɯ³³ ŋdʐi²¹，bə⁵⁵ dʐu²¹ mi²¹ le³³ thv⁵⁵，（6）
这　一　只　高　高　天（助）飞　　脚掌　下　又　踩

tse⁵⁵ le³³ my⁵⁵ ʂuɑ²¹ thv³³ bi³³ tsʅ⁵⁵，dy²¹ ɖɯ²¹ khu³³ bi³³ tsʅ⁵⁵。（7）ŋdʐi²¹ kv⁵⁵ ŋdʐi²¹
变化　又　天　高　开辟　去　说　地　大　开辟　去　说　　　飞　会　飞

mə³³ ŋi²¹，tsho³³ kv⁵⁵ tsho³³ mə³³ ŋi²¹，（8）ly³³ pu⁵⁵ tsu²¹ mə³³ ŋi²¹，ŋgæ²¹ pu⁵⁵ si⁵⁵
不　能　跳　会　跳　不　能　　　矛　拿　竖　不　能　剑　佩　横

mə³³ɲi²¹，（9） dʑi⁵⁵ɳ̩ɖɯ²¹tʂhu⁵⁵mə³³ɲi²¹，（10） tɕo²¹pu⁵⁵lu²¹mə³³ɲi²¹，（11） ɣɯ³³
不 能　　　官吏 头目 哭 不 能　　　马 跑 跑 不 能

y²¹ɣɯ⁵⁵ma²¹ʈhɯ³³ɖɯ³³me³³，ʂua⁵⁵ʂua³³my⁵⁵nɯ³³ɳ̩dʑi²¹，tɕi⁵⁵phər²¹su⁵⁵thə³³ndzər⁵⁵，
余恩玛 这 一 只　　高　高 天（助）飞　云　白 三 朵 摘

（12） khə⁵⁵kv³³be⁵⁵le³³tɕi³³，（13） dy²¹⁴z̩.ə²¹hæ²¹su⁵⁵pu²¹ndzər⁵⁵，khə³³thæ³³be⁵⁵
篮 蛋 做 又 放　　　地 草 绿 三 把 拔　篮 底 做

le³³tɕi³³。（14） kv²¹me³³kv³³phər²¹ŋgv³³dʑu²¹kv²¹，（15） ɖɯ³³dzu²¹phər²¹nɯ³³ʂe²¹
又 放　　　下 的 蛋 白 九 对 下　　一 对 盘神 和禅神

thv³³hɯ²¹，ɖɯ³³dzu²¹ŋga³³nɯ³³o²¹thv³³hɯ²¹，ɖɯ³³dzu²¹
出 去　一 对 战神 和 沃神 出 去　　一 对

4. 汉译

（1）出现了黑黝黝的黑影子，（2）绿玉似的发光物做变化，出现了英古阿格神，英古阿格做变化，出现了一只公鸡。（3）这只公鸡，没有人给它取名，自己给自己命名，（4）名叫神的恩余恩玛，（5）这只恩余恩玛，在高天上飞，脚掌往下踩，（6）说要去开辟天，说要去开辟地。（7）（却）会飞不能飞，会跳不能跳，（8）拿着长矛竖不了，佩着利剑横不了，（9）官吏头目不能哭，（10）马儿不能跑。（11）这一只恩余恩玛，从高天上飞，摘了三朵白云，（12）把它当作蛋篮子放好；（13）从地上拔了三把青草，放在篮子底下。（14）（然后）下了九对白蛋，（15）一对出来了盘神和禅神，一对出来了嘎神和沃神，一对出来（未完）。

四　《和氏家族祭祖经》字释举例

（一）文献简介

据和志本东巴回忆，这本家藏的古抄本《和氏家族祭祖经》（以下简称《祭祖经》）是他舅舅的爷爷 a²¹phv³³ŋgɯ⁵⁵阿普鸽时代写的，已经经历了这

样几代人：阿普鸽—奶奶鸽咪—舅舅柯恒—和志本东巴。和志本东巴属龙，1928 年生，2015 年 87 岁。舅舅柯恒属蛇，1949 年去世时 50 多岁，对照日历，他应该生于 1893 年，56 岁寿终。舅舅的爷爷阿普鸽属相不明，但以虚岁 79 岁寿终，实岁应为 78 岁，当时舅舅柯恒 20 多岁。由这些情况，我们推算出经书大致写于 1856 年，是晚清时期的一本老经书[①]。

《祭祖经》按照祭祖仪式的先后，分为四个部分：

第一部分叫 $z_{\text{ι}}v^{21}z_{\text{ι}}^{33}$ 祖先之路，内容是请祖先从祖居地回到家里享祭，主要叙述途中的驿站，一站一站从远到近地把祖先接回来，越近地名就越真实可靠，就是现在的地名。和志本东巴说，近一些的地名，1990 年他同和尚礼先生去俄亚采访的时候曾经一路寻访过，说有很多地名和经书中提到的地名是一样的。

第二部分叫 $t\text{ʂha}^{55}thv^{33}$ 秽的出处来历，讲述各种各样的秽的出处来历。

第三部分叫 $z_{\text{ι}}v^{21}py^{21}$ 祭祖，主要讲述因为不会祭天父天母即祭祖而三个儿子不会说话，学会祭天祭祖后三个儿子才开口说话并变成了藏族、纳西族和白族的始祖的故事，由此反复强调要祭祀祖先，祖先才会佑护后人，家业才会兴旺，粮食才会丰收，等等。

第四部分叫 $ha^{33}\text{ʂι}^{21}$ 献饭，内容是先给祭品——除秽，然后恳请三代祖先享用肉、饭、酒、茶等，反复祝祷祖先佑护赐福后代子孙，并在享用完祭品后送祖先又回祖居地。

（二）第 1 页译释

1. 第 1 页原图

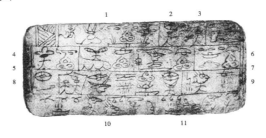

① 详见杨亦花《白地和志本东巴家的祭祖仪式和祭祖经典研究》，硕士学位论文，西南大学，2010 年，第 24 页。

2. 字释

（1）第 1 句

▨段首符号，不读音。

⚕段首符号，藏文，不读音。

⚕ a³³东巴读经的开头语，发语词。

▭▭▭　my⁵⁵天，这里读延长音 my⁵⁵³。

◦◦◦ kɯ²¹星。

⚭ ɣɯ³³好。

⚘ a²¹玉，借形为 həe²¹绿。

▭▭▭　dy²¹地，这里读延长音 dy²¹³。

〢▭▭ zə²¹草。

（2）第 2 句

⚭ bi³³太阳。

𠂇 a³³左边。

▨▨ le²¹tʂhe⁵⁵mbu³³月亮发光。

人 i²¹右边。

（3）第 3 句

⌒▭ gə²¹上面，在此读延长音 gə²¹³。

☐ to³³木板，借为坡读 to⁵⁵。

⚕ phər²¹白。

▭ khɯ³³脚。

（4）第 4 句

⚕ gv³³dʑu²¹藏族。

⚕ khv³³镰刀，假借为 khv⁵⁵年。

⚭ ɣɯ³³宝物，借为擅长。

（5）第 5 句

⚕ le³³bv³³白族。

⟍ zʅ³³路。

⋏⋏人 mi²¹，火，借为下方，这里读延长音 mi²¹³。

⚭ he³³月。

ɣɯ³³ 宝物，借为擅长。

（6）第 6 句

my⁵⁵ 天，这里不读音。

ly³³ 矛，借为中间读 ly⁵⁵。

ʣi³³ndʐv²¹ 人坐，即人类居住之意。

dy²¹ 地。

ha⁵⁵ 晚上。

ɣɯ³³ 宝物，借为擅长。

（7）第 7 句

kɯ²¹ 星。

he³³ 月。

zy²¹ 星宿。

ha⁵⁵ 晚上，这里指日子。

ɣɯ³³ 宝物，引申为好。

（8）第 8 句

bi³³ 太阳。

thv²¹ 桶，借为出读 thv³³。

i³³ndɑ²¹tʂʅ³³ɖʐi³³ʣi²¹ 主人这一家。

ɑ²¹ 玉，这里指生儿育女的福气。

nɯ²¹ 绵羊，这里指生儿育女的福气。

hɯ³³ 牙齿，这里借为富裕读 hɯ²¹。

ŋʤʅə²¹ 斑点，这里借为富裕读 ŋʤʅə³³。

ɣɯ³³ 宝物，引申为好。

ʣe³³ 麦子，这里读作 bɑ²¹ 庄稼、粮食。

dy²¹ 地，这里要读延长音 dy²¹³。

ɳi³³me³³ 太阳，这里指一天两天的"天"。

tse²¹ 仄鬼，一种在半空中跑会踢人的鬼，这里读 tse⁵⁵，表示一种祈求的语气，相当于汉语里比较虚化了的"说，据说"。

（9）第 9 句

su²¹ 三，这里读 su³³。

ꀗ tʂhər⁵⁵世代、辈。

ꀁ z̩v²¹祖先。

ꀗ tʂhʅ³³悬挂，借为这、这些。

ꀁ ua³³五，借为 ua²¹是。

（10）第10句

ꀗ tshu³³冬天。

ꀁ su²¹三，这里读 su⁵⁵。

ꀁ he³³月。

ꀗ ka³³lər²¹大雁叫。

ꀗ my⁵⁵天。

ꀗ ndʑa³³下雨或天阴。

ꀁ z̩v²¹祖先。

ꀗ py²¹祭树，这里指祭祀。

ꀁ mə³³不。

（11）第11句

ꀗ z̩u²¹夏天。

ꀁ su³³三，这里读 su⁵⁵。

ꀁ he³³月。

ꀗ a²¹玉，这里读 a²¹hæ²¹翠玉。

ꀗ ku⁵⁵pu³³布谷鸟。这里读为 ȵi³³dʑy²¹，应该是别称。

ꀗ mə³³不。

ꀗ py²¹祭树，这里指祭祀。

3. 全页标音

（1）a³³~，my³³¹kɯ²¹tʂhʅ³³dʑu²¹，kɯ²¹dʑu²¹tʂhʅ³³ȵi³³ɣɯ³³；dy²¹³z̩ə²¹
　　啊　天　星　这　有　　星　有　这　天　好　地　草

tʂhʅ³³dʑu²¹，z̩ə²¹dʑu²¹tʂhʅ³³ȵi³³hæe²¹。（2）a³³nɯ³³bi³³thv³³lv²¹，
这　有　草　有　这　天　绿　　　左（助）日　出　暖

i²¹ nɯ³³le³³tshe⁵⁵mbu²¹，（3）gə²¹³la³³sɑ²¹to⁵⁵khɯ³³phər²¹，（4）gv³³dʑu²¹khv⁵⁵
右（助）月亮　亮　　　　上　拉萨　坡　脚　白　　　　藏族　年

tsʅ²¹ɣɯ³³，khv⁵⁵ɣɯ³³tʂʅ³³ɖɯ³³khv⁵⁵。（5）mi²¹³zʅ³³dze³³ma³³le³³bv³³he³³tsʅ²¹
算　擅长　年　好　这　一　年　　　　下　日　则玛　白族　月算

ɣɯ³³，he³³ɣɯ³³tʂʅ³³he³³ɣɯ³³。（6）dʑi³³ndzv²¹my⁵⁵ne²¹dy²¹ly⁵⁵gv³³，na²¹həe⁵⁵
擅长　月　好　这　月　好　　　人类　居住　天　和　地　中间　　纳罕

ha⁵⁵tsʅ²¹ɣɯ³³，ha⁵⁵ɣɯ³³tʂʅ³³ha⁵⁵ɣɯ³³。（7）kɯ²¹ɣɯ³³he³³ɣɯ³³zy²¹ɣɯ³³ha⁵⁵
日　算　擅长　日子　好　这　日　好　　　　星　好　月　好　星宿　好　夜

ɣɯ³³ŋə²¹，（8）bi³³thv³³mu³³tshʅ⁵⁵ɲi³³，i³³nda²¹tʂʅ³³ɖɯ³³dʑi²¹，nɯ²¹ɲi³³a²¹
好　时　　　日　出（助）这　天　　　主人这一家　　福　要　福

ɲi³³hɯ²¹ɲi³³ɳdʑəe³³ɲi³³，dy²¹³ba²¹phv⁵⁵ba²¹ɣɯ³³ɲi³³tse⁵⁵。（9）su³³tʂhər⁵⁵zv²¹
要　富　要　富足要　地　庄稼种庄稼好　要说　　　　三　代　祖先

tʂhʅ³³ua²¹，（10）tshv³³me³³tshv³³su⁵⁵he³³，ka³³lər²¹my⁵⁵ndza³³la³³zv²¹py²¹my³³mə³³
所有　是　　　冬（助）冬　三　月　大雁　叫　天阴　也　祖祭　天　不

ndza³³；（11）zu³³me³³zu³³su⁵⁵he³³，a²¹hæ²¹ɲi³³dzy²¹tshʅ²¹mbe³³la³³，zv²¹py²¹tshʅ²¹
阴　　　夏（助）夏　三　月　翠绿　布谷鸟　叫唤　也　祖祭　它

mə³³mbe²¹。
不　叫

4. 汉译：

（1）啊，天上所有的星辰，今天的星辰是最好的；地上所有的草，今天的草是最绿的。（2）左边出太阳暖和，右边出月亮皎洁。（3）上边拉萨白坡脚，（4）藏族擅计年，年成今年好。（5）下边日则玛，白族擅计月，月份这月好。(6) 人类居住的天地间，纳罕（白地纳西族的自称）擅计日，日子今天好。(7) 星好月好日子好时，(8)（9）太阳出来的这一天，主人这一家，说要祭祀三代祖先，祈求生儿育女的福气，祈求富裕的福泽，祈求庄稼收成好。(10) 冬天三个月，即使有天阴下雨大雁叫的时候，祭祖的时候天也不阴。(11) 夏天三个月，即使有布谷鸟聒噪的时候，祭祖的时候它也不叫唤。

第十二章

白地东巴文研究

第一节　东巴文在白地的发展

关于东巴文的起源，东巴圣地白地一直是被关注的焦点。民间传说白地就是东巴文的起源地，其中比较有代表性的说法见于陶云逵、李霖灿、方国瑜三位先生的著述。陶云逵说："在白地请的巫师，自称东巴教教主东巴萨勒的第九十五代嫡徒。"[①] 民国三十一年（1943），李霖灿先生到白地考察，他说："来到中甸县的北地，传说么些族的'多巴'教和'多巴'文字都发源于此。"[②] 方国瑜先生则有这样的记载："东巴经又说，古代在白地（bər³³ dər³³）的 çə³³tçy²¹（鸡鸣）山下，有圣人 ∞∞ ≋ ✳ la²¹dɯ²¹bər³³tv²¹ 创始文字，这时居民知种麻，取皮结网，渔猎为生。"[③]

学者们对这些民间说法往往持简单否定的态度。如李霖灿先生认为"这种传说是不正确的，由于经典上本身的记载使我知道在北地之上这种文字还

---

① 陶云逵：《么夒族之羊骨卜及肥卜》，《人类学集刊》第一期，1938 年版。

② 李霖灿编著，张琨标音，和才读字：《么些象形文字、标音文字字典·自序》，台北文史哲出版社 1972 年版。

③ 方国瑜、和志武：《纳西象形文字谱·绪论》，云南人民出版社 1981 年版，第 39 页。原文声调符号竖标，为行文统一改为数值。

有它更悠久的上游"[1]。李霖灿先生所说的经典记载，应该是纳西族的迁徙路，后来他经过实地调查，通过东巴文南、北二字推断出东巴文的创制应该在无量河一带。方国瑜先生也认为东巴文由白地圣人 $la^{21}dw^{21}b\vartheta r^{33}tv^{21}$ 创制的说法"未必有据"。他说："据一般说法，东巴教在🐌 $to^{33}ba^{21}\mathfrak{z}^{55}lo^{33}$（引按：即东巴什罗）时代，始有经书。这位祖师的年代，有人以为很早。如陶云逵的《么些族之羊骨卜及贝巴卜》一文里说：在白地（$b\vartheta r^{33}d\vartheta r^{33}$）请得巫师，自称东巴教教主东巴萨勒（$to^{33}ba^{21}\mathfrak{z}^{55}lo^{33}$）之九十五代嫡徒。（见《人类学集刊》第一期页八六）东巴教徒大多父子世业，历九十五代，要有二千多年，但萨勒的时代不能如此早，所说不可信。"[2]

我们认为文字系统的形成是一个漫长的过程，最初的源头应该是少许的符号或图画，各个历史时期都有补充发展，仅凭借一些字来断定整个文字系统的创制时代是不科学的。东巴文作为主要由东巴教教徒使用的文字，它的发展与东巴教的兴衰应该是联系在一起的。从宗教形态来看，东巴教与中国西部地区的许多以口诵经为主的民间宗教具有相似性，只是它拥有自己的经典、圣地等，而被定位为从原始宗教向人文宗教的过渡阶段的形态类型。纳西族东巴教在形成大量的经典文献之前，应该也同西南地区很多民间宗教一样以口诵经为主。如现在居住在东部地区的纳西族摩梭人达巴教就没有系统文字，以口诵经为主。东巴文的起源发展是个漫长的过程，纳西族之前当然不排除有一些文字符号，如现在居住在纳西人北面的摩梭人、尔苏人、普米族等都有一些文字符号。从纳西族东部有符号无文字、西部有文字的事实看，东巴文是在西部发展成为系统文字的。东巴文形成系统文字并用来书写文献，应该在定居下来并形成与当前的分布格局基本一致的格局之后，如果确实在一个地方实现了这一伟大工程的话，这个地方应该非白地莫属。从东巴们对白地的崇拜、朝圣、学习等事实来看，白地应该是文字系统、东巴文原典形成的中心。

白地是东巴教的圣地，也是纳西东巴文化的发祥地，在东巴教中有独一

---

① 李霖灿编著，张琨标音，和才读字：《么些象形文字、标音文字字典·自序》，台北文史哲出版社 1972 年版。

② 方国瑜、和志武：《纳西象形文字谱·绪论》，云南人民出版社 1981 年版，第 40 页。文中"贝巴"二字，为抄写时误分"毗"字所致。

无二的重要地位。和志武曾经有过这样的论述："白地为东巴教圣地，出过阿明大师，有著名的白水台和阿明灵洞圣地，象形文字和东巴经书保持古老独特风格，是东巴文化形成的中心，没有喇嘛教和佛教寺庙，受外来文化影响较少，不用标音文字（哥巴）的经书，学问高深的大东巴也比较多，因此民间有'白地东巴最贤能'之说。"① 大概在公元 8 世纪末，纳西族迁徙到了今金沙江流域的滇西北一带，白地的纳西族大概是在这个时期开始在此定居的。②

《中甸县志·大事记》记载："（宋）乾德年间（963—967 年），冬贡阿普带领纳西族农民修建白地波湾沟。"③ 此说未见于其他文献，我们曾求教于《中甸县志》主编段志诚先生。段先生说此条史料是由迪庆州水利专家、白地纳西人杨德云先生提供。波湾村老人们说，传说以前白水台的水量很大，可以引水到波湾村，后来白水台的背面因泥石流而出现一条深谷，部分泉水流向了谷中而使得白水台的水流量变小，波湾沟也就被遗弃不用了。据我们考察，白水台北面的山谷深几百米，靠白水台一侧有泉水冒出，并有很厚的碳酸钙积淀。白地波湾沟的有些河床遗址至今可辨认，说明波湾村在很早以前进入比较发达的农耕社会的说法是可靠的，而相对稳定的农耕社会无疑是文化积淀的温床。

无论是民间传说，还是东巴文献本身，以及东巴教的崇拜方式，都把东巴教得到发展的根本动力指向藏族苯教对东巴教的影响，而在之中起到关键作用的人物就是二代圣祖阿明，传说阿明就是白地水甲村人。和志武也认为东巴教开始大规模用象形文编写东巴经，始于北宋中期（11 世纪）的白地人阿明，这应当是苯教经典东巴教化的具体实践，在这个时期，东巴教已发展到著书立说的新阶段，即东巴字开始普遍用于书写典籍的时期。也就是和

---

① 和志武：《纳西东巴文化》，吉林教育出版社 1989 年版，第 57 页。

② 历史学界认为纳西族主要渊源于远古时期居住在我国西北甘、青河湟地带的古羌人。向南迁徙至岷江上游，又向西南方向迁至大渡河与雅砻江流域，之后再向南迁至金沙江上游。唐代樊绰《云南志·名类第四》曾载："磨蛮，亦乌蛮种类也，铁桥上下及大婆、小婆、三赕、探览、昆池等川，皆其所居之地。"大婆、小婆、三赕、探览、昆池即今之鹤庆、永胜、丽江、永宁、盐源，已和当今纳西族的分布很相近。

③ 中甸县志编纂委员会：《中甸县志》，云南民族出版社 1997 年版，第 7 页。

志武所认为的："这时的东巴教已发展到著书立说的新阶段，标志着东巴文化已形成于白地。"①

东巴教还长期受到藏传佛教的影响，东巴教借鉴了很多藏传佛教的内容也是使自身得到发展的根本动力之一。白庚胜先生认为："传至纳西族地区的苯教已经不是其原生形态，而是兼容有佛教因素的次生形态。因此，接受苯教影响也就意味着间接地接受佛教的洗礼。另外，每当吐蕃征服纳西族地区，都不遗余力地传播佛教，令纳西族先民在宗教上与自己认同。……这一切使东巴教从产生的那一天起就受到佛教的影响"。② 清人余庆远在《维西见闻纪》中对纳西族地区有这样的描述"古宗奉黄教者多，么些则止奉红教"（红教喇嘛条，引按：这里红教指的是噶玛噶举派），"头目有二三子，必以一子为喇嘛"（么些条）。白地出过两任噶丹赤巴，以及鲁茸尼玛等藏传佛教高僧。在东巴经典和仪轨中，随处可以看到藏传佛教文化的影子。

我们认为明代丽江木氏土司崛起后，采取一系列政治、经济措施，使纳西族地区实现了政治、经济一体化，带来了社会稳定、民族团结、经济发展，是东巴教得以发展的社会基础。木氏土司的势力衰落后，纳西族地区政治一体化格局被打破，取而代之的是被分裂成不同的行政区划或领地，从而导致纳西族从一个统一的政治共同体转变成为几个相互间关系松散的地域性群体。这种局面对东巴文化的影响，最直接的表现是纳西族的本土宗教圣地白地与纳西族的主体地域丽江分属不同的行政区域，这极大地限制了东巴文化的发展，使东巴文没能实现规范和统一。

第二节　白地东巴文字形结构研究

文字的构形，即一般所说的造字方法，亦即字的字符与它所表示的词的音义的联系方式。根据东巴文文字结构本身的特点，我们提出东巴文的"六书"：象形、指事、会意、形声、假借、借形。本节分析白地东巴文的象形、

---

① 和志武：《纳西东巴文化》，吉林教育出版社 1989 年版，第 91 页。
② 白庚胜：《东巴神话研究》，社会科学文献出版社 1999 年版，第 9 页。

指事、会意、形声，而假借、借形等内容归入下一节用字制度讨论。

本章所列的白地东巴文字例，均引自我们已作字释的东巴文献，部分文献以简称标明出处，文献全称和简称对照如下：

《杀猛厄鬼》—《猛厄》　　　　　　《净水咒》—《净水》

《白水台祭祀仪式规程》—《规程》　《东巴文历书》—《历书》

《经咒牌》—《咒牌》　　　　　　　《祈福木牌》—《福牌》

《卖古舒里的地契》—《舒契》　　　《赎打谷场的地契》—《场契》

《地基、房产纠纷调解书》—《调书》《和依甲账本》—《和账》

《树银甲生活账本》—《树账》　　　《绕日超度人情簿》—《人簿》

《藏纳双语赎地地契》—《藏契》　　《祭祀生育神》—《育神》

《创世纪》—《创世纪》　　　　　　《法杖经·上卷》—《法杖经上》

《法杖经·下卷》—《法杖经下》　　《和氏家族祭祖经》—《祭祖经》

《白地纳西族超度死者祭献供品经》—《乃乃抒》

《汝卡加威力经》—《加威力经》

文中引用方国瑜《纳西象形文字谱》、李霖灿《么些象形文字字典》时或简称《文字谱》《象形字典》，引其字例时，以［F＋数码］或"《谱》＋数码"、［L＋数码］表示该字在两书中的序号。

一　象形

东巴文象形字主要是独体字，表示事物的形状，因此主要是名词。白地东巴文的象形结构可以分为独体象形与合体象形，还可从字形变化衍生的角度划分出变体象形。

1. 独体象形

独体象形可分为整体象形和局部象形。

（1）整体象形

画出所象事物的整体形象，字形所表达的信息等于词义。东巴文中天象、地理、植物、器具、食品、人体器官等类字形以整体象形为主，局部象形者少见。如：

天：《祭祖经》　《法杖经》　《创世纪》

月亮：《祭祖经》　《创世纪》　《创世纪》

风：～《法杖经》 ≡≡《祭祖经》 ～《法杖经下》

云：～《祭祖经》 ～《创世纪》 ～《法杖经》

山：∧《祭祖经》 △《祭祖经》 △《祭祖经》

村寨：∽《法杖经》 ∽《祭祖经》 ∽《祭祖经》

树：↓《猛厄》 ↓《法杖经上》 ↓《创世纪》

柏：↓《法杖经》 ↓《乃乃抒》 ↓《创世纪》

杉：～《祭祖经》 ～《创世纪》 ～《法杖经》

叶子：～《猛厄》 ↗《历书》 ～《创世纪》

刺：《《猛厄》 ⋏《场契》 《《创世纪》

粮架：╪《创世纪》 ╪《法杖经下》 ╪《法杖经下》

衣服：⌇《法杖经》 ⌇《祭祖经》

骰子：囝《猛厄》 ⊞《法杖经》 ⊟《创世纪》

半升量筒：～《福牌》 ～《人簿》

饭：～《猛厄》 ～《乃乃抒》 ～《法杖经》

油：◎《祭祖经》 ◎《乃乃抒》 ○《乃乃抒》

骨节：～《猛厄》 ～《场契》 ～《乃乃抒》

肋骨：≢《猛厄》 ≢《历书》 ⇁《福牌》

手：～《场契》 ～《场契》 ～《调书》

眼：～《舒契》 ～《法杖经下》 ～《祭祖经》

脚：～《福牌》 ～《创世纪》 ～《祭祖经》

此外，白地东巴文中动物字和也有不少是整体象形，如：

虎：～《猛厄》 ～《法杖经下》 ～《创世纪》

龙：～《历书》 ～《祭祖经》 ～《祭祖经》

马：～《创世纪》 ～《法杖经》 ～《祭祖经》

野鸡：～《法杖经》 ～《祭祖经》 ～《祭祖经》

鹤：～《法杖经》 ～《创世纪》 ～《法杖经下》

蛇：～《猛厄》 ～《场契》 ～《创世纪》

蝴蝶：～《法杖经》 ～《创世纪》 ～《创世纪》

牛虱：～《猛厄》 ～《法杖经下》 ～《创世纪》

牛蝇：⿰ 《规程》　　⿰ 《祭祖经》　　　⿰ 《创世纪》

鱼：⿰ 《规程》　　　⿰ 《规程》　　　　⿰ 《法杖经》

尾巴：⿰ 《舒契》　　⿰ 《场契》　　　　⿰ 《调书》

（2）局部象形

画出所象事物的局部形象，字形所表达的信息小于词义。白地东巴文局部象形字分布范围比整体象形小，主要分布在兽类、鸟类、植物类字中，但白地东巴文局部象形字的字形比整体象形字更丰富，使用也更为广泛。

龙：⿰ 《历书》　　　⿰ 《福牌》　　⿰ 《育神》

虎：⿰ 《猛厄》　　　⿰ 《历书》　　⿰ 《育神》

豹：⿰ 《猛厄》　　　⿰ 《法杖经下》

大象：⿰ 《净水》　　⿰ 《藏契》　　　⿰ 《法杖经》

熊：⿰ 《舒契》　　　⿰ 《场契》

猴：⿰ 《调书》　　　⿰ 《育神》　　⿰ 《法杖经下》

獐：⿰ 《舒契》　　　⿰ 《调书》　　⿰ 《树账》

岩羊：⿰ 《藏契》　　⿰ 《调书》　　⿰ 《法杖经下》

牛：⿰ 《猛厄》　　　⿰ 《历书》　　⿰ 《和账》

　　⿰ 《育神》　　　⿰ 《创世纪》　　⿰ 《法杖经》

狗：⿰ 《场契》　　　⿰ 《人簿》　　⿰ 《育神》

鼠：⿰ 《历书》　　　⿰ 《育神》　　⿰ 《创世纪》

鹰：⿰ 《调书》　　　⿰ 《和账》　　⿰ 《人簿》

　　⿰ 《场契》　　　⿰ 《场契》　　⿰ 《法杖经》

鸡：⿰ 《藏契》　　　⿰ 《育神》　　⿰ 《乃乃抒》

蛙：⿰ 《猛厄》　　　⿰ 《规程》　　⿰ 《咒牌》

稻子：⿰ 《创世纪》　⿰ 《法杖经下》　⿰ 《法杖经》

　　　⿰ 《乃乃抒》　　⿰ 《法杖经下》

黍：⿰ 《法杖经》　　⿰ 《祭祖经》　　⿰ 《乃乃抒》

小麦：⿰ 《法杖经》　⿰ 《创世纪》　　⿰ 《祭祖经》

2. 合体象形

合体象形可分为同体重复式象形和异体附加式象形。

（1）同体重复式象形

此类字由若干相同的形体构成，其单一形体所表达的信息即等于词义，同体重复表示其群体意义。如：

叶子：〜《法杖经下》、〜《法杖经》、〜《法杖经》

〜《法杖经下》第 1 页

该经文的汉译为："册恒保补命，从天上迁徙下来的那一天。" 〜 tshe⁵⁵叶子，借为人名册恒保补命的第一个音节。

〜《法杖经》第 8 页

该经文的汉译为："生出了头、心，长出了树、叶子。" 〜 tshe⁵⁵叶子。

〜《法杖经》第 9 页

该经文的汉译为："树枝摇晃，树叶飘飞，不要留恋此地，留下福泽。" 〜 tshe⁵⁵树叶。

以上材料中，〜、〜和〜是一组异体字。无论是单体象形，还是同体重复式象形，都表示叶子。

同体象形在白地东巴文中还有很多，如：

雪：〜 〜《乃乃抒》、〜《法杖经》、〜《法杖经》

雨：〜《祭祖经》、〜《祭祖经》、〜《创世纪》

草：〜《创世纪》、〜《法杖经》、〜《法杖经下》

（2）异体附加式象形

此类字是画出与所象事物相关的事物，字形主体所表达的信息等于词义，附加部分衬托其背景以利于理解和识别，整个字形所表达的信息大于词义，但附加部分对于表示词义往往是必需的，或有助益的。如：

镜子：〜《祭祖经》

〜《祭祖经》第 4 页

该经文的汉译为："从米鲁阿嘎坡，把好的声音传下来。" 〜 mi²¹lv³³镜子，此处借为山坡名"米鲁阿嘎"中的第一、二个音节 mi²¹lv³³。字形〜镜子易与太阳的字形相混，因此，在字形〜中写上〜，附加字形以表意。

异体附加式象形的材料在白地东巴文中还有很多，如：

喉瘿：〜《场契》，人脖子处的曲线喉瘿之形，附加人形。

泡沫：🖌《法杖经》、🐚《创世纪》、🖋《乃乃抒》，白地东巴文中泡沫一般写出泡沫及其所依附的水，以明确此处表示泡沫，与石头相区别。

桥：🖋《祭祖经》——🖋《法杖经下》，不仅写出了桥▭，也写出了水🖋。通过附加写出字形水，表示该字形为桥。

献给死者的坐骑：🐎，在马上附画出祖先的木偶，以区别于一般的马匹。

3. 变体象形

变体象形是从另一个角度划分出的类别。与变体象形相对的是正体象形，正体象形字就是一般的象形字，有的象形字略作变化，成为另外的字。如：

硝水：🖋，将🖋水字边上两条线断开，以示区别。

银：🖋，🖋石字倒置表示银。

枯：🖋，花头低下去表示枯萎。

村庄：🖋，由🖋村寨的上半部分构成。

我们通过对白地东巴文献进行整理研究，发现白地东巴文变体象形主要有以下几种方式：

（1）倒置

牛🐂《创世纪》——死牛🐂《乃乃抒》

🖋《乃乃抒》第8页

该经文的汉译为："鲁波鲁斯咪，杀了一头像长着酥油般白鹿角一样的牛。"通过将牛头🐂倒置，形成新的字形🐂，表示已经被杀死，没有了生命的活力。

🖋《创世纪》第2页

该经文的汉译为："说自己名叫恩余恩玛。"🐂 ɣɯ³³牛，此处借作人名 ɣɯ³³y²¹ɣɯ³³ma³³ 恩余恩玛的第二、四个音节 ɣɯ³³。

（2）断折

树🌿《创世纪》——树折🌿《创世纪》

🖋《创世纪》第23页

该经文的汉译为："九座山的树都被砍倒了，可以做偿还配偶的价钱了。"将字形树♦断折，形成新的字形♭，表示树折。

（3）人体动作

人♢《法杖经》——举♢《法杖经》

♦《法杖经》第 1 页

该经文的汉译为："锐眼的东巴祭司来看这里吧。"通过对字形人♢的改变，形成了字形♢举。

以人体变化来造字者较多。如：

死♦《法杖经》　　　发抖♢《祭祖经》　　　逃♭《法杖经下》

跳♢《创世纪》　　　左♢《创世纪》　　　右♢《创世纪》

二　指事

东巴文指事字由非象形的符号或由象形、会意字加非象形的抽象符号构成的字。按其构成可分为纯指事字和加体指事字。

1. 纯指事字

纯指事字由非象形的抽象符号构成。如：

一：♪《创世纪》　　　　　　　　♪《乃乃抒》

四：⋮《祭祖经》　　　　　　　　川《乃乃抒》

五：⋮《祭祖经》　　　　　　　　⋮《法杖经下》

折：ʡ《创世纪》　　　　　　　　ʡ《乃乃抒》

黑：∠《法杖经》　　　　　　　　＞《祭祖经》

高：Ｆ《祭祖经》　　　　　　　　Ｆ《创世纪》

2. 加体指事字

加体指事字由象形字、会意字加非象形的虚拟的抽象符号构成。按虚拟抽象符号所表示的意义可分为以下类别：

（1）表示声音、视线

喊：♢《人簿》　　　　　　　　　♢《法杖经》

鸡鸣：♢《舒契》　　　　　　　　♢《人簿》

看：♢《调书》　　　　　　　　　♢《树账》

♢《藏契》　　　　　　　　　　♢《祭祖经》

（2）表示摇动

天摇：🐾《创世纪》　　　　　　　🐾《创世纪》

地震：🐾《创世纪》　　　　　　　🐾《创世纪》

（3）表示数量众多

满，富余：🐾《法杖经下》　　　　🐾《创世纪》

增加：🐾《祭祖经》　　　　　　　🐾《乃乃抒》

（4）表示关联

🐾《历书》thv^{55} çi^{55} dzi^{55}，把一男一女两个人用弧线围起来，表示土神当日冲犯人。

（5）表方位

🐾《杀猛厄鬼》ẓua^{55}lua^{33}thɯ^{55}、ẓua^{55}lua^{33}khɯ^{33}，神山上加两条指示线，分别表示神山腰、神山脚。

（6）表动作

🐾《杀猛厄鬼》tsho^{21}dze^{33}rɯ^{55}yɯ^{33}zo^{33}，崇仁丽恩脚上有指事符号🐾，以示走动，一般读为 tsho^{21}mbvr^{33}，人类迁徙。

三　会意

会意字由几个字或由字和不成字的象形符号组成。会意字主要表动词，但因会意字必定是合体，故表独体的动词字归入象形。会意字也有一部分名词，凡合体名词字，其中一部分等于词义的，归入合体象形，其中任何一部分都不能等于词义的，归入会意。

会意字可以从字符的异同分为同文会意、对文会意和异文会意三类。同文会意、对文会意字很少，异文会意是白地会意字的主体。

1. 同文会意

同文会意字会合构形相同的几个字符而成，如：

姐妹：🐾《法杖经》，从两个女人在一起表示姐妹。

2. 对文会意

对文会意会合构形相同但方向相反的两个字符而成，如：

树林：🐾🐾《法杖经》，由两个🐾树组成。

争斗：🐾《法杖经下》，从两人手拿棍子在打架。

分：○｜ ⒀ 《舒契》，表示对等分开。

3. 异文会意

异文会意会合不同的字符而成，白地东巴文会意字绝大多数都是异文会意字。如：

砍：⍦ 《和账》，刀砍木棍，会砍之意。

赶：⅄ 《创世纪》，手拿木棍，会驱赶意。

靠：⍦ ，人背靠木，会靠之意。木也可抽象为一根直线｜，仍会靠之意，如：⍦ 《舒契》、⍦ 《场契》、⍦ 《人簿》《藏契》。

织：⍦ 《法杖经》，从女人坐形⍦ ，手执麻布 ⍦ ，会织之意。

织布：⍦ 《规程》，织篦上有线，会织布之意。

缝：⍦ 《法杖经》，从针⍀、线 ⍦ 缝裙子 ⍦ ，会缝之意。

杀：⍦ 《法杖经下》，从刀 ⍦ 在猪头 ⍦ 上，表示杀。此处猪倒置表示已死。

扎：⍦ 《咒牌》，从矛刺人。

会意字的字符在会意字中表意的情况有两种：一种是字符直接表示它所象的事物，字符的组合是"图形＋图形"，相当于一幅简略的自然图画，这类会意字可称为会形式会意字，白地东巴文会意字主要是会形式。如：

射：⍦ 《法杖经》、⍦ 《创世纪》，象人张弓射箭之形。

吃饭：⍦ 《祭祖经》、⍦ 《祭祖经》，象人吃饭之形。

哺乳：⍦ 《乃乃抒》，象母亲喂养小孩之形。

哭：⍦ 《法杖经》，从眼⍦ 从泪水⍦，象双眼垂泪哭泣之形。

另一种是字符以它所表示的词意来会意，字符的组合是"图形＋字义"，字形很难还原成一幅自然的图画，这类会意字可称为形义式会意字，白地东巴文这类会意字很少。如：

打雷：⍦ 《创世纪》，从天 ⍦ 从箭 ⍦ ，表示雷电像箭一样迅猛。

雷劈：⍦ 《咒牌》，天上射下的是一支箭，比喻雷电像箭一般从天而降击中人。

四　形声

形声字由形符和声符构成，包含有标音成分是形声字最基本的特征。下面主要从形声字音节数、标音是否完全，构成和来源三个方面对白地东巴文形声字进行分析。

1. 根据形声字音节数分

（1）单音节形声字

盐：⬜ tshe³³，从 ▱ 盐块，✕ tshe²¹ 十声。

村庄：⌂、⌂ mbe³³，从 ⌂ 房屋，ᴧ ᴧ mbe³³ 雪声。

茅草：𓃀 ʂv³³，𑀒 从茅草，▨ ʂv²¹ 骰子声。

（2）多音节形声字

书、契约：𓆏 the⁵⁵ yɯ³³，从 𓏤 书，✓ the³³ 旗帜省声。白地不省的字形作 𓏤《白地卖拉舍地契约》。

法铃：𓂝 tsʅ³³rər³³，从 𓂝 法铃，𑀒 rər³³ 叫唤声。

2. 根据标音是否完全分

根据标音是否完全可以分为完全标音的形声字和不完全标音的形声字。

（1）完全标音的形声字

单音节形声字都是一个音节，声符至少要表示一个音节，所以单音节形声字都是完全标音的形声字，如 𓂝 æ²¹ 崖，从 𓂝 山崖，𓂝 æ²¹ 鸡声。多音节形声字，如果声符表示的音节数和形声字音节相同，就是完全标音的形声字。如《谱》03136 𓂝 lo³³mæ²¹ 百灵鸟，从鸟 𑀒、▥ lo³³ 牛轭、✻ mæ³³ 尾声。在我们调查的白地经书中，还没发现有完全标音的多音节形声字。

（2）不完全标音的形声字

如果声符表示的音节数少于多音节形声字的音节数，就是不完全标音的形声字。如：

北方：𓃀 ho²¹gv³³lv²¹《创世纪》，从 𓂝 ho²¹gv³³lv²¹ 北方，用水头表示，𑀒 lv³³ 石头注第三个音节。

𓃀 ho²¹gv³³lv²¹《法杖经下》，从 𓂝 ho²¹gv³³lv²¹ 北方，用水头表示，◯ kv³³ 蛋，注第二个音节。

3. 根据构成和来源分

根据形声字的构成和来源，我们将东巴文形声字分为亦声式、注音式、加形式和拼合式。

（1）亦声式

亦声式形声字即包含表音成分的会意字，亦即一般所谓会意兼形声。如：

雪山：🌀 ŋv³³lv³³《创世纪》，雪山为银色，从△山从☞银，☞ ŋv²¹银亦声。

（2）注音式

注音式是形声字最初的来源，是形声字的早期形式。其特点主要是：第一，该字有不注音的形式。第二，去掉注音声符后仍能独立表示原来的音义。如：

头：👤 kv³³《法杖经》，从👤头，○ kv³³蛋声。👤本身也是头字。

肝：🫘 sər⁵⁵《法杖经》，从🫘肝，🌿 sər³³柴声。🫘本身也是肝字。

高原：👁 ko²¹《祭祖经》，从👁高原，✝ ko²¹针声。👁本身也是高原。

（3）加形式

加形式形声字是在假借字的基础上加形符构成的形声字。这一类形声字在白地东巴文中数量不多，如：

纳西古氏族梅支系：🌿 me²¹《法杖经下》，从🌿人，⚘ me²¹梅声。原来只假借⚘字。

纳西古氏族束支系：🌾 sɿ⁵⁵《法杖经下》，从人🌾，⛰ sɿ⁵⁵茅草声。原来只假借⛰字。

纳西古氏族尤支系：🌿 iə²¹《法杖经下》，从人🌿，〰 iə²¹烟叶声。原来只假借〰字。

（4）拼合式

拼合式形声字由没有音义联系的形符和声符直接拼合而成，形符表意，声符表音，分工共同记录词。拼合式的特点是形符和声符缺一不可，不然不能独立标音表意。拼合式形声字是白地形声字的主体，如：

父亲：🧍《创世纪》sər²¹，从🧍人坐，🌿 sər³³柴声。

　　　🧍《法杖经下》，从🧍人站立，🌿 sər³³柴声。

母亲：𝼀 me³³《法杖经下》，从 𝼀 女人，𝼀 me⁵⁵女阴声。

孙子：𝼀 lv³³bv³³《创世纪》，从 𝼀 人站立，𝼀 lv³³石头声。

侄子：𝼀《法杖经下》dʑe³³yɯ³³，从 𝼀 人站立，𝼀 dʑe³³麦子声。

舅舅：𝼀《法杖经》ɑ³³gv³³，从 𝼀 人站立形，𝼀 gv²¹熊声。

五　白地东巴文字形结构的特点

白地东巴文的结构和写法，与其他地区的东巴文基本一致。但白地处于东巴文发展的上游，与丽江、鲁甸等东巴文发展的下游地区相比，明显地带有古朴、简单、形声化程度较低等特点。

1. 面貌古朴、构形简省

白地东巴文的形貌更古朴，不太注重细节的描写和修饰，与实物的相似程度不如丽江东巴文高。试比较《文字谱》《象形字典》中的字形：

蛇：𝼀《猛厄》、𝼀《场契》——𝼀、𝼀 [F0440]

壁虎：𝼀《净水》——𝼀 [F0409]

猴：𝼀《调书》、𝼀《育神》——𝼀 [F0407]

狗：𝼀《规程》、𝼀《场契》𝼀——𝼀 [F0365]

稗子：𝼀《和树昆信》——𝼀 [F0251]。

苋菜：𝼀《习阿牛信》——丽江作 𝼀 [F0252]

斧头：𝼀《猛厄》、𝼀《猛厄》、𝼀《祭祖经》——𝼀、𝼀 [F0947]

镰刀：𝼀《历书》、𝼀《舒契》、𝼀《法杖经下》——𝼀、𝼀 [F0853]

秤：𝼀《法杖经下》、𝼀《创世纪》、𝼀《咒牌》——𝼀 [F1099]

收割：𝼀 khv³³ [F0855]，从镰刀割物。白地又假借为年 khv³³，如牛年 𝼀 𝼀 yɯ⁵⁵khv³³《和志本收条》。但白地东巴文用"割"为"年"时，往往省作镰刀形 𝼀《和树昆信》。有的笔画很简单，如 𝼀、𝼀《和账》；还常与表生肖的动物头连在一起，看起来像动物的爪子或蹄子，如鸡年 𝼀 æ³³khv³³《和账》、鼠年 𝼀 fv³³khv³³《和账》、狗年 𝼀 khɯ⁵⁵khv³³《情簿》、牛年 〔图〕 ɣɯ^{55}khv^{33}《调书》。

大秤：〔图〕so^{33}〔L1177〕，白地简写作〔图〕《和树昆信》、〔图〕《和年恒题词》。

山巅：〔图〕so^{33}〔F0097〕，从山，so^{33}大秤声①。白地写作〔图〕《创世纪》、〔图〕《创世纪》，声符大秤写作〔图〕、〔图〕，已简省到面目全非的程度了。

由于质朴、简省，导致一些字形体区别度低，如：〔图〕蜜蜂《树账》、〔图〕牛虻《规程》、〔图〕牛蝇《猛厄》。以上三字形相似，不容易区别，而丽江东巴文区别则比较明显：〔图〕蜜蜂〔F0416〕、〔图〕牛虻〔F0429〕、〔图〕牛蝇〔F0425〕。

2. 异体字多

异体字多是东巴文普遍的特点，但白地范围不大，有这样多的异体字也是值得注意的。白地东巴文异体字可分为结构相同、仅是书写不同的异写字和结构有差异的异构字。

（1）异写字

东巴文的书写方式由东巴个体掌握，书写自由性较大，白地东巴文由书写造成的异写字很多，如：

蛙：〔图〕《猛厄》、〔图〕《净水》、〔图〕《规程》、〔图〕《历书》、〔图〕《咒牌》、〔图〕《咒牌》、〔图〕《和账》、〔图〕《创世纪》、〔图〕《祭祖经》、〔图〕《创世纪》、〔图〕《乃乃抒》

雨：〔图〕《祭祖经》、〔图〕《祭祖经》、〔图〕《创世纪》

鱼：〔图〕《法杖经》、〔图〕《祭祖经》、〔图〕《创世纪》

（2）异构字

有的异构字是由同一字符重复次数不同或摆放位置不同而构成。如：

叶子：〔图〕《猛厄》、〔图〕《法杖经上》、〔图〕《法杖经上》

草：〔图〕《创世纪》、〔图〕《法杖经》、〔图〕《法杖经下》

雪：〔图〕《法杖经上》、〔图〕《猛厄》、〔图〕《祭祖经》、〔图〕《祭祖经》、〔图〕《祭祖经》、〔图〕《法杖经》、〔图〕《猛厄》

---

① 《纳西象形文字谱》将字形解释为会意："从山顶折树，山最高处暴风折木也。"误。

宰杀：⿰《乃乃抒》、⿰《乃乃抒》、⿰《法杖经下》、⿰《法杖经下》

字符重复次数的多少和摆放位置的变化有时候与页面空间大小和行款等实际情况有关，有时候可能只是东巴书写的随意性所致。如"宰杀"4 例分别出现在两本经书中，动物头既可以朝上，也可以朝下，在经书中表意完全相同。

有的异构字是由于使用的字符不同而造成。如：

泡沫：⿰《法杖经下》、⿰《法杖经上》、⿰《法杖经上》、⿰《乃乃抒》，后 3 例加水。

射：⿰《法杖经》、⿰《祭祖经》、⿰《法杖经》、⿰《创世纪》，后 2 例加人。

耕：⿰《创世纪》、⿰《创世纪》，人、牛、犁头三要素中各出现其二。

有的异构字有形声和非形声的差异，如：

人：⿰《法杖经》、⿰《祭祖经》、⿰《乃乃抒》，后 1 例从⿰人，⿰ si²¹稻谷声。

宰杀：⿰《乃乃抒》、⿰《乃乃抒》11 页，后 1 例从⿰刀，⿰ kho²¹栅栏声。

水头、北方：⿰《祭祖经》、⿰《创世纪》，后 1 例从⿰水头，⿰ rv³³石头声。

雪山：⿰《祭祖经》8 页、⿰《祭祖经》9 页，前 1 例从山从雪会意，后 1 例从⿰山、从⿰银，⿰ ŋv²¹银亦声。

3. 有一些特有的字形

李霖灿先生在《么些象形文字字典》中指出，东巴文有一些字形仅见于白地一带或汝卡地区，这些字保留了一些古老的形音义，这对于我们对东巴文的考证释读有重要的价值。如：

大：⿰《和树昆信》、⿰《和志本借条》、⿰《乃乃抒》、⿰《祭祖经》dɯ³³。《象形字典》247 号说："此字唯见于北地江边一带及'若喀'地域内，或作坐像⿰，意形皆不变，过金沙江后，忽变作⿰形。"形意遂不可解。

大秤：⿱ 《法杖经》、⿱ 《法杖经下》、⿱ 《创世纪》、⿱《和树昆信》、⿱ 《和年恒题词》so^{33}。《象形字典》1177 号说："⿱ [so^{33}] 大秤也。北地一带称大秤曰 [so^{33}dɯ^{11}]，知此为秤之古老读法，观其各种写法⿱、⿱、⿱皆象秤之形，知此说之可征信。"

举：⿱《法杖经》、⿱《买古达阔地契》、⿱《卖拉舍地契》、⿱《和账本》lv^{21}。《象形字典》250 号说："抬也，象人举手上抬之形，此种写法仅见于'若喀'地域内，他处未尝见之也。"

倒吊：⿱ 《和账》、⿱ 《和树昆信》dzʅ^{33}。《象形字典》304 号说："此字见之于北地，彼地有时用此字作'街子'及'时刻'解，皆借音也。"

稻谷：⿱《人簿》、⿱《乃乃抒》、⿱ 《祭祖经》、⿱ 《法杖经下》si^{21}。《象形字典》1021 号说："此字见于北地及洛吉诃一带，写法与⿱不同。"按丽江作⿱ [F0250]。

羊毛剪：⿱ 《卖拉舍地契》、⿱ 《买古达阔地契》、⿱ 《和年恒题词》tɕi^{55}。《象形字典》1241 号说："此北地一带之羊毛剪也，亦多借音作大小之小。"

拿：⿱《创世纪》、⿱《法杖经》zv^{21}。《象形字典》411 号说："⿱ [zɯ^{55}] 拿起也，捏起也，画人拿起一物之形，此字见于'若喀'地域内，亦读'若喀'音也。"按丽江形近的⿱ khu^{21} 接 [F0250]、⿱ pu^{55} 带 [F0604]、⿱取 [F0250] 音义皆不相同。

茶：⿱《和账》、⿱《和账》le^{55}。《象形字典》1642 号"若喀字"茶作⿱、⿱，释曰："云象销行草地团茶之状。"丽江作⿱ [F0939]，象碗中有茶叶之形。

稗子：⿱《和志本题词》bər^{21}稗子，丽江作⿱ [F0251]。

苋菜：⿱《习阿牛信》、⿱《和树昆信》ne^{33}，丽江作⿱ [F0252]。

哺乳：⿱《乃乃抒》、⿱《祭祖经》ŋi^{33}dɯ^{33}，《文字谱》《象形字典》未收此字。

碳酸钙台地：⿱《福牌》tua^{55}，象有物覆盖大地之形，这是白地东巴为当地的碳酸钙台地白水台专造的字。

4. 形声字数量少

白地东巴文处于东巴文产生发展的早期阶段，文字构形主体是表形字，形声字的数量相对较少。根据我们已字释剪切的材料来看，在 444 个单字中，共有形声字 45 个，其中单音节形声字 27 个，多音节形声 18 个占已字释剪切的白地东巴文总数量的 10.1%。因这还不是基于全部白地东巴文材料的统计，还不能说是一个准确的数据，但大体不会差得太远。这说明白地东巴文形声化的程度还比较低。根据我们原来的研究，在《纳西象形文字谱》中，扣除字组，共收东巴字 1360 个。其中有单音节形声字 122 个，多音节形声字 120 个，共计 242 个，占东巴字总数的 17.8%[1]。《纳西象形文字谱》中，单音节形声字和多音节形声字各占一半，白地东巴文多音节形声字远远没有发展到这个程度，所以即使就白地东巴文的全部材料来进行统计，其形声字的比例大概也只会在 10% 左右，这与白地东巴文整个的发展水平是一致。

第三节　白地东巴文的用字制度

本节主要从假借、借形、字词关系三方面讨论白地东巴文的用字制度。

一　假借

东巴文的假借字，可以按不同的标准进行分类，按假借字和被借字的数量关系，可分为一字借作一字、一字借作数字、数字借作一字等类；按语音关系，可分为同音假借和音近假借；按有无本字，可分为本无其字的假借和本有其字的假借。白地东巴文假借极为普遍，但我们还未能对白地东巴文的用字情况做穷尽性的统计，下面仅列出《杀猛厄鬼》第 5 页和《卖古舒里的地契》两份文献的全部假借字，并对其音近度进行分析。假借字和被借字的数量关系留待以后穷尽性统计后再做分析研究。

1. 《杀猛厄鬼》第 5 页的假借字

thv^{55} 木桶，假借为 thv^{33} 到。

---

① 喻遂生：《纳西东巴文多音节形声字研究》，《纳西东巴文研究丛稿》，巴蜀书社 2003 年版，第 199 页。

    khæ⁵⁵沟，假借为照。

    se²¹岩羊，假借为了，表示完成。

    sø²¹锡，假借为样、种。

    tshe⁵⁵叶，此处标写 tshe⁵⁵hɯ²¹bu³³mbu²¹mi⁵⁵人名册恒保补命的第 1 音节。

    mi⁵⁵火，此处标写 tshe⁵⁵hɯ²¹bu³³mbu²¹mi⁵⁵人名册恒保补命的第 5 音节。

    ho²¹肋骨，假借为赶。

    mu³³牛蝇，假借为 mu⁵⁵死者。

    le⁵⁵獐，假借为 le²¹枯。

    zʅ²¹蛇，假借为死者。

    mv⁵⁵牛蝇，假借为老死。

    pv⁵⁵甑子，假借为送。

    ndzʅ⁵⁵豹，假借为 ndzʅ³³蠡贼。

    ɉy²¹镯子，读 ɉy³³假借为有。

    cy²¹天马，标写古人类 mø⁵⁵ze³³cy²¹仁居的第 3 音节。

本页共 72 个东巴字，其中假借字 15 个，有两个字假借 2 次，假借字占总数的 23% 强。其中同音假借 10 字，近音假借 5 字，近音假借字与被借音仅是声调不同。

2.《卖古舒里的地契》的假借字

    rɯ³³牛虱。假借 6 次，4 次假借为田地，2 次假借为助词。

    gə²¹上，假借为助词 gə³³，假借 2 次。

    bu²⁴猪，假借为契约。

    o²¹鹅，假借为是，假借 5 次。

    mbu³³坡，假借为 mbu³³tho²¹干支的第 1 音节，又假借为扛。

    tho²¹靠，假借为 mbu³³tho²¹干支的第 2 音节。

    khv³³弯，假借为 khv³³年。

    kə⁵⁵鹰，假借为 kə³³份。

    le⁵⁵獐，假借为副词 le³³又，假借 5 次。

    ci³³羊毛剪，假借为放。

Ƶ me³³雌性，假借为语气词，假借 6 次。

ℱ cy³³打鸣，假借为 cy⁵⁵ tʂhu²¹当初的第 1 音节。

𝒥 tʂhu²¹墨玉，假借为 cy⁵⁵ tʂhu²¹当初的第 2 音节。

ⴹ ŋdər³³竹帘，假借为人名 i³³ ŋdər⁵⁵ ɟə²¹依端甲的第 1 音节。

⊡ ɟə²¹戥子，假借为人名 i³³ ŋdər⁵⁵ ɟə²¹依端甲的第 2 音节。

ⵞ nɯ³³缠绕，假借为主语助词。

ƀ ʂu²¹铁，假借为村名 ue²¹ ʂu⁵⁵吴树的第 2 音节，假借 2 次。

ⴼ dv²¹鬼怪名，假借为人名 dv³³ zo³³都若的第 1 音节。

ⴺ zo³³坛子，假借为人名 dv³³ zo³³都若的第 2 音节。

ʃ tshi³³刺，假借为卖。

⌣ phv³³雄性，假借为价钱。

ⵄ ru³³张开双臂丈量，假借为两。

ⵗ be²¹一种东巴做法事时戴的铁冠，假借为 be⁵⁵做，假借 4 次。

ⵯ se²¹岩羊，假借为了，假借 2 次。

ⵖ mæ⁵⁵尾巴假借为以后，假借 2 次。

ⵒ dɯ³³大，假借为一，假借 3 次，

ⵓ z̧u²¹夏天，假借为 z̧u³³约定，假借 2 次。

ⵡ ka³³大雁，假借为 ka³³ ŋgɯ⁵⁵中间的第 1 音节。

ⵥ ŋgɯ²¹盖在房顶的木板，假借为 ka³³ ŋgɯ⁵⁵中间的第 2 音节。

ⵌ mi⁵⁵火，假借为 mi³³下。

ⴹ dzi³³水，假借为房屋。

ⵜ tsɿ³³ rər³³法铃，假借为人名 tsɿ³³ rər³³ ŋga³³子里嘎的第 1、2 音节。

ⵏ ŋga³³胜利，假借为人名 tsɿ³³ rər³³ ŋga³³子里嘎的第 3 音节。

ⵊ a³³开口说话，假借为人名 a⁵⁵ ŋga³³阿嘎的第一音节。

ⵏ ŋga³³胜利，假借为人名 a⁵⁵ ŋga³³阿嘎的第二音节。

⵫ kv³³蒜，假借为量词个。

ⵕ thv³³孵，假借为出，假借 2 次。

本地契共 101 个东巴字，其中假借字 76 个，假借字约占总数的 75.2%。其中同音假借 30 字，48 次。近音假借字 12 字，28 次，假借字与被借音声

母相同、韵母相同，仅是声调不同的 15 字，26 次。声母相同，声调、韵母不同的 1 字 2 次。

二　借形

借形字是指用一个字形记录几个意义有某种联系而语音无同源关系的词的同形字。本文所选译的文献仅发现以下 5 个借形字。

⌘《猛厄》、⌘《规程》hæ^{21} 绿色，本为 ɒ^{33} 玉，借玉之色，表 hæ^{21} 绿色。

⊟《猛厄》、⊟《猛厄》、⊿《规程》《舒契》 ʂu^{21} 铁，本为 mbe^{33} 斧头，斧头由铁制，借以表 ʂu^{21} 铁。

⊟《猛厄》kho^{55} 杀，本为 mbe^{33} 斧头，斧头可作宰杀工具，借以表 kho^{55} 杀。

⌘《场契》ʐu^{21} 夏天，本为 hɯ^{21} 雨水，夏为雨季，借以表 ʐu^{21} 夏天。

⌘《历书》ndzi^{33} 走，本为 khɯ^{33} 脚，用脚行走，借以表 ndzi^{33} 走。

三　白地东巴文的字词关系

东巴在书写文献时，其字词关系分为字词对应和字词不对应两类，三种情况。东巴文咒语和民间应用性文献如账本、地契、书信等，基本上是逐词记录语言，字词完全对应或基本对应。但大多数东巴文献字词不对应，常常是写很少的几个字表示一大段话，这可称为有词无字。也有以字表意，不读音的，这可称为有字无词。有词无字和有字无词，都是东巴文文字制度比较原始，还不够完善的表现。下面分别举例。

1. 有词无字

有词无字在宗教经典中非常普遍，不胜枚举。本书第十一章所译释的《杀猛厄鬼》，第 2 页 59 个东巴字记录了 145 个音节，其中还有 1 个字不读音，第 5 页 69 个东巴文字记录了 217 个音节。以下举《杀猛厄鬼》中的两个例字。

（1）⌘《杀猛厄鬼》第 2 页

人物形象⌘读 tsho^{21}dze^{33}lɯ^{55}ɯ^{33}zo^{33}，一般汉译为崇仁丽恩，传说中的人类始祖。脚上标⌘——以示迁徙，一般读为 tsho^{21}mbvr^{33}，人类迁徙。

tshi²¹肩胛骨，假借为来。

ɖɯ⁵⁵一。

n̠i²¹日。

整个字组读 tsho²¹ dze³³ rɯ⁵⁵ ɣɯ³³ zo³³，tsho²¹ mbər³³ tshi²¹ ɖɯ⁵⁵ n̠i²¹，意为崇仁丽恩，迁徙来那天。4 个东巴字记录了 10 个音节，记了 tsho²¹ dze³³ rɯ⁵⁵ ɣɯ³³崇仁丽恩、zo³³男、tsho²¹人类、mbər³³迁徙、tshi²¹来、ɖɯ⁵⁵一、n̠i²¹天 7 个词。

（2）　《杀猛厄鬼》第 5 页

tsho²¹ dze³³ rɯ⁵⁵ ɣɯ³³ zo³³崇仁丽恩。脚上有指事符号　，以示走动，tsho²¹ mbvr³³人类迁徙，双手前伸，以示 pu⁵⁵拿、带。

mo²¹不。

sø²¹锡，假借为样、种。

mu³³ rɯ⁵⁵ mo³³ ʂʅ³³ tʂhər⁵⁵长生不死药，mu³³为天，rɯ⁵⁵为地，mo³³为不，ʂʅ³³为死，tʂhər⁵⁵为药，直译就是天地不死药。这个字组由三部分组成：　mu³³为天，　为撒药，　为盛药的碗。其中只有　mu³³与字组读音有关联，其他两个字符不读音。

mo²¹不。

这段文字读为：tsho²¹ dze³³ rɯ⁵⁵ ɣɯ³³ zo³³，tsho²¹ mbvr³³ tshi²¹ dɯ³³ n̠i²¹，
　　　　　　　崇　仁　丽　恩　男　人类　迁徙　　来　一　天
mo²¹ pu⁵⁵ sø²¹ mo³³ n̠y³³，mu³³ rɯ⁵⁵ mo³³ ʂʅ³³ tʂhər⁵⁵，ʈhɯ³³ tʂhər⁵⁵ mi³³ mo³³ pu⁵⁵。
不　带　种　没有　　天　地　不　死　药　　这　药　下　不　带

汉译：崇仁丽恩他，迁徙来那天，没有不带的（东西），长生不死药，这药没有带。

本小节 5 个东巴文字记录了 25 个音节、22 个词。同时，本小节还有　、　两个有字无词。

在东巴文历书、卜书中，东巴文的字词关系也不严密，如《东巴文历书》第 11 页，67 个字记录了 132 个音节[1]。如：

---

[1]　字释见和继全《白地波湾村纳西东巴文调查研究》，博士学位论文，西南大学，2012 年，第 128 页。

（3）⿰ 《东历》11 页

把两个人（一男一女）用弧线围起来，读为 thv^{55}çi^{55}dzi^{55}，表示土神当日冲犯人。

（4）⿱《东历》11 页

上部分为蛇头，称为 na^{33}tshi^{33}，是一种煞神。下部分为方位词 khɯ^{55}ndzv^{21}tɯ^{33}狗座（西北）方。整体读为 na^{33}tshi^{33}khɯ^{55}ndzv^{21}tɯ^{33}nɯ^{33}ndzv^{21}，意为煞神位于西北方。

2. 有字无词

在东巴经《净水咒》的卷首，有字形⿰，表示东巴在神座上诵经，这里⿰东巴和⿰神座都不读音。

在白地东巴文《经咒牌》的右下部，有这样一组东巴文：

这些字都不读音，只表示把各种鬼怪围起来，压在石下，上面用矛、刀、剑拦住，这些鬼怪被关起来后还遭受雷劈、地震等，使之不能再来作祟于人①。

这些字平时的音义如下：

⿰ kha^{33}角，假借为拦。加上两条半圆曲线，表示把鬼怪围起来。

⿰、⿰ rv^{55}石头，表示把鬼怪压住。

⿰ lø^{55}矛，表示用矛戳。

⿰ ŋæ^{21}刀，表示用刀砍。

⿰ ʐər^{33}匕首，表示用匕首扎。

⿰ mø^{55}nɯ^{33}ŋgv^{55}雷劈，表示鬼被雷劈。

⿰ tshv^{21}鬼怪，表示被赶压的鬼怪。

⿰ lø^{55}nɯ^{33}ŋgv^{24}矛扎，表示用矛戳鬼。

⿰ rɯ^{33}nɯ^{33}mbv^{24}地震，示意鬼被震死。

---

① 和继全：《白地波湾村纳西东巴文调查研究》，博士学位论文，西南大学，2012 年，第 133 页。

3. 字词对应

有些东巴文献字词对应严密，如藏语音读经典、经咒牌等文献，文字对语言的记录可以达到100%，如《净水咒》第2页49个东巴字记录了46个音节（有三个字不读音）。东巴文的民间应用性文献的字词关系也比较严密，如《卖古舒里的地契》全文101个东巴字记录了104个音节。其中，2个字不读音，有4个双音字。

我们将所译释的白地文献的字词比例列表如下①：

文献类别	文献名	字数	音节数	记录率
一般经书	《杀猛厄鬼》	127	362	35%
	《东巴文历书》	64	132	48%
咒语	《净水咒》	46	46	100%
	《经咒牌》	99	100	99%
应用性文献	《白水台祭祀仪式规程》	68	72	94%
	《祈福木牌》	20	24	83%
	《藏纳双语赎地地契》	95	96	99%
	《赎打谷场的地契》	131	134	98%
	《地基、房产纠纷调解书》	117	119	98%
	《卖古舒里的地契》	99	104	95%
	《绕日超度人情簿》	216	225	96%
	《树银甲生活账本》	72	76	95%
	《和银甲账本》	144	153	94%

可以看出，一般的东巴经，文字记录语词的比例不超过50%。纯咒语经书和经书中的咒语部分，因为东巴笃信读音不准咒语就不灵，所以经常是100%记录了全部音节（东巴已不知读音的意义）。应用性文献，特别是地契和账簿，因事关钱财，不能含糊，所以也几乎记录了全部语词。

---

① 不读音的东巴文字、开始符号不列入字数。双声字只记一字。

第四节 白地东巴文的意义类别

白地东巴文的字数较多，本节收录的仅仅是我们字释中出现的字。尽量列出异体字，出现多次但形体无较大差异者只列一个。意义类别分为天文、地理、植物、动物、人称人体、动作、生产生活、数量、宗教、性状形象、其他等 11 类。

一 天文

〰〰《猛厄》 〰〰《创世纪》 〰〰《祭祖经》 〰〰《祭祖经》 mø⁵⁵ 天。

⊕《猛厄》 ⊕《历书》 ⊕《法杖经》 ⊕《创世纪》 ŋi²¹ 日。

⊕《法杖经》 ⊕《创世纪》 ⊕《祭祖经》 ŋi³³ me³³ ba³³ 太阳出。

〰《历书》 〰《历书》 〰《历书》 〰《咒牌》 〰《舒契》 〰《人簿》 〰《创世纪》 he³³ 月。

〰《法杖经下》 〰《祭祖经》 〰《祭祖经》 he³³ me³³ thv³³ 月亮出。

♪《猛厄》。 °《历书》 ∘∘《祭祖经》 ∘∘∘∘《创世纪》 〰《咒牌》 kɯ²¹ 星。

〰《法杖经上》 〰《创世纪》 kɯ²¹ba²¹ 星光。

〰《猛厄》 〰《猛厄》 〰《规程》 〰《历书》 〰《历书》 〰《历书》 〰《场契》 〰《法杖经下》 〰《创世纪》 za²¹ 彗星。

°。《历书》 sv³³tho²¹ 星名。

°°∘∘∘∘《法杖经下》 ʂər³³ho⁵⁵ 星名。

°°°∘∘《法杖经下》 tʂhua⁵⁵tshər²¹ 星名。

〰《法杖经上》 〰《创世纪》 〰《法杖经下》 tshi³³ndo³³ 闪电。

〰《法杖经上》 〰《创世纪》 〰《创世纪》 mø⁵⁵gv³³ 雷。

〰《咒牌》 mø⁵⁵nɯ³³ŋgv⁵⁵ 雷劈。

〜 《法杖经上》 〜〜 《祭祖经》 〜〜 《法杖经下》 hæ[33]风。

〜 《法杖经上》 〜 《祭祖经》 〜 《创世纪》 tçi[21]云。

〜 《法杖经》 〜 《祭祖经》 〜 《法杖经下》 sa[33]气。

〜 《法杖经》 〜 《祭祖经》 〜 《创世纪》 hɯ[21]雨。

〜 《法杖经上》 〜 《祭祖经》 〜 《祭祖经》 〜 《法杖经》 〜〜
《祭祖经》 〜 《猛厄》 〜 《猛厄》mbe[33]雪。

〜 《舒契》 〜 《场契》 〜 《调书》 〜 《藏契》 ʐu[21]雨、夏天。

〜 《和账》 〜 《人簿》 fv[33]khv[33]鼠年。

〜 《调书》 yɯ[55]khv[33]牛年。

〜 《和账》 rv[21]khv[33]龙年。

〜 《和账》 zv[21]khv[33]猴年。

〜 《场契》 〜 《情簿》 khɯ[55] khv[33]狗年。

二　地理

〜 《猛厄》 〜 《猛厄》 〜 《猛厄》 〜 《人簿》
〜 《人簿》 〜 《创世纪》 dø[21]地、平坝。

〜 《咒牌》 〜 《创世纪》 〜 《法杖经》 rɯ[33] nɯ[33] mbv[24]地震。

〜 《猛厄》 〜 《规程》 〜 《舒契》 〜 《场契》 〜
《祭祖经》 mbu[21]坡。

〜 《和账》 〜 《祭祖经》 〜 《祭祖经》 〜 《创世纪》 〜 《乃乃抒》
ndʐv[21]山。

〜 《法杖经》 〜 《祭祖经》 〜 《创世纪》 ŋv[55]lv[33]雪山。

〜 《创世纪》 〜 《创世纪》 〜 《法杖经下》 so[55]山巅。

〜 《祭祖经》 〜 《创世纪》 〜 《法杖经下》 æ[21]崖。

〜 《法杖经下》 〜 《法杖经下》 〜 《祭祖经》 〜 《祭祖经
下》 ko[21]高原。

〜 《猛厄》 rɯ[33] ʂuɑ[21]高地。

〜 《人簿》 〜 《人簿》 〜 《祭祖经》 〜 《法杖经》 rv[33]石头。

〜 《猛厄》 pu[55]mbu[21]蒿草坡。

☁《福牌》ṭua⁵⁵碳酸钙台地。

🏔《猛厄》🏔《祭祖经》🏔《创世纪》ndʐv²¹na³³ʐua⁵⁵rua³³ndʐv²¹居那若罗山。

🌿《规程》🌿《场契》🌿《法杖经》🌿《祭祖经》dzi²¹水。

🌙《猛厄》🌙《法杖经》🌙《祭祖经》🌙《创世纪》🌙《法杖经》🌙《法杖经》lo²¹谷。

🌊《猛厄》khæ⁵⁵水沟。

🌊《祭祖经》🌊《创世纪》🌊《法杖经下》hɯ³³海。

🌊《祭祖经》🌊《祭祖经》🌊《乃乃抒》ŋɖvr⁵⁵池塘。

🌿《人簿》🌿《法杖经》🌿《法杖经》🌿《祭祖经》🌿《创世纪》tʂhv³³硝水。

☁《法杖经上》🌿《法杖经上》☁《创世纪》🌿《乃乃抒》☁《法杖经下》ndər²¹泡沫。

🔥《猛厄》🔥《咒牌》🔥《舒契》mi⁵⁵火。

〉〈《猛厄》〉〈《创世纪》ka³³ŋgɯ⁵⁵中间。

⛰《规程》⛰《舒契》⛰《创世纪》gə²⁴上。

☀《历书》ȵi³³me³³gv²¹西方。

🌀《祭祖经》🌀《创世纪》ho²¹gv³³lv³³水头、北方。

✎《祭祖经》✎《创世纪》✎《创世纪》i²¹tʂhɯ³³mi²¹水尾、南方。

✿《猛厄》✿《场契》✿《法杖经》✿《乃乃抒》hæ²¹金。

🐂《猛厄》🐂《舒契》🐂《法杖经》🐂《法杖经》🐂《创世纪》🐂《创世纪》ŋv²¹银。

🍀《猛厄》🍀《猛厄》🍀《法杖经》🍀《祭祖经》🍀《创世纪》sø²¹锡。

🔨《猛厄》🔨《猛厄》🔨《规程》🔨《舒契》🔨《祭祖经》🔨《法杖经下》mbe³³斧头、ʂu²¹铁。

🌸《猛厄》🌸《规程》🌸《创世纪》🌸《乃乃抒》ʋ³³玉、hæ²¹绿。

🌿《咒牌》🌿《舒契》🌿《场契》🌿《祭祖经》🌿《创世纪》

tṣhu²¹墨玉。

三 植物

ψ《猛厄》ψ《猛厄》ψ《猛厄》ψ《法杖经上》ψ《创世纪》ψ《乃乃抒》dzŋ²¹树。

ψ《历书》ψ《调书》sər⁵⁵木。

ψ《人簿》ndzŋ²¹khɯ³³树下。

ψ《猛厄》ψ《猛厄》ψ《福牌》ψ《藏契》ψ《法杖经上》ψ《法杖经下》bɑ²¹花。

ψ《规程》ψ《法杖经上》ψ《祭祖经》ψ《乃乃抒》pu⁵⁵蒿草。

ψ《法杖经上》ψ《法杖经上》ψ《祭祖经》ψ《祭祖经》ψ《法杖经下》mu²¹、mbv³³lɯ⁵⁵竹子。

ψ《法杖经下》ψ《祭祖经》ψ《创世纪》sə⁵⁵杉树

ψ《法杖经》ψ《乃乃抒》zᵥvr⁵⁵山柳。

ψ《法杖经下》ψ《法杖经下》me²¹梅。

ψ《咒牌》ψ《祭祖经》tho⁵⁵松。

ψ《猛厄》ψ《猛厄》ψ《场契》tshi⁵⁵刺。

ψ《猛厄》ψ《猛厄》ψ《猛厄》ψ《历书》ψ《法杖经上》ψ《法杖经上》tshe⁵⁵叶。

ψ《福牌》ψ《乃乃抒》bvr²¹稗子。

ψ《福牌》ψ《法杖经上》ψ《乃乃抒》ne⁵⁵苋米。

ψ《福牌》ψ《场契》ψ《创世纪》ψ《法杖经》ψ《法杖经下》zi³³草。

ψ《和账》ψ《法杖经上》ψ《祭祖经》ψ《乃乃抒》ṣv³³茅草。

ψ《调书》ψ《和账》ψ《人簿》ψ《人簿》dze³³小麦。

ψ《人簿》ψ《乃乃抒》ψ《祭祖经》ψ《创世纪》ψ《乃乃抒》ψ《法杖经下》si²¹稻谷。

ψ《法杖经上》ψ《祭祖经》ψ《乃乃抒》ψ《法杖经下》tshø³³黍。

🜍《法杖经上》 ㄎ《祭祖经》 ㄗ《创世纪》 mv³³菌子。

🜍《法杖经上》 🜎《创世纪》 🜏《乃乃抒》 nv²¹黄豆。

🜐《法杖经上》 🜑《祭祖经》 🜒《创世纪》 ȵɟø³³蔓菁。

🜓《树账》 🜔《法杖经上》 🜕《祭祖经》 🜖《乃乃抒》 ŋɖɯ²¹蕨菜。

🜗《场契》 🜘《树账》 🜙《人簿》 🜚《藏契》 🜛《法杖经上》 🜜《创世纪》 iə²¹一种野菜，当地汉语称为山芋菜。

🜝《规程》 🜞《场契》 🜟《场契》 🜠《调书》 🜡《藏契》 kv⁵⁵蒜。

🜢《调书》 🜣《树账》 🜤《人簿》 ku²¹姜。

🜥《猛厄》 pu⁵⁵核。

🜦《规程》 🜧《舒契》 🜨《舒契》 🜩《场契》 o²¹谷堆。

四 动物

🜪《历书》 🜫《历书》 🜬《福牌》 🜭《育神》rv²¹龙。

🜮《猛厄》 🜯《猛厄》 🜰《历书》 🜱《育神》 🜲《法杖经》 la³³虎。

🜳《猛厄》 🜴《舒契》 🜵《场契》 🜶《法杖经》 gv²¹熊。

🜷《猛厄》 🜸《法杖经下》 🜹《创世纪》 ndʐʅ⁵⁵豹。

🜺《净水》 🜻《创世纪》 pha³³豺。

🜼《净水》 🜽《净水》 🜾《藏契》 🜿《法杖经》 tsho²¹大象。

🝀《猛厄》 🝁《猛厄》 🝂《历书》 🝃《和账》 🝄《育神》 🝅《法杖经》ɣɯ³³牛。

🝆《创世纪》ɣɯ⁵⁵kæ³³kho³³牛的上半身。

🝇《创世纪》ɣɯ⁵⁵mæ³³kho³³牛的下半身。

🝈《育神》 🝉《乃乃抒》 🝊《祭祖经》 🝋《法杖经》 🝌《法杖经》 🝍《创世纪》ʐua³³马。

🝎《历书》 🝏《舒契》 🝐《场契》 🝑《藏契》 🝒《育神》y²¹羊。

🝓《法杖经下》 🝔《法杖经下》 🝕《法杖经下》tshi³³山羊。

🝖《猛厄》 🝗《舒契》 🝘《场契》 🝙《调书》 🝚《人簿》 🝛《藏契》 🝜《法杖经》se²¹岩羊。

🐦《福牌》dər²¹驴。

🐦《福牌》🐦《祭祖经》🐦《祭祖经》i⁵⁵野驴。

🐗《和账》🐦《人簿》🐦《育神》🐦《乃乃抒》bu²¹猪。

🐕《规程》🐕《场契》🐕《人簿》🐕《育神》khɯ³³狗。

🐭《历书》🐭《育神》🐭《创世纪》fv³³鼠。

🐰《历书》🐰《育神》tho³³le²¹兔。

🐵《调书》🐵《人簿》🐵《育神》zʅ²¹猴、申，zv²¹猴。

🦌《猛厄》🦌《规程》🦌《舒契》🦌《场契》🦌
《调书》🦌《树账》le⁵⁵獐。

🦌《净水》🦌《净水》🦌《调书》🦌《藏契》🦌《祭祖
经》lo²¹麂子。

🦌《法杖经下》🦌《法杖经》🦌《祭祖经》tʂhua³³鹿。

🦎《净水》tso²¹壁虎。

🐾《猛厄》dzi³³，兽名，假借为人类。

🦅《法杖经下》🦅《创世纪》🦅《法杖经》🦅《祭祖经》mbi²¹飞。

🦅《历书》🦅《场契》🦅《场契》🦅《调书》🦅《和账》
🦅《人簿》kə⁵⁵鹰。

🦢《法杖经》🦢《法杖经下》🦢《法杖经下》🦢《祭祖经》ka³³鹤。

🐦《咒牌》🐦《调书》🐦《祭祖经》🐦《创世纪》hua³³白鹇鸟。

🦚《净水》ma³³iə³³孔雀。

🐔《藏契》🐔《育神》🐔《净水》æ²⁴鸡。

🐦《祭祖经》🐦《祭祖经》🐦《乃乃抒》🐦《法杖经》fv⁵⁵
野鸡。

🦆《创世纪》🦆《法杖经下》mbæ³³野鸭。

🦢《咒牌》🦢《净水》🦢《调书》o²¹鹅。

🦆《咒牌》tʂv⁵⁵鸳鸯。

🦢《舒契》🦢《调书》🦢《祭祖经》kɑ³³大雁。

🦢《调书》çə²¹鹭。

🐓《舒契》🐓《场契》🐓《人簿》cy³³打鸣。

◯◯◯《净水》　◯《创世纪》thv³³孵。

《规程》　《规程》　《法杖经》　《祭祖经》ȵi³³鱼。

《猛厄》　《场契》　《育神》zʅ²¹蛇。

《猛厄》　《净水》　《规程》　《历书》　《咒牌》

《咒牌》　《和账》pɑ⁵⁵蛙。

《树账》mbæ⁵⁵蜜蜂。

《法杖经》　《创世纪》　《创世纪》　《法杖经》phe⁵⁵le²¹
蝴蝶。

《规程》　《咒牌》　《调书》rɯ³³牛虱。

《猛厄》　《猛厄》　《法杖经下》　《创世纪》mu³³牛蝇。

《创世纪》　《创世纪》tʂhua⁵⁵ɑ²¹蚂蚁。

《法杖经》　《法杖经》ku⁵⁵bu²¹zua³³gu²¹蝗虫。

《猛厄》　《法杖经》　《祭祖经》　ʂʅ⁵⁵肉。

《猛厄》ʂʅ³³肉，加点读 ʂʅ³³ndʐæ²¹，杂色的肉。

《祭祖经》　《法杖经下》　《法杖经下》ɣɯ³³皮。

《猛厄》ɣɯ³³皮，中间加黑点，读为ɣɯ³³ndʐæ²¹，杂色的皮。

《咒牌》　《调书》　《猛厄》　《场契》　《藏契》
khɑ³³角。

《舒契》　《场契》　《调书》mæ⁵⁵尾巴。

《法杖经下》　《法杖经》　《法杖经下》tʂə²¹爪。

《猛厄》　《法杖经》gv³³蛋。

《历书》bø³³肠子。

《人簿》ŋua⁵⁵乳汁。

五　人称、人体

《猛厄》　《舒契》　《法杖经》　《祭祖经》　《乃乃抒》
çi⁵⁵人。

《创世纪》　《法杖经下》a³³sʅ²¹父亲。

《乃乃抒》　《法杖经下》a³³me⁵⁵母亲。

🐦《猛厄》🐦《法杖经》mi⁵⁵女。

🐦《法杖经》🐦《法杖经》gv³³zv²¹藏族。

🐦《创世纪》🐦《法杖经下》🐦《祭祖经》le³³bv³³白族。

🐦《创世纪》🐦《法杖经》na²¹hæ⁵⁵纳西族。

🐦《猛厄》🐦《猛厄》🐦《藏契》🐦《创世纪》🐦《祭祖经》ndzi⁵⁵酋长、官员。

🐦《猛厄》🐦《猛厄》🐦《净水》pø²¹祭司。

🐦《法杖经下》🐦《祭祖经》🐦《祭祖经》i³³da²¹tʂʅ³³dɯ³³dzi²¹主人一家。

🐦《场契》do²¹çi⁵⁵见证人。

🐦《和账》mbu²¹çi⁵⁵担保人。

🐦《场契》🐦《调书》ʥæ贤能。

🐦《场契》mbɑ³³喉癭。

🐦《创世纪》🐦《法杖经》🐦《法杖经》gv⁵⁵头

🐦《舒契》🐦《法杖经下》ŋə²¹眼睛。

🐦《调书》🐦《树账》🐦《藏契》🐦《祭祖经》do²¹看见。

🐦《场契》🐦《人簿》🐦《法杖经》🐦《创世纪》hɯ⁵⁵牙。

🐦《调书》🐦《祭祖经》gɯ²¹张大嘴，咀嚼。

🐦《祭祖经》🐦《创世纪》🐦《乃乃抒》ɑ³³呵气。

🐦《规程》🐦《调书》🐦《乃乃抒》🐦《创世纪》ɑ³³开口说话。

🐦《净水》🐦《历书》🐦《福牌》🐦《场契》🐦《场契》🐦《调书》🐦《藏契》lɑ²¹手。

🐦《调书》🐦《创世纪》🐦《祭祖经》🐦《法杖经》nv⁵⁵心。

🐦《创世纪》🐦《法杖经》🐦《法杖经》sʅ³³肝。

🐦《猛厄》🐦《场契》🐦《祭祖经》🐦《法杖经下》🐦《法杖经》🐦《乃乃抒》ɒ³³骨节。

🐦《猛厄》🐦《祭祖经》🐦《祭祖经》tshi²¹肩胛骨。

𰀀《猛厄》𰀁《历书》𰀂《福牌》𰀃《法杖经》ho²¹肋骨

𰀄《历书》𰀅《福牌》𰀆《创世纪》𰀇《祭祖经》khɯ³³脚。

𰀈《树账》bə³³脚掌。

𰀉《规程》𰀊《人簿》𰀋《创世纪》me⁵⁵雌性。

𰀌《舒契》𰀍《树账》𰀎《创世纪》𰀏《法杖经下》phv³³雄性。

六　动作

𰀐《创世纪》𰀑《法杖经》zv²¹拿。

𰀒《法杖经》𰀓《创世纪》gu²¹背。

𰀔《创世纪》𰀕《法杖经》tho²¹跳。

𰀖《法杖经》𰀗《创世纪》lv²¹举。

𰀘《舒契》𰀙《场契》𰀚《人簿》𰀛《藏契》𰀜《法杖经下》𰀝《创世纪》tho²¹靠。

𰀞《猛厄》𰀟《乃乃抒》𰀠《创世纪》𰀡《创世纪》ho²¹赶。

𰀢《猛厄》𰀣《法杖经下》𰀤《法杖经》𰀥《祭祖经》mu³³老，死。

𰀦《净水》𰀧《和账》mbø²¹爬。

𰀨《咒牌》𰀩《舒契》ru³³张开双手丈量。

𰀪《和账》dẓʅ³³倒吊。

𰀫《人簿》𰀬《法杖经》rər³³叫喊。

𰀭《人簿》𰀮《法杖经下》pho²¹逃。

𰀯《咒牌》lø⁵⁵nɯ³³ŋgv²⁴矛扎。

𰀰《法杖经》𰀱《创世纪》𰀲《法杖经》𰀳《祭祖经》khæ³³射。

𰀴《祭祖经》𰀵《祭祖经》ha⁵⁵gɯ⁵⁵吃饭。

𰀶《法杖经下》ʂʅ⁵⁵gɯ⁵⁵吃肉。

𰀷《乃乃抒》𰀸《祭祖经》ȵi³³dɯ³³哺乳。

𰀹《法杖经下》𰀺《法杖经下》𰀻《祭祖经》khɯ⁵⁵ʂər²¹牵狗。

𤓁《猛厄》 𤓁《法杖经下》 𤓁《创世纪》 𤓁《祭祖经》yi²¹右。

𤓁《猛厄》 𤓁《法杖经下》 𤓁《创世纪》 𤓁《祭祖经》ɳ⁵⁵左。

𤓁《场契》 𤓁《调书》 ʂu⁵⁵字源不详。

七　生产、生活

𤓁《猛厄》 𤓁《猛厄》 𤓁《猛厄》 𤓁《祭祖经》 𤓁《祭祖经》dzi²¹房子。

𤓁《舒契》 𤓁《场契》 𤓁《人簿》 𤓁《藏契》ue³³村庄。

𤓁《场契》 𤓁《法杖经下》 𤓁《创世纪》 𤓁《祭祖经》 𤓁《法杖经》dzv²¹寨子。

𤓁《猛厄》 𤓁《猛厄》mbe³³村。

𤓁《猛厄》mbe³³ nɑ²¹黑村。

𤓁《规程》 𤓁《咒牌》 𤓁《法杖经下》 𤓁《祭祖经》khu³³门。

𤓁《净水》 𤓁《人簿》 𤓁《乃乃抒》 𤓁《祭祖经》to³³木板。

𤓁《舒契》ɳɡɯ²¹盖在房顶的木板。

𤓁《场契》 𤓁《乃乃抒》 𤓁《创世纪》kæ³³秋千。

𤓁《调书》 𤓁《藏契》tɑ³³箱子。

𤓁《和账》 𤓁《法杖经下》 𤓁《创世纪》mv²¹簸箕。

𤓁《猛厄》 𤓁《法杖经》ʂv²¹骰子。

𤓁《猛厄》 𤓁《咒牌》 𤓁《咒牌》lø⁵⁵矛。

𤓁《猛厄》 𤓁《法杖经下》 𤓁《法杖经》rɯ²¹si⁵⁵箭。

𤓁《历书》 𤓁《历书》 𤓁《舒契》 𤓁《藏契》 𤓁《法杖经下》 𤓁《乃乃抒》khv³³割。

𤓁《净水》 𤓁《调书》ndʐua³³镐。

𤓁《猛厄》 𤓁《创世纪》be³³做。

𤓁《规程》 𤓁《咒牌》 𤓁《乃乃抒》ɳgæ²¹刀。

𤓁《咒牌》 𤓁《和账》 𤓁《法杖经下》 𤓁《祭祖经》ndɑ³³砍。

𤓁《藏契》thi²¹推刨。

⋈《猛厄》 ⋈《猛厄》 ⋈《咒牌》 ✂《法杖经》 ✄
《创世纪》çi⁵⁵羊毛剪。

Ⲏ《历书》ⲏ《场契》⸸《人簿》ⲅ《人簿》Ⲓ《人簿》ko²⁴针。

⌒《猛厄》 ⌒《场契》 ⌒《法杖经》 ⌒《创世纪》ʝʯ²¹手镯。

〔兰〕《规程》 ⥶《法杖经下》 ⊞《法杖经》dɑ²¹织布。

⩤《规程》ŋdər³³竹帘。

〔丽〕《规程》 ⬜《乃乃抒》phe³³麻布。

⊞《历书》yi²¹pv³³绸缎。

➤ 《咒牌》zʅər³³匕首。

⤳《舒契》 ⤲《场契》 ⤴《人簿》 ⤵《藏契》the⁵⁵yɯ³³书。

Ⲟ《舒契》 ⥅《和账》 ⲟ《人簿》 ⥆《法杖经下》，旗子，借形作
ŋgɑ³³胜利。

▭《和账》bæ²⁴木牌。

☒《和账》ŋv²¹khɯ³³本金。

⊞《历书》 ⟋⟍《咒牌》 ⟱《舒契》ʝə²¹戥子。

⟋〇《咒牌》 ⥥《法杖经下》 ⥦《创世纪》 ⥧《法杖经》so³³
大秤。

⟫《藏契》 ⥨《创世纪》 ⥩《祭祖经》 ⥪《法杖经》
ruɑ²⁴牛轭。

⊔《规程》dzo²¹木槽。

⥫《历书》ŋgv⁵⁵木槽（盛水用）。

𝄼《猛厄》mu²¹范。

⩔《规程》 ⥬《场契》 ⥭《藏契》 ⥮《法杖经下》 ◣《创世
纪》khə²¹竹篮。

⥯《福牌》 ⥰《人簿》bi²¹半升量筒。

⥱《猛厄》 ⥲《猛厄》thv⁵⁵木桶。

⥳《猛厄》 ⥴《创世纪》 ⥵《祭祖经》pv⁵⁵甑子。

⥶《舒契》 ⥷《调书》 ⥸《人簿》 ⥹《藏契》zo³³坛子。

⥺《和账》 ⥻《法杖经下》 ⥼《创世纪》 ⥽《祭祖经》

pø³³升。

⚇《历书》 ⚇《历书》ma²¹油。

《猛厄》 《乃乃抒》ha⁵⁵饭。

⊠《树账》 《法杖经下》 《法杖经》tshe³³盐。

《人簿》 《人簿》 《法杖经》 《法杖经》 《乃乃抒》zʅ³³酒。

《人簿》 《创世纪》bø²¹面。

《人簿》 《人簿》khua³³碗。

《猛厄》bv³³锅。

八 数量

ʔ《猛厄》 ｜《历书》 ˋ《场契》 ˏ《创世纪》ɖɯ³³一。

ʔʔ《历书》 ⼚《祭祖经》 ﹂《法杖经下》ȵi²¹二。

ʔʔʔ《猛厄》 ⼚⼚《法杖经》sv⁵⁵三。

ʔʔʔʔ《舒契》 ⼚⼚⼚《乃乃抒》 《祭祖经》ru³³四。

《和账》 《祭祖经》 《法杖经下》ua³³五。

《和账》 《创世纪》tʂhua⁵⁵六。

《咒牌》 《福牌》 《藏契》 《祭祖经》 《法杖经下》 《乃乃抒》ʂər²¹七。也读de²²，藏音字。

《场契》 《祭祖经》ho⁵⁵八。

《猛厄》 《创世纪》 《祭祖经》ŋgv⁵⁵九。

✕《舒契》 ✕《法杖经》 ✕《创世纪》tshe²¹十。

✕✕《舒契》ȵi³³tsʅ²¹二十。

✕✕《猛厄》 ✕✕✕《历书》sv⁵⁵tshʅ²¹三十。

《和账》ʂər³³tshʅ²¹七十。

《和账》 《树账》 《祭祖经》 《祭祖经》si³³百。

《人簿》ho³³si³³八百。

《人簿》 《法杖经》 《祭祖经》tv²¹千。

《和账》tv³³斗（十升）。

～ 《和账》 ŋgv³³ 石（十斗）。

九　宗教

《猛厄》 《祭祖经》 pø²¹ 祭木。

《猛厄》 tshv²¹pø²¹lø⁵⁵khu³³ʈɯ³³ 做祭祀仪式的地方。

《历书》 《咒牌》 thɑ³³ 塔。

《舒契》 《人簿》 tsʅ³³rər³³ 法铃。

《人簿》 ɣɯ⁵⁵ 宝花。

《规程》 《规程》 kɑ³³ 神坛上的祭粮。

《规程》 《咒牌》 《舒契》 《舒契》 《场契》 be²¹ 一种东巴做法事时戴的铁冠。

《猛厄》 mu³³rɯ⁵⁵mo³³ʂʅ³³ʈʂhər⁵⁵ 长生不死药。

《猛厄》 kæ³³ 一种神虫。

《猛厄》 tʂæ⁵⁵ŋgu²¹ 献给死者的坐骑。

《猛厄》 cy²¹ 天马。

《净水》 神座，不读音。

《人簿》 《人簿》 ŋv³³ɳə²¹ 超度时。

《规程》 《规程》 《场契》 tʂhə³³ 污秽。

《猛厄》 tsho²¹dze³³rɯ⁵⁵ɣɯ³³zo³³ 崇仁丽恩。

《猛厄》 《历书》 《历书》 《历书》 he²¹ 神。

《规程》 《祭祖经》 《创世纪》 du³³ 神名。

《祭祖经》 《创世纪》 se³³ 神名。

《咒牌》 rua²¹ɟə²¹ci⁵⁵ɟə³³ 踩着鬼的"朗久敬究"神。

《规程》 《福牌》 ʂv²¹ 自然神。

《历书》 《咒牌》 《法杖经下》 tshv²¹ 鬼怪。

《历书》 to⁵⁵ 垛，鬼名。

《历书》 ndo²¹ 夺，鬼名。

《舒契》 《和账》 《人簿》 dv²¹ 鬼怪名。

《法杖经下》 《创世纪》 ze²¹ 飞鬼。

ㄨ《咒牌》 ✝《创世纪》 tər²¹ 凶死鬼。

《创世纪》 si²¹ 术鬼。

《创世纪》 《猛厄》 《猛厄》 《猛厄》 《猛厄》 mu³³ 猛鬼。

《乃乃抒》 《祭祖经》 tse²¹ 仄鬼。

《猛厄》 形象为鬼形，用为 ndʐ̩ua⁵⁵ 抢。

《东历》 na³³tshi³³khɯ⁵⁵ndzv²¹ʈɯ³³nɯ³³ndzv²¹ 煞神位于西北方。

ᓬ　《福牌》 gu³³lɤ²¹ka³³lɤ²¹ 保佑。

《福牌》 çy⁵⁵ʂ̩³³ 祭祀、祈祷。

十　性状、形象

丰《猛厄》 丰《猛厄》 半《历书》 ䷀《福牌》 《法杖经》
《法杖经》 phvr²¹ 解开。

《猛厄》 《猛厄》 《规程》 《历书》 《历书》 《调
书》 《调书》 《和账》 《人簿》 na²¹ 黑。

《净水》 《净水》 《场契》 《调书》 tʂʅ³³ 挂。

《规程》 《咒牌》 《福牌》 《场契》 《场契》 《藏契》
nɯ³³ 缠绕。

《规程》 《舒契》 《乃乃抒》 《祭祖经》 ɖɯ³³ 大。

《舒契》 《场契》 《藏契》 《法杖经》 《祭
祖经》 mbɤ³³ 分。

《和账》 tʂæ³³ 架。

《和账》 《创世纪》 《祭祖经》 ʂua²¹ 高。

《人簿》 phv³³ 撒。散开之形状。

十一　其他

《创世纪》 《法杖经》 《猛厄》 《净水》
《祭祖经》 《猛厄》、《净水》 《猛厄》 mo²¹ 不。

《猛厄》 《法杖经下》 《祭祖经》 tʂhər³³ 世代。

《调书》 mu⁵⁵ 痕迹。

፠ 《人簿》 $dz_{\underset{\cdot}{}}u^{33}$。

《人簿》 $t\underline{s}hæ^{33}$。

《人簿》 se^{21} 结束。

《和年恒题词》 《和年恒题词》 《和志本题词》 《和志本题词》 《和志本借条》 《和树昆信》 《规程》 《和账》 se^{33}，表示结束。

Ⱳ《和年恒题词》 《和树昆信》 《和树昆信》 《规程》 《舒契》 《调书》 《人簿》 《人簿》 yi^{33}，用为人名或动词。

上《和年恒题词》 《调书》 七《规程》 《舒契》 《卖拉舍地契》 《买古达阔地契》 $\underline{s}\partial^{33}$说，借汉字"上"。

《和树昆信》 《猛厄》 《净水》 《规程》 《和账》 《藏契》 ka^{33}，借藏文符号 （k）。

《规程》 sa^{33}，借藏文符号 （z）。

《猛厄》 《猛厄》 《净水》 《规程》 《规程》 《历书》 《历书》 《舒契》 《场契》 《调书》，开始符号，不读音。开始符号一般书写在经文的卷首或段首，或契约的开头部分。

《舒契》，契约分合符号，不读音。分合符号是契约的验证标识，立契时往往把契文一式两份书写在一张纸上，中间画分合符号，把契文从中间破开时分合符号也破为两半，作为两契验对时的标记。

第五节 白地东巴文中的藏音字和疑难字

一 藏音字

藏音字指东巴文献中的文字为东巴文，但记录的语音为藏语音。在纳西族东巴古籍文献中，有些东巴字在特定的语境里不读纳西语本音，而是用周边藏、汉等民族语言读音。20 世纪三四十年代，李霖灿、方国瑜等先贤在编订字典时注意到了东巴文的藏音现象，有些字编入字典并做了注解。丽江东巴文化研究所在编译《纳西东巴古籍译注全集》① 时，对藏音字作了标音，但没有进一步说明，学界也还未曾对此做过系统的整理和研究，以下列举几个波湾村东巴文藏音字以作说明。

在香格里拉县白地一带，各种祭神仪式的《烧天香》等经文中，开始部分记载有分别以属相"鼠猴龙""牛蛇鸡""虎马狗""兔猪羊"相合为一局的"相合四局"，念诵时根据举行仪式这一年的具体属相，在四局中选择相应局用藏音读诵之。如白地波湾村藏本《祭祀生育神》第2页（见图2）：

有藏音字十二属相的白地波湾村东巴经藏本《祭祀生育神》片段

其中，第3行 ![符号] 为属相相和之四局。

第一局 ![符号] la³³ ʐ̣uɑ³³ khɯ³³ 虎马狗，读为藏音 tshŋ³³ ta⁵⁵ ta³³。按：此处东巴文、藏音排序不一致，若按照藏音的顺序，东巴文应该排为 ![符号]狗、![符号]虎、![符号]马。三个字分别解析如下：

1. ![符号] khɯ³³ 狗、戌，读为藏音 tshŋ³³，香格里拉藏语"狗、戌"读 tshə⁵⁵，藏文写作 khji（为排印方便，此处用转写形式，下同）。

2. ![符号] la³³ 虎、寅，读为藏音 ta⁵⁵，香格里拉藏语"虎、寅"读 taʔ¹³²，藏文写作 stag。

3. ![符号] ʐ̣uɑ³³ 马、午，读为藏音 ta³³，香格里拉藏语"马、午"读作 ta⁵⁵，藏文写作 rta。

---

① 以下简称《全集》。

第二局 🐇🐖 tho^{33}le^{33}bu^{21}y^{21}兔猪羊，读为藏音 pha^{33}lo^{55}y^{21}。按：此处东巴文、藏音排序不一致，若按照藏音的顺序，东巴文应该排为 🐖猪、🐑羊、🐇兔。三个字分别解析如下：

4. 🐖 bu^{21}猪、亥，读为藏音 pha^{33}，香格里拉藏语"猪、亥"读作 pha?^{132}，藏文写作 phag。

5. 🐑 y^{21}羊、未，古音 bu^{33}，读为藏音 lo^{55}，香格里拉藏语"羊、未"读作 lo?^{13}，藏文写作 lug。

6. 🐇 tho^{33}le^{33}兔、卯，读为藏音 yu^{21}，香格里拉藏语"兔"读作 rə^{13}gū，藏文写作 ri. bov. ri－boŋ，"卯"读作 yu^{55}，藏文写作 yos。

第三局 🐂🐍 ɣɯ^{55}zʐ^{21}æ^{21}牛蛇鸡，读为藏音 çiə^{21}le^{55}v^{21}。引按：此处东巴文、藏音排序不一致，若按照藏音的排序，东巴文应该排为 🐓鸡、🐂牛、🐍蛇。三个字分别解析如下：

7. 🐓 æ^{21}鸡、酉，读作藏音 çə^{55}，香格里拉藏语"鸡、酉"读作 ça^{13}，藏文写作 bja。　此字又见《净水咒》：🐓《净水》藏音字，读藏语 çiə^{55}。

8. 🐂 ɣɯ^{55}牛、丑，读为藏音 le^{55}，香格里拉藏语"牛、丑"读作 lɛ^{55}，藏文写作 glaŋ。

9. 🐍 zʐ^{21}蛇、巳，读为藏音 du^{21}，香格里拉藏语"蛇、巳"读作 zy?^{132}，藏文写 sbrol。

第四局 🐭 fv^{33}zv^{21}lv^{21}鼠猴龙，读作藏音 çua^{21}mbər^{55}lər^{21}fv^{55}。引按：此处东巴文与藏音排序不一致，若按照藏音的顺序，东巴文应该排为 🐭鼠、🐉龙、🐒猴。三个字分别解析如下：

10. 🐭 fv^{33}鼠、子，读为藏音 çua^{21}，香格里拉藏语"鼠、子"读作 çya^{132}，藏文 bji。

11. 🐉 lv^{21}龙、辰，读为藏音 mbər^{55}lər^{21}，香格里拉藏语"龙、辰"读作 ndʐo?^{132}，藏文 fibrug。

12. 🐒 zv^{21}猴、申，读为藏音 fv^{55}，香格里拉藏语"猴、申"读作 çy^{55}，藏文 sprefiu。

东巴文藏音字读音在长期流传过程中，虽然因为古今音变以及受纳西语音影响等原因，发生了一些变化，但还是基本保留了藏语读音，只有个别字的读音与今天香格里拉藏语差距较大。

东巴文献中的藏音字文献多为咒语类经书文献，为纳西族向藏族学习借用的经书。而咒语类文献为了保证其在使用时能够准确表意、发挥功效，多采用音译的方式来记录，即借用东巴文中相同或相近的字来记录藏语经文的读音，其所书写的为东巴文，但是其所记录的内容为藏语经典，所记录的语音为藏音。

纳西东巴古籍文献中出现藏音字是东巴教长期受到藏族苯教、佛教影响的结果，纳西族与藏族的文化交流、语言接触一直未曾中断过，东巴古籍文献中出现藏音字是在情理之中。

二　疑难字

在释读白地东巴文献时，常遇到一些疑难字词，使释读无法进行。这部分疑难字或是字典失收，或是与字典所收音义不同。下面举例说明：

1. ⊨ sa^{33}。方国瑜先生《纳西象形文字字谱》26："⊫ 气也，从风从 川，川即口省形，口中出气也。又作 ⊫ ⊨ ⊨"。按：此字左边多为只是一竖，未见口之形。⊨ sa^{33} 应借自藏文字符 ᠌ （z）。

2. ♪ ka^{33}。此字多译为鹤、白鹤、仙鹤。按：纳西族生活地区白鹤很少见，民间老百姓认为应是大雁。

3. ⊘ o^{21}。此字一般译为谷堆，见《谱》865。据考察，白地民间很少说谷堆为 o^{21}，⊘ 有可能为 ♂ o^{21} 鹅之省形。

4. ✍ ✍ $\mathfrak{s}u^{55}$。此字字源不详。按：此字字形和 ✍ ηa^{33} 我字接近，常与 ✍ 搭配，在契约中做裁决者。原以为是人名，后来经实地调查，发现过去凡立契需要保长、甲长、伙头、老民等代表地方出面监督，称之为是地方上做的裁决。"地方"被称为 $\mathfrak{s}u^{55}$，此字可能就是意为地方的 $\mathfrak{s}u^{55}$ 字，人上之点可能表示集中了保长、甲长、伙头、老民等地方议事之人。

5. ⊙ $dz\gamma^{33}$。此字形仅见于白地，与《谱》1152 ⊨ 溜索有相似之处。据考察白地纳西语"倒吊"为 $dz\gamma^{33}$，如 $a^{33}ts\gamma^{55}pa^{33}rua^{55}dz\gamma^{33}$ 小鸡倒吊在母鸡的胸口，小孩吊在母亲胸口也称为 $dz\gamma^{33}$，此字义当为"倒吊"。

6. ✍ $t\mathfrak{s}\ae^{33}$。此字见于《和依甲账本》，字形与"铁""斧头"很接近。经考察记录的是白地水甲村一户叫 $k\mathfrak{e}^{55}le^{21}t\mathfrak{s}\ae^{33}$ 的户名的第三个音节。

此字在白地又经常记《加威力经》ndzˌər²¹ tʂæ³³的第二个音节。所以应该读tʂæ³³，字义为架，挂。

7. iə²¹。此字又作《树账》、《人簿》、《藏契》等。见《谱》233："草叶，又烟草也，象其叶"。据田野调查，此字在白地指一种野菜，当地汉语称为"山芋菜"（音），生长在海拔3000米左右的高山上，每年农历4至7月采集食用。东巴经《消除死者罪孽经》中也有采集这种野菜的记载，其学科称谓有待鉴定。

8. tv³³。此字见于《和依甲账本》，字形与 iə²¹接近，据田野调查和对原文上下文的联系，应为量词斗（十升）。

9. pø³³升。此字有时变音为mbø²¹，假借为几成的"成"，有时假借为mbø²¹利息。有时也用 mbø²¹爬假借为"利息"。这些用例仅见于和依甲账本。因社会变迁，当前仅有少数老人还知道这些专用词，故列之。

10. 、、、、 mo²¹，用为没有、不。《谱》0056认为是："暮也，不也，象日没将尽。"但纳西语日暮并不读mə³³，此字形与"日"字的字形也不相符。字源待考。

有些字与丽江东巴文形同而实异，可以称为同形异义字，兹附列于下：

11. tʂhv³³硝水，与丽江 dzˌ³³时间同形，见《谱》64："时也，日光照临，以日光移动定时也。"

12. thv³³孵，与丽江 dʑi³³酒曲同形，见《谱》920："酒药也，用发酵。"

13. 、 si³³百，与丽江 ɣɯ³³好同形，见《谱》1191："好也，字源难解。"

14. bi²¹半升，与丽江 py³³升同形，见《谱》1097："升也。"

有几个字看起来是很抽象的符号，有的字源比较清楚，有的还需要再研究。如：

15. tʂhər³³，此字用为世代。《象形字典》1605号认为："画一级一级之形，以之象征世代之联续。"比较牵强，但可备一说。

16. 《规程》、《舒契》、《调书》、《人簿》、《人簿》yi³³，用为人名或动词。此字看似抽象符号，但可能来源于表形字。《象形字典》1561号认为：" [i³³] 或 [ji¹¹] 漏也，似由字变来。"按白地此字有写得较圆滑的，如 ⚊《和年恒题词》、⚊《和树昆信》、⚊《规程》，比较接近 字。也有变成硬折线的，如 ⚊《人簿》、⚊《舒契》，就相去甚远，成为很抽象的符号了。

17. ⚊ se³³，用为结束或助词。此字丽江写作 ⚊，有人认为是借汉字"了"，可备一说。白地或写作 ⚊《和志本题词》，或写作多折的 ⚊《和年恒题词》、⚊《和年恒题词》，或加"人"字头作 ⚊《和志本题词》、⚊《和树昆信》。在此基础上，有的将折画拉直作 ⚊《卖格都争坡契约》、⚊《买米坡契约》，或将"人"字笔画分开作 ⚊《买米坡契约》。此字字源可再考，但有人据最后一个字形说借汉字"小"，是不可信的。

18. ⚊《和年恒题词》、⚊《调书》、⚊《规程》、⚊《舒契》、⚊《卖拉舍地契》、⚊《买古达阔地契》 ʂə³³ 说。此字应是借汉字"上"，常用作"说"。在《白地买拉莫塔地契约》中，有 ⚊上⚊上 gə²¹ ʂə⁵⁵ muɯ²¹ ʂə⁵⁵，即"说上说下"，相当于汉语的"说东说西"，是东巴文契约的习用短语。在《白地买古达阔地契约》中有写作 ⚊⚊⚊⚊，全句是"以后如说上说下，由威吉负责"。可以看出，其他形体都是"上"的变形。

第六节　白地东巴文的流通

东巴文主要用来记录东巴教的典籍，使用者主要是东巴教的教徒。和志武认为东巴教开始大规模用象形文编写东巴经，始于被奉为神明的白地人阿明，他生于北宋中期（11 世纪），这时的东巴教已发展到著书立说的新阶段，标志着东巴文化已形成于白地。从那时一直到民国时期，每年都有各纳西族地区的东巴到白地朝圣。朝圣者除了要举行加法力仪式之外，最主要的还是学习东巴教的经典，如民国时期丽江著名大东巴康巴才，在白地学习了三年。可见，白地一直对各地东巴文化产生着影响。2007 年，我们十分有幸地在美国哈佛大学所藏东巴经书的跋语里，发现了 2 条由丽江长水东巴东知撰写的跋语，跋语里说到经书是从白地转抄的。现将这两条跋语翻译如下：

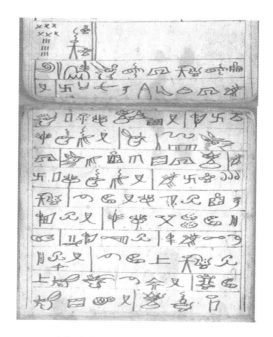

哈佛大学编号为 L23 的经书跋语

L23：火龙年那年长水马鞍山下的东巴东知写的。这本经书的母本，是从白地甲告恒东巴那里请来。几句经文对于没有经书的人来说是非常困难的，别人即使有成驮的经书，不要说是借给你，就是看一眼都不允许，没有经书这样的事情，真是一言难尽。

L24：长水东知的这本经书，是从白地甲告恒东巴那里转抄来的。人类之卵是老天生的，而孵化是大地所孵化的。无奈啊，一切都挽留不住啊。

甲高恒是白地清朝末年著名的大东巴，其生卒年不详，为白地恩土湾村人，户名称作"勒布"家。其儿子叫更土高，也是著名大东巴，后世称为阿普高。阿普高最得意的弟子就是纳西族最著名的大东巴之一的久嘎吉（1886—1964）大师。久嘎吉大师曾担任李霖灿先生的经师，协助陶云逵等学者的考察工作，担任民国时期维西东巴文化短期训练班教师。他一生授徒无数，最得意的弟子是和年恒。和年恒为白地水甲村人，1961—1963 年，师徒两人到丽江文化馆翻译东巴经。这两条跋语说明白地与其他纳西族地区的经书流通一直没有中断。

民国时期，出现了经商者使用东巴文的情况，如民国时期波湾村的和依

哈佛大学编号为 L24 的经书跋语

甲等人，学习东巴文是为了记账、立契等。从用途来看，无论是"文革"前，还是当前，东巴文献的主体都是宗教经典和宗教应用性文献，民国时期曾经用来记录民间应用性文献。也有少数用于政府公文的，如民国时期时任中甸县县长的段绶滋曾发布《规定婚姻范围禁止血族结婚布告》，布告中写道："兹以汉、藏、摩西、傈僳四种文字剀切布告禁止，并饬各区乡保长、各级土官随时纠察举发。"① 布告中的摩西文应当指的就是东巴文。由此看来，当时的东巴文流通范围可以涵盖整个县内的纳西族居住地区。到了20世纪50年代以后，推广现代文化教育，应用性文献等不再使用东巴文，逐渐由汉字代替。

从波湾村现存的东巴文献中，我们通过对跋语的考察，发现有2册是由纳西族著名大东巴久嘎吉送给波湾村的肯若的。有1册是白地古都村民国时期著名大东巴阿格肯恒（和志本的舅舅）送给波湾村邦尤男主人的。

这段跋语的译文是："土兔年（1939年）腊月，恩水湾东久（久嘎吉）

---

① 段绶滋纂修，和泰华、段志诚点校：《（民国）中甸县志》，中甸县志编纂委员会办公室《中甸县志资料汇编（三）》，1991年版，第196—197页。

久嘎吉大东巴送给波湾肯若的经书

五十九岁时写了这册经书后送给波湾的侄子肯若了。"

　　20 世纪 80 年代以来，波湾村与周边的交流仍然密切。20 世纪 80 年代，树银甲先生曾经跟随水甲村和年恒大师学习过，转抄了一些经典。目前，和学仁经常向东坝村的习尚洪学习，在他的东巴经书中，有些是东坝习尚洪东巴赠予的，有些是从他那里转抄的。阿普纳家收藏的经书有一册是吴树湾著名大东巴和占元送给波湾村的共恒，后来共恒转送给了我们，说明波湾村的东巴文一直保持着与周边的交流。

第四编

应用文献篇

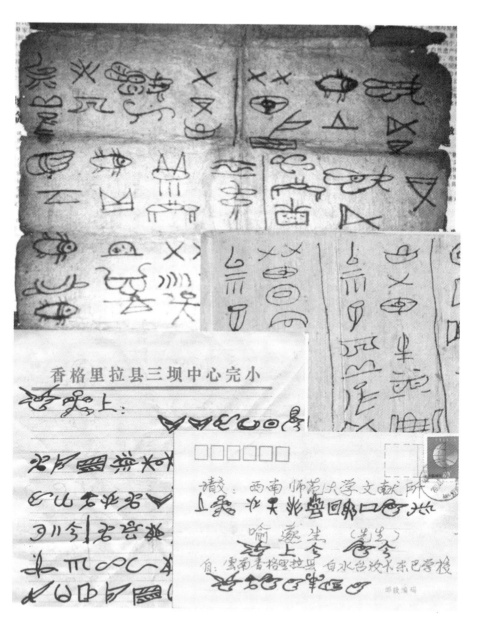

东巴文应用性文献剪影

第十三章
东巴文应用性文献概述

第一节　东巴文应用性文献的定义及类别

一　"东巴文应用性文献"释义

"东巴文应用性文献"是我们为研究方便而提出的一个术语。

东巴文因东巴和东巴教而得名，顾名思义是因其一般只用于东巴教经典，至于是否还用于书写宗教之外的文献，人们所见不多，也不太留意。其实东巴文是可以用于书写非宗教文献的，只是这种情况比较少见，流传至今的文献收集刊布不多，没有引起人们的注意而已。

李霖灿先生曾说："么些文字的日常应用，大致不出谱牒、记账、书信三项，谱牒、账目，我曾在么些地区着意搜求，毫无所获。书信则只见到几封最近军人的家书，这可见么些文字在日常应用上份量的稀少。而我们一收罗宗教上的经典，动辄数千册。（Joseph F. Rock 博士曾收去四千册，北平图书馆四千多册，我亦为中央博物院收集一千多册）可见文字用在宗教上份量之重。"[①] 这是最早对东巴文非宗教文献的报道。1981 年，《纳西象形文字谱》出版，其《应用文举例》部分，刊布了和芳东巴致和志武先生的东巴文信和 1951 年方国瑜先生代表纳西族献给毛主席的东巴文锦旗，这是第一

---

① 李霖灿：《么些族文字的发生和演变》，《么些研究论文集》，台北故宫博物院 1984 年版，第 65 页。

次刊布东巴文非宗教文献的实例。我们在 20 世纪 90 年代中期开始注意收集、整理、研究东巴文非宗教文献，1999 年 10 月在丽江国际东巴文化艺术节学术研讨会上提交了《纳西东巴文应用性文献的语言文字考察》一文，阐述了东巴文应用性文献的类别、性质、特点和研究价值，呼吁应重视对东巴文应用性文献的研究，得到了与会学者的肯定，孙宏开先生在作大会学术总结时说这篇文章"开辟了东巴文研究的一个新的领域"①。

为什么叫"应用性文献"？开始我们想叫"非宗教文献"或"世俗文献"，后考虑到此研究的范围包括了一些经书卷末的跋语和一些记述宗教仪轨的规程，这些文献，特别是宗教仪轨，不好说是非宗教文献，而我们要研究的医书、账本、契约、书信、日记、文书，等等，都是用于日常生活的应用文，宗教规程也是有别于宗教经典的应用文，况且《纳西象形文字谱》也有《应用文举例》部分，所以定名为"应用性文献"。

二 东巴文应用性文献的类别

东巴文应用性文献首先可以分为宗教应用性文献和非宗教应用性文献。宗教应用性文献主要有经书跋语、宗教规程、舞谱等，舞谱也可以归入规程。非宗教应用性文献用于民间世俗生活，丰富多彩，种类很多。前人对东巴文应用性文献还没有做过系统深入的研究，我们根据调查研究，按其内容初步分为以下 13 类。

1. 医书。按情理医书应有医书（狭义的，主要讲医理、医技）和药书（药物、处方）两类，现在发现的只有讲处方的药书。

2. 契约。主要是地契，有买卖的地契，分家的地契，其次是借契（借条），也有解决纠纷的契约。我们目前看到的应用性文献，数量最多的是地契，时隔数十上百年，历经风雨沧桑，仍保留完好，可见农民和土地生死相依的情结。

3. 账本。有借贷账，有人情账。人情账是民间做红白喜事时收取钱财的礼簿，目的是供日后还礼之用，按说在民间曾广泛存在，但现在收集到的

---

① 喻遂生：《纳西东巴文应用性文献的语言文字考察》，收入《玉振金声探东巴——国际东巴文化艺术节学术研讨会论文集》，社会科学文献出版社 2002 年版。

不多。

4. 书信。包括传递信息的便条。旧时代汉语汉字在偏远民族地区并不普及，东巴之间书面往还主要靠东巴文书信，李霖灿先生曾说他见到过"几封最近军人的家书"①。也许是这种东西随用随扔，我们现在还没有发现时代较远的书信。

5. 题词。有摩崖题刻，也有纸本题词。如是纪念性碑刻、趋吉辟邪性石刻，则归入墓铭（附其他石刻）类。

6. 日记。现在发现的只有和华亭东巴日记和依德次里日记两例，若将依时记事的文字视为广义的日记，则一些连续纪事的记事本可以纳入。

7. 文书。书信、题词、日记、跋语等本可包含在广义的文书之内，因这几类体裁较特殊，故独立成类。此处文书仅指文章、文稿、文告等。祭文应属文书类，但现在尚未发现实例。

8. 歌本。纳西族是一个能歌善舞的民族，有的歌手为了对歌、赛歌，有将歌词汇集、记录的要求。这些歌本有用东巴文写的，也有用汉字标记纳西语音的。

9. 谱牒。李霖灿先生曾将谱牒列为"么些文字日常应用"的三项之一，但他未曾亲见。20世纪80年代起陆续有报道和著录，在丽江东巴文化博物馆也有陈列。

10. 对联。对联在纳西族东巴文化保存较好的偏远农村使用还比较普遍。现在在丽江街头，特别在旅游商店里，东巴文对联举目皆是，因是后起之作，我们没有采用这些对联来作为研究的材料。

11. 墓铭（附其他石刻）。东巴文石刻很少，原来发现的有纪念性碑刻、趋吉辟邪性石刻，近年陆续发现多处墓铭，是东巴文应用性文献的重大发现。本类原拟以"石刻"为名，但与其他类按用途命名相违，而以"墓铭"为名，又无法涵盖纪念性碑刻和趋吉辟邪性石刻，故暂以"墓铭（附其他石刻）"进行分类。

12. 跋语。不少东巴在抄写经书末尾，会写一些跋语性质的文字，或述经

---

① 李霖灿：《么些族文字的发生和演变》，《么些研究论文集》，台北故宫博物院1984年版，第65页。

过，或抒胸臆，与经文正文在内容和文字上有所不同，应该视为应用性文字。

13. 规程。是记载纳西族礼仪的应用性文书，有的专门记载东巴教法事的仪程，东巴舞谱亦可归入此类。

除了上述的 13 类外，还有现在丽江地区比较流行的东巴文标语、广告、路标、招牌、菜单、包装、贺卡，等等，这些都是后起的仿拟之作，我们没有列入研究范围。

第二节　东巴文应用性文献收集研究现状

本节对东巴文应用性文献收集、整理、研究的情况分类加以介绍。因有的类别在俄亚、白地没有发现或数量很少，为了照顾介绍的系统性，本节所述材料不限于俄亚、白地。又俄亚、白地契约、账簿、书信、题词、石刻的重要文献下章有专节介绍并作译释，故本节稍略，而其他在下章未立专节的类别，则作较详细的介绍。

1. 医书

学界关于东巴文医书的报道，最早见于杨仲鸿先生的遗稿《从美国人骆克博士的纳西族文字教师和华亭的两则日记谈纳西族文献的丰富》，该稿记载：在洛克收集的东巴经中，有"'每古以绍索'类，是叙述占卜、医疗和药物的书。这类书与骆克所研究的植物学有直接的关系，且在纳西族民间很见效果的。所以他多方问讯，多方去观察实物，并于他第二次回美国时全部都带走。约五十余册"①。其中应有相当数量的医书。

20 世纪 90 年代，丽江的医生发现并收藏了 3 本东巴文医书②，其中一本以《医药之书》为名刊于《纳西东巴古籍译注全集》第 100 卷，但采用的是和即贵东巴的重抄本，已非原貌。杨福泉先生说："我在 1991 年 7 月的调查中了解到，白地曾经有过用象形文书写的医书。白地行政村医务室医生

---

① 　杨仲鸿遗稿《从美国人骆克博士的纳西族文字教师和华亭的两则日记谈纳西族文献的丰富》，喻遂生复印稿为郭大烈先生所赠，谨致谢忱。

② 　毛龙发：《东巴与纳西族民间医药》，《玉龙山》1998 年第 3 期。

丽江杨钊所藏医书首页 　　　　　摹本（喻遂生摹）

杨吉春讲，他的父亲懂草药，他曾见过那本用'斯究'（即纳西象形文）写的药书，读起来很接近口语。"又说1992年在丽江大具发现的东巴文医书来源于白地①。张公瑾先生主编《民族古文献概览》也说："云南中甸县三坝乡文化站也收集有有关药物方面的经典。"② 由此看来，白地有可能曾有过东巴文医书，但我们目前还没有发现。至于俄亚，还没有听说过有东巴文医书。

2. 契约

主要是地契，有买卖、分家的地契，也有解决纠纷的契约。另据宋兆麟先生说，他曾在永宁征集到一件东巴文卖身契，现藏于国家博物馆③，但我们

①　杨福泉：《丽江、中甸纳西族东巴教现状调查》，《纳西民族志田野调查实录》，中国书籍出版社2008年版，第56页。

②　张公瑾主编：《民族古文献概览》，民族出版社1997年版，第151页。

③　2004年10月喻遂生在北京出席中国民族古文字研究会第七次学术研讨会时，承宋兆麟先生面告。

无缘得见。目前我们所知的东巴文契约共 38 件，其中出自白地的有 15 件①。
出自白地的 15 件契约，郭大烈主编《中国少数民族古籍总目提要·纳西族
卷》著录了 6 件②，另 2 件为喻遂生带研究生在白地考察时发现，7 件为和继
全近年收集。我们目前看到的非宗教应用性文献，数量最多的是地契，时隔数
十上百年，历经风雨沧桑，仍保留完好，可见农民和土地生死相依的情结。

　　学术界首次刊布东巴文地契，是李锡先生的《丽江宝山纳西象形文字砖
初考》③，该文刊布、译释了 1998 年出土于丽江宝山乡本卡村的两块残砖东
巴文地契。喻遂生后对此契进行了缀合重考④。喻遂生先后刊布、译释了
《白地卖拉舍地契约》《白地买古达阔地契约》《丽江宝山光绪十七年卖里达
卡地契约译释》《光绪三十年卖格罗地契约译释》，并对东巴文地契研究进
行了综述⑤。和继全是东巴文地契的主要收藏者，2012 年在其博士学位论文
《白地波湾村纳西东巴文调查研究》中刊布译释了《卖古舒里地契》《绕日
家赎打谷场契约》《白地地基、房产纠纷调解书》、纳藏双文的《白地赎伟
不里地契》⑥。

---

　　①　参见喻遂生《纳西东巴文地契研究述要》，收入《一生有光——周有光百年寿辰纪念
文集》，语文出版社 2007 年版；《东巴文丽江宝山光绪十七年卖里达卡地契约译释》，《中国文
字博物馆》2010 年第 3 期。

　　②　郭大烈主编：《中国少数民族古籍总目提要·纳西族卷》，中国大百科全书出版社
2003 年版，第 419 页。

　　③　李锡：《丽江宝山纳西象形文字砖初考》，《丽江教育学院学报》2000 年第 2 期。又
收入《丽江东巴文化博物馆论文集》，云南人民出版社 2002 年版。

　　④　喻遂生：《丽江东巴文残砖契重考》，收入《纳西东巴文研究丛稿》（第二辑），巴
蜀书社 2008 年版。

　　⑤　喻遂生：《东巴文白地卖拉舍地契约译释》，《中国文字学报》（第一辑），商务印书
馆 2006 年版；《东巴文白地买古达阔地契约译释》，收入《纳西东巴文研究丛稿》（第二
辑），巴蜀书社 2008 年版；《东巴文丽江宝山光绪十七年卖里达卡地契约译释》，第二届中国
文字发展论坛论文，《中国文字博物馆》2010 年第 3 期；《东巴文光绪三十年卖格罗地契约
译释》，中国语言学发展之路——继承、开拓、创新国际学术研讨会论文，2010 年 8 月·北
京；《纳西东巴文地契述略》，收入《一生有光——周有光先生百年寿辰纪念文集》，语文出
版社 2007 年版。

　　⑥　和继全：《白地波湾村纳西东巴文调查研究》，博士学位论文，西南大学，2012 年，
第 140、146、152、181 页。

东巴文借条、收条之类，我们也暂归入契约。借条、收条目前我们看到16件，都出自俄亚和白地。其中1件为2000年白地古都村和志本东巴写的借条，已由喻遂生译释发表①；其余为喻遂生和其研究生在俄亚、白地调查时东巴书写的劳务费收条。

3. 账簿

东巴文账簿用于记录经济方面的收支，包括借贷、买卖、人情账、农村合作社时期的工分账等，因人情账情况比较特殊，我们将其单独列为一类。

（1）收支账簿

东巴文收支账所记的内容相当广泛。民国时期的账簿，主要记录地租、买卖和放贷，其主人应为地主富农或兼工商业者。郭大烈先生主编的《中国少数民族古籍总目提要·纳西族卷》著录的白地和依甲账簿10册，其中有商品销售账5册，放贷收支账5册，记录了他在各村销售盐、茶、布、针、铁钉，借出钱、粮和其他实物的收支情况；《1940年—1943年收债账簿》共48纸，记录收取地租21条，收回欠债125条，对藏族、彝族和某些村庄还有专门的账簿②。丽江博物馆1998年新入藏的俄亚账簿4本，共55页，为同一位债主所有，记载了牛年、虎年、龙年、蛇年、马年、羊年、猴年等年份多户人家向债主借粮借钱以及还贷的情况③。这些账簿是研究当时社会不可多得的史料。

解放后农村合作社和公社化时期，农民用东巴文记工分和粮食账，应该是比较多的。朱宝田先生报道过白地水甲村和年恒东巴的分粮账簿④。喻遂生2006年也在俄亚发现写在经夹板上的还款记录。这一时期农民记的收支账，主要是单方面的备忘的性质。从情理上讲，在集体化时期，应该有生产队的会计、保管员、记工员等用东巴文记账，至少不能排除这种可能性。

①　喻遂生：《和志本东巴借条译释》，收入《纳西东巴文研究丛稿》（第二辑），巴蜀书社2008年版。

②　郭大烈主编：《中国少数民族古籍总目提要·纳西族卷》，中国大百科全书出版社2003年版，第420页。

③　据喻遂生1998年11月至1999年3月在丽江考察时所见，感谢丽江东巴文化博物馆李锡馆长的帮助。

④　朱宝田：《纳西象形文字账本》，《民族学报》1981年第1期。

2009 年 8 月，我们在俄亚考察，在和乡干部聊到此事时，熊副乡长说该乡克米局村的一位村民组长在组织村民修公路时就用东巴文记账，可惜后来我们托人去找没有找到。

（2）人情账簿

人情账也可以说是特殊的收支账。中国农村有一家有事，亲友相帮的习俗，纳西族地区也不例外。遇到红白喜事、修房造屋等大事，必有亲友乡邻帮忙，送钱送物。礼尚往来，为了日后作相应报答，需要记录收到的各家钱物，这就是人情账。1998 年，喻遂生在丽江县民语委拜访过和学才先生。和学才先生，纳西族，丽江塔城人，时年 43 岁。祖上多代是东巴，他读小学时因父亲去世辍学，后当兵，转业后曾在丽江东巴文化研究室参加过东巴经记音。他说："当时民间有用东巴文记账的。红白喜事的收礼账，因今后要还礼，所以保存较好。我邻居有一本账本，上面有我爷爷的名字，我就要来保存，后来交给博物馆李锡了。我父亲如果在世今年 92 岁，因此推算这个账本有 100 年以上的历史了。"

纳西族人情账产生的另一个重要原因是祭祀。纳西族有按一定的血缘集团祭天祭祖的习俗，李近春先生曾报道过四川省盐源县沿海公社达住村英都家保存的一件解放前龙年祭天的人情簿。当地纳西族的习俗，正月初五为大祭，正月初八为小祭，"祭天用的两口猪，由两户轮流喂养，二十五年轮一次"。由于初五祭祀和初四晚全村在喂猪户家中聚餐用肉量较大，"四日下晚每家都要拿些肉来，逐一明细登记，待来年别家出猪时，也带相应的肉去"。英都家的人情簿记载了全村 51 户送肉的数量，其内容为："1. 本色本水家 10 斤。2. 本色沛措家 8 斤。3. 瓦格都置家 4 斤 2 两。……50. 高饶 4 斤。51. 阿呷格措 1 斤 14 两"等等，篇幅相当长①。英都家祭天集团喂猪是 25 年一轮，逐年应还人情的数量凭记忆肯定不行，必然会产生对书面记载的要求。因此，从理论上讲，纳西族家家户户都应有类似的人情簿，且因祭天集团要若干年才轮上一轮，因此保存的时间还较长。即使不会家家都有，当年有人情簿的人家，也不会仅仅是一户两户。

---

①　李近春：《四川省盐源县沿海公社达住村纳西族社会历史调查报告》，《四川省纳西族社会历史调查》，四川省社会科学院出版社 1987 年版，第 25 页。

（3）收集研究简况

最早报道东巴文账簿的是李霖灿先生，1954 年，李先生说："么些文字的日常应用，大致不出谱牒、记账、书信三项，谱牒、账目，我曾在么些地区着意搜求，毫无所获。"①

1957 年，和即仁、和志武先生谈到，"在交通闭塞，文化落后的山区（如中甸县的三坝乡和丽江县的果洛乡）的居民中，他们写信、记账时"还使用东巴文，东巴文的一个分支玛丽玛莎文"不仅用在书信、契约和记账上，甚至开会听报告时也用这种文字记笔记"②。二位先生当年是中国科学院少数民族语言调查第三工作队纳西语调查组的正副组长，他们的看法应该反映了 20 个世纪 50 年代东巴文使用的情况。

1981 年朱宝田先生报道了中甸县三坝公社白地大队水甲村和年恒东巴1967 年至 1971 年的分粮账簿③。

1987 年李近春先生报道了盐源县沿海公社达住村英都家保存的一件解放前龙年祭天的人情簿④。

1998 年 11 月至 1999 年 3 月，喻遂生在丽江进修考察，有幸见到丽江东巴文化博物馆 1998 年新入藏的四川俄亚账簿 4 册、和继全保存的家传账簿 4 册、东巴文化研究所藏账簿 1 册。1999 年 8 月，喻遂生在《纳西东巴文应用性文献的语言文字考察》中对东巴文账簿作了初步的论述，并刊布、注释了两页账簿，这是学界最早的对东巴文账簿的比较详细的论述⑤。

---

① 李霖灿：《么些族文字的发生和演变》，《么些研究论文集》，台北故宫博物院 1984 年版，第 65 页。论文集未注明该文最初发表时间，承蒙李先生哲嗣李在其、李在中先生见告，该文 1954 年发表于《大陆杂志》第 8 卷第 6、7 两期。谨致谢忱！

② 和即仁、和志武：《纳西族的社会历史及其方言调查》，《纳西族社会历史调查（三）》，云南民族出版社 1988 年版，第 15 页。又收入和即仁《民族语文论文集》，云南民族出版社 2006 年版。据此文《后记》，此文曾于 1957 年在云南省少数民族语文科学讨论会上油印，现"从内容到形式都基本保持了原样"。

③ 朱宝田：《纳西象形文字帐本》，《民族学报》1981 年第 1 期。

④ 李近春：《四川省盐源县沿海公社达住村纳西族社会历史调查报告》，《四川省纳西族社会历史调查》，四川省社会科学院出版社 1987 年版。

⑤ 喻遂生：《纳西东巴文应用性文献的考察》，《中国语言学报》第十期，商务印书馆2001 年版。

2000 年，李锡先生在《丽江宝山纳西象形文字砖初考》中披露丽江东巴文化博物馆收藏有 16 本俄亚、宝山、鸣音的东巴文账簿和记事本①。

2000 年 10 月，田松、杨志坚、和继全在四川盐源泸沽湖镇木垮村达祖组调查，得知杨哲理家有 5 本东巴文账本，其中有其爷爷、奶奶去世和舅舅1945 年去印度时村里人送东西的人情簿。杨鲁若家也有 8 本记账和记事的东巴文本子，他的爷爷以前是一个大东巴，叫嘎尧东巴②。

2003 年 3 月，《中国少数民族古籍总目提要·纳西族卷》著录了东巴文账簿32 册（件），虽仅有汉字叙述，但使我们对现存东巴文账簿的总体情况有了比较全面的了解③。

2006 年 3 月，喻遂生和李静生、和继全先生带研究生到俄亚考察，在大村木瓜林青东巴的经夹板上发现一则账单，这是目前为止所见到的唯一的一件木质账单④。

2008 年 1 月，杨亦花和钟耀萍在丽江塔城进行田野调查时发现了两本东巴文人情账簿，经与喻遂生共同研究，写出论文《丽江东巴文人情账簿译释》，于 2008 年 4 月在学术会议上发表，后又刊于《中国典籍与文化》，这是学界首次完整地刊布东巴文账簿⑤。

2010 年 6 月，钟耀萍在其博士学位论文《纳西族汝卡东巴文研究》中，刊布了宁蒗拉伯乡树枝村石波布东巴家传账单 2 件 3 页，并字释了其中的 1页；刊布了俄亚乡俄日村阿嘎东巴写在笔记本上的账单 1 页⑥。

2012 年 6 月，和继全在其博士学位论文《白地波湾村纳西东巴文调查研究》中，报道了白地波湾村树银甲东巴家的收支账簿 4 册 94 页、人情账

① 李锡：《丽江宝山纳西象形文字砖初考》，《丽江教育学院学报》2000 年第 2 期。

② 田松：《神灵世界的余韵》，上海交通大学出版社 2008 年版，第 256 页。

③ 郭大烈主编：《中国少数民族古籍总目提要·纳西族卷》，中国大百科全书出版社2003 年版，第 420 页。该书账簿条目由和继全撰稿。

④ 参见李静生《俄亚六日记》，《玉龙山》2006 年第 4 期；喻遂生《俄亚纪行》，收入《纳西东巴文研究丛稿》（第二辑），巴蜀书社 2008 年版。

⑤ 杨亦花、钟耀萍、喻遂生：《两本新出的民国东巴文人情账簿》，《中国典籍与文化》2013 年第 1 期。

⑥ 钟耀萍：《纳西族汝卡东巴文研究》，博士学位论文，西南大学，2010 年。

单 2 页，刊布译释了和依甲账本 2 页，树银甲账本 1 页、人情账 1 页①。

综上所述，我们已知的现存东巴文账簿能够落实的有 47 件（含人情账 6 件），大宗是《中国少数民族古籍总目提要·纳西族卷》著录的 32 件，其中：和继全家藏白地和依甲账簿 10 册、买盐茶账单 1 件，丽江东巴文化博物馆藏俄亚收支账 18 件、人情账 3 件。其余 9 件为：白地和年恒东巴分粮账簿 1 件、东巴所藏账簿 1 件、俄亚木板账单 1 件、塔城人情账簿 2 件、白地和志本东巴账单 1 件、白地树银甲账簿 5 册、人情账单 2 件、拉伯树枝村石波布东巴账单 2 件、俄亚俄日村阿嘎东巴账单 1 件。47 件中，喻遂生寓目的有 20 余件。

公开刊布图像并作出字释的只有：塔城人情账簿 2 册 11 页、和依甲账簿 3 页、树银甲账簿 1 页、人情账 1 页、东巴所藏账簿 1 页、拉伯树枝村石波布东巴账单 1 页，共 18 页。

现存的东巴文账簿出自白地的有 19 件（含人情账 2 件），出自俄亚的有 23 件（含人情账 3 件）。具体而言，白地 19 件是：《总目提要》著录的白地和依甲账簿 10 册，买盐茶账单 1 件，为和继全家藏；朱宝田先生报道的白地和年恒东巴分粮账簿 1 件，喻遂生报道的白地和志本东巴账单 1 件，和继全新报道的树银甲账本 4 册、人情账 2 件。俄亚 23 件是：《总目提要》著录的俄亚收支账 18 件、人情账 3 件，为丽江东巴文化博物馆收藏；喻遂生报道的俄亚木板账单 1 件，钟耀萍报道的俄亚俄日村阿嘎东巴账单 1 件②。

白地俄亚账簿中，公开刊布图像并作出字释的只有账簿 3 页、人情账 1 页，这说明，东巴文账簿的收集、刊布和研究，还有很多工作要做。

4. 书信

李霖灿先生曾说："么些文字的日常应用，大致不出谱牒、记帐、书信三项，谱牒、帐目，我曾在么些地区着意搜求，毫无所获。书信则只见到几

---

① 和继全：《白地波湾村纳西东巴文调查研究》，博士学位论文，西南大学，2012 年，第 85、159、162、166、171 页。

② 参见喻遂生《纳西东巴文账簿研究述要》，《中国语言学报》第 14 期，商务印书馆 2012 年版。

封最近军人的家书，这可见么些文字在日常应用上份量的稀少。"① 李霖灿先生可以说是报道东巴文书信的第一位学者。

1981 年，方国瑜、和志武先生《纳西象形文字谱》在《纳西文字举例》之四《应用文举例》中，刊布了丽江五台中和村和芳东巴于 1964 年写给时在中央民族学院工作的和志武先生的信②。信是杂用东巴文、哥巴文写成的，共 179 字。《文字谱》刊布时采取了一行原文、一行音标、一行汉语词对译的格式，便于阅读，可惜已看不出原文的行款格式。

李国文《人神之媒——东巴祭司面面观》在介绍中甸县三坝乡东坝东巴鲁基塔时说："据说基塔驻扎在山上放牧牦牛时，身边带着一条猎狗，有一次，因连日倾盆大雨，道路受阻不能回家，所带的干粮食尽，无法，先生灵机一动，用象形文字写了一张字条，上面写着：'鲁基塔左棵罗火比没衣色咩'（象形文字略）。大意即'鲁基塔口袋里的炒面吃光（没有）了'。基塔写好字条，将它挂在猎狗脖子上，然后狠打猎狗一棍，狗便带着字条往家里跑。狗回到家中，主人家看了字条，方知基塔在高山牧场断了粮食，连忙送去。"③

据《维西傈僳族自治县志》记载，维西县的纳西族用玛里玛萨文记事、记账、通信④。

1999 年 10 月，郭大烈先生在提交给"1999 中国丽江国际东巴文化艺术节学术研讨会"的论文《东巴文化面临的危机及其学科建设》中说："纳西族东巴文正像古老冰川一样，不仅不被时代所消融，而且顽强地延伸下来。1998 年，笔者收到中甸一个东巴来信，就是用东巴文写的。"⑤ 2006 年 4 月，喻遂生收到了郭先生寄来的这封信的复印件，信是中甸县三坝乡东坝东巴习阿牛土虎年（1998 年）6 月 20 日写给郭先生的，全文 16 开 1 页，

---

① 李霖灿：《么些族文字的发生和演变》，《么些研究论文集》，台北故宫博物院 1984 年版，第 65 页。

② 方国瑜、和志武：《纳西象形文字谱》，云南人民出版社 1981 年版，第 586 页。

③ 李国文：《人神之媒——东巴祭司面面观》，云南人民出版社 1993 年版，第 92 页。

④ 《维西傈僳族自治县志》，云南民族出版社 1999 年版，第 866 页。

⑤ 郭大烈：《东巴文化面临的危机及其学科建设》，收入《玉振金声探东巴——国际东巴文化艺术节学术研讨会论文集》，社会科学文献出版社 2002 年版，第 387 页。

145 字。

2000 年春节前夕，喻遂生收到在丽江东巴文化研究所工作的和即贵老东巴写来的一封东巴文书信。全文 16 开稿纸 3 页，30 行，257 字。喻遂生将其译出写成《一封最新的东巴文书信》一文，提交给 2000 年 8 月在北京大学召开的"纪念王力先生诞辰一百周年语言学学术国际研讨会"，并收入会议论文集①。这大概是第一篇在学术会议上公布的东巴文书信。

2003 年 10 月，喻遂生带研究生到白地考察，在杨正文先生处看到白地吾树湾村东巴杨玉发于 1998 年 8 月写给杨先生的信，全文 16 开 1 页，150 字。

2003 年 10 月喻遂生和研究生在白地考察时，和吾树湾村青年农民、该村汝卡东巴文化学校学员和树昆、杨秀光交上了朋友。回到重庆后我们把当时的留影寄给他们，2004 年 5 月，我们收到和树昆、杨秀光用东巴文写的回信。信为信笺纸 2 页，165 字。信封为东巴文加注汉字，这可能是目前为止唯一的一枚用东巴文书写的实寄封。

2006 年 3 月，喻遂生和东巴所李静生先生、东巴博物馆和继全先生带研究生到俄亚考察。在访问时年 71 岁的老东巴木瓜林青时，他说，他年轻的时候在盐源、西昌一带跑马帮，他的父亲（东巴）写信托人带给他，叫他在外面不要干坏事、抢人等。

2008 年 3 月 7 日，白地年轻东巴和树昆在丽江参加东巴培训班学习，致喻遂生一信，A4 打印纸，签字笔书写，3 页，261 字。致杨亦花一信，A4 打印纸，签字笔书写，3 页，250 字。

2011 年 9 月和 11 月，木里县依吉乡甲波村南卡杜基东巴致喻遂生两信，牛皮纸，10cm×18.5cm，前一封毛笔书写，113 字，后一封竹笔书写，54 字，由时在他家调查的杨亦花带回。

2012 年 8 月 26 日，在木里中学读书的俄亚克米局村小东巴撒达杜基（1992 年生）致杨亦花一信，笔记本纸，20.5cm×13.3cm，1 页，127 字。

目前为止我们看到的东巴文书信共有以上 10 封，其中习阿牛致郭大烈

---

① 喻遂生：《一封最新的东巴文书信》，《纪念王力先生百年诞辰学术论文集》，商务印书馆 2002 年版。

信、杨玉发致杨正文信、和树昆杨秀光致喻遂生信、和树昆致喻遂生信、和树昆致杨亦花信、萨达杜基致杨亦花信6封出于白地、俄亚，和即贵致喻遂生信、和树昆杨秀光致喻遂生信已由喻遂生译释发表①。

5. 题词

"题词"，《现代汉语词典》的解释是："为了表示纪念或勉励而写下来的话。"② 就文体来讲题词也可以归入广义的文书类中，但因其出现的场合和用途比较特殊，所以还是单独列为一类。中国古代有题壁的风气，所以题词不乏书于墙上，刻于崖壁的，而且古代的题词题诗，往往多是借助于摩崖石刻而得以留传。

纳西民族文字古代摩崖题刻，见于记载的有以下两则。一则是麦宗番字崖。方国瑜先生说："万历《云南通志》卷四'丽江府古迹'曰：'麦宗墨迹，在丽江府白沙西园崖上，是番字，难译其语。'已见于景泰、正德两本《云南志》。又乾隆《丽江府志》'古迹'曰'番字崖，在府城西十八里芝山麓，石上有番字数行，墨迹如新，相传异人麦宗手书'。按麦宗即阿琮，其墨迹当是所创制之'本方文字'，不详字体，盖书写数行，当非象形字而是标音字。在白沙芝山之麓，为白沙村西解脱林（福国寺）所在的山下，瑜在白沙访问不获，盖已磨灭也。"③ 按麦宗为宋末纳西族首领，其儿子就是元世祖忽必烈亲征大理过丽江时率众归附的阿琮阿良。麦宗墨迹如果书写在岩洞里，也许还可以保留较长的时间，但据和志武先生考察，"麦宗墨迹遗址，就在岩脚村背后的一个陡岩上，离地面约一丈多"④。所以乾隆《丽江府志略》所谓"番字数行，墨迹如新"，是不可信的，麦宗墨迹可能只是一种传说，现在无法坐实。

另一则是方国瑜先生1934年1月在丽江金庄桥头村一危岩上发现的明万历四十七年的汉、藏、哥巴文题刻。方先生抄录摹写了汉文和哥巴文，并

---

① 喻遂生：《一封最新的东巴文书信》，《纪念王力先生百年诞辰学术论文集》，商务印书馆2002年版；《纳西汝卡东巴信件译释》，中国文字学会第四届学术年会论文，2007年，西安。

② 《现代汉语词典》，商务印书馆1979年版，第1116页。

③ 方国瑜、和志武：《纳西象形文字谱》，云南人民出版社1981年版，第45页。

④ 同上书，第52页。

对哥巴文题词作了初步的考释，可惜这处题刻在 1951 年修公路时被炸掉而不存①。

东巴文摩崖题词，现均见于白地阿明灵洞。现存最早的是李霖灿先生和杨学才 1942 年 3 月的题词，题词内容很简单，只有姓名和日期，严格地说只能算作题名。严格意义的摩崖题词是我们 1999 年 1 月发现的和志本东巴 1995 年的题词，此外洞中还有一些近年拜谒者的题词。纸本题词我们见到的有：和才东巴 1943 年在四川李庄给董作宾先生儿女的题词，白地和年恒东巴 1981 年、1983 年给杨正文先生的题词，2003 年丽江国际东巴文化艺术节白地和志本东巴、垦恒的贺词，2011 年俄亚东巴依德次里给曾小鹏的题词。

习阿牛东巴摩崖题词、和才题词、丽江国际东巴文化艺术节两则贺词已由喻遂生译释发表②，依德次里题词刊布译释于曾小鹏博士学位论文③。

白地阿明灵洞今人题词

6. 日记

2014 年以前，我们见到的唯一的一份东巴文日记样品，见于杨仲鸿先

---

① 方国瑜、和志武：《纳西象形文字谱》，云南人民出版社 1981 年版，第 47、53 页。

② 喻遂生：《白地阿明灵洞东巴文题词译释》，收入《金秋集——刘叔新先生南开执教五十周年纪念文集》，南开大学出版社 2008 年版；《丽江国际东巴文化艺术节贺词二则译释》，《文字学论丛》第三辑，中国戏剧出版社 2006 年版。

③ 曾小鹏：《俄亚托地村纳西语言文字研究》，博士学位论文，西南大学，2012 年，第 305 页。

生遗稿《从美国人骆克博士的纳西族文字教师和华亭的两则日记谈纳西族文献的丰富》，遗稿的复印件由郭大烈先生提供。第一则日记有245字，第二则176字，记载了和华亭东巴和洛克在丽江、永宁各地收集东巴经和从丽江到昆明的时间、途程和其他情况，有重要的史料价值。但从日记全文看，似是事后的追述，或是对当初记录的整理，还算不上严格意义的日记。如第二则译成汉字仅250字，时间从1932年到1936年，末尾说："（在昆明）一共住了五十三个月，一共看了五千多本东巴经书，那时是民国二十五年。"日记后附有杨先生的汉字注音和译文。注音和译文都没有严格依照日记原文，只是述其大意。喻遂生刊布译释了日记的片断，下图是日记的一页。①

和华亭日记片断

2008年杨亦花在白地恩水湾村和贵全东巴处，发现他1997年4月陪同

---

① 参见喻遂生《纳西东巴文应用性文献的考察》，《中国语言学报》第十期，商务印书馆2001年版。

韩国学者丁一到俄亚考察的笔记本。笔记本记录了到俄亚的日程和一些地名、山水、文字等，虽不是严格意义的日记，但与和华亭东巴日记类似。

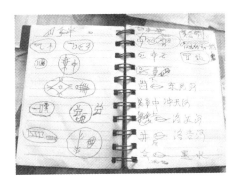

和贵全东巴笔记

2014 年 8 月，杨亦花等在俄亚拜访依德次里东巴时，见到他应云南大学光映炯老师的要求所做的记录 2013 年每天的大事的东巴文日记。其中 9 月 9 日至 10 月 20 日，记录了依德次里东巴与和尚礼先生等去西藏、青海、甘肃等地寻访祖先迁徙路线的过程。日记选页见本书第五章第三节依德次里东巴个案研究部分。

7. 文书

书信、题词、日记、跋语等本可包含在广义的文书之内，因这几类体裁较特殊，独立成类。此处文书仅指公文、文稿等。

在古代应该已有东巴文文书。据严汝娴等先生记载："曾在永宁开坪乡发现一大批土司的文书档案，其中汉文占居首位，藏文次之，也发现了极少数的东巴文书。"① 2009 年 7 月第 16 届国际人类学民族学联合会世界大会在昆明举行，我们就这批东巴文文书向严汝娴先生请教，她说是刘尧汉他们说的，她自己没有看见。

民国《中甸县志》末卷《艺文》部分，收有县长段绶滋署名的《规定婚姻范围禁止血亲结婚布告》，布告末尾曰："兹以汉、藏、摩西、倮倮四种文字剀切布告禁止，并饬各区乡保长、各级土官随时纠察举发。仰各一体

① 严汝娴、宋兆麟、刘尧汉：《四川盐源木里两县纳日人社会调查》，《四川省纳西族社会历史调查》，四川省社会科学院出版社 1987 年版，第 205 页。

遵照。"① 说明纳西（摩西）东巴文确曾在官府文告中运用。

1999 年 1 月，喻遂生在白地杨正文先生处见到一份汉字和东巴文两种文字对照书写的民国十五年的具结书，是杨先生在迪庆州方志办工作时在档案馆查到的。东巴文部分见下图，汉字部分为（原文未完全标点，现补足）："民十五冬月日，具结人东三区三坝甲长徐光忠、诸文明、伙头和亏苴、墨成章、张佩金：因五境会议追究喇嘛庙（？）产归学一事，民区自民国十年至今蒙恩并未收过。再有庙（？）产一项之事，维系（？）所收去，本任代民在甸值月伕马费一项中间并无隐讳之弊，理合具此切结证明为据是实。"

中甸民国十五年具结书（摹本）

据李国文先生记载，白地东巴和年恒曾向国家捐献一批珍贵古籍，"其经书内容有：和氏祭文一套，杨氏祭文一套，寿经一套，阴魂祭文一套。以上每套多则 20 余册，少则，十五六册，加上零散经书，共计 160 余册"。这些祭文，应当是用东巴文书写的，但现在尚未发现实例②。

丽江的东巴文文书，2008 年 4 月我们在丽江东巴文化博物馆看到 3 份清乾隆年间的官府文告，其中一份是乾隆十七年丽江军民府正堂樊某（名不详）为解决土地纠纷事给剌宝（宝山）吾母村和目挥等 20 户村民的《遵照》。文告有带花纹的方框，用汉字书写，加盖官印。在文告的左下角，写有东巴文 9 行 91 字。大意是此事由某某 6 人向官府反映，花了银子 6 两，等等。这是我们目前所见到的最早的东巴文文书。

---

① 段绶滋纂修，和泰华、段志诚点校：（民国）《中甸县志》，载中甸县志编纂委员会办公室编《中甸县志资料汇编（三）》，1991 年版，第 196 页。

② 李国文：《人神之媒》，云南人民出版社 1993 年版，第 112 页。

清乾隆十七年丽江军民府《遵照》

李霖灿先生在《与骆克博士论么些族象形字、音字之先后》《么些族文字的发生与演变》中，两次谈到丽江黄山乡长水中村大东巴和泗泉版刻的《形字音字对照书序言》①。丽江的东巴们鉴于各地东巴各自为政，用字混乱，公推和泗泉来整理文字。和泗泉用梨木版刻了东巴文和哥巴文的对照字汇，共收 900 余字，并在序言中叙述了事情的缘由。李霖灿先生说他 1940 年曾见过这些印刷品，并概述了序言的大意。和泗泉序是一篇有名的文书，这在东巴文的发展史上具有历史性的意义，只可惜后来夭折了②。序言共两页，横长 35cm，竖宽 25.5cm，横行 8 行，共 442 字。雕板现存和泗泉之孙丽江县文化馆和国相先生处，第一页的雕板的照片已发表于《纳西东巴艺术》一书。喻遂生 1999 年在《纳西东巴文应用性文献的语言文字考察》一文中发表了序言的第一页，并作了其中一部分的译释。序言全文译文为：

前不久，汉人和洋人，说是要学习东巴经，他们就去向他们认为会

---

① 李霖灿：《与骆克博士论么些族象形字、音字之先后》《么些族文字的发生与演变》，《么些研究论文集》，台北故宫博物院 1984 年版，第 46、81 页。

② 参见李静生《纳西族的东巴经书与东巴经译注本》，载《中国印刷史学术研讨会文集》，印刷工业出版社 1997 年版。

和泗泉版刻序言第一页拓片

的东巴请教。被请教的几个东巴，说他们会吧，可一样也说不好，钱他们倒是想要找的。雇请了他们以后，洋人就说：你们拥有如此特殊的经书，可你们读起来却是一个跟一个不一样，难道能这样吗？你们应该认真地去规范规范，不管什么人来读，都应该仿佛出自一个人的口才行。

以后，丽江的东巴都来商议此事，反复商议了两三年，一人一两句地凑集成了。就说哪个写得好，就叫哪个来写，然后去石印。可慢慢地思想此事，又觉得石印所需的纸张和花费不少，看来是出不起的。即使出得起，也不是一时的事，是长久要付出的事。要一代接一代去付这笔钱，肯定拿不出，因为石印的书也是容易损坏的。大家就说刻板得了。没有人来写和刻，东巴们就说：除了长水马鞍山脚下的那两个东巴，能做的人是没有了。就把这件事安排给了我们两个。我说做不了，人家说，你就照着从前白沙玖直拉那样做就行了。

东直和东京就非常认真地、非常用心地做出来了，大家就照着它，一丝一毫都不错的使用吧。哥巴字、象形字，两种文字都有了，敬请使用吧。我做出来的这本书，是一本样本，对它请不要说东道西，说三道四。你有自己的书，你会读就读好了。懂的人他会说好，不懂的人会说不好，大路有千条，要走的只有一条。不懂的人也会慢慢懂得，这是一件好事。刻板放在长水马鞍山脚下东直家中。愿能翻山越岭的东巴的手灵巧。

据李霖灿先生记载，和才东巴曾写有改革东巴文的文稿，提出走拼音化的道路，选取简单的东巴文标写子音和母音，以此来拼成所有的纳西文字，油印四开一大张①。因是油印散发，估计还应有留存。

8. 歌本

《纳西东巴古籍译注全集》第 100 卷收录《民歌范本》一册，据说是东巴文化研究所收藏的唯一的歌本。纳西族是一个能歌善舞的民族，且有对歌、赛歌的习俗，一般人可以口耳相传，唱歌能手可能就有记录和汇集歌词的要求。喻遂生曾从丽江县民语委和洁珍先生处借阅丽江七河乡西关村和学孔老人（1910—1998）的歌本。歌本分大本、袖珍本和散页折叠本三种。大本用 16 开公用笺订成，共 152 页。袖珍本为 7cm×5cm 的小日记本，折叠本为宽 7cm，长约 1 米的纸条，字小如粟米，显然是为赛歌而备。全部约 10 万字。内容有传统民歌，有歌唱社会主义、宣传时事和科学的新民歌，有的和东巴经内容字句相合。记录方式有汉文、用汉字记纳西语音、汉字记纳西语音与东巴文对照三种，以第二种最多。据说和学孔 80 年代才从其三弟和德三东巴学习东巴文，用以记录民歌，这虽然只能视为一种新时代的仿制品，但在旧时代，东巴文歌本应不会是绝无仅有的。

杨正文先生曾着意收集纳西族民歌，他让白地东巴用东巴文将歌词写在他提供的本子上，波湾村树银甲东巴还为此拟过抄写计划。杨先生将他收集的东巴文歌曲命名为《东巴吟唱》，并在《东巴象形文字的应用》一文中发表了 3 首东巴文歌词②。

我们在俄亚见到两件东巴文歌单。一件是机才高土东巴的儿子机才纳布拿出来的，60cm×6cm 的长条，13 叠折成袖珍本，显然是赛歌时用的。

另一件是俄亚益地村青年甲塔抄在横行信笺上的。共 5 页，10 首：
(1)《来跳舞，来唱歌》、(2)《爱逃》、(3)《云上桥》、(4)《纳家阿妹》、

---

① 李霖灿：《纳西朋友和才》，《神游玉龙山》，云南人民出版社 1994 年版，第 279 页。

② 杨正文：《东巴象形文字的应用》，收入《杨正文纳西学论集》，民族出版社 2008 年版。

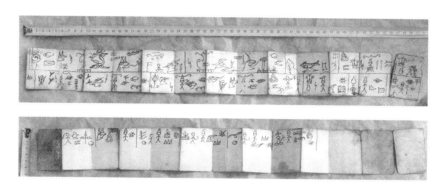

俄亚机才高土东巴歌单（正反面）

（5）《秋收歌》、（6）《请到俄亚古寨来》、（7）《古寨牧歌》、（8）《傻女》、（9）《古寨难眠夜（娜姆我想你)》、（10）《丽江姑娘》。其中（1）、（2）、（3）三首歌词为东巴文和汉字对照，（5）、（8）两首有目无词，其余歌词为汉字。从歌词内容看，有的为传统情歌，如《爱逃》歌咏男女私奔，《云上桥》希望有一座不怕波翻云滚，便于男女相会的桥；有的为翻唱或新创，如《请到俄亚古寨来》下标明"此歌由《请到纳西村寨来》改词"，《古寨难眠夜》中有"破旧的吉它是我黑夜的伴侣"的句子。甲塔在木里县城高中毕业，据说考上了大学因经济困难未去。回乡后曾去挖金，现帮亲戚看管小卖部，很想去搞民族音乐，故拿着歌词来找我们看。

　　现在对东巴文歌本的整理研究十分薄弱，仅喻遂生《纳西东巴文应用性文献的考察》、甘露《纳西东巴文假借字研究》、陈婧《东巴文〈民歌范本〉研究》对《纳西东巴古籍译注全集》收录的《民歌范本》作过部分字释和研究①。

　　9. 谱牒

　　纳西族人名历史上实行父子连名制，有的地方一直延续到解放前夕②。

---

　　①　喻遂生：《纳西东巴文应用性文献的考察》，《中国语言学报》第十期，商务印书馆2001年版；甘露：《纳西东巴文假借字研究》，博士学位论文，华东师范大学，2000年，第75页；陈婧：《东巴文〈民歌范本〉研究》，硕士学位论文，西南大学，2011年。

　　②　张联芳主编：《中国人的姓名》，《纳西族》部分由和即仁撰写，中国社会科学出版社1992年版，第356页。

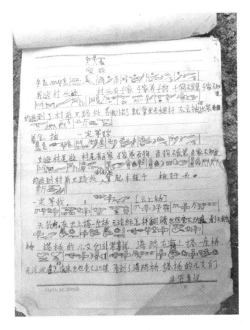

俄亚密地村甲塔抄写的情歌

父子连名代数多了记忆困难，于是便会产生纸本的家谱。东巴经中叙述人类起源时已载有纳西族远祖的世系，此世系为《木氏宦谱》所采用①。朱宝田、陈久金先生记载："俄亚村英扎次东巴口述，他的祖辈是从丽江县迁来已有二十一代。按每代以二十五年计算，共五百多年，原先还有祖谱一册，现已散失。"② 《中国少数民族古籍总目提要·纳西族卷》载有家谱一卷："家谱，不分卷1册，32页。佚名撰。四川省木里县俄亚纳西族乡阮可人支系构塔等八户人家的家谱。从阮可人的远古时期的祖先美忍士开始记载，一直记到后来八家各自分开。最长的一户共记载了四十七代，最短的一户记载了四十五代。对研究纳西族的家庭形态有参考价值。旧抄本。本色构皮纸，

---

① 参见洛克《中国西南古纳西王国》，云南美术出版社 1999 年版，第 41—84 页，图版 11、12。李霖灿：《释丽江木氏宗谱碑》，《么些研究论文集》，台北故宫博物院 1984 年版，第 179 页；《么些象形文字字典·引言》，台湾文史哲出版社 1972 年版。

② 朱宝田、陈久金：《纳西族的二十八宿与占星术》注3，《东巴文化论集》，云南人民出版社 1985 年版，第 332 页。

线订册页装，墨书。页面 8.3×28cm。保存基本完整。今藏云南省丽江东巴
文化博物馆"①。在丽江东巴文化博物馆的展品中，有一册《东巴和学文祖
谱》，记其家族 21 代父子连名；一册四川木里依吉乡《祖谱古籍》，具体内
容不知其详，尚无法进行研究。

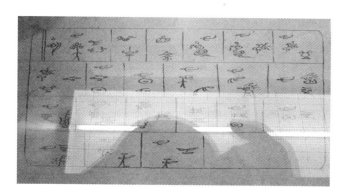

和学文东巴祖谱

四川木里依吉乡《祖谱古籍》

10. 对联

据和力民先生记载：贵峰大东巴和明奎，"每逢春节或其他喜庆节日，
他喜欢用象形文字书写对联，贴在自家门口，其内容多属妙语警句，村里老
幼皆可诵而不忘"②。1999 年 1 月 24 日，喻遂生访问黄山乡长水中村著名大
东巴和泗泉的故居，其侄儿和家柱东巴（时年 85 岁）及孙子和国钧先生
（时年 57 岁）说，以前和泗泉家大门和正房各刻有一副东巴文对联。他们还

---

① 郭大烈主编：《中国少数民族古籍总目提要·纳西族卷》，中国大百科全书出版社
2003 年版，第 407 页。以下简称《总目提要》。

② 李国文：《人神之媒》，云南人民出版社 1993 年版，第 222 页。

记得大门联语的纳西语读法，译成汉语是"卢沈二神守户，虎豹双兽护门。"[1] 正房的联语译成汉语是："满门天赐平安福，四海人同富贵春"。这说明以前有东巴文对联。我们在白地和志本东巴家、杨正文先生家，东坝习阿牛东巴家、习尚洪东巴家，都见到了门上贴的东巴文对联。

和志本东巴家门对联　　　　　　　　　习阿牛东巴家大门对联

杨正文先生家大门对联　　　　杨正文先生家仓库门对联

11. 墓铭（附其他石刻）

纳西语称东巴文为 sər^{33} tçə^{55} lv^{33} tçə^{55} 森究鲁究，意为木石的痕迹。东巴经末尾常有铭石留声的话语，如《超度胜利者·末卷·献饭·遗留福泽》

① 这里采用了余德泉先生后来在《东巴文对联研究》中的译文，《玉振金声探东巴——国际东巴文化艺术节学术研讨会论文集》，社会科学文献出版社 2002 年版，第 787 页。谨致谢忱。

说"把头目的名声刻在石块上"，《超度拉姆仪式·追忆生前·寻找灵魂》说"把东巴和首领的事迹刻在石头上"①。由此看来，东巴文石刻应有古老的渊源，但以前很少发现，研究也不够。1934 年 1 月，方国瑜先生在丽江石鼓至巨甸途中，发现一处汉文、藏文、哥巴文摩崖石刻，其中哥巴文两行 16 字，惜无法完全解读，且摩崖石刻也因后来修公路被炸无存②。

东五墓碑上的东巴形象

石刻墓铭前人有一些记载，但很长时间没有发现实物。据记载，白沙东巴"和诚祖父、父亲墓碑上，原来刻有东巴文的墓志铭和对联，可惜已毁"③。据木仕华先生讲，他曾见到用东巴文刻写的墓铭，可惜未拓印或摄影。1989 年 3 月，杨福泉先生在丽江塔城乡依陇行政村巴甸村田野调查时，发现了该村清末大东巴东五（东翁，学名和永公，1824—1888）的墓碑。他说："东五墓碑上有一块尚比较完整的石块上面雕刻着一个在跳舞的东巴形

①　《纳西东巴古籍译注全集》，云南民族出版社 1999—2000 年版，第 70 卷 111 页、76 卷 117 页。

②　方国瑜、和志武：《纳西象形文字谱》，云南人民出版社 1981 年版，第 47 页。

③　和志武主编：《中国原始宗教资料丛编·纳西族卷》，上海人民出版社 1993 年版，第 415 页。

象"，"一块残缺不全的石碑上刻着一只鹿和一只驴"①。但这一石刻应该是图画而不是文字。

2000 年 10 月，田松、杨志坚、和继全在木里县依吉乡甲区村考察，发现三片刻着东巴文的玛尼石，"刻画俱精"，石刻是甲波村的东巴噶土茸刻的，"东巴文字的大致内容是，一位老妇人去世了，亲人为她点起长明灯，祝愿死者灵魂得到安宁，保佑生者平安"②。该东巴文玛尼石的图片没有完全发表，下面左图见田松书第 211 页，右图由和继全拍摄，见杨林军《丽江历代碑刻辑录与研究》第 231 页③。三片玛尼石的关系，和继全解释说，木里俄亚、依吉等地缺乏大理石类不易破碎的石材，能采伐到一块 1 平米见方的青石块已属不易，但这种青石块容易雕刻也容易破裂。因此，给死者超度的经文若要写得稍微详细些，就必须用至少三块大中小青石块刻写，一来是把超度内容刻写完整，二来以从大到小、从下到上的顺序排列成一个塔形，从外观和内涵上都有着它的独特意义。后来杨亦花在依吉甲波村也见到同类的情形。

甲区村发现的东巴文玛尼石是严格意义上的东巴文墓志铭，打破了东巴文墓铭研究长期不见确切材料的窘境，是东巴文应用性文献研究中的重大发现，可惜刊布较晚且不完全，没有引起学术界的重视。

2011 年 9 月，杨亦花到甲波村调查，发现村尾有四个玛尼堆，其中三个玛尼堆有东巴文玛尼石。请甲波村纳白生根东巴和南卡杜基东巴到现场释读，纳白生根东巴说，这些东巴文玛尼石都是他和同村的鲁若东巴刻的，三个玛尼堆上的东巴文玛尼石内容基本相同，只有死者名字不同。三组东巴文玛尼石距今分别为约 15 年、8 年、1 年，最晚的是虎年（2010 年）才刻的。问及是否要为每个死者都刻玛尼石，纳白生根东巴说不是，只有家庭比较富

①　杨福泉：《丽江县第一件东巴石雕文件的发现和考察记》，《云南文物》1989 年 12 月 26 期；收入氏著《纳西民族志田野调查实录》，中国书籍出版社 2008 年版。又见《绿雪歌者》，云南教育出版社 2000 年版，第 88 页。

②　田松：《神灵世界的余韵》，上海交通大学出版社 2008 年版，第 122、211、258 页。又课题组《纳西族传统技术和生存方式调查报告》，李锡主编《丽江东巴文化博物馆论文集》，云南人民出版社 2002 年版，第 21 页。

③　杨林军：《丽江历代碑刻辑录与研究》，云南民族出版社 2011 年版，第 231 页。

依吉乡甲区村东巴文玛尼石

裕的人家才有能力给死者刻玛尼石。刻石大致内容是："和氏族的伊修妹，你已经成了祖先，不再是活人，你把福泽留下，不要再留恋鬼寨，我们从献给你的成背的肉食饭食之上，从献给你的经幡之上，把你送到祖先居住地，送到神灵居住的天界。"

依吉甲波村东巴文玛尼石

　　2011 年 8 月，杨亦花、史晶英等在俄亚乡苏达村调查时，发现了一块东巴文玛尼石，形制、内容完整，已由史晶英著文刊布译释，详见后文。

　　本类所附其他石刻，纪念性的石刻较早的有民国《丽江师范学校校舍奠基纪念碑》上所刻的东巴文。1984 年，闻宥先生以"云南丽江纳西文刻石拓片"为题刊布了这块碑上的东巴文。并写道："传世纳西文经卷写本甚

丽江师范学校校舍奠基纪念碑

多，但刻石极少见。故方国瑜教授对于乡邦文献，殚见洽闻；但也不知道有此石刻。""这份拓片是丽江杨朴先生于一九四一年邮寄给我的。杨先生并有一函，述刻石所在甚详。荏苒四十余年，书函已佚，而拓片尚存。亟为景印，以供同好者之参考。一九八四年十月闻宥记。"① 或许是因为闻宥先生的论文集是内部印行的缘故，此石刻拓片没有引起学界的重视。后来和志武先生在《东巴文的原名内涵》中说："闻宥教授收藏的丽江纳西文石刻图片，是东巴文哥巴文混合使用的石刻，至少也当是明代以后的文物，不能和东巴文原名内涵联系（关于此碑，近几年我多次回丽江寻访，至今未见原物，望同仁继续寻找）。"② 2011 年 10 月，杨林军先生在西南大学文献所资料室查阅与丽江相关的碑刻时，在《北京图书馆藏中国历代石刻拓本汇编》第 100 册中发现了《丽江师范学校校舍奠基纪念碑》，其简介为："民国三

---

①　闻宥：《闻宥论文集》，中央民族学院科研处 1985 年版，第 52、53 页。

②　和志武：《东巴文原名内涵》，《和志武纳西学论集》，民族出版社 2008 年版，第 107 页。

十一年（1942）二月刻。碑在云南丽江。拓片高 100 厘米，宽 60 厘米，正书，汉、纳西文合璧。"①经比对正与闻宥先生所刊碑文相合，同时也可以校正闻先生所述邮寄时间之误。此碑东巴文有些不清楚，尚待解读，并寻找原碑。

趋吉辟邪类的石刻，较早的有《纳西象形文字谱》卷首刊载的藏传佛教吉祥八宝石刻。朱宝田《纳西族象形文字的分布与传播问题新探》叙述了石刻的来源、性质及价值②：

> 1975 年，四川省西昌地区博物馆的同志给我寄来一份玉石拓片（长 14.3 公分，高 12 公分），并请我鉴定上面的文字（见第 78 页玉石拓片的照片）。我把上面刻印的文字与丽江地区的象形文字作了初步的比较，发现有许多类同的字，便初步认为它可能是纳西族的象形文字。又因对这一实物的出土地点不清楚，所以还不能完全肯定是纳西族的文物。为了进一步弄清这一情况，笔者于 1980 年春去西昌地区博物馆，看到了这一实物。通过初步了解得知，这一实物是木里县的俄亚公社卡瓦生产队纳西族东巴刻制的，他本人已于 1961 年去世。该实物是 1965 年被木里县文化馆工作者黄承宗同志所采集，现藏西昌地区博物馆。……另外，还想补充说明的是，纳西族的象形文字，纳西语为'塞究鲁究'，直译为'记石记木'或'刻石刻木'的意思。刻在木板上的纳西象形文字过去在丽江地区已有所发现，但是刻在石头上的应算是首次发现。再结合文字本身演变的形式来研究，它的重要意义就更大了。为此，我认为这块玉石尽管仅刻有十六个字，但应视为研究纳西族文字的珍贵文物。

石刻上吉祥八宝中的，宝伞、法轮、白海螺、吉祥结等符号已进入东巴

---

① 北京图书馆金石组：《北京图书馆藏中国历代石刻拓本汇编》，1989 年 5 月，第 100 册。

② 朱宝田：《纳西族象形文字的分布与传播问题新探》，《云南社会科学》1984 年第 3 期。

木里县纳西族东巴刻制的玉石拓片

文，可以作为纳西东巴教吸收藏传佛教内容的一个例证。辟邪石刻近年我们在俄亚发现多片，内容详后。

12. 跋语

东巴经都是以手抄本的形式流传于世，不少东巴在抄写经书末尾，会写一些记事性质的文字，或述经过，或发感想，我们将其称为跋语。经书跋语在内容、语言、文字等方面和经典正文往往有所不同，应该属于应用性文献的范畴。在诵经时，东巴是"人神之媒"，肃穆威严；在跋语中，他们可以敞开襟怀，直抒胸臆，反映了农民巫师"人"的一面，读起来很有意思，也很有研究价值，是确定经书的抄写人、时代、地域、传承，了解东巴的心态和生产生活的第一手材料。下面抄录几段《纳西东巴古籍译注全集》中的跋语以示例：

　　是猪年十月十三日写的，是（大东乡）温泉村有冷杉的崖子旁东恩驷写的，留给儿子，以后不要念错了让人作为笑柄，这是你父亲的手迹呀！（第 55 卷 175 页）

　　是下束河东巴东李的经书。从现在的情况来说，它也是银子。认真地说，从现在起亲近这些经书，经文才会读好写好。（第 81 卷 101 页）

　　这是一本烧天香的书，是用银子一样的黑竹笔写的，它的价值如一

头牛。（第 1 卷 137 页）

写给别人一套经书，给了一头母猪作为报酬。母猪养在家里，下了十窝小猪。（第 54 卷 307 页）

这一本经书是高原上初柯地方的东巴东命写的，是放羊时写的，一共写了 3 天，写得不好。愿东巴益寿延年，愿卜师健康长寿。（第 79 卷 47 页）

这本书原由祖父梭补余登写存，后由中央博物院带去了，说是要一本收藏。他们带去后，我手中无书。没办法了，好地方牛罗胜有个名叫和才的人在中央（博物院），他如何做，按规矩抄送来一本。这本书是看着和才的写本写的，虽然字写得不好，但首尾无差错地写下来了。后来者兄弟子女大小们，用好眼慢慢看吧。准备好你的薄嘴唇，好好念吧。不懂不要不管，要更深地懂得经书。笔迹不一样，不会和他人相混，去学习学习吧。愿东巴的继承者不断增加，愿像野坝子籽、蔓青籽一样的多。（第 7 卷 235 页）

这本书是 30 岁那年写的。小哥我曾到俄亚那个地方去过。看到那里人们的生活很贫困。我一双圆圆的眼睛，黑色的眼珠，只要看到人们艰难地生活着，就对人生不抱多少希望，心里就十分悲伤。但是，又细细想一想。在人类生活的辽阔大地上，比较乐观的人，吹着树叶喜喜欢欢地过了一生。说人生是来受苦受罪的这些人，受苦受累地过了一辈子。说人生是来受苦的，不必一味去受苦受难。说人生是来享乐的，也不要图一时快乐。苦和乐之间，不太苦不太享乐地、自欺欺人地过一生吧。若要说伤心的话，这话说不尽。心儿分三瓣，是烦恼聚集和交汇的地方，不要再把聚集在心里的伤心事提起。东巴和凤师我，手里拿着 12 元钱，12 元钱还没有用完，就到处走过了。什么样的生活，我都过过了。什么样的事，我都做过了。作为东巴，我到过宁蒗，曾到志凤家中拜访过他。由于我办事能力强，也曾做过汉官。鼠年那一年，曾召集过 159 个东巴做法事，全部算上不满 200 人。这些事一时也说不完了。（第 88 卷 199 页）

喻遂生最早进行经书跋语的研究[①]，随后甘露、和继全、邓章应、郑长丽等都对跋语进行过研究[②]。东巴经书跋语数量很多，内容丰富，涉及面广，疑难问题不少，应该组织力量，继续进行专门的研究。

13. 规程

规程纳西语称作 $du^{33}mu^{21}$，是记载纳西族礼仪（主要是东巴教仪式）的应用性文书。仪式规程主要讲解东巴教仪式时间的选定、祭品用具的准备、场地的布置、仪式程序、所念经书、关键话语和动作、胙品的分配，等等，详略不等。东巴舞谱是讲解如何跳东巴舞的说明性文献，亦可归入此类。和志武先生主编的东巴经目录中列有《东巴念经法事规程及书目》和《东巴跳舞规程书》各一种[③]。郭大烈先生主编《中国少数民族古籍总目提要·纳西族卷》收有多种规程[④]。《纳西东巴古籍译注全集》收有规程 34 种，目录如下（括号内为该卷页码）：

第 3 卷、祭村寨神仪式·规程（221）

第 5 卷、祭署·仪式概说（1）

第 9 卷、除秽和祭署仪式规程（281）

第 15 卷、延寿仪式·仪式规程·是卢神所说的（293）

第 21 卷、小祭风·木牌画稿·祭祀规程（197）

　　　　祭风·木牌画稿·仪式规程（225）

　　　　祭云鬼风鬼毒鬼仄鬼·木牌画稿·祭祀规程（249）

第 34 卷、丽江县大东乡禳垛鬼大仪式规程（91）

---

① 喻遂生：《纳西东巴文应用性文献的考察》，《中国语言学报》第十期，商务印书馆 2001 年版；《〈纳西东巴古籍译注全集〉纪年经典述要》，收入《中国古文献与传统文化学术研讨会论文集》，华文出版社 2005 年版。

② 甘露：《纳西东巴经跋语中的假借字研究》，《丽江师范专科学校学报》2010 年第 3 期；和继全：《美国哈佛大学燕京图书馆藏东巴经跋语初考》，《中央民族大学学报》2009 年第 5 期；邓章应：《从东巴经跋语看东巴教经典的传承》，《西北民族大学学报》2012 年第 10 期；郑长丽：《〈纳西东巴古籍译注全集〉跋语研究》，硕士学位论文，西南大学，2011 年；邓章应、郑长丽《纳西东巴经跋语及跋语用字研究》，人民出版社 2013 年版。

③ 和志武：《中国原始宗教丛编·纳西族卷》，上海人民出版社 1993 年版，第 411 页。

④ 郭大烈主编：《中国少数民族古籍总目提要·纳西族卷》，中国大百科全书出版社 2003 年版。

　　这些书有全书为规程的，也有经文后附规程的，可能还有一些经书所附规程分量不多，在经书题目上没有显示出来，因而未列入以上目录中。东巴文化研究所聘请的东巴和士诚、和开祥、和即贵等先生，都撰写了一些规程。

　　规程还有偏重于日常生活的，和即贵东巴撰写的《纳西族的古规礼仪》，有 4 万多字，"按照纳西族的古规，详细记录一个人结婚、生儿育女、取名、教育孩子及孩子成人的各个阶段的生活内容，详述了如何学农、学医、学东巴等各种技能以及应具备的能力，其中穿插了民风民俗和部分民歌曲调"，这个规程的内容非常丰富①。

　　东巴舞谱 20 世纪 80 年代初才被发现，其中《中国少数民族古籍总目提要·纳西族卷》著录了 7 本，《纳西东巴古籍译注全集》翻译了 5 本，戈阿干先生《东巴神系与东巴舞谱》著录了 6 本、《东巴文化真籍》刊载了 2 本，和发源先生在宁蒗县拖甸乡油米村发现一本纳西族支系汝卡人的东巴文舞谱并做了汉译，以上去其重复，应在 10 本以上②。

　　前人对东巴文规程的语言文字尚未作过认真的研究，尝试进行研究的有喻遂生《东巴文〈祭天古歌〉译释》、张杨《纳西东巴舞谱〈舞蹈的出处与来历〉研究》等③。

---

　　①　《丽江年鉴》，云南科技出版社 1998 年版，第 322 页。

　　②　《中国少数民族古籍总目提要·纳西族卷》，中国大百科全书出版社 2003 年版，第 398、399、401、402 页。戈阿干：《东巴神系与东巴舞谱》，云南人民出版社 1992 年版；《东巴文化真籍》，云南美术出版社 2001 年版，第 186 页。和发源：《油米舞谱》，载云南省社会科学院东巴文研究室编《滇川纳西族地区民俗和宗教调查》，1990 年版。

　　③　喻遂生：《东巴文〈祭天古歌〉译释》，收入《庆祝刘又辛教授 80 诞辰学术研讨会论文集》，西南师大出版社 2005 年版；张杨：《纳西东巴舞谱〈舞蹈的出处与来历〉研究》，硕士学位论文，西南大学，2009 年。

第十四章

俄亚、白地重要东巴文应用性文献分述及释读

第一节　契约

一　俄亚、白地重要东巴文契约简介

契约主要是地契，也有少量解决纠纷契约。我们在俄亚没有发现地契，当地东巴说："我们又不卖土地，哪里来的地契？"现我们看到的白地地契有14件，另有1件解决纠纷契约，占现有的东巴文契约的40%。简述如下。

1. 白地卖拉舍地契约

2003年10月喻遂生带研究生在白地考察时发现。东巴纸，竖长26.5cm，横宽20.5cm，两面书写。一面写标题和祝福语，可视为封面。一面为正文，横向分六栏，无界格，栏内小节有竖向界格，下端有半截如意节，为东巴文契约常见的一式两份的分合标记。地契保存状态为，正文向内按栏折为6叠，然后再对折，折叠后的面积约为4cm×10cm。据地契提供者和树昆说，此件在他爷爷前已传了3代，至他已6代，而他的爷爷时年82岁。另一件为卖山契约，在他爷爷前已传了5代。山名和两件地契中的户名①，至今还能实指，若能深

---

① 户名即家族名。纳西族原只有名，没有姓，因同名者多，故常在私名前冠户名以区别。

入研究，可以成为了解清末民初当地阶级关系、生产、物价的重要史料。

译文见下文《白地卖拉舍地契约译释》。

2. 白地买山契约

2003 年 10 月喻遂生带研究生在白地考察时发现。东巴纸，竖长 28cm，横宽 21.5cm，两面书写。一面写标题和祝福语，可视为封面。一面为正文，横向分六栏，无界格，栏内亦无竖向小节界格，下端无东巴文契约常见的表示一式两份的半截吉祥结标记。地契保存状态为，正文向内按栏折为 6 叠，然后再对折。据地契提供者和树昆说，此件在他爷爷前已传了 5 代；地契中的地名和户名，都能实指，若能深入研究，可以成为了解清代中晚期当地阶级、生产、物价、民俗的重要史料。

译文见下文《白地买古达阔地契约译释》。

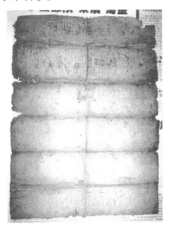

3. 赎柯伟铺地契约

著录于《总目提要》419 页，照片见图版 37 页。本色绵纸，竖长
41.5cm，横宽24cm，两面书写。封面上部为 1 行藏文，正文上部为藏文，
下部为东巴文。东巴文部分高 15cm，95 字，有红色印章 2 处、手印 3 处。
和继全博士学位论文《白地波湾村纳西东巴文调查研究》已作字释，东巴
文译文为：

花甲火鸡年八月初八日，告提向可尤从古父子两人赎回伟布里的土地。
原来的契约不见了，同意给了清账的文书。可尤家日后即使找到了地契，也
不要再说了。中间见证人是鲁格格、鲁巴格格、朋友久高耸三人。是可尤父
子两个的指印。

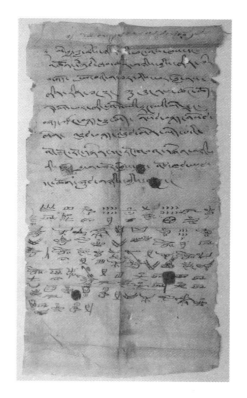

4. 卖古书里地契约

著录于《总目提要》第 419 页，照片见图版第 37 页。东巴纸，竖长

27.5cm，横宽19.2cm①，两面书写。封面7字，正文94字，下端有半截吉祥结。和继全博士学位论文《白地波湾村纳西东巴文调查研究》已作字释，译文为：

封面：是古书里的地契。

正文：花甲铁羊年十一月二十四日分割并保存契约。最初是这样，依丹甲把古书里地卖给吾树湾的都若，地价银子二十两已给了。以后的一天，一定不要又说不是这样。若有反悔的一天，中间见证人和担保人是屋下的子里高和吾树湾的阿高两人，以后可以出钱将地赎回。

5. 卖米坡契约

著录于《总目提要》第419页。东巴纸，横长30.5cm，竖宽20cm，右部略残，两面书写。封面9字，正文残存76字。译文为：

封面：是米坡一块地的契约。

正文：皇朝十八年蛇年七月二十八日龙日，红土湾……共恒、杨都恒两个卖米坡一块，进实湾伟塔伟嘎买了米坡一块。地款纯银二两五毫已给了。文书书写人是依恒阿莫塔。……人是阿都莫普嘎……

————————

① 《总目提要》419页为27.5cm×9.2cm，可能为打印错误。

6. 卖格都争坡契约

著录于《总目提要》第 419 页。东巴纸，横长 30.2cm，竖宽 20.4cm，两面书写。封面 7 字，正文首行约残 3 字，存 80 字。个别字句待考。译文为：

封面：是格都争坡的地契。

正文：皇朝……年……月十四日，阿巴古恒卖格都争坡，拉莫塔购买。争坡地款已给了，给了金子一两三毫。经办人是纳恒人和斯伟，经办费小麦五升已给了。契约书写人是纳恒人吉塔，小麦三升已给了。

卖格都争坡契约

7. 拉莫塔地契约

著录于《总目提要》第 419 页。东巴纸，横长 32cm，竖宽 20.2cm，两面书写。正面右部有约 10cm×12cm 的残孔。封面有标题 7 字、契约正文 21 字，左部边沿画有半截牦牛；正面存正文 134 字，右下部有半截宝花，牦牛和宝花都应是地契一式二份的分合标记。疑难字句较多。译文为：

封面：（标题）是拉莫塔地的契约。（正文）进实村……是伟吉威买的。纸墨钱粮食二升已给了。

正文：……鼠年……猪日……那莫拉莫塔两个米一升已给了……古坡地上段地价是这样……以后两个不要说东说西……

8. 绕日家赎打谷场契约

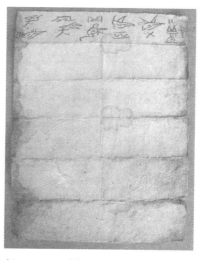

　　白地波湾村绕日家藏。东巴纸，竖长 30cm，横宽 14cm，两面书写。正面 6 栏，每栏左起纵向书写 2—3 字，全页共 117 字。背面 1 栏共 14 字。和继全博士学位论文《白地波湾村纳西东巴文调查研究》已作字释，译文为：

　　水狗年十一月二十日立契，绕日构塔向卡里古组赎回打谷场，以前是一尺地一两银卖给卡里家的，现在也准许一尺地一两银赎回，卖了十八尺地，现在十八尺地用十八两白银赎回。从今以后两家有生之年都不要再说地的事，如果又说的一天，赔偿违约金黄金一两。地方上的见证人是伟日家的垦恒、雨才两人。

　　9. 白地波湾村地基、房产纠纷调解书

　　著录于《总目提要》第 419 页，现藏白地波湾村阿普纳家。东巴纸，横宽 10.5cm，竖高 37.5cm，双面书写，正面 10 栏，背面 3 栏，每栏左起竖行，每列 2—4 字，正面 98 字，背面 20 字，共 118 字。和继全博士学位论文《白地波湾村纳西东巴文调查研究》已作字释，译文为：

木牛年十一月十三日画押，下那若、阿共究两人发生争夺地基，经地方调解和解。以后是这样的，人生到下辈子，地基只属于下那若，阿共究不能再说地基的事。下那若不能再说房屋的事，房屋只属于阿共究和根玛塔。下那若、阿共究两人的手迹。见证人是卡里家的构恒。

10. 白地古都村和志本东巴收条

2009 年 1 月底春节刚过，喻遂生带杨亦花、曾小鹏、武晓丽等到白地古都村调查，这次调查的任务是记录东巴经典，发音人请的是年届 80 高龄的著名大东巴和志本先生。从 2 月 2 日工作到 2 月 14 日（农历己丑年，藏历土牛年正月 20 日），喻遂生因开学在即要先期离开，就向和志本东巴交付给前一段的劳务酬金，和先生不会汉字，便用东巴文在我们带的 A4 打印纸上

写了以下的收条。收条译文如下（分行用斜线隔开）："花甲土/牛年正月/二十日结算了。/总共十三天，一天/是五十元，总共给了六百五十元。/付款人西南大学文献所/喻遂生，收款人是香格里拉/三坝古都东巴和志本。/祝长寿富足！"上图为和志本东巴在写收条，下图为收条。

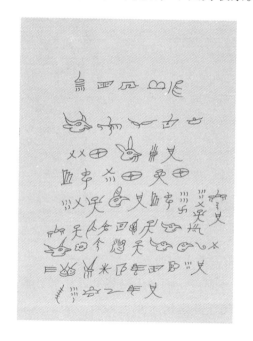

11. 俄亚大村机才纳布东巴收条

2009 年暑假，杨亦花在俄亚调查，俄亚不通公路，往返都要雇马帮。8

月 22 日机才纳布东巴在 A4 打印纸上写了这张收条。收条是按传统的东巴经的形式分栏书写的，栏内用竖线分格表示句读，汉字为杨亦花所写。收条译文如下（分格用斜线隔开）："九月初三日，/西南大学文献所的研究生杨亦花骑马的费用四百万、学习纳西经书的费用三百万收到了。/俄亚东巴机才纳布写的。/祝日后安康。"杨亦花回校后，由喻遂生证明并加盖公章，到财务处在其项目费中顺利报销。

此条第一个字∭九为∭七之误，2009 年农历七月初三正是公历 8 月 22 日。又条中"四百万"即 400 元。俄亚地处偏僻，十分闭塞，对人民币的称呼仍保留解放初的称法，1 万即 1 元，1 千即 1 角。我们在俄亚发现的账单，也是这种称呼和写法。

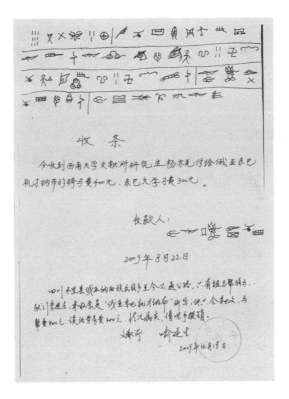

二 白地卖拉舍地契约译释①

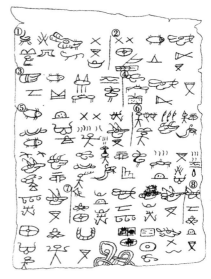

封面

字释：①  la²¹手。

$șə²¹$，哥巴字。两字连读作 la³³ șə²¹拉舍，地名。

$lɯ⁵⁵$牛虱，借作 lɯ³³土地，引申作地方。

$lɯ⁵⁵$牛虱，借作 lɯ³³土地。

$tçhi³³$刺，借作卖。

$o²¹$谷堆，借作是。

$me³³$雌阴，借作语气词。

全句标音：la³³ șə³³ lɯ³³ lɯ³³ tçhi³³ o²¹ me³³。

　　　　　拉 舍 地 方 地 　卖 是（语）

汉译：是卖拉舍地方的土地。

字释：② $zɿ³³$草，借作寿命。

$șər³³$七，借作 $șər²¹$长。

---

① 本章应用性文献字释作者、采访对象、时间均有不同，各文献之间标音或有不同，不强求一致。

🝙 ha³³饭。

〜 i²¹漏，借作 i³³有。四字连读作 zֺ³³ sֺər²¹ha³³i³³，意为长寿富足，为纳西语常见的祝福语。李静生先生认为后两字为 ha⁵⁵i³³日永，可备一说。

🝫 ho²¹肋骨，借作表祝愿的语气词 ho⁵⁵。

🝪 me³³雌阴，借作语气词。

全句标音：zֺ³³　sֺər²¹　ha³³　i³³　　ho⁵⁵　　me³³。

　　　　　寿　长　饭　有（语）（语）

汉译：祝长命富足。

正文

字释：①🝬卷首符号。

🝭 mbu²¹山坡。

🝮 tho²¹靠。两字连读作 mbu²¹tho²¹，是用五行和十二生肖相配为六十以纪年的方法，或译为花甲。

🝯 sər³³木。

🝰 gə²¹上，借作定语助词 gə³³。

🝱 la³³虎。

🝲 khv³³收获，一般写作🝳，以镰刀割物，借作 khv⁵⁵年。连读作 sər³³ gə³³la²¹khv⁵⁵木虎年。按木虎年即甲寅年，离现在较近的甲寅年有 1794 年、1854 年、1914 年。地契提供者和树昆说，其爷爷时年 82 岁，此件在其爷爷前已传了 3 代。按每代 20 年计，则此件至少有 140 年以上，在上述甲寅年中，可能只有 1854 年即清咸丰四年最合适。但对此说和继全先生持不同看法。他认为两张契约时代相同，而且此契以 1914 年为宜。理由是：第一，两张契约的买卖人都有 🝴 🝵 ku²¹hər³³古恒，若买山契在卖地契前两代，则是爷孙同名。但按照纳西族风俗，在一个家庭中爷爷和孙子不可能同名，因此两契中的古恒应是同一个人。第二，此契中的担保人之一阿普勒杜日若是和继全三姨妈的公公，这位老人 1958 年（或 1959 年）去世，时年 70 岁左右。按此推算，1914 年杜日若 26 岁。因此本文暂认定此契的年代为 1914 年。

🝶 tse²¹十。

🝷 me³³雌阴。

🝸 he³³月。两字连读作 me³³he³³月。

②╳╳ ȵi³³tsər²¹ 二十。

⊘ ȵi²¹ 日。

▱ the³³ɣɯ³³ 文字、文书。不完全标音的形声字，从▱▱ the³³ɣɯ³³ 书，╱ the³³ 旗子声。

▱ lɯ⁵⁵ 牛虱，借作 lɯ³³ 土地。

△ tɕhi³³ 刺，借作卖。

▱ le³³ 獐子，借作副词又。

▱ tɕi⁵⁵ 羊毛剪，借作安置、收藏、保存。

Ⅴ me³³ 雌，借作语气词 me⁵⁵。

全句标音：①mbu²¹tho²¹sər³³gə³³la³³khv⁵⁵tse²¹me³³he³³②ȵi³³tsər²¹ȵi²¹
　　　　　　花甲　木（助）虎　年　十　月　　二　十　日
the³³ɣɯ³³，lɯ³³tɕhi³³le³³tɕi⁵⁵me³³。

文书　地　卖　又存（语）

汉译：农历木虎年十月二十日的契约，卖地并保存。

③▱ la²¹ 手。

乙 ʂə³³ 哥巴字。两字连读作 la³³ʂə³³ 拉舍，地名。

▱ lɯ⁵⁵ 牛虱，借作 lɯ³³ 土地，引申作地方。

▱ uə³³ 村庄。

▱ kv³³ 蒜，借作头。两字连读作户名 uə³³kv³³ 威古，意为村头，当以居于村头而得名。

▱ ku²¹ 生姜。

▱ hər³³ 风。两字连读作人名 ku²¹hər³³ 古恒。

▱ nɯ³³ 心，借作连词和。nɯ³³ 多用作主语助词，用作连词不见于有关语法书，但经典中确有作连词者。如《刺母孟土》上卷：phv³³nɯ²¹kua²¹ 锅与灶、ŋv²¹nɯ²¹hæ²¹ 银与金、a²¹nɯ²¹tʂhu²¹ 碧玉与墨玉[①]。

④▱ ə³³ 呵。

▱ ku²¹ 姜。

▱ sɿ⁵⁵ 茅草。三字连读作人名 ə³³ku²¹sɿ⁵⁵ 阿古斯。

---

① 《纳西东巴古籍译注（二）》，云南民族出版社 1987 年版，第 144、145 页。

le³³獐子，借作副词又。

tɕi⁵⁵羊毛剪，借作安置、收藏、保存。

me³³雌，借作语气词。

全句标音：③la³³ ʂə³³ lɯ³³ uə³³kv³³ku²¹hər³³ nɯ³³④ə³³ku²¹sʅ⁵⁵le³³ tɕi⁵⁵ me³³。

拉舍　地方　威古　古恒　和　阿古斯　又　存（语）

汉译：拉舍地方威古古恒和阿古斯保存。

按：此段 字，和继全先生认为是 刺（借作卖）的误字，诚如是，则上文 心字应借作主语助词，全句意思是"威古古恒卖土地给阿古斯"。此解虽有点明买卖双方的好处，但在地契中将关键的买卖字写错的可能性不大，且"威古古恒和阿古斯保存"当是买卖双方各存地契之意，也不难理解，故不将 作错字处理。

⑤lɯ⁵⁵牛虱，借作 lɯ³³土地。

phv³³雄阴，借作价格。

lɯ⁵⁵牛虱。

o²¹谷堆，借作是。两字连读 lɯ⁵⁵o²¹意为是这样，lɯ⁵⁵词义待考。

ŋv²¹银子。

ʂu²¹铁，以斧头表铁，借作 su²¹纯粹。

ȵi³³tsər²¹二十。

ʂər³³七。

lv²¹举，借作 lu³³两。

ua⁵⁵五。

lv³³石头，依字形读音当借作 lu³³两。此字在白地账本中常和（lv²¹举，借作 lu³³两）连用，应读作量词 hɯ²¹钱。具体原因待考。

be²¹铁冠，借作 be³³做。

se²¹山羊，借作表完成的助词了。

me³³雌阴，借作语气词。

全句标音：⑤lɯ³³ phv³³ lɯ³³ o²¹，ŋv²¹ su²¹ ȵi³³ tsər²¹ ʂər³³ lu³³ ua⁵⁵ hɯ²¹ be³³

地　价　是这样　银　纯　二十　七　两五　钱　做

se²¹　me³³。

（助）（语）

汉译：地价是这样，纯银二十七两五钱已给了。

⑥ do^{21} 见，此读作 $\text{do}^{21}\text{çi}^{33}$ 见证人。

bu^{21} 山坡，借作负责。

çi^{33} 人。两字连读 $\text{bu}^{21}\text{çi}^{33}$ 意为担保人。

ndæ^{21} 祭祀木桩。

khɯ^{33} 狗。两字连读借作户名 $\text{ndæ}^{33}\text{khɯ}^{33}$ 丹肯。

dv^{21} 鬼名。

zʅ^{21} 蛇。

zo^{21} 瓮。三字连读借作人名 $\text{dv}^{21}\text{zʅ}^{21}\text{zo}^{33}$ 杜日若。

mbe^{33} 雪。

se^{21} 岩羊。两字连读借作户名 $\text{mbe}^{33}\text{se}^{21}$ 伯色。

ə^{33} 呵。

tha^{55} 塔。两字连读借作人名 $\text{ə}^{33}\text{tha}^{55}$ 阿塔。

khɯ^{33} 狗。

zo^{21} 瓮。两字连读借作人名 $\text{khɯ}^{33}\text{zo}^{21}$ 肯若。

ə^{33} 呵。

phv^{33} 雄阴。

lər^{21} 喊。三字连读借作户名 $\text{ə}^{33}\text{phv}^{33}\text{lər}^{21}$ 阿普勒。

dv^{21} 鬼名。

zʅ^{21} 蛇。

zo^{21} 瓮。三字连读借作人名 $\text{dv}^{21}\text{zʅ}^{21}\text{zo}^{33}$ 杜日若。

dzŋ^{33} 围墙，借作朋友。

nɯ^{33} 心，借作助词。

lu^{33} 四。

kv^{33} 蒜，借作个 kv^{55}。

o^{21} 谷堆，借作是。

me^{33} 雌阴，借作语气词。

ndzər^{21} 树，借作 ndzər^{55} 抽出来。

ŋv^{21} 银子。

〻 ua^{33}五。

⚌ hər^{33}风，借作量词 hɯ^{21}钱。

◊ kɯ^{21}胆，借作称量。

ᘛ hɯ^{21}雨，借形作 ʐu^{21}夏天，再借作约定。下一字写了又涂去为错字。

ᛒ be^{21}铁冠，借作 be^{33}做。

ᘉ se^{21}山羊，借作表完成的助词了。

ᚻ me^{33}雌阴，借作语气词。

全句标音：⑥do^{21}çi^{33}bu^{21}　çi^{33}ndæ^{33}khɯ^{33}dv^{21}ʐʅ^{21}zo^{33}，mbe^{33}se^{21} ə^{33}tha^{55}、
　　　　　　　见 人 负责人　丹肯　　杜日若　　　伯色　　阿塔

khɯ^{33}zo^{21}，ə^{33}phv^{33}lər^{21}dv^{21}ʐʅ^{21}zo^{21}dzʅ^{33} nɯ^{33}lu^{33}kv^{55}o^{21} me^{33}。ndzər^{55}ŋv^{21}
　肯若　　　阿普勒　　杜日若　朋友（助)四个 是（语）　抽　银

ua^{33}hɯ^{21}kɯ^{21}ʐu^{21}be^{33} se^{21} me^{33}。
五 钱　称 约定 做（助）（语）

汉译：见证担保人是丹肯家的杜日若，伯色家的阿塔、肯若，阿普勒家的杜日若朋友四个。约定抽头的银子五钱已给了。

字释：⑦ ᛣ mæ^{33}尾巴，引申作 mæ^{55}以后。

ᚼ dɯ^{21}大，借作一。

⊕ ɳi^{21}日。

ᴗ mə^{33}不。

ᗡ o^{21}谷堆，借作是。下一字写了又涂去为错字。

ᴗ mə^{33}不。

ᛒ be^{21}铁冠，借形作 nga^{33}将帅，再借做 ngɯ^{21}真实。

ᘜ le^{33}獐子，借作副词又、再。

〓 §ə^{55}说。哥巴字。

ᘛ hɯ^{21}雨，借形作 ʐu^{21}夏天，再借作约定。

ᴗ mə^{33}不。

ᛒ be^{21}铁冠，借作 be^{33}做。

ᘉ se^{21}山羊，借作表完成的助词了。

ᚻ me^{33}雌阴，借作语气词。

⑧🔸 le³³獐子，借作副词又、再。

〓 ʂə⁵⁵说。哥巴字。

🔹 dɯ²¹大，借作一。

🔹 n̩i²¹日。

🔹 ŋv²¹银子。

🔹 ba³³瘤子，引申作砣子、块。

🔹 dɯ²¹大，借作一。

🔹 lv²¹举，借作 lu³³两。

🔹 dʑy²¹手镯，借作有。

🔹 me³³雌阴，借作语气词。

🔹 dʐə²¹秤锤，一般写作🔹。

🔹 ma²¹油。两字连读作 dʐə³³ma²¹戥子。

🔹 ə³³呵。

🔹 mbu²¹猪。

🔹 tshe²¹十。三字连读借作人名 ə³³mbu²¹tshe²¹阿普侧。

🔹 i²¹漏，借作 i³³有。

🔹 o²¹谷堆，借作是。

🔹 me³³雌阴，借作语气词。

🔹 pa³³tər³³如意结，此处不读音，为东巴文契约常见的一式二份的分合标记。

全句标音：mæ⁵⁵dɯ²¹n̩i²¹，mə³³o²¹mə³³ŋgɯ²¹le³³ʂə⁵⁵z̩u²¹mə³³be³³se²¹
　　　　　以后 一日　不 是不 真 又 说约定不 做（助）
me³³。le³³ ʂə⁵⁵ dɯ²¹ n̩i²¹，ŋv²¹ ba³³ dɯ²¹ lu³³ dʑy²¹ me³³，dʐə³³ma²¹ ə³³mbu²¹
（语）又 说 一 日 银 块 一 两 有（语） 戥子 阿布
tshe²¹ i³³ o²¹ me³³。
侧 有 是（语）

汉译：以后，一定不要又说不是这样。又说不是的时候，要赔银块一两，用阿布侧家的戥子。

此契封面13字，正文112字，共125字（次），记录了127个音节，因🔹 te³³yɯ³³文字、🔹 do²¹ɕi³³见证人读双音节，故记录了全部的语词。125

字中，有哥巴字 1 个：〓 ʂə⁵⁵ 4 次；东巴字 121 个。东巴字中非假借字 24 字：🀫 ha³³ 饭 1 次、🀫 sər³³ 木 1 次、🀫 la³³ 虎 1 次、✕ tse²¹ 十 1 次、🀫 he³³ 月 1 次、✕✕ n̠i³³ tsər²¹ 二十 2 次、🀫 n̠i²¹ 日 3 次、🀫 te³³ ɣɯ³³ 文书 1 次、🀫 uə³³ 村庄 1 次、🀫 ŋv²¹ 银子 3 次、)))))) ʂər³³ 七 1 次、◍◍◍ ua⁵⁵ 五 2 次、🀫 do²¹çi³³ 见证人 1 次、🀫 çi³³ 人 1 次、))))) lu³³ 四 1 次、🀫 mæ³³ 尾巴引申作 mæ⁵⁵ 以后 1 次、🀫 ba³³ 瘤子引申作砣、块 1 次、🀫 dʐə²¹ 秤锤 1 次；假借字 97 个，占东巴字总数的 80.17%。

三　白地买古达阔地契约译释

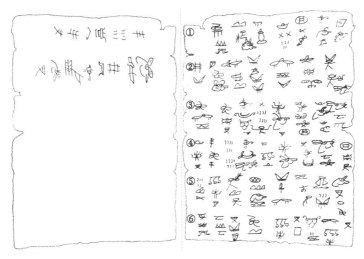

封面

字释：🀫 gv²¹ 熊。

🀫 nda⁵⁵ 砍。

🀫 为 🀫 kho²¹ 栅栏的误字。三字连读作地名 gv²¹ nda⁵⁵ kho²¹，在吴树湾村的东面。此地名契约正文作 🀫，🀫 为 ka⁵⁵ 粮架，当地无叫 gv²¹ nda⁵⁵ ka⁵⁵ 的地名，可见 🀫 ka⁵⁵ 字之误。

🀫 gə²¹ 上，借作定语助词 gə³³。

🀫 lɯ⁵⁵ 牛虱，借作 lɯ³³ 土地。

🀫 the³³ ɣɯ³³ 文字、文书。从 🀫 the³³ ɣɯ³³ 书，🀫 the³³ 旗声。

🀫 o²¹ 鹅，借作是。

ᚎ me³³雌阴，借作语气词。

ᚍ zʅ³³草，借作寿命。

ᚏ ʂər³³七，借作 ʂər²¹长。

ᚐ ha³³饭。

ᚑ i²¹漏，一般写作ᚒ，象蛋破流液之形，白地常写作ᚓ，借作 i³³有。四字连读作 zʅ³³ ʂer²¹ ha³³ i³³，意为长寿富足，为纳西语常见的祝福语。

ᚔ ho²¹肋骨，借作表祝愿的语气词 ho⁵⁵。

ᚎ me³³雌阴，借作语气词。

全句标音：gv²¹ nda⁵⁵ kho²¹ gə³³ lɯ³³ te³³ ɣɯ³³ o²¹ me³³。zʅ³³ ʂər²¹ ha³³
　　　　　　古达阔　　的　地　文书　是（语）寿　长　饭
i³³　ho⁵⁵　me³³。
有（语）（语）

汉译：是古达阔的地契。祝长命富足。

正文

字释：①ᚕ卷首符号。

ᚖ mi³³火。

ᚗ gə²¹上，借作定语助词 gə³³。

ᚘ mbu²¹山坡。

ᚙ tho²¹靠。两字连读作 mbu²¹ tho²¹，是用五行和十二生肖纪年的方法，或译六十花甲。

ᚚ ʐua³³马。

᚛ khv³³收获，一般写作᚜，以镰刀割物，借作 khv⁵⁵年。mi³³ gə³³ mbu²¹ tho²¹ ʐua³³ khv⁵⁵即农历火马年。按火马年即丙午年，离现在较近的丙午年有1786年、1846年、1906年。据地契提供者说，此件在其爷爷前已传了5代，至他已8代，另一件卖地契约，在他爷爷前已传了3代，而他爷爷时年82岁。若按每代20年计，则此件买山契至少有180年以上，在上述丙午年中，只有1786年即清乾隆五十一年最合适。对此说和继全持不同看法。他认为两张契约时代相同，而且以1906年为宜。理由是：第一，两张契约的买卖人都是᚝ ᚞ ku²¹ hər³³古恒，若买山契在卖地契前两代，则是爷孙同名。但按照纳西族风俗，在一个家庭中爷爷和孙子不可能同名，因此两契中的古恒应是同一个人。第二，卖地契中的担保人杜日若是和继全三姨妈的公公，这位老人 1958 年或 1959 年去世，时年 70 岁左右。按此推算，1906年杜日若 18 岁。因此本文暂认定此契的年代为 1906 年。

he^{21}dzə^{33}二月，从月"恒"神 he^{21}声。

ȵi^{33}tsər^{21}二十。

ua^{55}五。

ȵi^{21}日。

tçi^{55}羊毛剪。

tʂhu^{21}珠子。两字连读借作 tçy^{55} tʂhu^{21}当初。

lɯ^{55}牛蝇。

o^{21}鹅，借作是。两字连读 lɯ^{55}o^{21}意为这样，白地口语如此，lɯ^{55}词源待考。

全句标音：①mi^{33}gə^{33}mbu^{21}tho^{21}ʐua^{33}khv^{55}he^{21}dzə^{33}ȵi^{33}tsər^{21}ua^{55}ȵi^{21}，

　　　　　　　火　的　花甲　马　年　二月　二　十　五　日

tçy^{55}tʂhu^{21}lɯ^{55}o^{21}。

　当初　　这样 是

汉译：农历火马年二月二十五日，当初是这样。

字释：tse^{55}mbe^{33}斧头，借形作铁 ʂu^{21}。

dzə^{21}秤锤，一般当写作，白地常写作，此又更简化。两字连读作 ʂu^{21}dzə^{21}水甲，为白地村名，乡政府曾驻此。

æ^{21}鸡。

②ka^{55}粮架。两字连读作户名 æ^{21}ka^{55}阿嘎。

uə^{33}村庄。

dʑi^{21}水。两字连读作人名 uə^{33}dʑi^{21}威吉。

nɯ^{33}心，借作主语助词。

gv^{21}熊。

nda^{55}砍。

kho^{21}栅栏。三字连读作地名 gv^{21}nda^{55}kho^{21}古达阔。

　mbu²¹山坡。

　uə³³村庄。

　tse⁵⁵mbe³³斧头，借形作铁 ʂu²¹。两字连读作村名 uə³³ ʂu²¹吴树，又叫 uə³³ ʂu²¹uə³³吴树湾。

　uə³³村庄。

　kv³³蒜，借作头。两字连读作户名 uə³³ kv³³威古，意为村头，以居住地而得名。

　ku²¹生姜。

　hər³³风。两字连读作人名 ku²¹hər³³古恒。

　khə⁵⁵篮子，借作 khæ²¹地方、向。

　duɯ²¹大，借作助词。

　hæ²¹金子，引申作买。

　nv²¹黄豆。

　tse²¹"争"，鬼名。两字连读作 nv²¹ tse⁵⁵，为表祈使的语气词。7字连读作 ku²¹hər³³khæ²¹ duɯ²¹ hæ²¹ nv²¹ tse⁵⁵，意为请古恒买。据和继全向白地一位70岁的老人调查，这块山地原是吴树湾村的，后被水甲村人买去，现又被吴树湾村的人买回来，故有此说。但本句整句意思清楚，有几个词为白地方言词，较难解释，此从和继全说。

　thuɯ²¹饮，借作那。

　lo²¹麂子，借作里，字略残。

③　nuɯ³³心，借作助词。

　ku²¹生姜。

　hər³³风。两字连读作人名 ku²¹hər³³古恒。

　nuɯ³³心，借作助词。

　hæ²¹金子，引申作买。

　me³³雌，借作语气词。

全句标音：ʂu²¹dʑə²¹ æ²¹②ka⁵⁵uə³³dʑi³³ nuɯ³³gv²¹ nda⁵⁵ kho²¹ mbu²¹ uə³³ ʂu²¹
　　　　　水甲　阿嘎　　威吉（助）　古达阔　　山坡　吴树
uə³³kv³³ ku²¹hər³³ khə⁵⁵duɯ²¹hæ²¹nv²¹ tse⁵⁵。thuɯ²¹ lo²¹③ nuɯ³³ ku²¹hər³³ nuɯ³³
威古　古恒　要求（助）买（助）　　这　里　（助）古恒　（助）

hæ²¹ me³³。

买（语）

汉译：水甲村阿嘎家威吉让吴树湾威古家古恒购买古达阔山坡，这样古恒就买了。

字释：🔸 lɯ⁵⁵牛虱，借作 lɯ³³土地。

〰 phv³³雄阴，借作价格。

🔸 ŋv²¹银子。

🔸 当是 🔸 tse⁵⁵mbe³³斧头的讹写，斧头借形作铁 ʂu²¹，又借作 ʂu²¹纯粹。ŋv²¹ ʂu²¹即纯银、白银。

✕ tshe²¹十。

''''' ho⁵⁵八。

🔸 lv²¹举，借作 lu³³两。

🔸 be²¹铁冠，借作 be³³做。

🔸 se²¹山羊，借作表完成的助词了。

🔸 me³³雌阴，借作语气词。

全句标音：lɯ³³phv³³ ŋv²¹ ʂu²¹ tshe²¹ ho⁵⁵ lu³³ be³³ se²¹ me³³。
　　　　 地　价　银　纯　十　八　两　做（助）（语）

汉译：地价白银十八两已给了。

字释：🔸 mæ³³尾巴，引申作 mæ⁵⁵后面。

🔸 ȵə²¹眼睛，借作表空间的"里"。两字连读 mæ⁵⁵ȵə²¹即以后。

🔸 dɯ²¹大，借作一。

🔸 ȵi²¹日。

🔸 mə³³不。

🔸 o²¹鹅，借作是。

🔸 mə³³不。

🔸 ngɯ³³嚼，借作真实 ŋgɯ²¹。

🔸 le³³獐子，借作副词又、再。

🔸 ʂə⁵⁵说。哥巴字。

🔸 是🔸 hɯ²¹雨的残字，借形作 ʐu²¹夏天，又借作约定。

④〰 mə³³不。

苯 be²¹铁冠，借作 be³³做。

ᛩ me³³雌阴，借作语气词。

全句标音：mæ⁵⁵ ȵə²¹ dɯ²¹ ȵ̩i²¹，mə³³o²¹ mə³³ngɯ²¹le³³ ʂə⁵⁵ʐ̩u²¹④mə³³
　　　　　　以　后　一　日　不　是　不　　真　又　说　约定　　不
be³³me³³。

做（语）

汉译：以后的一天，一定不要又说不是这样。

字释：丰 z̩ɿ³³草，借作寿命，一代。

ᛩ nɯ³³心，借作连词。

丰 z̩ɿ³³草，借作一代。

''' ʂər³³七，借作 ʂər²¹长。

'''' ʂər³³七，借作 ʂər²¹长。两字连读作 ʂər³³ ʂər²¹，意为一样长。五字
连读z̩ɿ³³nɯ³³ z̩ɿ³³ ʂər³³ ʂər²¹，意为一代和一代一样长，即世世代代。

ᛩ lɯ⁵⁵牛虻，借作 lɯ³³土地。

ᛩ kho³³角，借作声音、话。

ᛩ le³³獐子，借作副词又、再。

ᛩ ʂə⁵⁵说。哥巴字。

ᛩ hɯ²¹雨，借形作 ʐ̩u²¹夏天，又借作约定。

ᛩ mə³³不，上文作〰，此处变形较多。

苯 be²¹铁冠，借作 be³³做。

ᛩ se²¹山羊，借作表完成的助词了。

ᛩ me³³雌，借作语气词。

全句标音：z̩ɿ³³nɯ³³ z̩ɿ³³ ʂər³³ ʂər²¹，lɯ³³ kho³³ le³³ ʂə⁵⁵ʐ̩u²¹ mə³³ be³³
　　　　　　代（助）代　长　长　　地　话　再　说　约定　不　做
se²¹　　　me³³。
（助）（语）

汉译：世世代代一定不要再说这块地的话。

字释：ᛩ lɯ⁵⁵牛虻，借作 lɯ³³土地。

ᛩ kho³³角，借作声音、话。

le³³獐子，借作副词又、再。

ʂə⁵⁵说。哥巴字。

dɯ²¹大，借作一。

ŋi²¹日。

hæ²¹金子。

字当作 ba³³瘤子，引申作砣、块。

⑤ua⁵⁵五。

lv³³石头，借作 lu³³两。

tɕi⁵⁵羊毛剪，借作安置、放。

hɯ²¹雨，借形作 z̩u²¹夏天，又借作约定。

be²¹铁冠，借作 be³³做。

me³³雌，借作语气词。

全句标音：lɯ³³ kho³³ le³³ ʂə⁵⁵ dɯ²¹ ŋi²¹，hæ²¹ ba³³⑤ua⁵⁵ lu³³ tɕi⁵⁵ z̩u²¹
　　　　　　地　话　又　说　一　日　金　块　五　两　放　约定
be³³ me³³。
做（语）

汉译：如有再说这块地的话的一天，要摆出五两金子。

字释：do²¹见，此读作 do²¹ɕi³³见证人。

bu²¹山坡，借作负责。

ɕi³³人。两字连读 bu²¹ ɕi³³担保人

mu²¹簸箕。

kua²¹灶。两字连读作户名 mu²¹ kua⁵⁵木瓜。

kə⁵⁵鹰。

hər³³风。两字连读作人名 kə⁵⁵hər³³哥恒。

uə³³村庄。

ly³³矛，借作中间。两字连读作户名 uə²¹ly³³威吕，意为村中间，以居住地而得名。

ku²¹生姜。

hər³³风。两字连读作人名 ku⁵⁵hər²¹古恒。

 na^{21}，哥巴字。

 mbv^{21}爬。

 zo^{21}瓮。三字连读借作人名 na^{21} mbv^{21} zo^{21}纳布若。

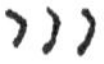 sɿ^{21}三。

 kv^{33}蒜，借作 kv^{55}个。

 o^{21}鹅，借作是。

 me^{33}雌，借作语气词。

全句标音：ndo^{21}ɕi^{33} bu^{21} ɕi^{33} mu^{21} kua^{55} kə^{55}hər^{33}、uə^{21}ly^{33}ku^{55}hər^{21}、

见 人 负责 人 木瓜 哥恒 威吕 古恒

na^{21} mbv^{211} zo^{21} sɿ^{21}kv^{55} o^{21} me^{33}。

纳布若 三 个 是（语）

汉译：见证人担保人是木瓜家的哥恒、威吕家的古恒、纳布若三个。

字释： kv^{33}蛋，借作 ngv^{33}到。

 nɯ^{33}心，借作助词。按此两字在此较费解，暂作此解释。

⑥ mæ^{33}尾巴，引申作 mæ^{55}后面。

 ȵə^{21}眼睛。两字连读作 mæ^{55}ȵi^{21}以后。

 gə^{21}上。

 ʂə^{55}说。哥巴字。

 mi^{33}火，借作 mɯ^{21}下。

 ʂə^{55}说。哥巴字。

 me^{33}雌，借作语气词。

 uə^{33}村庄。

 dʐi^{21}水。两字连读作人名 uə^{33} dʐi^{21}威吉。

 nɯ^{33}心，借作助词。

 mbu^{21}山坡，借作负责。

 hɯ^{21}雨，借形作 ʐu^{21}夏天，又借作约定。

 be^{21}铁冠，借作 be^{33}做。

 me^{33}雌，借作 me^{33}语气词。

 to^{33}木板。

ᘯ ŋv²¹银子。to³³ŋv²¹意为办事情共同开支的钱。

⁊⁊ ȵi²¹二。

ᔷ hər³³风，借作毫。

ᔿ ku²¹生姜，借作给。

ʃ₅₆ hɯ²¹雨，借形作ʐu²¹夏天，又借作约定。

ᴥ be²¹铁冠，借作be³³做。

ᴧ me³³雌，借作语气词。

全句标音：ngv³³ nɯ³³ ⑥mæ⁵⁵ ȵi³³ gə²¹ ʂə⁵⁵ mɯ²¹ ʂə⁵⁵ me³³，uə³³ dʑi³³ nɯ³³
　　　　　　到（助）　以后　上　说　下　说（语）　威吉　（助）
mbu²¹ ʐu²¹ be³³ me³³。to³³ŋv²¹ȵi²¹ hər³³ ku²¹ʐu²¹be³³ me³³。
负责 约定 做（语） 用银 二 毫 给 约定 做（语）

汉译：到了以后如说东说西，由威吉负责。要给二毫办事情的银子。

此契封面14字，正文138字，共152字，记录了154个音节，因ᘯ te³³ yɯ³³文字、ᔿ do²¹çi³³见证人读双音节，故记录了全部的语词。152字中，有哥巴字6个：ᔷ ʂə⁵⁵ 5次，ᴥ na²¹ 1次；东巴字146个。东巴字中非假借字29个：ᘯ te³³ yɯ³³文字1次、ᕴ ha³³饭1次、ΔΔΔ mi³³火1次、ᘓ ʐua³³马1次、ᘐᔿ he²¹dʐə³³二月1次、✕✕ ȵi³³tsər²¹二十1次、ᶌᶌ ua⁵⁵五2次、ᗺ ȵi²¹日3次、ᔳ mbu²¹山坡1次、ᔽ uə³³村庄2次、ᕻ hæ²¹买、金子3次、ᘯ ŋv²¹银子2次、✕ tshe²¹十1次、ᶌᶌᶌ ho⁵⁵八1次、ᕬ mæ³³后面2次、ᘶ块1次、ᔿ do²¹çi³³见证人1次、ᘱ çi³³人1次、⁊⁊ sɿ²¹三1次、ᕲ gə²¹上面1次、⁊⁊ ȵi²¹二1次；假借字117个，占东巴字总数的80.14%。

四　和志本东巴借条译释

和志本东巴，香格里拉县三坝乡白地行政村古都自然村人，1928年生，出生于东巴世家，其先人5代都是东巴，1983年曾应邀到丽江出席东巴、达巴座谈会，时年56岁[①]。2000年腊月，和志本写的经书售罄，向杨正文先

[①]　杨正文《最后的原始崇拜——白地东巴文化》说1927年生，但和志本属龙，应是1928年，云南人民出版社1999年版，第165页；李国文：《人神之媒——东巴祭司面面观》，云南人民出版社1993年版，第114页。

生借经书去抄写，在杨先生的日记本上留此条为据。原件现为日记本零页，长 15cm，宽 9.5cm，现存杨正文先生处。本文摹本 2003 年 10 月 1 日摹写于白地杨先生宅，杨先生提供了借条原件并帮助释读，在此谨致谢忱。

字释： nga⁵⁵ 砍。

`ʻ;;ʼ` ua³³ 五。两字连读借作 nga³³ua³³ 腊月。

尸 ko²¹ 针，借作里头。

✕ tshe²¹ 十。

`ʻ;;ʼ` ʂər³³ 七。

⊕ ȵi³³ 日。

〰 tɕi²¹ 云。

tʂu⁵⁵ 锥子，借作处，指远的地方。两字连读 tɕi²¹tʂu⁵⁵ 字面义为云间，李霖灿《么些标音文字字典》第 57 页释为云朵，白地纳西语意为经幡。

人 tshʅ³³ 犁铧，借作竖立。三字连读 tɕi²¹tʂu⁵⁵tshʅ³³ 意为竖经幡。《纳西象形文字谱》第 625 页竖经幡经作 tv²¹ tshʅ³³。

the³³ɣɯ³³ 书，从 书，⟋ the³³ 旗声。

ꊰ dɯ²¹ 大，借作一。

ꇝ ndze³³ 小麦，借作本。按丽江大研镇音 tshæ³³，或是汉语册的借词，与此差异较大。

ꑟ ɳi²¹ 二，借作借。

ꌠ se²¹ 哥巴字，完结。

ꂷ me³³ 雌阴，借作语气词。

全文标音：nga³³ ua³³ ko²¹ tshər²¹ ʂər³³ ɳi³³ tɕi²¹ tʂu⁵⁵ tshɿ³³ the³³ ɣɯ³³ dɯ²¹
　　　　　腊月　里　十　七　日　经幡　建　书　一
tshæ³³ ɳi²¹ se²¹ me³³。
本　借　了（语）

汉译：腊月十七日借了建经幡经书一本。

第二节　账簿

一　俄亚、白地东巴文重要账簿简介

现存的俄亚、白地东巴文账簿共 36 件，其中出自俄亚的有 23 件（含人情账 3 件），出自白地的有 13 件。具体而言，俄亚的 23 件是：《总目提要》著录的俄亚收支账 18 件、人情账 3 件，为丽江东巴文化博物馆收藏；喻遂生报道的俄亚木板账单 1 件，钟耀萍报道的俄亚俄日村阿嘎东巴账单 1 件。白地的 13 件是：《总目提要》著录的白地和依甲账簿 10 册，买盐茶账单 1 件，为和继全家藏；朱宝田先生报道的白地和年恒东巴分粮账簿 1 件，喻遂生报道的白地和志本东巴账单 1 件①。36 件账簿中，公开刊布图像并作出字释的只有白地和依甲账簿 1 页，这说明，东巴文账簿的收集、刊布和研究，还有很多工作要做。

下面对俄亚、白地的重要账簿作简单介绍：

① 参见喻遂生《纳西东巴文账簿研究述要》，中国语言学会第十五届学术年会论文，2010 年 8 月·呼和浩特。

1. 俄亚账簿

俄亚账簿主要收藏在在丽江东巴文化博物馆。1999 年 1 月，喻遂生在该馆看到 1998 年新入藏的俄亚账簿 4 册，简况为：甲本（喻命名，下同），东巴纸，41cm×30cm，单页，单面书写。乙本，东巴纸，21cm×15cm，22页，横置上方装订，右面残。丙本，东巴纸，23cm×18cm，16 页，横置上方装订。丁本，东巴纸，29cm×20cm，16 页，右面残。当时因不能拍照，遂摹写了甲本、乙本 2 页、丙本 1 页、丁本全部。后经允许，拍摄了丁本 8页。2003 年 10 月，喻遂生又在该馆看到几册新入藏的俄亚账本，拍照 16页，并拍到了 1998 年入藏的甲本。

（1）俄亚甲本

该本大意为：牛年十二月里，阿八丁威丁（人名）借去玉米七十升。吉满（地名）的莫满吉都吉（人名）借去玉米九十三升。花甲铁虎年里，吉满的莫满吉都吉、阿八丁都吉两个又借去玉米。阿八丁、莫满吉借去玉米七十升。威川窝米借去玉米三十升。干朱普借去玉米十六升。龙年十一月里阿八丁、威川窝米借去玉米四十升（账单中的数字大多用笔圈起来，可能是已还）。

俄亚甲本

（2）俄亚丁本

俄亚丁本第 8、9 页

俄亚丁本第 10、11 页

（3）2003 年所见俄亚账本

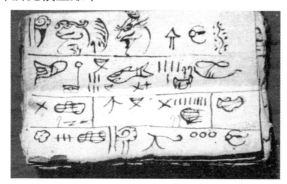

2003 年所见俄亚账本

（4）俄亚木质账单

和木瓜林青东巴一起释读木质账单

俄亚大村木瓜林青东巴写于经夹板内侧，两横行，23 字。2006 年 3 月 5
日上午，喻遂生、李静生和研究生在乡干部金贤志的带领下去拜访木瓜林青
东巴。木瓜林青属鼠，时年 71 岁，是当地有名的大东巴。当时木瓜林青家
正在盖房子，他停下手中的木活，拿出一摞东巴经，我们席地坐在木屑堆
里，向他请教。讲完经书，就在他准备用经夹板和牛皮绳把经书捆起来的时
候，喻遂生突然发现一块经夹板向里的一面写着字，赶紧问老人家是写的什
么内容。老人说，写的是大队电费、打米的钱牛年已给了，给了票子四十二
万八千元。这是我们目前为止所见到的唯一的一件木质账单。

2. 白地和依甲账簿

和依甲（1909—1953），又写作和伊甲，为和继全祖父，云南香格里拉
县三坝乡白地村波湾自然村阿普纳家人。年轻时打小工，后做生意，跑中
甸、丽江，积有财富，为当地有名的生意人，土改时划为地主。原有账簿二
三十册，后因抄家失散，现存 10 册，著录于《中国少数民族古籍总目提
要·纳西族卷》。特别应注意的是，和依甲本人并不是东巴，他学东巴文的
目的是记账，这对于认识东巴文的应用范围及性质有重要的意义。笔者见到
和依甲账簿 5 册，共 140 页，另账单 1 张（两面书写），现简述 4 件如下。

（1）甲本

东巴纸，横长 22.5cm，竖宽 14.5cm，单面书写，含封面 17 页，左面用
麻线装订。从左到右竖行书写，记账 77 条，每条之间用竖线隔开。封面 5
字是 lo³³lo³³the³³ɣɯ³³o²¹（是倮倮的账簿）①，记载与彝族做生意的账目。

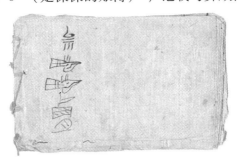

甲本封面

---

① 纳西语 the³³ɣɯ³³ 一词，有文字、文书、书籍、文化诸义，此译账簿。

甲本第 5 页

（2）乙本

乙本封面

　　纸质大小与甲本同，单面书写，含封面 7 页。封面 6 字是："a³³la²¹gv³³ the³³yɯ³³o²¹"（是阿拉古的账簿），"阿拉古"现为三坝乡的一个行政村，汉字写作"安南"，是藏族聚居村，此本记载与藏族做生意的账目。甲本和乙本均为单面书写，原背靠背合订为一册，各有封面，从两面打开。《中国少数民族古籍总目提要·纳西族卷》分作两本著录，今从之。

（3）丙本

丙本封面

东巴纸，竖长 22.5cm，横宽 14.3cm，双面书写，含封面 20 页，左面用麻线装订。封面 6 字是："$o^{21}bi^{21}the^{33}\gamma u^{33}o^{21}me^{33}$"（是俄碧的账簿）。有的数目有后加的圆形或半圆形圈，可能是钱物已收的标记。封面、第 11 页有彝文，第 20 页全是彝文，是民族交往的重要物证。封面彝文的汉译是（以阿拉伯数字为准横置按箭头方向读）：①意井是二十三块茶。井莫子三块茶。②洛木第举家二块茶、八两盐。阿尔打杜二块茶。③阿尔打杜一块茶。④九两五钱[1]。

---

①　彝文承蒙西南民族大学彝学教授马锦卫先生翻译，谨致谢忱。

（4）丁本

丁本封面　　　　　　　　　　丁本第 3 页

东巴纸，竖长 21.3cm，横宽 14cm，双面书写，含封面 9 页，左面用麻线装订。封面 6 字是："be³³ lo²¹ the³³ ɣɯ³³ o²¹ me³³"（是白洛的账簿）。第 2、第 3 页有藏文，第 3 页藏文的意思是：四月二日，达巴哈奇科九、三十六、七十驮粮食①。

二　俄亚、白地账簿译释举例

1. 俄亚木质账单

① 藏文承蒙西南民族大学藏学院泽登孝教授翻译，谨致谢忱。但"九、三十六、七十驮粮食"费解，待考。

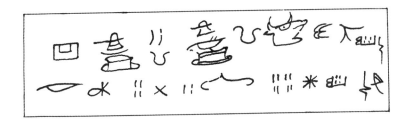

摹本

凹 ta⁵⁵匣子。

壴 ty³³舂、捶击。两字连读借作汉语借词 ta⁵⁵ty⁵⁵大队。

)) ȵi²¹二，借作 ȵi³³借贷。木瓜林青东巴当时口译说是电费，但"二"的读音，似无电的意义，倒是有借的意义，因此应是"借款"。

Ʊ phv³³雄阴，借作价钱、款项。

壴 çi²¹ty³³舂稻谷，壴 ty³³舂和 ⌒ çi²¹稻子的合文。稻子一般写作 ꙮ。

Ʊ phv³³雄阴，借作价钱、款项。

凷 ɣɯ³³牛。

ℰ khv⁵⁵弯，借作年。据木瓜林青东巴说，这件事已有 34 年了。与 2006 年相距 34 年的是 1973 年，正好是牛年，当时是公社化时代，也有"大队"的称谓。木瓜林青东巴当时口译说是电费，34 年前俄亚是否有电站，还需要调查。若不是电费，也有可能是另一个较近的牛年。由于惯性，人民公社解体以后农民仍可能称行政村为"大队"。

入 le⁵⁵茶，借作副词 le³³又。茶一般作［939］ 凷，象碗中有茶叶之形。《象》1642 号"若喀字"茶作 ⌂、⌂，释曰："云象销行草地团茶之状。"又变作 ⌂（上部出头），再变作 ʌ、ᒡ（变瘦变直，下横省略），字源已很难看出。

𝔃ua z̦ua²¹量粮食，引申为偿还。

ᒾ se²¹哥巴文，可表动词完结，亦可作表完成的语气词。丽江写作 ȝ，白地写作 𝈋。

⌒ phiə⁵⁵叶子。

⽊ tsɿ³³拴、捆。两字借作汉语借词 phiə⁵⁵ tsɿ³³票子，即钞票。

lu³³四。

tshe²¹十。两字连读作 lu³³tsər²¹。一般四十写作⊗⊗。

n̠i²¹二。

mɯ³³天，借作万。

ho⁵⁵八。

tv²¹千。当地仍保留 20 世纪 50 年代初对人民币单位的称呼，一万就是现在的一元，一千就是一角。

z̠ua²¹量粮食，引申为偿还。

se²¹哥巴文，可表动词完结，亦可作表完成的语气词。

me³³女阴，借作语气词。

全段标音：ta⁵⁵ty⁵⁵n̠i³³phv³³，çi²¹ty³³phv³³ɣɯ³³khv⁵⁵le³³z̠ua²¹se²¹。
　　　　　 大队　借款　　稻春款　牛 年　又　还　了
phiə⁵⁵ts̠ʅ³³lu³³tsər²¹n̠i²¹mɯ³³ho⁵⁵tv²¹z̠ua²¹se²¹me³³。
　票子　四 十 二 万 八 千 还 了（语）

汉译：大队的欠款，打米的钱，牛年已还了，还了票子四十二万八千元（42.8 元）。

2. 和依甲账本

本节举和依甲账本第 2 页作逐字译释以示例。

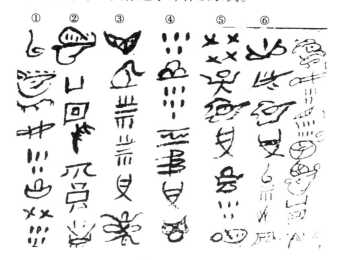

字释：①ᒣ段首符号，下又作ᔕ。一般写作ᔕ，由藏文字头ᔕ演变而来。

ᔕ bu²¹ 猪。

ᔕ khv³³ 收获，一般写作ᔕ，象以镰刀割麦之形，借作 khv⁵⁵ 年。

ᔕ da⁵⁵ 砍。

ᔕ ua³³ 五。两字连读作 da³³ua³³ 腊月。

ᔕ he³³ 月。此不读音，只作形符，与上两字构成多音节形声字。经典中一般写成ᔕ。

ᔕ ȵi³³tsər²¹ 二十。

ᔕ ʂər³³ 七。

②ᔕ tsho²¹ 象，一般写作ᔕ。

ᔕ tse²¹。字源不明，音据和继全说，按当为假借字。

ᔕ ta⁵⁵ 匣子。三字连读表人名 tsho²¹tse²¹ta⁵⁵ 从则打。

ᔕ zŋ³³ 草。

ᔕ ka³³。哥巴字。

ᔕ bæ²¹ 扫谷板。当为ᔕ字的讹变。三字连读表人名 zŋ³³ka³³bæ²¹ 仔嘎拜。

ᔕ ȵi²¹ 二。

ᔕ kv³³ 蒜，借作 kv⁵⁵ 个。

③ᔕ khə⁵⁵ 篮子，一般写作ᔕ，借作 kæ³³ 前面。

ᔕ le⁵⁵ 茶，借作 le²¹ 来。

ᔕ tsŋ³³ 捆，一般写作ᔕ，借作 tsŋ²¹ 算。

ᔕ tsŋ³³ 捆。两字重叠表动作的相互、反复进行。

ᔕ me³³ 雌，借作语气词。

ᔕ hæ²¹ 金子。

④ᔕ ua³³ 五。

ᔕ lv³³ 石头，借作量词 lu³³ 两。

ᔕ ʂər³³ 七。

ᔕ hər³³ 风，一般写作ᔕ，借作量词 huɯ²¹ 钱。

ho²¹肋骨，一般写作 ，借作 ho²⁴合、对，为汉语云南方言借词，"合了"即"相合、对的"。

me³³雌，借作语气词。

ŋv³³银子。

⑤ lu³³tshər²¹四十。

lv²¹举，借作量词 lu²¹两。

æ²¹鸡，借作 æ³³欠。

me³³雌，借作语气词。

ha³³饭。此为借形字，借形表 ʈʂʅ²¹粮食。

ua³³五。

gv³³炒锅，借作量词石（十斗）。

⑥ dɯ³³一。

pv³³升。此当读作 tv³³斗。

mæ³³尾巴，引申作 mæ⁵⁵后面。

æ²¹鸡，借作 æ³³欠。

me³³雌，借作语气词。

全段标音：①bu²¹khv⁵⁵da³³ua³³ȵi³³tsər²¹ʂər³³，②tsho²¹tse²¹ta⁵⁵zʅ³³ka³³bæ²¹
　　　　　　猪　年　腊月　二 十 七　　　从 则 打　　仔 嘎 拜
ȵi²¹kv⁵⁵③kæ³³le²¹tsʅ²¹ tsʅ²¹me³³，hæ²¹④ua³³lu³³ ʂər³³hɯ²¹ho²⁴me³³。ŋv³³⑤lu³³
二 个　 前 来 算 算（语）金　 五 两 七 钱 合（语）银　　四
tshər²¹lu²¹æ³³me³³，ʈʂʅ²¹ua³³gv³³⑥dɯ³³tv³³mæ⁵⁵æ³³me³³。
十 两 欠（语）粮 五 石　 一 斗 后 欠（语）

汉译：猪年腊月二十七，从则打、仔嘎拜两个跟前来算了，金子五两七钱是对的，欠银子四十两，后面欠粮食五石一斗。

全段共41个音节，用字38个。因有3个字读双音节（腊月、二十、四十），所以实际记录了全部音节。其中哥巴字1个（ ），东巴字37个。东巴字中用本义、引申义的13个（猪、金、银、斗，后面及数目字），借形字1个（粮食）、双音节形声字1个（腊月），假借字22个，占东巴字的59%。假借字中同音假借11个，音近假借11个。

3. 树银甲生活账本选译

树银甲先生（1922—2005），白地波湾村人，是白地著名的大东巴。他晚年记有生活开支账本 3 本，其一为学生大楷本书写，共 29 页；其二为信笺纸书写，共 14 页；其三为学生作文本书写，共 5 页。下面选释其写在大楷本上的一段。

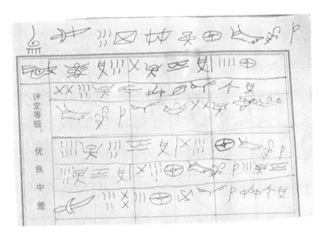

字释：

෴ 开始符号，不读音。

⤳ nda³³ 砍。

ꠀꠀꠀ ua³³ 五。两字连读为 nda³³ua³³ 腊月。

⊠ tshe³³ 盐。

⥊ do²¹ 见。两字连读为 tshe³³do²¹ 初几的"初"。

⥁ ɖɯ²¹ 大，假借为一。

⊕ ŋi³³ 日。

⥳ bə³³ 脚掌。

⥴ ŋɖɯ²¹ 蕨菜。两字连读为户名 bə³³ŋɖɯ²¹ 本迪。

ℙ ko²¹ 针，假借为家。

⥺ le⁵⁵ 獐，假借为 le³³ 茶。

⥻ hæ²¹ 金，假借为 hæ³³ 买。

⥼ me³³ 雌性，假借为语气词。

ꑟ ua³³ 五。

ꓫ tshe²¹ 十。两字连读为 ua⁵⁵tshᴈ²¹ 五十。

ꖨ ru³³ 张开双臂丈量，假借为元。

ꎿ hɯ⁵⁵ 牙，假借为 hɯ²¹ 花费。

ꂵ me³³ 雌性，假借为语气词。

ꀀ ru³³ 四。

ꆨ ȵi³³ 日。

ꒉꒉ ȵi³³ tsᴈ²¹ 二十。

ꑟ ua³³ 五。

ꖨ ru³³ 张开双臂丈量，假借为元。

ꀝ a³³ 开口说话。

ꇁ ku²¹ 姜。

ꀕ dzi²¹ 水，三字连读为人名 a²¹ku⁵⁵dzi³³ 阿共吉。

ꂯ iə³³ 一种野菜，假借为给。

ꌧ se²¹ 抽象符号，假借为了。

ꂵ me³³ 雌性，假借为语气词。

ꀮ bə³³ 脚掌。

ꉪ ȵɖɯ²¹ 蕨菜。两字连读为户名 bə³³ȵɖɯ²¹ 本迪。

ꀽ ko²¹ 真，假借为家。

ꂯ iə³³ 一种野菜，假借为香烟。

ꀊ phv³³ 雄性，假借为 phv⁵⁵ 价钱。

ꒉꒉ ȵi³³ tsᴈ²¹ 二十。

ꖨ ru³³ 张开双臂丈量，假借为元。

ꂾ mbæ⁵⁵ 蜜蜂，引申为糖。

ꀊ phv³³ 雄性，假借为 phv⁵⁵ 价钱。

ꑛ ho³³ 八。

ꖨ ru³³ 张开双臂丈量，假借为元。

ꑟ ua³³ 五。

ꎿ hɯ⁵⁵ 牙，假借为 hɯ³³ 花费。

𡂡 me³³雌性，假借为语气词。

✕ tshe²¹十。

⺤ tʂhuɑ³³六。

⊕ ȵi³³日。

⟋⟍ bə³³脚掌。

⽊ ȵɖɯ²¹蕨菜。两字连读为户名 bə³³ȵɖɯ²¹本迪。

Ρ ko²¹针，假借为家。

⟋⟋ uɑ³³五。

⺗ ru³³张开双臂丈量，假借为元。

☰ hɯ⁵⁵牙，假借为花费 hɯ²¹。

𡂡 me³³雌性，假借为语气词。

✕ tshe²¹十。

⺤ ʂər³³七。

⊕ ȵi³³日。

⟋⟍ bə³³脚掌。

⽊ ȵɖɯ²¹蕨菜。两字连读为户名 bə³³ȵɖɯ²¹本迪。

Ρ ko²¹针，假借为家。

⟍⟍⟍ sv³³三。

⺗ ru³³张开双臂丈量，假借为元。

☰ hɯ⁵⁵牙，假借为花费 hɯ³³。

⟍⟋ ndɑ³³砍。

⺤⺤ uɑ³³五。两字连读假借为 ndɑ³³ uɑ³³腊月。

✕ ȵi³³ tsɿ²¹二十。

⟍⟍⟍ sv³³三。

⊕ ȵi³³日。

⟋⺪ si³³百，这里读 ɖɯ³³ si³³一百。

⟍⟍ iə³³一种野菜。

Ρ ko²¹针，两字连读为 iə²¹ko³³家里。

⺭⺭ ku²¹姜，假借为拿给。

𐤀 se²¹抽象符号，此用为了。

𐤀 me³³雌性，假借为语气词。

全段标音：nda³³ ua³³ tshe³³ do²¹ ɖɯ²¹ ȵʑi³³ bə³³ ŋɖɯ²¹ ko²¹ le³³ hæ³³ me³³ ua⁵⁵

　　　　　　腊月　　初　　一日　　本迪　家茶　买（语）五

tshʅ²¹ ru³³ hɯ²¹ me³³。ru³³ ȵʑi³³ ȵʑi³³ tsʅ²¹ ua³³ ru³³ a²¹ku⁵⁵dzi³³ iə³³ se²¹ me³³。bə³³ŋɖɯ²¹

十　元花（语）四日二十五元　阿共吉　给　了（语）　本迪

ko²¹ iə³³ phv⁵⁵ȵʑi³³ tsʅ²¹ ru³³ mbæ⁵⁵ phv³³ho³³ ru³³ ua³³ hɯ²¹ me³³。tshe²¹ tʂhua³³

家烟钱二十元糖　钱八元五花（语）　十　六

ȵʑi³³ bə³³ŋɖɯ²¹ ko²¹ ua³³ ru³³ hɯ²¹ me⁵⁵。tshe²¹ ʂər³³ȵʑi³³ bə³³ŋɖɯ²¹ko²¹ sv³³ ru³³

日　本迪　家五元花（语）　十七日　　本迪家三元

hɯ²¹。nda³³ ua³³ȵʑi³³ tsʅ²¹ sv³³ȵʑi³³ dɯ³³ si³³ iə²¹ko³³ ku²¹ se²¹ me⁵⁵。

花　腊月二十三日一百家里　给　了（语）

汉译：腊月初一在本迪家买茶花了五十元。初四给了阿共吉二十五元。本迪家烟钱花了二十元，糖钱花了八元五。十六日在本迪家花了五元，十七日在本迪家花了三元。腊月二十三日拿给家里一百元。

第三节　书信

一　俄亚、白地重要东巴文书信简介

2006 年 3 月，我们在俄亚访问时年 71 岁的老东巴木瓜林青时，他说，他年轻的时候在盐源、西昌一带跑马帮，他的父亲（东巴）写信托人带给他，叫他在外面不要干坏事、抢人等。俄亚乡政府干部金贤志（藏族）告诉我们说，以前有一个老乡长是鲁司的人，他会东巴文，他写的一封东巴文的信曾装在乡政府的档案里，只是现在找不到了。这说明以前俄亚是有人用东巴文写信的，但我们在调查中没有收集到而已。出自白地的东巴文书信，我们收集到以下 5 封。

1. 习阿牛东巴致郭大烈先生信

本信 16 开 1 页，全文 145 字，右下角盖有东巴文印章，另页附有和继

全先生的译文，是三坝乡东坝村东巴习阿牛土虎年（1998）6 月 20 日写给郭大烈先生的。1999 年 10 月，郭先生在"1999 中国丽江国际东巴文化艺术节学术研讨会"论文《东巴文化面临的危机及其学科建设》中报道了这封信①。2006 年 4 月，郭先生将这封信的复印件寄给了喻遂生，谨此感谢郭大烈先生惠赠宝贵资料。

　　全信译文为："云南省社科院郭大烈、黄琳娜二位：祝愿你们吉祥如意！我年已八十四岁，你们所托前来求学和问候的和继全已经来到我处，我也好好地教他了。家中经济困难，如果方便，请你们为我想办法找一点笔墨纸张

---

　　①　郭大烈：《东巴文化面临的危机及其学科建设》，《玉振金声探东巴——国际东巴文化艺术节学术研讨会论文集》，社会科学文献出版社 2002 年版，第 387 页。

费和医药费。非常感谢了。我儿习世林在丽江东巴研究所学习东巴文，今年已经毕业了，请你们关照一下。祝愿你们二位都富贵，长寿健康，耳传妙音，清水满塘。土虎年六月二十日东巴习阿牛手书。"

习阿牛，著名大东巴，法名东牛，中甸县三坝乡东坝行政村日树湾人，1916 年生，属兔。擅长东巴舞蹈，积极参与各种东巴文化活动，是当代很活跃的东巴。1999 年 1 月 30 日，喻遂生在白地拜谒阿明灵洞时，在洞外石壁上发现一幅墨色犹新的东巴文题词，记载了木猪年三月十三日，东坝东巴习阿牛等在此拜谒，祈求威灵的情况，对于研究东巴活动有重要的意义。

2. 杨玉发东巴致杨正文先生信

2003 年 10 月，喻遂生带研究生到白地考察，在杨正文先生处看到白地吴树湾村东巴杨玉发于 1998 年 8 月写给杨先生的信，全文 16 开 1 页，150

字，上图为摹本。感谢杨正文先生惠赠宝贵资料。

全信译文为："依丹嘎老友：最近身体健康，一切皆好吧。前不久我特意要来与你见上一面，因未找到你家，百忙中写几句话托娘恒大妈转交，也写不好字了，见谅！我来找你，是想与你商量纳西族的事。你我两个人，过去早已是好朋友了，现在可不能忘了这份情谊啊！我两人即使生活好过时可以忘掉，困难时可不能忘掉啊！纳西族的事一定要做好，请老友好好交代几句吧。祝你健康幸福！老友吾树湾村杨玉发。"

原信纸下部残，虚线以下是杨正文先生补写的。信上没有落写信时间，杨正文先生说是 1998 年 8 月。杨先生在《最后的古文字活化石》稿中说："一个纳西族农民，从乡下跑到城里，专门来找身为迪庆纳西学学会会长的我，想与我商讨关于如何抢救东巴文化的事，这种举动，本身就足以令人感动。杨玉发老友与我相知二十余年，时时不忘学习东巴经书，能写能画，能雕能刻，是个多才多艺的人才。更难得可贵的是，他在劳动之余，书写了几十部经书，无偿传授给年轻人，十分热心于村里的公益事业。迪庆纳西学学会已接受他的申请，吸收他为正式会员。"信中"依丹嘎、娘恒"是杨正文先生和夫人的纳西名。此信杨正文先生后以"东巴象形文字的应用"为题收入《杨正文纳西学论集》，但信的图像与我们 2003 年看到的行款有些不同，可能是重新抄过①。

二　汝卡东巴和树昆、杨秀光致喻遂生信译释

1. 引言

2003 年 10 月，喻遂生和研究生在白地考察时，和吴树湾村青年农民、该村白水台汝卡东巴文化学校学员和树昆、杨秀光交上了朋友②。"汝卡

---

①　杨先生此稿后以"东巴象形文字的应用"为题收入《杨正文纳西学论集》，民族出版社 2008 年版。

②　"汝卡 z̠ur³³kha³³"或译作"若咯""阮可"，主要分布在云南香格里拉的东坝、洛吉、白地，丽江的大东、宝山宁蒗的拉伯，四川木里的俄亚等地，不少学者认为这一地区是东巴文发源的地区，其经书和文字保留了一些古老的特点。参见李霖灿《论么些经典之版本》，《么些研究论文集》，第 108 页，台北故宫博物院 1984 年版；郭大烈、和志武《纳西族史》，四川民族出版社 1994 年版，第 7 页。白地 z̠ur³³kha³³ 人自译作"汝卡"，按照名从主人的原则，今从之。

ʐur³³kha³³" 是纳西族的一个支系，吴树湾村是当地的汝卡聚居地和有名的歌舞之村，白水台汝卡东巴文化学校是该村青年向本村老东巴学习东巴文化的业余夜校。晚上我们到村子里观看了他们的自娱性歌舞表演和东巴夜校的活动。回到重庆后我们把当时的留影寄给他们，2004 年 5 月，我们收到和树昆、杨秀光用东巴文写的回信。信为信笺纸 2 页，信封为东巴文加注汉字，汉字为三坝乡中心完小校长和树荣先生所加，这可能是目前为止唯一的一枚用东巴文书写的实寄封。

原文多数小节使用了隔离符号单竖线，为引述方便，我们为每一小节编了序号。为不破坏画面，序号写在信纸的两侧。文中记音采用白地音系，词语对译时，能够直译的虚词直接译出，不能直接译出的加括号注明词性。信中有许多疑难字词和方言俚语，逐字解释非常困难，本文的翻译得到了香格里拉县三坝乡中心完小校长和树荣先生、和继全先生的帮助，谨致谢忱。

2. 译释

信封

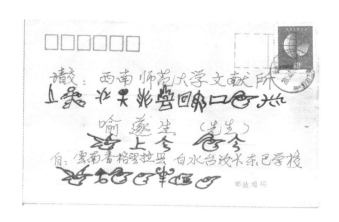

字释：⼩ tɕhi³³刺。

⽷ tɕə³³麻风病。两字连读借作 tɕhi³³ tɕə³³请交。

⼩ çi²¹稻子。

⽊ na²¹纳人，从⽊人，⬤ na²¹黑声。

⽊ sər³³木头。

⽊ fa²⁴火光迸发。此字不常见，《纳西象形文字谱》《纳西语英语百科词典》

《纳西象形文字》均未收录。仅见于《么些象形文字字典》1483 号："🐟
［fa¹³］火爆亮也。画炼铁时热铁火亮之形。以斧为铁，于其上加闪烁明亮之火
焰。可与 1367 号字相对看。"同书 1367 号："🔥［fa¹³］爆亮也。云火光爆明
也。示灯花明亮之形。"🔥象碗中有火①，洛克《纳西语英语百科词典》第 147
页也收有此字作🔥，且音相同，但释为："发酵。这个借自汉语的词的复合音来
源于汉语的'发'（fa）。"看来洛克对此字的来源也不甚明了了。

🔲 ta⁵⁵匣子。

🌲 çy⁵⁵柏树。五字连读借作 çi³³na²¹sər³³fa⁵⁵ta⁵⁵çy²⁴西南师范大学。

🔲 v²¹大木板，木枋料。《纳西象形文字谱》1014 号所收丽江东巴文木
板作▭ to³³，又作🔲，读音相差较大。

🦅 çə²¹雕。

🔧 so²¹大秤。三字连读借作 v³³çə⁵⁵so³³文献所。

🐏 y²¹羊。

上 ʂə⁵⁵，哥巴字，借汉字"上"字形。

🔧 se²¹哥巴字。三字连读借作 y⁵⁵ʂə⁵⁵se³³喻遂生。

🦅 çə²¹雕。

🔧 se²¹，哥巴字。两字连读借作 çə³³se³³先生。

🐏 y²¹羊。

🔧 na²¹，哥巴字。两字连读借作 y²¹na²¹云南。

🦅 çə²¹雕。

🦅 kə⁵⁵老鹰。

🎡 li³³法轮。

✋ la²¹手。

🦅 此当是🦅 çə²¹雕的讹字，借作县。五字连读借作 çə³³kə²¹li³³la³³çə⁵⁵
香格里拉县。

全段标音：tɕhi³³tɕə³³çi³³na²¹sər³³fa⁵⁵ta⁵⁵çy²⁴v³³çə⁵⁵so³³／y⁵⁵ʂə⁵⁵se³³çə³³
　　　　请　交　西南师　范大学文献所　喻遂生　先

---

① 碗在此处应示意灯盏，《纳西象形文字谱》［1280］🔥灯，即从碗从火。

se³³／y²¹ na²¹ çə³³ kə²¹ li³³ la³³ çə⁵⁵
生　云　南　香　格　里　拉　县

　　汉译：请交：西南师范大学文献所／喻遂生先生／云南香格里拉县

　　正文

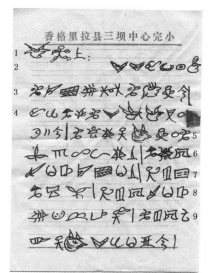

第一页

第二页

　　字释：

① y^{21} 羊。

$\text{tç}ə^{33}$ 麻风病。

$\text{ş}ə^{55}$，哥巴字。三字连读借作 $\text{y}^{55} \text{tç}ə^{55} \text{ş}ə^{55}$ 喻教授。

② $\text{kh}ə^{55}$ 篮子。

$\text{kh}ə^{55}$ 篮子。两字连读借作 $\text{kh}ə^{33} \text{kh}ə^{33}$ 健康。

a^{33} 呵，从口出气，借作动词词头。

dz̧y^{21} 镯子，借作有、存在。

ma^{21} 油，借作汉语借词吗 ma^{33}。

o^{21} 鹅，借作疑问语气词。以上 6 字连读意为身体好吗，为汝卡表示问候的习惯用语。

③ nɯ^{33} 心，借作 nɯ^{21} 你。

$\text{the}^{33} \text{ɣɯ}^{33}$ 文字、文书。从 $\text{the}^{33} \text{ɣɯ}^{33}$ 书，the^{33} 旗声。

lɯ^{55} 牛虻，借作助词，无实义。

kæ^{21} 秋千架，借作前面、先前。

nɯ^{33} 心，借作助词。

y^{21} 猴子，借作收、取。

dɯ^{21} 大，借作 dɯ^{33} 得到。

se^{21} 了，哥巴字。

④ a^{33} 呵，从口出气。

i^{21} 漏，一般写作 ，象蛋破流液之形。两字连读借作 $\text{a}^{21}\text{i}^{33}$ 现在。

na^{21}，哥巴字。

$\text{ş}ɿ^{21}$ 稻子，丽江等地读 çi^{21}。两字连读借作副词 $\text{na}^{21}\text{ş}ɿ^{21}$ 才。

nɯ^{33} 心，借作你。

$\text{kh}ə^{55}$ 篮子，借作 $\text{kh}ə^{21}$ 旁边、那里。

le^{33} 獐子，借作副词再。

khɯ^{33} 狗，借作 khɯ^{55} 寄（信）。

me^{33} 雌阴，借作语气词。

kv^{33} 蛋，借作 gv^{33} 好。

$\text{m}ə^{33}$ 不。

〢 n̠i²¹二，借作要。三字连读借作 gv³³ mə³³ n̠i²¹对不起。

ঌ se²¹了，哥巴字。

全段标音：①y⁵⁵ tɕə⁵⁵ ʂə⁵⁵：②khə³³ khə³³ a³³ dʑy²¹ ma³³ o²¹？③nɯ²¹ te³³ yɯ³³

　　　　喻 教授 　　　健康 　有 吗（语）你 　信

lɯ⁵⁵ kæ²¹ nɯ³³ y²¹ dɯ³³ se²¹，④a²¹ i³³ na²¹ sʐ²¹ nɯ³³ khə²¹ le³³ khɯ⁵⁵ me³³，

（助）先前（助）取得了 　　　现在 才 你 那里 又 寄（语）

gv³³ mə³³ n̠i²¹ se²¹。

对不起 了

汉译：喻教授：你身体好吗？你的信先前已收到了，现在才给你回信，对不起。

字释：⑤ ঌ nɯ³³心，借作 nɯ²¹你。

꙳ ha³³饭。

꙳ pa³³青蛙。两字连读借作 ha³³ pa²¹汉族。

꙳ ɕi³³人。

꙳ ʐua³³马，借作贤能。

꙳ dɯ²¹大，借作一。

○ kv³³蛋，借作 kv⁵⁵个。

ঌ nɯ³³心，借作 nɯ²¹你。

꙳ ʐu³³山柳。

꙳ ka³³，哥巴字。两字连读借作 ʐu³³ ka³³僻远之地。

∞ æ³³骨头，借作 æ²¹山崖。丽江写作 o—o，音 o³³。

꙳ lo²¹沟谷，一般写作 ꙳。

꙳ pa³³青蛙，借作到达。

꙳ tɕhi³³刺，借作助词。

⑥ ঌ na²¹，哥巴字。

꙳ hæ²¹金子。两字连读借作 na²¹ hæ²¹纳恒，为纳西族的一个支系。

꙳ gə²¹上，借作定语助词 gə³³。

꙳ ʐur³³刀。

꙳ kha³³角。两字连读借作纳西族支系名 ʐur³³ kha³³汝卡。

此是由 𝌀 to³³ 木板和 ʎ mba³³ 大脖子两字简缩而成的合文，借作 to³³ mba²¹ 东巴。

📜 the³³ ɣɯ³³ 文字、文书。从 the³³ ɣɯ³³ 书，the³³ 旗声。

kha³³ 角，借作声音、声名。

tɕhi³³ 刺，借作守护、祈求。

⑦ ŋə²¹ 我。

ŋgɯ³³ 裂开，一般写作 ⠇⠇，借作 ŋgɯ²¹ 们。

dʐə²¹ 秤锤，一般写作，借作好、丰足。

na²¹ 大，哥巴字。两字连读意为非常。

bæ²¹ 晒场用的刮板，或写作 、 ，借作高兴。

iə³³ 烟叶，借作语气词，表说话时事实的存在。

⑧ ŋə²¹ 我。

ŋgɯ³³ 裂开，一般写作 ⠇⠇，借作 ŋgɯ²¹ 们。

gə²¹ 上，借作定语助词 gə³³。

ʐur³³ 刀。

kha³³ 角，两字连读借作纳西族支系名 ʐur³³kha³³ 汝卡。

此是由 𝌀 to³³ 木板和 ʎ mba³³ 大脖子两字简缩而成的合文，借作 to³³ mba²¹ 东巴。

lɯ⁵⁵ 牛虻，借作 lɯ³³ 要。

by²¹ 面粉，借作外面。

mbu²¹ 山坡，借作 mbu³³ 光亮、发光、闪亮。

bi²¹ 升子，借作 bi³³ 走、去。

thɯ²¹ 饮，借作 thɯ³³ 那。

⑨ nɯ³³ 心，借作 nɯ²¹ 你。

ŋgɯ³³ 裂开，一般写作 ⠇⠇，借作 ŋgɯ²¹ 们。

gə²¹ 上，借作定语助词 gə³³。

tʂʅ³³ 吊，借作这。

tʂu⁵⁵ 锥子，借作 tʂu³³ 量词种。

çi³³ 人。

ʐua³³马，借作贤能。

khə⁵⁵篮子，借作能干、勤快。

i²¹漏，一般写作 ，象蛋破流液之形，白地常写作 。

kha³³角。两字连读．借作汉语借词 i³³ kha⁵⁵依靠。

dər³³纸，借作需要。

se²¹了，哥巴字。

⑩ ŋgɯ³³嚼。

iə³³烟叶。两字连读借作 ŋgɯ³³iə³³感谢。

全段标音：⑤nɯ²¹ha³³pa²¹çi³³ ʐua³³ dɯ²¹ kv⁵⁵，nɯ²¹ ʐur³³ ka³³ æ²¹ lo²¹
　　　　　你　汉族　人　贤　一　个　　你　僻远之地 崖 谷
pa³³ tɕhi³³，⑥na²¹ hæ²¹ gə²¹ ʐur³³kha³³ to³³mba²¹ the³³yɯ³³kha³³ tɕhi³³。⑦
到（助）　纳恒　的　汝卡　　东巴　文字 声名　守护
ŋə²¹ ŋgɯ²¹ dʐə²¹ na²¹ bæ²¹ iə³³。⑧ŋə²¹ ŋgɯ²¹ ŋə³³ ʐur³³kha³³to³³mba²¹ lɯ³³ by²¹
我们　　　非常 高兴（语）　我们　的　汝卡　　东巴　要 外面
mbu³³ bi³³ thɯ³³，nɯ²¹ ŋgɯ²¹ gə³³ tʂhʅ³³ tʂu³³ çi³³ ʐua³³ khə⁵⁵ i³³kha⁵⁵dər³³ se²¹。
发光 去 那　　你们　的 这　种 人 贤 能干 依靠 要 了
⑩ŋgɯ³³iə³³。

谢谢

汉译：你是一个贤能的汉人，来到僻远的山谷里，守护纳恒汝卡东巴文字的声名，我们非常高兴。我们汝卡东巴要传播到外面去，还要依靠你们这种能人。谢谢。

字释：⑪ mæ³³尾巴，引申作 mæ⁵⁵后面。

thɯ²¹饮，借作 thɯ³³那。

n̩i³³太阳，日子。三字连读 mæ⁵⁵ thɯ³³ n̩i³³，意为以后。

la²¹手，借为副词 la³³也。

ŋə²¹我。

ŋgɯ³³裂开，一般写作 ，借作 ŋgɯ²¹们。

kə⁵⁵鹰。

be²¹铁冠。两字连用借作 kə⁵⁵be³³帮助。

dɯ²¹大，借作一。

çə²¹雕。

tʂhua²¹炒。两字连读借作 çə³³tʂhua²¹宣传。

nɯ³³心，借作语气词。

iə³³烟叶，借作语气词。

a³³呵，从口出气。

tʂhʅ³³吊。两字连读借作 a³³tʂhʅ³³什么。

dzʅ³³依附，象人攀附于物之形，借作 dzʅ²¹时间。

mæ³³尾巴，引申作 mæ²¹有时间、来得及。

me³³雌阴，借作语气词。

⑫ŋə²¹我。

ŋgɯ³³裂开，一般写作，借作 ŋgɯ²¹们。

khə⁵⁵篮子，借作 khə²¹旁边、这里。

dɯ²¹大，借作一。

çə²¹雕。借作"闲"，丽江汉语"闲"有闲谈、休闲、休息、游玩等义。

ne³³苋菜，一般写作。

i²¹漏，一般写作，象蛋破流液之形，白地常写作。两字连读 ne³³i³³意为一下。

iə³³烟叶，借作语气词。

⑬ŋə²¹我。

ŋgɯ³³裂开，一般写作，借作 ŋgɯ²¹们。

a³³呵，从口出气。

ua³³五，两字连读借作 a³³ua⁵⁵大家、共同。

be²¹铁冠，借作状语助词 be³³。

nɯ³³心，借作 nɯ²¹你。

i²¹漏，一般写作，象蛋破流液之形，白地常写作，借作 i³³来。

me³³雌阴，借作语气词。

a³³呵，从口出气，借作动词词头。

𖤘 he²¹恒神。

𖤘 uə³³村庄。两字连读借作 he²¹ uə³³盼望。

𖤘 iə³³烟叶，借作语气词。

全段标音：⑪mæ⁵⁵thɯ³³n̦i³³ la³³ ŋə²¹ŋɡɯ²¹ kə⁵⁵be²¹ dɯ²¹ çə³³tʂhua²¹ nɯ³³
　　　　　后面 那 日子也 我们 帮助 一 宣传 （语）
iə³³。a³³ tʂhɿ³³ dzʅ²¹ mæ²¹me³³，⑫ŋə²¹ŋɡɯ²¹khə²¹ dɯ²¹ çə²¹ ne²¹ i³³ iə³³， ⑬
（语）什么 时候 有空 （语） 我们 这里 一 闲 一下 （语）
ŋə²¹ŋɡɯ²¹ a³³ua⁵⁵ be³³ nɯ³³ i³³ me³³ a³³ he²¹ uə³³ iə³³。
我们 共同（助）你 来 （语） 盼望 （语）

汉译：以后也帮助我们宣传一下。什么时候有空了，请到我们这里来玩一下，我们大家都盼望你来。

字释：⑭ 𖤘 khɯ³³脚。

𖤘 bi²¹升子，借作平安，丽江读作 py³³。

𖤘 la²¹手。

𖤘 bi²¹升子，借作平安。

𖤘 ho⁵⁵八，借作表祝愿的语气词。

⑮𖤘 zɿ³³草，借作寿命。

𖤘 ʂər³³七，借作 ʂər²¹长。

𖤘 ha³³饭。

𖤘 i²¹漏，一般写作 𖤘，象蛋破流液之形，白地常写作 𖤘，借作 i³³有。四字连读作 zɿ³³ ʂər²¹ha⁵⁵i³³，意为长寿富足，为纳西语常见的祝福语。

𖤘 ho⁵⁵八，借作表祝愿的语气词。

⑯𖤘 bər²¹稗子，一般写作 𖤘。

𖤘 phər²¹解开，一般写作 𖤘。

𖤘 dər²¹泡沫，一般写作 𖤘。三字连读为地名 bər³³phər²¹dər³³，汉译为白地。

𖤘 z̩ur³³刀。

𖤘 kho³³角，两字连读借作纳西族支系名 z̩ur³³kha³³汝卡。

𖤘此是由 𖤘 to³³木板和 𖤘 mba³³大脖子两字简缩而成的合文，借作 to³³mba²¹东巴。

❀ çy⁵⁵柏树。

❀ çə²¹雕。两字连读借作 çy²⁴çə⁵⁵学校。

❀ gə²¹上，借作定语助词 gə³³。

❀ py²¹祭祀。

❀ çi³³人。py²¹çi³³意为祭司。

⑰❀ do²¹见。

❀ tha⁵⁵塔。两字连读为杨秀光的东巴法名 do³³tha²¹东塔。

❀ a³³呵，从口出气。

❀ ku²¹生姜。

❀ dʑi²¹水。三字连读为和树昆的纳西名 a³³ku²¹dʑi²¹阿古吉。

❀ nɯ³³心，借作主语助词。

❀ pər⁵⁵梳子，借作写。

❀ se²¹了，哥巴字。

❀ ɳi²¹二。

❀ tv²¹千。

❀ ne³³苋菜，一般作❀，借作 ne²¹连词和。

❀ zʅə³³四，此据李霖灿《么些象形文字字典》之《十三，若喀字类》1666 号字标音，丽江读作 lu³³。

❀ khv³³收获，一般写作❀，以镰刀割物，借作 khv⁵⁵年。

❀ ua⁵⁵五。

❀ me³³雌。两字连读作 ua⁵⁵me³³五月。

❀ gə²¹上，借作定语助词 gə³³。

❀ tshe³³盐，从盐块，乂 tshe²¹十声。

❀ do²¹见。两字连读借作 tshe³³do²¹农历初几日之初。

❀ ho⁵⁵八。

❀ ɳi²¹日。

全段标音：⑭khɯ³³ bi²¹ la²¹ bi²¹ ho⁵⁵！⑮zʅ³³ ʂər²¹ ha⁵⁵ i³³ ho⁵⁵！⑯bər³³
　　　　脚　平安手平安（语）寿　长　饭　有（语）
phər²¹dər³³ z̯ur³³kha³³ to³³mba²¹çy²⁴çə⁵⁵ gə³³ py²¹ çi³³⑰do³³tha²¹、a³³ku²¹dʑi²¹
白地　汝卡　东巴　学校　的 祭祀人 东塔　　阿古吉

nɯ³³ pər⁵⁵ se²¹。ŋɿ²¹ tv²¹ ne²¹ z̩ər³³ khv⁵⁵ ua⁵⁵ me³³ tshe³³ do²¹ho⁵⁵ ŋɿ²¹。

（助）写 了 二 千 和 四 年 五月 初 八 日

汉译：祝手脚平安！长寿富足！白地汝卡东巴学校祭司东塔、阿古吉写。二千零四年五月初八日。

3. 小结

（1）字数。此信按字频计算，信封 23 字，正文 166 字，共 189 字，记录了 191 个音节。因 ☰☷ the³³ɣɯ³³ 文字、文书是双音节字，用了 2 次，所以实际记录了全部的语词。另外，☰☷ the³³ɣɯ³³ 文字、文书，在信中占两个字的位置，可能在东巴心目中是两个字，但因为 ☷ 本身就读 the³³ɣɯ³³ 书，☰ the³³ 旗只是帮助标写其中的一个音节，我们认为是标音不完全的形声字，只算一个字。🜖 to³³mba²¹ 东巴是由 🜖 to³³ 木板和 🜔 mba³³ 大脖子两字简缩而成的合文，所以算两个字。189 字中，有标音文字哥巴字 13 个：⊥ 2 次、ϟ 6 次、 4 次、π 1 次。除掉哥巴字，东巴文共 176 字。

（2）假借字。176 个东巴文中，有非假借字 24 字：☰☷ 文字 2 次、🜹 人 3 次、⌒ 沟谷 1 次、🜺 我 5 次、🜼 尾巴 2 次、⊡ 日 2 次、🝁 脚 1 次、🝂 手 1 次、🝃 饭 1 次、🝄 祭祀 1 次、‖ 二 1 次、米 千 1 次、‖‖ 四 1 次、‖‖ 五 1 次、⫼ 八 1 次。假借字共 152 字，占东巴文总字频的 86.36%。

（3）疑难字词。白地东巴文和丽江东巴文有较大的差异，白地汝卡东巴文和白地其他纳西族支系的东巴文又有一定的差异，颇具地方特色，如不明底细，很难释读。主要表现为：

①罕见。如 🜍 fa²⁴ 火光迸发，此字罕见，仅见于《么些象形文字字典》，但在白地的文献中我们已见到两次，另一次是在杨玉发东巴致杨正文先生的信中，"杨玉发"的"发"就借用了此字。

②与丽江东巴文音义不同。如 🜖 木板，丽江读 to³³，白地读 v²¹，信中用来标写"文献所"的"文"，又见于和年恒东巴写给杨正文的题词，亦是用来表示"文"字。又如骨头丽江作 ⊶ o³³，白地作 ⌒ æ³³，借作 æ²¹ 山崖。

③形体容易与丽江东巴文的其他字相混。如：🜼 mæ³³ 尾巴，与丽江 🝅 尾巴远，而与 🝆 sər³³ 木相近。⌒ lo²¹ 沟谷，与丽江 ⌒ 沟谷远，而与 ⌒ hɯ⁵⁵z̩ʅ³³ 远路相近。⊞ dzə²¹ 秤锤，与丽江 🝇 秤锤远，而与 ⊞ sʅ²¹ 骰

子相近。⊙ dər²¹ 泡沫，与丽江 ⊙ 泡沫远，而与 ⊙ lv³³ na²¹ 黑石相近。⊙ ne³³ 苋菜，与丽江 ⊙ 苋菜远，而与 ⊤⊤ do²¹ 见相近。⊙ by²¹ 面粉，与丽江 ⊙ 面粉远，而与 ⊙ dər³³ 水潭相近。⊙ ŋɑ²¹ 我，与丽江 ⊙ 我远，而与 ⊙ 左相近。这些字在东巴文的释读和异体字、同形字的研究中特别值得注意。

（4）方言、口语词。信中有些只在白地一带或汝卡人中使用的方言词和一些口语词，如 ⊙⊙⊙⊙⊙⊙ khə³³ khə³³ a³³ dzy²¹ ma³³ o²¹ 你身体好吗、⊙⊙ na²¹ sʅ²¹ 才、⊙ ⊤⊤ zu³³ ka³³ 僻远之地、⊙ ⊙ dzə²¹ na²¹ 非常、⊙ ŋɯ³³ iə³³ 感谢、⊙ ⊙ kə⁵⁵ be³³ 帮助、⊙ ⊙ ⊙ çə²¹ ne³³ i³³ 闲一下、⊙ ⊙ a³³ he²¹ uə³³ 盼望，等等。这些词语语源还很难说清，需要进一步研究。

第四节　题词

俄亚、白地东巴文题词发现不多，重要者本节均作译释。

一　阿明灵洞李霖灿题词译释①

白地有白水台和阿明灵洞等名胜，相传东巴教始祖丁巴什罗在白水台设坛讲经、教民耕作，东巴教第二宗师阿明什罗在阿明灵洞修行弘法，因此成为东巴教徒顶礼膜拜和当地民众敬神祭天的圣地。纳西族谚语说："不到白地，不算东巴。"东巴如能到阿明灵洞举行加威灵仪式，据说便威灵附体，法力无边，所以各地东巴都以到白地朝圣祈求威灵作为人生的崇高目标。白地历史上出现过许多学问高深的大东巴，传统文化底蕴十分深厚，加上交通不便，是目前东巴文化原始风貌保留最好的地区之一，因此也成为研究东巴文化的学者们向往的地方，前辈大家陶云逵、李霖灿、洛克、和志武等都曾到此拜谒。

1999 年初，喻遂生在丽江东巴文化研究所进修，虽然当时绕道中甸再到白地的公共汽车已经开通，但还是决定，要心怀虔诚，沿着当年东巴们朝

---

① 本题词研究承蒙李霖灿先生哲嗣李在其、李在中先生惠示李霖灿先生日记，不胜感谢。

阿明灵洞外景（1999 年）

在阿明灵洞午餐（2009 年）

圣的古道，步行到白地去考察学习。1 月 27 日，便和年轻的白地籍纳西族
朋友、当时在丽江县东巴文化博物馆工作的和继全一道，从丽江出发，到大
具过金沙江，经过两天的跋涉，翻过哈巴雪山下的山岭，走了 50 多公里，
来到白地，投宿在和继全的姑父和士新阿老家中。1 月 30 日，在和继全的

表弟东旺小学教师杨红卫的带领下去拜谒了阿明灵洞。

　　阿明灵洞在白水台对面山上接近山顶的一座石崖下，掩映在一片金色的纳西族神树栎树林中。只可惜当天看到好几个农民牵着马上山砍伐栎树作柴烧，砍伐线逐年推进，离阿明灵洞已不太远了。阿明灵洞是一个喀斯特岩洞，洞分左右二洞。右洞较小，左洞分上下两层，上层约 15 平方米，下层仅一洞口。两洞内均有前人题字，多漫漶不清，唯有右洞李霖灿和同行东巴杨学才的东巴文和汉文题名还大致可辨，时间是"（民国）卅一年三日（月）"，这是我们目前所见到的最早的东巴文题词。意外的是，我们在洞中发现一幅新的东巴文题词，记载的是木猪年三月十三日，东坝东巴习阿牛等到此拜谒祈求威灵的情况，可见到阿明灵洞一拜，至今仍然是东巴教信徒们梦寐以求的理想。

　　阿明灵洞李霖灿题词用东巴文和汉字书写，部分字已漫漶不清，试考证如下。

　　题词上部用东巴文写的 （李霖灿）3 字比较清楚，下部"李霖灿杨学才"6 个汉字也很清楚，中间的一行东巴文和下部的汉字日期不大清楚。

　　首先应该肯定中间这一行东巴文应是整个题词的一部分。这行字中间字比较清楚，其下应是字，即正月，其下是数目字，数目字下是日字。字之上为一动物头形，应是鼠字，此用为年。全句意为某年正月某日。

　　上应有两字，是五行和十二生肖如"木鼠""火虎"之类。此两字看不清楚（也许部分原因是和其他字不在一个平面上），只能根据其他材料来推测。李霖灿先生在白地考察的时间，他在一篇文章中说得很清楚："民国三十一年的春天，我为国立中央博物院调查么些族的文字和习俗，于农历的年底由丽江向北渡过金沙江，来到中甸县的北地乡。……我们到达北地是二月九日，在农历已是'祭灶'之后一日（腊月廿四日）……然而一直到四月六日我们离去这多巴圣地的时候，这位大多巴在这两个月内给了我们最大的合作。"① 民国三十一年即 1942 年，春节前是铁蛇年，春节后是水马

---

① 李霖灿《中甸县北地村的么些族祭天典礼》，《么些研究论文集》，台北故宫博物院 1984 年版，第 219 页。

年，既是"正月"，当然是水马年，因此上两字应是"水马"二字。

1999 年所摄李霖灿题词

2009 年再度考察阿明灵洞

　　与水马年正月相对的公历是 1942 年 2 月 15 日至 3 月 16 日。下面的两个数目字，第一个字应是十，而不是二十。第二个字应是八，而不是七，因为七是上面 4 画，下面 3 画，而此字下面 4 画非常明显。正月十八，公历是 3 月 4 日。左下一字应是"年"字，"年"上一字是"一"字，再上一字残，应是"卅"字，"卅一年"与李先生说的"民国三十一年"合。中间二字，看似"三日"，实应是"三月"。以下字残，当是"题"字。郭大烈先生 1981 年 7 月曾到过阿明灵洞，他看到的日期是 1942 年 3 月 3 日，杨福泉先生 1991 年看到的是 1942 年 3 月 2 日①。3 月 2 日是正月十六，3 月 3 日是正月十七，与正月十八相差不大，但上面的东巴文数字似不是六或七，而且下面的汉字最多中间一行看出一个"三日（月）"，左面一行就很难看出"三日"来了。

　　以上文字在 2008 年 10 月 3 日夜写完后，发给李霖灿先生哲嗣李在其先生请教，并询问李霖灿先生是否有日记记载此事，翌日李在其先生发来了由

---

　　①　郭大烈：《李霖灿与纳西东巴文化》，《东巴文化论集》，云南人民出版社 1985 年版。杨福泉：《绿雪歌者》，云南教育出版社 2000 年版，第 112 页。

他弟弟李在中先生保管的李霖灿先生 1942 年 3 月 3、4 日的日记照片。其中 3 日记载了有关阿明的传说，显然是在为拜谒灵洞作准备。4 日记曰："三月四日 天雨雪，然当地人称'菩萨哄不得'，遂令人负粮，集多巴入山，下午抵阿迷 ⌒⌒ ⋀⋀ ⊙ ◯。多巴盛装立于一石灰岩之洞穴中，为摄一影。晚间看五佛冠跳，恍似回至二千年之前野神时代也。"

李在其先生回信认为题词汉字部分是"三十一年三月三日题李霖灿杨学才"，"在石上用毛笔书写时，可能错记了一天"。我们认为题词"卅一年"下无字，第二行是"三日"，"日"当是"月"字之误。"三日"下字迹模糊，应是"题"字，而不是两个字，也许当时就没有写"四日"两字，因为上面的东巴文已经将日子写得很清楚了。从日记看，李先生事前是做了充分准备的，在当时不大可能写错日期。

附：李霖灿先生日记 3 页

二　阿明灵洞和志本东巴题词译释

我们发现阿明灵洞和志本题词是在 1999 年，经过已见上节，因有习阿牛的大名，原来我们称作"习阿牛题词"。2009 年，我们在白地调查，请和志本东巴读经，在和先生家偶然发现一张他在阿明灵洞题词前双手合十，虔诚祈祷的照片，赶紧向老先生请教。原来他参加了那次习阿牛大东巴在阿明灵洞主持的加威灵仪式，题词就是他写的。这次偶遇解决了我们的一些疑难问题，纠正了我们原来释读中的一些错误，感谢和志本先生！

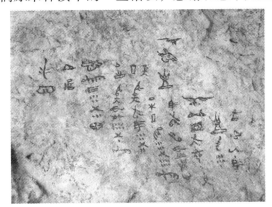

字释：❦ sər³³木。

⌇ gə²¹上，借作定语助词 gə³³。

▲ mbu²¹山坡。

⿊ tho²¹靠。两字连读作 mbu²¹ tho²¹，是纳西族的一种纪年方法。即将五行各分阴阳为十，与十二生肖相配为六十，相当于干支纪年的六十花甲。

⿊ bu²¹猪。

⿊ khv³³收割，一般写作 ⿊，以镰刀割物，借作 khv⁵⁵年。农历木猪年即乙亥年，离现在较近的乙亥年有 1935 年、1995 年，由下文习阿牛东巴的年龄推断，只能是 1995 年。

⿊ sa⁵⁵气。

⋰⋰ ua³³五。两字连读借作三月。

⿊ tshe²¹十。

⋱ sʅ²¹三。

⿊ ŋi²¹日。

⿊ kɯ²¹胆。

⿊ dy²¹地。两字连读 kɯ²¹ dy²¹作地名根地，即三坝乡所辖之东坝行政村。

⿊ to³³木版。

⿊ ba³³大脖子。两字连读作 to³³ba²¹东巴。此两字行款横列，应指以下两位都是东坝的东巴。

⿊ çi³³人，从人 ⿊ çi²¹稻声，此为白地字形，一般写作⿊。

⿊ ə³³，象口出气形。

⿊ ŋə²¹眼睛，一般写作 ⿊、⿊。三字连读借作人名习阿牛。习阿牛，又写作习阿年，三坝乡东坝行政村日树湾村人，18 岁起学经，30 岁独立执掌法事，擅长东巴舞蹈，积极参与各种东巴文化活动，是当代著名的东巴①。

---

① 参见郭大烈等主编《丽江第二届国际东巴艺术节学术研讨会论文集》，《近代东巴名录》，云南人民出版社 2005 年版，第 606 页；李国文《人神之媒——东巴祭司面面观》，云南人民出版社 1993 年版，第 103 页。

ho^{55} 八。

tshər^{21} 十。从三十起十读 tshər^{21}。

dɯ^{21} 一。

khv^{33} 收获，借作 khv^{55} 岁。

çi^{33} 人，从人 çi^{21} 稻声。

dʐ̩ər^{21} 威灵，字源不详。

ho^{21} 肋骨。三字连读借作人名习正和。

ua^{33} 五。

tshər^{21} 十。

ŋi^{21} 二。按以下缺 khv^{55} 岁字。

bər^{21} 稗子，此为白地字形，丽江国际东巴文化艺术节白地东巴贺词写作 ，一般写作 。

dər^{21} 骡子。两字连读借作地名 bər^{33}dər^{33} 白地。

py^{21} 东巴。

kv^{33} 蛋。

dv^{21} 千。两字连读借作村名 kv^{33}dv^{21} 古都，是白地行政村下辖的自然村，紧靠白水台下。

to^{33} 木版。

by^{21} 驼背。两字连读作人名东毕。东巴法名多叫东某，此字我们开始按字典读 bv^{21}，将此位东巴的法名译作"东布"。据杨正文先生说东布是古都村一个额头突出的人，李霖灿《么些标音文字字典》有"to^{55}mba^{33} 额高而突出"（18 页）[1]，诚如是，则东布为其绰号。但和即仁先生说："加生理特征名称的这部分名字，往往点出本人在生理上的缺陷。因此，一般不能直呼本人。"[2] 在求威灵仪式上用的名字，应不会用绰号，所以"东布"的真实含义一直困扰我们。按白地音，此东巴名应读"东毕"，2009 年和志本先生

---

① 李霖灿：《么些标音文字字典》，与《么些象形文字字典》合订本，台湾文史哲出版社 1972 年版。

② 张联芳主编：《中国人的姓名》，中国社会科学出版社 1992 年版，第 362 页。此书《纳西族》部分由和即仁撰写。

说，东毕就是他的法名。和志本先生生于 1928 年，属龙，1995 年（农历木猪年即乙亥年）他正好 68 岁（虚岁），与题词相合。

　　tʂhua⁵⁵ 六。

　　tshər²¹ 十。

　　ho⁵⁵ 八。

　　khv³³ 收获，借作 khv⁵⁵ 岁。

　　ho²¹ 肋骨，当是借作 hɯ²¹ 富。

　　dʐər²¹ 威灵，字源不详。

　　za²¹ 降下。李霖灿《么些象形文字字典》2 号天上降下事端作 ⟨⟩、255 号人下降作 ⟨⟩，经书中常有简化为仅作一曲线者。三字连读意为 hɯ²¹ dʐər²¹za²¹ 降下（使人）富有的威灵。《纳西东巴古籍译注全集》第 14 卷有经书名为 "hɯ²¹ dʐər²¹ tsæ⁵⁵"《求富强之威灵》（第 251 页），有句子为 hɯ²¹ dʐər²¹ tsæ⁵⁵ me³³ hɯ²¹ dʐər²¹ za²¹（第 268 页），意为祈求（使人）富有的威灵，降下（使人）富有的威灵，可参。

　　ə³³，象口出气形。

　　mi³³ 火。两字连读借作人名 ə³³mi²¹ 阿明。

　　næ³³ 苋米，借作躲藏。

　　kha³³ 角，借作洞。两字连读意为 "藏身之洞"。

　　iə³³ 烟草。

　　tɕi 哥巴文。当是由白地东巴文 ⟨⟩ tɕi⁵⁵ 羊毛剪演变而来。哥巴文字符 ⟨⟩，方国瑜《纳西象形文字谱》所附《纳西标音文字简谱》读 tɕhi（第 432 页）[1]、李霖灿《么些标音文字字典》读 tɕhʌ（第 58 页），但实际上也有读 tɕi 的。如《纳西东巴古籍译注全集》第 55 卷《超度死者·卢神起程，向神求威力》署神的东巴 iə²¹ ȵi⁵⁵ tɕi⁵⁵gu³³ 尤聂季恭的第 3 音节，就写作 ⟨⟩（第 25 页）[2]。

　　gv³³ 柜子。一般作 回，又读 ta⁵⁵ 箱子。三字连读作神人名 iə²¹ ȵi⁵⁵ tɕi⁵⁵ gu³³ 尤聂季恭，其中第二音节 ȵi⁵⁵ 没有写出。尤聂季恭是东巴教祖师丁巴什

---

① 方国瑜、和志武：《纳西象形文字谱》，云南人民出版社 1981 年版。

② 东巴文化研究所：《纳西东巴古籍译注全集》，云南人民出版社 1999—2000 年版。

罗的弟子、自然神署神的东巴，东巴经中有"把尤聂季恭的神威加于东巴"的说法。

　　𝌀 dz̥ər²¹ 威灵，字源不详。

　　𝌁 tʂæ³³ 画卷，借作 tʂæ⁵⁵ 放置，两字连读 dz̥ər²¹ tʂæ⁵⁵ 意为加被威灵。

　　𝌂 当是 n̥i²¹ 二，借作 n̥i⁵⁵ 要。但二一般作并列的两竖，如上文之 𝌃，此字形比较特殊，待考。

　　𝌄 me³³ 雌阴，借作语气词。

　　𝌅 py²¹ 东巴。

　　𝌆 zʅ³³ 草，借作寿命。

　　𝌇 ʂər³³ 七，借作 ʂər²¹ 长。

　　𝌈 字形不大清楚，当是 iə³³ 烟草，借作 iə⁵⁵ 给予。

　　𝌉 ha³³ 饭，借作 ha⁵⁵ 夜，引申为日子。

　　𝌊 i²¹ 漏，字右半残，一般写作 𝌋，像蛋破流液形，白地写作 𝌌，借作 i³³ 有。在东巴文献中，常常是 𝌍 𝌎 𝌏 𝌐 zʅ³³ ʂər²¹ ha⁵⁵ i³³ 四字连读，意为长寿无疆，是纳西语中常见的祝福语。此处中间插如 𝌈 iə³³ 烟草，或许是借作 iə⁵⁵ 给予，但以前我们未见过这种情况。加上此字字形不清，尚需进一步研究。

　　𝌑 ho²¹ 肋骨，借作表祝愿的语气词 ho⁵⁵。

　　全文标音：sər³³ gə³³ mbu²¹ tho²¹ bu²¹ khv⁵⁵ sa⁵⁵ ua³³ tshe²¹ sʅ²¹ n̥i²¹，kɯ²¹ dy²¹
　　　　　　　 木　的　花甲　猪　年　三　月　十　三　日　　根地
to³³ mba²¹ ɕi²¹ ə³³ n̥ə²¹ ho⁵⁵ tshər²¹ dɯ²¹ khv⁵⁵，ɕi²¹ dz̥ər²¹ ho²¹ ua³³ tshər²¹ n̥i²¹（khv⁵⁵），
东巴　　习阿牛　八　十　一　岁　　习正和　　五　十　二　（岁）
bər³³ dər³³ py²¹ kv³³ dv²¹ to³³ by²¹ tʂhua⁵⁵ tshər²¹ ho⁵⁵ khv⁵⁵，ho²¹ dz̥ər²¹ za²¹ ə³³ mi²¹
白地　东巴　古都　东毕　　六　十　八　岁　富　威灵　降　阿明
næ³³ kha³³，iə²¹ n̥i⁵⁵ tɕi⁵⁵ gu³³ dz̥ər²¹ tʂæ⁵⁵ n̥i⁵⁵ me³³。py²¹ zʅ³³ ʂər²¹ iə⁵⁵ ha⁵⁵ i³³ ho⁵⁵。
藏　洞　　尤聂季恭　　威灵加　要（语）东巴　寿　长　给　日　有（语）

　　汉译：花甲木猪年三月十三日根地东巴习阿牛八十一岁，习正和五十二（岁），白地古都村东巴东毕六十八岁，在阿明灵洞降下富有的威灵，加被尤聂季恭的威灵。祝东巴长寿无疆。

　　阿明灵洞和志本题词是珍贵难得的东巴文应用性文献材料，它是民间东

巴教活动的实证。东巴教在解放后由于受历次政治运动的冲击，至"文革"已基本停止活动。改革开放后虽然得到了一定程度的恢复，但在丽江古城及周边地区，多带有旅游表演的性质，纯粹的宗教活动已很罕见。杨正文先生记叙在阿明灵洞举行的降威灵仪式说："白地、东坝、哈巴等地的东巴，学到一定程度时，便要请求丁巴什罗圣祖降威灵于肉身，举行盛大的'降威灵'仪式。要请当地最有权威的大东巴主持仪式，由著名大东巴领头，全体求取威灵的东巴在后，在阿明灵洞之前聆听教诲、舞东巴舞。这个仪式，历时四天四夜，极其庄严壮观。仪式过后，求取威灵的东巴便有了至高无上的法术，便能杀鬼驱妖了。举行仪式时，规定所有闲杂人不许靠近，亦不许在远处观望。外地东巴一经参加这个仪式，无论其年龄大小、学识高低，回到村里便可称雄一方。"① 习阿牛等举行的求威灵仪式的细节虽然不详，但这是一次庄严的宗教仪式则无疑。参加者中，年届八旬、德高望重的习阿牛，当是仪式的主持者，五十二岁的东坝东巴习正和，六十八岁的白地古都村东巴东毕，则是祈求威灵降身的东巴。他们所吟诵信奉的经典和教义，在仪式中得以传承和发扬。可以说，自有东巴教以来，降威灵仪式已经进行过无数次了，但用东巴文字记录下来并被学者发现和研究，这大概是第一次。在目前所见的成篇的摩崖东巴文字中，和志本题词是最早的一件。其中所记东巴年龄可以校正诸书所载阿牛东巴生年的差错，其文字异体可丰富文字研究的材料，值得继续深入研究。

三 白地和年恒东巴题词译释

和年恒，又写作和牛恒，三坝乡白地行政村水甲村人，当代著名的大东巴。和年恒先生晚年与杨正文先生交往密切，杨先生请和年恒东巴在硬面抄笔记本上抄写经书，在经书《土作》（人类迁徙记）卷末，和年恒东巴写了一幅题词（因在经末，也可视为跋语）。杨先生将其发表在《最后的原始崇拜》一书中，题词和译文如下（圈码为我们所加）②：

---

① 杨正文：《东巴圣地——白水台》，云南人民出版社 1999 年版，第 49 页。
② 杨正文：《最后的原始崇拜》，云南人民出版社 1999 年版，第 72 页。又见于《杨正文纳西学论集·东巴象形文字的应用》，民族出版社 2008 年版，译文略有差异。

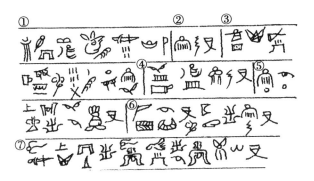

译文：水属狗年腊月间写下，水甲村金松家东巴年恒于七十一岁之际写给杨正文同志，写好写不好，请不要见笑吧！因为没有经书，只好凭记忆写下来了。天啊！今年在世，明年也许不在了啊……

字释：

①𧰼段首符号，不读音。

𝄞 ndʐi²¹ 水。

𝄢 gə²¹ 上，借作定语助词 gə³³。

𝄐 mbu²¹ 山坡。

𝄎 tho²¹ 靠。两字连读作 mbu⁵⁵tho²¹ 花甲。

𝄑 khɯ⁵⁵ 狗。

𝄒 khv³³ 收割，借作年。农历水狗年即壬戌年，离现在较近的壬戌年有1982 年、1922 年，在此只能是1982 年。

𝄓 nda³³ 砍。

𝄔 ua³³ 五。

𝄕 he³³ 月。三字连读作 nda³³ua³³he³³ 腊月。

𝄖 ko²¹ 针，借作里面。

②𝄗 pər⁵⁵ 梳子，借作写。

𝄘 se³³ 哥巴字，标写表完成的助词了。

𝄙 me³³ 雌阴，借作语气词。

③𝄚 ʂu²¹ 铁，以斧头表铁。

𝄛 ndʐə²¹ 秤锤，一般写作𝄜。两字连读作 ʂu²¹dʐə²¹ 水甲，为白地村庄名。

$\mathfrak{W}$ uə^{33}村庄，一般写作 $\mathfrak{M}$。

$\mathcal{V}$ tɕi^{55}羊毛剪。

$\mathfrak{F}$ so^{33}大秤，字形从 $\mathfrak{B}$、$\mathfrak{t}$、$\mathfrak{S}$、$\mathfrak{M}$ 逐次演变而来。两字连读作 tɕi^{55}so^{21}金松，为和年恒东巴的家族名。

$\mathfrak{P}$此是由 $\mathfrak{D}$ to^{33}木板和 $\mathfrak{K}$ mba^{33}大脖子两字简缩而成的合文，借作 to^{33}mba^{21}东巴。

$\mathfrak{R}$ ȵə^{21}眼睛。

$\mathfrak{W}$ hɯ^{33}风。两字连读作人名 ȵə^{21}hɯ^{33}年恒。

$\mathfrak{P}$ nɯ^{33}心，借作主语助词。

$\mathfrak{W}$ ʂər^{33}七。

X tshər^{21}十。从三十起十读 tshər^{21}。

$\mathfrak{J}$ dɯ^{21}一，加量词时读 dɯ^{33}。

$\mathfrak{F}$ khv^{33}收割，借作年。

$\mathbf{O}$ kv^{33}蛋，借作 ŋgv^{33}满、有。

$\mathfrak{R}$ ȵə^{21}眼睛，借作要。

$\mathfrak{m}$ pər^{55}梳子，借作写。

$\mathfrak{N}$ iə^{33}烟叶，借作语气词。

④$\mathfrak{V}$ iə^{33}烟叶。

$\mathfrak{IIII}$ tʂʅ^{55}土。

$\mathfrak{C}\mathfrak{D}$ v^{21}大木板。山区搬运木料，在木料一端拴上绳结，用牲口或人力拖运而行。字右端象绳结形。

三字连读为人名 iə^{21}tʂʅ^{55}v^{21}杨正文。

$\mathfrak{J}\mathfrak{g}$ tho^{21}靠。

$\mathfrak{IIII}$ tʂʅ^{55}土。两字连读作汉语借词 tho^{33}tʂʅ^{55}同志。

$\mathfrak{R}$ ku^{21}生姜，借作送、给。

$\mathfrak{S}$ se^{33}哥巴字，标写表完成的助词了。

$\mathfrak{X}$ me^{33}雌阴，借作语气词。

⑤$\mathfrak{m}$ pər^{55}梳子，借作写。

$\bigcirc$ kv^{55}蛋，借作会。

$\diagdown$ mə^{21}不。

$\bigcirc$ kv^{33}蛋，借作会。

上 ʂə^{55}哥巴字，借汉字"上"，表示说、据说，已虚化，类似语助词。

zo^{21}坛子，借作 zo^{21}男子，用作自称。

ndzo^{21}木槽，借作讥笑。

mbe^{21}铁冠，用铁片打成，东巴作法事时戴在头上；借作 mbe^{33}做。

iə^{33}烟叶，借作语气词。

mə^{33}不。

ndu^{21}阳神，借作 ndu^{33}时兴、要。

⑥ the^{33}旗子。借作 the^{33}ɣɯ^{33}经书的第一音节。

ɣɯ^{33}经书。

mə^{33}不。

ndʐy^{21}手镯，借作 ndʐy^{33}有。

me^{33}雌阴，借作语气词。

nɯ^{33}心，借作语气词。

khu^{33}门，借作口。

ʂ$\mathfrak{l}$^{33}肉，疑借作传。杨正文先生说 khu^{33} ʂ$\mathfrak{l}$^{33}是凭记忆，全句是说，没有经书，凭记忆写的。杨先生的意思是对的，但两个音节各有何含义？查李霖灿先生《么些标音文字字典》，其第 69 页有"k'o˧ ʂɯ˩口传"，说明 khu^{33}义为口。ʂ$\mathfrak{l}$^{33}是否有传义，《纳西语常用词汇》第 291 页 ʂ$\mathfrak{l}$^{33}有"送"义，《纳西象形文字谱》第 448 页"ʂ$\mathfrak{l}$^{21}引水、疏浚"，可参考。

mbe^{21}铁冠，借作状语助词 mbe^{33}。

pər^{55}梳子，借作写。

se^{33}哥巴字，标写表完成的助词了。

me^{33}雌阴，借作语气词。

⑦ ɛ^{33}啊，象张口出气形，借作叹词。

nda^{33}砍，借作 nda^{21}大概。

上 ʂə^{55}哥巴文，说。

ˇˇ uə³³村庄，一般写作ˇˇ。

ˇˇ gə²¹上。以上二字所表意义不明。杨正文先生《最后的原始崇拜》将以上5字译作"天啊"，《东巴象形文字的应用》译作"天可怜见"，除了ˇˇ义为"啊"确实外，其余4字均不能落实。我们向杨先生请教，他说是"说起来、说实话"之意。存疑待考。

ˇˇ tshi³³刺，丽江读 tɕhi³³。

ˇˇ mbe³³铁冠。两字连读借作 tshi⁵⁵mbe³³今年，丽江读 tʂʅ³³be³³。

ˇˇ ɛ³³啊，象张口出气形，借作语气词。

ˇˇ ndʐy³³蔓菁，借作有、存在。

ˇˇ la³³手，借作连词，表"即使……也"，丽江用 bɯ³³la³³。

ˇˇ so³³大秤。

ˇˇ mbe³³铁冠。两字连读借作 so³³mbe³³明年。

ˇˇ mə³³不。

ˇˇ ndʐy³³蔓菁，借作有、存在。

ˇˇ kv³³蒜，借作 kv⁵⁵会。

ˇˇ i²¹漏，丽江写作ˇˇ，象蛋破流液形，借作语气词 i³³。

ˇˇ me³³雌阴，借作语气词。

全句标音：①ndʑi²¹ gə³³mbu⁵⁵tho²¹ khɯ⁵⁵khv³³ nda³³ ua³³he³³ ko²¹②pər⁵⁵
　　　　　水　的　花甲　狗年　腊月　里　写
se³³ me³³。③ʂu²¹ ndʐə²¹uə³³tɕi⁵⁵so²¹ to³³mba²¹ȵə³³hɯ³³ nɯ³³ ʂər³³ tshər²¹ dɯ³³
了（语）　水甲　村　金松　东巴　　年恒（助）七　十　一
khv³³ ŋgv³³ȵə²¹ pər⁵⁵ iə³³。④iə²¹ tʂʅ⁵⁵ v²¹tho²¹tʂʅ⁵⁵ ku²¹ se³³ me³³。⑤pər⁵⁵kv⁵⁵
岁　满　要　写（语）　　杨正文　同志　给　了（语）　写会
mə²¹ kv³³ ʂə⁵⁵，zo²¹ ndzo²¹mbe³³iə³³mə³³ ndu³³。⑥the³³ ɣɯ³³ mə³³ ndʐy³³ me³³ nɯ³³，
不　会　说　男子　讥笑　做（语）不　要　　　经书　不　有（语）（语）
khu³³ ʂʅ³³mbe³³pər⁵⁵se³³ me³³。⑦ɛ³³！nda²¹ ʂə⁵⁵uə³³gə²¹tshi⁵⁵mbe³³ ɛ³³ ndʐy³³ la³³
口　传（助）写了（语）　啊　大概　说　？　？　今年（语）在　即使
so³³mbe³³ mə³³ ndʐy³³kv⁵⁵ i³³ me³³！
明年　不　在　会（语）（语）

汉译：花甲水狗年腊月里写完了。水甲村金松家东巴年恒要满七十一岁

时写的。送给杨正文同志。会写不会写，请不要笑我。没有经书，凭口诵写下来了。啊！即使今年在世，明年也许不在了啊！

另有一点要说明的是，杨正文先生书中刊布和我们现在所用的和年恒东巴题词，是杨先生的重抄本。后来我们在杨先生处看到了题词的原稿，行款和文字风格都有些不同，特将我们的摹本附后，以供参考。

四　丽江国际东巴文化艺术节白地东巴贺词译释

2003 年 9 月 25 日至 27 日，第二届国际东巴文化艺术节在丽江隆重召开。26 日，在艺术节学术研讨会的开幕式上，白地老东巴和志本代表白地东巴宣读了贺词，在大会简报第三期上，又刊载了垦恒的贺词。贺词可视为题词的一个小类，在公开场合发表的东巴文贺词并不多见，两则贺词的发表，为东巴文应用性文献研究增添了新的材料。

白地是著名的东巴文化圣地，东巴文化保留比较完好，白地东巴在纳西族中享有崇高的声誉。白地东巴的贺词由和志本东巴撰写并宣读。和志本先生，白地古都村人，时年 76 岁，至他已是 4 代东巴，是当代硕果仅存的几位老东巴之一。这篇贺词又刊于大会简报第二期，A4 纸一页，并附有如下的汉语译文："贺信/今年召开第二届国际东巴文化艺术节，我们白地的东巴们都非常高兴。/我们纳西东巴们一定要心连心，手握手，共同把东巴文化发扬光大。/白地东巴贺/2003 年 9 月"。本文标音用纳西语白地音系，图中圈码为笔者所加。

字释：① ⤳ kuə^{55}刮刀。

✂ tçi^{55}羊毛剪。两字连读借作 kuə^{24}tçi^{55}国际。

①〔图符〕

②〔图符〕

③〔图符〕

④〔图符〕

⑤〔图符〕

⑥〔图符〕

⑦〔图符〕

⑧〔图符〕

此是由 to^{33} 木板和 mba^{33} 大脖子两字简缩而成的合文，借作 to^{33} mba^{21} 东巴。

ue^{21} 鹰。

hua^{33} 白鹇鸟。两字连读借作 ue^{21} hua^{55} 文化。

i^{33} 山骡。

$s\gamma^{55}$ 茅草，从草，$s\gamma^{21}$ 色子声。

$t\varphi i^{21}$ 云。三字连读借作 i^{55} $s\gamma^{24}$ $t\varphi i^{24}$ 艺术节。

②$tshy^{55}$ 闪电。

be^{21} 铁冠。两字连读借作 $t\varphi hi^{55}$ be^{33} 今年。

nv^{21} 黄豆，借作状语助词 $n\mu^{33}$。

$\eta_i i^{21}$ 二。

$z\gamma^{33}$ 草，借作 $z\gamma^{21}$ 次。

hu^{21} 夜晚，以月亮向下表示，借作汉语借词 hu^{55} 会。

$t\,\varsigma\,\vartheta^{21}$ 爪子。按本应是 $khua^{33}$ 蹄子，爪子字作，疑此处二字混用。

khæ³³沟渠。两字借作汉语借词 tʂə⁵⁵khæ³³召开。

ŋə²¹我。

ŋɯ³³裂开，一般写作ᕪᕪ，借作 ŋgɯ²¹们。

③ bər²¹稗子

dər²¹骡子。两字连读借作 bər³³ dər³³地名白地。

to³³mba²¹东巴。

ŋgɯ³³裂开，借作 ŋgɯ²¹们。

bæ²¹晒场用的刮板，或写作 、 ，借作高兴。

se²¹哥巴字，标写表完成的助词了。

me³³雌，借作语气词。

④ ə³³呵，又作

ŋgɯ³³裂开。两字连读借作 ə⁵⁵ŋgɯ²¹我们。

na²¹纳族，从 人， na²¹黑声。

hər²¹玉。两字连读作 na²¹ hər²¹纳恒，为纳西族一个支系的自称。

此是由 to³³木板和 mba³³大脖子两字简缩而成的合文，借作 to³³ mba²¹东巴。

nɯ³³心。

nɯ³³心，一说缠绕，借作主语助词。

nɯ³³心。

iə³³烟叶，借作 iə⁵⁵给予。

⑤ iə³³烟叶，借作 iə⁵⁵给予。两字重叠作 iə⁵⁵ iə³³，有相互给予之意。

la²¹手。

nɯ³³心，一说缠绕，借作主语助词。

ia²¹手。

tʂu⁵⁵锥子，借作连接。

tʂu⁵⁵锥子，借作连接。两字重叠作 tʂu⁵⁵ tʂu³³，有相互连接之意。

⑥ dɯ²¹大。

hua³³白鹇鸟。

be²¹铁冠。三字连读借作 dɯ³³ hua⁵⁵be³³ 全部。

此是由 to³³ 木板和 mba³³ 大脖子两字简缩而成的合文，借作 to³³ mba²¹东巴。

gə²¹上面，借作 gə³³定语助词的。

ʂər²¹七，借做事情。

be³³做。

kv³³蛋，借作 kv⁵⁵会、要。

ndæ²¹祭木，借作必须。

me³³雌，借作语气词。

⑦ bər²¹稗子。

dər²¹骡子。两字连读借作 bər³³ dər³³地名白地。

此是由 to³³ 木板和 mba³³ 大脖子两字简缩而成的合文，借作 to³³ mba²¹东巴。

dɯ²¹大。

nɯ³³心，一说缠绕，两字连读借作 dɯ³³nɯ³³共同。

ʂə⁵⁵哥巴字，标写说。

se²¹哥巴字，标写表完成的助词了。

⑧ ȵi²¹二，后加量词时变调作 ȵi³³。

tv²¹千。

sɿ²¹三。

khv⁵⁵年。借鼠字，鼠为十二生肖之首，故借形为年。

ŋgv³³九。

me³³雌。

he³³月。两字连读作 me³³ he³³月。

pər⁵⁵梳子，借作写。

se²¹哥巴字，标写表完成的助词了。

全文标音：①kuə²⁴tɕi⁵⁵to³³mba²¹ue²¹hua⁵⁵i⁵⁵sɿ²⁴tɕi²⁴，②tɕhi⁵⁵be³³nɯ³³

          国际   东巴 文化 艺术节   今年 （助）

ȵi²¹zɿ²¹hu⁵⁵tʂə⁵⁵khæ³³，ŋə²¹ŋgɯ²¹③bər³³dər³³to³³mba²¹ŋgɯ²¹bæ²¹se²¹me³³。

二 次 会 召开   我们   白地   东巴 们 高兴（助）（语）

④ə⁵⁵ŋɡɯ²¹ na²¹hər²¹ to³³mba²¹ nɯ³³ nɯ³³ nɯ³³iə⁵⁵ ⑤iə³³, la²¹nɯ³³ la²¹tʂu⁵⁵tʂu³³,

　　我们　　纳恒　　东巴　心（助）心　给予　　　手（助）手连接

⑥dɯ³³ hua⁵⁵be³³ to³³mba²¹ ɡə³³ ʂər²¹be³³kv⁵⁵ndæ²¹ me³³。⑦bər³³dər³³to³³mba²¹

　　全部　　　东巴　的　事　做　要　必须（语）　　白地　　东巴

dɯ³³nɯ³³ ʂə⁵⁵se²¹。⑧ȵi³³tv²¹sɿ²¹ khv⁵⁵ŋɡv³³ me³³he³³pər⁵⁵se²¹。

　共同　说（助）　二　千　三　年　九　月　写（助）

汉译：国际东巴文化艺术节，今年召开第二次会议，我们白地东巴们很高兴。我们纳西东巴要心连心，手拉手，一定要把全体东巴的事情做好。白地东巴同贺。二千零三年九月书。

五　丽江国际东巴文化艺术节垦恒贺词译释

　　垦恒，即和继全，白地波湾村人，曾跟随白地大东巴树银甲学习，1998年毕业于云南民族学院历史系民族学专业，毕业后一直在丽江东巴文化博物馆从事东巴文化的调查、研究和传承工作，此贺词刊载于丽江国际东巴文化艺术节大会简报第三期，A4纸一页，题词下附有汉语译文："这里有父亲般的玉龙雪山和哈巴雪山，／只要雪山不垮，东巴魂就不会垮。／这里有母亲般的金沙江和泸沽湖，／只要流水不绝，东巴的经声就不会绝。"本文标音用纳西语白地音系，图中圈码为字释时所加。

　　字释：① ba³³脚板。

　　ʂɿ³³肉。两字连读作地名 bə³³ ʂɿ²¹白沙，为玉龙山脚下的一个集镇。

　　tɕi²¹ŋv³³lv³³云雪山。 tɕi²¹为云；ŋv³³lv³³为雪山，直译为银石，由 ŋv³³银和 山（此读为 lv³³石）组成。bə³³ ʂɿ²¹tɕi²¹ŋv³³lv³³指丽江玉龙雪山。

　　hæ²¹金。

　　ba²¹花。两字连读作地名 hæ²¹ ba³³哈巴，在哈巴雪山北麓，为中甸县三坝纳西族民族乡行政村之一。

　　kɯ²¹ŋv³³lv³³哈巴雪山，与玉龙雪山隔金沙江相对。kɯ²¹意为星星，此处含义待考。 即 ʂua²¹高字，此示雪山之高，不读音。hæ²¹ba³³kɯ²¹ŋv³³lv³³即哈巴雪山。

② ŋv³³lv³³雪山。

lv³³石头，此用来标注 ŋv³³lv³³的 lv³³音。

na²¹纳，纳西族的族称。哥巴字。

ə³³呵，从口出气，借作词头阿。

sʅ²¹父亲，从人木 sər³³声。ə³³sʅ²¹，阿爸。

③ ŋv³³lv³³雪山。

lv³³石头，此用来标注 ŋv³³lv³³的 lv³³音。

lɯ⁵⁵牛虻，借作 lɯ²¹倒。

mə³³不。

du²¹阳神，借作时兴。

④ do³³mba²¹东巴。

dʑər²¹威灵。

lɯ⁵⁵牛虻，借作 lɯ²¹倒。

mə³³不。

du²¹阳神，借作时兴。

⑤🐅 la³³ 虎。

🐍 lər²¹ 喊叫。

🌿 hæ²¹ 金。

🌿 i³³bi²¹ 大江。五字连读 la³³lər²¹hæ²¹i³³bi²¹ 即虎啸的金沙江，玉龙雪山和哈巴雪山之间的虎跳峡以传说虎一跃过江而得名。

⑥🐅 la³³ 虎。

⋔ tha⁵⁵ 塔。两字连读为地名 la³³tha⁵⁵ 拉塔，即泸沽湖东岸四川所属之左所，泸沽湖纳西语名 la³³tha⁵⁵hɯ⁵⁵ 拉塔海。

〰 dʑi²¹ 水。

🐟 tshe³³ 盐，从盐块，Ⅹ tshe²¹ 十声。

🌊 hɯ⁵⁵ 海。五字连读 la³³ tha⁵⁵ dʑi²¹ tshe³³ hɯ⁵⁵ 即泸沽湖。dʑi²¹ tshe³³ 含义待考。

⑦🐟 dʑi²¹ 水。

⤴ na²¹ 大。哥巴字。

🐦 na²¹ 纳族，从人，⬛ na²¹ 黑声。

👄 ə³³ 呵，从口出气，借作词头阿。

🐦 me³³ 母亲。ə³³ me³³，阿妈。

⑧🐟 dʑi²¹ 水。

⤴ na²¹ 大。哥巴字。

🌿 ko⁵⁵ 干涸，从湖漏水，「 ko²¹ 针声。

〰 mə³³ 不。

🌿 kv³³ 蒜，借作 kv⁵⁵ 会。

⑨👹 do³³mba²¹ 东巴。

🐄 kho³³ 角，借作声音。

〆 ko²¹ 针，借作 ko⁵⁵ 失声、哑。

〰 mə³³ 不。

〉) ŋi²¹ 二，借作要。

全文标音：① bə³³ ʂ¹²¹ tɕi²¹ ŋv³³ lv³³，hæ²¹ ba³³ kɯ²¹ ŋv³³ lv³³，② ŋv³³ lv³³ na²¹

白沙　云　雪山　哈巴　星　雪山　　雪山 纳族

ə³³ sʅ²¹。③ ŋv³³lv³³ lɯ²¹mə³³ du²¹，④ do³³mba²¹ dʑər²¹ lɯ²¹ mə³³ du²¹。⑤la³³lər²¹
　　　　　　　　阿父　　雪山　倒不时兴　　东巴　威灵　倒不时兴　　虎啸
hæ²¹i³³bi²¹，⑥ la³³ tha⁵⁵ dʑi²¹tshe³³hɯ⁵⁵，⑦ dʑi²¹na²¹ na²¹ ə³³me³³。⑧dʑi²¹na²¹
　　金沙江　　　拉塔　水盐湖　　水　大纳族阿母　　　水大
ko⁵⁵mə³³kv⁵⁵，⑨do³³mba²¹ kho³³ ko⁵⁵ mə³³ŋi²¹。
干不会　　东巴　声音哑不要

　　汉译：玉龙雪山、哈巴雪山是纳西族的父亲，雪山不会垮，东巴的威灵就不会倒。金沙江、泸沽湖是纳西族的母亲，大水不会干，东巴的声音就不会断。

六　俄亚依德次里东巴题词译释

　　曾小鹏在写作博士学位论文期间，曾多次到俄亚调查。有一次住了近两个月，和调查对象依德次里东巴朝夕相处，结下了深厚的友谊，临别时依德次里东巴为他写了这张题词，全文共 67 字。曾小鹏把题词和译文收入他的博士学位论文中，并深情地写下了以下一段说明①：

　　　　2010 年元月 8 号到二月底，我在四川木里县俄亚纳西族民族乡做了近两个月的语言调查，主要的调查对象，是托地村的东巴依德次里。我们一起工作，完成了俄亚语音、词汇和语法调查，还一起对经书及其文字进行了细致的整理。每天清早，天刚亮没多久，依德老师就按约定的时间准时敲响我在乡政府宿舍的门，这时的气温还十分低，屋里又没有生火的火塘，我们二人坐在一条长板凳上，面对着电脑和经书，一天的工作就这样开始了。上午九点半时，阳光照到了小院中，我们赶快把桌上的东西搬到外面去，这时的俄亚处在一年中的旱季，天空湛蓝，尽管是冬季，阳光暖暖地烤在背上，这种满足，是在遥远的重庆所不敢奢求的。

　　　　上午进行到 12 点，我俩一起到金贤志提供给我的厨房做饭，依德

---

　　①　曾小鹏：《俄亚托地村纳西语言文字研究》，博士学位论文，西南大学，2012 年，第305 页。

负责生火，我淘米、洗菜和做饭。蔬菜十分稀少，所谓的菜主要是腊肉，当地的腊肉上的猪毛还没有褪尽，要先拿到火上烧，等皮烧得焦黑了，在热水中泡软，拿块铁抹布洗净，放在锅中煮熟之后，切成自己习惯的片或者块，就是我们的中餐。饭后照例要烤会儿太阳，和乡政府的同志摆摆龙门阵，一点钟左右，下午的工作又开始了，一直到五、六点钟，依德回家去，我吃完中午的剩饭，晚上还要整理白天的材料，并为第二天的任务做些准备，直到深夜，这一天的工作才结束。

在这短暂而漫长的五十余日里，我也参加了他主持的多个仪式，包括婚礼、成人礼、烧天香，一起到村民家走访，依德对我关怀备至，对我提出的各种问题，总是细心解释。我们开始交流时，语言方面的障碍还是很明显的，他的表述不能达到我的要求，但依德真是个聪明的人，他会采用打比方的办法，来说明比较抽象的概念，慢慢地我们就能达到彼此的默契，这些可以从我的调查报告中看出来。

临别之际，依德在我的信纸上用东巴文写下了这封信。连同我们一起完成的调查报告，以及记录着那段日子的大量图像资料，2010年冬天的这段记忆，将永远留在我的心中。

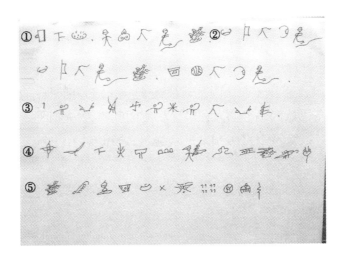

字释：

①⊏ tse⁵⁵ 打火镰。

下 çə³³哥巴文，借汉字"下"字。

ⓒⓒⓒ pu³³糠。三字连读作人名 tse⁵⁵çə³³pu³³曾小鹏。

人 zo³³男儿。

ᚽ ɣɯ³³好、优秀。

人 le³³，东巴认为字形如人在山顶朝对面呼叫，借作回去。喻遂生认为此字是 △、△、△ 茶的变体。

ᓬ bi³³去、离开。

🐅 la³³老虎，借作语气词。

ᗣ kha³³角。

ᚼ kho³³门。两字连读作 kha³³kho³³说过的话。

人 le³³，东巴认为字形如人在山顶朝对面呼叫，借作回去。

Ɔ mu³³不、没有。东巴认为象手掌侧面之形，空无一物。

ᓬ bi³³去、离开。

②ᗣ kha³³角。

ᚼ kho³³门。两字连读作 kha³³kho³³说过的话。

人 le³³，东巴认为字形如人在山顶朝对面呼叫，借作回去。

ᓬ bi³³去、离开。

🐅 la³³老虎。两字连读借作表条件的副词 be³³la³³即使……也。

回 ta⁵⁵箱子，借作给。

ⓜⓜ mu²¹簸箕，借作东西。两字连读作 ta⁵⁵mu²¹给的东西，纪念品。

人 le³³，东巴认为字形如人在山顶朝对面呼叫，借作回去。

Ɔ mu³³不、没有。东巴认为象手掌侧面之形，空无一物。

ᓬ bi³³去、离开。

③ᛁ di³³一。

🖈 dʑu²¹搁物的架子，借作量词次。

ᔛ thv³³桶，借作到。

ᚸ kv³³，蒜，借作会。

中 çi³³，百。

🖈 dʑu²¹搁物的架子，借作量词次。

米 dv²¹ 千。

𓏏 dʑu²¹ 搁物的架子，借作量词次。

𐤏 le³³，东巴认为字形如人在山顶朝对面呼叫，借作回去。

𐤂 thv³³ 桶，假借作到。

𐤄 ho³³，肋骨。借作等候。

④中 a²¹zɿ³³ 绿松石。

𐤖 iə³³ 烟草。两字连读为地名 a²¹iə³³ 俄亚。

下 çə³³，哥巴文，借汉字"下"字，表汉语借词"乡"。

米 tho⁵⁵ 松树。

𐤣 ti⁵⁵ 凳子。两字连读作村名 tho⁵⁵ti⁵⁵ 托地。

𐤊𐤊𐤊 kua³³ 灶，象垒石做灶形。

𐤋 diæ²¹ 能干，象男子持旗持矛形。

𐤌 i³³ 漏，象蛋破液体外流形。

𐤍 ndʐ³³ 毡廉。

𐤎 tshɿ⁵⁵ 山羊。

𐤏 ri³³ 牛虱。以上六字连读作书写者名字 kua³³diæ²¹i³³ndʐ³³tshɿ⁵⁵ri³³ 瓜扎·依德次里。

𐤐 ȵi³³ 心脏，借作主语助词。

⑤𐤑 la³³ 老虎。

𐤒 khv⁵⁵ 镰刀，借作年。

𐤓 hæ²¹ 恒神。

𐤔 ndʐə³³ 秤锤。两字连读作 hæ²¹ndʐə³³ 二月。

𐤕 hæ³³ 月亮，引申作月份。

𐤖 tshe²¹ 十。

𐤗 ly²¹do²¹ 见。两字连读作 tshe⁵⁵do³³ 农历初几的"初"。

𐤘 hua⁵⁵ 八，又读 ho⁵⁵。

𐤙 bi²¹，太阳、时日之日。

𐤚 pər⁵⁵ 梳子，借作 pər³³ 写。

𐤛 se²¹，哥巴文，表完结的语气词。

全文标音：①tse⁵⁵çə³³pu³³：zo³³　ɣɯ³³le³³bi³³la³³，kha³³kho³³le³³mu³³bi³³，

　　　　曾　小　鹏　男　　好回去（语）　说的话　回不去

②kha³³kho³³le³³ bi³³la³³，ta⁵⁵mu²¹ le³³mu³³bi³³。③di³³dʑu²¹thʏ³³kv³³çi³³dʑu²¹

　说的话　回　即使　给物品回不去　　一　次　到　会百　次

dv²¹dʑu²¹le³³thʏ³³ho³³。④a²¹iə³³ çə³³tho⁵⁵ti⁵⁵kua³³diæ²¹i³³ndʐ³³tshʅ⁵⁵ɾi³³ŋi³³

千　次　回　到　等候　俄亚　乡　托地　瓜扎　　依德次里　（助）

⑤la³³khv⁵⁵hæ²¹ndʑə³³hæ³³tshe⁵⁵do³³ ho⁵⁵ ŋi³³ pər⁵⁵se²¹。

虎　年　　二月　　初　　八　日写（语）

汉译：曾小鹏，好男儿要回去了，（但是你）说过的话回不去，即使说过的话也回去了，（带给我的）礼物回不去。来过一回，（我们）就等候你百回千次的到来。俄亚乡托地瓜扎·依德次里写于虎年二月初八。

第五节　墓铭（附其他石刻）

在白地我们没有发现东巴文墓铭和其他石刻，在俄亚发现了一处墓铭和多处辟邪石刻，分述如下。

一　俄亚苏达村东巴文墓碑译释

1. 墓碑的发现经过和民俗背景

2011 年 8 月，西南大学汉语言文献研究所博士研究生杨亦花和硕士研究生史晶英、马文丽、郭佳丽、周寅到俄亚调查。其间在苏达行政村苏达组村口发现了一块用东巴文刻写的石碑。此碑竖于一座玛尼堆前，与其他刻有藏文的玛尼石摆在一起。碑为黑色石灰岩，三角形，右下角稍残，高88cm，底现存95cm，厚约3cm，纵裂成为两块。碑正面文字共10横行，有界栏，可辨识的字有97个，均为东巴文，背面无字。

经调查，该墓碑是为东巴教的竖送魂经幡仪式所刻。竖经幡仪式是东巴教结合了藏族宗教文化而形成的一类宗教仪式，竖送魂经幡仪式是其中的一种类型。这种仪式曾经在纳西族地区普遍存在，而现在却非常罕见。该仪式在丽江坝区已基本消失，香格里拉白地保存较为简单，木里县俄亚乡、依吉

乡、宁蒗县拉伯乡以及摩梭人居住的一些地区依然普遍存在，俄亚和依吉的
该仪式不论是类型还是程序方面都保存相对完整。

竖送魂经幡仪式，一般在丧葬仪式的后期进行，仪式目的一是将死者的
灵魂请回家，告诉死者他已经死了，请不要再回来给后人添麻烦；二是帮死
者偿还生前所欠的债务和完成未了的心愿。做此仪式需要在一座玛尼堆旁竖
一根送魂经幡杆，杆身由一棵高十几米的去皮松树干做成，顶端有刺猬刺和
牦牛毛等饰物。又用一条长约十米、宽约二十厘米的白麻布，上印藏文经
文，从杆顶下垂，一侧与杆身相连，另一侧缝有红色布条，随风飘扬。俄亚
地区竖送魂经幡仪式视时间、场所、祭祀人群不同而不同，其中汝卡支系的
一部分人家做此仪式时需要在玛尼堆旁竖一块东巴文石碑①。

此块石碑由苏达村汝卡支系的阿依家（$a^{21}i^{33}$），于 2003 年俄亚历 4 月
15 日竖立，刻碑者为依吉乡甲区村的一名汝卡东巴。按正常规则，竖碑应

① 史晶英、杨亦花：《俄亚乡竖经幡仪式调查》，《丽江师范高等专科学校学报》2012
年第 1 期。

在丧葬仪式后不久，但苏达村的这块碑比较特殊，因为它是死者去世 60 多年后才竖立的。竖碑人家的男主人名叫古若（kv⁵⁵zo³³），为习氏族，现年 75 岁。前些年，因为古若老人的大儿子经常无端生病甚至精神失常，通过东巴占卜得知，原来是这家在龙年（1940 年）被藏族土匪枪杀的三个祖先的冤魂作祟于后人。三个死者是古若老人的父亲英扎、哥哥生根和姐姐格玛。他们去世时家人没有能力做竖送魂经幡仪式，因此古若一家请依吉甲区的汝卡东巴补做了该仪式。

2. 碑文字释

此碑虽右下角残缺，但经考察发现碑文内容完整，据此推断可能刻碑时石料就已残缺。因碑的主人为汝卡人，故本文记音以撒达杜基东巴所读的汝卡音为准。本碑的释读得到了俄亚六斤东巴（汝卡东巴）、撒达杜基东巴、依德次里东巴、瓜祖东巴等的热情帮助，在此谨致谢忱。

①〰〰 mv³³ 天。

△ bv²¹ 汝卡字，此处假借为在……之下。

② ✕ 东巴文 ⚝ 金的省形，假借为 çi⁵⁵，纳西族古氏族名，汉文作"习"。

♡ nɯ³³ 心脏，假借为主语助词。

≒ ndzŋ²¹ 坐，引申为居住。

③ ✕ çi⁵⁵ 习氏族。

碑文摹本

pv³³艾蒿，假借为pv⁵⁵来历。

kv³³蛋。

tshɑ⁵⁵咬，借形为ndzʅ³³吃。

zo³³男子。三字连读为kv²¹ndzʅ³³zo³³后代。

④çi⁵⁵习氏族。

gə²¹上，假借为定语助词gə³³。

ɑ³³啊，张口发声的样子。

sər²¹父亲。两字连读为ɑ³³sər²¹父亲。

no⁵⁵一种祭祀器具，假借为no³³你。

ku²¹姜，假借为ko⁵⁵给、为。

no⁵⁵祭祀器具。

ɑ³³啊。两字此处意义不明。

⑤（左边残缺）i³³ndɑ³³主人家。

nɯ³³心，假借为主语助词。

mə³³不。

nɯ³³心。

do²¹看见。

mbu³³烧炙。四字连读为藏语借词mɑ³³ɳi³³du²¹mbu³³玛尼吉祥堆。

tho³³松树。

〒 phər²¹解开，假借为白色。tho³³phər²¹指剥了皮的松树干。

⼿ nda⁵⁵砍。

⽊ dʐv³³俄亚东巴讲此字本义为搁物的架子，两字连读为 ta²¹dʐv³³经幡杆。

⑥⼸ tʂhu³³插，假借为代词 tʂhʅ³³这。

⽊ ɖɯ²¹蕨菜，假借为 ɖɯ³³一。

⽊ ndzər²¹树，用为量词根。

⽊ ʂu³³柏木。

⽊ hæ²¹金色。ʂu³³hæ²¹指酥油灯的灯芯。

⽊ mbæ³³蜜蜂。

⽊ mi³³火。两字连读为 mbæ³³mi³³酥油灯。

⽊ nɯ³³心。

〒 phər²¹解开。

⽊ ɒ²¹绿松石。

〒 phər²¹解开。四字连读为 nɯ³³phər²¹ɒ³³phər²¹福泽吉祥。

⽊ no⁵⁵此处意义不明。

⑦〴 ŋgv³³九。

⼁ tʂhər⁵⁵一代。

⽊ a³³啊。

⽊ phv³³雄阴。两字连读为 a³³phv³³祖父。

〴 ʂər³³七，此处指七代。

⽊ a³³啊。

⽊ dzʅ³³传说中的一种动物，是人类祖先。两字连读为 a³³dzʅ³³祖母。

⽊ he²¹神灵。

⽊ ɣɯ³³宝物，引申为善。

〵 sv³³三。

⼗ tshər²¹十。

〵 sv³³三。

⽊ dy²¹地方。

lo²¹山谷，假借为那里。

gə²¹上方。

thv⁵⁵奶渣，假借为thv³³到。

mv³³天，此处只表意不读音，意义是沃神恒神在天上。

õ⁵⁵沃神，东巴教神名。

he²¹恒神，东巴教神名。

gə²¹上方。

thv²¹桶，假借为thv³³到。

i³³右。

ȵdər³³池塘。

zo³³男子。三字连读为i³³ȵdər³³zo³³英扎若，男子名。

se³³线绕尽。

ŋgɯ³³木板房屋顶的木板。

zo³³男子。三字连读为se³³ŋgɯ³³zo³³生根若，男子名。

ŋgɯ³³嚼。

mə³³不。两字连读为ŋgɯ³³mɑ²¹格玛，女子名。

⑧假借为no³³你。

sv³³三。

kv³³蒜，假借为量词个kv⁵⁵。

ȵi³³二。

uə³³村寨。两字连读为鬼寨名ȵə³³uə³³涅窝。

tshe²¹十。

ho⁵⁵八。

dy²¹地方。

mə³³不。

ɣæ²¹鸡，假借为ɣæ³³眷恋、滞留。

bi³³俄亚东巴讲此字为树林，假借为助词bi³³。

gə²¹上方。

⑨le³³俄亚大东巴依德次里解释此字本义为树枝受阳光曝晒后弯曲低

垂的样子，此处假借为 le^{33} 又。

⿱ pər^{55} 梳子，假借为 pv^{55} 送。

⿱ mbu^{21} 坡。

⿱ 藏文字母，nɑ^{55} 大。

⿱ ŋgv^{33} 九。

⿱ mbu^{21} 坡，用作量词，座。

⿱ ku^{21} 蒜，假借作 kv^{33} 地方。

⿱ mə^{33} 不。

⿱ ɣæ^{21} 鸡，假借为 ɣæ^{33} 眷恋、滞留。

⿱ bi^{33} 树林，假借为 bi^{33} 助词。

⿱ gə^{21} 上方。

K le^{33} 又。

⿱ pər^{55} 梳子，假借为 pv^{55} 送。

⑩⿱ mbæ^{33} mi^{33} 酥油灯。

⿱ ʂv^{21} mi^{33} 香炉。

⿱ ba^{55} ba^{33} 鲜花。这三个东巴文，分别代表东巴教的"三宝"，东巴念诵此碑时，可不读出这三件事物，也可随口念诵"在看不到太阳光的时候，用香炉为死者的灵魂回归祖先居住地指路；在看不见月亮光的地方，用酥油灯为死者灵魂回归祖先居住地指路，用鲜花引路"。

全文标音：①mv^{33} bv^{21}②çi^{55} nɯ^{33} ndʐ̩^{21}。③çi^{55} pv^{55} kv^{21} ndʐ̩^{33} zo^{33}，
　　　　　天　下　习（助）住　　习 产生　　后代
④çi^{55} gə^{33} ɑ^{33} sər^{21} no^{33} ko^{55} no^{33} ɑ^{33}。⑤i^{33} ndɑ^{33} nɯ^{33} mɑ^{33} ȵi^{33} du^{21} mbu^{33}
　习　的　父亲　你　给　？　？　　祭主（助）　玛尼吉祥堆
tho^{33} phɑ^{21} tɑ^{21} dʐ̩v^{33}⑥tʂhŋ̩^{33} ɖɯ^{33} ndzɚ$^{-}$ no^{33} so^{33} tshŋ̩^{55}，ʂu^{33} hæ^{21} mbæ^{33} mi^{33}，
　松　白　　经幡　　这　一　根　你　给　竖　柏　金　酥油灯
nɯ^{33} phər^{21} ʋ^{33} phər^{21} no^{33}⑦ŋgv^{33} tʂhər^{55} ɑ^{33} phv^{33}，ʂər^{33} tʂhər^{55} ɑ^{33} dʐ̩^{33}，
　吉祥福泽九　　？　　九　代　　祖父　　七　代　　祖母
he^{21} ɣɯ^{33} sv^{33} shər^{21} sv^{33} dy^{21} lo^{21} nɯ^{33} gə^{21} le^{33} tv^{33}，o^{55} dy^{21} he^{21} dy^{21} lo^{21}
　神　善　三　十　三　　地　里（助）上　又　到　沃神地　恒神地　里

nɯ³³ gə²¹ le³³ tv³³。i'³³ ɳɖər⁵⁵ zo³³，se³³ ŋgɯ³³ zo³³，ŋgɯ³³ ma²¹，⑧no³³ sʅ⁵⁵
（助）上 又 到　英扎 男儿 生根　男儿 格玛　你 三
kv³³，ŋə³³ uə³³ dy²¹ khua²¹ tshe²¹ ho⁵⁵ dy²¹ nɯ³³ mə³³ ɣæ³³ bi³³ gə²¹⑨le³³ pv⁵⁵，
个　涅窝　地险恶　十八 地（助）不 滞留 的 上　又 送
mbu²¹ nɑ⁵⁵ ŋgv³³ mbu²¹ kv³³ nɯ³³ mə³³ ɣæ³³ bi³³ gə²¹ le³³ pv⁵⁵。
坡　大 九 座　处（助）不 滞留 的 上 又 送

汉译：普天之下有习氏族居住。习氏族的后代，（将祭品）敬给习氏族的父亲。祭祀这一家在玛尼堆旁给您竖起这一根经幡杆，敬起金色柏木灯芯的酥油灯，请您把吉祥福泽留给后人。希望您到达九代祖父，七代祖母的地方，到达善神的三十三个好地方，到达沃神和恒神的地方。英扎男儿，生根男儿，根玛（女子），你们三个，不要眷恋"涅窝"鬼寨的十八个险恶地方，不要眷恋九座大鬼坡处。（东巴和您的后人们）送你们到上面去。

木里县俄亚乡和依吉乡的东巴文石刻具有重要的研究价值。以上翻译了其中的一块碑，简要地介绍了东巴文石碑具有的文献学价值、宗教学价值和文字学价值，但是估计上述地区还存在类似的东巴文石刻，我们期待将来有更多的学者关注东巴文石碑，有更加深入和全面的研究成果。

二　俄亚大村东巴文避邪石刻

东巴教是纳西族的原始宗教，其最主要的功能就是为人们驱鬼、消灾、祈福。东巴教的所有仪式，几乎都有这样的内容，不同的仪式要驱赶不同的鬼，禳除不同的灾祸，祈求福泽。为了长期有效地驱鬼镇邪、祈福消灾，纳西族会在家门口、牲畜圈门口挂一些镇压使人畜患病的鬼祟的东巴文石刻。在俄亚大村机才高土东巴家门口、牲畜圈门口和顶楼墙上共有 5 块这样的石刻。

1. 机才高土东巴家门口右墙石刻

此石挂在机才高土东巴家门口石梯右边墙上，最宽处 48 厘米，最高有 34.2 厘米。其左边是红色的藏文，右边是红色东巴文记录的藏文读音，我们请机才高土东巴读了东巴文的音，但每句话的具体意思，他也说不上来，只知道是驱赶毒鬼恶鬼之类的咒语。

2. 机才高土东巴家门口左墙石刻

此石刻挂在机才高土东巴家门口左边墙上，呈等腰梯形状，底部最宽处

41 厘米，最高处 51.2 厘米。上部是光芒四射的白日白月，其下是口衔青红二蛇的大鹏神鸟修曲。修曲黑角，头顶白色宝珠，脸和身躯被缠身的二蛇遮住，白翅白尾，红黄腿，黄脚趾。修曲下面是三行红色的藏文。

3. 机才高土东巴牲畜圈门口石刻

　　此石挂于机才高土东巴牲畜圈门口，青石板材质，碑面部分被石灰浆掩盖。由于悬挂较高，未量尺寸。上半是口衔蓝黑纹蛇的大鹏神鸟修曲，下半是一行半红色藏文和一条蓝黑花纹的蛇。其意义也是驱赶和镇压伤害牲畜的蛇鬼。

　　4. 机才高土东巴牲畜圈门口石刻

　　此石挂于机才高土东巴牲畜圈门口，青石板材质，绝大部分底色和字都是黑字，当是蘸黑漆描写的，碑面部分被石灰浆掩盖。上部有月亮和太阳两个东巴文，然后是一行藏文，下面是一只衔着两条蛇的大鹏神鸟修曲的形象。从整个碑的主体是黑色来推断，整个碑表现的可能是大鹏神鸟修曲应人类的请求，到黑天、黑地、黑太阳、黑月亮的术界去制服术鬼的那个片段。

　　5. 机才高土东巴家顶楼石刻

　　此石挂于机才高土家顶楼墙上，因是无意间发现的，当时没带卷尺，所以没有测量大小。此碑上面的东巴文是一只蓝金孔雀 hæ^{33} ʂl^{21} mɑ^{33} iə^{33} 衔着一条蓝黑花纹的蛇，碑的底部是一条蓝黑花纹的蛇，碑的中间部分是三行红色的藏文咒语，碑的右下角有一条石灰浆的痕迹。

　　关于这些石刻的来源，机才高土东巴说，这些石刻都是他舅舅高土东巴在世的时候他们俩一起刻写的。刻石的具体年代，他只记得大概有二十

多年了，估计这些碑是20世纪80年代刻的。石刻多是东巴文和藏文双文书写，以藏文居多。东巴文除日月之外，多是记录藏文的读音，机才高土东巴能读出东巴文的音，但每句话的具体意思，他也说不上来，只知道是驱赶毒鬼恶鬼的"花吕"（咒语）。5块石刻中，有4块刻有东巴经中的大鹏神鸟修曲 $ço^{33}tçhy^{21}$ 的形象，这当是取意于东巴经典中大鹏神鸟征服了术界使人类获胜的故事。关于石刻的含义，机才高土说，他舅舅高土东巴知道得更多，可惜他已经去世多年了。对于此类石刻东巴文的读音和意义，

还有待于进一步的研究。

丽江世界记忆遗产东巴古籍文献纪念碑

第十五章

东巴文应用性文献的学术价值

第一节　东巴文应用性文献学术价值概说

东巴文应用性文献具有多方面的学术价值，下面略述一二。

一　史料价值

纳西东巴经号称纳西族古代历史的百科全书，但东巴经多是神话传说，动辄就是万物起源，开天辟地，作为史料有其先天的不足。应用性文献是纳西族社会生活的直接反映，是实实在在的真实史料。如地契所反映的阶级关系、土地制度、土地价格、交易方式、习惯法，买卖借贷账簿所反映的生产、借贷、物价、币制、度量衡，人情账簿所反映的人际关系、风俗习惯、物产饮食，医书所反映的疾病、医药、科技水平，经书跋语所反映的东巴年龄、心态，书信、日记、题词、文书所反映的历史事件、人物，都是历史的实录，时地人事数量明确，大多可到当地考证复原，具有很高的史料价值。比起东巴经的海阔天空，外族文献（如汉语、英语）的曲折隔阂，真是不可同日而语。东巴文应用性文献作为直接反映纳西族社会生活的第一手材料，对于文献史料匮乏的边疆少数民族，尤其显得珍贵。

具体来说，如《宝山残砖契》"（给了）纯银二两一钱"，《白地卖拉舍地契约》"地款是这样，纯银二十七两五钱已给了"，《光绪三十年卖格罗地契约》"地价已给了，给了金子一两一钱"，《卖格都争坡契约》"争坡地款已给了，给了金子一两三毫"，可以证明清末民初纳西族地区的币制和金银使用情况。

《白地买古达阔地契约》："到了以后如说东说西，由威吉负责。"《白地卖拉舍地契约》："以后，一定不要又说不是这样。又说不是的时候，要赔银块一两，用阿布侧家的戥子。"可以说明土地买卖均需中人担保、违约要惩罚、赎回需高价、衡器需指定等习惯法内容。

白地和依甲《1938—1942 年放债账簿》记录他在波湾、恩土湾等村借出钱粮的人头、数目、利息 41 条，《1940—1943 年收债账簿》记录在波湾、水甲等村收取地租 21 条，钱、粮、茶、盐、布欠债 125 条，以及他专门的商品销售账簿、与藏族彝族村子做生意的账簿，反映了当时地主和工商业经济的发展、地主农民的经济关系、民族的交往等广阔的经济生活图景。俄亚《独几、郎赤两人的账簿》记录了欠债人因超度母亲和生小孩借贷，《马年玉米收租账簿》记录了用两斤盐折顶 60 升玉米，反映了农民致贫的原因和物物比价[①]。

塔城人情簿甲乙本共记录收礼 25 笔，礼物有酒、茶、米、豆腐、鸡、猪肉、猪肝、稻谷、黄豆、青稞、玉米 11 类，此外还有一定数量的礼金，其中 5 笔用圆弧线勾画，可能表示已经还礼，从中可见纳西族互助友爱、礼尚往来的淳朴民风。乙本共有 6 家人送来豆腐 44.5 斤，可见丧事的规模和花费不小。所送礼金在甲本（民国二十年）为 27 串 25 枚，到乙本（民国三十六年）则是票子 7900 元，可以看出当地币制的变化。

81 岁高龄的习阿牛老东巴，和 52 岁的东坝东巴习正和、68 岁的白地古都村和志本东巴，于花甲木猪年（1995 年）三月十三日在阿明灵洞举行求威灵仪式并留下题词，是民间东巴教活动的实证。东巴教解放后受历次政治运动的冲击，至"文革"已基本停止活动。改革开放后虽然得到了一定程度的恢复，但在丽江古城及周边地区，多带有旅游表演的性质，纯粹的宗教活动已很罕见。可以说，自有东巴教以来，降威灵仪式已经进行过无数次了，但用东巴文字记录下来，留下题词，并被学者发现和研究，这大概还是

---

① 郭大烈主编：《中国少数民族古籍总目提要·纳西族卷》，中国大百科全书出版社 2003 年版，第 420—423 页。

第一次。

东巴是东巴文化的主体，但长期以来，东巴并未受到社会重视，在研究中也一直存在着见物（东巴经）不见人（东巴）的倾向，关于东巴及其活动的史料收集研究很不够。东巴经跋语中，往往记有抄写人、时间、地点、年龄、底本来源、经书去向、甚至经济价值等内容，这是校订东巴生年，了解东巴和经书传承、谱系的第一手资料。

1943 年 11 月和才东巴在四川李庄为董作宾儿女的题词："祝愿你们像番地红虎一样能干敏捷。祝愿你们像白海螺狮子一样不知道害怕魔鬼猛兽。愿养的儿子能干。愿兄弟团结把敌人的骨头折断。"表达了和才在抗战时和全国人民一样同仇敌忾的民族精神。

二 文献价值

东巴文应用性文献与东巴经相比，文献学特征有较大差异，可以为东巴文文献学研究提供更丰富的材料。

在物质形式方面，东巴经皆为纸本，而应用性文献还有摩崖（如白地阿明灵洞发现的题词）、砖刻（宝山残砖契）、石刻（俄亚碑刻）、木板（俄亚木板账页）等，而且这些载体的东巴文献十分少见，弥足珍贵。同是纸本，东巴经多为东巴纸，开本一般为 30cm × 10cm，册页装，篇幅较长；应用性文献纸的种类较多，大小随意，多为散页，折叠形式居多，篇幅很短。

在形制方面，东巴经书一般是横置左翻，双面书写。页内横向分栏，三栏居多，栏内从左到右书写，一句话画一竖线隔开。每格内文字不一定成线性排列，有时候按事理成几何排列，如天在上，地在下，日月星辰居中等。应用性文献则没有比较统一的格式，竖行横行都有，但都是成线性排列。有的地契末尾还有半截吉祥结或宝花，那是原本一式二份裁剪开的标志。东巴经都有书名，一般由祭仪名和经书名两部分组成，如《祭天·远祖回归记》《延寿仪式·供养优麻战神》，也有很长的，如《祭署仪式·给署供品，给署献活鸡，放五彩鸡》，而应用性文献除契约外，一般都没有篇名。

在内容和叙述框架方面，东巴经和应用性文献更是大相径庭。东巴经有故事，可吟唱，有的还要伴以动作和舞蹈，而应用性文献多是应用文，有相对一致的格式和用语。如地契一般由时间、买卖人、土地名、地价、付款情况、中介人、见证人、书写人、酬金、违约条款等组成。通常的话语是：某时间，某人与某人买卖了何处土地，地款若干已给了。中介人、见证人、书写人是谁，酬金若干已给了云云，所使用的语词和文字也比较一致。

三　语料价值

东巴经由于年代古老，法事庄严，师法严格，语言文字比较保守。东巴们往往在抄完经书以后特地写上"没有差错""没有漏掉一丝一毫"之类的话，致使东巴经程式化严重，保留了不少宗教词语、古词、套话和古字。而应用性文献则没有这些顾忌，有的没有准备公之于世，有的没有准备长期保存，比较生动活泼，甚至草率随意，有不少新词、口语词、新字、俗字，甚至讹字，各种之间也很少重复，可以补经书语言文字之不足，有重要的语料价值。

如 bi^{33} 太阳，口语说 ȵi^{33} me^{33}；tsho^{21} 人，口语说 çi^{33}；le^{55} 牛，口语说 ɣɯ^{33}；gu^{21} 马，口语说 ʐua^{33}；dze^{33} 饭，口语说 ha^{33}，等等。氆氇，藏语读作 pu^{55}ru^{51}，纳西语的读法各辞书均标为 phv^{55}，而《光绪三十年卖格罗地契约》则写作 ☚☛（phv^{33} 雄阴）☚☞（lo^{21} 麂子），说明纳西口语中确实有 phv^{55} lv^{55} 一读。

东巴经和地契中有 八 字，诸字典失载，不得其解。我们通过与各地契的比较，证明此字是哥巴文 ʒ（se^{21} 完结、了）的异体，其演变过程是：ʒ → ʒ → 令 → 个 → 仆 → 八 → 八 。

《纳西象形文字谱》数目字一 𝟏、二 𝟏𝟏、……、九 𝍸，字下未收异体，有学者得出结论说，因为交际时要求数量准确，不能出现差错，所以东巴文的数目字没有异体。但实际上在文献中一至九有无钩形 丨、直钩形 ㇉、弯钩形 ㇈ 等多种形式，在《卖格都争坡契约》中九写作 彐彐彐，由此可以推知可能其他数目字也还有横写的形式，值得关注和探寻。

在《祭天规程》中，有 ʯ 字，乍看似是 凵彐 脚的异体，实是 ⚡ 鹿角的异体。有 ♥ 字，是 ⚜ 米字的异体。有 ↓ 字，是 米 千字的异体。有 ⊖ 字，和字典 ⊘ thv^{55} 奶渣同形，但实是 ⊙ ma^{21} 酥油之异体。这些《纳西象形文字谱》和《么些象形文字字典》均未收录。应用性文献中这类材料非常之多，对于疑难字词的考订、同形字的辨析、字源的追溯、字典的编纂，有重要的意义。

一般的东巴经典，都没有完全记录语词，只是记录关键词句，提示情节，启发记忆，读经时经文可酌情增减改易。这类东巴经多用图画式文字，假借字较少，因此有的学者认为东巴文还处于语段文字阶段。但账簿事关金钱财产，必须准确明晰，因此都记录了全部语词。而逐词记录语言，必然使假借字增多。如塔城人情簿甲本共 201 个音节，用字 198 个，因有 3 个字读双音节，实际上记录了全部音节。198 个字中，有哥巴文 8 个 17 次，剩下的 181 个东巴文中，假借字 108 个，占东巴文总数的 59.7%。乙本共 230 个音节，用字 225 个，因有 5 个字读双音节，也记录了全部音节。225 个字中，有哥巴文 10 个 26 次，剩下的 199 个东巴文中，假借字 120 个，占 60.3% 账簿和其他应用性文献的用字情况，对于全面准确地认识东巴文的发展阶段和性质，有重要的意义。

四 理论价值

以前一般的看法，认为东巴文是一种只为巫师掌握、只用于宗教经典的文字，其产生是由于写经的需要。从应用性文献看，东巴文有多种非宗教用途，使用者也并不都是东巴。如白地和依甲账本，笔法非常熟练流畅，但和依甲并不是东巴。可见人们学习东巴文的目的，并不都是为了作东巴，掌握东巴文的，也并不都是东巴。《中国少数民族古籍总目提要·纳西族卷》著录的 8 件契约中，汉文契约只有《雍正丽江胡吴氏卖地基契约》一件①，还可能因为买地人是江西客商，所以用了汉文。至 2007 年年底，在我们看到的 10 个地契中，有 5 个标明了书写人或笔墨钱，说明东巴（或其他掌握东巴文的人）除了从事宗教活动外，还将东巴文用于世俗事务并收取报酬，由此可见东巴文深入民间日常生活之一斑。因此，东巴文并不是一种纯粹的宗教文字。东巴文应用性文献的研究，扩展了东巴文研究的范围，对于确定东巴文的社会功能，有重要的意义。但是，东巴文毕竟没有发展为一种纳西族全民性的文字，官方、学校都使用汉语汉字，这是一个强势文字影响和扼制

---

① 郭大烈主编：《中国少数民族古籍总目提要·纳西族卷》，中国大百科全书出版社 2003 年版，第 423 页。

弱势文字的活的例证，对于研究民族文化的交融对文字发展的影响有重要的价值。

应用性文献字词关系方面的特点，李霖灿先生早已论及。他说："若再追究一下形字经典和军人家书的内容，这里面有一个大大的不同，就是经典是'速记式'的，而家书是'连续式'的。形字经典上只写了五个字，但却要读上三十个字音，所以是一种速记式的。家书就三十个字音用三十个文字连续写下来。"①多数东巴经典，都没有完全记录语词，只是记录关键词句，提示情节，启发记忆，经文全文，全凭口耳相传，烂熟于胸，临时背诵出来。这类东巴经多用图画式文字，假借字较少。因此有的学者认为东巴文还处于语段文字阶段。但应用性文献却很不一样，因其多是临事属文，事情千差万别，且不可能事先约定，不完全写出来就难以交际和理解，特别是医书人命关天、账本契约关系到金钱财产，必须准确而不能有丝毫含糊，所以一般都记录了全部或绝大部分语词。由此也造成了应用性文献中假借字的比例，多高达百分之八九十，这对于全面准确地认识东巴文的发展阶段和性质，有重要的意义。

关于民族文字的使用问题，现在很多民族地区都已普及了汉字，似乎制定和推广民族文字已没有必要了。但汉字只能记录汉语，不能记录民族语言，况且不少民族同胞学习汉字还有不少的困难。我们在白地调查时与年轻东巴和树昆交上了朋友，和树昆后来用东巴文给喻遂生写了一封热情洋溢的信（包括信封），并通过邮局寄到了重庆。和树荣先生在和笔者谈到和树昆的情况时说："和树昆曾上过小学，但汉字不熟，他用东巴文还熟练些，现在他已会读60多本经书了。"从此事看，如果没有民族文字，他们怎么能够表达如此丰富生动的本民族的语言和情感呢？如果没有文字，少数民族的语言和文化又如何能够长久地保持和发扬呢？为了实现真正的民族平等，保存和发展民族文化，保持中华民族文化的多样性，实现各民族的共同繁荣和可持续发展，确实有必要本着自愿、简明、适用的原则，继续制定和推广民族文字。

---

① 李霖灿：《么些族文字的发生和演变》，《么些研究论文集》，台北故宫博物院1984年版，第65页。

第二节 东巴文应用性文献与疑难字词考释

在释读东巴文献时，常碰到一些疑难字词，使释读无法进行。东巴文应用性文献中有许多新的材料，可以帮助我们考释，下面略举数例。

1. 爪。《鸣音民国十八年分家契约》中有爪字，共出现 11 次，有句子作 ⼁爪⼕，此字诸字典失载，不得其解。东巴文献中 Ψ ʒ ⼕ iə⁵⁵ se²¹ me³³ 常见（Ψ iə³³ 烟叶，借作 iə⁵⁵ 给。ʒ se²¹ 标音的哥巴文，完结、了。⼕ me³³ 女阴，借作语气词），全句意为"（钱或物）给了呀"。爪和ʒ字形差异很大，很难将二者联系起来。后来我们发现，在一些地契中，表示地款已付的句子，《卖格都争坡契约》写作 ⼁⼈⼕，《买米坡契约》写作 ⼁个⼕，个同一地契又写作爪，显然 ⼈、个、爪应是一字之异体。我们知道ʒ在白地等地又写作ʒ、⼎，⼈和⼎形体相近，语境相同，由此可以推知⼈、个、爪又都是ʒ的异体，应读 se²¹，意为完结、了。此字的演变过程是：ʒ → ʒ、⼎（增加曲折）→⼎（添加"人"字笔画）→个、⼈（折画拉直，《卖格都争坡契约》）→公（"人"字两笔分开，《拉莫塔地契约》）→爪、爪（中笔垂直，《买米坡契约》《鸣音民国十八年分家契约》）→⼁⼆（中笔变两横，《拉莫塔地契约》）。将爪读为 se²¹ 完结、了，放回《鸣音民国十八年分家契约》11 个句子和其他地契中，无不文从字顺。

其实，《纳西东巴古籍译注全集》中已收有将ʒ写作爪的经书，例为 ▥ ⼁⼕ pər⁵⁵ se²¹ me⁵⁵ 写完了（▥ pər⁵⁵ me³³ 梳子，借第一音节作写）①，只不过我们以前没有注意而已。

2. ⼉。在东巴文献中有相类似的字作 ⼉、⼕、⼍、⼎、⼶，读 le⁵⁵ 或 le³³、le²¹，不见于各东巴文字典，也不能确定是一字之异体。1999 年 1 月，喻遂生在丽江东巴文化博物馆见到该馆前一年入藏的 4 册四川木里俄亚的东巴文账本，此字多次出现。2006 年 3 月喻遂生和李静生、和继全先生带

① 《驱妥罗能特鬼·驱鬼送鬼》，《纳西东巴古籍译注全集》第 54 卷，云南人民出版社 1999—2000 年版，第 394 页。

研究生到俄亚考察，请教当地东巴，确认此字读 le^{55}，问字象何物，答曰不知道。或曰此为獠牙的变形，但獠牙作［345］① 〔图〕 $dz\mathfrak{x}^{21}$，其音相差甚远。2006 年 4 月，喻遂生收到丽江东巴文化博物馆展板征求意见稿，见其中东巴文支系玛里玛萨文例字有 "〔图〕 le^{55} 茶叶"，恍然大悟：原来〔图〕 le^{55} 是茶的变形。茶一般作［939］〔图〕，象碗中有茶叶之形，《象》1286 号同。又《象》1642 号 "若喀字"②茶作〔图〕、〔图〕，释曰："云象销行草地团茶之状。"则此字的演变轨迹是：〔图〕（圆形茶砖）→〔图〕（上部变尖）、〔图〕（上部出头）→〔图〕、〔图〕、〔图〕、〔图〕（变瘦变直，下横省略）→〔图〕（右下笔拉平）、〔图〕（加笔画）。再看字义和用法，《白地和伊甲账本》中茶字多次出现，除借作人名外，用法有二：（1）茶叶。如〔图〕 ta^{55} $h\mathfrak{e}r^{33}$ $t\mathfrak{e}h\mathfrak{e}r^{33}$ le^{55} ua^{33} lv^{33} 达恒丘茶五块（甲本 2 页。〔图〕 ta^{55} 匣子，〔图〕 $h\mathfrak{e}r^{33}$ 风，〔图〕 $t\mathfrak{e}h\mathfrak{e}r^{33}$ 折断，三字借作人名达恒丘。〔图〕 le^{55} 茶。〔图〕 ua^{33} 五。〔图〕 lv^{3} 石头，引申作量词块）。（2）借作副词 le^{33} 又。如〔图〕 le^{33} $ts\mathfrak{l}^{21}$ $ts\mathfrak{l}^{21}$ me^{33} 又核算了（乙本 2 页。〔图〕 le^{55} 茶，借作 le^{33} 又。〔图〕 $ts\mathfrak{l}^{33}$ 捆，借作 $ts\mathfrak{l}^{21}$ 算，两字重叠 $ts\mathfrak{l}^{21}$ $ts\mathfrak{l}^{21}$ 有相互核算之意。〔图〕 me^{33} 女阴，借作语气词）。《俄亚账本》字形作〔图〕、〔图〕，也有这两种用法。如（1）〔图〕 le^{55} pa^{33} $s\mathfrak{l}^{21}$ thv^{33} 借茶饼三块（丁本 16 页。〔图〕 le^{55} 茶。〔图〕 pa^{33} 青蛙，借作饼。〔图〕 $s\mathfrak{l}^{21}$ 三。〔图〕 thv^{33} 桶，借作借）。（2）〔图〕 le^{33} $\mathfrak{s}u^{21}$ me^{33} 又拿去。（丁本 6 页。〔图〕 le^{55} 茶，借作 le^{33} 又。〔图〕 $\mathfrak{s}u^{21}$ 铁，借作寻找、讨要。me^{33}〔图〕女阴，借作语气词）。由此可证〔图〕、〔图〕确实为〔图〕的异体。〔图〕见于白地经书名〔图〕 le^{21} le^{21} $h\mathfrak{x}^{33}$，汉译为《孝男绕坎》③，仪式是孝男绕坎（棺木）三圈，〔图〕标音 le^{21}，重叠作 le^{21} le^{21}，意为翻滚，〔图〕 $h\mathfrak{e}r^{33}$ 是风，借作棺木，从〔图〕的形音可判定是〔图〕茶的变形。

---

①　本节及下节用方括号加数码表示取自《纳西象形文字谱》的字例，用《象》表示李霖灿《么些象形文字字典》，用《纳英》表示洛克《纳西语英语百科辞典》，用《纳象》表示木琛《纳西象形文字》。

②　若喀，纳西族支系，又译为阮可、汝卡。

③　见《中国少数民族古籍总目提要·纳西族卷》，中国大百科全书出版社 2003 年版，第 323 页。

事后翻书，见和志武先生《纳西族古文字概况》所举阮可字有"∧ le³³茶（象沱茶）"①，已举出省略下横之字形。2009 年 2 月我们在白地见到和志本老东巴家收藏的沱茶，形状果然如此（见上图），可为上文的字源推断提供有力的实物佐证。

3. 匚。《鸣音民国十八年分家契约》中有匚字，凭直觉此字应是[1159] 匚 ʂua²¹高。字出现在两个句子中：（1）∽ 匚 ∧∧ 匚 ∽ 夼 [∽ gə²¹上。匚 ʂua²¹高（？）。∧∧∧ mi³³火，借作 mɯ²¹下。匚 ʂua²¹高（？）。∽ mə³³不。夼 tha⁵⁵塔，借作能够]，上文是"所有的财产已分了"，此句似说"不能上高下高"，即要分配均匀之意。（2）匚 ∽ ∧∧∧ ∽ [匚 ʂua²¹高，叠用读 ʂua³³ ʂua³³，似有整齐、一样高之意（？）。ﭼ æ²¹鸡，借作争斗。∧∧∧ dzʐər²¹露水，借作 dzʐua²¹争执。∽ mə³³不]，上文是"兄弟"，全句似说"兄弟间一样高（分配均匀），不要争执"。但以上释读有三个疑点，（1）匚字两横画放得很低，与典型的高字匚差别较大。（2）"上高下高"这种说法比较别扭。（3）在不长的一段话中反复两次说分均匀了，显得太累赘。后来我们在《拉莫塔地契约》中看到有∽上∧∧上 gə²¹ ʂə⁵⁵ mɯ²¹ ʂə⁵⁵的用法，上为哥巴文，借用汉字"上"的形音，读 ʂə⁵⁵时义为说，∽ 为 gə²¹上，∧∧ 为 mi³³火，借作 mɯ²¹下，四字连读即"说上说下"，相当于汉语的"说东说西"，是东巴文契约的习用短语。在《白地买古达阔地契约》中

---

① 《中国民族古文字研究》，中国社会科学出版社 1984 年版，第 312 页。

写作 ⟋⟍⟍ ⟋⟍ ⟋⟍⟍ ⟋⟍，全句是"以后如说上说下，由威吉负责"。准此，本契第一句的意思是"不要说东说西"，第二句 ⟍⟍ ⟍⟍ 应读 ʂə⁵⁵ ʂə³³ 诉说，意思是"不要吵闹争斗"。

哥巴文一个音节有多个字符，ʂə 音节与"上"字有关的字符，《纳西象形文字谱》收有 ⟙、⟙、⟋（449 页），《么些标音文字字典》收有 ⟙、⟙、⟙、⟙、⟙（48 页），但还不完全，至少上面所说的 ⟙、⟙、⟙，以及 ⟙（《卖古书利地契约》）、⟙（《白地家庭纠纷调解书》）等字形应该补入。

4. ♀。1999 年 1 月，笔者到白地阿明灵洞考察，发现岩洞外壁有一幅墨迹较新的题词，内容大致是：花甲木猪年（1995 年）三月十三日，东坝东巴习阿牛八十一岁，习正和五十二岁，白地古都村东巴东毕六十八岁，在阿明灵洞祈求加被威灵。句末加被威灵写作 人♀，后一字非常奇怪。在白地请教杨正文先生，杨先生说应是画卷，但画卷［1058］作 ▰▰▰，字形相差太大，我们不敢遽信。此字和青蛙的异体［439］⚇ 倒比较接近，但青蛙音 pa³³，在句中很难讲通。加被威灵 dʐər²¹ tʂæ⁵⁵ 一般经书作 ⟙ ▰▰▰（ ⟙ dʐər²¹ 法力、威灵，字源不明。▰▰▰ tʂæ³³ 画卷，借作置放、加被 tʂæ⁵⁵）。白地一带画卷写作 ♀，但和 ♀ 还是有较大的距离。2006 年 7 月读《中国少数民族古籍总目提要·纳西族卷》，见加被威灵在一些白地经书标题中写作 人♀（155 页）、人⟙（159 页）、人✿（87 页），✿ 和 ♀ 就很相近了。又发现另一部白地经书名中 tʂæ³³ 音节写作 ✿（89 页），其演变的轨迹就清楚了：▰▰▰（卷起来的画卷）→⟙（画出挂绳）→♀（上有横轴、挂纽，下面展开）→✿（画幅展开，上下有横轴、挂绳，两旁有横纽）→✿（符号化）、♀（讹变）。由此可见，画卷在白地至少还有 ✿、⟙、✿、♀ 四种异体，研究和字典编纂应予注意。

5. ⟋ na²¹ 黑。此字不见于各东巴文字典。例见《光绪三十年卖格罗地契约》：⟋⟍⟍⟋ ⚇ ▰▰▰ ⟨ ⬠ ⟋ ⟍ mɯ⁵⁵ na²¹ phv⁵⁵ phe²¹ dɯ³³ lv⁵⁵ iə⁵⁵ me³³，笔墨钱麻布一块已给了（⟋ mɯ³³ 天，借作 mɯ⁵⁵ 墨，也有可能是汉语"墨"的译音；⟋ na²¹ 黑，两字连读为 mɯ⁵⁵ na²¹ 墨。⚇ phv⁵⁵ 男阴，借作价值。▰▰▰ phe²¹ 麻布。⟨ dɯ²¹ 一。⬠ lv⁵⁵ 石头，引申作块。⟍ iə³³ 烟叶，借作 iə⁵⁵ 给。⟍ me³³ 女阴，借作语气词）。连上文句意是"契约书写人是阿则依，笔墨钱麻布一块已给了"，人在句中只能是黑 na^{21}，但其字形比较奇怪。黑一般写作《象》1594 号●，又写作《象》1595 号，李霖灿先生解释说："原画一黑点以示意，恐人忽略，视为无意之墨点，因于其外加一圈线，么些人之竹笔，不易画一正圆，遂两端交叉出头如图。此刺宝、东山一带之写法，别处不如此，故可依之作版本地域之鉴定。"此字又颠倒方向写作（《纳象》76 页），省掉墨点即作人。其例又见于《拉莫塔地契约》笔墨钱、《鸣音民国十八年分家契约》na^{21} hu^{33}纳恒（ hu^{33}牙齿。纳恒，纳西族支系）、《董术战争》$z_{l}ua^{55}na^{21}u\ni^{33}$若纳村（ $\operatorname{s}ua^{21}$高，此读 $z_{l}ua^{55}$。 $u\ni^{33}$村庄）①。

6.　字形为猪 bu^{21}，在地契标题中常见。在我们见到的 10 个地契中，有 7 个有标题，其中 1 个直接写出书字，5 个在相同位置写猪字。前者为《白地买古达阔地契约》：（ gv^{21}熊， da^{55}砍， kho^{21}栅栏，三字连读借作地名 $gv^{21}da^{55}kho^{21}$古达阔。 $g\ni^{21}$上，借作定语助词 $g\ni^{33}$。 lu^{55}牛虱，借作 lu^{33}土地。 $the^{33}yu^{33}$文字、文书，从 $the^{33}yu^{33}$书， the^{33}旗声。 o^{21}鹅，借作是。 me^{33}雌阴，借作语气词），译成汉语是："是古达阔的地契"。后者如《卖古书利地契约》：（ gv^{21}熊， $\operatorname{s}u^{21}$铁， lu^{55}牛虱，三字连读借作地名 $gv^{21}\operatorname{s}u^{21}lu^{55}$古书利。 $g\ni^{21}$上，借作定语助词 $g\ni^{33}$。 lu^{55}牛虱，借作 lu^{33}土地。猪 bu^{21}，意义待考。 o^{21}谷堆，借作是），译成汉语是："是古书利的地×"。两相比较，猪显然借为文书义。但遍查所有的东巴文字典，都未见有此记载。通过比勘文献，我们还是找到一些线索。如《东巴跳舞规程书（东巴舞谱）》写作 $tso^{33}mu^{21}$（ tso^{33}跳。 mu^{21}簸箕，借作规程）②，又写作③，

　①　《纳西东巴古籍译注（三）》，云南民族出版社 1989 年版，第 103 页。

　②　和志武主编：《中国原始宗教资料丛编·纳西族卷》附《东巴经目录》，上海人民出版社 1993 年版，第 411 页。

　③　《中国少数民族古籍总目提要·纳西族卷》，中国大百科全书出版社 2003 年版，第405 页。

比较可知，⟨图⟩相当于⟨图⟩，义为规程、文书之类。又猪 bu^{21} 可借作法物、法力[1]，[1051]⟨图⟩经书、书有 $bv^{21}dui^{21}$ 一读，似也可作为旁证。只是在《么些标音文字字典》中，猪读 bo^{21}，经典读 $mbu^{21}rui^{33}$（8、11 页），二者有鼻冠音和非鼻冠音及元音的差别，猪是否直接假借作经典还不敢轻易判定。bu^{21} 的文书义可能是一个古词，以上论证要真正落实，还有待于更坚实的证据。

上列 6 例可以分为 3 个类型，第 1—5 例是因为字形变化而字不可识，第 6 例是字的假借义失载。这当然不是东巴文疑难字词的全部类型，也不是各类之间的确实比例。这只是我们原计划写 20 例，信笔写来，因篇幅关系戛然而止的结果。从理论和方法的角度进行探讨的工作也只有留待将来。依我们的浅见，造成东巴文疑难字词多的原因，一是因为东巴文没有经过"书同文"的阶段，时代、地区、个人差异很大，一变再变，甚至讹变，字的形音义和字源自然晦涩难明。二是研究者对东巴文献的收集、整理、研读和字词典的编纂工作做得不够，现有的字典缺漏太多，没有反映东巴文的全貌。今后应更广泛地收集东巴文献资料，特别要重视民间留存的应用性文献资料，并尽量刊布，让研究者都能使用。要尽快编纂《纳西东巴文大字典》和《纳西语词典》，让研究者有更有力的凭借。相信到了那时，释读东巴文献会更顺畅愉快一些。

第三节　东巴文应用性文献与形近字、同形字研究

纳西东巴文没有经过"书同文"的阶段，各类文献以手写本传世，地区、写手个体差异百出，有的字原来差异明显，因为变形而趋同，鲁鱼亥豕，给释读带来很大的困难。应用性文献中有许多新出的材料，加以比勘，可以对形近字、同形字研究提供帮助。以下 9 例，多不见载于字典，可供同道参考。

---

① 木琛：《纳西象形文字》，云南人民出版社 2003 年版，第 109 页。

1. ⿱ tsæ³³画卷、⿱ ⿱ ʂu²¹铁

东巴文画卷作［1058］ ▱，象卷起来的卷轴画，白地等地又写作 ⿱（《纳象》第 87 页），象画卷展开之形。画卷 tsæ³³ 可以借作加被、降临 tʂæ⁵⁵，东巴经名《降威灵》dʑəʳ²¹tʂæ⁵⁵ 在白地写作 ⿰ ⿱（⿰ dʑəʳ²¹ 法力、威灵，字源不明）[1]。

铁［139］ ⿱ ʂu²¹，借［947］ ⿱ tse⁵⁵be³³ 斧头字表示，因斧头为铁所制。铁 ʂu²¹ 可借作寻找、借去，在《俄亚账本》中写作 ⿱（乙本 4 页），其斧柄两边出头等长，和画卷字很相近。中甸东坝经书名《打开铁门》写作 ⿱⿰⿰ ʂu²¹khu³³phu³³（⿱ ʂu²¹ 铁。⿰ khu³³ 门。⿰ phu³³ 打开）[2]，就和画卷完全混同了。

2. ⿱ ⿱ ʂu²¹铁、⿱⿱ ⿱ he³³me³³月

铁作［139］ ⿱ ʂu²¹，又写作 ⿱（《俄亚账本》乙本 4 页）、⿱（《白地买古达阔地契约》）。月作［3］he³³me³³ ⌣，又作 ⌣。白地多写作 ⿱（《白地家庭纠纷调解书》），又作 ⿱（《赎柯伟铺地契约》），又变方角作 ⿱（《白地和依甲账本》戊本 1 页）、⿱（2 页）、⿱（4 页）、⿱（《中甸民国档案》），离月亮的原形越来越远，而和铁字就非常相近了。

3. ⿰ khɯ³³脚、⿰ tʂhua⁵⁵kho³³鹿角

脚作［728］⿰ khɯ³³。鹿角作［344］⿰ tʂhua⁵⁵kho³³，又写作⿰。东巴文《祭天细则》中⊙⿰连用，⊙为 ma²¹ 油，⿰开始我们认为是⿰ khɯ³³ 脚的变形，但连读无解。后在该文发现⊙⿱连用，⿱即［928］ ⿱ tʂhua³³ 米，从碗盛米，⿰ tʂhua⁵⁵kho³³ 鹿角声（只取前一音节），准此，⿰即⿰的变形，借作 tʂhua³³ 米，⊙⿰、⊙⿱ 即祭米 ma²¹tʂhua³³。鹿角⿰居然会膨胀作⿰，简直匪夷所思[3]。

4. ⊸ dʑi²¹水、⊸ ə³³呵

水作［112］⊸ dʑi²¹，象水从泉眼流出之形。呵作［759］⿰ a³³、

① 《中国少数民族古籍总目提要·纳西族卷》，中国大百科全书出版社 2003 年版，第 155 页。

② 同上书，第 319 页。

③ 参见喻遂生《东巴文〈祭天细则〉译释》，收入《庆祝刘又辛教授九十寿辰学术讨论会论文集》，西南师范大学出版社 2005 年版。

ɔ³³，象人张口出声之形，又省作 ⌇ 。在 2003 年丽江国际东巴文化艺术节垦恒的贺词①中，水写作 ⌇ ，呵写作 ⌇ 、⌇ ，借作阿爸、阿妈的阿，二者字形极其相近，难怪打字员在编排笔者的《丽江国际东巴文化艺术节贺词二则译释》时将两字混为一谈了。

5. ⌇ 、⌇ lo³³ 木盆、⌇ Nv²¹ 银、⌇ kua²¹ 灶

木盆作［887］⌇ lo³³，由整木镂成，下有三短足，又写作 ⌇ ②。银作［134］⌇ 、⌇ Nv²¹，取银首饰之形。《东巴和华亭日记》③ 有 ⌇ ⌇，第一字似木盆，但与 ⌇ lv³³ 石连用，全句意思是"来到××脚下，住了 17 天"，根据日记中叙述的和华亭和洛克的行程，⌇ ⌇ 只能是 ŋv²¹lv³³ 雪山（直译为银石，一般写作［109］⌇，又写作 ⌇ ⌇，此特指玉龙雪山），因此 ⌇ 为银字无疑。

在《光绪三十年卖格罗地契约》中有句作 ⌇ ⌇ ⌇ ⌇ ⌇ ⌇，意思是"皇朝××三十年"，紧接着是"花甲木龙年七月十四日属虎的一天"。⌇ ⌇ 二字是年号，⌇ 似木盆 lo³³，很费解，⌇ 是锡 sy⁵⁵，常借为"光绪"的"绪"。纳西语没有鼻尾韵母，"光绪"和"康熙"读音相近④，年号为何，尚需论定。查康熙三十年（1691）辛未年是铁羊年，而光绪三十年（1904）甲辰年正好是木龙年，且七月十四日庚辰，正好是虎日，由此可证 ⌇ ⌇ 只能是光绪 kua³³sy⁵⁵，⌇ 应是灶 kua²¹ 的异体。灶本作［877］⌇ 、⌇ 、⌇，《纳象》132 页又作 ⌇ 、⌇，象三块石头或铁三脚架上置锅之形，⌇ 显然是从后两个形体简化而成。

6. ⌇ ŋə²¹ 眼睛、⌇ ne³³ 苋菜

眼睛作［711］⌇ ŋə²¹，又作 ⌇，白地一带常写作 ⌇（《东巴习

---

① 参见喻遂生《丽江国际东巴文化艺术节贺词二则译释》，第二届中国文字学国际学术研讨会论文，2004 年 6 月。

② 见《刺母孟土》上卷，《纳西东巴古籍译注（二）》，云南民族出版社 1987 年版，第 150 页。

③ 参见喻遂生《纳西东巴文应用性文献的考察》，《中国语言学报》第十期；又收入《纳西东巴文研究丛稿》，巴蜀书社 2003 年版。

④ 参见李霖灿《美国国会图书馆所藏的么些经典》，《么些研究论文集》，台北故宫博物院 1984 年版，第 147 页。

阿牛致郭大烈信》）。苋菜作［252］✿ ne³³，象其穗形。《白地阮可东巴致喻遂生信》末尾所署的年份为 ▮▮ ✳ ✿ ‖‖‖ ，我们开始以为 ✿ 是眼睛 n̠ə²¹，借作汉语借词零，二千零四年，文从字顺。后来才知道 ✿ 是苋菜，在《东巴习阿牛致郭大烈信》中写作 ✿，和一般写法相近，又写作 ✿，就和眼睛很相近了。苋菜 ne³³ 可借作连词和 ne²¹，上文表示的时间直译是"二千和四年"，也就是二千零四年。

7. ⌒⌒⌒ lv³³na²¹ 黑石、⌒⌒⌒ o²¹ 谷堆、⌒⌒⌒ dər²¹ 泡沫

黑石［132－2］⌒⌒⌒ lv³³na²¹ 是石［132］⌒⌒ lv³³ 和黑［1188］● na²¹ 的合文，又写作 ⌒⌒⌒（《纳英》上册 322 页）。谷堆作［865］⌒⌒⌒ o²¹，常借作动词是 ua²¹。泡沫作［120］〜〜 dər²¹，象水上起泡沫之形。东巴经《迎素神·竖神石·倒祭粮·点神灯》有句子作 ⛫ 义 ⌒⌒⌒ pər⁵⁵me³³ua²¹（⛫ pər⁵⁵me³³ 梳子，借第一音节作写。义 me³³ 女阴，借作语气词。⌒⌒⌒ o²¹ 谷堆，借作 ua²¹ 是），意为"是（某日）写的"①，⌒⌒⌒ 字像黑石，实为谷堆的变形。

《白地阮可东巴致喻遂生信》中在"阮可东巴学校"前冠有 ✿ ✦ ⌒⌒⌒ 三字，开始我们认为 ⌒⌒⌒ 是黑石，或者大石（黑 na²¹ 借作大），几经周折才知道这是白地白水台的纳西语名 bər³³phər²¹dər³³（《纳英》下册 526 页）。其中 ✿ 是 bər²¹ 稗子，一般写作［251］✎。✦ 是解开 phər²¹，一般写作［1118］干。⌒⌒⌒ 是泡沫 dər²¹，一般写作［120］〜〜，又可写作 ⌒⌒⌒，但信中只写三个半圆并在中间加点，就和黑石完全同形了。

8. ♪ tçhy³³ 同胞、〜 ♪ o⁵⁵ 倾倒

同胞作［283］♪ tçhy³³，由蛋生发繁衍之形。纳西先民认为蛋是人类的本源，故同蛋而出的是同胞。倾倒作［905］⌒ o⁵⁵，《象》1284 作 ⌒，象碗倾斜倒出之形。地契中常借倾倒 o⁵⁵ 作是 ua²¹（方言中应即读 o²¹），表示是某地的地契、见证人是某人等，字形和同胞字很难区别，如 〜（《拉莫塔契约》）、♪（《丽江光绪三十年卖格罗地契约》）、〜 ♪（《买米坡契约》）等。

---

① 《纳西东巴古籍译注全集》第 2 卷，云南人民出版社 1999—2000 年版，第 47 页。

9. ～ bər²¹绳子、～ i²¹漏

绳子作［1113］乙 bər²¹，又作～，《纳象》157 页作～。漏作［281］～ i²¹，象蛋破流液之形。又省作人（《阿明灵洞题词》）、山（《白地阮可东巴致喻遂生信》）、～（《白地家庭纠纷调解书》）。在《白地卖拉舍地契约》中写作～，句子是丰 ～ ～ 丰 ⅹ zŋ³³ ʂər²¹ ha³³ i³³ ho⁵⁵ me³³祝长命富足（丰 zŋ³³草，借作寿命。ⅶ ʂər³³七，借作 ʂər²¹长。～ ha³³饭。～ i²¹漏，借作 i³³有。丰 ho²¹肋骨，借作表祝愿的语气词 ho⁵⁵。ⅹ me³³雌阴，借作语气词），这是东巴文中常见的祝福语，～ 读 i³³无疑，其字形和绳子就很难区别了。

东巴文形近字、同形字情况比较复杂。有的是造字时雷同，如［1001］H dzo³³挂架，又作 M，［1020］大 kæ²¹秋千，又作 M，两字异体相同。有的是用字时混用，如［1203］乂 tshe²¹十，十 ɕi³³百，区别十分清楚，但时常混用。更多的是因为字形的演变而造成的。有的字本来风马牛不相及，一变再变，竟至相同，其怪诞奇特，出人意表。仔细考寻，又事出有因，一旦破解，或可令人莞尔一笑，但这对文献释读确实造成很大的障碍。广泛阅读东巴文经书和应用性文献，收集整理异体字、形近字、同形字，编纂《东巴文大字典》《东巴文异体字典》等工具书以便使用，探索东巴文字形构形和演变的规律，为东巴文研究和普通文字学研究提供更有力的帮助，这是摆在东巴语言文字研究者面前的紧迫任务。

第四节　东巴文应用性文献与东巴生年校订

纳西东巴文化研究从 19 世纪下半叶开始到现在，已经有 100 多年的历史了。一门学科发展到一定的程度，便应该考虑建立学科史，以总结成绩、经验、教训、方法，促进学科的进一步发展。东巴是纳西东巴文化的主要表达者、传承者，不少著名东巴还是东巴经整理、翻译、研究的参与者，东巴作为东巴文化的主体人群，其生平、活动是东巴文化史和东巴文化学史的重要内容之一。从 20 世纪 80 年代开始，就有学者致力于收集整理各地东巴的小传材料。我们见到的有李国文《人神之媒——东巴祭司面面观》《东巴文化辞典》，郭大烈《东巴名录》《近代东巴名录》，和志武《近代纳西族东巴小传》，戈阿干《东巴小传》①。这些成果抢救了一大批现已不可再得的材料，为进一步的研究奠定了坚实的基础。但也应看到，东巴的身份也仅是有技艺的农民，加上地处边鄙，时代久远，长期不受重视，记述其生平事迹的上述材料，也还详略各异，精粗不一，时有讹误，有必要加以校订和补充。东巴家谱至今我们尚未得到可供研究的资料，口碑材料便成为东巴生平的主要来源。口碑材料的缺点是准确性稍差，特别是他人转述，年深日久，难免有误。其实在各类东巴文献材料中，特别是东巴经跋语等应用性文献中，不乏有关东巴生平的材料，特别是当事东巴本人书写的材料。这比口碑材料更准确，更有说服力，遗憾的是至今没有引起人们足够的重视。本文略举数例，试用东巴文献校订东巴生年。

一　习阿牛

习阿牛，当代著名东巴。香格里拉县三坝乡东坝行政村日树湾村人，擅长东巴舞蹈，积极参与各种东巴文化活动。《人神之媒》记其"1913 年生，属兔，1990 年 77 岁"（第 103 页），《近代东巴名录》记其 1914 年生（第606 页）。1999 年 1 月 30 日，喻遂生在白地拜谒阿明灵洞时，在洞外右方石壁上发现一幅墨色犹新的东巴文题词，内容是木猪年 3 月 13 日习阿牛东巴等在此祈求威灵。照片如下。

有关年龄部分字释如下（其余部分只作汉译，不作字释和标音。下同）。

---

① 　几种材料详情如下：①李国文：《人神之媒——东巴祭司面面观》中的《各地东巴》，收录635 人，云南人民出版社 1993 年版，第 91—244 页。②李国文：《东巴文化辞典》，收录33 人，云南教育出版社 1997 年版，第 62—72 页。③郭大烈主编：《东巴文化论》中的《东巴名录》，收录40 人，云南人民出版社 1991 年版，第 676—683 页。④郭大烈等主编：《丽江第二届国际东巴艺术节学术研讨会论文集》中的《近代东巴名录》，收录 110 人，云南人民出版社 2005 年版，第 597—609 页。⑤和志武主编：《中国原始宗教资料长编·纳西族卷》中的《近代纳西族东巴小传》，收录 30 人，上海人民出版社 1993 年版，第 413—422 页。⑥戈阿干主编：《祭天古歌》中的《东巴小传》，收录 9 人，中国民间文艺出版社1988 年版，第 294—305 页。

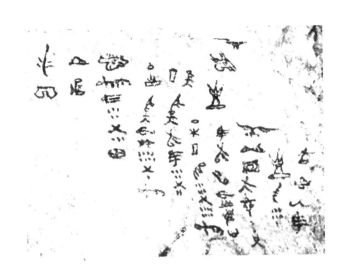

$\curlywedge$ sər^{33}木。$\widehat{\text{ब}}$ gə^{21}上，借作定语助词 gə^{33}。$\frown$ mbu^{21}山坡。$\overset{\text{K}}{\text{ }}$ tho^{21}靠。两字连读作 mbu^{21}tho^{21}，是纳西族的一种纪年方法。即将五行各分阴阳为十，与十二生肖相配为六十，相当于干支纪年的六十花甲。$\overset{\text{c}}{\text{ }}$ bu^{21}猪。$\overset{\text{cm}}{\text{ }}$ khv^{33}收割，一般写作 $\frown$，以镰刀割物，借作 khv^{55}年。农历木猪年即乙亥年，离现在较近的乙亥年有 1935 年、1995 年，由下文习阿牛东巴的年龄推断，只能是 1995 年。$\overset{\text{c}}{\text{ }}$ sa^{55}气。$\overset{...}{\text{ }}$ ua^{33}五。两字连读借作五月。$\bigtimes$ tshe^{21}十。$\bullet\backslash\backslash$ sʅ^{21}三。$\overset{\text{c}}{\text{ }}$ ŋi^{21}日。δ kɯ^{21}胆。$\overset{\text{c}}{\text{ }}$ dy^{21}地。两字连读 kɯ^{21}dy^{21}作地名根地，即三坝乡所辖之东坝行政村。$\overset{\text{l}}{\text{ }}$ to^{33}木版。$\overset{\text{c}}{\text{ }}$ mba^{33}大脖子。两字连读作 to^{33}mba^{21}东巴。此两字行款横列，应指东坝的两位东巴。$\overset{\text{c}}{\text{ }}$ çi^{33}人，从人$\overset{\text{c}}{\text{ }}$ çi^{21}稻声，此为白地字形，一般写作$\overset{\text{c}}{\text{ }}$。$\overset{\text{c}}{\text{ }}$ ə^{33}，象口出气形。$\overset{\text{c}}{\text{ }}$ ŋə^{21}眼睛，一般写作$\overset{\text{c}}{\text{ }}$、$\overset{\text{c}}{\text{ }}$。三字连读借作人名习阿牛。习阿牛，又写作习阿年，为三坝乡著名东巴。$\overset{...}{\text{ }}$ ho^{55}八。$\bigtimes$ tshər^{21}十。从三十起十读 tshər^{21}。$\bullet$ dɯ^{21}一，加量词时读 dɯ^{33}。$\overset{\text{c}}{\text{ }}$ khv^{33}收获，借作 khv^{55}岁。

　　全句标音：sər^{33}gə^{33}mbu^{21}tho^{21}bu^{21}khv^{55}sa^{55}ua^{33}tshe^{21}sʅ^{21}ŋi^{21}，kɯ^{21}dy^{21}
　　　　　　木　的　花甲　猪　年　五月　十　三　日　　根地
to^{33}ba^{21}çi^{21}ə^{33}ŋə^{21}ho^{55}tshər^{21}dɯ^{33}khv^{55}。
东巴　　习阿牛　八　十　　一　　岁
　　汉译：花甲木猪年五月十三日根地东巴习阿牛八十一岁，习正和五十二岁，白地古都村东巴东毕六十八岁，在阿明灵洞降下富有的威灵，加被尤聂季恭的威灵。祝东巴长寿无疆。

按 1913 年、1914 年跨越的农历年份为壬子、癸丑、甲寅年，分别为水鼠、木牛、水虎年，与兔年的记载不合，只有 1915—1916 年乙卯年才是木兔年。又 1913 年至 1995 年实岁 82 岁，虚岁 83 岁，1914 年至 1995 年实岁 81 岁，虚岁 82 岁，1915—1916 年木兔年至 1995—1996 年木猪年，实岁 80 岁，虚岁 81 岁。1915—1916 年生符合兔年生、木猪年 81 岁的条件，故习阿牛东巴的生年应是 1915—1916 年。各据和力民、杨亦花等实地调查，习阿牛东巴生于兔年腊月十二日，则其生年为 1916 年。

二　和年恒

和年恒，又写作和牛恒，是当代学问高深的大东巴之一。香格里拉县三坝乡白地行政村水甲村人，生于东巴世家，25 岁即成为远近闻名的大东巴。谙熟东巴经典和各种教仪，曾在白地和丽江为和志武等学者释读东巴经上百本，并把 160 本经典捐献给国家。《人神之媒》据杨正文所作小传记其"清光绪二十六年（引按 1900 年）出生""1985 年 8 月 12 日，年恒先生仙逝，终年 84 岁"（第 111、113 页）。《东巴文化辞典》（第 65 页）、《东巴名录》（第 680 页）记其生卒年为 1901—1985 年，《近代东巴名录》记为 1900—1985 年，《近代纳西族东巴小传》记为 1912—1985 年（第 420 页）。

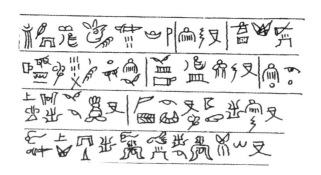

和年恒先生晚年和杨正文先生交往密切，曾在杨先生的硬面抄笔记本上

书赠题词一幅，内容如上图①。有关年龄部分字释如下：

ndʑi²¹ 水。ɡə²¹ 上，借作定语助词 ɡə³³。mbu²¹ 山坡。tho²¹ 靠。两字连读作 mbu²¹tho²¹ 花甲。khɯ⁵⁵ 狗。khv³³ 收割，借作年。农历水狗年即壬戌年，离现在较近的壬戌年有 1982 年、1922 年，在此只能是 1982 年。nda³³ 砍。ua³³ 五。he³³ 月。三字连读作 nda³³ua³³he³³ 腊月。ko²¹ 针，借作里面。pər⁵⁵ 梳子，借作写。se³³ 哥巴字，标写表完成的助词了。me³³ 雌阴，借作语气词。ʂʐ²¹ 铁，以斧头表铁。dʐə²¹ 秤锤，一般写作 。两字连读作 ʂu²¹dʐə²¹ 水甲，为白地村庄名。ua³³ 村庄，一般写作 。tɕi⁵⁵ 羊毛剪。so³³ 大秤，字形从 、 、 、 逐次演变而来。两字连读作 tɕi⁵⁵so²¹ 金松，为和年恒东巴的家族名。此是由 to³³ 木板和 mba³³ 大脖子两字简缩而成的合文，借作 to³³mba²¹ 东巴。ŋə²¹ 眼睛。hɯ³³ 风。两字连读作人名 ŋə²¹hɯ³³ 年恒。nɯ³³ 心，借作主语助词。ʂər³³ 七。tshər²¹ 十。从三十起十读 tshər²¹。dɯ²¹ 一，加量词时读 dɯ³³。khv³³ 收割，借作年。kv³³ 蛋，借作 ŋgv³³ 满、有。ŋə²¹ 眼睛，借作要。pər⁵⁵ 梳子，借作写。iə³³ 烟叶，借作语气词。

全句标音：ndʑi²¹ ɡə³³ mbu²¹ tho²¹ khɯ⁵⁵ khv³³ nda³³ ua³³ he³³ ko²¹ pər⁵⁵ se²¹
　　　　　水　 的　 花甲　　 狗　 年　 腊月　　 里　 写（助）
me³³。ʂu²¹ dʐə²¹ uə³³ tɕi⁵⁵ so²¹ to³³ mba²¹ ŋə²¹ hɯ³³ nɯ³³ ʂər³³ tshər²¹ dɯ³³ khv⁵⁵
（语）　水甲　村　 金松家　东巴　　年恒　（助）七　 十　 一　 岁
ŋgv³³ ŋə²¹ pər⁵⁵ iə³³。
满　 要　 写（语）

汉译：水狗年腊月间写毕，水甲村金松家东巴年恒要满七十一岁时写的，送给杨正文同志。写得好不好，请不要见笑。因为没有经书，只好凭记忆写下来了。啊！今年在世，明年也许不在了啊。

按：本题词所说的水狗年（壬戌年）为 1982 年 1 月 25 日（正月初一）至 1983 年 2 月 12 日（腊月三十日）。此年 71 岁，则生年应为为 1911 年辛亥年（1911 年 1 月 30 日至 1912 年 2 月 17 日）。若和年恒先生出生在冬腊

　　① 这幅题词见杨正文《最后的原始崇拜——白地东巴文化》，云南人民出版社 1999 年版，第 72 页。本题词的释读曾得到杨正文先生的帮助，在此谨致谢忱。

月，1912 年也是可以的，若不是，则应为 1911 年。清光绪二十六年（1900）、1901 年均相差甚远。

又杨先生书说题词写于"1983 年 2 月 20 日"，已超出水狗（壬戌）年腊月，而是水猪（癸亥）年的正月初八了，有误。"终年 84 岁"亦误。

三 和文质

和文质，丽江县鲁甸乡新主村人，为大东巴和世俊孙子，经、写、舞、画功底均好，写过不少经书。20 世纪 40 年代李霖灿曾在他家向他系统学习一年多。《人神之媒》记其"（20 世纪）50 年代初期去世，终年 68 岁"（第131 页），《东巴文化辞典》（第 67 页）、《东巴名录》（第 677 页）、《近代东巴名录》（第 598 页）、《近代纳西族东巴小传》（第 418 页）记其生卒年为1895—1951 年。

《纳西东巴古籍译注全集》第 33 卷收有和文质东巴书写的《禳垛鬼仪式·堵塞地缝》经。卷末第 167—168 页有如下的跋语：

⌒ mbu²¹ 山坡。☀ tho³³ 松树。两字连读作 mbu²¹tho²¹ 花甲。⊞ ʂu²¹ 铁，以斧头表铁。ʋ phv³³ 雄阴。🐎 ʐua³³ 马。⚡ khv³³ 收割，借作 khv⁵⁵ 年。☷ he²¹dzə³³ 二月，从⊙月，⚖ he²¹ 恒神、⌒ dzə²¹ 跑声。👁 tshe³³do²¹，是⬒ tse³³ 盐、⬗ do²¹ 见二字的合文，表农历初几的初。ꞮꞮꞮ ʂər³³ 七。⊕ ŋi³³ 日。🐛 tho³³le³³ 兔子。〜 khv⁵⁵ 弯曲，借作年、属相。ʃ dɯ²¹ 一，加量词时读 dɯ³³。⊕ ŋi³³ 日。🐜 pər⁵⁵ 梳子，借作写。丈 me³³ 雌阴，借作语气词。⟨⟩ o²¹ 谷堆，借作 ua²¹ 是。🌱 py³³bv²¹ 东巴的古称，从⚘东巴，⫘ bv²¹ 匍匐声。⚌ ŋa²¹ 我，从东巴自指，ꞮꞮꞮ ŋə³³ 五声，此为五之藏语音。此处要顺带读出和文质的东巴法名 phv³³dzʅ²¹te³³so³³ 普支登梭。✕✕ ŋi³³tsər²¹ 二十。ꞮꞮꞮꞮ lu⁵⁵ 四。〜 khv⁵⁵ 弯曲，借作岁。⚘ thɯ²¹ 饮，本应借作thɯ³³ 那，但实际读作 tʂʅ³³ 这。⚡ khv³³ 收割，借作 khv⁵⁵ 年。🐜 pər⁵⁵ 梳子，借作写。丈 me³³ 雌阴，借作语气词。

全句标音：bu²¹ tho²¹ ʂu²¹ phv³³ z̥ua³³ khv⁵⁵ he²¹ dʐə³³ tshe³³ do²¹ ʂər³³ ȵi³³ tho³³ le³³
　　　　　花甲　铁阳马　年　二月　　初　七　日　兔

khv⁵⁵ dɯ³³ ȵi³³ pər⁵⁵ me³³ ua²¹，py³³ bv²¹ phv³³ dʐ̩³³ te³³ so³³ ȵə²¹ ȵi³³ tsər²¹ lu⁵⁵ khv⁵⁵
属　一　日　写（语）是　　东巴　　普支登梭　我　二　十　四　岁

tʂ̩³³ khv⁵⁵ pər⁵⁵ me³³ ua²¹。
这　年　写（语）是

汉译：是花甲铁阳马年二月初七属兔的一天写的，是东巴普支登梭我二十四岁这年写的。

按：铁马年为庚午年，有 1930 年、1870 年等几种可能。1930 年二月初七为乙卯，正是兔日，而 1870 年二月初七癸卯，亦为兔日。"普支登梭"为和文质的法名，本册经书末页有"和文质"的汉文印章，由此，1870 年可以排除。由此段跋语可以推算出和文质的出生年为 1906 年，《东巴文化辞典》等书记其生年为 1895 年有误。若和文质 1951 年去世，则其终年为 46 岁，《人神之媒》记其终年 68 岁亦误。

四　和乌尤

和乌尤，法名东尤，丽江鲁甸人，是与大东巴和文质齐名的著名东巴，《人神之媒》没有和乌尤的专门记载，只是在和云章东巴的小传里谈到了和云章拜和乌尤为师的事（155 页）。《近代东巴名录》收录了和乌尤，但只有一句话："和乌尤（？—1959）鲁甸乡鲁甸村人。"（605 页）

《纳西东巴古籍译注全集》第 24 卷收有和乌尤书写的《禳垛鬼仪式·白蝙蝠求取祭祀占卜经》，卷末 260 页和乌尤写有如下的跋语，可以解决东尤生年的问题。

有关年龄部分字释如下：

mbu²¹ 山坡。tho³³ 松树。两字连读作 mbu²¹ tho²¹ 花甲。tʂ̩³³ 土。phv³³ 雄阴，此表示阳。gə²¹ 上，借作定语助词 gə³³。lv²¹ 龙。fv⁵⁵ 鼠，鼠为十二生肖之首，此用为 khv⁵⁵ 年。农历土阳龙年即戊辰年，民国十七年正是戊辰年。pər⁵⁵ 梳子，借作写。se²¹ 哥巴字，标写表完成的助词了。me³³ 雌阴，借作语气词。mi³³ 火。kua⁵⁵ 刮子。两字连读借作 mi²¹ kua²¹ 民国。tshe²¹ 十。ʂər³³ 七。khv³³ 收割，借作

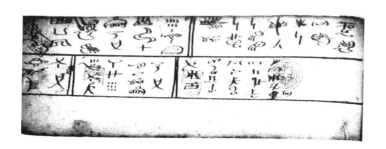

khv^{55}年。 o^{21}谷堆，借作 ua^{21}是。 ŋə^{21}我，此字一般写作 ，从东巴自指， ŋə^{33}五声，五为藏语音。 la^{33}也，哥巴文。 zo^{33}男子。 y^{21}生活。 n̠i^{33} tsər^{21}二十。 gv^{33}九。 khv^{55}弯曲，借作年、岁。 kv^{33}蛋，借作 gv^{33}满、ŋgv^{33}有。 n̠ə^{21}眼睛，借作要。 pər^{55}梳子，借作写。 se^{21}哥巴字，标写表完成的助词了。 me^{33}雌阴，借作语气词。

全句标音：mbu^{21}tho^{21}tʂʅ^{33}phv^{33} ŋgə^{33}lv^{21} khv^{55}pər^{55}se^{21}me^{33}, mi^{21}kuə^{21}
　　　　　　花甲　　土　阳　的　　龙　年　写（助）（语）民国
tshe^{21} ʂər^{33} khv^{55}ua^{21}。ŋə^{21}la^{33}zo^{33}y^{21}n̠i^{33}tsər^{21} gv^{33} khv^{55}gv^{33} n̠ə^{24} pər^{55}se^{21} me^{33}。
十　七　年　是　　我也男活二　十　九　岁　满　要写（助）（语）

汉译：花甲土阳龙年写的，是民国十七年。希望后世代代相传，千代百代，得到祭祀和占卜的威灵。我满二十九岁时写的。是好地方鲁甸盘瓦训腾若山麓祭司东尤的经书。

按：和乌尤说他民国十七年（1928 年）满 29 岁，则其生年应为 1899年。《纳西东巴古籍译注（三）》收有和乌尤此经，加注说他"一九五八年逝去，时年五十八岁"（第 312 页）[①]，实其卒年应为 59 岁。

---

① 《纳西东巴古籍译注（三）》，云南民族出版社 1989 年版。

结　　语

虎跳峡

第十六章

对纳西东巴文化传承保护的思考

第一节　对东巴文化价值的认识和现状的评价

一　对东巴文化价值的认识

纳西族民间过去普遍信奉万物有灵的东巴教，其特点是自然崇拜、多神崇拜和重占卜。过去，纳西族民间的婚丧嫁娶、生老病死、生产劳动、起房出行、逢年过节，遇事必请东巴占卜并举行祈福消灾、求神祭祖的仪式。东巴教渗透到纳西族社会生活的方方面面，影响深远。东巴教和与之相关的民风民俗，构成了纳西族独特的民间文化——东巴文化。

东巴文化是顺应了千百年来社会发展与变迁的纳西族传统文化的主要内容，是纳西文化的代表和核心。它的本质是通过占卜、诵经、祭祀、舞蹈等一系列东巴教仪式活动表现出来的纳西族敬畏自然、保护生态、尊崇祖先、团结族群、艰苦奋斗、自强不息的精神。东巴文化的主要载体东巴经典，在内容上包含了纳西族社会的天文地理、社会历史、哲学宗教、语言文字、风俗习惯、文学艺术、百工科技等多方面的内容，因此被誉为纳西族古代社会的百科全书。东巴文化所倡导的是人与自然和谐相处的乐天精神，兼容并蓄各种外来文化为我所用但又不失去自我的涵化精神，与各民族融洽相处的亲和精神。东巴文化的这些精神内涵，正是建设社会主义和谐社会所需要的精神，因此，原丽江地区行署副专员和万宝在 1994 年 8 月向云南省委建议，用"《论语》＋东巴文化＋电脑＋《共产党宣言》"来宣传群众，组织群众，让群众走具有中国特色的社会主义现代化道路①。

东巴文化是纳西族文化的深厚积淀，包含着很多积极的因素，其价值可以从思想文化和社会现实两大方面来认识。

1. 东巴文化的思想文化价值

东巴教中包含的纳西族先民的智慧和理念，有很多积极的因素。如在祭署（自然神）仪式中主要念诵的东巴经《董埃署埃》，讲述的是人类"董"与自然"署"从斗争到和谐相处的故事：人类"董"与自然"署"是两兄弟，本来和睦共处、互相帮助，但后来各自的势力发展了，为了争夺生存空间，他们反目成仇发生了战争，最后请天神调解，约定人类为了后续发展、维持生存，可以到"署"界进行有限的打柴、狩猎等活动，但每年春季万物复苏、禽兽初长的时节，人类不能进行这些活动，而且必须因为向署界借用了这些资源而由东巴举行向"署"赎罪的祭署仪式。因此，祭署仪式表现的是人与自然和谐相处，适度利用自然资源，保护生态环境的主题，正符合当今中国乃至世界的环保主题。

再如祭天仪式中主要念诵的东巴经《创世纪》，讲述的是藏族、纳西族和白族的来源故事：纳西族始祖上天娶妻，回大地后生育了三个儿子却不会说话，请东巴举行祭天仪式，祭祀感恩天父、天母、天舅后，三个儿子中的老大说出了藏语，老二说出了纳西语，老三说出了白族语，三个儿子后来成为三个民族的祖先，各居一方生息繁衍。因此，纳西族的祭天仪式表现的是尊崇祖先、民族团结、共同繁荣的主题。这些对当今建设社会主义和谐社会具有十分重要的意义。

东巴文化也是纳西族语言文字、文学艺术、科学技术的结晶。为了记录纳西语、书写东巴经典，纳西族自创了东巴文和哥巴文两种文字。东巴文是世界上唯一还在活态使用的图画象形文字，它为研究世界文字的起源提供了一把钥匙，具有十分重要的学术价值。东巴经典中保留了很多纳西语古语，界于羌语支和彝语支之间，对研究汉藏语系语言有很重要的作用。数万卷东巴经典形态原始，内容丰富，仍在民间使用，2003 年 8 月被联合国教科文组

---

① 郭大烈：《一位智者的选择：论语 + 东巴文化 + 电脑 + 共产党宣言》，《郭大烈纳西学论集》，民族出版社 2008 年版，第 193—203 页。

织列入世界记忆遗产名录。东巴画、东巴舞、东巴音乐、东巴工艺品等，对研究人类早期的文明艺术具有十分重要的意义。东巴教融合了多种宗教文化而又不失自己的根本，对研究宗教的起源和流变有重要的参考价值。

2. 东巴文化的社会现实价值

作为在纳西族原始宗教基础上形成的宗教文化，东巴文化有着广泛的群众信仰基础，纳西族群众相信它，需要它，现在东巴文化仍然是纳西族民众精神文化需求必不可少的元素。比如，祭天、祭祖、成人礼、嫁娶、丧葬以及建房造屋等大事，在多数纳西族地区，特别是农村和山区，仍必须请东巴来主持。俄亚和依吉的纳西族，至今还在使用古老的纳西历法，这种历法不同于公历和农历，而且纳西支系和汝卡支系，甚至不同村寨都有差异。纳西历法由东巴通过观察天象、动植物活动生长等情况确定，当地群众何时过年过节、农业生产时令完全听从东巴的安排。

作为东巴文化主体和传承人的东巴，被称为"纳西族的智者"，他们不仅会写东巴字、诵东巴经、画东巴画、跳东巴舞、主持东巴教仪式，而且集巫、医、艺、匠于一身，是纳西族民间的知识分子，他们一般也是德高望重、受人尊敬、有号召力说服力的人。他们在纳西族民间化解矛盾、解决纠纷以及对群众的精神、心理抚慰方面所起到的作用，不是基层党政干部可以完全取代的，他们对建设和维护稳定和谐的社会有着特殊的作用。

当然，东巴文化本身也有一些需要舍弃的糟粕，在发展的过程中，它自身就进行着一些适应时代和社会经济发展的调整。比如，解放前开丧超度仪式要宰杀很多牺牲，仪式活动延续的时间有些长达七八天；现在已经少杀牺牲，仪式时间也缩短了很多。在占卜病痛吉凶时，东巴也不时提醒病人要到医院治疗。如俄亚克米局村的贡布次里东巴，不仅会占卜做仪式，还认真学习继承父亲的中医草药知识，既做医生，又做东巴，从宗教和医学两方面给人畜治病，受到乡亲的欢迎。

二　对东巴文化现状的评价

通过调查，我们对白地、俄亚东巴文化的现状有以下的几点基本评价。

1. 东巴文化保存较好，具备传承下去的条件

（1）东巴数量较多，传承情况较好

从我们调查的情况看，至 2009 年 6 月，俄亚乡共有东巴 71 人。其

中年过 70 的东巴，如出生于东巴世家的机才高土东巴（2009 年 6 月去世），传到他这一代已是第九代，并且他的儿子也是东巴。又如木瓜林青东巴，也是东巴世家，他的儿子也是东巴。中生代有瓜丹依德次里东巴，2011 年 44 岁，是瓜丹布迪东巴的侄子，是现在俄亚乡掌握东巴教仪式最多最全面的中年东巴，也可以说是大东巴了。年轻东巴有撒达杜基东巴，2011 年 20 岁，出生于东巴世家，四五岁时，就从曾祖父夏纳学习东巴经，撒达杜基已是大三学生，是俄亚新生代东巴的代表。至 2009 年 6 月，三坝乡共有东巴 102 多人，其中白地村委会 46 人，东坝村委会有 42 人，很多自然村都有一两个东巴，只有极少数的几个村民组没有东巴。虽然这 102 人中有很多只是初学初会，还算不上严格意义的东巴，但这当中毕竟还有像和占元、习阿牛（二人已于 2009 年 6 月、7 月去世）、和志本、习尚洪这样的德高望重的老东巴，还有吴树湾的和树昆等、日树湾的和永才等、科目村的墨虎等这样的中青年东巴群体，他们或在东巴学校，或跟老东巴受过较为严格的训练，有些已能独立执掌法事，应已具备接班的能力。

（2）民间东巴文献保存较多

我们到东巴家调查，都要请他们把经书拿出来让我们计数、拍照、作文献要素的记录。俄亚保存的老经书比较落实的大约有 350 册左右，其中卡瓦村民组应该是俄亚老经书保留得最多最好的村子，现在大概有 200 多册。俄亚在"文革"后新抄写的东巴经比较多，大概有 4000 多册。一般来说，中老年东巴抄写的东巴经比较多，年轻的东巴抄写的稍微少些。此外，我们在俄亚收到的各类应用性文献有 30 多件。在白地我们粗略统计经书有 1200 多册，数量远远超出了我们的预期。即使打折计算，七八百册也是有的。虽然经书质量参差不齐，但其中也有不少"文革"前的老经书，有的品相还较好。经书之外的应用性文献，如地契、账本、书信、题词、歌本，数量也比其他地方多。

（3）仪式较全，态度虔诚

在俄亚一些比较偏远的村庄，即使在"文革"时期，东巴教活动也没有完全中断过。超度死者、早晚的祭祖敬茶烧香活动、一年一次固定的冬季祭祖活动，一直没有中断，只是白天的祭祖活动改成了鸡鸣到天亮前的时间。由于"文革"中没有完全中断，经过改革开放后几十年的恢复，俄亚东巴文化的存活状态，目前是纳西族地区中最好的，显得比其他地区更原生态一些。俄亚的东巴教活动和民俗密不可分，我们在俄亚调查时遇到的东巴教活动和民俗事项，大致可分为人生礼仪、敬神祈福、占卜禳灾三类，这些活动一直都在延续。

白地的几个行政村现在还在举行的仪式种类比较齐全，如东坝科目村墨虎东巴做的仪式多达36种，这从他们使用的经书的分类上可以看出。而且从我们看到的退口舌、祭祖、祭天、祭署、敬神烧天香、算卦、丧葬仪式来看，他们做仪式很少为了求快而把几种仪式、几本经书合并简化在一起进行，而是按老规矩、按顺序、按时间认真举行。东巴们认真地做仪式，老百姓虔诚地参与，静静地等待，态度认真。特别是敬神烧天香的活动，白地的村民每家每天都要在家烧香敬神，每逢家人的属相日或有大事都要到白水台去烧香，所以很多老百姓都会念几句东巴经的祝祷词，老老少少都有东巴教的意识和虔诚的心态。

2009年1月，我们在白地调查，住在和志本东巴的儿子开的客栈里。看到和志本东巴念小学四年级的孙子杜基每天向爷爷要两块钱去买体育彩票，同时我们又看到他写在作业本上的东巴文和一句汉话："如果爷爷在（再）活十多年的话，我就学会所有的东巴经。"我们深感这个纳西族的小孩除了与时俱进地学汉语、买彩票以外，在心灵深处，已萌发出对东巴文化的向往和热爱。虽不能说纳西族人人如此，但东巴文化在老百姓心目中的地位和影响由此可见一斑。

可以说，有足够数量的东巴和经书存在，有足够数量的信众常态地进行足够数量的活动，是东巴文化仍然活态留存的主要标志。以上三方面的情况使我们感到比较欣慰，让我们感觉到东巴文化在俄亚和白地以及很多纳西族地区具有保护传承的可能性和可行性。

2. 政府、东巴、学者、企业相结合保护传承，取得了初步的成效

东巴文化的保护和发展作为一项事业，其主体无疑是东巴。但东巴在社会的政治经济大环境中，处于弱势的地位，这就需要政府在政策、组织、资金等方面的强力支持。学者具有智力的优势，可以在理论导向、科学研究、人才培养、对外宣传等方面提供智力支持。企业可以为东巴文化传承保护提

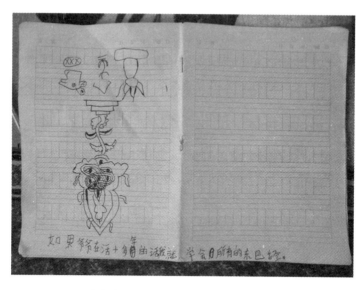

和志本东巴的孙子杜基写的心愿和东巴文

供资金和技术支持，发展东巴文化产业。四者结合起来，既帮助了对方，也促进了自身的发展。这方面白地的经验更典型一些，和尚礼、和树荣、杨正文作为本民族的学者（和尚礼还代表乡政府），在组织东巴传承机构，推动东巴文化保护方面做了卓有成效的工作，取得了实实在在的成绩。国内外学者对白地、俄亚的调查和研究，在充实力量、扩大影响、提高东巴文化研究的学术水平等方面，也起了不可忽视的作用。以郭大烈、和力民为代表的一批学者和以和长红为代表的一批企业家，在政府的支持下，通过举办东巴文化学校、东巴培训班、进行东巴学位评定、发放东巴文化传承补助金等形式，推动了整个东巴文化的传承保护工作，也惠及俄亚、白地的东巴文化事业。这些已经取得的成绩，说明"四结合"的方式是有成效的，是一种较好的工作方式。只是我们今后应该更自觉地促进四种力量的结合，形成更大的合力，以求得更大的成效。

3. 东巴文化还没有真正扭转衰微的颓势

虽然改革开放以后俄亚、白地东巴文化有了一定程度的恢复，但也应该看到，东巴文化还没有恢复到能够自我健康发展的水平，还没有找到能与社会主义新农村新文化和谐发展的转型之路，也还没有彻底扭转衰微的颓势。

主要表现为：政府和社会对东巴文化重视不够，投入不够，或有规划有措施而未完全落到实处。东巴的政治地位和经济地位不高，其传承、活动在很大程度上处于自生自灭的状态，文化生态十分脆弱。对东巴文化的调查整理研究缺乏长远的规划，投入的人力少，产出的成果不多，研究的领域不宽，总体水平不高，与丽江相比还有较大的差距。从事东巴文化的各种力量之间，东巴内部，还缺乏高层次的有力的协调，没有形成强大的合力，严重影响了工作的成效和效率。

第二节　对纳西东巴文化传承保护的建议

通过我们对俄亚、白地东巴文化的亲身体验和以上对东巴文化的认识，对于东巴文化的传承保护，谨提出以下几点建议。

1. 提高认识，加大力度、周密规划、整合力量

毋庸讳言，和任何古老文化都有糟粕一样，东巴文化也有一些糟粕需要扬弃。但东巴文化中蕴含的敬畏自然、尊崇祖先、不畏艰险、团结奋斗的精神，以及生产、生活、科技、历史、语文方面的知识和智慧，对于今天增强民族凝聚力，建设社会主义新农村是有益、有用、有现实意义的；对于民族、社会、历史、语言、文字等方面的科学研究，更是有理论价值的。民族文化是一个民族自立于民族之林的基石，是创新民族新文化的源泉。将东巴文化保存下来，就为民族文化多样性保存了一份独特的基因，就是对国家对世界的莫大贡献。从这个意义来讲，其价值是无论怎样估计都不过分的。

纵观几十年的风雨，东巴文化是一种饱受创伤的文化，其自我复原的能力很弱，若让其自生自灭，无异于听其迅速消亡。因此必须像经济扶贫一样进行"文化扶贫"，在经费上加大投入，扶持其渡过难关。具体措施，此不赘述。

东巴文化建设是一个庞大的系统工程，应该集思广益，制定出长短结合、切实可行的计划，采取地方社科课题申报、项目招标、横向合作等方式，动员整合本族的、外族的，本地的、外地的，甚至海外的力量，齐心协力，按部就班地进行工作，坚持数年，是一定会取得成效的。

2. 组织调查，抢救记录，出版《全集》

俄亚、白地东巴文化的生态还是十分脆弱的，随着交通传媒的推进和老东巴的逐渐故去，很多东巴文化遗存很可能瞬间即逝，如不马上进行抢救性的调查、收集、整理和研究，以后将追悔莫及。我们知道东巴经的一个重要特点，是大多没有逐词记录语言，没有经过师傅口耳相传讲授，即使认识经书上的全部文字，也未必知道它所记录的内容。现在的年轻东巴与老东巴水平相差甚远，如果老东巴没有将经书全部教完，他去世以后，年轻人拿着经书又有何用？据我们实地调查，俄亚大东巴机才高土 2009 年去世，家藏经书 170 多册，他的儿子会念的只有一半，就是一个最近的例子。

我们建议趁一些德高望重的老东巴还健在，立即组织对本地区的东巴文化进行拉网式的田野调查，内容包括现存的东巴经师、东巴经书、其他东巴文献、文字特点、方言俗语、宗教活动、传承发展等，通过实物征集、录音录像、文字记录等手段进行抢救性保护，并在此基础上进行深入的研究。

最终成果应该有以下一些：

（1）《俄亚（或白地）纳西族东巴文化调查报告》

（2）《俄亚（或白地）纳西族东巴文化研究》

（3）《俄亚（或白地）纳西族东巴文化影像资料库》

（4）《俄亚（或白地）纳西语、东巴文数据库》

（5）《俄亚（或白地）东巴古籍译注全集（或选集)》

这些成果（特别是第 1、2、5 项）应该想办法出版面世。只有这样，才能将成果固化下来，才能为外界所知、所用，才能传之后世。鉴于俄亚、白地的东巴经基本上还没有正式地刊布过，第（5）项应特别留意。

调查、研究、出版的经费，可以通过以下途径筹措：省州县政府出资，争取国家社科基金、国家民委专项经费资助，通过出版社申请国家出版基金，企业冠名赞助，海外基金资助，学者个人申请各种项目等等。当然，经费不可能在短时间筹齐，事情也不可能在短时间做完，但从长计议，稳步前进，总是可以做出一些事情来的。

3. 抓住机遇，依托高校，加强高层次人才的培养

人才是事业之本，就东巴文化的保护传承来讲，东巴、基层干部、研究人员都是人才，都需要通过不同的方式来培养新人，提高水平。鉴于抢救记

录东巴经所必备的民族语言、文字、文献知识和技能都属于较难、较艰深、门槛较高的学科，我们这里特别强调高层次专业人才的培养。现在国家在很多高校都实施了"少数民族高层次骨干人才培养计划"，为民族地区定向培养硕士、博士，是民族地区人才培养的大好机遇。建议地方政府主动和有关高校联系，组织本地在职青年报考，充分利用这一平台，为东巴文化建设培养本地的留得住的高层次专门人才。

　　我们相信，在党和政府的关怀扶持下，通过各方的共同努力，东巴文化一定能够得到发扬光大，为建设社会主义新农村、新文化发挥积极的作用。

白地晨曦，明天更美好

参考文献
（按作者音序排列）

著录类

李霖灿:《么些经典译注九种》，台湾中华丛书编审委员会 1978 年版。

丽江县文化馆:《东巴经译注 22 种》，1963—1964 年版。

云南省少数民族古籍整理出版规划办公室:《纳西东巴古籍译注》（一、二、三），云南民族出版社 1986、1987、1989 年版。

云南省社科院东巴所:《纳西东巴古籍译注全集》，云南人民出版社 1999—2000 年版。

中国社会科学院民族学与人类学研究所、丽江市东巴文化研究院、哈佛燕京学社:《哈佛燕京学社藏纳西东巴经书》（1—4 卷），中国社会科学出版社 2011 年版。

工具书类

北京市民族古籍整理出版规划小组办公室:《北京地区东巴文古籍总目》，民族出版社 2009 年版。

方国瑜:《纳西象形文字谱》，云南人民出版社 1982 年版。

郭大烈:《中国少数民族古籍总目提要·纳西族卷》，中国大百科全书出版社 2003 年版。

黄布凡主编:《藏缅语族语言词汇》，中央民族学院出版社 1992 年版。

和即仁等:《纳西语常用词汇》，云南民族出版社 2011 年版。

和志武:《中国原始宗教资料丛编·纳西族卷》，上海人民出版社 1993 年版。

李霖灿:《么些象形文字字典》，四川李庄石印，1944 年版。

李霖灿:《么些标音文字字典》,四川李庄石印,1945年版。

李霖灿:《么些象形文字标音文字字典》,台北文史哲出版社1972年版。

李霖灿:《纳西族象形标音文字字典》,云南民族出版社2001年版。

洛克:《纳西语英语百科词典》,意大利罗马东方学研究所1963年版。

洛克:《纳西语英语汉语词汇》,云南教育出版社2004年版。

宋光淑:《纳西东巴文化研究总览》,云南大学出版社2006年版。

孙堂茂:《纳西汉英词典》,云南民族出版社2012年版。

专著类

白庚胜、杨福泉:《国际东巴文化研究集粹》,云南人民出版社1993年版。

白庚胜:《东巴神话研究》,社会科学文献出版社1999年版。

白庚胜、郭大烈主编:《纳西族史料编年》,云南民族出版社2011年版。

白庚胜、和自兴主编:《玉振金声探东巴——国际东巴文化艺术节学术研讨
    会论文集》,社会科学文献出版社2002年版。

白郎:《吾土丽江》,四川人民出版社2003年版。

鲍江:《象征的来历:叶青村纳西族东巴教仪式研究》,民族出版社2008
    年版。

卜金荣主编:《纳西东巴文化要籍及传承概览》,云南民族出版社1999年版。

陈其光:《语言调查》,中央民族大学出版社1998年版。

戴庆厦:《藏缅语族语言研究》(一、二、三、四),云南民族出版社1990、
    1998、2004、2006年版。

戴庆厦:《二十世纪的中国少数民族语言学》,书海出版社1998年版。

戴庆厦、成燕燕、傅爱兰、何俊芳:《中国少数民族语言文字应用研究》,
    云南民族出版社2000年版。

戴庆厦:《中国少数民族语言研究60年》,中央民族大学出版社2009年版。

邓章应:《西南少数民族原始文字的产生与发展》,人民出版社2012年版。

邓章应:《纳西东巴文分域与断代研究》,人民出版社2013年版。

邓章应、郑长丽:《纳西东巴文跋语及跋语用字研究》,人民出版社2013
    年版。

方国瑜:《方国瑜纳西学论集》,民族出版社2008年版。

冯莉：《东巴舞蹈传人习阿牛　阿明东奇》，民族出版社 2007 年版。

傅懋勣：《丽江麽些文"古事记"研究》，武昌华中大学 1948 年版。

傅懋勣：《傅懋勣先生民族语文论集》，中国社会科学出版社 1995 年版。

傅懋勣：《论民族语言调查研究》，语文出版社 1998 年版。

傅懋勣：《纳西族图画文字〈白蝙蝠取经记〉研究》，商务印书馆 2012 年版。

盖兴之：《民族语言文化论集》，云南大学出版社 2001 年版。

甘雪春：《走向世界的纳西文化——20 世纪纳西文化研究述评》，云南大学出版社 2005 年版。

戈阿干：《东巴文化真籍》，云南美术出版社 2001 年版。

戈阿干：《戈阿干纳西学论集》，民族出版社 2007 年版。

郭大烈、杨世光主编：《东巴文化论集》，云南人民出版社 1985 年版。

郭大烈主编：《东巴文化论》，云南人民出版社 1991 年版。

郭大烈、和志武：《纳西族史》，四川民族出版社 1994 年版；又云南大学出版社、云南人民出版社 2015 年版。

郭大烈：《郭大烈纳西学论集》，民族出版社 2007 年版。

郭大烈、黄琳娜、杨义红编：《纳西母语和东巴文化传承与实践》，云南民族出版社 2012 年版。

国家民族事务委员会文化宣传司：《构建多语和谐的社会语言生活：民族语文国际学术研讨会论文集》，民族出版社 2009 年版。

谷雪儿：《纳西人的最后殉情》，作家出版社 2007 年版。

和发源、王世英、和力民：《滇川纳西族地区民俗宗教调查》，云南民族出版社 2008 年版。

和即仁、姜竹仪：《纳西语简志》，民族出版社 1985 年版。

和即仁：《民族语文论文集》，云南民族出版社 2006 年版。

和继全主编：《纳西学研究》（第一辑），民族出版社 2015 年版。

和力民：《和力民纳西学论集》，民族出版社 2010 年版。

和少英：《纳西族文化史》，云南民族出版社 2000 年版。

和万宝：《守住精神家园》，云南民族出版社 2004 年版。

和志武：《纳西语基础语法》，云南民族出版社 1987 年版。

和志武：《纳西东巴文化》，吉林教育出版社 1989 年版。

和志武：《东巴经典选译》，云南人民出版社 1994 年版。

和志武：《和志武纳西学论集》，民族出版社 2008 年版。

和钟华、和尚礼编：《纳西东巴圣地民间文学选》，云南民族出版社 1991
　　年版。

黄思贤：《纳西东巴文献用字研究》，民族出版社 2010 年版。

拉他咪达石：《摩梭社会文化研究论文集：1960—2005》（上、下），云南大
　　学出版社 2006 年版。

冷文浩：《俄亚探秘》，凉山文化广播影视传媒集团有限公司 2013 年版。

李国文：《人神之媒——东巴祭司面面观》，云南人民出版社 1993 年版。

李国文：《东巴文化辞典》，云南教育出版社 1997 年版。

李国文：《李国文纳西学论集》，民族出版社 2007 年版。

李静生：《纳西东巴文字概论》，云南民族出版社 2009 年版。

李霖灿：《么些研究论文集》，台北故宫博物院 1984 年版。

李汝明主编：《丽江纳西族自治县志》，云南人民出版社 2001 年版。

李锡主编：《丽江东巴文化博物馆论文集》，云南人民出版社 2002 年版。

丽江地区地方志编纂委员会：《丽江地区志》，云南民族出版社 2002 年版。

列维·布留尔：《原始思维》，商务印书馆 1997 年版。

林惠祥：《文化人类学》，商务印书馆 1996 年版。

刘琳：《华阳国志校注》，巴蜀书社 1984 年版。

刘悦：《纳西东巴文异体字关系论》，安徽文艺出版社 2011 年版。

洛克著、刘宗岳译：《中国西南古纳西王国》，云南美术出版社 1999 年版。

马学良：《汉藏语概论》，北京大学出版社 1991 年版。

米歇尔·奥皮茨等主编：《纳西、摩梭民族志》，云南大学出版社 2010 年版。

木琛：《纳西象形文字》，云南人民出版社 2003 年版。

木里藏族自治县民政局：《四川省木里藏族自治县民政志（1953—1995）》，
　　木里县地方志办公室 1998 年版。

木里藏族自治县志编纂委员会：《木里藏族自治县志》，四川人民出版社
　　1995 年版。

木里政协文史委员会：《木里文史》第三辑，1992 年版。

木丽春：《东巴文化揭秘》，云南人民出版社 1995 年版。

木仕华：《东巴教与纳西文化》，中央民族大学出版社 2002 年版。

木仕华主编：《丽江木氏土司与滇川藏交角区域历史文化研讨会论文集》，
　　中国藏学出版社 2009 年版。

木仕华主编：《纳西学研究新视野》，中央民族大学出版社 2014 年版。

聂鸿音：《中国文字概略》，语文出版社 1998 年版。

裘锡圭：《文字学概要》（修订本），商务印书馆 2015 年版。

史金波、黄润华：《中国历代民族古文字文献探幽》，中华书局 2008 年版。

宋兆麟：《共夫制与共妻制》，上海三联书店 1990 年版。

宋兆麟：《俄亚大村》，四川人民出版社 2003 年版。

孙宏开、胡增益、黄行：《中国的语言》，商务印书馆 2007 年版。

田松：《神灵世界的余韵》，上海交通大学出版社 2008 年版。

王宁：《汉字构形学讲座》，上海教育出版社 2002 年版。

王世英：《纳西东巴占卜典籍研究》，云南民族出版社 2008 年版。

王元鹿：《汉古文字与纳西东巴文字比较研究》，华东师大出版社 1988 年版。

王元鹿：《普通文字学概论》，贵州人民出版社 1997 年版。

王元鹿：《比较文字学》，广西教育出版社 2001 年版。

王元鹿、邓章应、朱建军等：《中国文字家族》，大象出版社 2008 年版。

王元鹿：《王元鹿普通文字学与比较文字学论集》，上海古籍出版社 2012
　　年版。

闻宥：《闻宥论文集》，中央民族学院科研处 1985 年版。

习煜华：《纳西东巴古籍译注全集诠释》，云南民族出版社 2010 年版。

杨福泉：《纳西族文化史论》，云南大学出版社 2006 年版。

杨福泉：《纳西民族志田野调查实录》，中国书籍出版社 2008 年版。

杨福泉：《东巴教通论》，中华书局 2012 年版。

杨焕典：《纳西语研究》，当代中国出版社 2004 年版。

杨林军：《丽江历代碑刻辑录与研究》，云南民族出版社 2011 年版。

杨一奔主编：《丽江年鉴》，云南科技出版社 1998 年版。

杨正文：《最后的原始崇拜——白地东巴文化》，云南人民出版社 1999 年版。

杨正文：《杨正文纳西学论集》，民族出版社 2008 年版。

杨正文：《藏区东巴文化要览》，云南民族出版社 2010 年版。

伊斯特林著，左少兴译：《文字的产生和发展》，北京大学出版社 2002 年版。

余庆远：《维西闻见纪》，中华书局 1985 年版。

喻遂生：《纳西东巴文概论》，西南大学内部刊印，2002 年版。

喻遂生：《纳西东巴文研究丛稿》，巴蜀书社 2003 年版。

喻遂生：《纳西东巴文研究丛稿》（第二辑），巴蜀书社 2008 年版。

喻遂生：《文字学教程》，北京大学出版社 2014 年版。

云南省地方志编纂委员会：《云南省志·少数民族语言文字志》，云南人民
　　出版社 1981 年版。

云南省社会科学院东巴文化研究所：《纳西族东巴教仪式资料汇编》，云南
　　民族出版社 2004 年版。

云南省少数民族语文指导工作委员会：《云南少数民族文字概要》，云南民
　　族出版社 1999 年版。

云南省少数民族语文指导工作委员会：《云南民族语言文字现状调查研究》，
　　云南民族出版社 2001 年版。

云南省维西傈僳族自治县志编纂委员会：《维西傈僳族自治县志》，云南民
　　族出版社 1999 年版。

《藏缅语语音和词汇》编写组：《藏缅语语音和词汇》，中国社会科学出版社
　　1991 年版。

曾小鹏：《俄亚托地村纳西族语言文字研究》，民族出版社 2014 年版。

詹鄞鑫：《汉字说略》，辽宁教育出版社 1991 年版。

张公瑾：《民族古文献概览》，民族出版社 1997 年版。

张公瑾、黄建明：《中国民族古籍研究 60 年》，中央民族大学出版社 2010
　　年版。

张联芳主编：《中国人的姓名》，中国社会科学出版社 1992 年版。

赵世红主编：《云南省社会科学院东巴文化研究所论文选集》，云南民族出
　　版社 2003 年版。

赵希涛、李铁松、和尚礼：《中国云南白水台》，中国旅游出版社 1998 年版。

郑飞洲：《纳西东巴文字字素研究》，民族出版社 2005 年版。

郑卫东：《文明交往视角下纳西族文化的发展》，云南民族出版社 2011 年版。

政协丽江市古城区委员会编：《丽江文史资料全集》（一、二、三、四、
　　五），云南民族出版社 2012 年版。

政协丽江市古城区委员会编印：《光绪丽江府志》，2005 年版。

中甸县志纂委员会办公室：《中甸县志》，云南民族出版社 1997 年版。

中甸县志编纂委员会办公室编：《中甸县志资料汇编》（一、二、三、四、
　　五），1989、1990、1991、1991、1991 年版。

《中国少数民族社会历史调查资料丛刊》四川省编辑组：《四川省纳西族社
　　会历史调查》，民族出版社 2009 年版。

《中国少数民族社会历史调查资料丛刊》四川省编辑组：《四川省木里藏族
　　自治县藏族纳西族社会历史调查》，民族出版社 2009 年版。

《中国少数民族社会历史调查资料丛刊》云南省编辑组：《宁蒗彝族自治县
　　纳西族社会及家庭形态研究》，民族人民出版社 1986 年版。

《中国少数民族社会历史调查资料丛刊》云南省编辑组：《宁蒗县永宁纳西
　　族社会及母系制调查》，民族人民出版社 1988 年版。

《中国少数民族社会历史调查资料丛刊》云南省编辑组：《纳西族社会历史
　　调查》（一、二、三），民族出版社 2009 年版。

钟耀萍：《纳西汝卡东巴文研究》，民族出版社 2014 年版。

周有光：《比较文字学初探》，语文出版社 1998 年版。

周有光：《世界文字发展史》，上海教育出版社 2003 年版。

书刊论文类

白庚胜：《〈东巴圣地白水台风情——和尚礼摄影集〉序》，人民美术出版社
　　2000 年版。

戴庆厦、胡坦：《哈尼语元音的松紧》，《中国语文》1964 年第 1 期。

戴庆厦、胡坦：《关于纳西语的松紧元音问题》，《民族语文》1993 年第
　　1 期。

邓章应：《纳西东巴文线字素初探》，《内江师范学院学报》2004 年第 1 期。

冯智：《明代丽江木氏土司对滇康藏区的经营及其历史影响》，《民族学》
　　1993 年第 4 期

傅懋勣：《纳西族图画文字和象形文字的区别》，《东巴文化论集》，云南人

民出版社 1985 年版。

高全忠：《木里民改概略》，《木里文史》第三辑，木里政协文史委员会编，
　　1992 年版。

和即仁：《试论纳西族的自称族名》，《纳西族研究论文集》，民族出版社
　　1992 年版。

和继全：《木氏土司与白地历史文化——兼论木氏土司的起落和纳西东巴教
　　的兴衰》，《丽江木氏土司与滇川藏交角区域历史文化研讨会论文集》，
　　中国藏学出版社 2009 年版。

和继全、和晓蓉：《传统节日的文化传承与多民族宗教和谐功能——以香格
　　里拉白地纳西族传统节日"二月八"为例》，《思想战线》，2009 年人
　　文社会科学专辑。

和力民：《东都方言区的纳西族没有文字的说法不尽确切》，《玉龙山》1989
　　年第 4 期。

和力民：《丽江东巴教现状调查》，《云南民族学院学报》1995 年第 2 期。

和力民：《俄亚村古代铸犁打铁技术的继承》，《石范铸造研究》，日本奈良
　　县立橿原考古研究所 2008 年版。

和力民：《木圣土村的日廓东巴文化传承》，《今日民族》2014 年第 6 期。

和志武：《试论纳西象形文字的特点》，《云南社会科学》1981 年第 3 期。

和志武：《试论纳西象形文字的特点》，《东巴文化论集》，云南人民出版社
　　1985 年版。

和志武、郭大烈：《东巴教的派系和现状》，《东巴文化论集》，云南人民出
　　版社 1985 年版。

黄德宽：《汉字构形方式的动态分析》，《安徽大学学报》2003 年第 4 期。

黄思贤：《东巴文献的用字比较与东巴文的发展》，《新余高专学报》2010 年
　　第 3 期。

黄振华：《纳西族哥巴文字源流考》，《燕京学报》新九期，北京大学出版社
　　2000 年版。

姜竹仪：《纳西族的象形文字》，《中国民族古文字研究》，中国社会科学出
　　版社 1984 年版。

冷文浩：《在俄亚的天空下》，《锦绣凉山》2011 年第 3 期。

李近春：《四川省盐源县沿海公社达住村纳西族社会历史调查报告》，《四川省纳西族社会历史调查》，四川省社会科学院出版社 1987 年版。

李静生：《纳西族的东巴经书与东巴经译注本》，《中国印刷史学术研讨会文集》，印刷工业出版社 1997 年版。

李静生：《俄亚六日记》，《玉龙山》2006 年第 4 期。

李霖灿：《论么些族"音字"之发生与汉文的关系》，《么些研究论文集》，台北故宫博物院 1984 年版。

李霖灿：《纳西朋友和才》，《神游玉龙山》，云南人民出版社 1994 年版。

李锡：《丽江宝山纳西象形文字砖初考》，《丽江教育学院学报》2000 年第 2 期。

李晓亮：《纳西东巴经在西方社会传播史略》，《求索》2015 年第 2 期。

林超民：《甘雪春著：走向世界的纳西文化——20 世纪纳西文化研究述评·序》，载甘雪春《走向世界的纳西文化》，云南大学出版社 2005 年版。

刘龙初：《四川省木里藏族自治县俄亚乡纳西族调查报告》，《四川省纳西族社会历史调查》，四川省社会科学院出版社 1987 年版。

毛远明：《哥巴文性质再认识》，《玉振金声探东巴——国际东巴文化艺术学术研讨会论文集》，社会科学文献出版社 2002 年版。

孟彻理：《纳西—摩梭的亲属制度及其文化》，《云南社会科学》2000 年第 4 期。

木仕华：《论纳西语动词的语法化》，《民族语文》2003 年第 5 期。

木仕华：《东巴文 ⋈ 为邛笼考》，《民族语文》2005 年第 4 期。

孙宏开：《藏缅语语音和词汇·导论》，中国社会科学出版社 1991 年版。

孙宏开：《纳西语在藏缅语族语言中的历史地位》，《语言研究》2001 年第 1 期。

史金波：《我国民族古文字研究的新阶段》，《中国民族古文字》，天津古籍出版社 1982 年版。

史晶英、杨亦花：《俄亚乡竖经幡仪式调查》，《丽江师范高等专科学校学报》2012 年第 1 期。

史晶英：《木里县俄亚乡苏达村东巴文石碑研究》，《丽江师范高等专科学校学报》2012 年第 3 期。

陶云逵：《么些族之羊骨卜及肥卜》，《人类学集刊》1938 年第 1 期。

汪宁生：《从原始记事到文字发明》，《考古》1981 年第 1 期。

王梅堂：《纳西族文献——东巴经》，《文献》1987 年第 2 期。

王元鹿：《纳西东巴文字与汉字不同源流说》，《云南民族学院学报》1987 年第 1 期。

王元鹿：《由若喀字与鲁甸字看纳西东巴文字流播中的发展》，《华东师范大学学报》2001 年第 5 期。

王元鹿：《玛丽玛萨文两次调查所得单字的比较及其文字学意义》，《中国文字研究》（第四辑），广西教育出版社 2003 年版。

王元鹿：《玛丽玛萨文字源与结构考》，《华东师范大学学报》2004 年第 2 期。

王元鹿：《新发现民族古文字的研究及其文字学价值》，《中国文字研究》2015 年第 1 期。

闻宥：《评〈么些象形文字字典〉》，《燕京学报》第 30 期，1946 年第 6 期。

严汝娴、宋兆麟、刘尧汉：《四川盐源木里两县纳日人社会调查》，《四川省纳西族社会历史调查》，四川省社会科学院出版社 1987 年版。

杨福泉：《丽江中甸纳西族东巴教近况调查》，《民族学》1992 年第 3—4 期。

杨焕典：《从纳西语中的紧松元音对立看汉藏语系语音发展轨迹》，《民族语文》1991 年第 1 期。

杨焕典：《再论关于纳西语中的紧松元音问题》，《纳西语研究》，当代中国出版社 2004 年版。

杨亦花、钟耀萍、喻遂生：《两本新出的民国东巴文人情账簿》，《中国典籍与文化》2013 年第 1 期。

杨亦花、喻遂生：《纳西东巴文石刻述略》，《云南社会科学》2013 年第 2 期。

杨亦花、史晶英、喻遂生：《玛丽玛萨文〈名物录〉译释》，《中央民族大学学报》2015 年第 3 期。

杨亦花：《俄亚机才高土东巴研究》，《纳西学研究》（第一辑），民族出版社 2015 年版。

杨亦花：《玛丽玛萨文调查实录（一）》，《丽江师范高等专科学校学报》

2012 年第 3 期。

杨亦花：《玛丽玛萨文调查实录（二）》，《丽江师范高等专科学校学报》
　　2013 年第 2 期

杨正文：《东巴象形文字的应用》，收入《杨正文纳西学论集》，民族出版社
　　2008 年版。

扬之水：《玛丽玛萨文田野调查报告》，《兰州学刊》2011 年第 12 期。

喻遂生《纳西东巴文应用性文献的考察》，《中国语言学报》第 10 期，商务
　　印书馆 2001 年版。

喻遂生：《纳西东巴文文献学纲要》，《历史文献研究》总第 28 辑，华东师
　　大出版社 2009 年版。

喻遂生：《纳西东巴经"字释"的价值和意义》，《中国经典文献诠释艺术学
　　术研讨会论文集》，北京大学出版社 2010 年版。

喻遂生：《东巴文丽江宝山光绪十七年卖里达卡地契约译释》，《中国文字博
　　物馆》2010 年第 3 期。

喻遂生：《纳西东巴文同义换读初探》，《中国文字博物馆》2011 年第 1 期。

喻遂生、杨亦花：《香格里拉县三坝乡东巴文化现状调查及建议》，《历史源
　　流与民族文化——"三江并流地区考古暨民族关系研讨会"论文集》，
　　云南大学出版社 2011 年版。

喻遂生：《纳西东巴文账簿研究述要》，《中国语言学报》第 15 期，商务印
　　书馆 2011 年版。

喻遂生：《纳西语舌根音腭化现象初探》，《中国音韵学——中国音韵学研究
　　会太原研讨会论文集·2008》，九州出版社 2012 年版。

喻遂生：《玛丽玛萨文研究述略》，《丽江民族研究》第五辑，云南大学出版
　　社 2012 年版。

喻遂生、周寅：《纳西东巴文截取式假借探析》，《西南民族大学学报》2015
　　年第 4 期。

张毅：《试论纳西族东巴文化的传承和发展——以俄亚纳西族乡为个案》，
　　《临沧师范高等专科学校学报》2014 年第 4 期。

钟耀萍：《纳西族汝卡东巴经初探》，《中央民族大学学报》2010 年第 3 期。

周汝诚：《永宁见闻录》，《纳西族社会历史调查（二）》，云南民族出版社

1986 年版。

周寅、杨亦花：《东巴文借用汉字机制及原因探析》，《大理学报》2015 年第 3 期。

周有光：《纳西文字中的"六书"》，《民族语文》1994 年第 6 期。

周有光：《六书有普遍适用性》，《中国社会科学》1996 年第 5 期。

周有光：《汉字型文字的综合观察》，《中国社会科学》1998 年第 2 期。

朱宝田：《纳西象形文字帐本》，《民族学报》1981 年第 1 期。

朱宝田：《纳西族象形文字的分布与传播问题新探》，《云南社会科学》1984 年第 3 期。

朱少禹、刘琳：《纳西族濒危东巴古籍文献遗产保护研究》，《兰台世界》2015 年第 7 期。

学位论文类

白小丽：《纳西东巴文文字单位与语言单位对应关系演变研究》，博士学位论文，华东师范大学，2014 年。

曹萱：《纳西哥巴文造字研究》，硕士学位论文，华东师范大学，2004 年。

常丽丽：《纳西东巴经〈请神压端鬼·端鬼的来历〉用字研究》，硕士学位论文，西南大学，2014 年。

陈婧：《东巴文〈民歌范本〉研究》，硕士学位论文，西南大学，2011 年。

陈霞：《纳西东巴经〈除秽·恩恒尼汝、高勒高趣的故事〉字释及研究》，硕士学位论文，西南大学，2008 年。

董元玲：《〈鲁般鲁饶〉字释及研究》，硕士学位论文，西南大学，2012 年。

范常喜：《甲骨文纳西东巴文会意字比较研究初探》，硕士学位论文，西南师范大学，2004 年。

郭佳丽：《东巴文人体字研究》，硕士学位论文，西南大学，2013 年。

何宝芝：《〈纳西东巴古籍译注全集〉婚俗经典研究》，硕士学位论文，西南大学，2011 年。

和继全：《白地波湾村纳西东巴文调查研究》，博士学位论文，西南大学，2012 年。

孔明玉：《纳西东巴经〈给死者换寿岁〉字释及研究》，硕士学位论文，西南大学，2007 年。

李佳：《〈纳西东巴古籍译注全集〉祝福语用字研究》，硕士学位论文，西南大学，2011 年。

李玲玉：《〈关死门仪式·开坛经〉文字研究》，硕士学位论文，西南大学，2014 年。

李晓亮：《洛克〈纳西语英语百科辞典研究〉》，硕士学位论文，西南大学，2011 年。

李晓亮：《西方纳西学史研究（1867—1972）》，博士学位论文，西南大学，2014 年。

李延新：《东巴经〈禳垛鬼仪式·烧嘎巴火把驱鬼经〉造字及用字研究》，硕士学位论文，西南大学，2014 年。

梁进：《东巴经〈哥来秋招魂的故事〉版本比较研究》，硕士学位论文，西南大学，2009 年。

刘汭雪：《纳西东巴经〈大祭风·超度男女殉情者·制作木身〉字释及研究》，硕士学位论文，西南大学，2007 年。

马文丽：《李霖灿么些文化研究》，硕士学位论文，西南大学，2013 年。

莫俊：《纳西东巴经〈超度什罗仪式·刀子的出处来历〉字释及研究》，硕士学位论文，西南大学，2008 年。

史晶英：《东巴文仪式规程文献研究》，硕士学位论文，西南大学，2013 年。

王耀芳：《东巴经〈超度死者·献肉汤〉（下卷）字释选释及文字研究》，硕士学位论文，西南大学，2014 年。

杨阳：《纳西东巴文动物字研究》，硕士学位论文，西南大学，2010 年。

杨亦花：《白地和志本家族祭祖仪式研究》，硕士学位论文，西南大学，2010 年。

杨亦花：《纳西族东巴文祭祖经典调查研究》，博士学位论文，西南大学，2013 年。

曾小鹏：《俄亚托地村纳西语言文字研究》，博士学位论文，西南大学，2011 年。

张春风：《玛雅文与纳西东巴文音补的比较研究》，硕士学位论文，西南大学，2012 年。

张琼文：《汉古文字与纳西东巴文字结构比较研究》，硕士学位论文，台湾中正大学，2005 年。

张杨：《纳西东巴舞谱〈舞蹈的出处与来历〉研究》，硕士学位论文，西南大学，2009 年。

张毅：《纳西东巴经〈黑白战争〉字释及研究》，硕士学位论文，西南大学，2007 年。

郑长丽：《〈纳西东巴古籍译注全集〉跋语研究》，硕士学位论文，西南大学，2012 年。

周寅：《纳西族古代天文历法研究》，硕士学位论文，西南大学，2012 年。

周寅：《纳西东巴文构形分域研究》，博士学位论文，西南大学，2015 年。

卓婷：《纳西哥巴文字符体系研究》，硕士学位论文，西南大学，2009 年。

关键词索引

注："纳西族""俄亚""白地""东巴"等词从略。

后　　记

本书是我主持的国家社科基金年度项目《俄亚、白地东巴文调查研究》（批准号07BYY042）的最终成果。

俄亚是四川省木里县的一个纳西族乡，距县城300多公里，近年才通公路和电话；白地是云南省香格里拉县三坝纳西族乡乡政府所在地，是纳西东巴文化的发祥地，有丰富的东巴文化遗存；两个乡是目前东巴文化保留最好的地区，但以往由于交通不便，调查和研究都很不够。项目立项以后，由我带领研究生或研究生独立，对俄亚、白地进行了多次田野调查。在调查的基础上，进行研究，形成书稿，2013年结项，被评为优秀。又经过2014年6月、2015年6月、2015年11月3次修改，遂成此书。

六位作者的分工大致如下：

喻遂生负责项目的申报、主持，田野调查的指导及部分地区的田野调查，引论、俄亚自然和社会历史概况、应用文献篇、结语的撰写，以及全书的修改、统稿和审定。

杨亦花（纳西族），博士学位论文为《纳西族东巴文祭祖经典调查研究》（2013年），参加了大多数批次的田野调查，负责俄亚东巴文化概况、俄亚白地各村东巴概览及个案研究、部分东巴文献字释、白地古都村音系、和志本东巴经书编目、结语的撰写，以及俄亚、白地语音的复核，部分章节的修改和审读。

曾小鹏，博士学位论文为《俄亚托地村纳西语言文字研究》（2011年），参加了两地部分批次的田野调查，重点是对俄亚托地村依德次里东巴的调查，负责俄亚大村纳西语音系、同音词表、俄亚东巴经书编目、部分俄亚经书字释、俄亚东巴文研究、依德次里东巴个案研究的撰写。

和继全（纳西族），白地人，原在丽江市博物院工作，2009年考入西南大学文献所攻读博士学位，博士学位论文为《白地波湾村纳西东巴文调查研究》（2012 年），他对家乡白地的调查难以用次数来计算，参加过俄亚的田野调查。负责白地的自然和社会历史概况、白地波湾村纳西语音系、同音词表、波湾村东巴文献统计及编目、部分白地东巴文献字释、白地东巴文研究的撰写。

李晓亮，博士学位论文为《西方纳西学史研究（1867—1972）》（2014 年），在丽江南溪、龙蟠、白沙等地进行过田野调查，负责书稿各部分的整理合成、白地音系的复核整理和同音词表的增补、部分章节的审读修改，以及项目结项和国家社科文库申报的事务性工作。

周寅，博士学位论文为《纳西东巴文构形分域研究》（2015 年），参加了俄亚、白地部分批次的田野调查，负责书稿各部分的整理合成、俄亚、白地东巴文研究的增补和改写、俄亚音节声调分布的统计、俄亚历书的字释，部分章节的审读修改，以及项目结项和国家社科文库申报的事务性工作。

本书照片均为作者所摄。

另外，史晶英调查和撰写了俄亚克米局村纳西语方言调查报告，包括声韵调及配合表、同音词表、字释举例等，写入其硕士学位论文《东巴文仪式规程文献研究》（2013 年），本书收录了其中《竖送魂经幡仪式规程》前 3 页的字释。

本项目的调查和研究，得到了俄亚、白地两地乡政府领导、行政村干部和纳西族父老乡亲的热情接待和帮助。我们所访问的东巴，都毫无保留地拿出珍藏的经书，供我们拍照、记录，为我们诵读、讲解，指导我们释读和翻译东巴经文，如俄亚大村的木瓜林青东巴、机才纳布东巴，托地村的依德次里东巴，咱克村的威界夏纳东巴，昨窝村的瓜祖东巴，苏达村的六斤东巴，俄日村的阿嘎东巴，克米局村的撒达杜基东巴；白地古都村的和志本东巴，吴树湾村的和树昆东巴，波湾村的和学仁东巴、和学胜东巴，水甲村的杨树开东巴，恩水湾村的和贵全东巴，阿鲁湾村的杨自清东巴，瓦刷村的和永泰东巴；东坝日树湾村的习尚洪东巴、习胜华东巴、习健民东巴，科目村的墨虎东巴等。特别是俄亚的机才高土东巴，忍受着胃癌晚期的病痛，在诊所一边输液，一边为我们讲解经书；东坝的习阿牛东巴，以 94 岁的高龄接受我们两次采访，临别时在坐垫上以东巴舞姿向我们道别；白地的和占元东巴，满怀热情地讲授经书，对我们的同学亲如子女，关怀备至。三位东巴都在我们访问后不久辞世，他们对东巴文化的热忱、执着和献身精神，永远铭刻在我们心中。

白地的纳西族学者杨正文、和尚礼、和树荣先生，俄亚小学的王偏初校长，俄亚大村纳西语调查的发音人生根老人等，在学术上、工作上、生活上给了我们很多具体的指导和帮助。

云南省民族学会郭大烈先生，丽江纳西文化研究会杨国清、和红阳、杨树高先生，丽江市博物院李锡、牛增裕、李共久、木琛先生，丽江东巴文化研究院赵世红、李德静、李静生、和力民、王世英先生，长期以来一直热情支持我们的东巴文研究。

纳西族著名学者郭大烈、白庚胜、和少英、李静生先生和著名比较文字学家王元鹿先生在项目结项时给予了热情的肯定，并提出了存在的问题和改进的建议。

西南大学社科处、西南大学汉语言文献研究所领导一直支持和督促本项目的进行。

至今不知尊姓大名的国家社科文库的评审专家肯定了本书，并提出了修改的意见。

中国社会科学出版社编辑任明先生、宫京蕾女士为提高本书的质量做了大量艰苦细致的工作。

谨向以上所有给予我们帮助的师长、朋友和乡亲致以深深的谢意！

本书从项目立项到交出定稿，历时八年，成于众手，篇幅较大，涉及面广，标音、切字、字释、排表、编目等等非常琐细繁复，加上我们学术水平和实践经验有限，书中肯定有不少顾此失彼、错讹遗漏的地方，尚祈读者方家批评指正。

喻遂生

2016 年 1 月 15 日

图书在版编目(CIP)数据

俄亚、白地东巴文化调查研究/喻遂生等著.—北京:中国社会科学
出版社,2016.3

(国家哲学社会科学成果文库)

ISBN 978 - 7 - 5161 - 7643 - 6

Ⅰ.①俄… Ⅱ.①喻… Ⅲ.①纳西族—民族文化—调查研究—中国
Ⅳ.①K285.7

中国版本图书馆 CIP 数据核字(2016)第 028618 号

出 版 人	赵剑英
责任编辑	宫京蕾
责任校对	韩天炜
责任印制	戴 宽

出 版	中国社会科学出版社
社 址	北京鼓楼西大街甲 158 号
邮 编	100720
网 址	http://www.csspw.cn
发 行 部	010 - 84083685
门 市 部	010 - 84029450
经 销	新华书店及其他书店

印刷装订	环球东方(北京)印务有限公司
版 次	2016 年 3 月第 1 版
印 次	2016 年 3 月第 1 次印刷

开 本	710×1000 1/16
印 张	62.25
字 数	1016 千字
定 价	228.00 元